河南省信阳至南阳高速公路有限公司　编

河南典型示范第一路

——信阳至南阳高速公路建设

论文集

人民交通出版社

内 容 提 要

河南省信阳至南阳高速公路是国家规划的西部大开发上海至西安高速公路的重要组成部分，是河南典型示范第一路，现在已经建成通车。为了总结它在建设中经验，河南省信阳至南阳高速公路有限公司组织收集了82篇论文出版，相信它的出版对全国方兴未艾的高速公路建设具有借鉴意义。

图书在版编目（CIP）数据

河南典型示范第一路
——信阳至南阳高速公路建设论文集/河南省信阳至南阳高速公路有限公司编.
北京：人民交通出版社，2006.12
ISBN 978-7-114-06272-8

Ⅰ.河… Ⅱ.河… Ⅲ.高速公路－道路工程－河南省－文集
Ⅳ.U412.36－53

中国版本图书馆 CIP 数据核字（2006）第144492号

书　　名：**河南典型示范第一路——信阳至南阳高速公路建设论文集**
著 作 者：河南省信阳至南阳高速公路有限公司
责任编辑：赵瑞琴
出版发行：人民交通出版社
地　　址：（100011）北京市朝阳区安定门外外馆斜街3号
网　　址：http：//www.ccpress.com.cn
销售电话：（010）85285656，85285838，85285995
总 经 销：北京中交盛世书刊有限公司
经　　销：各地新华书店
印　　刷：北京鑫正大印刷有限公司
开　　本：880×1230　1/16
印　　张：24.75
插　　页：4
字　　数：748千
版　　次：2006年12月第1版
印　　次：2006年12月第1次印刷
书　　号：ISBN 978-7-114-06272-8
印　　数：0001－2300册
定　　价：100.00元

GOMACO
GOMACO
AUTO-FLOAT

编辑委员会

岁月的铭记　永恒的情缘

——《河南省信阳至南阳高速公路建设论文集》出版前言

伴随着西部大开发及中原崛起的强劲号角，国家西部开发大通道沪陕高速公路河南境内又一黄金区段——河南省信阳至南阳高速公路，经过数万名工程建设者700多个日日夜夜的艰辛努力，将要向9700万中原父老献礼了。这是一条连接着希望和梦想的“时光隧道”，更是豫南、豫西南地区奔向小康，走向辉煌的连心路、致富路。作为一名亲历项目建设的参与者和指挥者，耳闻目睹了工程施工的全过程，为能参加这场大会战而备感荣幸，更为广大工程建设者对交通事业的那份虔诚、那种执著、那颗不计名利的拳拳之心和厚重的责任而感怀和钦佩。

信阳至南阳高速公路，作为河南省第一条建成通车的勘察设计典型示范工程，从立项开工到建成通车，历经了冬的积淀、春的勃发、夏的火热、秋的收获，她以设计理念新、工程质量精、施工进度快、生态环保优得到了省交通厅及各级领导与社会各界的关注和好评，谱写了河南省高速公路建设历史的新篇章。

路在那头，延伸的是希望，连接的是收获，700多个日日夜夜在人生的长河中不过是弹指一挥间，但留下的是岁月的铭记和永恒的情缘。广大工程建设者栉风沐雨，风餐露宿，他们从理论到实践，从感性到理性，从设计到施工组织，为了一个数据、一道工序、一个结论、一次升华，往返奔波、披星戴月，他们是高速公路建设的脊梁，高速公路的每一寸路段，每一个结构都是他们智慧和汗水的累积……。

有感于斯，我们组织收录了部分工程建设者日常撰写的体会和论文，编纂成《河南省信阳至南阳高速公路建设论文集》。

道善则得之，希望这本书能够对我省高速公路建设事业及同行者有所裨益。

目 录 *Mulu*

综合管理

路基工程

路面工程

桥梁工程

生态环保及其他工程

综合管理

Zonghe Guanli

信南高速公路典型示范工程建设与管理

王春江

河南省信阳至南阳高速公路有限公司

[摘　要]　本文全面介绍了国家沪陕西部开发大通道信阳至南阳高速公路建设中前期项目立项、审批、招标的特点和方法，及项目实施质量目标的制定和质量措施的实施，及落实典型示范工程实施要点，加强科技创新的具体办法和整个建设过程中进度、质量、协调工作的管理方法和特点，可供高速公路建设管理参考。

[关键词]　精心策划　统筹安排　健全制度　强化管理　科学创新

信阳至南阳高速公路是国家规划的西部开发大通道上海至西安高速公路的重要区段，也是河南省“十五”期间重点工程建设项目，全长182.904km，东起信阳市浉河区与叶集到信阳高速公路相连，向西经信阳市平桥区、南阳市桐柏县、驻马店市泌阳县、南阳市唐河县、宛城区，止于南阳市卧龙区辛店北，与在建的南阳至西坪高速公路相接。全线采用设计时速120km/h，标准六车道高速公路，工程概算69.2亿元人民币，2003年8月开始筹备立项。为加快项目建设步伐，省政府直接安排河南高速公路发展公司（下简称高发公司）为项目投资主体。高发公司根据豫交计［2003］398号文件要求，出资组建了信阳至南阳高速公路有限公司。组建后的项目公司严格按照“抓重点、创特色、树精品、争一流”的十二字方针，以强力推进项目建设为主线，以严格基本建设程序和工程质量管理为前提，以制度创新、理念创新为动力，在打造典型示范工程方面进行了有益的探索。

1　精心策划、统筹安排，各项准备工作超前进行

1.1　项目审批快

信阳至南阳高速公路项目于2003年8月中旬启动报批程序，于2003年11月完成了工可报告，2004年2月13日、2月23日完成了工可批复工作。按照原订时间表，最快也要到2004年10月20日才能完成初步设计批复。为加快初步设计审批，项目公司针对这一阶段工作，明确重点、制订目标、确定专人。一是紧紧依靠交通厅党组，利用交通厅领导的威望，几次邀请厅领导带领公司有关人员一同到北京协调有关方面关系，力请交通部初步设计审查专家尽快到现场调研审查；二是派出专人兵分两路到武汉、北京现场办公，协助解决初设审查遇到的每一个问题。经过艰苦努力，最终提前40天于8月2日完成了交通部对信泌、泌南两个项目的初步设计批复工作。

1.2　招标评标快

探索工程招标的新思路，是这个项目的又一特点。施工单位和监理单位的资质、信誉、履约能力是工程建设的命脉。招标工作中最容易出问题的就是泄漏标底，为彻底根除暗箱操作，推行阳光工程，该项目于2004年8月5日举行了土建工程施工和监理单位开标会，大胆地进行了河南公路工程招标管理改革的首次尝试，实施了开标现场确定标底的新办法。评标的具体方法如下：一是严把资格预审关。不仅严格评审资格预审资料，还要发函向已交工的项目业主咨询其业绩、履约信誉，从源头上保障了对该项目的履约能力。二是确定复合标底。复合标底等于业主开标时公布的标底和所有有效投标价（位于业主标底价105％～85％之间）的平均数。若所有投标人投标价均未进入复合标底的计算范围，则业主的标底即为复合标底。三是确定评标基准价。为杜绝人为因素影响，充分体现“公开、公平、公正”原则，采用商业摇号机确定复合标的降价系数，具体做法是首先由公证人员从事先准备好的标有4、4.5、5、5.5、6、6.5的六个乒乓球装入摇号机，由投标人代表按下摇号机开关，

摇出降低系数，复合标底乘以降低系数就是评标基准价。谁最接近评标基准价，投标文件又无重大偏差，谁就是中标人。评标专家的评标速度也很快，评标结束后一再说这个办法好，谁想作弊都不容易。

1.3 中标单位施工准备快

该项目是2004年8月14日下发中标通知书，8月15日召开施工单位进场动员会，要求一个月完成进场、临建和工地试验室建设，并通过质监站验收。到9月15日，有三个标段正式开钻，并形成实质性开工，所有施工单位都完成进场及临建工程建设，实现了项目建设的“开门红”。

2 健全制度、强化管理，工程质量进行精益求精

质量是企业的生命。信南高速公路开工建设之初，公司就建立了严密的质量控制、报验手续和明确的质量目标，建立了全方位、多角度的质量监测保障体系。

2.1 尽早采取措施，严把设计质量关

优秀的设计方案是优质工程的必要条件，满足于现状的设计即便是工艺再好，也最多能生产出符合设计的合格品。为打造精品工程，该项目一开始便把设计工作放在首要位置，先后邀请专家召开研讨会，结合信南高速工程实际，制定了信南高速公路设计工作建议45条，旨在消除以往设计中的弊端，而且这些建议已大部分被收集到交通厅设计指导性原则中。其次，根据交通厅设计指导性补充原则要求，再一次组织设计单位和沿线市、县、乡、村级组织，结合沿线群众生产生活需要，逐标段逐桩号，对已设构造物进行复查，在满足设计规范的情况下，充分考虑沿线人民群众的利益。将天桥、通道位置角度、净高、净跨按1∶1放样在现场，让沿线群众去评论。通过这项工作，使95%以上老百姓都满意，也为以后工程施工中减少了一定的人为干扰。

2.2 狠抓施工质量控制，坚决实现“100-93”的质量目标

(1) 抓制度建设，确保管理规范。公司制定了《工程质量、文明施工、安全生产评比管理办法》、《工程进度与节点目标考核奖惩管理办法》、《粉喷桩试验的有关要求》、《工程质量督察大队巡查办法》等规章制度，为工程建设和规范化管理提供了可靠的制度保障。在健全规章制度的同时，狠抓施工单位、监理单位质保体系的建设，要求各施工单位设立总质检工程师，且专职质检工程师不少于3名，各施工工区设专职质检员，责任明确，不得与生产体系相混淆；并要求施工单位、监理单位严格遵守工程质量自检、抽检程序，确保质保体系的正常运转。

(2) 抓试验管理，确保数据准确。施工期间，督促各监理单位对各试验室的试验仪器进行统一管理，并按规定定期对试验仪器进行校定；督促各施工单位的试验检测项目严格按部颁标准的抽检、试验频率进行操作及抽检，并分别建立原材料、工程质量的试验、抽检台账，确保试验检测数据及时、真实、准确，为确保工程质量提供翔实、可靠的原始资料。

(3) 抓质量控制，确保精品工程。为保证工程质量，项目公司加大工程质量管理力度，增加质量管理人员，成立了工程质量督察大队。信泌段、泌南段各设一督察分队。督察大队不定期的检查监理单位、施工单位的履约情况。项目公司还配备了一台多功能工程质量检测车，现场流动，对工程质量随时进行抽查，把握工程质量动态。此外，项目公司还通过日常巡查、专项检查和季度检查相结合的方式对工程质量进行控制。日常巡查以工程质量督查队为主，对监理单位、施工单位履约情况进行检查，对各分项工程的施工程序、方法、施工工艺、标准试验及施工质量进行检查，发现问题及时纠正。专项检查是项目公司针对不同的施工阶段对路基、路面、桥梁、交通安全设施、房建等工程进行检查。季度检查是项目公司每季度对全线工程质量和监理工作进行一次检查、评比。根据每季度检查情况结合日常巡查和专项检查情况，分别对施工单位、监理单位排名，先进单位给予重奖，后三名全线通报。

(4) 抓源头管理，确保原材料质量。为保证公平竞争和施工单位的正当权益，信南项目上所有材料均由施工单位自行采购，项目公司本着“宽进严出、加强过程管理”的原则，只制订材料质量的标

准，对一些关键材料只指定一定的采购范围。但对于进场的原材料，要求监理必须做到“车车检、吨吨检、批批检”，质量稽查大队不定期抽检，凡发现哪个厂家的材料出现一次不合格，就全线通报，取消该生产厂家为信南高速公路建设提供原材料的资格。

（5）抓样板工程，确保示范带动。树立各分部、分项工程的样板工程，组织施工单位到各个在建的优秀项目学习其先进的施工工艺。做到开工必优，建一个工程，树一个样板。对于质量问题，采取“三铁”、“四坚决”手段，坚决不留隐患。

3 科技创新、建设生态环保高速公路

3.1 充分调查沿线筑路材料，通过调查研究和试验确定施工方案

筑路材料是制约公路建设速度的关键要素。特别是土，看似简单，如果对土的性质研究不透，不仅影响施工进度，甚至还会影响工程质量。有些项目前期进展缓慢，一是填筑前由于各种复杂因素原地基处理方案迟迟不能确定，致使施工无法进行；二是填筑材料性质不良而影响进度和质量。这个项目找准了两个突破点：第一，召集各监理单位、设计单位和施工单位，集思广义，研讨针对信南高速公路地质情况，确定路表处理、软基处理方案；第二，研讨各种填筑材料的性质、施工工艺及经济指标，在反复讨论的基础上总结出指导性原则，现场进行多种试验，待试验总结出适合各标段实际方案后，再完善批复手续。通过业主、设计、施工和监理共同研究的施工方案，又快又准又符合设计规范，改变了以往那种有问题推到设计部门，长期找不到解决问题的方法。针对信阳地区鱼塘、堰塘、水稻田多，泌阳至南阳土质多为弱膨胀土的特点。我们利用沿线砂砾石进行换填处理，利用丰富的河砂、风化岩、山皮石等作为路基填筑材料，避免了沿线取土占用耕地，解决了膨胀土改良的施工，既加快了进度，保障了工程质量，减少了协调难度，又最大程度地节约了农民的“保命田”。据不完全测算，仅此一项，全线就节约临时耕地8000余亩，受到了当地政府和沿线人民的一致好评。《河南日报》、《河南电视台》、《大河报》、《南阳日报》等多家媒体还给予了特别报道。

3.2 提升理念，建设环保路、生态路

信南高速公路途经区域属亚热带向暖温带、长江流域向黄淮河流域的过渡区。信阳至泌阳段为山陵微丘区，植物茂盛，风景秀丽，湖泊泽塘星罗棋布；泌阳至南阳段地处盆地，土地肥沃、地势平坦，适宜各类植物生长。该项目在设计之初就坚持生态、环保、与大自然和谐共生的设计观。初设阶段就线路走向、穿越村庄、跨越河流、铁路、水库地段进行了多方案比较，对老鸭河水库及马谷田冶铁遗址等环境敏感点进行了绕避，在南阳市桐柏县境内K35+477处绕开了桐柏毛集国营林场植被较好的主林区。工程施工中综合专家咨询组等多方建议，合理利用地形，以降低路基高度及适当加大纵坡来减少占地和挖方，尽量利用填方和避免弃方等措施，对原初步设计进行了完善；对全线边坡进行适宜的绿化设计，避免满目灰色混凝土的常规做法，采用多种绿化措施改善视觉效果；对石质挖方路堑边坡，在工程防护基础上采用客土喷播进行坡面绿化，避免灰色裸露痕迹；在互通区、服务区绿化方案设计前，对全线进行植物多样性调查，选择适宜生长的本土草种及灌乔木作为主流树种进行绿化；为了与周围环境和谐统一，该项目对全线100余座天桥进行统一设计，桥型与地形相结合，突出特色，增加行车舒适感。同时严格环境监理，严格水土保持，要求施工单位对清表土妥善保存，以便路基绿化时使用；通过结构物复查、涵洞通道的设置基本使沿线群众满意，并且采取有效措施最大限度地解决了通道积水这一通病。

3.3 加强科研 建设科技路

科学技术是第一生产力，在工程中结合工程实际，加强新材料、新技术、新工艺的研究和应用。为提高桥梁的承载能力，我们采用钢纤维混凝土作为伸缩缝填缝材料和桥面铺装材料，有效地提高桥梁的承载能力和桥面抗冲击性及耐久性。白河特大桥主桥为目前河南省最大规模的连续箱型梁桥，施工工艺复杂，我们开展了成套技术研究，通过科研招标确定长安大学为主桥施工监测与控制实施单位，并成立了监控领导小组，确保高质量完成主桥施工。路面施工中，在全线上面层采用SMA结

构，按照振动密实法进行底基层、基层配比设计及采用GTM方法进行中、下面层配合比优化设计，最大限度地减少水泥稳定半刚性基层裂缝发生和提高了沥青混凝土面层抗车辙能力。大胆创新为信南路的建设提供了更好的技术保障，为建设质量一流、科技先进、生态环保的信南高速奠定了坚实的基础。

4 精心组织，合理安排，工程进展实现新突破

信南高速公路按照省政府要求2年内要建成通车工期非常紧；全线土建、路面、房建、绿化、交通机电等100多家单位在2006年同时交叉施工，管理难度大；项目途经3市7县（区）21个乡镇117个行政村，协调任务繁重。为按期完成省政府确定的2006年年底全面建成通车的目标，项目公司紧紧围绕建设过程中最薄弱的环节，坚持统筹兼顾、全面安排、先急后缓、逐步实施的工作方针，采取了一系列行之有效的保障措施。

（1）打赢征地拆迁攻坚战。信南高速工程量浩大，仅主线用地就将近2万多亩。项目公司抓住征迁这一制约项目全面进展的关键问题，在2005年年初期征地拆迁工作困难重重、举步维艰的关键阶段，全体领导班子成员不顾天寒地冻，深入田间农户，分包县区，分包标段，同施工单位主要负责人一道吃住在拆迁现场，妥善解决了南阳、驻马店、信阳城市近郊人居环境复杂、人多地少的个性问题，进一步优化了工程施工的外部环境。

（2）制订科学的施工网络计划，适时提出阶段性奋斗目标。项目建设初期，为尽快掀起施工高潮，项目公司不等不靠，主动出击，2005年年初在滩涂地、河道内抓紧开工建设一批控制性工程，在征迁工作进度较快的驻马店境内率先掀起施工高潮，并在信泌、泌南段树立保质保量超前完成进度计划的先进典型和样板工程，实现了项目建设的“开门红”。进入6月份，豫西南地区连续4个月的降雨给信南高速公路信泌段的正常施工造成了严重影响，施工进度一度滞后。项目公司审时度势、果断决策，于10月份掀起了大干100天施工高潮，利用有利的施工季节不失时机地在全线开展比进度、比质量、比形象的劳动竞赛活动，彻底扭转了施工进度滞后的被动局面。2006年是信南项目各项工作全面展开的决战之年。为圆满完成信南高速公路的建设任务，项目公司再一次细化目标，抢赶工期。1月6日，项目公司在南阳市桐柏县召开了由交通厅组织的确保信南项目2006年建成通车动员会，2月20日、8月23日，又两次召开总结表彰暨再掀施工高潮动员会，进一步明确了最后阶段的控制性工程节点目标，按节点和工程量分解任务，重新与监理施工单位签订了目标责任书，打响了土建、路面、房建、绿化等工程的大决战。

（3）有的放矢、突出重心，解决制约项目建设的关键问题。针对信南项目途经区域地形复杂的特点，公司通过多次下发文件、专一检查等方式要求施工单位确保便道畅通无阻，建设后期又制订了天桥支架强制性拆除、主线半幅贯通时间表，为原材料运输、施工机械通行提供了条件；针对路面摊铺任务重、有效利用时间少等情况，项目公司未雨绸缪，迅速转移工作重心，提出了路床交验、基层交验以及沥青路面最后的完工期限。一方面督促土建单位抓紧路床施工，路基填筑工程每公里一个作业面，一组机械组合，桥梁工程增加各种机械和模板投入，24小时交叉施工，并报请交通厅质监站批准，加速了路床交验时间；另一方面采取多项措施，要求施工路面的单位主要管理人员全部到一线跟班作业，机械设备上充分满足强制性招标文件的要求，至少保证有两个作业面同时施工，每日摊铺量达到2km以上。

为形成大干快上，比、学、赶、帮、超的施工氛围，项目公司党委认真贯彻省交通厅《关于在全省在建高速公路工程项目开展劳动竞赛活动的通知》的文件精神，在全线开展了“保安全、保优质、保高效、保廉政、讲文明、讲协调”为主要内容的“四保二讲”的劳动竞赛活动。每10天利用简报、宣传版面、内部信息等形式将施工单位每个阶段完成情况向全线公布一次，每一个月进行一次评比，对质量进度较好的单位发放奖金，通报表扬，发放流动红旗，并将贺信、表扬信等函寄给上级主管部门；对质量、进度较差的单位给予处罚，发放黄旗，并将处罚决定、通报批评也通报给上级主管部

门。

(4) 加强组织领导，加大帮扶力度。针对建设后期100余家单位交叉施工引起的相互干扰问题，项目公司实行分片包干，责任到人，及时发现和解决工程施工中遇到的内部及外部环境问题。为减化设计变更审批和计量支付手续，进一步明确了驻地监理、代表处的审批权限，明确了各种文件在各单位的周转期限；对由于施工工期缩短，施工单位投入较大，原材料价格上涨幅度较大等不可预见因素，公司报请省公司、省交通厅，制订了较为完善的弥补措施，有效地保障了施工单位的经济效益；针对工期提前后，监理人员服务周期相对缩短的特点，要求监理代表处调整监理人员，利用工期缩短节余的监理费用，重新增加监理人员，延长工作时间，加大服务力度，提高工作效率。

(5) 搞好地方关系，争取优良的施工环境。紧紧依靠当地政府，紧紧依靠沿线群众，加强沟通与理解，寻求最大程度地支持。首先做好宣传工作，使群众充分认识到建设高速公路的重要性；第二是坚持原则，据实补偿，绝不让老百姓吃亏，在力所能及的范围内，尽力为沿线政府分忧，为群众解决生产、生活中的一些实际问题，以信誉、诚信密切配合沿线各级政府的征地拆迁工作和改路改渠工作，赢得大多数群众的理解和支持，为全线形成大干快上的良好局面提供有力的环境保障。

昨日花开今犹在，今朝又闻枝头香。信南项目的100余家参建单位，近30000名建设者在项目建设的数百个日日夜夜里，披荆斩棘，穿山越涧，用自己的行动创造出了路上的辉煌。尽管还未全面建成通车，但她靓丽的身姿已展现出迷人的风采。即将完工的路面宛若一条上下翻飞的黑色缎带，铺设在豫西南大地上；五彩缤纷的野花点缀着满目绿色的护坡，与大自然相映成辉；桥梁、服务区和收费站就像是“珠链”上的一粒粒悦目的“钻石”，凸显着沿线三市特有的自然景观和文化底蕴。空中俯瞰，信南高速公路和美流畅的线形正像梦一样伸向遥远的地平线，一条人性化、生态化的高速大通道正在庄严等待着全省9700万父老乡亲的检阅。

信阳至南阳高速公路项目贯彻勘察设计新理念建设典型示范工程实践与探索

姬同庚

河南省信阳至南阳高速公路有限公司

［摘　要］　通过介绍信阳至南阳高速公路项目建设过程中贯彻勘察设计新理念情况和建设典型示范工程的具体实施方案，总结了新技术、新材料、新工艺应用情况，对类似工程具有一定参考价值。

［关键词］　勘察设计　高速公路　典型示范　新理念

1　概述

河南省信阳至南阳高速公路项目是国家规划的西部开发大通道上海至陕西（沪陕）高速公路重要组成部分，是河南省“十五”期间重点公路工程建设项目，自东向西依次穿越信阳市、驻马店市、南阳市，全长182.904km，分信阳至泌阳段、泌阳至南阳段两个项目进行建设。公路沿线地质、地形复杂，信阳境鱼塘、堰塘、水稻田分布较广，驻马店段和南阳桐柏境内为山岭重丘区，泌阳至南阳段全线分布中弱膨胀土。沿线村庄、沟渠、道路较多，施工环境比较复杂。全线共设特大桥2座、大中桥131座、互通式立交9处，服务区3处、停车区3处、分离式立交48处，通道102道，涵洞263道，天桥79座。全线路基按六车道一次性实施，工程概算69.2亿人民币。全线土建工程为20个施工合同段，4个监理合同段；路面工程为12个施工合同段，4个监理合同段。信阳至南阳高速公路项目自初步设计到开工建设以来，以科学的发展观统揽全局，积极贯彻落实交通部典型示范工程新理念，按照“安全、环保、舒适、和谐”的方针设计，坚持用“最大限度地保护生态、最小程度地破坏生态、最有力度地恢复生态”的环保理念进行建设和管理，因地制宜地采用新材料、新技术、新工艺，提升了信南项目的科技含量，保障了工程建设的顺利进行。

2　严格设计质量，贯彻勘察设计新理念

在建设初期，通过严格的设计招标，分别选择了河南省交通规划勘察设计院和中交第一公路勘察设计研究院，负责信阳至泌阳段和泌阳至南阳段勘察设计工作。

在吸取以往项目建设经验教训的基础上，项目公司与设计单位在设计之初就坚持以人为本，将全面、协调、可持续的科学发展观融入到设计工作中来。工程可行性研究阶段，在地质灾害、压覆矿产资源评估和水土保持、环境影响评价的基础上进行科学选线，就线路走向，穿越村庄、跨越河流、铁路、水库地段，进行了多方案比较；初步设计阶段坚持地质选线和环保选线，合理利用地形，尽量避免深挖高填，本着“善待环境、尊重自然、呵护生态”的环保理念对老鸭河水库、马谷田冶铁遗址和南阳天冠三十万吨乙醇生产基地等环境敏感点，进行了绕避；施工图设计过程中路线设计上打破平、直、缓的惯用模式，路随地形起伏而自然伸展，与自然风貌水乳交融，浑然一体；路堑边坡根据地质情况适当放缓，且在坡顶和碎落台处形成圆弧过渡；白河特大桥主桥采用56m＋3×100m＋56m变截面预应力混凝土连续箱梁，科技含量高，跨径20m以上桥梁采用等截面连续箱梁或先简支后连续预应力混凝土箱梁，跨径20m以下桥梁采用简支预应力空心板；此外，根据路基高度、汇水面积、边坡坡率、地质条件、气候、地形地貌及自然环境等因素确定了合理的防护和排水形式。房建、绿化、交通工程和安全设施均进行了人性化设计。

3 坚持新理念，建设生态环保高速公路

项目建设过程中，通过进一步坚持建设新理念，积极贯彻执行《河南省高速公路技术要求》，严格遵循“交通舒适安全、景观优美自然、生态环境良好、地域文化丰富”的指导思想进行建设和管理。

3.1 结构物复查

开工建设前，本着“以人为本”的工作思路，项目公司组织设计单位、监理单位、施工单位和沿线地方政府对全线结构物布置进行复查，对已设计构造物按1∶1现场放样，广泛征求当地政府和群众意见，最大限度地保证路通、水通，极大地方便了沿线群众的生产生活，构建了和谐宽松的施工环境。

3.2 路基填筑

路基填筑方面充分利用沿线丰富的河砂、砂砾石、风化岩、山皮石等作为路基填筑材料，针对填砂路基压实时需要大量浇水的特点，提出并实施了填砂路基砂砾石包边新技术，克服了黏土包边不易压实和保水的缺点。该技术实施后避免了沿线取土占用耕地和膨胀土改良施工，既加快了进度，保障了工程质量，减少了协调难度，又最大程度地节约了耕地。据不完全测算，全线共节约临时耕地8000余亩。此外，在建设过程中还利用弃方和工程垃圾在沿线荒坡、低洼处造田1000余亩。

3.3 边坡防护与排水

边坡施工方面，在填方边坡底部及挖方边坡坡顶与坡脚之间进行圆弧过渡，尽量放缓挖方段边坡坡率，开阔驾乘人员的视野，并根据实际情况统一取消了防撞护栏。边坡防护方面，在保证工程安全的前提下，最大限度的采用植物防护，尽量减少生硬的圬工砌体，既降低了工程造价，又有利于环境保护。对全线石质挖方路堑边坡，在工程防护的基础上采用客土喷播进行坡面绿化，除了对几处存在不稳定隐患的高度超30m和岩质较破碎边坡采用锚索或锚杆框架植草外，全部进行客土喷播。针对南阳膨胀土特点进行研究，采用新技术进行路堑边坡防护，对全线高度大于2m小于6m的膨胀土挖方路堑边坡采用液力喷播；对大于6m的膨胀土挖方路堑边坡采用锚杆挂铁丝网客土喷播，有效地避免了以往用拱形骨架生硬防护的简单做法。在填方路段，对于填方高度大于4m的边坡，采用拱形骨架植草防护，拱形骨架采用流线型预制块，既达到排水、防水效果，又美观大方；对低于4m的填方路基边坡采用三维网垫培土进行坡面液力喷播，植物种子配比采用草、灌、花结合，尽量与沿线景观融为一体；排水设施方面，对高于2m的挖方地段将排水边沟改为暗边沟，并加植草皮，和路堑边坡及碎落台绿化有机结合；低于2m的挖方段及低于3m的填方段采用宽浅型边沟；对挖方段个别坚硬孤石、较大坑槽，尽量予以保存，力求做到和谐、自然。

另外在白河大桥以西K177＋170～K177＋800段6～11m高膨胀土路堑边坡采用生态改性剂进行改性试验研究，将表层0～1m的膨胀土改良为非膨胀土，不仅保证了边坡稳定，而且表面喷播植草后达到了较好的绿化效果，从而探索出中弱等膨胀土路堑边坡防护的新方法。

3.4 中央分隔带

为节约土地，拓宽行车空间，信泌段、泌南段中央分隔带由3m变更为2m，并在南阳市唐河县以西交通量较大地段设置了新泽西防撞护栏，将六车道改为八车道；中小桥采用与路基同宽型式，减少渐变；对路基段采用在路面基层中预埋钢筋，然后与新泽西护栏钢筋焊接、现浇，确保行车安全。中央分隔带采用高低树种搭配、花草兼植，确保三季有花，四季常青。同时，在中央分隔带创新性地设置浇灌系统，提高绿化植物的成活率，节约建成通车后的管理成本，避免洒水车浇灌带来的安全隐患。

3.5 景观天桥

根据《河南省高速公路技术要求》，在桥面宽度、功能兼顾上提高标准，对全线天桥根据所处的地形、地质情况进行桥型设计，分别采用了等截面连续箱梁、三跨预应力和四跨非预应力变截面连续箱梁、斜腿刚构和拱形刚构、中承式和上承式钢筋混凝土拱桥、刚架拱桥和钢管混凝土系杆拱桥。此外，在桐柏停车区，设计了（18m＋38m＋66m＋18m）单塔自锚式拱塔悬索桥，将地方天桥与服务区天桥巧妙地融为一体，为信南路增加了一道靓丽的风景线。全线天桥均按八车道跨越，净空按5.5m设计，为以后扩建预留了空间。另外，根据桥位处地形特点结合周围自然景观对天桥进行涂装设计，力争做到一桥一景，增添了高速公路的人文景观。

3.6 服务区

泌阳服务区充分利用处于丘陵地形特点，因地制宜，合理布局，设计了南北两区3m高差一级各区东西3m错台分隔的布置形式，不仅增添了动感和活力，而且减少了土方开挖和弃方；唐河服务区，根据地形特点，充分考虑中部自然水沟，规划“沿河布局”的服务区设计，营造休闲和舒适氛围。

3.7 互通立交区绿化

在全线进行植物多样性调查基础上，确定沿线适宜生长的本土草种及灌乔木作为互通区、服务区绿化主流树种；结合自然地形和周围环境建造水面和微地形，和大自然融为一体。特别对信南高速和驿阳高速交叉的马谷田枢纽立交，充分利用其山岭区地形特点，进行针对性设计，将主线和匝道中间山体开挖成自然山形，内坡尽量放缓，边坡绿化采用本土草灌花结合，努力打造“车在山中行，人在画中游”的立体山水画景观。

3.8 工程环保

施工过程中我们还严格环境监理，严格水土保持，将施工及建成通车后对环境的影响降低至最低限度，力争项目结束后，看不到因建设而造成的施工痕迹。对不适于路基填筑的弃方和工程垃圾，弃于荒坡、荒沟及低洼处进行造地和绿化，而且对弃土场边坡进行充分夯实，对取土场和预制场等临时用地及时复耕。总之，在项目建设中，我们通过保护生态、美化环境的措施和做法，争取达到“车在路上走，人在画中游”的视觉效果。

4 开展科技攻关，提升质量与安全

信南项目建设规模大，地质、地形复杂。为确保工程质量与安全，争创精品工程，我们开展了全方位的科技攻关活动。

根据信阳境软基、水塘分布较广、驻马店境内属山岭重丘区、南阳段、膨胀土分布广泛的不同特点，对小于3m的浅层软基采用河砂、砂砾石进行换填处理，对深层软基采用水泥粉喷桩、砂桩、强夯置换等方法进行处理，以加强地基承载能力和减小工后沉降。

在互通区、服务区绿化方案设计前，对全线进行植物多样性调查，确定了能适宜生长的本土草种及灌乔木作为主流树种，为设计提供了科学依据。在全线边坡防护方案设计之前，进行岩石边坡客土喷播和膨胀土边坡液力喷播试验段工程，通过一年四季观察研究，为制订全线边坡防护方案奠定了基础，为进一步开展工程环保与生态恢复技术研究奠定了基础。

为提高桥梁的承载能力，我们通过研究钢纤维混凝土材料力学的特性，采用钢纤维混凝土作为伸缩缝填缝材料和桥面铺装材料，有效地提高桥梁的承载能力和桥面抗冲击性及耐久性；此外还通过研究挖方段边沟盖板的受力特性，积极推广少筋钢纤维混凝土盖板技术，不仅节约了建设成本，而且极大地方便了工程施工。

白河特大桥主桥为56m＋3×100m＋56m变截面连续箱梁，是目前河南省最大规模的连续箱型梁桥，采用无支架挂篮施工，科技含量高，施工工艺复杂，通过科研招标确定主桥施工监测与控制实施单位对施工全过程应力与线形进行控制，确保大桥建设满足设计要求。同时还开展了墩顶块受力性能、收缩徐变、抗震及稳定性等成套技术研究，为确保高质量完成主桥施工奠定了基础。

为确保路面施工质量，采用旋转剪切击实方法（GTM法）进行底基层、基层及中下面层配合比优化设计，最大限度地减少水泥稳定半刚性基层裂缝，增加沥青混凝土面层抗车辙能力。采用

18cmATB25+18cm 级配碎石和 18cmATB25+18cm 水泥稳定碎石方案进行柔性基层试验段铺设，探索减少车辙和路面裂缝新技术。

为提高沥青混凝土上面层抗车辙性能及行车舒适性，在河南省首次全线大规模采用沥青玛蹄脂碎石（SMA）作为上面层结构。通过严格的目标配合比设计、生产配合比设计和压实摊铺工艺控制，保证了质量。

为了全面监控路面质量，减少因钻芯取样对路面整体性和行车舒适性的影响，探索采用路面雷达和核子密度仪等测试技术，对路面中上面层厚度和压实度进行无破损检测，中面层每车道 2km 取一芯样进行标定，上面层每车道 5km 取一芯样进行标定，且芯样尽量在路缘带和车道分道线处。如发现质量隐患应及时处理。

5 结语

信阳至南阳高速公路是 2006 年建成通车的河南省第一个典型示范工程，在建设过程中及时地开展了勘察设计典型示范工程咨询活动。信南公司根据项目特点积极落实建设新理念，努力探索新材料、新技术、新工艺的科学应用，取得了一定的成果，但在许多方面还需要做深入细致的工作。

信南高速公路竣工文件材料立卷归档工作管理

苗万杰　吴颂英

河南省信阳至南阳高速公路有限公司

［摘　要］　本文针对信南高速公路竣工文件材料立卷归档工作特点，结合落实修订后《河南省公路工程竣工文件材料立卷归档整理细则》的情况，全面介绍了信南高速公路竣工文件立卷归档管理思路和管理方法。可供高速公路竣工材料归档工作参考。

［关键词］　高速公路　竣工文件　归档　管理

我国基本建设程序规定，在工程竣工验收前，应编制好竣工文件，因此，加强高速公路建设项目的档案管理非常重要。高速公路建设项目档案管理工作是高速公路建设的重要组成部分，是高速公路建设的真实记录，是高速公路建设和管理的重要依据，所以要确保高速公路建设项目档案的完整、准确、系统，切实为高速公路的建设、使用、养护、改建、扩建服务。

随着公路建设的不断发展，公路工程建设投资力度的加大，由此产生的公路工程档案数量也大量增加，传统的整理方式已远远不能满足现代管理的要求，因此，公路工程建设项目档案归档、整理工作需要提高和规范。河南省交通厅根据交通部 2004 年 9 月 4 日发布的《公路工程质量检验评定标准》，“单位、分部、分项工程划分”的要求，对原《河南省公路工程竣工文件材料立卷归档整理细则》进行了修订、增补。同时也对档号的编制进一步细化，修订后的《细则》更加趋于合理化、规范化、实用化。

信阳至南阳高速公路建设项目公司，根据交通厅、高发公司的竣工文件材料立卷归档整理要求，进行认真细致的工作，现把我们的做法简要介绍如下。

1　信阳至南阳高速公路概况

河南省信阳至南阳高速公路是国家规划的西部大开发大通道上海至西安高速公路重要组成部分，全长 182.904km。它是联系我国东南沿海与中西部地区的桥梁枢纽，是连接西北与华北地区便捷的快速公路通道。它的建成对充分发挥干线公路网的整体效益，缓解连霍国道的交通压力起着举足轻重的作用。同时本项目是河南省高速公路网“五纵四横四通道”的重要组成部分，路线途径信阳、驻马店、南阳三地区，它将为豫南、豫西南地区经济腾飞产生积极影响。

河南省信阳至南阳高速公路信阳至泌阳段由河南省交通规划勘察设计院设计；泌阳至南阳段由中交第一公路勘察设计院设计。信阳至南阳高速公路采用计算行车速度 120km/h，全封闭。路基宽度 34.5m，路面为沥青混凝土路面，全线一次性按六车道实施。全线设互通式立交八处，枢纽互通一处，特大桥二处（含跨宁西铁路分离式立交），大桥 38 座，中桥 88 座，小桥 57 座，分离式立交 3 座，天桥 100 座，涵洞、通道 409 道，全线土石方 3742.2 万 m^3。总投资 69.2 亿元人民币。第一期工程通过公开招标共 20 个标段施工，设 4 个监理代表处；第二期路面工程共分 12 个标段施工，设 4 个监理代表处。本项目具有路线长、投资规模大、地质复杂、施工和监理单位多等特点，因此，对竣工文件材料立卷归档工作的任务十分繁重。

2　加强领导，重视档案整理工作

根据《细则》要求，公路工程竣工文件材料立卷归档工作，应纳入公路工程建设项目的管理工作中，建立公路工程文件材料管理领导人责任制，配备专人负责公路工程文件材料的立卷归档工作，坚

持建设工程项目档案工作与项目建设同步进行，确保建设项目档案的完整、准确与系统。本项目一开工就下发了《关于加强信南项目档案管理领导工作》的通知，成立档案专项管理领导小组，临时党委书记为组长，项目公司各处室负责人、各监理代表处总监为副组长，同时每处室及监理代表处、施工单位配备1～2名档案专职人员为成员，达到齐抓共管，并进行定期和不定期的评比检查，建立了奖优罚劣机制。

3 加强培训，认真学习领会《细则》要求

信南高速公路有限公司按照交通厅印发的“河南省公路工程竣工文件材料立卷归档整理细则”要求，对参加该项目的有关人员进行了系统培训，组织各单位负责资料整理归档人员两次参加了上级组织的培训班。为了进一步加强和提高负责文件材料立卷归档人员的工作水平，项目公司又组织了全线参建具体负责档案整理人员的培训工作，邀请了上级部门专家专门来南阳授课，讲解具体做法，起到了很好的效果。同时项目公司又组织具体负责人走出去学习的办法，向兄弟单位学习文件材料立卷归档做法，先后参观学习了叶信高速公路、驻信高速公路、濮鹤高速公路等兄弟单位的文件材料整理归档工作，取了经，吸取了教训，促进了档案整理工作的顺利开展。

4 根据《细则》和实际情况提出具体要求

为确保信南高速公路工程文件材料的完整、准确与系统性，建立健全项目的所有档案，做到档案移交与工程建设交工验收同步进行，项目公司专门下发了“关于信南高速公路竣（交）工资料整理要求”，内容有：

（1）要求竣工资料整理工作领导小组和各单位负责人要高度重视文件资料整理归档工作；

（2）各单位积极做好技术资料的收集、整理及分类归档工作，各分项内容整理均应严格按照《河南省公路工程竣工文件材料立卷归档整理细则》的要求及排放顺序进行复查。检查开工报告、原材料试验、工程质量检验认可书；检测评定汇总表等资料是否缺项、漏项；检测项目及抽检频率是否符合原材料试验规程《公路工程质量评定标准》及各监理代表处下发的有关规定；并要求工程检验认可书及建筑材料报验单必须加盖红章。

（3）为保证竣工资料的连续性、完整性，应做到工程结束工程资料整理归档结束。同时要求单项工程、分部工程结束，工程资料整理归档完毕。

（4）各单位在整理施工阶段形成的文件资料时，应以单位工程、分部工程、分项工程的施工程序，按照交通部《公路工程质量检验评定标准》（JTCF/1—2004）第一册土建工程附录A，单位、分部及分项工程的划分要求分别整理组卷。如：路基工程以分部、分项工程分别编目；路面工程以路面结构层次为单元分别编目；桥梁工程下、上构造以每墩、台或跨等单元分别编目。

（5）归档组卷的质量要求：

①归档文件材料，必须书写工整，字迹线条清楚，纸张便于长期保管，格式统一；

②严禁使用圆珠笔、铅笔等不易长期保存的书写工具，宜用碳素墨水；

③质检站下发的表格，各单位在打印时左页边距不得小于15mm；

④案卷封面、卷内目录、备考表、案卷目录、卷盒脊背表格格式，全部由档案管理软件自动设置生成，不再逐件标注尺寸。

（6）为了信南高速公路全线各标段及监理代表处在资料整理时、统一、规范，特对文件及卷内目录及档案编号方法做了统一规定。

a. 监理单位档号标注方法

以信南高速公路信泌段第一监理代表处为例：

GL5.1.XN.XB（J1）/6-N（N代表卷号从001开始）

以第一代表处第一驻地办为例：

GL5.1.XN.XB（J1－B01）/6-N1

其中：GL5.1-为交通部规定统一标注三级类目

XN.XB-代表信南高速公路信泌段项目简称

J1-第一监理处字母缩写

B01-第一代表处第一驻地办字母缩写

N、N1-案卷流水号

b. 施工单位档号标注方法

以信泌段土建一标为例

综合部分：

GL5.1.XN.XB（TJ-B01）/5-N（N代表案卷号从01开始）；

施工检测资料：GL5.1.XN.XB（TJ-B01）/5.1.1-N1（N1代表案卷号从001开始）。

5 监理文件竣工档案整理和施工单位文件竣工档案整理

5.1 监理单位监理文件竣工档案整理

根据信南高速公路建设管理模式和要求，监理单位和施工单位选择和确定均通过招标方式确定。因此，监理资料的整理应以监理合同段为基础分别整理、汇总。若一个监理代表处监理的范围包括以上的工程合同段，对于质量控制文件、工程计划管理文件、工程合同文件及其他文件可按照施工合同段分别整理，管理性文件、技术标准、会议纪要等各施工合同段通用的文件可合并进行整理。监理单位竣工文件资料按归档范围八大类目中的第六类（见六、监理文件）进行整理组卷，房建监理单位竣工文件资料按房建归档范围五大文件类目中的第二大类目（见二、监理文件）进行整理组卷，单独解决问题的会议纪要文件单独立卷。主要包括两大部分：综合文件（行政资料和计量支付资料）和施工过程中形成的抽检资料原件（技术资料）。

5.1.1 综合文件

（1）监理与业主及有关单位的来往文件；

（2）监理通知、开（停复）工令；

（3）备忘录、会议纪要；

（4）监理单位管理或监理单位建设情况；

（5）工程合同管理文件；

（6）计划与进度控制文件；

（7）工程质量控制文件；

（8）工程技术管理文件；

（9）工程投资控制、计量与支付。

5.1.2 抽检资料原件

（1）路基土石方工程；

（2）路面工程；

（3）桥梁工程；

（4）互通式立交；

（5）环保工程；

（6）交通安全设施。

5.2 施工单位施工文件档案整理

施工单位竣工文件资料立卷归档是施工单位将施工阶段的施工文件材料即工程技术档案按《公路工程竣工文件材料立卷归档管理办法》及《河南省公路工程竣工文件材料立卷归档整理细则》的相关规定，按归档范围八大类文件类目中的第五大类目施工文件，分别按合同段、单位、分部、分项工程

组卷。施工文件具体内容包括两大部分：综合部分和原始记录部分。

5.2.1　综合部分

（1）上级来文（含红头文件、管理通知、会议纪要等）；

（2）申请、批复文件；

（3）施工单位本单位发文件；

（4）总体开工报告、技术交底、施工方案等；

（5）施工日记；

（6）试验室资料；

（7）设计变更；

（8）计量支付；

（9）工程声像资料。

5.2.2　施工原始检测资料

（1）路基工程；

（2）路面工程；

（3）桥梁工程；

（4）互通式立交；

（5）环保工程；

（6）交通安全设施；

（7）机电工程。

6　结语

以上为信南高速公路工程竣工文件材料立卷归档做法的简要介绍，有些做法还在进一步改进，我们将尽最大努力把公路工程文件材料立卷归档工作做好。文中有不完善的地方，敬请批评指正，以利更好地做好此项工作。

加强党建工作　促进信南高速公路建设健康发展

马飞刚　林丽榕

河南省信阳至南阳高速公路有限公司

[摘　要]　为消除项目建设中党建工作中存在的“盲区”和“空白点”，充分发挥基层党组织在工程建设中的战斗堡垒作用，信南公司结合项目建设的实际情况，因地制宜地走出了一条党组织管理无界限，党员发挥先锋模范作用无地域的党建工作新途径，为项目建设的顺利进行提供了坚强的政治保障。

[关键词]　建设项目　党建工作

信阳至南阳高速公路是国家规划的西部大开发上海至西安高速公路八大通道的重要组成部分，是豫西、豫西南地区联系东部、东南部沿海经济发达地区的有效途径。该项目由交通部批复，省政府授权、交通厅批准，河南高速公路发展有限责任公司出资修建，是河南省目前建设里程最长、施工环境最为复杂、建设标准最高的重点公路工程项目，被交通厅确定为河南省交通勘察设计典型示范工程。为加快中原崛起、促进河南区域经济快速发展，省委、省政府提出了加速信南项目建设，争取提前一年实现2006年全线建成通车的目标。自开工建设以来，信南公司积极探索工程建设与党建工作相互促进的新途径，以强力推进项目建设为核心，以充分发挥党委的政治核心作用为保障，以凝聚人心、涤炼意志，提高基层党组织战斗力为目标，以制度创新、理念创新、机制创新为动力，以强有力的思想政治工作和丰富的创建载体为切入点，狠抓一个核心（项目建设核心）、协调两个发展（工程建设和党组织建设跨越式发展）、实现三个提高（工程质量提高、建设理念提高、基层组织战斗力和党员素质的提高），围绕中心、把握大局，拓宽领域，强化功能，扩大党建工作的覆盖面，实现了工程项目建设和党组织建设的协调发展。

1　立足新形势，适应新变化，迎接新挑战，开创党建工作新路子、新局面

河南省信阳至南阳高速公路自立项之初就面临许多新的挑战。一是项目立项之初适逢河南全面放开高速公路建设市场，省政府以［2004］398号文件明确规定，项目投资主体由政府委派变为按企业模式组建项目法人，并与各地市签订合作框架协议和特许经营协议；二是改变投资模式后，涉及高速公路建设领域的诸多环节都由传统的政府性指令性计划转变为按市场规则参与全方位的竞争，致使在施工环境、原材料供应、征地拆迁安置等方面遇到了前所未有的挑战；三是2004年至2005年国家加大对基础设施建设的调控力度，推行严格的土地政策，紧缩地根，大大加重了工程建设中征地拆迁的难度和工作量；四是信南高速公路全长183km，涉及沿线3市7县区21个乡镇117个行政村，点多线长面广；加之省政府确定了提前一年建成通车的目标，施工时间短、方方面面的矛盾十分突出。特别是为贯彻省政府指示精神，公司要求加大人力、物力、机械投入，部分单位消极等待思想严重；五是信南项目战线长、参建单位众多，原有的基层党组织结构上有缺陷、人员配备不充分，以工代党、兼职负责现象比较普遍；六是施工单位中劳务人员较多，许多党员长期游离于上级组织之外，教育管理大多处于无序、随意和放任自流状态，党员先锋模范作用得不到充分发挥。信南公司作为项目实施的承担者，是全部工作的承重层，既处于生产指挥第一线，也是各项工作的起始地和归宿处，在整个管理系统中居于关键地位，仅仅依靠董事会、经理层的行政力量，很难最大限度地发挥基层施工单位向心力和积极性。针对以上现象，省公司党委立足大局、审时度势，在反复调查研究的基础上提出了

把“支部建在工地”、组建项目临时党委的党建工作新思路，以加大对全线参建单位基层党组织的领导力度，消除党员教育管理中存在的“盲区”和“空白点”。为积极贯彻省公司党委的指示精神，信南公司结合项目建设的实际情况，因地制宜地走出了一条党组织管理无界限，党员发挥先锋模范作用无地域的党建工作新途径，大大促进了项目建设的顺利进行。

2 加强领导，健全组织，为党建工作深入开展提供坚实的组织保障

信南项目党委组建自调研到成立、从试点到全面展开，得到了省交通厅党组、省公司党委的大力支持和关怀。省交通厅党组副书记、副厅长李庆瑞对组建项目党委给予了充分肯定。为保障该项工作稳步推进，省公司董事长、党委书记王金山多次莅临信南高速公路施工现场了解党建工作开展情况，并先后派出督导组向监理、施工单位党支部、老党员征求意见，完善实施方案；省公司政治部也为项目党组织建设制订了切实可行的工作目标。在项目临时党委成立大会上，省交通厅厅直党委书记刘茂昌对信南项目组建党委提出了殷切希望和更高的要求，他勉励新成立的临时党委在工作中要恪守“三个必须”，力行“三个坚持”，争创“三个一流”，努力寻求党建工作新的切入点。为保障项目党建工作的顺利开展，信南公司加强领导，靠前指挥，在反复调研的基础上，按照《党章》和民主集中制的原则，选举产生了临时党委领导班子，党委领导班子按照党的组织原则，民主推荐、层层选拔，在全线成立了44个基层党支部，并要求参建单位把政治素质强、文化水平高、懂生产经营、有强烈事业心、有群众基础的党员充实到党的干部队伍中，使基层党组织真正成为联系群众的纽带，使每一个党员都能过上组织生活，体会到党组织大家庭的温暖，为党建工作的纵深开展和加快项目建设步伐奠定了强有力的组织保障。

3 围绕中心，服务大局，积极寻求党建工作和项目建设的切入点

子曰：“物有本木，事有始终，知所先后，则近道矣”。如何实现项目党建工作的开门红，如何发挥基层党委在建设项目上的政治优势，充分体现党组织的政治核心作用，发挥好党员的先锋模范作用，成为新成立的临时党委面临的亟待解决的课题。新党委成立后，领导班子成员认真学习了《中共中央关于加强和改进国有企业党建工作的决议》、《关于新时期加强和改进党建工作的实施意见》，科学分析了项目党建工作遇到的新情况、新问题，探索性地走出了一条项目党建工作新途径。一是把项目建设作为党建工作的立足点和出发点，把施工工地作为党组织实践“三个代表”重要思想的主战场，从加强党建是促进项目管理、关系企业生存发展的高度，提高对项目党建重要性和紧迫性的认识；二是把项目建设中抢赶工期、严格质量、保障安全、优化环境的工作中遇到的难点作为党组织发挥作用的重点，把党组织的各项工作渗透到工程建设的每一个环节中；三是创新党组织的工作载体和活动方式，鼓舞士气、凝聚力量，充分调动每位项目参与者的积极性，实现精神文明和物质文明双丰收。

在党组织建设工作中，项目党委反复统一思想，要求基层组织突出四个作用：政治核心和保障作用，凝聚人心和宣传鼓动作用，战斗堡垒和先锋模范作用，勤政廉政和安全屏障作用。处理好三种关系：基层组织工作同施工生产经营的关系，基层党组织同原上级组织和临时项目党委的关系，基层党组织同所有参建党员的关系。要求党组织立足实际不越位、不错位、不空位，扎实有效地开展工作，把共产党员先进性和先锋作用发挥到施工过程的每一个环节，真正做先进生产力的发展者，先进文化的传播者和最广大人民群众利益的代表者。

4 立足实际，创新载体，为项目建设注入新的活力

信南项目临时党委成立以后，项目党委紧扣河南交通工作“改革、发展、质量、廉政、安全”主旋律，立足实际，创新载体，为项目建设注入了强大的动力。

一是在全线开展声势浩大的劳动竞赛活动，项目党委成立了劳动竞赛考核办公室，出台了一系列

奖惩措施，根据土建、路面、房建、绿化等各项工程的工期制订阶段性、控制性工程节点目标，将每个目标细化到每一天，每一个劳动日，每一个区队和班组；根据豫南、豫西南地区的气候特点，积极响应省公司号召，掀起了“大干120天”春季施工高潮、开展了“保安全、保优质、保高效、保廉政、讲文明、讲协调”为主要内容的“四保二讲”的劳动竞赛活动；针对底基层、基层施工时间比较短，土建单位路槽交验缓慢的不利局面，提出了大干“红五月”，争取实现路槽交验和单幅贯通的施工目标。在竞赛活动中的每一个阶段，项目党委思路明确、措施得力、奖惩到位。对进度快、质量优、形象好的监理、施工单位插红旗、发奖金，向其上级主管单位送喜报，对进度严重滞后、屡屡出现质量问题、限期内不能完成节点目标的单位，插黑旗，送罚单，并将通报批评邮寄给其主管部门。在全员劳动竞赛考核中，项目党委充分发挥政治核心作用，对重要工程、关键部位和工序公开评比标准和实施细则，营造弘扬士气、激励先进，比、学、赶、帮、超的舆论氛围；对个别管理混乱、长时间不能扭转被动局面的单位拉警笛、亮黄灯，强行拆分其原有工程量，确保整体推进，均衡发展。

二是为提升项目建设新形象，确保完成“100-93”的质量目标。项目党委创新党组织工作载体和活动方式，在全线党员干部中开展争创“党员示范工程”和“党员先锋岗”活动，要求重点部位、主要环节、关键工区要有党员持证上岗，充分发挥“党旗”的指引作用和共产党员的先锋模范作用。项目党委以质量、安全、进度为具体目标，制订明确的创建标准，每季度评比一次，并实行评比公示制度，有效地调动了全体党员参与工程建设的积极性。

三是为加强安全廉政建设，在全线共产党员中开展“安全廉政屏障”工程，要求每个共产党员制止身边不安全行为、不廉洁现象，杜绝安全隐患和违反党纪现象在身边发生；结合“五好支部”、“五好班组”建设，对党员的“三违行为”和不廉洁现象，所在党支部和党小组也要承担相应责任。

四是结合共产党员先进性教育，积极开展路地共建和献爱心活动，先后给部分农民工送温暖、献爱心十余次；同沿线桐柏革命老区贫困户、特困村的拆迁学校结对子，建希望小学，最大限度地取得沿线人民群众的支持和理解，极大地优化了工程建设中的外部环境。

总之，信南项目党委以工程建设为轴心，利用丰富多样的创建载体，保障了工程建设的顺利进展。

5 开展强有力的思想政治工作，营造大干快进的政治氛围

2005年以来，信南项目党委根据党组织自身建设规律，深入开展思想政治工作，积极营造大干快进的良好政治氛围。

一是要求各级基层党组织把握项目建设主脉搏，进一步统一思想，提高认识，咬定2006年建成通车的目标不放松，把各种思想、各项工作统一到年底建成通车的目标上来。公司通过黑板报、宣传栏和主办的《信南高速建设动态》，宣传早日通车的社会效益和经济效益。

二是认真开好“三会”、上好“一课”，利用雨雪天气和施工闲暇开展多种形式的人生观、世界观教育，扎实有效地开展保持共产党员先进性教育活动。

三是结合新时期社会主义荣辱观教育，开展人生意义大讨论及征文活动，对优秀论文及时给予表彰和转发。

四是建立干群联系点，实行公司领导分片包干，及时发现党员和群众思想政治工作中的新动向，新问题，把影响工程进度的各种倾向消除在萌芽状态。

五是开展扎实有效的党员干部民主评议和职能部门作风评议活动，公开办事程序和办事结果，把党委的各项决策广泛置于所有参建单位的监督之下。

六是积极推进企业文化建设，确立了信南项目“万众一心，众志成城、不畏困难，敢于胜利”的企业精神，制订了“凝聚、激励、约束、导向”的管理观和用人观，明确了“敬业、诚勤、奉献、创新”的员工价值体系，突出了“质量秋毫不让，责任重于泰山”的质量宗旨，发扬团队精神，彰显进取意识。通过一系列的思想政治工作。为凸显项目建设和党建工作新的跨越式发展奠定了良好的思想基础。

6 狠抓廉政建设，打造清正廉洁工程

“公生明、廉生威”。信南项目临时党委成立后，一直把廉政工作放在极其重要的位置，狠抓党风廉政建设不放松。信南公司董事长、项目临时党委书记王春江多次强调，高速公路建设是社会工程也是民心工程。质量是工程的生命，廉政则是各项工作的保障，全线参建单位一定要抱着对人民、对历史负责的态度打造阳光工程，培养优秀团队。

一是强化廉政责任。要求公司各级领导带头廉洁自律，尽量减少和监理、施工单位人员在工作之外的接触。同时按照《廉政合同》的要求，强化对施工、监理单位履行廉政合同情况的检查考核，并将考核评结果记入《廉政档案》，作为业绩考核的重要内容。

二是在全线广泛开展“查问题、找原因、订措施、堵漏洞”活动，以工程招投标、工程分包、材料采购、设计变更、资金拨付等为重点，查找薄弱环节，建立规章制度，加强监督检查，规范作业行为。

三是继续坚持工程建设廉政合同制度，推行合同甲乙双方廉政承诺公示制，坚持与检察机关共同开展预防职务犯罪工作，建立廉政准入制和工程建设责任倒查追究制度，纠正和防止违法违纪行为现象的发生。

四是加强外部监督，建立“曝光台”制度，向外界公示《河南省交通厅廉洁从政十条规定》、《河南省交通基础设施建设市场廉政准入规定》、《河南高速公路发展有限责任公司建设工程项目监督管理办法》，主动接受社会各界的监督，对工程中存在的廉政问题在“曝光台”上张榜公布。

五是注重教育为先，利用雨雪天等不利施工的空闲间隙集中公司员工和监理施工单位的党员干部接受警示教育、党风廉政教育、先进性教育。项目开工建设以来，我们共开展各种形式的教育活动达16场次，收到了较好的教育和警示效果。

“明月相随处处优，中流击水水飞扬”。信南高速公路自开工建设以来，紧紧围绕加快项目建设这一中心，较好地发挥了基层党委的政治核心作用，项目建设和党建工作取得了新突破。2004年被省交通厅评为新开工项目优秀单位；在2005年省交通厅组织的全省高速公路质量大检查中，取得了综合评比第一名的好成绩；2006年4月，省政府大项目办对信南项目在严格质量、抢赶进度、环保施工等方面取得的成绩在全省提出了通报表扬。项目公司临时党委也被交通厅评为“五好基层党组织”。信南高速公路后期建设及通车运营后管理任务十分繁重，不可预见因素较多，下一阶段任务仍十分艰巨；公司党建工作刚起步，尚处于探索阶段，但是项目临时党委一定能够适应新形势，迎接新挑战，根据党建工作的重心和特点，充分发挥党组织的战斗堡垒作用和党员的先锋模范作用，不辱使命、恪尽职守，高标准、高质量完成信南高速公路项目的建设管理任务，以优异的成绩向全省人民递交一份满意的答卷。

打造特色企业文化　提高信南项目建设新形象

马飞刚

河南省信阳至南阳高速公路有限公司

［摘　要］　企业文化是一种氛围、一种理念、一种精神，它浓缩着企业的发展战略、发展方向、管理理念及员工的价值取向，建设企业文化有助于企业职工思想的统一，培养优秀的团队精神，提高企业的凝聚力及竞争力。

［关键词］　企业文化　项目建设　形象

随着高速公路产业多元化、投资多主体、竞争全方位的市场格局日渐形成，高速公路作为关系国民经济和社会发展的基础设施，如何强化管理，培育一套科学管理、规范运作、灵活高效的运行机制和一支能征善战的干部职工队伍，对于现代企业抢抓机遇，加快发展，发挥最佳经济效益和社会效益都具有积极的意义。河南省信阳至南阳高速公路有限公司自成立以来就把推进企业文化建设与强化职工思想政治工作密切结合起来，始终坚持“两个文明一起抓，两个成果一起要”的方针，加大精神文明建设力度，内强素质、外树形象，从而使项目建设焕发出新的活力。

1　河南省信阳至南阳高速公路项目及公司基本情况

河南省信阳至南阳高速公路项目是国家规划的西部大开发八大通道之一，是上海至陕西高速公路路网河南境内的重要组成部分，是河南省确定的重点公路工程建设项目，它东起信阳市平桥区与叶集至信阳高速公路相连接，西至南阳市宛城区辛店北与在建的宛坪高速公路相连通，全长183km，横穿信阳、驻马店、南阳三市6个县区。项目区域内地质地形较为复杂，社会辐射面大，是河南省在建的一次性投资最多、建设里程最长的公路工程建设项目。全线分信阳至泌阳段、泌阳至南阳段两个项目审批和实施。

为加快项目建设进程，根据河南省交通厅、河南省发改委、豫交［2003］398号文件规定，项目建设必须具备独立的法人实体，经河南省交通厅授权，信阳、驻马店、南阳三地市人民政府确认，河南省高速公路发展有限公司出资组建了河南省信阳至南阳高速公路有限公司作为项目建设的法人，开展项目工程的建设及管理工作。

2　增强认同，凝聚精华，打造高速公路特色企业文化

河南省信阳至南阳高速公路自项目确立到公司组建，由于干部职工队伍来源于不同的单位，项目战线较长，途经三市六区，社会环境比较复杂。怎样才能形成强有力的核心集体，增强干部队伍的向心力、凝聚力，是企业发展面临的突出问题，董事会审时度势反复讨论而最终达成共识，只有结合实际确定企业经营目标和发展战略，把握机遇，凝聚人心，树立全员职工的奋斗理念，价值取向促进全员职工的观念更新，目标统一，行动一致，才能促进企业管理理念升级，才能不辱使命完成艰巨而光荣的建设任务，提高企业的整体核心竞争力。董事会草拟了信南高速公路企业文化建设纲领，在职工群众中广泛征求意见最终确立了信南公司的企业精神，企业作风，经营目标，发展战略，确立了科学的人才观、质量观、价值观、管理观，从而达到用“科学的理论武装人，用正确的舆论引导人，用高尚的情操塑造人，用先进的文化鼓舞人”，丰富了公司企业文化的内涵，塑造了企业的灵魂，为公司员工强化工程管理，加快项目发展制订了一致目标和行为准则。

2.1 经营目标

(1) 发展目标　依托高速，锤涤品牌，惠泽社会，拥抱明天

(2) 建设目标　踏平沟壑荒漠，架起康庄通衢

(3) 质量目标　实现100%～95%，铸造精品工程，再邀“鲁班”回眸

(4) 精神文明目标　昂扬奋进，团结和谐，共求繁荣

2.2 企业精神

(1) 工作精神　万众一心，众志成城、不畏困难，敢于胜利

(2) 管理观　凝聚　激励　约束　导向

(3) 质量观　珍爱人民财产，质量秋毫不让，责任重于泰山

(4) 用人观　以人为本，科技兴企

(5) 员工价值观　敬业　诚勤　奉献　创新

(6) 企业价值观　高标准　高质量　高科技　高速度

2.3 企业宗旨

发展交通事业　服务地方经济　实现中原崛起

2.4 员工价值主题词

生命不息　奋斗不止　忆往昔　峥嵘岁月稠

看明朝　锦绣大道阔　开拓进取　与时俱进

团结协作　恪守承诺　扬鞭策　闯险滩

满踌躇　越激流　雄师今番再征　众志诚

建奇功　明日飞鸾过　信南高速通

3 企业文化建设体现着“以人为本”的管理理念，有利于提高队伍的整体素质

全面提高人的素质，贯彻以人为本的经营方略是企业文化建设的重要内容；是强化工程管理，讲求经营之道，培育企业精神，塑造企业形象的基础和条件；是克敌制胜，提高竞争的主要手段，未来社会企业的竞争说到底是人才的竞争。信南公司制订的“凝聚、激励、约束、导向”的管理观和“以人为本，科技兴企”的人才观是贯穿企业管理，塑造企业文化的核心主线。

首先，以人为本的重要内容就是尊重人、关心人、爱护人、激励人。尊重人就是要尊重人的内在价值，使人尽其用，尊重员工的尊严、个性，努力满足员工多方面发挥自身价值的需求，关心职工成长和发挥自身价值所需的客观因素和外部环境，以最大限度维护职工的合法权益，取得广大员工对公司的信任和理解，增强职工执行公司各项制度的自觉行为。

其次，以人为本就要营造优厚的政策环境，为各类人才施展才华提供广阔的空间和平台，实现动态人事管理和绩效工资管理办法，建立人才脱颖而出的有效机制，建立重大贡献奖励机制，真正形成“能上能下”“能进能出”“能者上，平者让，庸者下”的动态人事管理。

第三，以人为本要加强系统培训，提高“存量”人才质量，加强同科研部门的强强合作和横向联合，同科研部门结对子搭建战略合伴关系，采用请进来、走出去的办法，加快培育科技攻关及学科带头人，形成强有力的人才资源优势，为工程建设提供坚强保障。

第四，加快科技成果转化，注重理论同实际的密切结合，把人才资源优势变成项目建设、文化建设优势、进而转化为先进生产力优势。形成企业强劲发展的良性循环机制。

4 企业文化建设浓缩着科学价值观，有利于培育团队精神，增强企业凝聚力

价值观是关于价值的一种信念、倾向、主张和态度，是员工心中的航标，更是企业文化建设的灵魂。信南高速公路企业团队主要工程技术人员曾参加过我省多条高速公路建设，广袤的中原大地挥洒着这些高速公路拓荒者辛勤的汗水和足迹，公司决策层在多年的工作实践中深切体会到引导正确的价

值取向，塑造优秀团队精神是取得工程建设胜利的有效途径。

一是升华企业领导的价值观，牢固树立“权为民所有，情为民所系，利为民所谋”的价值观念，坚持“人民利益高于一切，质量责任重于泰山”，建设责权文化，亲和文化、制度文化、乐观进取文化、廉洁自律文化及艰苦奋斗文化，为企业发展方向提供有力支撑。

二是培育员工主体价值观念，确立员工是企业的主人，树立员工主人翁意识，企业发展的主体意识，教育职工正确处理个人与集体的关系，眼前利益和长远利益的关系，把个人利益与企业整体利益融为一体，把“敬业、诚勤、奉献、创新”的员工价值观融合于工程建设、企业经营的全过程，把“质量在我心中，公司荣辱，匹夫有责”，“人人心中有企业，上下左右一条心”“识大局，顾大体，讲奉献”变成员工的自觉行动，充分调动员工参与项目建设、企业经营管理的积极性与创造性，增强团队的合力和竞争力。

三是确立多层管理价值观，正确处理科学管理、人才管理、文化管理的关系，一般说来科学管理是基础、是保障，人才管理是方向，文化管理是升华，积极营造有多层次，全方位的管理格局，健全制度，创新机制，开创企业高速发展的良好局面。

5　思维创新，实现企业文化建设与思想政治工作的有机结合

建设企业文化和加强思想政治工作是企业精神文明建设的重要内容，两者相互渗透，相得益彰。企业的思想政治工作为企业文化建设指明方向，企业文化建设是强化思想政治工作，升华企业职工灵魂的具体表现。我国企业长期以来受计划经济体制的影响，企业思想政治工作缺乏创新，大都沉溺于固定的模式之中，企业职工参与企业意识形态建设的积极性不高。特别是高速公路建设企业，职工流动性大，工作场所相对偏僻，加之建设任务繁重，很容易重工程建设管理轻思想政治工作。一般说来，企业文化较其他思想政治工作较为直观，容易被企业管理者和广大员工所接受，因此企业文化建设无论从深度和广度都要进行思维创新。创新包括内容创新、形式创新、机制创新，真正形成多样化、多层次、多格局的企业文化建设局面。

一是要坚持坚定正确的政治方向，以“三个代表”的重要思想统领于企业思想、企业文化建设，围绕发展抓思想，提炼精神促发展，使企业文化真正代表“先进生产力，先进文化发展的方向及人民群众最根本的利益”。

二是不拘一格，广泛开展爱岗、爱企，科技兴企的企业理念教育，教育员工树立科学的发展观、正确的人生观、荣辱观。

三要建立引导、激励、约束、保障“四位一体”机制，组织职工参与企业经营管理的全过程，充分发挥职代会和职工代表献言献策的作用，引导“物质文化 行为文化 制度文化 精神文化”的协调发展，结合创建“学习型组织，知识型员工”的活动，为职工学习创造优越的外部环境，增强职工学习的积极性，营造较好的学习氛围。

四是抓主体活动，寻找最佳的活动载体，结合公司思想教育活动内容，开展“我为企业添光彩”、“质量在我心中 让彩旗在高速公路飘扬”等演讲征文活动，举办各类联谊会、文艺晚会等活动弘扬企业文化和企业精神，丰富活跃职工的业余生活。开展岗位“大练兵、大比武”“比 学 赶 帮”的社会主义劳动竞赛，实现质量、进度、效益综合评定奖励机制，为工程建设管理和公司发展营造良好的发展氛围。

总之，企业文化是一种氛围、一种精神、一种理念、一种形象。它对企业生产建设、经营管理的影响重要的一条就是以沟通促进融合，以融合求得统一，以统一推动发展，形成坚强有力的战斗堡垒和坚固不破的完善体系，进而升华为指导企业发展的思想武器。河南省信阳至南阳高速公路有限公司在建设企业文化较短的时间内培育了一支能打善战、敢于吃苦，不畏艰险，乐于奉献的职工队伍；确立了诚信、奉献、服务的员工精神，克服了信南高速战线长，项目区域覆盖面广等困难，在最短的时间，以较高的质量完成了项目审批及开工的各项准备工作，顺利实现了开工建设，保障了工程施工的良好运转，为工程建设的顺利进行及质量管理奠定了坚定的基础。

信南高速公路招投标实践与探索

何红霞
河南省信阳至南阳高速公路有限公司

［摘　要］　对几种招标方法优缺点进行论述，并介绍了有限低价中标法招标方法。

［关键词］　高速公路　招投标　有限低价中标法　双信封招标法

1　概述

上海至武威国家重点公路信阳至南阳高速公路分为信阳至泌阳段、泌阳至南阳段。信阳至泌阳段路线起点为叶集至信阳高速公路终点（G107），经过信阳市平桥区、南阳市桐柏县，止于驻马店市泌阳县，全长91.818km；泌阳至南阳段起点位于驻马店市泌阳互通式立交西侧，路线西行经南阳市唐河县，止于南阳市辛店北，全长91.086km。信南高速公路为西部大开发通道，其2003年通过工可评审，开始实施，先后进行了设计、施工、监理等方面的招标。先后采用了综合评标法、有限低价中标法、双信封招标法等不同的招标办法，最终形成了一套完整的招标体系。现将实践中的一些心得与收获简介如下。

2　施工招标

2.1　土建招标

土建招标于2004年进行，采用了的交通部《公路工程国内招标文件范本》［2003］综合评估法28.2（1）进行评标，首次采用了高发公司制订的修正后的综合评估法及复合标底，为公平、公正起见，率先采用商业摇号机随机抽取复合标底降低系数（复合标底降低系数采用封闭开标现场随机抽取方式确定，具体从4、4.5、5、5.5、6、6.5六个数值中随机抽取并公证，确定为复合标底降低系数）。

（1）复合标底等于业主开标时公布的标底和所有有效投标价（位于业主标底价105％～85％之间）的平均数；若所有投标人投标价均未进入复合标底的计算范围，则业主标底即为复合标底。复合标底降低系数采用密封、开标现场随机抽取方式确定，具体从4、4.5、5、5.5、6、6.5六个数值中随机抽取并公证，确定为复合标底降低系数。复合标底乘以复合标底降低系数为评标基准价D。

（2）对投标文件进行初步评审和详细评审后，对投标报价进行打分排序，投标报价为100分，最终将通过初步评审和详细评审的投标人按投标报价得分排序，确定前三名为中标候选人。

2.2　路面招标

2005年在路面招标中，为评标结果的公正性，减少人为因素干扰和可能发生的腐败问题，而实行不进行技术评分，并首次使用有限低价评标法。将评标阶段对投标人的财务能力、技术能力、管理水平和业绩信誉、施工组织设计的审查前移到资格预审阶段。要求通过资格预审的申请人数为5～8家。

有限低价评标法是在严格的资格预审的投标人中，在招标人优先接受的合理投标价范围内，选择通过初步评审，评标价最低，且按照招标文件规定作出承诺，并按时足额提交履约保证金的投标人的评标办法。

有限低价评标法评审分为三个阶段：第一阶段为确定业主标底价。业主标底价的确定方法共有八种，开标现场随机抽取一种，业主标底降价系数共分八组，对应不同的业主标底确定方法，每组六个数。第二阶段为确定复合标底。复合标底的确定依据投标人的数量确定。第三阶段为确定合理投标价的范围，合理投标价为复合标底价的105%（含105%）至90%（含90%）之间，按照该范围内评标价由低向高排序，推荐中标候选人。

(1) 业主标底价的确定

业主报价由业主组织有经验的专家进行编制。

业主标底价的确定方法

- 方法一：业主标底价=（业主报价+投标人最高报价+投标人最低报价）/3；
- 方法二：业主标底价=业主报价与所有投标人报价的算术平均值；
- 方法三：业主标底价=所有投标人报价的算术平均值；
- 方法四：业主标底价=业主报价作为投标人报价参与排序，报价排名（高价排序）的第n/2（取上限）名；
- 方法五：业主标底价=业主报价作为投标人报价参与排序，报价排名（高价排序）的第3名；
- 方法六：业主标底价=（业主报价+所有投标人报价的算术平均值）/2；
- 方法七：业主标底价=业主报价×0.4+所有投标人报价的算术平均值×0.6；
- 方法八：业主标底价=业主报价×0.3+所有投标人报价的算术平均值×0.7。

业主标底的计算：

业主标底=业主标底价×（1－业主标底降价系数）

业主标底降价系数采用商业摇号机在开标现场随机抽取，业主标底降价系数共分八组，对应不同的业主标底确定方法，每组六个数，对应情况如表1所示。

表1

业主标底确定方法	对应的业主标底降价系数组	系　数
方法一	第一组	3、3.5、4、4.5、5、5.5
方法二	第二组	1、1.5、2、2.5、3、3.5
方法三	第三组	0、0.5、1、1.5、2、2.5
方法四	第四组	1.5、2、2.5、3、3.5、4
方法五	第五组	2.5、3、3.5、4、4.5、5
方法六	第六组	4、4.5、5、5.5、6、6.5
方法七	第七组	3.5、4、4.5、5、5.5、6
方法八	第八组	2、2.5、3、3.5、4、4.5

(2) 复合标底的计算方法

$$C=(\alpha\times A+\beta\times B)$$

式中：A——业主标底扣除暂定金额（包括计日工）后的值（业主报价现场公布，业主标底的确定方法及降价系数通过商业摇号机随机确定，计算结果在开标时公布，公布的业主标底含两个内容：总价和扣除暂定金后的价）；暂定金额的计算方法为业主报价的暂定金额（含计日工）与各投标人报价的暂定金额（含计日工），按照现场抽取的业主标底确定方法及降价系数，现场计算；

B——投标人的评标价（投标人报价扣除暂定金额后的值）在A值的105%（包括105%）至85%（包括85%）范围内的平均值；

α——为A值的权重系数，α取值范围为0.3～0.6，当投标人在3～4人（含3人和4人），取$\alpha=0.6$；当投标人在4～8人（不含4人和8人），取$\alpha=0.5$；当投标人在8～10人（含8人和10人），取$\alpha=0.4$；

β——为B值的权重系数，$\beta=1-\alpha$；

C——复合标底值。

若所有投标人的评标价均未进入 A 值的105%（包括105%）至85%（包括85%）范围，则 B 值取 A 值的85%来计算复合标底；若所有投标人的评标价均高于 A 值，则按交通部的有关规定，可以否决所有投标，招标人应依法重新招标。

(3) 招标人可接受的合理投标价范围

投标人的评标价在复合标底（C 值）的105%（含105%）至90%（含90%）之间，作为招标人可接受的合理投标价范围，投标人的评标价在此范围外的投标文件不再参与评审。

(4) 评审程序

①在开标现场，宣读投标人的投标价和评标价，业主报价和业主标底扣除暂定金额（包括计日工）后的值，通过商业摇号机随机确定业主标底的确定方法及降价系数；

②计算 A，B，C 的值；

③计算招标人可接受的合理投标价范围，投标人的评标价在复合标底（C 值）的105%（含105%）至90%（含90%）之间作为招标人可接受的合理投标价范围，在此报价范围以外的投标文件不再进行下一步评审；

④对投标人的评标价在复合标底（C 值）的105%（含105%）至90%（含90%）之间的投标文件进行符合性检查与合同条件检查；

⑤对通过符合性检查与合同条件检查的投标文件，在招标人可接受的合理投标价范围内，由低到高排序，确定1～3名中标候选人；

⑥开标现场宣布中标候选人确定结果。

业主报价只占一部分比例，对投标人有利。如资格预审后通过的投标人少（一般不超过8家），则很容易被围标，造成标价虚高，业主处于不利地位。在信南路招标时，由于第一次使用此办法，投标人不熟悉这种办法，且标底全部为降价系数，加上投标人中标心切，造成低价中标。与标底相比，普遍低20%左右。在别的项目上，已有被围标的事情发生。

2.3 房建招标

吸取路面招标经验，为防止围标、低价中标，增加了标价限制范围（业主标底80%～110%为有效投标，进入复合标底计算），在此范围内低价中标。且标价调整系数针对不同标价确定方法有升有降。这样，一方面可以以合理价招来施工单位，有利于工程质量、进度的控制。另一方面可以限制标价的无限抬高。另外，对通过资格预审的合格申请人数量放宽至8～12家，并对符合要求的申请人采取随机摇号的方法抽取。

2.4 合理的有限底价招标法

在交通机电，绿化工程招标中取消了对通过资格预审的合格申请人数量的限制。并采取随机确定业主报价格的方法：即招标代理组织专家按照市场价正常编制业主报价，在开标现场在（3%～8%）之间随机抽取业主报价降低系数，确定出业主报价，然后进入标底价复合计算程序。这样，更加保证了业主编制报价阶段的合理与透明，使招投标更加公平、合理。

(1) 有限低价评标法

有限低价评标法评审分为四个阶段：第一阶段为确定参与招标人标底价计算的投标人报价范围。参与标底计算的投标人报价（即投标人报价总价）范围应在招标人报价的的110%（含110%）至80%（含80%）之间，超过该范围的投标人报价不参与业主标底价计算。如果所有投标人的报价均偏离业主报价的110%（含110%）至80%（含80%）范围，招标人应否决本次招标，并进行二次招标。第二阶段为确定招标人标底价。招标人标底价的确定方法共有八种，开标现场随机抽取一种，招标人标底调整系数共分八组，对应不同的招标人标底确定方法，每组六个数。第三阶段为确定复合标底。依据有效投标人的数量确定计算复合标底的 A、B 值的权重系数。第四阶段为确定合理投标价的范围。合理投标价为复合标底价的105%（含105%）至90%（含90%）之间，按照该范围内评标价由低向高排序，推荐中标候选人。如果所有投标人评标价均偏离合理评标价范围（复合标底的105%至90%之间），招标人在开标现场应对投标人评标价与复合标底×95%后的数值进行比较，按照两者差值的绝对值由小到大对投标人进行排序，推荐中标候选人。

招标人标底的计算：

招标人标底=招标人标底价×（1+招标人标底调整系数）

招标人标底调整系数，采用商业摇号机在开标现场随机抽取，招标人标底调整系数共分八组，对应不同的招标人标底确定方法，每组八个系数，调整系数对应情况如表2所示。

表2

招标人标底确定方法	对应的招标人标底调整系数组	系　数（%）
方法一	第一组	2、1.5、1、0.5、0、−0.5、−1、−1.5
方法二	第二组	2.5、2、1.5、1、0.5、0、−0.5、−1
方法三	第三组	4、3.5、3、2.5、2、1.5、1、0.5
方法四	第四组	3.5、3、2.5、2、1.5、1、0.5、0
方法五	第五组	3、2.5、2、1.5、1、0.5、0、−0.5
方法六	第六组	2、1、0.5、0、−0.5、−1、−1.5、−2
方法七	第七组	1、0.5、0、−0.5、−1、−1.5、−2、−2.5
方法八	第八组	1.5、1、0.5、0、−0.5、−1、−1.5、−2

（2）复合标底的计算方法（同前）

若所有投标人的评标价均未进入A值的105%（含105%）至85%（含85%）范围，则B值取A值的85%来计算复合标底；若所有投标人的评标价均高于A值，则按交通部的有关规定，可以否决所有投标，招标人应依法重新招标。

（3）招标人可接受的合理投标价范围

投标人的评标价在复合标底（C值）的105%（含105%）至90%（含90%）之间，作为招标人优先接受的合理投标价范围，对在此范围内的投标人按评标价由低到高进行排名，并进行符合性检查和合同条件检查。

如果所有投标人评标价均偏离合理评标价范围（复合标底的105%至90%之间），招标人在开标现场应对投标人评标价与复合标底×95%后的数值进行比较，按照两者差值的绝对值大小对投标人进行排序，取绝对值最小的投标人为第一名，以此类推取前三名进入符合性检查和合同条件检查。

（4）评审程序（同前）

3　勘察设计招标

勘察设计招标于2003年9月22日刊登资格预审公告，拉开了建设序幕。该招标采用双信封评标法，主要如下：

投标文件第一个信封：

（1）投标人的信誉和与本项目相关的具体经验　　5

（2）拟从事本项目人员的资格和能力　　30

（3）对本项目的理解和技术建议　　30

（4）工作计划和质量管理措施　　13

(5) 技术设备投入　　　　　　　　　　　　　　　2

(6) 后续服务　　　　　　　　　　　　　　　　15

投标文件第二个信封：

(7) 报价　　　　　　　　　　　　　　　　　　5

报价得分以平均报价为依据进行评分。平均报价是指投标文件第一个信封和第二个信封均通过初步评审（符合性审查）的投标人的实际报价的平均值。具体计算方法如下：

(1) 投标人实际报价低于平均报价的，报价得分为最高得分；

(2) 投标人实际报价高于平均报价的，报价得分= 5 ×所有投标人的平均报价/投标人的报价。

第一个信封开启后主要对投标人的信誉和与本项目相关的具体经验、拟投入本项目的人员资格和能力、对本项目的理解和技术建议、工作计划和质量管理措施、技术设备投入、后续服务分别进行评审打分；第二个信封（报价清单），主要对其进行初步审查（符合性审查），并宣读投标人报价，并根据投标人综合得分结果的排序高低，中标候选人。

交通部 2002 年开始执行《公路工程勘察设计招标投标管理办法》，与土建比起来，起步较晚，但其作用巨大，主要是：改变设计行业观念，将设计院企业化，切实负起设计责任。从效果来看，设计费用比不实行招标要节约 20%左右。

4　设计施工一体化招标

在服务区的内装修方面，为提高服务区的档次，并减少招标环节，我们对装修实行了设计施工总承包。先进行资格预审，要求投标单位具有设计和施工资质，在资格预审时审查方案。对选中的方案，由设计单位完善后，进行招标，招标时采用有限低价中标法，标价相对较低的单位中标。

5　招投标资质管理

为确保建设质量，选择有能力，资质合格的施工单位参与到信南高速公路建设中来，我们在资质要求方面有所创新：

(1) 在河南省首次将底基层、基层和沥青混凝土路面全部归入路面工程，由具有路面施工资质的单位进行施工。它具有以下优点：

①土建单位及早将路床验收后交验给路面单位施工，有利于路面单位合理安排底基层、基层和混凝土面层施工；

②交接路床与交接基层相比可以减小因高程控制误差处理的难度及费用；

③底基层、基层由路面单位施工更能保证质量且便于施工资料归档。

(2) 服务区场区硬化，选择具有路面资质单位施工，避免了过去和房建主体一起由房建资质单位施工造成的质量控制较差的情况。

(3) 声屏障选择具有环保资质的单位施工，避免了过去选择具有安全设施资质单位实施造成的环保效果较差的现象。

6　结语

信南高速公路将于 2006 年年底建成通车，综观招标的历程，感到还是成功的。在资格预审阶段，把住了投标单位的资质和设备、人员要求；在投标阶段，把住了标价，未出现高价中标的单位。整个招标下来，节省投资近 15%，节约了投资，也选择了优秀的施工队伍，实现了双赢。

加大力度　惩防并举
深入开展信南项目党风廉政建设工作

王志钢
河南省信阳至南阳高速公路有限公司

［摘　要］　本文介绍了信南公司在加强党风廉政建设工作方面取得的经验。
［关键词］　教育　防范　廉政

高速公路建设管理是根本，廉政建设是保障。河南省信阳至南阳高速公路建设项目针对该工程投资大、战线长、人员众多，易发生廉政问题的特点，坚持“标本兼治、预防为主”的指导方针，确立了“生态精品工程、廉政阳光工程”的建设目标，实行关口前移、规范管理、严格监督、常抓不懈，不断加强党风廉政建设和防腐反腐工作，有效地促进了信南项目建设的健康发展和顺利进行。

1　领导重视、机构健全，形成预防职务犯罪的工作机制

高速公路建设由于投资大，战线长，监管相对薄弱，是利用职务进行犯罪的高发区。因此备受各级党委政府和人民群众的高度关注。信南项目点多、线长、面广，参建单位和人员众多，建设过程个中出现的矛盾和问题相应多一些，党风廉政建设面临的形势比较严峻。公司在成立之初，该项工作就受到项目公司党支部的高度重视，成立了以董事长为组长，党支部其他成员、纪检监察员为成员的预防职务犯罪领导小组，在全线所有监理代表处、承包商、施工队之间建立了预防职务犯罪联络机构，明确责任，把预防职务犯罪摆在重要位置，与工程进度、工程质量、安全生产结合起来，做到同安排、同检查、同总结。其次依据省交通厅、高发公司纪检监察工作会议精神、省交通厅制定的交通系统五条禁令，出台了《信南高速公路项目建设监督管理办法》，在各监理代表处、施工标段设置了“廉政举报公示牌”和“廉政监督意见箱”，公开举报内容，形成上下联动，齐抓共管的局面，构助了预防职务犯罪的长效机制。

2　坚持立足教育，着眼防范，从源头上预防职务犯罪

信南公司始终把思想政治教育放在首位，有计划地开展经常性地党风廉政教育，预防职务犯罪教育、警示教育活动。

2.1　把学习教育贯穿于工程建设的全过程，采取多种形式

一是组织学习中央、省、市、省交通厅和高发公司纪检监察工作会议精神和《中国共产党员领导干部从廉从政若干准则》、《中国共产党纪律处分条例》、《中国共产党党内监督条例》、《中共中央建立健全教育、制度、监督并重的惩治和预防腐败体系实施纲要》等党风廉政建设法律法规，提高认识，使公司上下深刻领会加强党风廉政建设的必要性；

二是召开全线所有参建单位及项目公司中层以上领导参加的预防职务犯罪动员会，邀请南阳市检察院有关领导作动员报告，以案说法；

三是经常深入工程一线，在不影响工作的情况下，利用下雨天或晚上分批组织承包商和监理人员观看警示教育片，通过警示教育以案明法，警示自己，引以为戒，使广大干部职工能够耐得寂寞，经得起诱惑，抗得住腐蚀，自觉树立敬业奉献精神。

2.2　创新教育载体，丰富教育内容

2005 年 7 月，公司组织各监理代表处、承包商经理部等有关部门的人员及公司中层以上领导干

部赴南阳市第三监狱参观，通过服刑人员现身说法等多种形式的教育，使每位参观学习人员受了心灵的震撼和洗礼。

3 突出工作重点，扎实有效地做好预防职务犯罪工作

高速公路建设是一个庞大、复杂的系统工程，涉及各个部门和许多领域。信南公司在成立之初，根据《河南省交通系统五条禁令》和《河南高速公路发展有限责任公司2004年党风廉政责任目标》和预防职务犯罪工作部署，制订了严格的党风廉政建设考核细则，把各项目标层层分解，逐项落实，严格考核。项目建设过程中，我们重点做了以下几个方面工作：

一是在全线广泛开展“查问题、找原因、订措施、堵漏洞”活动。以工程招投标、工程分包、材料采购、设计变更、资金拨付等为重点，查找薄弱环节，建立规章制度，加强监督检查，规范作业行为，净化信南项目建设环境。

二是进一步规范招投标机制。在资格预审环节，从严审查承包方的资质信誉，把原来评标阶段对投标人技术管理、施工能力、信誉情况的审查前置到资格预审阶段，并加大通过资格预审合格单位的数量，评标专家参加预审工作，基本保证每支进入评标环节的队伍均可在技术管理、施工能力等方面达到强制性规定要求。按照招标文件规定的合同授予条件，推荐中标候选人，推行合理低价中标法，中标候选人和中标结果现场公示，加大招标投标结果的客观性、随机性和不可预测性。完善招投标工作的监控体系和信用体系，利用一切手段防范人为干预招投标行为。加强对评标专家的管理，实行严格的回避制度、保密制度，加强履约监督确保招标投标活动公开公正公平和透明。

三是严格工程分包行为。在信南项目建设过程中，坚决杜绝以往高速公路建设中出现的监理工作分包或者施工违规分包现象。一旦这种现象发生，项目公司坚决收回其承担的任务，并报请省交通厅，记入河南省公路建设市场的黑名单。

四是进一步规范设计变更行为。严格变更审批权限和程序，任何单位和个人不得借设计变更虚报工程量，或者提高单价。加强对项目建设资金拨付和使用情况的监管和稽核，严禁挤占、挪用工程项目建设资金。

五是继续坚持工程建设廉政合同制度，推行合同甲乙双方廉政承诺公示制，坚持与检察机关共同开展预防职务犯罪工作，建立廉政准入制和工程建设责任制倒查追究制度，纠正和防止违法违纪行为现象的发生。积极响应省公司党委提出的“把支部建在工地”的党建工作新思路，在信南公司建立临时党委，党委委员吸收项目公司党支部成员、监理单位党组织负责人和部分有代表性的施工单位党组织负责人，同时在各监理、施工单位建立健全临时党支部，按照“双重管理、双重组织生活”的原则开展工作，加强党对基层的影响和领导，将项目公司、施工、监理三家单位党组织整合成一个组织结构健全、目标明确的统一体，填补项目建设党建工作的空白区，使党组织在建设施工中的政治核心作用得到有效的发挥。

六是积极配合专职监督人员开展工作。加大同省派纪检监察员、财务总监共同预防职务犯罪的工作力度，进一步强化监督作用，促进项目建设过程中廉政工作的开展。在资金使用、重大设计变更等重大决策方面，都主动积极与纪检监察员、财务总监通报情况，增进了解，彼此协商，保证信南高速项目的健康发展。

七是加强外部监督，建立“曝光台”制度。向外界公示《河南省交通厅廉洁从政十条规定》、《河南省交通基础设施建设市场廉政准入规定》、《河南高速公路发展有限责任公司建设工程项目监督管理办法》，主动接受社会各界的监督。同时在全线建立“曝光台”制度，要求各单位将在工程中存在的廉政问题在“曝光台”上张榜公布，进一步优化信南项目的建设环境。

八是强化责任追究制。全线参建单位负责人带头遵守省交通厅、省公司提出关于党风廉政工作的各项规定，没有特殊情况不准接受下属及关系户的宴请，尽量减少和项目有重大关系的人员在工作之外的接触。同时按照《廉政合同》的要求，强化对施工、监理单位履行廉政合同情况的检查考核，并将考评结果记入《廉政档案》，作为业绩考核的重要内容。

通过开展党风廉政建设工作，我公司及所有参建单位的员工思想政治素质和业务素质普遍提高，敬业意识、法制意识显著增强，全线所有单位正在以饱满的激情、昂扬的斗志谱写信南高速公路建设的新篇章。

高速公路工程财务报表及工程财务决算报表体系管理

赵雪峰

河南省信阳至南阳高速公路有限公司

［摘　要］　根据竣工总决算编制工作需要，笔者结合财政部及交通部有关指导性文件，设计了“工程重要财务报表及工程财务决算报表体系”作为一项辅助管理方法，引入当前高速公路建设管理，对现行管理具有辅助作用，供读者借鉴。

［关键词］　工程财务报表　工程财务决算报表体系

1　工程财务报表及工程决算报表体系及设置

工程财务报表及工程财务决算报表体系管理是伴随公路工程开工建设，以分项或单项工程（按概算项目）为单位，按工程进度或竣工工程决算，将已结算或支付的工程按实际确认的项、量、价、款填报工程财务报表及工程财务决算报表并上报。工程财务报表及工程财务决算报表体系包含单项或分项工程、小合同或线外工程、征地及迁移补偿等，也包括工程建设其他费用的单项费用，如勘察设计费、工程监理费、利息支出等。通过报表可以对这些项目执行情况及其他情况进行归集，并建立文档，便于管理中及时获取有关信息，为变更签证等提供可靠依据。

工程财务报表及工程财务决算报表体系，应由建设单位根据工程、财务管理需要设置，设置范围可视分项或单项工程复杂程度而定。编报财务管理体系由建设单位组织实施，包括：编报单位确定、编报人员培训、编报制度制定、编报格式设置、编报指标及口径、编报期限及报表体系软件开发等。

单项或分项工程期报是按照项目管理需要设置的，一般实用于工期时间较长，分期计量、结算的单项或分项工程；报送时间应根据管理需要确定。

2　实行工程财务报表及工程财务决算报表体系管理的作用和意义

工程财务报表及工程财务决算报表是从高速公路竣工决算编制工作为出发点设置的。因此，报表内容的设计满足竣工决算编制的需求；考虑到管理的需要对重要经济技术指标进行披露；增设“交付使用资产”价值构成的重要内容，为竣工资产交付后经营管理提供重要证据；为后评价及评估计价提供重要数据。

与现行管理方式作如下比较说明工程及工程决算报表编报体系编报作用。

2.1　工程及工程决算报表编报

（1）以批复的计量清单为基础增加期报；

（2）最终报表为决算报表；

（3）可提供项、量、价、款情况；

（4）按进度了解合同、概、预算执行情况；

（5）便于财务管理需要；

（6）为审核造价、编制决算所需；

（7）形成交工资料，供经营、后评价用。

2.2　现行计量支付管理下编报

（1）由于报表体系包含工程建设过程期报，因此及时反映资金需求情况，对合理安排建设资金及

到位时间，提高资金使用效率，降低资金成本具有重要作用。

(2) 期报为合同单位提供了对工程施工形成计量资料的归类、汇总标准和规范，有利于合同单位进行施工计量管理和编制竣工决（结）算。

(3) 报表体系包含分项工程中某单项工程（如路基一期工程中桥梁、涵洞等）的工程量及其建造价值构成，有助于决算过程中确定单项资产造价；现行管理中由于合同清单中未作单独要求，竣工决算中无法确定。

(4) 建设单位管理部门定期对报表分析，可以直接了解计量与监理执行情况，防错堵弊、促进综合管理整体效益和水平的提高。

(5) 为建设单位工程管理部门和财务管理部门提供可靠管理用数据，有助于把握工程投资，审批计量支付凭证、控制变更设计，促进提高工程质量，节约建设成本，控制概、预算和变更设计申报、批复。

(6) 编报报表是工程决算造价审核重要依据，利于造价咨询机构审定造价。编报单位可根据期报编制竣工决算报告，并作为上报建设单位送审报告，同时便于核对工程款结算情况；也可以作为交工资料组成部分。

(7) 为项目竣工决算提供可靠资料，促进竣工决算编制工作，为交付使用资产转换和确认，分析工程造价，提高竣工决算编制质量提供重要依据。

(8) 作为项目交工资料重要部分，为后评价和总结管理经验提供依据，同时是交付使用资产原始资料，为以后管理提供价值依据。

对编制报表体系管理进一步研究和完善，可以编入施工规范，作为一项辅助管理措施，对提高交通基本建设工程项目综合管理具有重要意义。

3 工程财务报表及工程财务决算报表体系管理实施环境及基本要求

高速公路建设公司在高速公路投资建设管理中发挥了重要作用，主要体现在工程项目综合管理和基本建设财务综合管理。工程项目综合管理包括从工程项目立项、招标、组织施工管理及交工验收和竣工决算整个过程的管理，是按照基本建设法规对建造形成高速公路成品整个管理过程；基本建设财务综合管理依据基本建设法规、制度、规定履行财务管理手段，完成基本建设财务管理基本任务，对基本建设财务活动，包括筹资管理、支付管理、及竣工财务决算等实施财务控制、监督和管理过程。工程项目综合管理和基本建设财务综合管理相互协调，相互配合共同组成基本建设综合管理。工程财务及工程财务决算报表体系管理是联系工程项目综合管理和基本建设财务综合管理纽带，有机地把两种管理结合，并相互渗透，为实现建设目标提供帮助，同时便于管理当局及时掌握信息、进行决策。而且对提高整体管理质量，降低建设成本，提高工程质量，提高建设效率具有重要作用。以下对工程及工程决算报表体系管理作介绍。

3.1 工程财务及工程财务决算报表体系管理实施环境及基本要求

按照交通部“关于印发《交通基本建设项目竣工决算报告编制办法》的通知”，“项目完成后，要组织工程技术、计划、物资、财务、统计等有关部门的人员共同编制项目竣工决算报告。施工、监理、设计等单位应积极配合建设单位做好竣工报告编制工作。”据此，工程财务报表及工程财务决算报表体系应按编制办法内容设计，编报报表应由上述部门根据其工作程序进行，建设单位为主送部门，建设单位负责建立自下而上编报管理体制及对编报规则进行制度化，并提供技术指导。以下以合同单位为例说明编报流程。

(1) 合同单位项目经理部的工程技术人员和统计、财务人员兼职完成，并经建设单位确认的计量清单和结算资料填报工程财务期报报表。

(2) 合同单位项目经理部总工对期报进行复核并签发。

(3) 驻地监理审核签字。

(4) 建设单位接收期报后审核无误后，存档一份，同时报送工程、财务部门各一份，公司负责人一份。

根据上述流程自下至上应建立编报工作管理体系，包括设置岗位、配置专职或兼职人员、建立操作平台，颁布编报规则和范围及要求、报表的审核和报送，文件归档等。

设置岗位，即建设单位和合同单位（施工监理等）均在原组织机构设置中予以考虑，比如建设单位物资管理人员对工程物资建立收、发、存核算指标，施工单位管理人员对工程计量指标，监理人员对监理工程中审核指标等等，均设置核算岗位。

配置人员即可配置专业人员亦可由相关人员兼职。若能够在即定格式或已安装软件环境下实施可节约人力资源。

建立任务平台，即由建设单位基于管理需要设计制作的格式或软件为交工资料重要部分，是竣工决算基础资料来源。

日常任务处理，即完成格式内容或软件填报要求及相关资料整理和审核。

日报或月报，即建设单位对填报单位报送制度化报表可利用进行工程日常监督和管理之用。

核对：即同期资料不同部门之间核对，便于核对一致。

存档：即对报表及相关资料之间编制成册归档，保证连续性。

建设单位由财务和工程管理部门专门管理此项工作，并作为日常工作，同时进行分工管理工程报表 中“项和量”，财务人员对“价和款”进行管理。

“项”是按单项或分项工程合同清单设置，即包括独立项，如路基工程中挖方、填方，分项工程中包含的单位工程。

“量”是按项中单位对应计量的，除体现计价用途，体现统计用途如对单项工程中桥梁计量时，体现量计价用途，同时对主材料，如钢材、水泥、木材等等统计。

“价”是财务支付价款单位，是财务入账原始核算依据，在计量支付结算证书中，按照各级核对数、量相乘后得出结算工程价款。

“款”即支付合同单位价款，是合同单位与建设单位结算形成债权债务依据。

以项、量、价、款为轴心自下而上，程序化管理，纳入日常管理，编报报表是获取准确翔实基建综合管理资料必备条件，是编制竣工决算的重要资料来源，对分析研究工程项目具有不可替代作用。

3.2 编报体系的管理

编报体系管理包括编报主体、编报客体、编报规则管理。编报主体主要指编报单位或机构，既可以是合同单位，也可以是建设单位内部专门从事某项工作部门，如指挥部、征地拆建办公室等。编报客体指项目工程的单项或分项工程，亦称编报对象。编报规则是指工程管理用报表及其编制规范，包括报表体系内容编制方法、指标口径和期限报送方式等；编报体系是指整个项目编报体系报表范围、单位及组织实施软件开发，指标分析等整个管理体系。如前所述，组织编报工作应建立编制管理程序及其配套管理措施，一般在项目开工前期设置。既可独立设岗，也可依托有关部门。随着管理体制日臻完善，可以将其作为在指标文件中重要项目，亦可补充在施工规范中，单独解释。在最终交工验收中作为交工资料管理。

4 工程财务报表和工程财务决算报表体系中几种主要报表介绍

4.1 工程财务报表及工程财务决算报表编制

高速公路建设工程中的合同工程主要指通过招标方式选定施工单位组成项目经理部按合同约定完成的工程项目（包括经批准的工程变更）如路基、路面、沿线设施、交通工程、房建工程等，这部分工程工期长、工程项目大、建设单位对这部分工程的管理难度也比较大。对此类工程实行期报和决算报表两种编报方式。期报和决算报表使用同一种格式，决算报表是期报的汇总，包括工程类报表和财务类报表，其参考内容如下。

(1) 封面格式（统一设置封面）

(2) 目录

(3) 单项或分项工程竣工平面图（期报不报此项，竣工决算时报）

(4) 项目概况表

(5) 工程情况说明书

(6) 单（分）项工程总预决算对照表

(7) 工程合同清单执行情况

(8) 建筑安装工程费计算表

(9) 机械、台班、人工费用单价表

(10) 结算计量支付情况核对表

(11) 项目工程量及主要耗材情况表

(12) 安装工程价值构成情况表

报表体系内容根据公路工程招投标文件，概、预算及实行计量计价体制（单价合同或执行非迪克条款、预算加鉴证、包干预算等等）而确定。

工程情况说明书主要包括项目概况、施工管理情况、主要经济技术指标对比分析情况、工程变更及批复、存在问题及经验和建议等。

单（分）项工程总预决算对照表、工程合同清单执行情况表、建筑安装工程费计算表，主要按概算项目和清单项分层设置。

从设计方面，上述报表之间具有密切的关系，并能相互验证。

4.2 小合同及线外工程报表编制

高速公路工程项目中的小合同工程和线外工程主要是施工过程中客观条件需要或临时性变更项目而增加零星辅助项目工程及其线外修建、改沟、改路、改线、改渠等工程。这些工程比较零散，项目繁多，工期短，现行综合管理中一般采用预算包干、以拨代支、总体控制据实计量支付等方式进行管理。对此类工程编报财务报表不宜编报期报，可设计为交工时编制竣工财务决算报告。小合同或线外工程实行财务决算报表，其内容为：

(1) 封面

(2) 目录

(3) 竣工平面图示

(4) 工程竣工决算说明书

(5) 工程概况表

(6) 合同清单执行情况表

(7) 单项或分项工程预、决算情况表

(8) 工程量情况表

(9) 结算计量支付情况表

(10) 建筑安装工程价值构成表

4.3 征地拆迁补偿情况报表编制

征地拆迁及补偿是公路工程前期工作。鉴于公路工程建设期需要，伴随工程施工，尚需要零星征地及临时征地。从施工决算结果看，只有取得永久性征地权利形成交付使用资产的土地，才能作为有形资产管理。征地其价值构成比较复杂，因此，征地拆迁及补偿应作为单项工程管理纳入编报管理范围，其内容大致设计为：

(1) 征地迁移及补偿情况说明书

(2) 征地迁移及补偿概况表

(3) 征地迁移及补偿项目构成情况表

(4) 征地迁移及补偿概、预算情况表

(5) 征地迁移及补偿位置及面积平面图

(6) 征地迁移及补偿文件资料汇编

上述报表体系由征地迁移及补偿部门结合当地组建配合建设单位进行征地工作机构负责编制，报表中指标设置应满足决算、评估、办理土地权证和进行土地价值分析而定。

4.4 工程建设其他费报表编制

这部分报表包括物资、工程材料、设备购置、勘察设计费、监理费等，均由建设单位财务管理部门结合采购、支付、结算情况设置台账，按台账填制报表。有关报表格式的设置应满足管理、竣工决算等需要。

5 工程财务报表及工程财务决算报表体系的应用

工程财务报表及工程财务决算报表体系建立后，建设单位可设置数据处理中心站，设置系统网络，管理人员登录计算机随时提取有关信息，有利于提高归口管理效率，促进工程项目综合管理。工程财务报表及工程财务决算报表综合管理中运用：

(1)“工程财务报表及工程财务决算报表及编报说明书”对高速公路全部资产及其结构建造过程进行反映；对单项或分项工程经济技术指标进行定量、定性分析；对建造过程的工艺流程及其经验进行评价等。这些资料均为制定高速公路发展战略，研究高速公路工程项目综合管理，具有重要参考价值。

(2)“工程财务报表及工程财务决算报表及编报说明书”是现实管理重要组成部分，并且解决了当前管理中的漏洞，如通过期报可以及时掌握工程进度，控制合同外工程投资；决算报表为竣工总决算提供基础汇总资料，结约总决算人力，物力和费用等；为后评价积累历史资料，减少后评价对基本资料和数据搜集的困难；为竣工资料提供索引，促进竣工资料有机化联系。

高速公路建设项目财务部门参与工程招标及日常财务管理工作的探讨

王 静 周贵珍 张 琰

河南省信阳至南阳高速公路有限公司

[摘 要] 本文分析总结了公路建设单位财务部门在参与工程招标中存在的主要问题，并针对工程招标资格预审、工程招标文件的制定和工程合同的执行三个环节提出了具体的解决措施。

[关键词] 资格预审 工程招标 财务管理

“十一五”是我国交通发展最快的时期，高速公路建设取得了令人瞩目的成绩。根据“十一五”交通建设的规划，我们的高速公路建设将迎来更大的机遇，工程投资将进一步加大，财务管理的任务也将越来越重。在2006年全国交通财务工作会议上，交通部财务司许如清司长要求提高财务管理工作的系统性和前瞻性，并加强建设项目实施过程和竣工阶段的财务管理和资金监督工作。工程招标是项目建设的基础，是建设单位选择施工企业关键的一步，其合同条款的设定，直接影响到整个项目的财务管理和投资控制。因此，作为财务部门要及早的参与到工程招标中来，全面系统的做好工程招标和财务管理工作。

1 高速公路建设单位财务部门在参与工程招标工作中存在的主要问题

(1) 财务部门参与工程招标资格预审文件编制工作较少，设定的财务评审指标不是很科学。高速公路工程施工招标资格预审是招标人在发出投标邀请前，对潜在的投标人的投标资格进行的审查，是建设单位选择经济实力雄厚、信誉较好的施工企业的第一道门槛。只有通过资格预审的潜在投标人，才能取得投标资格。资格预审一般对投标人的施工经验、设备条件和财务能力等方面设定指标，并根据设定的指标进行审查，以确定其具有完成该项施工任务的能力。对于所采用的财务指标，还没有统一的标准，由于财务人员参与工程资格预审工作比较滞后，同时财务人员参与工程资格预审并在其中发挥重要作用，也是近几年才逐渐体现出来。因此，在这方面的知识和经验还不够丰富，从而导致设计资格预审文件不够科学合理，在工程招标资格预审的评审上还不够深入。

(2) 在指定涉及财务和资金管理的工程招标文件上细化不够，不利于建设合同的执行。工程招标文件是工程合同的重要组成部分，在以后的工程建设管理和资金支付管理中起着重要作用。因此必须将招标文件设定得科学合理，并尽量细化它，使其可操作性更强。在许多建设项目中，对施工单位投入营运资金、工程资金管理、合同用款计划的提交等作了原则性的规定，但没有进一步细化，在合同执行过程中有些条款形同虚设，很难很好地执行。

(3) 在工程建设过程中财务管理不够严格，资金管理条款不能很好地执行。现在高速公路建设市场工程招标竞争激烈，大部分的施工企业都是低价中标，尤其是利用国际金融组织贷款的项目，其中标价更低。施工企业流动资金严重不足，其在投标时承诺投入的信贷资金基本没有投入；甚至有些施工企业，拿了开工预付款及工程中期支付款后想方设法将这些资金抽走，用于公司的其他开支或其他项目建设，导致项目建设现场资金短缺，从而影响到工程进度。但建设单位对资金的管理在招标文件中没有设定具体的处罚措施，因此很难约束施工单位。另外，建设单位为了工程的施工进度，不得不为施工单位垫付一些材料款，甚至在合同外预借一些款给施工单位进行工程施工，这无疑增加了建设单位筹资的成本和财务风险。

2 参与做好工程招标工作的主要措施

2.1 积极参与工程施工招标资格预审工作，科学地设定财务指标，选择优秀的施工单位来投标

近年来，财务能力指标在资格预审中起了很关键的作用，尤其是利用国际金融组织贷款的项目更加明显，许多施工企业没有通过资格预审就是因为财务指标达不到要求。因为，国际金融组织贷款项目的资格预审，主要资料一般只有申请单位财务状况和工程经验这两方面的要求。因此，设定适当的财务状况指标是选择资金实力雄厚、信誉良好的施工单位的第一步。参照国际金融组织贷款项目高速公路工程招标资格预审的要求，可设立下列财务状况指标进行评审。

(1) 营运资金指标。营运资金是指企业的流动资产减去流动负债后的余额。一般情况下企业现金流入量与流出量是不同步的，也是不确定的。施工单位必须持有一定数量的营运资金，以备偿付到期债务和当期费用。营运资金的多少还可衡量企业经营风险的大小，通常营运资金越多，企业举债融资能力越强，违约风险越小。按亚行贷款项目用户指南的要求，合理的营运资金，应按合同估算额的40%左右设定。因此，我们首先应对每一个合同段的金额进行估算，一般可用初步设计的工程量乘以预算单价或通过施工图设计的工程量乘以预算单价获得。根据实践经验，仅仅考核某一年度的营运资金达到要求还不够，一般是取其投标前三年的平均营运资金作为考核指标。因此，应要求申请资格预审的单位提供最近三年的财务报表，并要求所有的报表经过审计，以确保报表各种数据真实可靠。

(2) 资产净值指标。也称资本净值，是企业总资产减总负债的差额，该差额反映企业持有人的权益。按亚行贷款项目用户指南的要求，资产净值按不低于20%合同估算额设定。这个标准比较低，一般的施工企业都能满足，不利于建设单位选择优秀的施工队伍。为了能选择实力雄厚的施工单位，在高速公路工程招标的实践中，很多建设单位都提高了这个指标的比例，大部分该指标为合同估算额的100%，并取其投标前三年的平均资产净值为考核指标。

(3) 营业额指标。该指标主要考核施工企业承担施工任务的能力。作为公路施工企业，一般从其利润表中的主营业务收入中确定，以过去三年内在建的和已完工的高速公路、桥梁工程合同的全部，经确认支付金额进行计算。根据亚行贷款项目用户指南的计算原则，要求三年平均营业额达到某合同段合同估算额除以工期（以年计）的两倍以上，如果没有达到此标准，说明投标人可能难以承担这一招标项目的施工任务。

(4) 信贷能力指标。信贷能力即为满足流动资金的要求向银行筹措资金（借款）的能力，表明投标人的信誉和可动员的财务能力，是建设单位要求施工单位为完成该合同段的工程施工应具有的流动资金的数量。信贷能力数额结合国内惯例，设定为合同估算额的10%～15%。一般由银行出具信贷证明来表明该施工单位满足信贷能力指标，若该单位有充足的现金，不需要贷款，也可用其在资格预审前一个月的银行存款余额对账单来证明。

2.2 在招标过程中制订详细的款项支付和资金管理条款，确保在工程实施过程中能很好地执行

工程招标文件是工程合同的主要组成部分。作为财务部门，应认真关注款项支付、资金管理的条款，包括履约担保、开工预付款担保、合同用款估算、材料及设备预付款比例、工程计量支付和承包人资金管理等条款，确保这此条款科学合理。现在多数公路项目都是低价中标，施工单位资金都比较紧缺，因此要设定好承包人的资金管理条款。虽然建设单位支付给施工单位的预付款、中期支付款所有权已经转移到施工单位，但应在招标文件中约定，这些款项应为本工程的专款专用资金，在合同未完成之前，不得转移或用于其他工程。只有在合同执行完毕，并兑付了在建设现场使用农民工工资后，才任由其自行支配。为了使工程资金能够真正专款专用，在合同专用条款应进一步明确施工单位提前抽走或挪用资金的具体处罚措施。没有经济处罚手段，只是简单地约定停止月支付，对建设单位来说是很难执行的。因此，对违反规定挪用建设资金的，应要求其及时调回该资金，并约定收取一定比例的违约金，这样对施工单位才有真正的约束力。

在大部分的高速公路建设项目中，施工单位使用完业主支付的开工预付款后，中期支付往往跟不

上，资金通常会很紧缺，很容易影响施工进度。为了响应施工单位在资格预审时投入信贷资金的承诺，应在专用条款中约定施工单位投入滚动资金的要求，并约定未按时投入的处罚措施，确保施工单位有足够的资金进行工程建设和完成合同。同时，合理制订好开工预付款、材料预付款和设备预付款的支付条件和比例。开工预付款的支付应有有效的银行保函作为担保，比例控制在合同价的10%左右；材料、设备预付款应在该材料、设备运到建设现场，且承包人已经付清货款，材料、设备的所有权已经转移承包人，并经监理工程师检验质量合格后才能予以支付，支付比例一般为材料、设备价款的60%～80%。

3 在工程建设过程中加强项目财务管理，促进高速公路建设顺利进行

建设单位应根据工程招标资格预审文件、工程招标文件及与中标单位签订的工程施工合同规定，进行工程建设过程中的款项支付和资金管理工作。

(1) 工程招标一般要求施工单位在投标时附上合同用款估算表，即把投标总价分析估算分配到各个月的用款中来，这些是建设单位组织资金供应的依据。但是此时该合同用款估算是很粗的，因为投标时其施工组织计划尚未得到监理工程师的批准。为了使建设单位能合理地组织建设资金到位，应要求中标的各施工单位在签订合同后，根据监理工程师批准的施工组织计划，提交合同期的各月用款计划，并及时向建设单位财务部门报送。建设单位财务部门根据其报来的合同用款计划表，并结合征地拆迁费用、勘察设计费用及管理费用的开支计划，合理组织资金分阶段到位，做到既满足工程建设用款需要，又不积压太多的资金，从而减少贷款利息支出，降低工程建设成本。

(2) 认真履行合同，按合同规定支付预付款和工程结算款给施工单位。对于开工预付款，应在其交来开工预付款保函并核实其真实有效后才能支付，确保付出的开工预付款有保障，在必要时可通过开具保函的银行收回。对于材料预付款、设备预付款，要严格按合同规定的程序，检查施工单位的支付凭据，要求其货款已支付，货物的所有权已经转移到施工单位，且在材料或设备运抵施工现场，经检验或调试合格后才能予以支付，同时还应禁止施工单位再将这些材料或设备运出施工现场，避免付出的材料或设备款无法收回，给建设单位造成不必要的损失。支付的工程结算价款，要重点检查其单价是否符合合同规定，工程数量的收方手续是否齐全，计算是否正确。对于工程变更，作为财务部门，应检查变更手续是否完备。

(3) 将预付款、工程结算款支付给施工单位后，要加强对这部分资金进行监管，确保其专款专用。根据与施工单位的合同约定，建设单位应与主办银行密切配合，要求各施工单位统一在工程沿线相同的商业银行开设临时结算账户，专门用于本合同工程的款项收支结算。严格控制施工单位将工程建设资金外调，确保工程建设资金在合同履行期间专款专用。可以开通网上银行，并按合同约定由施工单位授权建设单位随时对其账户的资金流向进行检查，这样可减少到施工单位现场检查的时间，提高工作效率。凡发现施工单位有挪用或抽调资金的，应按合同约定要求其限期调回相同数额的资金，并上取一定比例的违约金。在工程施工完成，合同履约完毕并兑付了建设现场使用农民的工资后，对其所余的资金，建设单位不再监督，任由施工单位调度和使用。

(4) 随着工程建设的不断进行，在工程实施三四个月后，施工单位的资金就开始逐渐紧张了。此时应按施工单位在资格预审时投入信贷资金的承诺和工程招标文件专用条款的有关规定，要求其从公司总部投入一定数额的流动资金到项目建设现场，满足其现场施工的需要。若其不按合同要求投入流动资金，应按合同规定，按时间来收取一定比例的违约金，促使其真正投入流动资金，为合同的履行提供保障。当然，各施工单位的流动资金也是有限的，不可能有太多的资金投入到项目建设现场，因此，我们还应协调好施工单位和监理单位的工作，加快施工单位的中期支付速度，及时支付工程款给施工单位，保证其有更多的资金用来施工，及时完成工程施工任务。

信阳至南阳高速公路路线方案分析和研究

李孟绪　刘文丰

河南省交通规划勘察设计院

[摘　要]　信阳至南阳高速公路是国家西部开发八条公路大通道之一的西安至合肥公路通道的一部分，也是上海至西安国家高速公路的组成部分，建设里程约182km。科学、合理地选定路线方案，对于构建区域高速公路网、发挥投资效益、促进地区经济发展，具有重要意义。本文重点结束在工程可行性研究过程中，路线选定工作的过程与特点。

[关键词]　路线比选　走廊带　高速公路

信阳至南阳高速公路是国家确定的西部开发八条公路大通道之一的西安至合肥公路通道的一部分，也是上海至西安国家高速公路（简称沪陕高速）的组成部分。沪陕高速东起上海市，途经江苏、安徽、河南等省，向西止于陕西省西安市。该干线公路在河南省境内主要经过信阳、南阳两市，大致分为叶集（豫皖省界）至信阳、信阳至南阳和南阳至西峡（豫陕省界）三段进行规划和建设。

本文就信阳至南阳高速公路在前期工程可行性研究阶段，将路线方案的走向的研究和选定工作再现给读者，以求共同探索长里程路高速公路线方案研究的全面性和决策重点。

1　研究思路

根据项目前后衔接道路情况，虽然信阳至南阳高速公路分为信阳至泌阳、泌阳至南阳两段进行建设。但研究路线方案时，应首先立足于信阳至南阳之间及前后衔接区段的更大范围内，进行北、中、南走廊带整体研究，全面考虑各种影响因素，采用定性、定量相结合的方法，才能找出更加科学、合理的路线方案。

2　区域内主要控制因素介绍

根据区域内地形条件和沿线城市分布情况，路线方案主要控制点是信阳、南阳两个地级市，次级控制点为桐柏、泌阳、唐河等县城，以及河南油田的官庄中心区、双河生产基地（埠江镇）这两个准县城。其他对确定路线方案影响较大的因素有以下几方面：区域综合运输网分布，地形、地质条件和沿线土地类型，规划出山店水库，与西安至合肥铁路交叉位置，与南阳至邓州高速公路交叉位置等。

2.1　区域地形地貌概况

纵观项目所在地区全貌，呈现东高西低的特点，起点为华北平原边缘，向西经过豫鄂两省交界处的桐柏山与社旗泌阳一带的伏牛山之间的交界地带，到达唐河境内后进入南阳盆地。

2.2　区域内城市状况

信阳市　项目路线起点位于信阳市区西北，不受城市规划范围影响。

南阳市　重点是向东和向南发展，即以新城区和河南区发展为主，北部的发展要加以控制，确保独山环境和景观的城市规划要求。拟建高速不宜选走城市北部。在建西安至合肥铁路南阳东站位于市区以南，距规划的溧河组团有一段距离。项目路线可充分利用南阳东站北侧的空当，有效避让城区规划。

泌阳县　远期城市规划以向北部、西部发展为主。项目路线从其南部过境，可很好地配合其城市规划，有利于其发展。

唐河县　现状建成区北部为淹没区，西有唐河阻隔，南部有在建中的西安至合肥铁路穿越，再向

南部不远又有河流隔断。因此，城市的发展方向是向南、向西适当发展，主要向东发展。因而，项目路线应从县城北部通过，以配合城市总体规划。

桐柏县　总体布局北至西合铁路，南至山前一带，以淮河为分界线形成南北两个片区。桐柏县城的规划限制在西合铁路之南，因此，项目从西合铁路北侧过境，不会对城市发展造成影响。

河南油田中心区和生产基地　河南石油勘探局（简称河南油田）位于南阳盆地东南部，油田矿区分布在宛成区、新野、唐河、桐柏、泌阳、叶县等六县境内。河南油田下设厂级单位35个，在岗职工约31000人，已发展成为集石油勘探、油气开发、油品炼制、科学研究、矿区建设、石油工程为一体的综合性石油化工基地。油田中心区位于南阳市宛成区、新野县和唐河县交界处的官庄镇，集中了30多个二级单位，现有住户3万户，总人口9万多人。每天发出客运班车达130次，年货运量达190万吨。双河基地位于桐柏与唐河交界的埠江镇，是河南油田的主要生产区，主要单位有采油一厂、碱厂和双河社区等，住户5000多户，1万多人。因此，将官庄镇和埠江镇也作为路线方案的控制点。

2.3　区域综合运输网分布

在信阳至南阳之间包括泌阳、桐柏、唐河各县的区域内，东西向的交通干线有G312、S335公路和在建的西合铁路。其中G312和西合铁路均处于区域南部，经过信阳、桐柏、唐河和南阳，S335线处于区域北部，经过明港、毛集、泌阳和唐河。西合铁路为新建国家干线铁路。G312线现为二级公路，路况保持较好。S335线为三级公路，路基路面破损均较严重，个别路段勉强维持通车。

区域南侧有G312和西合铁路两条干线经过桐柏县城，且均有较大的运输能力，区域北侧仅有S335这一条道路经过泌阳，且运输能力偏低，路况较差。说明区域内南部和北部运输网分布严重不平衡，运输能力差别很大。这对带动区域经济全面发展是不利的。拟建高速公路如果选择经过泌阳的北线方案，对改善区域路网分布不均衡的现象有很大的作用。

2.4　矿产资源分布

铁矿　主要分布在桐柏黄岗—毛集，南召—方城北部及淅川—内乡南部3个地区，产地多而分散。其中矽卡岩型富矿主要分布在桐柏县北部。因此，路线应尽量从桐柏县毛集、黄岗以南通过。

铜矿　单一的铜矿点不多，规模也小，见于桐柏等地。共（伴）生的铜矿则具有一定规模，如桐柏刘山岩铜锌矿。对拟建项目有一定的影响，应注意避让。

金矿　桐柏境内分布有老湾金矿带。本项目选线时应尽量避免穿越。

银矿　为优势矿产之一，主要分布在桐柏、方城等地，以桐柏为最。在其矿带的东端还有河坎、老硐坡等矿床。其次在方城县北尚见有与铅、锌矿伴生的银矿，规模都不大。在路区内的分布情况与金矿相近，选线时应同样注意避让。

石油、含天然气　见于南阳市宛城区、邓州、新野、唐河、桐柏、泌阳等地，统称河南油田，主要产区在桐柏、泌阳、唐河三县交界地带。路线在该区段，会受到油田的影响和制约，应尽量避免拆迁油井和站房等设施，跨越输油管线时应设置涵洞。

天然碱　为南阳市优势矿产资源之一。产自桐柏县吴城和安棚两处，均为大型矿，含矿层位属下第三系。

蓝晶石矿　已发现和评价矿产地3处，即宛城区隐山、桐柏固县镇祖师顶和桐柏大河。路线若选走桐柏，难以避让固县镇祖师顶矿区。

独山玉　又名南阳玉，产自南阳市以北4km的独山。为避免压矿，路线应选走独山以南的适当位置。

2.5　规划出山店水库基本情况及其影响

根据淮河委员会对出山店水库的介绍，出山店水库规划在“十五”至“十一五”期间进行建设；是淮河上游的大型水利工程，目的是拦截淮河上游来水，实现“上蓄下排”为治淮总体规划；出山店水库设计库容为28.3亿m^3，千年一遇设计标准对应的水位为105.8m，兴利水位为98.9m。高速公路建设需要的300年和100年一遇淹没水位尚未准确计算过，据水利局有关人员估计，分别在104m

和103m左右。因此可研阶段可以将300年和100年一遇淹没水位取104m和103m，作为拟定和选择路线方案的依据。

考虑出山店水库规划，拟建项目自起点向西延伸时走水库淹没区北侧通过优势明显；走向为在G107线以西就近跨越淮河，而后，沿规划水库淹没区北边界附近山前岗地，朝向西北，经过查山、王岗，到达平桥、桐柏、泌阳交界的毛集镇。若走其南侧，将穿越出山店水库和南湾水库中间的桐柏山地，地势陡峭，工程难度很大；而且与西合铁路及G312走在同一走廊带内，相互有干扰；另外沿线地区人烟稀少，林地众多，对带动经济和保护环境都较不利。走出山店水库以南方案在叶信高速工可报告中作为比较线提出过，该方案经G107安冲附近，在推荐方案以南12km处。在当时叶信高速已经开工的情况下，选走出山店水库以北布线基本成为定局。具体定线时，充分考虑到出山店水库的影响，尽量选走山前岗地较高的位置，以提高路线的安全性。在老鸦河水库两侧较低路段，较多地布设桥梁和涵洞并加强防护工程，确保不产生阻水和路基冲刷破坏。

2.6 在建西安至合肥铁路

在建西安至合肥铁路是国家干线铁路，目前为单线铁路，预留双线和电气化标准，2000年开工建设。西合铁路在信阳至南阳段与拟建项目总体走向一致。经过的主要市镇是：信阳市北、和孝营、月河、桐柏北、鸿仪河、新集、埠江镇、毕店、唐河南、桐寨铺、南阳南。

拟建项目在信阳—桐柏段走在出山店水库北侧，而西合铁路走在南侧，所以两者布线没有影响。如果拟建项目选择信阳—桐柏—唐河—南阳走廊带（南线方案）的话，在桐柏县城至鸿仪河段，由于桐柏山主脉以北的淮河源头河谷已经被西合铁路和312国道占据，路线不得不在淮河以北5km左右的次级山地布线约20km。在鸿仪河至唐河县段，西合铁路在312国道北侧约3km，由于总体走向和跨越条件的控制，高速公路布线应避免与其交叉。由于西合铁路在唐河县城南较近处设站，再往南有三夹河干扰，而且处在城市规划区内，因此路线宜选走唐河县城北。尽管该处为唐河与桐河交汇转弯处，地势低，易淹没，桥跨长。唐河至南阳段西合铁路在312国道以南约7km，拟建项目宜在西合铁路和312国道之间布线，可不交叉；如果较早跨至西合铁路南侧，则南阳市区出入口距离城市过远，与南阳至襄樊高速公路、S103线以及白河均没有合适的交叉位置。所以项目与西合铁路交叉位置应在南阳城区以南选择合适位置。

3 起终点论证

3.1 起点论证

拟建项目以东连接的叶集至信阳段高速公路已经于2002年年底开工。在此情况下，项目的起点位置是确定的。

3.2 终点论证

根据南阳市2010年中心城市总体规划，东北部为独山组团，是城市发展的主要地区，规划为行政、科教、文化、体育和高新技术产业的综合区。西北部麒麟组团，规划继续保持工业仓储区性质，逐步建成一批大中型企业，并建立货流储运集散中心。在城区外围的东北、西北部为独山和兰营水库，规划开辟大型风景名胜游览绿地。根据道路网远景规划，预留西合铁路客运线在城区西北与焦枝铁路线搭接，南水北调引水渠在城市西部顺西南东北方向通过，在城市西北部与西合铁路预留客运线及焦枝铁路形成多重交叉，而且和夏庄车站及规划中的夏庄货场相距很近。据此，拟建项目终点位置不宜选在南阳市北部。

南阳市白河以南规划为溧河组团，现状以纺织、轻工、食品工业为主，规划将发展为轻纺和轻度污染工业及货流集散的综合工业区。城市西南部为宛城组团，是中心城区的核心，历史文化名城保护的主体，规划商务中心所在地。城区外围的南部为备用地。另外，在建西合铁路在南部的范营设有南阳东站（客货车站），在兰营设有货车站。从城市南部规划框架可知，由于西合铁路及南襄高速的存在，再继续向南大规模发展的可能性较小；因此，信南高速终点选在南阳市南部，从与城市总体发展规划的协调性及路网结构的合理性等方面分析，均较走城市北部利多弊少。

综合考虑南阳市南侧干线公路分布、西合铁路、焦枝铁路、规划南阳至襄樊高速公路、白河、南水北调规划线位及地形等重要的现状条件，考虑与南阳市区边界的适当距离，布设互通式立交场地条件等因素，确定项目终点位于辛店村北，接省道 S231 线，距离市区规划西南边界约 3.5km。

4 可能的路线方案

根据上述控制因素，经实地勘察和现场调查，按照路线总体走向基本顺直，工程量小，经济合理，有利于促进沿线经济发展的原则，研究人员在三个走廊带进行路线布设：(1) 走泌阳的北线方案（K 线），走向大体是信阳—王岗—毛集—泌阳—毕店—唐河—南阳，总里程 182.06km；(2) 走桐柏的南线方案（AK 线），走向大体是信阳—王岗—毛集—桐柏—埠江—唐河—南阳，总里程 185.05km；(3) 以及走桐柏、泌阳之间的中线方案（DK 线），走向大体是信阳—王岗—朱庄—安棚—毕店—唐河—南阳，总里程 179.13km。

5 路线方案综合比选

可研报告采用两两比较法进行路线方案比选。

5.1 K 线方案与 AK 线方案对比

5.1.1 定性方面的比较

(1) K 线方案优点

• 地形条件好，造价较低：线位处在山前区，地形条件好，路基土石方、桥涵数量、隧道工程、防护工程等均相对较小，工程造价比 AK 线低 10743 万元。

• 路线顺直，运营效益好：总体线型顺直流畅，线形指标相对较高，总里程较桐柏方案缩短约 2.99km，能够降低运营期间车辆行驶成本。

• 优化运输网络：目前泌阳一无水运、二无国铁、三无国道，在主要干线公路方面仍处于空白状态，而目前宁西铁路及国道 312 两条干线道路均通过桐柏，高速公路经过泌阳县，能够使区域内干线道路在空间分布上更加均衡，优化了区域运输网络，使更多的人口分享交通条件改善带来的好处。

• 合理利用土地：K 线方案大部分路段穿越旱地，产量低，肥力差，土地利用比较合理。由于泌阳县人均耕地 1.53 亩，高于桐柏县的 1.13 亩，所以 K 线方案占用土地对农民生活造成的影响更小一些。

(2) AK 线方案优点

• 为矿产资源开发提供快速运输通道：桐柏自然条件优越，地上地下资源十分丰富，被国家定为全国特大资源宝库县。矿山企业向内、向外运输量均呈迅速增长态势。高速公路若能穿越本区，对地区矿产资源的开发利用和矿产企业的发展壮大必将起到积极的作用。

• 淮源风景名胜区以桐柏县城为中心，总面积 108km^2，景点、景观 107 处，汇集盘古、淮源、佛道、苏区四大文化。高速公路若能在此通过，必将更好地带动旅游资源的发展。

• 建材优势：桐柏县水泥、石料、砂等建筑材料储藏量丰富，而且场址绝大多数位于公路铁路沿线，材料价格低，运距较短，为高速公路提供了较好的建材环境。

(3) 定性对比情况综述

综上所述，K 线方案经过地形条件好，工程量小，施工条件好，建设里程短，投资可获得明显的节约；总体线形顺直流畅，营运距离短，对长途过境车辆的运输效益十分显著。AK 线方案可以极大地带动特大资源宝库县的经济发展，同时，地区较大的运输需求也为高速公路投资回报提供充足的交通源；砂石水泥等地材丰富价低；但 AK 线方案深入山区，工程量必然较大，而且建设和运营里程长，总造价明显偏高，对长途车辆的运输效益有较大的影响；南线方案占用了较大面积的林地、绿地和水浇田（全县现有林业用地164.4万亩，占自然总面积291万亩的56.5%），较北线方案，土地未能得到合理的利用；而且分别在固县东南等处有压覆蓝晶石矿情况。

5.1.2　两方案综合比较

表1列举了K线和AK线方案各方面因素比较结果。可见北线（K线）方案从路网结构的优化、工程造价、经济效益、带动沿线社会经济的发展等方面优于AK线。

K线、AK线方案综合比较表　　表1

序号	比较因素	单位	K线方案（北线）	AK线方案（南线）	比较结果	备注
1	建设里程	km	182.06	185.05	K线短2.99	
2	总体线形		总体顺直	稍有绕行	K线稍优	
3	运输效益		好	稍差	K线较优	指长途车辆
4	运输网布局合理性		相对均衡合理	稍嫌集中	K线更合理	
5	地形条件		岗地平原和少数低山丘陵区	岗地平原和部分低山丘陵区	K线地形条件较优	见地貌类型图
6	建材条件		砂石及木材须部分远运	砂石及木材当地较多	AK线有较优的建材环境	
7	土地利用		旱地数量更多	林地、水浇地、草地更多	K线更合理	
8	人均耕地面积	亩/人	1.53	1.13	K线穿越区域土地富裕	
9	对资源保护产生的影响		沿山前区布线，对毛集、马道林场稍有影响	对毛集林场有影响，且在固县镇东南有压矿可能	K线影响相对较小	主要指林区、压矿等情况
10	对资源开发的作用		有一定促进作用	促进作用较大	AK线更为有利	
11	建设投资	亿元	64.86	66.75	K线节约1.89	全线比较
12	2026年预计	小客车	41196	38933	K线交通量稍大	
13	地方政府意见		驻马店市要求走泌阳方案	南阳市要求尽量考虑桐柏方案	政区不同，意见不统一	
有利因素合计		K线10个，占77%；AK线2个，占15%				

5.1.3　两方案比较结论

综上所述，经对南线、北线两个走廊带方案作同深度定性定量比较，北线（K线）方案无论从路网结构的优化、工程造价、经济效益、还是对带动沿线社会经济的发展等方面，都优于南线（AK线）方案。

5.2　北线（K线）方案与中线（DK线）对比

北线（K线）方案与中线（DK线）综合比价见表2。

K线与DK线方案综合比较　　表2

序号	比较因素	单位	K线方案（北线）	DK线方案（中线）	备注
1	信南全线建设里程	km	182.06	179.13	
2	总体线形		稍有绕行	总体顺直	
3	长途运输效益		稍差	好	

续上表

序号	比较因素	单位	K线方案（北线）	DK线方案（中线）	备　注
4	对区域经济的带动作用		可有力带动泌阳县经济发展	对桐柏、泌阳带动作用均不明显	
5	运输网布局合理性		相对均衡合理	沿线村镇稀薄，远离交通发生地	
6	地形条件		岗地平原和少数低山丘陵区	主要为岗地和重丘、山区	比较路段
7	建材条件		砂石木材部分远运	砂石木材当地较多	
8	土地利用		旱地数量更多	林地、草地更多	
9	对资源保护产生的影响		沿山前区布线，对毛集、马道林场稍有影响	对毛集、马道林场有较大影响，与大河铜矿、朱庄银矿有干扰	
10	对资源开发的作用		有促进作用	促进作用较大	
11	全线投资比较	亿元	64.84	71.07	
12	2026年全线预计交通量	小客车辆/日	50827	48034	

由表中比较情况可见，王岗—唐河的中线方案虽然建设里程最短（比K线短2.93km），总体线形顺直流畅，对长途过境车辆的运输效益十分显著；但存在以下几个方面的缺点：

①中线方案AK1+460～DK68+620间长70km的路段沿线主要是重丘和山区，地形条件差，工程量很大，而且远离干线公路，施工困难，每公里造价高于其他路线，信阳至南阳全线总造价比K线方案高（按照六车道外侧加宽方案，高6.22亿元）；

②中线方案距离泌阳县城和桐柏县城均达20km，造成泌阳和桐柏县城的车辆使用高速公路不便，使得高速公路对地方经济的带动作用难以发挥，预测交通量也最低（比K线低2661小客车辆/日）；

③中线方案穿过毛集林场和马道林场，而且与朱庄银矿、大河铜矿有一定干扰，不利于环境保护和资源保护；

④由于中线方案（比较路段）经过地区主要是重丘和山区，地形条件差，为了节约造价，应当采用100km/h的标准，所以路线线形指标低，有一线陡坡、急弯路段；

⑤通过定量计算的经济评价结果进行对比，DK线的各项评价指标均低于K线，说明DK线投资效益不如K线。

经过综合比较后，可研报告认为北线（K线）方案总体上优于中线（DK线）。

5.3 方案比选结论

综上所述，经对北线（K线）、南线（AK线）及中线（DK线）三个走廊带方案作同深度定性定量比较，北线方案优于南线方案和中线，因此，可研报告将北线（K线）方案列为推荐路线方案。

6 结语

鉴于信阳至南阳高速公路在国家和区域路网中的重要地位，科学、合理地选定路线方案非常重要。工程可行性研究过程中，在整个走廊带范围内，全面考虑城市分布和规划、重要建筑物、地形地质、综合运输网的衔接、矿产资源分布、土地类型、文物分布等影响因素，全面、合理地拟定路线方案，并从定性、定量两方面进行各路线方案的同深度比较，最终推荐了科学、合理的路线方案，为本项目建成后充分发挥经济效益奠定了良好的基础，也为河南省其他高速公路项目的选线工作提供了宝贵经验。

强化监督　全面预防
确保信南高速公路建设安全运行

王安伟

河南省信阳至南阳高速公路有限公司

[摘　要]　搞好安全生产工作，切实保障人民群众的生命财产安全，是党和政府赋予的时代重任，是企业生存发展的基本要求。本文介绍了信南项目在围绕建设“平安工程”方面取得的经验。

[关键词]　安全　预防　监控

河南省信阳至南阳高速公路横跨信阳、驻马店、南阳三市六县区。全长183km，分信泌、泌南两段实施。沿线地质、地形复杂，其中信阳境内沼泽、水塘、软基分布广泛，施工难度大；驻马店段地处山岭重丘区，南阳境内全线系弱膨胀土，路基填筑材料缺乏，大部分材料沿312国道运输，加之项目建设涉及面大，工期短，施工时间集中，矛盾突出，安全生产监控和预防工作难度较大，文明施工、安全生产工作尤为重要。开工建设以来，信南高速公路项目公司在河南省交通厅的坚强领导下，认真贯彻国务院《安全生产法》、《安全生产条例》和河南省交通厅《公路工程安全生产技术规范》，以强化安全生产责任制为手段，以落实安全生产目标和加快工程步伐为目的，以加大查处和加强重点部位监控为重点，以开展安全生产，文明施工专项活动为载体，使安全生产工作有人管，有法管，管得住，管得好，安全生产工作达到了预定的目标，受到了上级部门和地方政府的一致好评。

1　加强领导、健全机构、落实安全生产责任制

信南高速公路开工建设以来，项目公司坚持以人为本的建设理念，把人民群众的生命财产放在首要位置，牢固树立安全生产是实现工程建设顺利进行的前提。

一是加强领导，完善机构。项目公司成立了以董事长王春江为组长的安全生产领导小组，下设安全生产办公室，明确质量监理处为安全生产的监督机构，要求质检处定期对沿线安全生产情况进行巡查。同时要求各施工单位成立相应的安全生产领导机构，使安全生产工作有人管，不空转。

二是按照“谁主管、谁负责”的原则，明确各级管理人员安全生产职责，形成全员安全生产监控体系。要求安全生产主要领导亲自抓，分管领导具体抓，参建人员履职责，并下发了《关于进一步明确安全生产的主体责任》，明确规定项目公司经理是本施工合同段安全生产的第一责任人，对安全生产负总责，监理工程师是其所辖区域安全生产监理第一责任人，负责本监理单位安全生产管理体系的完善与落实，安全生产措施和技术的审批。

三是加强对外来务工农民、轮换工等劳务人员的安全管理，要求务工安全管理人员必须经过安全培训持证上岗，严格接受施工工地项目部的统一管理。变松散管理、流动作业为统一管理。要求每50名以上的农民务工队伍必须配备一名专职安全生产管理员。从组织上为安全生产奠定了坚实基础，确保安全生产的正常进行。

2　完善制度，加大考核力度，狠抓安全生产目标的落实

为使安全生产的各项措施真正落到实处，使安全生产工作管得住，公司先后下发了《安全生产文明施工目标考核细则》，组织监理单位认真学习《高速公路施工技术规范》、《公路工程建设安全生产强制性目标》等一系列制度，使各项规章制度横向到边、纵向到底。

首先是严格规范操作，明确安全要领，从源头上加强安全生产。信南公司成立之初，邀请有关专家结合地形、地质情况确定了沿线各个阶段、各类施工区域、主要施工部位的施工技术规范和安全生产要领，组织监理人员、施工人员学习操作程序、施工工艺，对梁板预制安装、挖孔桩、石质路堑挖方、混凝土拌和站、挖方地段等安全事故易发区制定强制性安全生产措施；在国道、省道以及交通繁忙的地方道路交叉处要求施工单位增加减速、限速标志并增设交通安全指挥员；在江河湖泊吊梁时密切注意天气、水文变化，汛期内不得施工。在泌南段，弱膨胀土钻孔桩施工时一律要求采用旋挖钻机，不仅进度快、质量高，而且安全可靠；在信泌段挖方地段加大边坡坡率，预防边坡坍塌并有利于绿化；在软基、沼泽地段施工要加强围堰以防水患发生。

其次是严把审批程序，确保安全体系运行。通过几年来的高速公路工程建设实践和上级部门的强化管理，认真总结，已经形成了一整套安全生产施工技术规范和要领，但贵在坚持、重在落实。信南高速公路开工之初，公司把安全生产和质量管理放在同等重要的位置，安全生产不达标，坚决不开工；工程质量有隐患推倒再建。以“三铁”的精神抓安全保质量，公司要求各施工单位、监理单位对重要工程，主要施工工序实行开工审报制，对存在安全隐患、安全不达标不准开工建设，对隐情不报，不按程序审批，发现一起处理一起决不姑息。公司先后通报 4 起安全生产隐患，对安全生产方面存在隐患的施工单位在全线给予通报批评。

第三是加强考核，奖罚分明，严格兑现。为切实把安全生产目标落到实处，公司成立了安全生产领导小组办公室，负责安全生产的考核监督管理工作。2005 年度项目公司根据土建施工的特点制订了《节点目标考核管理办法》,《安全生产和文明施工评比管理办法》，对安全生产与节点目标一道实行百分考核、双挂钩考核。加大奖罚力度，用经济杠杆调动各项目经理部加强安全生产的积极性。一是加大日常考核力度，由质检处，工程处，合同处不定期组织检查施工单位的安全履约情况，对发现安全隐患按照规定当场给予处罚。二是每季度邀请省质监站、高发公司有关人员一道对项目经理部的安全生产进行综合考评，按一、二、三个等级给予相应的奖励，对日常检查中连续三次给予安全通报和处理的单位取消每季度评比资格。三是实行安全生产一票否决制，明确规定各施工单位无论何种原因出现安全责任事故取消本期获得的节点奖金和本年度优秀项目经理部的评比资格。四是严格监理工程师安全履约检查，对监理工程师玩忽职守、弄虚作假、造成经济损失或严重后果的，一旦发现坚决处理，决不姑息，公司先后对 4 名监理严重违约给予辞退，并在全线通报批评。

3 突出重点，加强对重点部位和重要区段安全的监控

高速工路施工点多、线长、面广、流动、分散，安全生产管理难度大。在日常的安全生产管理中，我们根据各个不同时期的施工特点制订安全生产的监控、监督，检查的重点，根据各个施工企业的不同情况，要素构成实行领导分片包干，公司领导班子、各业务处室，安全生产领导小组办公室随时掌握各施工单位的安全生产情况，超前谋划制订预案确保安全生产正常进行。

一是对全线特种行业操作人员严格实行持证上岗，严禁爆破手、大型机械吊装手无证操作；

二是在安全生产高发区的仓库、炸药库、油库实行达标存放，对危险品运输实际严格管理，保障不疏漏；

三是在特殊地形、地段，安全生产的易发区，增加先进的施工设备和监理人员，提高施工的技术含量，尽可能避免人为操作带来的安全隐患，在桥梁起吊、大梁架设、湖泊改造，开工放炮等施工区域实行安全监理工程师 24 小时旁站制；

四是在施工便道、省道、国道和社会人口密集处增设各类醒目标志，强制性要求过往车辆和施工车辆限速通过；

五是加大在节假日、双休日和汛期及恶劣天气的安全生产领导和督查，在主要时间内实行领导干部 24 小时值班制，确保安全生产中信息畅通，上传下达，在汛期和雨期到来之前立足于防大洪、抗大险。制订切实可行的防汛预案，备足人力、物力，抽掉精干人员组成抢险突击队，实行 24 小时待

命。要求各施工单位在江河、湖泊、沼泽、滩涂处施工，夜间一律不得滞留人员，遇到险情随时处置，确保人民群众的生命安全。

4 加大投入，全面贯彻预防为主的方略

为全面贯彻预防为主的安全生产方略，信南公司加大安全生产投入，提升安全生产管理水平，项目公司采取了以下措施：首先，购置了各类先进检测设备，配备了安全生产监督管理员，充实安全生产办公室的领导力量。要求各施工单位严格按招标文件的规定，配齐先进的施工机械和专职安全生产管理员，保障安全生产监督体系的完善。其次，项目公司拿出一定奖金对安全生产做出成绩的单位给予一定的奖励。监理单位进场后，为强化安全生产管理专门增加了安全监理工程师。第三，组织沿线专职安全人员、监理工程师、总工程师进行了统一安全培训，提高安全管理人员的业务水平。一年来，我们先后到郑州西南绕城、少洛高速、商亳高速参观学习，邀请质监站的专家到公司授课为安全生产工作奠定了良好的基础，达到了预期效果。

5 加强安全生产教育，提高安全生产意识

一切安全事故都是长期隐患与偶发因素的结果，而人为因素是偶发因素的重要原因之一。因此加强对职工的安全生产教育，提高其安全生产意识是优化安全环境的重要一环。

一是在“安全生产活动月”期间在全线举办了一次安全生产知识技能培训讲授生产、生活中的安全知识，急救知识，增强了员工的安全防范意识。

二是在施工现场，主要交通路口悬挂横幅，张贴标语。宣传安全生产的有关常识。增强广大干部职工“遵章守法、关爱生命”的意识。

三是在施工单位、监理单位中开展征集安全生产的谚语、律诗并编印成册，以通俗易懂、易记的方式提高施工人员的安全意识。

四是开展岗位安全自查。安全应知应会教育，事故应急预案演练。提高广大职工的安全素质和安全技能。

安全责任重于泰山，安全生产压倒一切。信南高速公路通车运营后，我们仍将一如既往把安全生产工作作为各项工作的重中之重，及时查找安全隐患，制订解决措施；进一步加强领导，明确责任，突出重点，强化监督，把安全生产的各项措施落到实处，以打造平安高速为目标，以强化安全生产、构建和谐社会为保障，攻难克艰，全面预防，为圆满完成省政府提出的安全生产目标做出我们应有的贡献。

谈信南高速公路施工中工程质量管理

王立新　彭玉阔
河南省高等级公路建设监理部

［摘　要］　高速公路的设计标准和工程质量要求高，必须重视和加强高速公路现场施工中的工程质量管理问题。本文结合信南高速公路建设，从提高全员质量意识、重视工地试验室建设 、重视现场跟踪检查、采取有效的质量奖罚措施等方面，较详细地阐述了高速公路现场施工中的质量的管理。

［关键词］　高速公路　施工　质量　管理

在公路工程建设中，质量是工程建设的关键，任何一个环节、任何一个部位出现问题，都会给工程整体质量带来严重的后果，直接影响到公路的使用效益，甚至返工重建造成巨大的经济损失。因此，工程质量是公路工程建设的生命。

随着国民经济的飞速发展，基础建设尤其是是公路建设发生了质的飞跃，河南省位于中国中东部，连南贯北、承东启西，是中国内陆交通运输的重要枢纽。全省高速公路通车里程达到 2678km，位居全国第四位，高等级公路呈现跳跃式的增长势头。随着高速公路的设计标准和工程质量要求的提高，更好地适应新形势下公路建设需要，加强工程质量管理，提高公路使用质量和资金效益，是非常必要的。作者结合在信南高速公路的工作经历，把信南公司在工程中的一些管理经验，向大家简单介绍一下。

1　提高全员质量意识

做好质量宣传工作，是搞好制质量管理的一种重要手段。一项工程若要获得最好的质量，不论是设计或施工单位，还是工程管理机构，全员质量意识是根本。尤其施工单位此点更重要，有些参加施工的工人的文化程度不是很高，你跟他讲大道理，很有可能听不进去，往往需要反复浅显易懂的讲。实践证明，一个施工企业，只有承包商重视质量，而没有配套的质量管理办法，无济于事，管理必然是事倍功半，通过各种手段提高全员质量意识。

2　工程质量管理

工程一开始，信南项目公司就下发了文件，对工程质量管理制定了若干规定，具体规定如下。

2.1　建立质量保证体系

（1）监理、施工单位质保体系机构必须健全，责任明确；施工单位质保体系不得与生产体系混淆。质保体系负责组织施工过程中的自检、报验等工作，并负责相关资料整理、归档等工作。

（2）各施工单位设立专职的总质检工程师和专职的分项质检工程师，明确总质检工程师的权利及职责。质保体系由项目经理任组长，总质检工程师和项目总工程师任副组长，下设包括路基、桥梁、涵洞、防护等分项专职质检工程师。

（3）工程质量自检程序，各施工单位可根据本单位所有工程项目，并以质量自检、互检、交接检为主线自行制订。同时存档的自检资料必须真实、完善。

（4）完善各种规章制度和图表，并做好“上墙”工作。

2.2　严格要求工程质量报验程序及相关签字

（1）每道工序完成后先施工单位体系报检（内部报检）→质保体系自检（由专职质检工程师组织并签字），合格后→填写报验单（由总质检工程师填报）→监理抽检（项目监理工程师组织监理抽检)，合格后→驻地监理工程师签认认可书（各分项由项目监理工程师签字）→进行下道工序。

(2) 混凝土浇筑过程现场监理须全过程旁站，并在记录上签字；混凝土试件，必须满足自检、监理抽检频率；监理抽检必须独立完成。

(3) 压实度必须满足自检、监理抽检频率要求；自检资料监理不签字。监理抽检必须在驻地办独立进行，资料须签字。

2.3 加强工程材料质量的管理

工程材料的优劣是影响工程质量的关键因素，直接影响着整个工程质量等级、结构安全、外部造型和建成后的使用功能等。为确保把信阳至南阳高速公路建成精品工程，从源头上保证工程质量的建设，项目公司本着“宽进严出，加强过程管理”的原则对原材料进场事宜也做了如下严格规定。

(1) 凡符合国家相关技术标准要求的各种原材料（水泥、钢材、钢铰线、各种外加剂、土工隔栅等）均可为本工程使用。

(2) 施工单位、监理单位认真严格把好各种原材料进场关，不符合规定或不合格的材料严禁进场使用。

(3) 各施工单位采购的原材料进场必须附有生产许可证、产品质量说明书、试验报告等。尤其对不同强度等级、不同批次进场的水泥、钢材等做好抽检试验工作。水泥应使用旋窑生产，不准使用立窑生产。

(4) 原材料进场或进入工地前必须经工地试验室检测确认，不论何种原因发现不合格产品或原材料必须及时清退出场。

(5) 施工单位材料供应部门的原材料进账单、报验单与试验室的原材料台账、试验报告要一一对应，真正把好原材料进场关。为防止原材料错检、漏检，确保进场原材料的试验频率和质量，施工单位的材料部门和质检部门应当加强这方面的工作。每批进场材料，材料部门都应以进场通知单形式及时通知质检部门，由质检部门统一组织自检和报验工作，检测结果及时反馈材料部门。

(6) 监理单位必须按照规范规定的抽检、平行试验频率做好抽检、平行试验工作，建好试验台账。

(7) 凡经施工单位、监理单位检验，确认为不合格的原材料，将拒绝该生产厂家继续为信南高速公路建设提供该产品，并将给予其生产厂家全线通报，列入“黑名单”。

(8) 各施工单位需把本“通知”精神转达各原材料供应商。

3 重视现场跟踪的检查和巡查

工程质量的许多问题，都是通过现场跟踪检查而发现的，为让质量事故消灭在萌芽状态中，减少经济损失，使信南高速公路质量建设更上一个台阶，公司专门成立了工程质量督查大队，并制订了督查大队巡查管理办法。督查队采取不定期随机巡查方式，每周巡查次数不少于 5 次，不论白天或夜晚，根据需要增加夜晚巡查。其巡查的主要内容如下。

(1) 根据国家有关公路工程试验检测标准、规程、方法等对全线工程质量进行独立抽查，抽查是对施工中控制试验的符合性、平行性检查、检测和一般性试验；对原材和路基、结构物等工程实体质量进行抽查。

(2) 按合同对监理单位进行履约检查。检查监理人员在岗情况，检查监理质量控制程序、工程现场质量控制、试验与抽检等工作状况。

(3) 配合公司其他处室，按合同对施工单位进行履约检查。检查施工单位质保体系组织机构是否完善、是否正常运转；检查工程原材料、机械设备、施工过程、施工记录及自检资料等施工管理状况。

在信南高速公路涵洞、通道、立柱、梁板预制、路基填筑等工程项目陆续全面展开施工时，为彻底摸清信南高速公路工程质量和管理状态，项目公司还展开了工程“质量月”活动，要求各监理代表

处对其所管辖段先内部互检，监理代表处组织，各驻地互相检查，内部考评，然后，项目公司组织各监理代表处交叉检查，全线考评，及时发现存在的各种问题，以便采取有效措施加以解决，确保工程质量实现“100-95”目标。

4 成立管理责任小组

由于任务重，时间紧，为全面完成省公司下达的目标责任计划，切实加强信南高速公路建设在质量控制、进度控制、安全生产和建设环境协调等方面的监管力度，强化责任，信南公司通过董事会研究决定成立了公司领导和处室分段管理责任小组。责任小组的具体职责：深入施工现场敦促监理、施工单位加强管理，提高工程质量，合理安排施工组织计划，帮助研究施工工艺，加大人员及设备的投入，按期完成各阶段目标；掌握信息，研究协调解决问题，对重大技术方案和问题督促相关部门尽快落实；针对各标段间施工进度不均衡的状况，提出帮扶办法，并监督实施。每个管理责任小组对其所管辖段每标段每周至少巡查一次。

5 采取有效的质量奖罚措施

在经济社会，质量管理理所当然地要和经济挂钩，但这只是一种手段，而不是真正的目的。为了保证信南高速公路建设项目的顺利进行，确保优良工程、争创精品工程，信南公司决定了每季度在各施工单位间展开一次质量专项评比活动：每季度评比一次，满分为100分，内业资料分值为10分，工程实体质量分值为90分。评比时，日常质量检查，由质监处督查大队记录，占季度评比分值的30%；季度大检查的得分值占季度评比的70%；以上两项得分合计，即为该季度工程质量评比的实得分值。前五名予以奖励：第一名：奖励50万元；第二名～第五名：奖励30万元；且当承包人得分超过95分时，每高出1分，另外奖励2万元。通过季度进行考核评比，找出问题，提出改进意见，互相交流在质量管理方面的经验。

除了季度检查，在迎接省交通厅、省高发公司检查工作时，也制订了相应的奖罚措施。①奖励措施：省高发公司检查中被检查单位排名第1者，奖该施工单位5万元、监理代表处1万元；省交通厅检查中被检查单位排名第1者，奖该施工单位10万元、监理代表处2万元。②处罚措施：省高发公司检查中，路基压实度1点不合格，罚相应施工单位5万元，罚监理单位1万元；压实度每降低1%，罚相应施工单位1万元，罚监理单位2000元；结构物、内业资料和其他检查项目扣分每超1分，罚相应施工单位5万元，罚监理单位1万元。省交通厅检查中，路基压实度1点不合格，罚相应施工单位10万元，罚监理单位2万元；压实度超百1点，罚相应施工单位2万元，罚监理单位5000元；结构物、内业资料和其他检查项目扣分每超1分，罚相应施工单位10万元，罚监理单位2万元。在迎接省交通厅、省高发公司检查工作的奖罚措施里还具体到了个人，路基压实度有2点不合格或结构物、内业资料和其他检查项目扣分达到3分，其对应的项目工程师不仅罚款，还予以清退出场。

信南公司通过采取有效的质量奖罚措施，来让监理、施工单位从各种检查活动中进一步提高认识，加大管理力度，严格规范施工，力争把信南高速公路建设成一条优质路、环保路、精品路！

6 结语

随着我国高速公路建设的迅猛发展，工程质量将会逐步走上系统法、法制化的轨道，电脑技术将会普遍地运用到工程质量管理中，施工人员和质保人员的素质将会有很大提高，全面质量管理体系将得到广泛推广应用，我国的工程质量管理水平将提高到一个新水平。

信阳至南阳高速公路工程技术方案与工程技术管理

许世展

河南省信阳至南阳高速公路有限公司

[摘　要]　本文介绍了信阳至南阳高速公路整个建设过程中为贯彻交通部勘察设计“典型示范工程”而采取的路基施工中填前处理及路基填筑方案，桥梁台背回填及路床处治方案，桥面铺装方案，防护工程方案；又针对工程技术管理中的总体程序和特点进行了介绍。可供高速公路建设管理参考。

[关键词]　高速公路　工程技术　方案　管理

信阳至南阳高速公路是西部开发大通道沪陕高速的重要组成部分，也是河南省“十五”期间重点工程建设项目，全长182.904km，起点与叶集至信阳高速公路项目相连，途经驻马店市泌阳县，终点与在建的南阳至西坪高速公路相接。全线采用设计时速120km/h标准六车道高速公路标准，工程概算69亿元人民币。沿线地质、地形复杂，信阳境鱼塘、堰塘、水稻田分布较广，驻马店段和南阳桐柏境内为山岭重丘区，泌阳至南阳段全线分布中弱膨胀土。沿线村庄、沟渠、道路较多，技术环境比较复杂。项目在工程技术方案制订和技术管理过程中积极贯彻落实交通部典型示范工程新理念，按照“安全、环保、舒适、和谐”的方针，因地制宜地采用新材料、新技术、新工艺，提升了信南项目的科技含量，保障了工程建设的顺利进行。

1　填前处理及路基填筑方案

对沿线土质较好，天然含水量在18%～20%，且不受地下水位影响的地段，根据试验段的实施情况，确保压实度不小于90%，按设计和合同要求进行冲击碾压和路基填筑。

对沿线土质较好，地表含水量大，且不受地下水位的影响，冲击碾压易形成“弹簧”的地段，首先挖渗沟排水，如正常碾压可使压实度达到90%且其他符合规范要求后，可直接填筑路基。如正常碾压压实度达不到90%，表层30cm采用3%～8%石灰土进行处理。

对于地下水位高，地面含水量大，但地基承载力满足路基填筑要求，可铺设土工格栅或土工布，就近选取级配碎石、天然砂砾石、中粗砂等作为垫层材料。

对于半填半挖、填挖结合部或地面横坡较大的地段，应按设计要求挖结合台阶，分层填筑，分层夯实，每填两层后，再进行冲击碾压，当压实度等达到规范或设计要求后，方可进行下一层的填筑。

2　桥涵台背及路床处治方案

桥涵台背（包括暗涵、暗通道）回填范围：桥台涵背回填过渡段长度无论明、暗均为该处路基设计填土高的三倍取整，且为底面长度，顶面长度按1∶1放坡并不小于搭板长度。通道涵台背回填过渡段地基处理应与涵底处理方法相同，因涵洞基础开挖而形成的坑槽应采用台背回填材料进行碾压或夯实，而后处理台背原地面，进行回填施工，软基处理界面以原地面为准。桥头软基处理台前部分应为台前溜坡长度的三分之二。桥头地基为土质的，原地基进行粉喷桩处理，处理范围40m，以每20m桩间距或桩长变化，保证规律渐变。对桥头地基为风化岩或砂、砂砾层以及土质坚硬时，不再进行深层处理。总体地质情况较好的，桥头填土高度小于等于5m时，处理范围为20m，每10m进行桩距变化；填土高度超过5m时，处理范围为40m，每20m进行桩距变化。

桥台涵背回填过渡段作为专项工程进行施工，每个结构物一个回填方案，由监理代表处审核、项目公司工程处审批，施工时监理应做到全旁站，施工工艺严格按技术规范第200章204.04.8、《公路土工合成材料应用技术规范》(JTJ/T 019—98)和《公路路基设计规范》(JTG D30—2004)有关要求进行控制。

桥涵台背回填填料：应首选渗水性良好的填料，优先考虑采用砂砾石作为填料，砂砾石价格较高的合同段可考虑碎石掺砂进行回填（碎石含量不小于70%）。桥涵台背处理范围内原地基为石质的不再进行处理，为土质的需进行深层处理。桥台（涵）背回填料应结合工程位置选用价格较低的碎石掺砂或砂砾石等透水性材料，为尽量减少弃方，有利环保，对风化岩丰富地段采用3%水泥稳定风化岩做为填料。当采用天然砂砾石时，粒径大于1cm的砾石含量不小于70%，当采用碎石掺砂时，碎石含量不小于70%。填料最大粒径不大于5cm，松铺厚度不大于15cm，压实度检测可采用轮迹法。

对80cm路槽下路床50cm采用最大粒径小于10cm的天然砂砾、3%水泥稳定砂或风化岩进行填筑。上路床30cm采用5%水泥稳定砂或风化岩，最大限度地利用开挖土方。总体原则：选择CBR压实度满足规范要求的经济方案，且有利于环保，过程中要严格控制水泥剂量，以试验段所做强度指标进行检验。

对于浅填和挖方段路床底含水量过大难以保证路床96区压实度的，采用30cm、50cm砂砾石或砂垫层（中粗砂）的换填方案，若填筑砂、砂砾垫层仍不满足要求，可在底部加铺土工布。对于填砂路基采用砂砾石、山皮石、风化砂等包边的路段，包边宽度定为2.5m。路床填料应均匀、密实。低填及挖方路基对于单轴抗压强度大于5MPa的弱风化石质路段挖至路床高程不再下挖，坑槽处采用C15贫混凝土进行找平处理；对于单轴抗压强度小于5MPa的强风化岩，若CBR≥8，挖至路槽标高后，采用冲击式压路机进行追密压实。对CBR小于8的软石段及土质路段路床80cm进行挖除回填碾压，原则上下路床掺3%水泥处理，上路床掺5%水泥处理，具体掺加比例经试验配比确定，压实度应达到96%。填方路床如全部采用砂砾石填筑的不再进行掺灰处理；采用砂填筑路基的，表层30cm掺3%水泥处理；采用风化岩及土质填筑路基的，上路床30cm掺5%水泥处理，下路床50cm掺3%水泥处理。

填挖结合路基：挖方区为土质时，应优先采用渗水性好的材料填筑，同时对挖方区路床80cm范围内土体进行超挖回填碾压，并在填挖交界处路床范围内铺设土工格栅；纵向填挖交界处应设置过渡段，土质地段过渡段宜采用级配较好的砾类土、砂类土、碎石填筑，每填筑两层采用冲击碾压或强夯进行增强补压。

3 桥面铺装方案

全线所有装配式空心板上10cm普通钢筋混凝土铺装，变更为C50钢纤维钢筋（双钢）混凝土铺装，其上10cm沥青铺装不变。全线所有装配式箱梁上8cm普通钢筋混凝土铺装变更为C50钢纤维钢筋（双钢）混凝土铺装，其上10cm沥青铺装不变。

为保证桥面铺装层与梁体共同受力，空心板和装配式箱型梁桥应在铰缝和湿接缝施工时预埋锚固架立钢筋，再将桥面钢筋网与锚固架立钢筋相焊接，锚固架立钢筋为6根m^2，并能保证混凝土浇筑时铺装层钢筋网不变形。桥面钢筋网应在整个桥面铺装层内连续，不得因铺装宽度不足或停工而切断纵、横向钢筋。

装配式大桥、特大桥梁均建议采用滑模、轨道摊铺机或三辊轴摊铺机，不能整幅铺装桥面时，接续摊铺一侧的模板应使用半高型（滑模摊铺时），中空型或上、下两块组合模板，以利钢筋通过。不得用模板将钢筋网压贴到梁板上。采用三辊轴机摊铺钢纤维混凝土路面时，不得将振捣棒组插入钢纤维混凝土内部振捣，也不得使用人工插捣。可采用大功率平板式振捣器振捣密实，再采用振动梁压实整平。

用于桥面的钢纤维应满足《混凝土用钢纤维》(YB/T 151)的规定，单丝钢纤维抗拉强度不小于750MPa，钢纤维长度应于混凝土粗集料最大公称粒径相匹配，最短长度宜大于粗集料公称粒径的1/3，最大长度不宜大于粗集料最大公称粒径的2倍，钢纤维长径比定为50。全线主线及互通区匝道空心板桥铺装层每立方混凝土钢纤维用量75kg（波浪型）、60kg（铣削型）；箱梁桥60kg（波浪型）、48kg（铣削型），上跨天桥及上跨分离式立交桥面铺装按原设计施工。

钢纤维混凝土因钢纤维的掺加与原混凝土配合比中再掺加钢纤维有较大不同，一般情况下坍落度变化范围为10～15mm时，每增减10mm，单位用水量相应增减7kg；钢纤维体积率每增减0.5%，单位体积用水量相应增减8kg；钢纤维长径比每增减10，单位体积用水量相应增减10kg。所有钢纤维混凝土配合比应重新试配，报代表处审批，并进行不小于20m的试验段铺设，钢纤维混凝土标准试验应做抗压强度和弯拉强度试验，28天弯拉强度不小于6MPa，试配时应按6.5MPa控制。

钢纤维混凝土桥面铺装施工要满足《公路工程国内招标文件范本》（2003年版）和《公路水泥混凝土路面施工技术规范》（JTG F30—2003）有关条文要求。

4 防护工程方案

对全线石质挖方路堑边坡，在工程防护的基础上采用客土喷播进行坡面绿化，除了对几处存在不稳定隐患的高度超30m和岩质较破碎边坡采用锚索或锚杆框架植草外，全部进行客土喷播。针对南阳膨胀土特点进行研究，采用新技术进行路堑边坡防护，对全线高度大于2m小于6m的膨胀土挖方路堑边坡采用液力喷播；对大于6m的膨胀土挖方路堑边坡采用锚杆挂铁丝网客土喷播。在填方路段，对于填方高度大于4m的边坡，采用拱型骨架植草防护，拱型骨架采用流线型预制块，既达到排水、防水效果，又美观大方；对低于4m的填方路基边坡采用三维网垫培土进行坡面液力喷播，植物种子配比采用草、灌、花结合，尽量与沿线景观融为一体；排水设施方面，对高于2m的挖方地段将排水边沟改为暗边沟，并加植草皮，和路堑边坡及碎落台绿化有机结合；低于2m的挖方段及低于3m的填方段采用宽浅型边沟。

对填方路基边坡防护采用拱形骨架外砌U形及L形混凝土预制块方案。

5 工程技术管理

5.1 施工图之后的新规范贯彻与变更

项目建设过程中，认真贯彻执行《河南省高速公路技术要求》，严格遵循“安全 舒适 环保 合谐”原则，适时地对全线天桥，台背回填，桥面铺装等工程项目进行变更。变更时依照项目公司工程处发文要求，由施工单位按文件要求进行申报，监理核查，项目公司审批的程序进行。

5.2 技术复杂项目采用专家智囊、科研支持与管理

结合项目开展了信南高速公路典型示范工程咨询活动，使典型示范工程落到实处，赢得支持。通过科研招标引进行业重点高校和国内知名研究机构进行了白河特大桥56m+3×100m+56m五孔变截面连续箱梁施工监测与控制研究，确保桥梁成桥内力和线形满足设计要求；针对白河桥还开展了墩顶块受力性能、收缩徐变、抗震及稳定性等成套技术研究；针对桐柏停车区地形条件将地方路天桥与停车区内天桥有机结合，构思单塔不对称自锚式悬索桥，由国家级设计大师完善设计。

为保证高边坡植物防护的安全可靠，通过北京科技大学监测与验算对边坡稳定性进行评价，适宜的进行锚杆及锚索框架等工程防护方案。

信南高速公路全线上面层采用SMA结构，目标配合比设计由江苏交通科研院进行。采用振动密实法进行底基层、基层配比设计及采用GTM方法进行中、下面层配合比优化设计，最大限度地减少水泥稳定半刚性基层裂缝发生和提高了沥青混凝土面层抗车辙能力。

科研项目进行过程中，项目公司工程处适时进行项目进程技术路线执行情况和项目进展情况的检查和考核，确保了科研项目的质量和技术服务的效果。

5.3 设计后期服务和设计代表管理

为圆满执行设计合同、规范设计代表权限，本着一切服务于工程建设的目标，特对设计后期服务及设计代表提出要求：

(1) 设计院应选派合格的设计代表进驻现场，设计代表全权代表设计院进行工程变更、设计问题解答等设计服务工作，设计代表人员应相对稳定，设计代表工作应服从业主工程技术处安排，业主有权因设计代表工作不利而要求更换设计代表或进行一定数额的经济处罚，处罚额不超过设计合同价的10%。合同要求两名设计代表未能按期到位时，按每人每天1万元进行处罚。

(2) 凡是涉及工程数量增减，但无方案变化的设计变更，由业主、承包商、监理、设计代表共同现场确认。

(3) 需设计院尽快完善施工图纸的变更设计，四联单由施工、管理、业主确认并盖章后，设计单位确认并盖章，3日内返业主，并在业主要求时限内提交设计图纸。

(4) 涉及重大工程地质变化、设计方案变更的设计问题，设计院应在业主通知后3日内赶到现场或提供有效解决方案供业主审查。

6 结语

创新是一个民族进步的灵魂，信南高速公路在整个工程方案制订及工程管理过程中，实现了典型示范工程的各项要求。创新为信南路的建设提供了更好的技术保障，为建设质量一流、科技先进、生态环保的信南高速立下汗马功劳。

信南高速公路泌阳至南阳段路线总体设计

石剑欣　吕学彪　姜献民

中交第一公路勘察设计研究院

［摘　要］　介绍了信南高速公路泌阳至南阳段项目背景与设计概况，阐述了总体设计思路与内涵，突出了工程项目总体设计的重要性。

［关键词］　高速公路　总体设计

1　项目背景与设计概况

1.1　项目背景

上海至陕西高速公路是国家规划的重点公路"十三纵、十五横"之一，东起上海市，途经江苏、安徽、河南、陕西省。信阳至南阳高速公路是上海至陕西国家重点公路在河南省的重要组成部分，也是河南省规划的"五纵、四横、四通道"高速公路主骨架的组成部分。泌阳至南阳高速公路是信阳至南阳高速公路的一段，本项目不仅是河南省和南阳市规划的主骨架公路，更是贯通我国东、中、西三个经济带的一条东西大通道，可加强西北、华北、西南与华东、中南的交通联系，促进沿线各地区经济发展，缓解连霍国道的交通压力。因此，本项目在肩负国家重点公路和东部沿海至中西部地区快速通道功能的同时，对改善项目区域的交通环境，带动豫南地区经济发展具有重要意义。

1.2　设计概况

信南高速公路泌阳至南阳段在 2002 年 2 月完成预可行性研究工作，2003 年 9 月完成工程可行性研究报告，2004 年 5 月完成初步设计文件的编制，交通部于 2004 年 6 月对本项目初步设计文件进行了审查，并于 2004 年 8 月下发了《关于泌阳至南阳公路初步设计的批复》，2004 年 12 月完成施工图设计。

信南高速公路泌阳至南阳段全线采用双向六车道高速公路标准，路基宽度 34.5m，计算行车速度 120km/h。

路线经过的地段位于河南省南部，起点位于桐柏山与伏牛山之间的交界地带，向西到达唐河后进入南阳盆地，地形呈波状起伏，整体地势东高西低，高程 80～170m，相对高差约 90m。沿线地貌类型比较简单，根据沿线地貌形态和成因类型，将地貌类型划分为：剥蚀堆积岗地及河流冲积平原两大类型。

路线经过区域属于北亚热带季风型大陆性气候区。四季交替较为明显。线路区属长江水系汉水流域。全线跨越的河流有白河、唐河、桐河、甜水河，均为常流河，水流量较大，其次级支流有白沙河等，为季节性河流，枯水季节水流量较小甚至断流，根据水质分析成果报告，地表水对混凝土不具腐蚀性。

项目区在南阳市区东南的冢汉街以西路段地震动峰值加速度值为 0.10g，对应的地震基本烈度 VII 度区，其余路段地震动峰值加速度为 0.05g，对应的地震基本烈度为 VI 度区。

2　项目特点及总体设计原则

2.1　项目特点

信南高速公路泌阳至南阳段是上海至武威国家重点公路在河南省的重要组成部分，也是河南省规划的"五纵、四横、四通道"高速公路主骨架的组成部分，是贯通我国东、中、西三个经济带的一条

东西大通道，无论在国家路网还是在河南省和南阳市干线公路网中均占有十分重要的地位和作用，路线制约因素众多，路线布设受沿线地形、地貌、工程地质条件、西合铁路、国道312、沿线城镇分布等众多因素制约；具有地形、地质条件较为复杂，工程规模大，技术标准高等特点。

2.2 总体设计原则

根据本项目的特点，认为在本项目的勘察设计中总体设计指导思想、设计原则的制定应紧紧围绕环境保护这个主题，同时兼顾公路景观设计，力争将本项目建成一条“景观路、环保路、生态路”。设计指导思想归纳如下：

- 重视环境保护，坚持可持续发展。
- 强调技术标准的严肃性，合理掌握和运用技术指标。
- 满足公路使用功能，尽量降低工程造价，保证行车安全。
- 强调技术创新，广泛采用新技术、新材料，新工艺，提高勘察设计质量。

2.2.1 正确处理整体利益与局部利益的关系

本项目是以过境交通为主的东西部大通道，必须充分体现其在国家路网和省级路网中的地位和作用，路线走向应直顺短捷，在确保功能的前提下，尽量缩短建设里程。在与沿线各城镇规划无根本性冲突的情况下城镇过境位置应以服从路线总体走向为原则。在互通立交设置时，应在对沿线路网、城镇布局、交通出行、交通量预测等资料综合分析的基础上，认真对路线总体布设方案和立交选址进行研究，兼顾各方利益，处理好局部利益与整体利益的关系。

2.2.2 坚持路线方案多方案论证比选的原则

路线方案是工程的关键，对控制造价、确保投资效益、减少工程隐患及环境破坏有十分重要的作用。总体设计方案受地形、地质、水文条件的制约，同时也受生态、水资源、人文、交通等环境的影响，在设计过程中必须强化对各工程方案的综合比选。

2.2.3 坚持技术指标与地形条件相互协调的原则

技术指标的运用不仅影响公路的使用功能和造价，而且直接影响区域的自然环境。因此本项目在技术指标运用时应强调与自然条件相结合，应在满足公路使用基本功能的前提下选用技术指标，并强调技术指标的均衡性。

2.2.4 正确处理公路建设与自然景观、人文景观的关系

本项目沿线分布有丰富的矿产资源和旅游资源，植被丰富，生态环境保持良好。公路总体设计应从自然和人文景观这一重要因素出发，不仅要做到与周围环境、景观的相互协调，讲求美感，还要有利于开发当地的旅游资源。

2.2.5 正确处理公路建设与占地、拆迁的关系

公路总体设计应尽量少占高产良田、经济作物田或经济林园，以保护当地居民赖以生存的土地资源，并应综合考虑占地、拆迁、路线绕避及增加结构物比选等方案，合理确定造地还田和居民搬迁的实施方案。

2.2.6 综合考虑路线与水源地、水利设施的关系

公路建设将不可避免地或多或少与水利设施发生干扰。公路设计必须重视保护水源地，避免污染，尽量减少对既有水利设施的损坏，并做好水土保持工作。

2.2.7 综合考虑铁路、管线、公路等的交叉处理

本项目与宁西铁路、在建的南邓高速公路、国道312及S239、S240、S335、S103等多条主要公路交叉，与铁路交叉的上跨桥梁，除留有足够的净空外，还考虑其改扩建的需求；与管线交叉时应设置检修通道。对路线与其他公路的交叉方式，结合地形、水文、被交路改建难易程度、工程规模以及对周边环境的影响等做上跨与下穿的综合比选。

2.2.8 充分考虑土石方平衡，减小土石方数量，做好取、弃土设计

设计时重点寻求开挖土石方利用的路径和途径，讲求土石方平衡，从各个角度出发，综合寻求减

小土石方数量的途径。并做好取、弃土场的环保设计工作。

3 总体设计方案

3.1 路线总体设计

泌南高速公路路线起点位于泌阳县城南曲岗附近，顺接信阳至泌阳高速公路泌阳互通式立交终点，在唐河县王集乡附近穿越河南石油勘探局王集油田，西行至大李湾南与省道 239 公路相交，经古城北，在唐河东张下坡附近与省道 335 公路相交，在五里河附近跨越唐河，在孟庄南与省道 240 公路交叉，设唐河西互通，在老潘庄与国道 312 公路交叉，至赵湾东北与桐寨铺至河南油田官庄中心区道路交叉，设置桐寨铺互通，在陈官营西南与在建南阳至邓洲高速公路相交，设陈官营枢纽立交；在翟庄与省道 103 公路交叉，在范营西北跨过西合铁路，随后在后屯跨越白河，于辛店北到达本项目终点，与南阳至西坪高速公路辛店互通式立交起点顺接。沿线主要的控制点有：起点、省道 239、省道 335、唐河、省道 240、国道 312、在建的南邓高速公路、省道 103、宁西铁路、白河、终点等。

路线方案是在满足国道主干线使用功能前提下，综合考虑地形、地质及桥位选择等因素，正确采用技术标准，经技术经济比较后择优选定的。全线共设平曲线 28 个，平曲线占路线长度的 75.8%，最大平曲线半径 8000m，最小平曲线半径 3400m。纵断面设计根据地形地物情况，共设变坡点 138 个，最大纵坡 2.592%，最小竖曲线半径：凸型为 17000m，凹型为 11320.92m，全线主要技术指标采用情况见表 1。

主要技术指标采用情况一览表　　表 1

名　称	单　位	指　标　值	备　注
路线长度	km	90.986	
计算行车速度	km/h	120	
路基宽度	m	34.5	
采用平曲线最小半径	m	3400	
采用平曲线最大半径	m	8000	
缓和曲线最小长度	m	200	
同向平曲线间最短直线	m	1065.099	
反向平曲线间最短直线	m	510.833	
直线最大长度	m	2151.177	
最大纵坡及坡长	%，m	2.592，625	
凸型竖曲线最小半径	m	17000	
凹型竖曲线最小半径	m	11320.92	
竖曲线最小长度	m	150.99	
平曲线占路线总长	%	75.8	
竖曲线占路线总长	%	60.9	

3.2 路线方案论证比选

在初步设计阶段，共提出了两段比较方案，即唐河比较线和南阳比较线。

3.2.1 唐河比较线

工可阶段路线为照顾唐河县城，使过境车辆绕行距离过长，不能充分发挥本项目作为国家重点公路和东部沿海至中西部地区快速通道的功能。初步设计阶段在唐河县城过境段提出了南线和北线两个路线布设方案，见图 1。

南线方案：路线于齐楼南侧经古城乡北侧沿魏庄、南扬岗、杜庄在泗里桥附近与省道 335 公路交

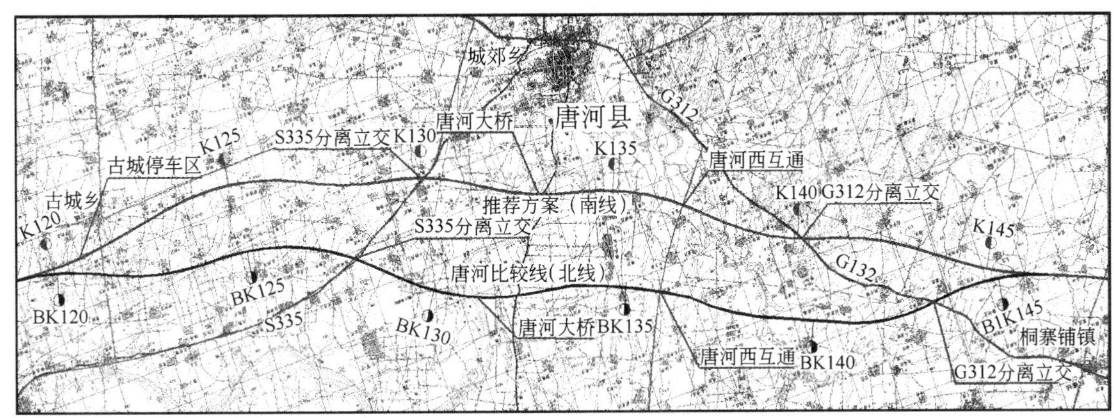

图 1　唐河比较线路线方案图

叉，跨唐河，经王茨园北至老潘庄附近与国道 312 公路交叉，然后于小笼门北跨桐寨铺至官庄的县道 012 线，设桐寨铺互通。

北线方案：路线于齐楼南侧经古刘庄、大许冲、北扬岗在罗岗附近与省道 335 公路交叉，设置唐河东互通，然后跨唐河，经王老庄、周庙、王油坊至小扬庄附近与国道 312 公路交叉，然后于施园附近跨桐寨铺至官庄的县道 012 线，设桐寨铺互通。

初步设计阶段对唐河南线、北线两方案进行同深度勘察设计比较，两方案平、纵指标均较好，工程规模见表 2，工程建安费南线方案略低于北线方案，而且南线方案距离唐河县城四条国、省道干线公路汇集点较近，利于四条干线公路车辆上高速路，唐河县政府强烈要求路线从南线方案通过。另外，南线方案里程比北线方案短 0.22km，充分发挥了本项目作为国家东、西部快速通道的功能。经综合分析后，最终推荐南线方案为正线方案。

唐河比较线工程规模比较表　　表 2

项　目		南　线	北　线
路线长度（km）		27.717	27.497
路基土石方（万 m^3）		314.98	230.52
路面面积（km^2）		522.82	518.807
大桥（m/座）		578.28/1	639.08/1
中桥（m/座）		465.84/8	463.84/8
小桥（m/座）		134/4	315.5/11
通道	桥式	592.72/23	634/29
	涵式	44.26/1	791.44/19
分离式立交（m/座）		641.68/10	710/6
互通式立交		1	1
服务区		1	1
停车区		1	1
天桥（m/座）		500.4/5	1419/12
涵洞（道）		25	34
建安费（万元）		69425.2	69222.4

3.2.2　南阳比较线

初步设计阶段在南阳规划区内提出了南线和北两个路线布设方案，该段路线方案主要从南阳市总

体规划，结合项目影响区路网结构及路线跨越西合铁路交叉角度为出发点提出的，见图 2。

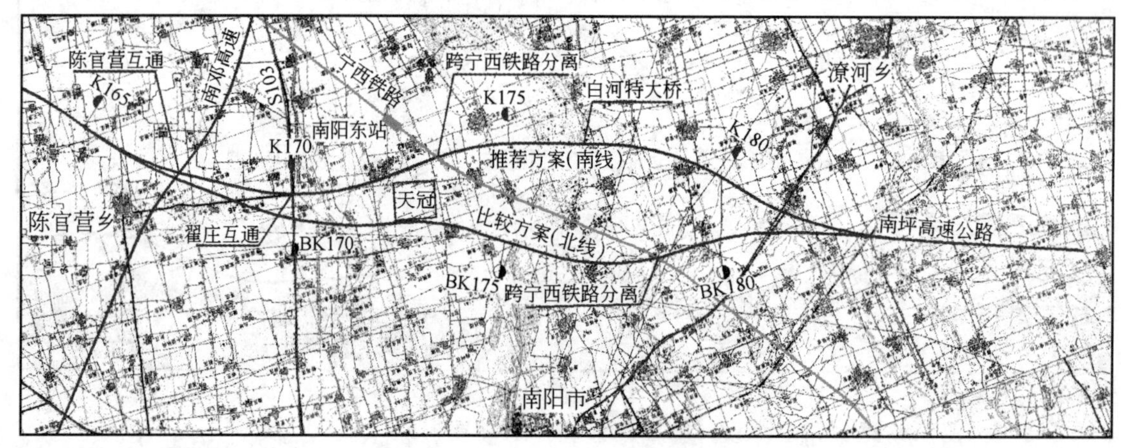

图 2　南阳比较线路线方案图

南线方案：路线经过鲜庄后在陈官营附近与南邓高速公路交叉，设置枢纽式互通，并于翟庄南与省道 103 公路交叉设置翟庄互通，从在建的南阳天冠三十万乙醇生产基地南侧通过，于范营村西约 700m 上跨宁西铁路后在后屯南跨越白河，在辛店北接南阳至西坪高速公路起点南线方案。

北线方案：路线经过鲜庄后在陈官营附近与南邓高速公路交叉，设置枢纽式互通，并于翟庄北与省道 103 公路交叉设置翟庄互通，从在建的南阳天冠三十万乙醇生产基地北侧通过，于十里铺附近跨越白河后在林岗附近跨越宁西铁路。在辛店北接南阳至西坪高速公路起点北线方案。

本段路线南、北两方案均由南阳规划区通过，工程规模见表 3。天冠三十万乙醇生产基地北侧围墙为该单位规划的仓库位置，堆放有大量易燃易爆品，再向北仍为该单位规划场区，北线方案对其影响较大，且跨越铁路交叉位置受白河大桥及终点位置影响，交叉角度仅为 30°。而南线方案对天冠集团影响较小，而且跨越铁路交叉角度为 58°，仅对南阳市规划有一定程度的干扰。在与南阳市政府、市规划局多次协商后，达成一致意见，不同意北线方案，同意南线方案，根据南阳市规划局提供的规划路坐标预留桥孔。并取得了铁路主管部门的同意，在范营西约 700m 处跨越铁路。由于铁路与南线方案交叉位置路基高地面约 6m，造成高速公路上跨铁路桥梁比北线跨铁路桥梁长度增加过长。虽南线较北线造价较高，但由于北线距离天冠三十万乙醇生产基地大量堆放危险品仓库过近，高速公路通车安全难以保障，并且北线对南阳市规划城区影响较大，地方政府坚决不同意。初步设计阶段考虑地方政府意见，推荐南线方案为正线方案。

南阳比较线工程规模比较表　　表 3

项　目		南　线	北　线
路线长度（km）		15.726	15.285
路基土石方（万 m^3）		105.02	125.56
路面面积（km^2）		228.91	200.48
特大桥（m/座）		1557/1	1447/1
中桥（m/座）		154.94/3	222.42/4
小桥（m/座）		86.5/3	53/2
通道	桥式	15	9
	涵式	0	0
分离式立交（m/座）		1562.0/5	867.98/8
互通式立交		2	2

续上表

项　目	南　线	北　线
天桥（m/座）	94.1/1	336.32/4
涵洞（道）	5	10
工程造价（万元）	83607.8	74234.5

4　总体设计体会

泌南高速公路勘察设计始终围绕力争将本项目建成一条“景观路、环保路、生态路”的质量目标，正确贯彻执行了国家的有关法规、政策及相应的设计标准、规范、规程。在河南省交通厅、信南公司的指导下，确立总体设计思路和原则，精心勘察、精心设计，做到技术标准掌握适当，总体设计方案经济合理。泌南高速公路总体设计方面的经验体会需要进一步认真总结，不断改进，脚踏实地，树精品意识，创优质设计，为把河南省高速公路勘察设计水平推向更高层次而继续努力。

信南高速公路信阳至泌阳段设计新理念

王东威　余正武

河南省交通规划勘察设计院

［摘　要］　本文从路线设计、路基路面设计、防排设计、天桥设计等几个方面，阐述了交通部提出的“六个坚持、六个树立”设计新理念，在信阳至南阳高速公路信阳至泌阳段施工图设计中的实际应用，以及所取得的良好效果。

［关键词］　设计　优化　新理念

信阳至南阳高速公路信阳至泌阳段，路线长 91.8km，是上海至武威国家重点公路的重要组成部分，路线横穿我省信阳、南阳两地区。其东接在建的叶信高速公路及安徽已建成的国道 312 线六安至叶集一级公路，西接拟建的泌阳至南阳公路，是连接西北与华东地区便捷的公路通道。

项目设计伊始，业主公司与本设计单位首先统一思想，以人为本，将全面、协调、可持续的科学发展观融入到设计中来，摆脱陈旧设计理念的桎梏，精心设计、精心创新，以设计上的突破来打造精品工程。2004 年，交通部在全国组织开展了公路勘察设计典型示范工程活动，并提出了“六个坚持、六个树立”的设计新理念，当年下半年本项目开始施工图设计，在施工图设计以及变更设计过程中，工程与自然的和谐、质量与造价的统一、技术标准的采用等方面无不贯穿着创新的意识和思想。

1　路线设计

本项目路线起于信阳市西北国道 107 线西侧起点桩号 K0＋000，接在建叶集至信阳高速公路，经查山、王岗、毛集、马谷田、止于泌阳县城南曲岗，终点桩号 K90＋000，与拟建的泌阳至南阳高速公路相接。

根据初步设计批复和审查意见，施工图设计采用初步设计批复的路线方案。根据专家组审查意见以及详勘资料，结合地形、地质条件，施工图设计对部分路段线位进行了优化、细化平纵面线形。尽可能地减小路基填挖高度，以减少占地及工程数量，实现在山区复杂地形的条件下使公路线形与环境和谐统一，保护环境，减少公路建设对自然环境的破坏。

1.1　对水库和文物遗址的避让，保护文物和水资源

图 1 中实线为信阳至泌阳高速公路初步设计方案，路线横跨老鸦河水库。老鸦河水库位于淮河支流老鸦河上，总库容 4581 万 m^3，设计水位 106.94m，千年校核水位 108.33m，老鸦河水库南北方向较长，约 4km，该水库为养殖灌溉水源，横亘在路线行进方向上，原设计方案设 20 孔 50m 跨的 T 梁特大桥横跨老鸦河水库，路线顺直。

施工图设计时，考虑到路线横跨老鸦河水库，虽然路线顺直，里程较短，但公路的施工期及营运期势必会对水库造成污染，如果营运期载有污染品的车辆在特大桥上发生事故，后果将更加严重。本次优化本着坚持可持续发展，人与自然和谐，尊重自然、保护环境的设计理念，决定将路线改至绕水库而行，见图 1 中虚线方案。图中 A、B 两点之间为一处比周围地形高约 90m 的山脉，如路线从 A、B 两点之间穿过，势必会增加一座长约 450m 的隧道，路线从 A 点南侧通过，与地形吻合较好，故 A 点作为一平面控制点。

优化方案绕水库库尾通过，路线绕行，优化后的方案较原方案长了 1727m，少了一座特大桥，两方案相比，投资相差无几，优化的方案后期运营成本较高，但对水库污染小，有效地保护了环境，有利于可持续发展，受到了专家、项目业主、水利部门及沿线地方政府和群众的一致肯定（图 1）。

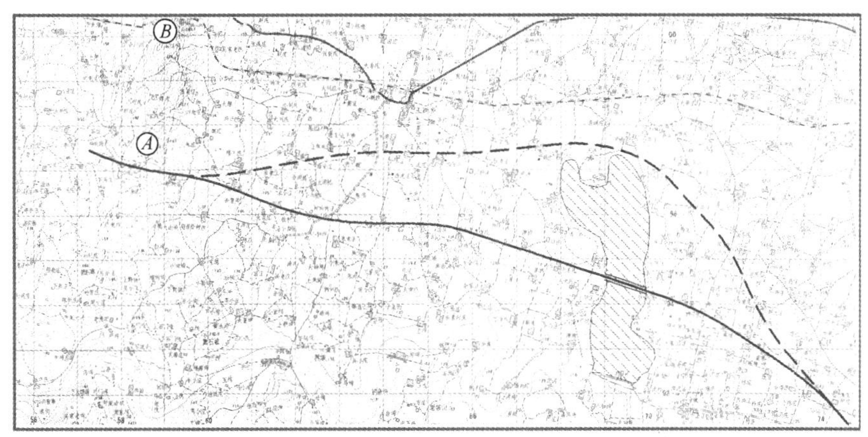

图 1　平面线位优化方案比较

另外，在设计过程中，发现原设计 K63＋500～K67＋800 段穿越一处尚未被发掘的春秋至战国时期的冶铁遗址，经与文物单位的沟通和现场勘测，对该段线位进行了合理的调整，避开文物遗址区域，以保护其不被破坏。

1.2　减少深挖路段和挖方深度

山区地形起伏较大，高速公路设计速度较高，要求的纵断面指标较高，纵断面设计势必会出现填挖交替的情况。高填深挖路基不仅其安全性、耐久性难以保证，同时对环境造成严重破坏，也是造成水土流失的主要原因之一。在山区高速公路设计中适当增加高架桥的数量，以桥梁换取高填方，减少深挖方，以隧道换取深挖方，减少公路建设对环境的破坏，是纵断面设计的关键。

本次优化设计，对原设计中多处路段进行了优化设计，其中最具代表性的是 K68＋800～K70＋200 段的纵断面优化设计，图 2 所示为信泌高速公路 K68＋800～K70＋200 段的纵断面优化前后的方案比较，图中虚线方案为纵断面设计，其中 K69＋400～K69＋600 段中线最大挖方深度 27m，两侧山谷填方高度约 10m，该方案虽然造价较低，但挖方段挖方深度偏大，对环境破坏较大，不利于边坡安全和环境保护。优化方案从环境保护角度出发，减少了挖方深度和深路堑长度，将该段纵坡适当上抬，根据地质条件在两侧填方路段合理设置高架桥，见图中实线纵断面方案，最大挖方深度 17m，优化方案虽然造价略高，但避免了高填深挖，有效地减少了对自然环境的破坏，保护了环境。

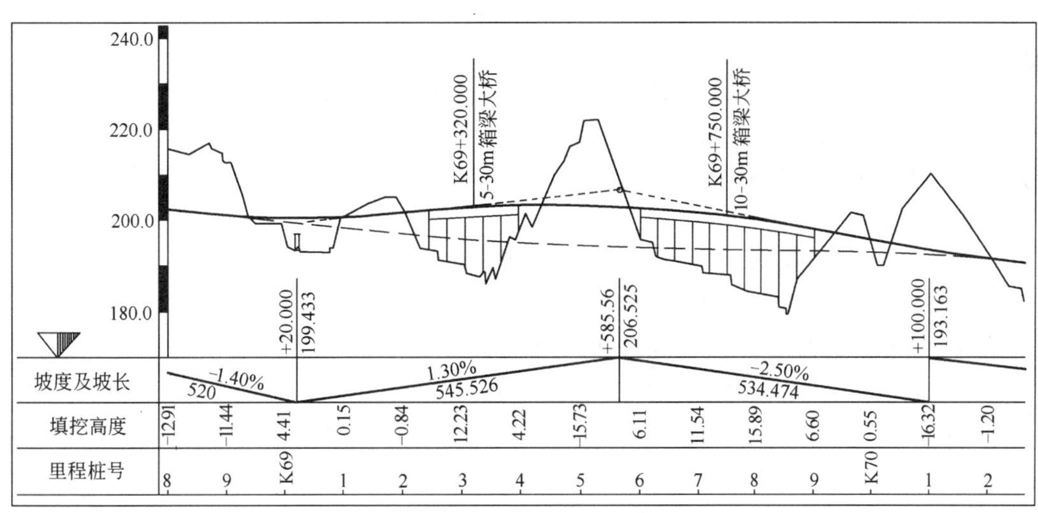

图 2　纵面线位优化方案比较

2 路基路面设计

信泌高速公路路面路面结构从上到下依次为：4cm 厚改性沥青 SMA-13＋6cm 厚改性沥青 AC-20＋8cm 厚石油沥青 AC-25＋36cm 厚水泥稳定碎石＋20cm 厚水泥稳定砂。在路面结构设计中不但面层两层改性，且上面层采用 SMA 结构，这种由沥青玛蹄脂填充碎石骨架组成的骨架嵌挤型密实结构混合料，较之以前设计的 AC-I 型结构具有优良的抗车辙、抗疲劳裂缝、耐磨耗、低温抗开裂等优点，上面层的构造深度可在通车几年后仍维持较高的水平。中、下面层采用骨架密实型粗级配沥青混合料 AC 结构，粗集料构成骨架，细集料及沥青填充空隙，具有较大的密实度及较小的残余空隙率，具有较高的抗车辙性能及水稳性。以前设计的 AC-I 型结构属于一种悬浮密实结构，其水稳性、低温抗开裂及抗疲劳性能较好，但由于表面致密，构造深度较小，高温稳定性较差。

在路基横断面设计中，注重高速公路与沿线景观的协调，土路肩设计一改往日的混凝土硬化为植草防护，同时坡顶坡脚设计成舒缓形式以弧形连接，改变以前的折线形连接，使工程达到顺应自然、融入自然。

3 防排设计

信泌高速公路施工图设计中，根据路基高度、汇水面积、边坡坡率、地质条件、气候、地形地貌及自然环境景观等因素来确定了合适的防护和排水形式，条件允许的条件下，尽可能采用植物防护和工程防护相结合，减少圬工体积的使用，使公路更好地与周围环境融为一体，同时也降低了工程的造价，更有利于环境保护。

3.1 防护

(1) 填方路段

填方高度≤3m，采用三维网液力喷播植草防护（草＋灌木混播）；填方高度＞3m，采用拱型骨架加三维网液力喷播防护（草＋灌木）；护坡道植草防护，点缀常绿、花灌木。做到植被防护和工程防护相结合，在满足功能要求的情况下也实现了环境和视觉的美观和更加协调。

(2) 挖方路段

非膨胀土路段，挖方边坡小于 6m 时，采用液力喷播植草防护；挖方边坡大于 6m 时，采用客土喷播。美观起见，挖方边坡的护脚不做硬处理，采用植草处理，在碎落台上种植垂枝型灌木和花草。对于二级及以上的边坡，除碎落台上种植垂枝型灌木和花草以外，在变坡平台上种植本地树种和藤本植物，达到公路与景观有机的协调。

(3) 膨胀土路段

对于边坡高度小于 2m，换填厚种植土后进行液力喷播，在碎落台上种植垂枝型灌木和花草；对于边坡高度在 2m 和 6m 之间的路堑，在换填种植土后挂镀锌网垫，用长锚杆固定端正，进行液力喷播；挖方高度大于 6m 时对原坡面进行平整、挂镀锌网，用锚杆固定端正，之后进行客土喷播。

(4) 石质挖方路堑边坡

石质挖方段防护分三种情况，对于挖方高度低于 2m 且风化严重的路段，采用液力喷播植草和灌木防护；挖方高度低于 2m 但石质坚硬时，采用客土喷播防护；挖方高度在 2m 以上的情况，均采用客土喷播。对于深挖方路段根据不同的实际情况分边坡放缓、混凝土锚杆格室防护和预应力锚索格室防护等防护形式，在格室中均采用挂网客土喷播。

本项目防护设计是以植物防护为主、工程防护为辅的绿色生态防护，做到以边坡稳定为前提，大力采用植被护坡，起到美化环境，保持水土，有效地解决了边坡工程防护与生态环境破坏的矛盾，实现了人类活动与自然环境的和谐共处，改变了以往其他高速公路设计的圬工砌护的生硬、不美观、与环境适应性差的缺点，同时植物防护施工的成本比圬工防护护坡要低得多，并且生态效益是传统的护坡所无法比拟的。

3.2 排水

路基排水系统由边沟、排水沟、边沟涵、蒸发池及边沟急流槽等组成，与桥梁、涵洞相结合，将路界范围内或汇向路界的地表水迅速引离路基，排入天然河沟或蒸发池内，避免冲刷路基和沿线农田。

信泌段的排水以提供功能完善、自然和谐、维修养护便利和造价合理的排水系统为最佳原则进行设计，注重与环境、景观的相协调，同时保证路界内降水迅速、快捷排出路界外，且考虑对行车安全的影响。根据本项目所在的地区降雨量、汇水面积等实际情况灵活选择排水设施的断面尺寸。

（1）填方段边沟

填方段边沟采用预制块铺沟底加边沟两侧采用植草护坡面和全预制块防护的边沟形式。两种边沟的断面形式都采用了倒角设置，线条圆弧流畅，改变了以往其他高速公路传统的生硬粗犷，也解决了本地石料供应不足的矛盾。

边沟沟底铺砌预制块，边沟两侧采用植草护坡面，兼顾了水流冲刷及生物过滤作用，改善了公路路面水的水质，也为路面水排入沿线河流、沟渠提供了必要的净化作用，绿化美化公路环境，减缓车辆撞击，同时也降低了工程造价。

预制块全防护的边沟主要用于汇水面积和边沟底纵坡都比较大的路段，此种边沟形式只有在局部段落使用。

（2）挖方段边沟

挖方段边沟采用了矩形边沟加盖板，上面培土植草绿化的暗沟方式，同时为拦截挖方边坡的水进入路基，并使路基内的水能够排离路界外，在矩形边沟的正下方设置了边沟渗沟，保证路基的稳定性。此种边沟形式既可满足高速公路排水的作用，同时盖板上的植草绿化也起到生物过滤，改善公路路面敏感的水质的作用，在行车时基本看不到污工的痕迹，大大美化行车环境景观，起到绿化环境、路基视觉增宽、防止车轮卡陷和边坡碎落堵塞等功能，形成了流畅优美的视觉效果。

3.3 合理设计填挖段落，减少弃方数量

原设计山区路段挖段量远大于填方量，弃方数量较大，弃土场数量多，临时用地面积大，易造成水土流失。

本次优化设计，在三维数字地面模型的基础上进行详尽设计，仔细优化，平面设计采用曲线选线，控制定位的原则，使平面线形尽可能与地形适度吻合，平面一经确定，立即从数模上裁出纵断面地面线和横断面地面线，进行纵断面设计，纵断面设计完成后即可进行横断面设计，平纵横设计完成后，便进行土石方调配和全真三维动态模拟检查。以上所有设计均可在三维数字地面模型上进行，方便快捷，数据精确度较高。经反复推敲修改，选择出合理的平纵线位。

经优化减少弃方约 65 万 m^3，有效地减少了弃土场的数量，减少了临时占地，有利于水土保持，节约了大量土地资源，保护了自然环境，体现坚持可持续发展的设计理念。

3.4 引进先进的设计软件，测绘高精度数字地面模型

CARD/1 是一个来自德国的国际化路线设计软件，功能十分强大，其选线采用曲线选线，控制选线，线位布设灵活，尤其适用于山区公路选线，该软件支持数字地面模型，可以方便实现路线的三维设计。后期实时动态模拟快捷方便。但是该软件使用难度较大，要求使用人员除具备一定的专业素质外，还要有一定的编程和二次开发能力。因而对设计人员进行了 CARD/1 应用的集中培训。

高精度的数字地面模型是实现路线三维设计的基础和关键，设计组成立之初，就着手准备三维数字地面模型，数字模型采用航空摄影技术采集模型数据，模型误差要求 10cm 之内。

先进的设计软件加上高精度数字地面模型，给路线设计的精确性和灵活性提供了可靠的依据。在此基础之上，本着创作设计，以人为本的设计理念，结合自然地形、地貌，采用合理技术指标，尽可能保证路线平面线形的流畅，纵断面安全合理，横断面配置舒适，再结合周围的自然景观，为驾驶者

营造了一个安全舒适的行驶环境。

4 天桥设计

随着国民经济的快速发展，人们对公路建设的要求越来越高。上跨主线的天桥虽然个体规模较小，但由于位置特殊，更能对行人产生强烈的视觉冲击力，在塑造公路的风格中扮演着重要角色。

在信泌路天桥设计中，灵活运用天桥设计的标准指标，突出了“以人为本”的理念，达到节约资源、保护环境、促进公路建设与自然和谐的目的。信泌路天桥桥型一览表，见表1；六种天桥桥型效果图，见表2。

4.1 合理确定每种桥型的最佳结构尺寸，保证安全、实用

(1) 学习新理念，构思最佳桥型。信泌路项目区地形大致呈西北高东南低，地貌单元可划分为山地、盆地两个地貌类型，山地含侵蚀山地、侵蚀丘陵两个地貌亚类，盆地含堆积侵蚀岗地与冲积河谷平原两个地貌亚类。

信泌路沿线自然景观优美，在山地有修建拱桥的有利条件。拱桥以其极富张力的外形张扬着它跨越河流、山谷的能力，能强烈地烘托气氛，与外部环境相得益彰。但在地势平坦的盆地，修建连续梁和连续刚构桥则更实用经济。综合以上观点，信泌路天桥桥型选择标准：以“直线桥”为主，其间穿插“拱桥”，共同营造“自然和谐”的动感氛围。

天桥桥型一览表 表1

设计阶段	天桥结构形式	跨径（m）
施工图设计	连续梁	20+2×25+20
		20+2×28+20
	连续刚构	16+2×25+16
	斜腿刚构	20+45+20
	上承式拱桥	1-58
	刚构拱桥	1-60
	中承式拱桥	1-56

(2) 拟定基本尺寸，绘制桥型草图。设计构思形成后，组织设计人员收集国内外同类桥梁资料，认真学习、归纳总结先进的设计经验，在此基础上确定各桥型总体尺寸，绘制桥型草图。

六种天桥桥型效果图 表2

序号	桥型结构	结构主要特点	效果图
1	连续梁桥	技术成熟，施工简单。给人“朴素大方”的印象。主跨跨径较大，可用于被交道与主线斜交情况，适用于地势平坦地区	
2	连续刚构桥	技术成熟，施工简单。给人“简捷”的印象。适用于地势平坦地区。 连续刚构桥的结构特点是主梁连续，梁墩固结，既保持了连续梁无伸缩缝、行车平顺舒适的优点，又保持了T形刚构不设支座、无须体系转换的优点	

续上表

序号	桥型结构	结构主要特点	效　果　图
3	上承式拱桥	桥上能够体现拱桥的曲线美，大跨度的拱圈，给人以蓬勃的张力感。适用深挖地段	
4	刚构式拱桥	造型简洁轻盈，在浅挖地段设置，有较强的视觉穿透感觉。施工也较简便	
5	中承式拱桥	这种桥型大方气派，具有现代气息，适用于挖方深度为7、8m的山区	
6	斜腿刚构桥	线条流畅，简洁，施工方便，造价省	

(3) 深入计算，确定最佳结构尺寸。针对每种桥型，我们反复计算，逐步优化结构尺寸，最终确定各部位断面形式及尺寸。

4.2　利用天桥提升全线景观效果，达到人与自然的和谐统一

(1) 确定全线景观设计主题。信泌路沿线外部环境富于变化，有些路段两边郁郁葱葱，山清水秀，令人留连忘返；有的路段又是连片起伏的农田，点缀着栋栋农舍，一片宁静的田园风光。

在学习新理念后，认为景观设计的最高境界就是要保持其原有自然美，因此天桥设计以“融入环境、展现环境”为目的，坚决杜绝“喧宾夺主、画蛇添足”的现象。如在风景如画的山间架起一座拱桥来增添古朴幽深的气息；而在人烟稠密地区，桥型就以连续梁和连续刚构桥为主，它们朴素大方，简单直接，引导人们回归现实世界。全线景观设计主题就是追求“自然美”。

(2) 突出景观设计个性。一条景观单一的公路不会有很强的感染力，即使其景观品质再好，再具特色，最初的良好印象也会很快就被品味完而显得单调。为防止行人视觉疲劳，突出景观设计个性，我们采用了多种措施。首先，正确选择桥型。在同一地段，选取适用桥型依次布设，避免重复出现。其次，注意天桥外部装饰。外部装饰既要符合环境特色，还要多样化。另外，科学排列天桥。要满足当地百姓生活需要，又防止过密或过稀。

(3) 重视天桥结构的细节设计。一座桥梁就像一台机器，也是由各个细部元件构成，设计中尤其重视构件的细节处理。首先精简机构，要求每一个构件都受力明确、安全可靠；同时，尽量在构件的外形上追求创新，做到新颖大方、简捷明快，构件间过渡自然；不放过任何一个小细节，处处留心，最终将各部分有机结合成一座质优的桥梁。

4.3 降低造价、节约资源

(1) 合理选择桥位、桥型。选择桥位要照顾当地百姓的生活、生产需要，选择桥型则要考虑主线的填挖高度和外部环境特点。正确的选择会减少被交道的改动，从而少占耕地，减少土石方，节约造价。

(2) 深入结构设计。深入结构设计，不仅能确定安全可靠的结构尺寸，还带来可观的经济效益。在上部结构形式上，杜绝了结构尺寸偏大现象，无形中减少了工程量。在配筋方面，依据计算结果适量配筋，避免了浪费材料。在基础结构形式上，尽量采用扩大基础，以方便施工、降低造价。尤其是拱桥桥台，将上部结构基础和主拱圈基础分离，大大缩小桥台体积，加快了施工进度。

5 结语

当前高速公路的建设速度大幅提升，我们也越来越清楚地认识到以往的某些设计理念已明显不能适应社会进步和技术发展的要求，从前的设计思想往往考虑工程本身、专业范畴的要求较多，从社会整体、从人与自然的和谐、从环境保护的角度考虑较少，充分服务于人的意识、资源忧患的意识不足，对自然尊重不够；“用心”设计的程度不够，设计精细度不够。因此，我们的工程设计理念，从根本上说，就是要与人的使用相和谐，与环境的保护相和谐，与资源的有效利用相和谐。在信泌高速公路项目上，我们有这样的思想，在今后的其他项目上，我们还要把这样的理念更加充分地实现到设计中去。

信南高速公路工程质量监督的几点体会

李有良
河南省交通基本建设质量检测监督站

[摘　要]　工程质量监督是政府为了保证公路工程质量，保护人民生命和财产安全实施的强制性政府监督，是政府控制基础建设质量的主要措施和手段。

[关键词]　监督　监理　勘察　设计　三阶段检查　大检查

信阳至南阳高速是上海至西安国家重点公路的重要组成部分，是国家规划的重点公路“十三纵、十五横”之一。也是河南省高速公路网“五纵四横四通道”中的重要组成部分，路线途径河南省信阳市、驻马店市、南阳市，分为信阳至泌阳段、泌阳至南阳段两个项目，路线全长183km。信南高速公路工程建设质量是社会各方的关注点，也是河南公路质量监督的重点，以下我从信南高速公路质量监督方面谈几点体会。

1　勘测设计阶段质量监督

信南高速质量监督工作是从工程开工建设开始，我认为质量监督工作介入较晚，对设计质量缺乏监督。工程质量监督最好从勘察设计阶段开始，建议业主拿出一部分设计费用作为设计监理费用，对勘察、路线、互通立交方案、大型结构物等重要点进行设计监理。监督要对勘察深度是否符合强制规范、部颁标准要求，设计深度、设计监理工作进行监督。勘察、设计深度不够往往造成设计变更过多，工程造价大幅度上涨，导致工程总造价超过概算。引入设计监理可以得到更优的设计方案和工程造价。

2　开工建设阶段质量监督

(1) 工程开工伊始监督尽早介入。作为监督工程师要首先熟悉图纸、工程现场，制订质量监督的重点和质量监督详细计划。

(2) 对项目业主的监督。对项目业主的投资、进度、工程管理过程进行监督，可以使项目公司工程管理更加透明和规范。信南高速监督过程是通过监督工程师与业主主要管理人员交流结合交通厅质量大检查来实现的。

(3) 对施工单位的监督。对施工单位工程质量监督工作，首先要对施工单位项目经理、总工、技术负责人、质检负责人、试验负责人的人员资质进行检查认定，要求必须符合国家、交通部、招标文件要求的人员资质。对施工单位工地试验室临时资质进行考核，合格后颁发临时资质证书。通过以上措施可以使工程质量保持在较高的水平。

(4) 对监理单位的监督。对监理单位资质、现场监理人员资质进行检查，对人员进行水平考试可以有效提高监理人员的素质。对监理人员中心试验室进行考核，合格后颁发临时资质证书，保证监理中心试验室抽检数据的准确和有效性，使监理中心试验室具备指导工程试验的能力。

(5) 工程技术人员的培训。在信南高速公路开工和工程施工过程中根据工程进展需要，组织有关技术人员进行了工程技术档案、工程容易出现的质量问题、质量检验评定等培训，有效提高了工程技术人员素质，减少了工程质量问题。

(6) 对工程的质量抽查。工程施工中，监督工程师坚持每月对工程质量进行现场抽查（主要是结构物强度、尺寸、厚度、钢筋分布、保护层厚度、压实度、路面基层、底基层厚度、强度、现场施工管理、资料等)，质量抽查分为分项工程的前期、施工过程、完成后质量检测。我认为抽测的重心应放在工程刚刚开始阶段，尤其是试验段或完成的第一个构造物时，抽检所起到的质量监督作用最大，因发现问题易解决，工程损失较小，对后续工作指导意义最大。另外工程施工过程中监督工程师不定期抽查对监理、施工单位的工作质量也能够起到较好的促进，但完成后的质量检测对工程质量有关方面仅能起到震慑作用。

(7) 交通厅每年两次质量大检查。每年由交通厅组织对全省在建高速公路进行两次质量大检查，具体工作由质监站负责。检查分路基、路面、结构物、内业、安全等组对在建高速公路进行检查、评分，检查结果在全省进行排名，对后三名在建高速公路项目进行批评、整改，对不好的施工单位进行黄牌警告，有效的促进项目各方对质量的重视。信南高速公路在三次质量大检查中都取得较好名次。大检查加强了监督工程师对监督项目的力度，项目公司也非常重视每年的两次质量大检查，对工程质量无疑起到很大促进。

(8) 信南高速公路三阶段检查工作的开展。根据河南省人民政府《关于进一步加强公路建设质量监督管理的通知》(豫政［2003］50号)文件和河南省交通厅《关于开展全省高速公路三个关键阶段工程质量专项检查的通知》(豫交工［2004］30号)，三个关键阶段划分为，第一阶段：路基和桥梁下部工程。第二个阶段：路面基层和桥梁上部工程。第三个阶段：路面面层和交通安全设施工程。为了便于执行，交通厅又制定了《全省公路三个关键阶段工程质量专项检查实施细则》。信南高速三个阶段检查通过质监站委托的方式开展，由信南项目公司组织检测合格后报监督工程师，由监督工程师通知委托的检测单位检测，检测结果由监督工程师通知信南项目公司。三阶段检查对公路质量起到了很大作用，对不合格的工程及时进行返工、处理。凡出现两次三阶段检查不合格的要进行通报批评，促进施工、监理对质量的工作态度转变，工程质量有了明显提高。

(9) 开展社会监督。针对在建的高速公路河南省交通厅、质量监督站、信南高速公路公司向社会公布了举报电话、邮箱，接收社会监督。河南省交通厅、质量监督站接到对信南高速公路举报后，由监督工程师负责会同信南高速公路公司质检、纪检人员进行现场调查、检测等取证，并将调查、检测等取证的结果向省交通厅汇报，举报情况属实的对举报人员进行奖励，对相应的施工单位、相应责任人进行处罚。这样做有力的增强了社会的监督作用，提高了施工企业的质量意识。

(10) 信南高速公路交工检测。交工检测是为项目完成后是否能够投入运营和竣工验收做准备，是工程投入运营的最后检验，是评价工程质量等级的重要依据。为检验工程投入运营后的质量提供了比对的依据，对工程质量的总结非常重要。在信南高速公路一些特大桥梁设置了一些观测点，通过观测点的观测对通车后结构物质量变化进行跟踪。

3 通车后的质量监督和竣工验收

通车后，作为监督工程师不断的到监督项目上了解运行状况，并把在建设中掌握到的数据进行比对非常必要，可以为项目提供第一手资料，也为将来更好完成监督工作提供必要的基础。

4 结语

通过在信南高速公路的长期质量监督工作，我体会到质量监督的重点应放在各分项工程的前期，这样会起到事半功倍的效果。另外交通厅每年安排两次质量大检查对信南高速公路建设各方的质量意识起到了很重要的作用，三阶段检查对工程质量的提高和把关能够起到持续作用，这些方面在信南高速公路建设中得到很好的体现。

路基工程

Luji Gongcheng

路堑边坡加固方案设计及工程效果模拟

孙建波　姬同庚
河南省信阳至南阳高速公路有限公司

[摘　要]　河南省信阳至南阳高速公路信泌段 K26＋000～K84＋100 多处路堑边坡，由于岩性较差，表面岩石风化严重，节理裂隙发育，路堑开挖过程中部分边坡发生局部滑塌。在对信南高速公路路堑边坡地质资料综合分析和实地调查的基础上，有针对性地设计了一套适用于该岩土边坡的加固方案——黏结型锚杆、钢筋混凝土格构及中高压注浆的复合加固方案。模拟计算表明，该方案能成功控制边坡的进一步失稳，确保边坡的长期安全稳定，同时也表明该技术对类似地质条件下的路堑边坡失稳控制和加固具有推广意义。

[关键词]　路堑边坡　塌方　加固　数值计算

1　概述

河南省信阳至南阳高速公路信泌段 K26＋000～K84＋100（4～10 标段）有多处路堑边坡，由于岩性较差，表面岩石风化严重，节理裂隙发育，路堑开挖过程中部分边坡发生局部滑塌，表现出不同程度的变形及失稳，并有进一步失稳的迹象，如果继续按原设计方案进行防护，已不能保证安全施工及边坡的长期稳定。

经分析，该段路堑边坡出现问题的主要原因有：

（1）边坡岩性复杂，节理裂隙发育，表层岩土风化严重，强度参数较低。

（2）该路段处于降雨充裕的地区，年均降雨量超过 1000mm，水在边坡的变形破坏中有着举足轻重的作用，90％左右的边坡破坏均发生在雨季，尤其是暴雨、连续雨或是地下水的参与，这充分说明了水是影响边坡变形破坏和稳定性的重要因素。

（3）岩质边坡开挖过程中爆破振动的影响。

为保证该段路堑边坡的稳定性和高速公路的安全运营，必须对该段路堑边坡进行稳定性分析并进行适当的加固处治。

2　路堑区工程地质特征

以下以 K47＋965～K48＋780 段路堑边坡为例进行分析。该段路堑边坡最大高度 26m，每级坡高约 8m。边坡岩体为灰绿色辉石闪长岩，强风化～中风化，岩体呈块状结构，岩石质地硬脆。岩体不连续面发育但连通性稍差，不连续面呈张性，中间充填白色钙质薄膜。边坡较多发育强风化闪长岩脉，易分解，岩脉斜插进边坡岩体内部，坡面出露宽度 0.3～1m。二级边坡发育一小型平面滑塌，滑塌体宽度 4～6m，高度约 6m，滑塌体厚度 1～2m，滑面产状 70/55，滑面潮湿且具有泥质擦痕。边坡整体为中风化闪长岩，块状结构，总体稳定性较好；局部边缘土质化，有破碎的软弱夹层和小滑体，稳定性相对较差。边坡岩体不连续面产状主要有：J1：70/50、J2：220/70、J3：126/78、J4：330/70、J5:30/75、J6：60/80，结构面赤平极射投影如图 1 所示，该段边坡可能破坏模式：左坡：J2、J1（J6）：倾倒破坏。

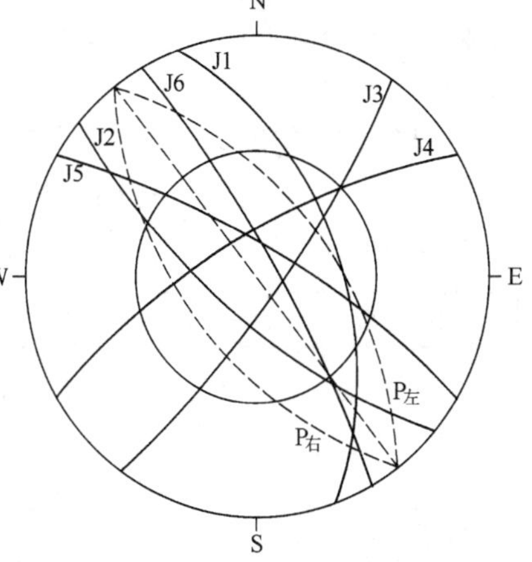

图 1　边坡岩体不连续面赤平投影图

3 边坡主要加固方案

根据路堑边坡失稳原因分析及现场调查，考虑到高速公路通车的要求，设计采用黏结型锚杆和钢筋混凝土格构联合加固方案进行路堑边坡的加固，主要加固方案如下：

（1）对一级边坡，安装3排黏结型锚杆，锚杆长度均为12～16m；同时在表面进行浆砌片石防护。

（2）对二级边坡，安装3排黏结型锚杆，锚杆长度均为12～16m；同时在表面进行钢筋混凝土格构防护。

（3）对于高度大于20m的路堑边坡，三级边坡局部适当布设黏结型锚杆。

4 路堑边坡稳定性计算

4.1 计算方法选择

目前对岩土体边坡以及滑坡体稳定性计算方法比较多，常用的主要有极限平衡法和数值计算方法，根据对现场工程地质调查，采用有限差分数值计算。

4.2 有限差分程序FLAC简介

岩土工程计算程序FLAC（Fast Lagrangian Analysis of Continue）是由美国Itasca Consulting Group，Inc. 为地质工程应用而开发的连续介质显式有限差分计算机程序，主要适用模拟计算岩土工程地质材料的力学行为，特别是材料达到屈服极限后产生的塑性流动。

FLAC程序建立在拉格朗日算法基础上，特别适合模拟大变形及扭曲变形。FLAC程序设有多种本构模型，可解算地质类材料的高度非线性（包括应变硬化/软化）、不可逆剪切破坏个压密、黏弹(蠕变)、孔隙介质的固——流耦合、热——力耦合以及动力学行为等。另外，程序设有界面单元，可以模拟断层、节理和摩擦边界的滑动、张开和闭合等行为。支护结构，如砌衬、锚杆、可缩性支架或板壳等与围岩的相互作用也可以在FLAC中进行完善的模拟。

FLAC程序主要是为地质工程应用而开发出来的岩石力学数值计算程序，在国内外岩土力学研究和岩土工程计算中得到广泛应用。该程序采用显式算法来获得模型全部运动方程（包括内变量）的时间步长解，从而可以追踪材料的渐进破坏；程序允许输入多种材料类型，亦可在计算过程中改变某个局部的材料参数，可方便地模拟岩土体开挖与支护等工艺过程。

4.3 本构关系

岩土力学试验表明，当载荷达到屈服极限后，岩土体在峰后的塑性流动过程中，随着变形的进一步发展，仍将保持一定的残余强度。因此，计算采用莫尔—库仑（Mohr-Coulomb）屈服准则，具体可描述为：

$$f_s = \sigma_1 - \sigma_3 \frac{1+\sin\varphi}{1-\sin\varphi} - 2c\sqrt{\frac{1+\sin\varphi}{1-\sin\varphi}}$$

式中，σ_1、σ_3分别是最大和最小主应力，c，φ分别是黏结力和摩擦角。当$f_s>0$时，材料将发生剪切破坏。在通常应力状态下，岩土体的抗拉强度很低，因此也可根据抗拉强度准则（$\sigma_3 \geqslant \sigma_T$）判断岩土体是否产生拉破坏。

4.4 计算模型材料力学参数

计算模型中锚杆划分为10个计算单元，加固结构的力学参数见表1。

计算模型材料的力学参数 表1

材料名称	密度（kg/m³）	弹性模量（MPa）	泊松比	黏聚力 c（MPa）	内摩擦角 φ（°）	本构模型
锚杆	7800	2.13e5	0.25			弹性体
注浆体	2200	150	0.28			弹性体
土	1900	32	0.30	0.035	16	Mohr-Coulomb
中风化闪长岩	2280	100	0.24	1.000	20	Mohr-Coulomb

4.5 边坡计算模型

由于边坡范围广，整个坡体在沿道路轴线方向的变形很小，可以忽略不计，力学分析可采用平面应变模型假设，即垂直于计算剖面方向的变形为零。模拟计算模型在水平方向即长度方向坡高的1～2倍，在垂直方向即高度方向两倍坡高作为计算范围（图2所示）。模型两侧采用黏滞性边界并限制水平移动，即 x 方向的位移为零，模型底部限制垂直和水平移动，即 x 和 y 方向的位移都为零。模型计算范围为 67.5m（长）×39.5m（高），网格数 135×79 个，网格大小为 0.5m×0.5m。图2为加固状态下边坡计算模型。

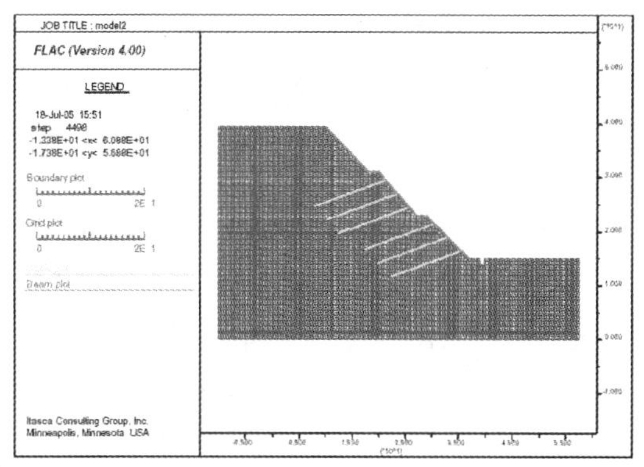

图2 加固后计算模型

5 计算结果

在数值计算的过程中在锚杆中分别设置了六个监测点以监测锚杆轴力随着时间步的变化情况。计算结果表明：加固后边坡塑性区明显减少，只在坡体局部范围内有零星的剪切破坏，拉伸破坏区基本消除（图3），位移量很小，最大位移只有2.3mm（图4）。图5描述了锚杆轴力分布。从锚杆轴力随时间变化曲线图（图6）可以看出，锚杆最大轴力最终稳定在5000N左右。由此可知，锚杆起到了良好的加固作用。

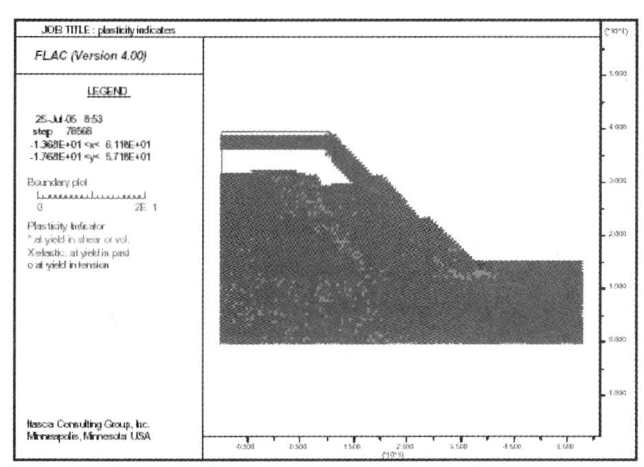

图3 加固状态下边坡的塑性区

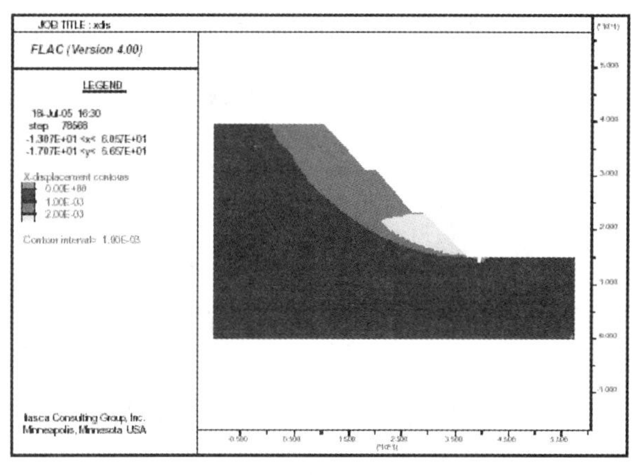

图4 加固状态下边坡水平位移场

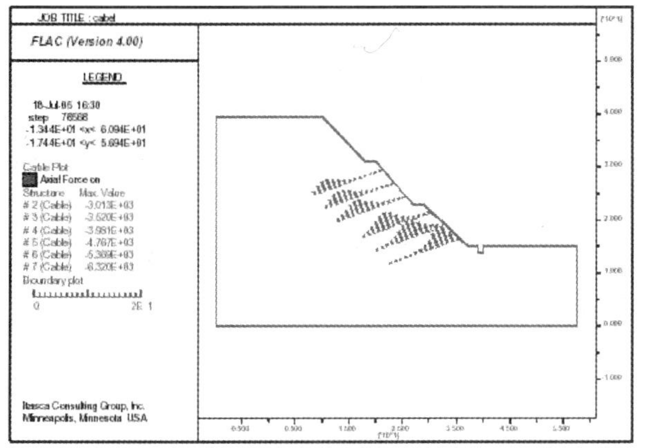

图5 锚杆轴力分布

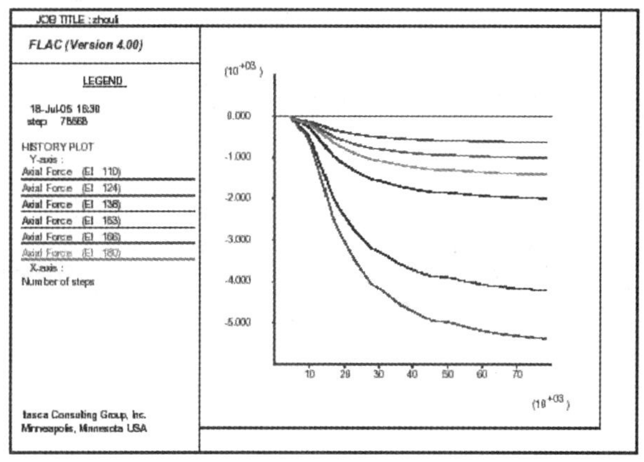

图6 锚杆轴力随时间变化曲线

数值计算结果表明，加固设计方案及时进行施工后，加固结构发挥了良好的效果，可以阻止了边坡的进一步变形，满足高速公路安全运营的需要。

6 结语

由于在加固设计中采用了中高压注浆，这不仅可以充填坡体岩层中的裂隙，而且通过浆液的渗透、积压及劈裂等作用还可以充填到岩土体中其他一些细小的软弱结构面，从而可以使岩土体改性达到充分利用坡体自身的“残余强度”的目的，减小坡体的下滑力。

同时设计中布置黏结型锚杆，可以根据外部载荷的不同而自行优化杆体的承载力（轴向应力），从而可以使锚杆和坡体处于同步的位移变化状态，保持加固边坡的整体稳定性。

从数值计算的结果来看，杆体的轴向应力和设计之初的设想是一致的，加固结构在坡体变形过程中充分发挥加固作用，边坡位移及塑性变形区域在设计控制范围之内，加固后的边坡可以保持长期稳定。

高速公路路基石灰改良土施工与试验检测方法的探讨

牛永宏

路桥集团公路一局五公司

[摘　要]　本文针对高速公路路基石灰改良土施工中，由于室内标准击实与现场样品最大干密度存在差异的情况，就路基施工中不同施工方法与检测方法的关系进行了论述。

[关键词]　石灰改良土　灰剂量　砂化　干密度

在高等级公路路基施工中，往往由于地下水位高，地表水丰富，土的液限及塑性指数高（w_l=40%～60%，I_p=22～28）等原因，普遍采用在土中掺加石灰的施工方法，对土进行砂化，改善土的性质，加快施工进度。但在施工中，却常会出现路基已压实却检测不合格的情况，究其原因却是标准干密度的取值有误。现结合施工实践就路基石灰改良土施工方法与其检测方法的关系进行论述。

1　石灰改良土的概念及与石灰稳定土的区别

土方施工中掺加石灰可以降低土的天然含水量和土的塑性指数，从而方便施工粉碎，缩短施工工期。为区别于路面底基层的石灰土（一般称为石灰稳定土），一般把路基填筑石灰土称为石灰改良土。

两种灰土的根本区别在于石灰稳定土有强度要求，而石灰改良土则无，故在验收石灰改良土时，除了几何尺寸（宽度、平整度、横坡度、中线偏位等）外，就只有压实度的验收。

压实度：　$K=\rho_s/\rho_d\times100\%$

式中：ρ_s——现场样品实际干密度（g/cm³）；

ρ_d——样品组成条件下的最大干密度（g/cm³）。

从压实度公式中可看出，测定路基的压实度其实与混合料的标准干密度的取值有密切关系。而混合料标准干密度的取用又与石灰土的掺灰剂量有关，如信南高速公路某一取土坑的灰剂量与干密度关系曲线，如图1。

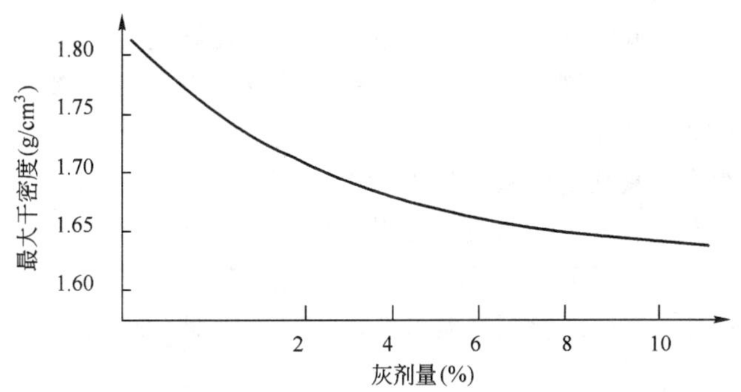

图1　灰剂量与最大干密度关系曲线

从图中可看出，对某种特定的混合料其标准干密度的取用实际就是对石灰剂量的测定，因此确定石灰改良土的石灰剂量工作是评定其填筑质量最为关键的工作。

2　石灰改良土施工方法

测定石灰剂量首先应分析石灰改良土的施工方法，其次再分析实验手段。根据路基施工技术规范及常用的经验方法，主要有两种掺灰土施工方法。

2.1 一次拌和法

它包括路拌和场拌。路拌是在合格路基下承层上铺筑土方并使其含水量、颗粒达到一定要求后，一次性加入所需要掺入的石灰；场拌是在料场（一般为取土坑）一次性掺入生石灰或部分消解石灰，翻拌数次，待石灰充分消解后，铺筑上路，在合适的含水量及颗粒下碾压成型。

2.2 二次拌和法

根据《公路路面基层施工技术规范》(JTJ 34—2000) 第 4.2.1 条“塑性指数偏大的黏性土可采用两次拌和，第一次加部分石灰拌和后，闷放 1～2 天，再加入其余石灰，进行第二次拌和”。

由于含水量高、塑性指数高等特点，一般采用第一次掺入 30%～50%的预定剂量的块灰或部分消石灰（生石灰粉效果更佳），翻拌 1～2 次，使其充分消解，闷放数日，运土上合格的路基下承层，补足需用的消解石灰。对于掺灰处理土，目前一般采用一次拌和法的场拌及二次拌和法施工。

3 检测方法

测定石灰剂量的方法：根据现行《公路工程无机结合料稳定材料试验规程》(JTJ 05—79) 有两种测定方法：一是 EDTA 滴定法；二是钙电极法。根据工地实验室的条件及钙电极实验方法准备工作较烦琐，因此工地实验室一般均采用 EDTA 滴定法。

EDTA 滴定法工作程序：

- 用标准混合料制备悬浮液。
- 用 EDTA 标准液滴定标准悬浮液至纯蓝色为终点，记录滴定液的消耗量。
- 用标准混合料的不同剂量为横坐标，用对应 EDTA 消耗量为纵坐标，建立标准曲线（或称工作曲线）。
- 将现场试样制备成悬浮液，再用 EDTA 标准液滴定，记录滴定液消耗量。
- 用上述消耗量的数量，对应于工作曲线上石灰剂量，即为所测试样的石灰剂量。

4 标准曲线绘制

目前绝大多数工地试验室均采用新拌石灰改良土的标准混合料来制备标准曲线。根据石灰改良土的施工方法，与现场施工相对应的试验室标准曲线只有一次拌和法的路拌与此相适用。而一次拌和法的场拌及二次拌和法与工地试验室制备的标准曲线则不相适应，由于掺灰闷料期较长，活性物要衰减致使难以正确测定试样掺灰剂量，从而导致不能正确评定混合料的压实度，在实际施工中经常发生承包人与监理单位、建设单位在验收压实度时发生争论。根据现场施工工序与室内试验相对应的原则，若不能用正确、科学的试验方法来测定石灰剂量，就会导致本来合格的掺灰处理土被判定为不合格。为了能客观地评定压实质量，因而需要找到一种既能与掺灰处理土现场施工工艺比较一致、同时又能考虑石灰土的龄期及活性物的衰减量的室内标准曲线的制作方法。根据 EDTA 滴定法试验规程及现场施工实践经验，用下述方法制备标准曲线能客观地测定石灰剂量。

4.1 一次拌和法（场拌）EDTA 滴定法标准衰减曲线的制备方法

该法的现场施工要点是：在取土坑闷料渡过石灰消解陈伏期，有下述条件之一者均会影响闷料堆放及成型时间。

- 不合格的路基下承层。
- 适逢不适合土方施工的天气。
- 主要施工机械发生故障。

实际施工中从闷料、翻拌堆放到成型，一般要经过 7～10 天，有时甚至更长，因此在制作工作曲线时要注意以下几点：

- 使用块灰制成石灰粉，通过 2.0mm 或 2.5mm 的筛。

• 混合料的含水量控制比最佳含水量高 2～3 个百分点。

• 预定压实度条件下击实养生或混合料松散保温养生到预定的龄期时再滴定。

用不同的剂量及不同的龄期制作若干根标准曲线，图 2、图 3 为某取土坑一次拌和法的标准曲线。

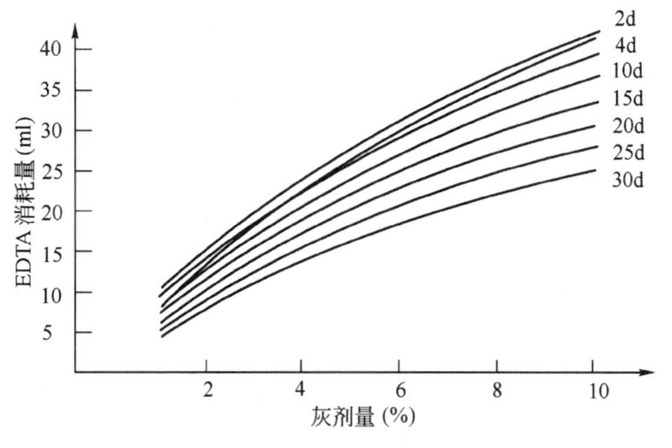

图 2　一次拌和法不同龄期的标准衰减曲线

（预定压实度条件下击实、保湿养生）

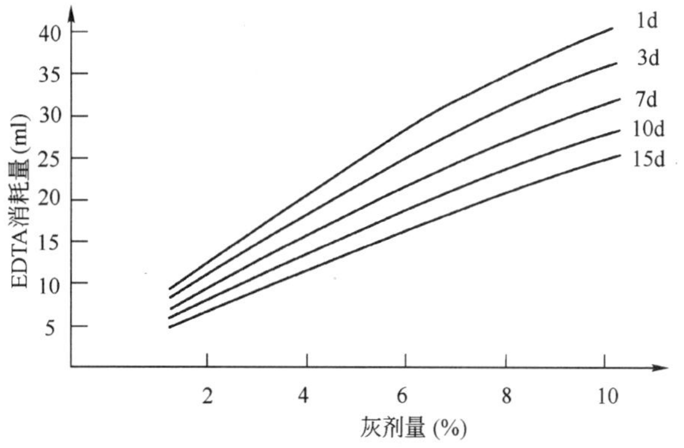

图 3　一次拌和法不同龄期的标准衰减曲线

（混合拌和、保湿养生）

详细记录施工日期，取用与施工时间一致的标准曲线来确定现场灰剂量，时间不吻合时，可用最近两根曲线内插，或用最近施工龄期的曲线，所得的结果均在允许误差范围内。

4.2　二次拌和法 EDTA 滴定法标准衰减曲线的制作方法

该法的施工要点是：在取土坑第一次掺入 30%～50%预定剂量的块灰（或部分消解石灰），闷料堆放 2～3 天，再以路拌形式掺入其余消解石灰，因此制作 EDTA 曲线的要点如下：

• 一次掺灰、闷料含水量宜控制高出预定灰剂量灰土最佳含水量 2～3 个百分点。

• 采用保湿养生，如某取土坑采用第一次掺入 3%的块灰，运至路基后再掺入 3%、5%的消石灰。所制作的标准曲线如图 4。

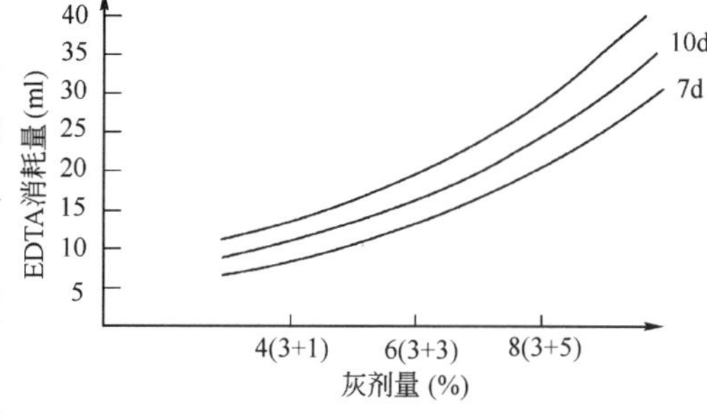

图 4　二次拌和法不同龄期的标准衰减曲线

5　结语

综上所述，对于掺灰处理土石灰剂量的确定，是掺灰土路基填筑质量控制的首要任务，采用室内接近现场施工方法的试验方法，更能正确客观地反映掺灰处理土的灰剂量，更能有效地体现其真实压实度，唯室内试验工作要相对增加，具体做法是：

（1）建立每种土质的石灰剂量与标准干密度关系曲线（即 $\rho_d - c$ 曲线）。

（2）建立不同土质，不同施工方法，不同龄期的 EDTA 滴定法标准衰减曲线（工作曲线）。

（3）用现场试样实测的 EDTA 消耗量，在上述相对应的施工方法、龄期的标准衰减曲线上查得实际所测定的石灰剂量。

（4）根据实测的石灰剂量，在 $\rho_d - c$ 关系曲线上查得相对应的最大干密度以此作为评定所取试样路基层压实度的最大标准干密度。

强夯置换法加固软土地基技术研究

车安刚　　　　　　　　　　　　　姚　毅
河南省信阳至南阳高速公路发展有限公司　中铁十一局第一工程有限公司

［摘　要］　介绍了强夯置换法对软土地基进行深层处理的施工实例，得出一套合理的强夯置换加固软土地基的施工方法，以指导今后的实践应用。

［关键词］　软土地基　强夯置换　加固　施工技术

1　前言

强夯置换法与其他地基处理方法相比具有费用低、施工简单等优点，分整式置换和桩式置换两种方法。整式置换法是用强夯的冲击能将软弱土挤开置换成块石层，其机理与换填垫层法作用相似。桩式置换法是采用巨大的夯击能量将块石夯穿被加固土层并使块石沉底形成桩体，并与周围土体形成复合地基。由于桩体的加筋作用，地基中应力向桩体集中，使其分担了大部分基底传来的荷载；同时桩体的存在也使得土体中由于强夯引起的超静水孔隙水压力迅速消散，加快土体固结，提高土体抗剪强度，从而复合地基承载力相应提高。在本工程采用整式置换来处理水塘及水田等流塑状软土地基，处理深度平均为6m。

2　工程概况

信阳至南阳南高速公路信阳至泌阳第六合同段，起讫里程K40＋000～K50＋000，全长10km。大部分路段为低山丘陵区。丘陵多呈馒头状，山坡较缓，谷宽沟浅、多呈“U”字形，多水库、堰塘，植被较发育。在岗洼、冲沟、水塘、山间凹地，河滩及河漫滩，分布有新近沉积土薄层及松散粉细砂层，夹软泥，地基土允许承载力多在50～100kPa左右，且淤泥层过厚，工程性质差。本合同段深层软基概况如下：

K42＋360～K42＋420段软基左侧地处水稻田中，右侧坡角处为一大水塘，平均填土高度4.5m。经现场勘测具体地质状况为：表层6m范围均为淤泥，呈严重饱和状态，流塑状，黑褐色，挖出后呈流动状态；现场取样，经试验室检测，天然含水量83%，液限44.4，塑限17.5，塑性指数26.9。

K40＋760～K40＋890段、K41＋490～K41＋740段、K47＋470～K47＋540段软基地质情况与K42＋360～K42＋420段基本相同，深度均在5～7m。

根据现场实际情况，并综合比较拟选用强夯置换片石法对本合同段上述软基段落进行处理。并在K42＋360～K42＋420段设置强夯试验段。

3　施工设备

本工程投入强夯设备一台套，其中包括波兰—16m履带式吊车一台（带辅助门架），性能：最大起吊锤重50t，最大落距18m，夯锤18t一个，夯锤直径ϕ2.0～2.5m，50型装载机一台，水平测量设备一套，其他相关试验检测仪器。

4　施工试验计划

将K42＋360～K42＋420段软基分作两个试验区，每个试验区为50m×50m，且两试验区相距10m左右，第一试验区为夯击一遍，逐点夯击由中间向两边一次性完成，夯点间距设计为4.5m，第

二试验区为夯击两遍，第一遍夯击为隔点夯击，第二遍为补夯，夯点间距设计为 4.0m，两试验区均采用锤重 18t，锤直径 2.0 或 2.5m，夯点布置呈正方形。

4.1 有关施工试验参数的确定

4.1.1 确定夯击能即确定锤重和落距

因本工程确定用强夯置换法施工，依据地质条件为软土厚约 5～7m，即加固深度为 6.0m 左右，依据经验公式：

$$E(\text{单击能平均值}) = 940 \times (H_1 - 2.1)$$

$$E_W(\text{单击能最低值}) = 940 \times (H_1 - 3.1)$$

式中：H_1——置换深度，（取值 5.5m）得出

E=320kN·m，E_W=226kN·m，依据现场经验确定最佳夯击能。

4.1.2 单点夯击次数

单点夯击次数依据现场试夯得到确定，有可能每一单点夯击次数不尽相同，但控制指标必须保证最后两击的平均夯沉量不得大于 5cm。

4.2 夯点布置

据地基规范夯点布置可采用等边三角形或正方形布置，为便于施工采用正方形布置。夯点间距按规定取锤直径的 2～3 倍，取低值 2.0～2.5 倍，第一方案夯点间距 4.5m，第二方案夯点间距 4.0m，如图 1。

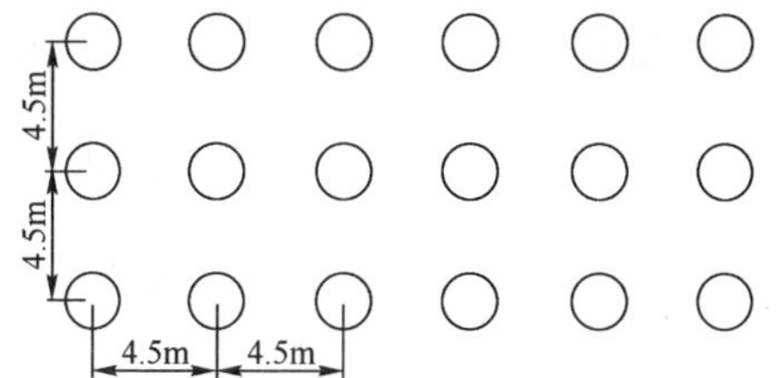

第一方案平面布置示意图
（采用一遍夯击，逐点夯击由中间向两边一次性完成）

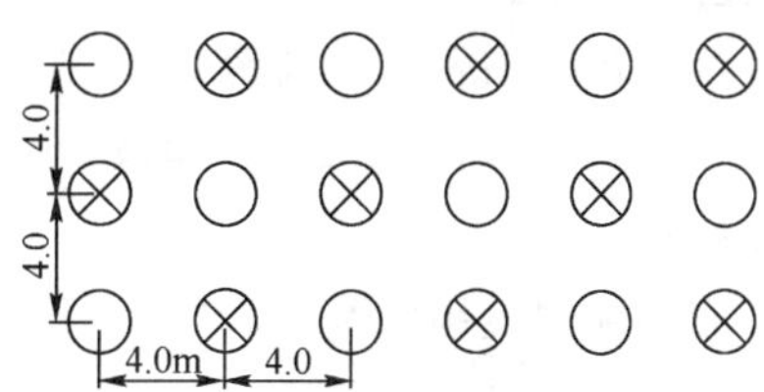

第二方案平面布置示意图
（采用二遍夯击，◯为第一遍夯点，⊗为第二遍夯点）

图 1

4.3 强夯时间间隔

因本工程是采用强夯置换法处理地基土，此种方法是利用土的强度瞬时降低以排开软土，因而夯点可连续施工，两遍夯击之间不必留出孔隙水压消散时间，这样可以加快施工进度。

4.4 夯埋材料的选用

本标段范围内分布母岩为火山碎屑岩、石英、角闪石片石及花岗岩，严重风化、中风化、微风化不等。为节约成本选用开山石、碎石、片石等材料。材质要求无侧限抗压强度大于 10MPa，粒径必须在 80cm 以下且粒径大于 30cm 的不超过 30%。

5 施工流程

施工流程见图 2。

5.1 清理并平整施工场地

在施工前清理地表耕植土，把植物根系、地下障碍物清理干净，清理深度约 0.5m，并保证无地下管网、人防工程、建筑物等。清理完后平整场地，为确保机械设备正常施工，以免发生机具倾覆。用开山石渣做 2.0m 厚左右施工垫层。开山石渣粒径不能大于 80cm，并碾压至密实状态。

5.2 施工放样，并测量场地高程

按事先确定夯点间距放样，第一方案间距为 4.5m，第二方案间距为 4.0m，夯击点平面误差不超过 10cm。施工前测量场地标高并做好记录。

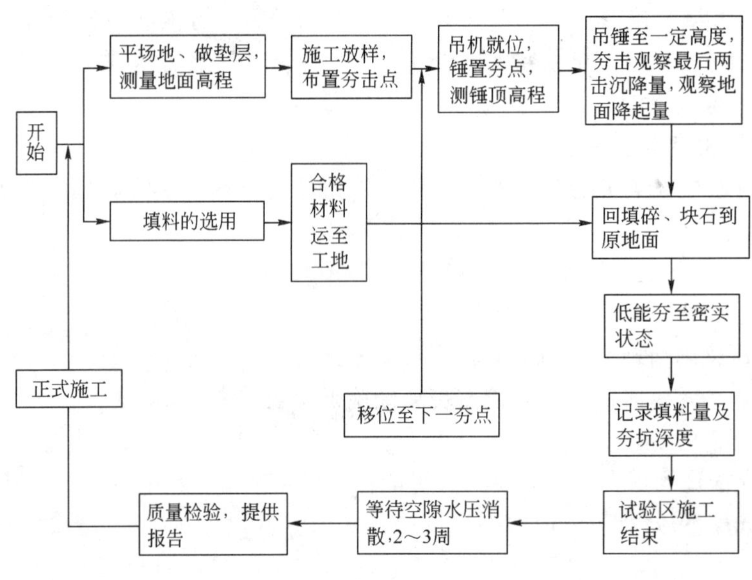

图 2

5.3 起重机就位，夯锤置于夯点

起重机就位至路基的中轴线一排夯点，保证先中间后两边施工，夯锤放置于第一个夯点，保证每一次重锤中心与夯点中心重合，误差不超过 10cm。

5.4 测量锤顶高程

每一次夯击前必须测量锤顶高程以便计算出每一次夯击沉降量，另外夯前必须测量吊锤钢绳计算好长度，以便确定起吊高度。

5.5 夯击及夯击效果控制

在正式夯击前使用低能夯夯两次，以防止吸锤现象和保证夯坑垂直，保证以后的夯击过程中不出现晃动现象损失夯击能量。夯前夯后须有专人测量锤顶高程并认真做好记录及算出每击夯沉量，满足要求后，通知吊车停止夯击填料。第一次夯坑深度 2.0～2.5m 可第一次填料，填料可填至地面。以后每次夯坑深度控制按三个要素控制：第一：最后两击沉降量不大于 5cm；第二：地面不能有过大的隆起，隆起不超过 40cm；第三：正式夯击过程中不能有吸锤现象（不因夯坑过深而发生提锤困难）。每次夯深到一定深度后用碎石、块石回填至地面，如此反复直到地面平整，最后用低能锤夯实。另外每次夯击过程中，吊车指挥如发现夯锤斜倾，要及时平整好后放入起锤坑，平缓起动吊锤，以免发生能量损失。

5.6 更换夯点

每次更换夯点必须按 4.3～4.5 点质量控制进行施工，更换夯点时按由中轴线向两边或由内向外，如果第二种方法施工用隔行跳打的方法施工。

5.7 结束每点夯击后处理

试验区每夯点施工结束后用推土机推平场地，用低能锤满夯一遍，以保证施工后场地强度均匀。

在夯击过程中，夯坑如出现积水现象要及时排除或填一斗料后再夯。如果涌水量较大，应挖网状排水沟和积水井及时疏干地表水。

6 效果检验

6.1 检验时间

强夯施工结束后应间隔一定时间才能对地基质量进行检验，因本试验区为饱和淤泥黏土，间隔时间为 2～4 周。

6.2 质量检验方法

采用室内试验和原位测试、荷载试验三种方法。

6.2.1 室内试验

在施工前取地面下1.0m、2.0m、4.0m、6.0m四处原状土作室内土工试验。每个深度做三组，试验项目有天然重度，天然含水量，比重，液塑限，压缩试验和抗剪试验。在施工结束2～4周后取夯点中间地面下1.0m、2.0m、4.0m、6.0m四处扰动土作土工试验，试验项目同上。比较两者的区别观察加固效果。

6.2.2 现场原位试验

现场原位试验建议用两种方法测试。第一种为加固前后点中间的轻型动探，确定加固效果；第二种为瑞利面波法，整个实验区进行网格式布设检测线间距20m左右，观察加固前后的波速对比看出加固效果。

6.2.3 静载试验

采用ϕ1.0m的承压板对试验区取四点作试验，其中夯点中心和两夯点之间的中心各取两点，确定加固后的承载力。

7 试验段施工成果

经过试验段施工及现场测量，强夯置换加固软土地基成果如下：

(1) 夯点布置宜为4m；

(2) 根据夯沉量检测，第一遍夯击能为3240kN・m，单点夯击次数为6次，下沉量在5cm以内。低能夯夯击能为1800kN・m，夯击3遍后路基无明显下沉。

(3) 通过室内试验及承载力检测及沉降观测等效果检验，强夯置换法处理软基达到了预计的效果。

8 强夯施工注意问题

因强夯施工方法是利用夯锤巨大冲击能和冲击波反复夯击地基左表面，由此产生的噪声与振动波对周围的建筑物和居民将造成一定的影响，如何解决施工中扰民问题是施工中必须考虑的问题。对距离强夯施工现场<40m的建筑物要挖宽度1m、深度超过被影响建筑物基础深度的减振沟，以避免因强夯施工产生的冲击波可能对该建筑物造成的损害。施工中的噪声扰民问题最好采取白天施工，错开午休时间等措施，最大限度地减少扰民。

强夯机械笨重，自行能力较差，转场需用大型拖车方能转场，因此应尽量减少强夯施工中的转场频率，以提高强夯机械的利用率。

9 结语

对于软塑—流塑的黏性地及高饱和度的粉土，强夯置换法显示出了它的优势，通过向土中添加碎石、块石等硬骨科，形成墩体，既改善了土质，又形成了良好的排水通道，加快了土体的排水固结速度。

强夯置换法适用于坐落在回填土、碎石土、湿陷性黄土、黏土、粉土、淤泥质土、淤泥等多种土层的建筑。该方法在实际工程中得到了大量的应用，其经济效益十分显著，此种处理地基的方法，造价仅为采用桩基的1/3～1/4，并且经过处理的土层，其物理性得到了很大的改善，土体磁场强度变形降低，大大减小了地基的不均匀沉降。

填砂路基的压实工艺试验及施工控制

王立新
河南省高等级公路建设监理部

[摘　要]　通过对河砂填料采用填筑压实工艺试验，得出使用该种填料施工的最佳含水量、最大干密度、最佳压实工艺和碾压参数，以用于指导施工。

[关键词]　填砂　路基　施工　压实　控制

1　工程概况

泌阳至南阳高速公路是上海至武威国家重点公路在河南的重要路段，双向六车道，路基宽34.5m，设计行车速度120km/h，路线全长91.086km，沿线多为弱膨胀土，局部为中膨胀土。

根据施工图设计要求利用膨胀土填筑路基需加5%或8%石灰进行改良，由于沿线膨胀土普遍含水量大，施工时晾晒时间长且施工质量难以保证，为了加快进度、保证工程质量，同时也为了节约耕地，疏通河道，经论证后，信阳至南阳高速公路有限公司公司（以下简称项目公司）决定充分利用项目所在地丰富的河砂，由项目公司协调，取得了当地政府支持，合理开发利用。下面就本项目关于填砂路基的施工及压实质量控制作简要介绍。

2　填料标准要求

本项目可利用砂多出自白河、唐河、泌阳河，根据JTJ 051—93，JTJ 058—2000规程试验结果表明河砂的工程分类为砂类土，少部分为砾类土。细度模数在2.7～3.3之间，最大粒径一般不超过40mm；10～40mm的颗粒含量在10%以下；砂质干净，填料符合相关规范要求。填砂路基填料的质量控制指标如下：

（1）砂料不得含有树根、草皮和易腐朽物质；

（2）含有沼泽、淤泥的砂不得用于路基填筑；

（3）有机质含量小于5%；

（4）液限小于50%，塑性指数小于26；

（5）填料最小强度和最大粒径要求见表1。

填料最小强度和最大粒径要求　　表1

路面以下深度	填料最小强度CBR（%）	填料最大粒径（mm）
0.8～1.5m	4.0	150
大于1.5m	3.0	150

3　室内标准击实

取代表性的河砂过10mm筛，用10mm以下砂试样进行室内击实，试验结果如表2。

室内标准击实　　　表2

砂细度模数 (M_x)	最大干密度 (g/cm^3)	最佳含水量 (%)	10～40mm颗粒含量 (%)	修正后最大干密度 (g/cm^3)	10～40mm颗粒毛体积密度 (g/cm^3)
2.73	1.83	12.2	2	1.84	2.58
2.81	1.85	11.8	4	1.87	
2.89	1.86	11.3	2	1.87	
2.93	1.84	10.8	3	1.86	
3.15	1.87	10.6	2	1.88	
3.32	1.90	10.2	3	1.92	

4　填筑试验

4.1　测量放样

首先复核“路基设计表”所提供的数据，采用极坐标法，使用全站仪进行放样。根据下承层高程，由测量队每20m放设一中桩及边桩，在各放样点处钉木桩，沿木桩用石灰洒出三线，实际填料宽度比设计每侧加宽0.5m，以确保路堤边缘的压实度，在边桩外50cm处设引桩，桩身高度至少高于下承层30cm，并在离下承层30cm处用红漆做标记，并设置相应的临时水准点。

4.2　清表碾压

在施工前，根据设计文件及施工规范要求，先对路基基底进行表土清除。清表时采用TY220推土机，清表厚度平均为20cm，以清到硬土为准，然后用PY180平地机刮平。场地清理完成后，全面进行填前碾压，使其密实度达到不小于设计的要求。

4.3　包边土施工

填砂路基首先需采用透水性较好的含细粒土风化岩或山皮石包边，每侧加宽不小于2.5m，为了便于路基填料的运输，其中一侧可适当加宽。包边材料运输可用装载机自卸汽车组合将包边料运至填筑段内部，先用人工配合推土机将包边料摊铺整平，确保层面平整，控制虚铺厚度（30mm）再进行碾压，并采用相对沉降量法检测（20t压路机振压两遍，使用精度0.1mm的水准仪观测，沉降量≤2mm为检测合格）。

4.4　河砂摊铺

包边部分检验合格后，清除内侧少部分散落未压实的包边材料，接着进行填砂，运料时要精心组织专人指挥安排好运输路线，所有运料车辆严禁直接驶入填筑区（下承层填料如非河砂不受此限）只能在包边区卸砂，用装载机配合推土机或平地机，将填料推至填筑区并大致整平。

4.5　整平

根据虚铺厚度，高程、横坡、纵坡等在中桩和边桩挂三线，并以三线为依据，用推土机进行粗平后，对含水量进行检测，根据实际检测结果，决定进行适当的补水或晾晒，使含水量达到或偏高室内标准击实的最佳含水量，然后用平地机进行整平或精平，个别不平处用人工配合找平。

4.6　设置盲沟

由于河砂的透水性良好，施工时河砂的含水量及以后来自路面渗入的水将大部分汇集于路基的中下部，过多的积水势必影响路基的稳定性，为了能够将这部分水顺利排出路基以外，就有必要在适当的部位设置盲沟，具体要求如下：

（1）填砂路基的下承层表面要尽可能的平整，压实度要满足要求，横坡不小于2%。（建议如果条件许可，应提高标准，填砂前在下一承层铺设一层防水土工布）

（2）第一层填砂必须设置盲沟，（盲沟的横断面不小于40cm×40cm，长度、横坡与该层的实际填筑宽度、横坡相同，水平间距25～30m用粒径为20～40mm碎石制作）以后每填筑5～6层设置一次。

4.7　碾压

碾压是决定土层质量的关键程序。碾压原则：由弱振到强振，由两边到中间，纵向进退进行，碾

压速度控制为 2km/h，具体碾压工艺说明如下：

第一遍　T-140 履带静压重叠 1/2 轮宽

第二遍　YZ 20 压路机静压重叠 1/2 轮宽

第三遍　YZ 20 压路机静压重叠 1/3 轮宽

第四遍　YZ 20 压路机静压重叠 1/3 轮宽

第五遍　YZ 20 压路机静压重叠 1/3 轮宽

第六遍　YZ 20 压路机静压重叠 1/3 轮宽（沉降量≤2mm）

第七遍　YZ 20 压路机静压重叠 1/3 轮宽（实测最大干密度不再增加）

第八遍　YZ 20 压路机静压重叠 1/2 轮宽

4.8　相对沉降量的检测

当碾压至第 4～5 遍以后，为检测碾压效果，进行了沉降量的观测。

（1）测点布置

检测前根据要求的频率在被检区布置若干测点，为容易辨认方便检测。在每侧点埋设一个专用装置，（我们姑且叫做检测板，其构造板为一块 70mm×70mm×3mm 钢板，中间留有 ϕ12mm 孔，一根 ϕ12mm 长 50mm 钢筋，钢筋通孔口用一端焊有 ϕ3mm 钢珠的螺帽固定钢筋垂直于钢板面）埋设好的检测板面应稍低于被检面高度，以保证在压路机碾压时检测板不发生位移。测点布设，见图 1。

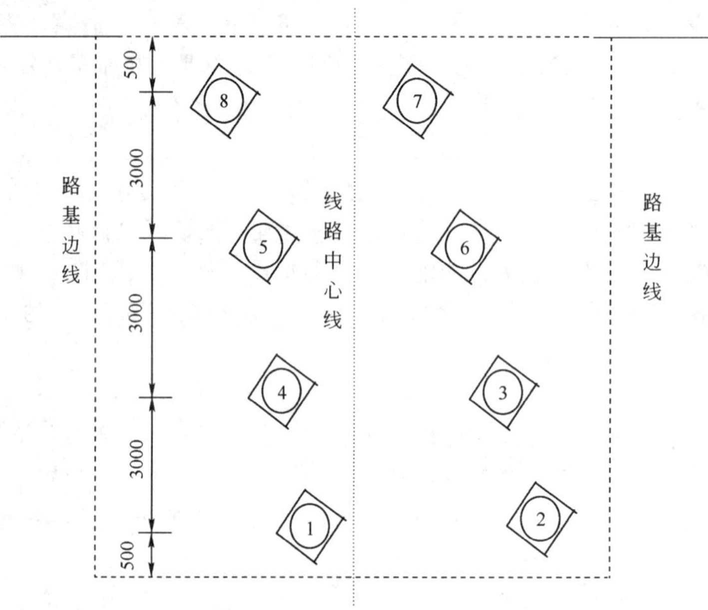

图 1　相对沉降法检测平面示意图（尺寸单位：cm）

（2）检测

用精度 1/10mm 测量仪器测设，为防止碾压时对仪器产生影响，在距离路基较远处，选一坚实点作参照点，以检测仪器高度是否变化，尺放在检测板的钢珠上，分别测碾压两遍前后个测点读数，其前后读数差即该测点的沉降量（如表 2）。

测点沉降量　　表 2

测点桩号	检测前各测点仪器读数			检测后各测点仪器读数			沉降量（mm）		
	左	中	右	左	中	右	左	中	右
K104+620	1451.3	1446.8	1450.1	1452.5	1448.7	1451.1	1.2	1.9	1.0
K104+645	1443.0	1445.1	1441.2	1444.2	1446.1	1441.7	1.2	1.0	0.5

续上表

测点桩号	检测前各测点仪器读数			检测后各测点仪器读数			沉降量（mm）		
	左	中	右	左	中	右	左	中	右
K104+670	1438.4	1440.5	1447.1	1440.1	1440.8	1447.9	1.7	0.3	0.8
K104+700	1443.3	1452.9	1444.8	1444.2	1453.5	1445.9	0.9	1.6	1.1

4.9 现场干密度的检测

当沉降量不大于 2mm 时，以灌砂法检测现场干密度，为了检测结果更具有可比性，参照规范把取出的试样过 10mm 筛，计算出大于 10mm 的颗粒含量并据此修正实测干密度。

（1）表 3 试验段施工时不同碾压遍数的实测干密度和与对应的含水量检测结果，检测结果表明碾压第七遍时实测最大干密度不再增加，和室内击实标准相比高出 0.12～0.20g/cm³。

（2）试验表明在进行上层填砂的补水（晾晒）和压实施工中会对下层填砂层的密度略有提高，统计结果表明能提高约 0.03g/cm³（如表 4）。

（3）从表 3 和表 4 中，以室内击实标准计算压实度时超百现象十分普遍。

碾压遍数的实测干密度和与对应的含水量检测结果　　表 3

桩　号	碾压遍数	实测干密度（g/cm³）	实测含水量（%）	碾压遍数	实测干密度（g/cm³）	实测含水量（%）	碾压遍数	实测干密度（g/cm³）	实测含水量（%）	碾压遍数	实测干密度（g/cm³）	实测含水量（%）
K104+620	4	1.89	9.3	6	1.98	8.9	7	2.00	8.2	8	2.01	8.1
K104+645	4	1.90	8.1	6	1.97	7.8	7	2.01	7.5	8	2.00	7.4
K104+670	4	1.89	9.2	6	2.00	8.6	7	2.01	8.5	8	2.01	8.3
K104+700	4	1.90	8.7	6	1.99	8.4	7	2.00	7.9	8	1.99	7.7
K137+410	4	1.88	7.0	6	1.95	6.9	7	1.98	6.4	8	1.98	6.3
K137+430	4	1.90	6.8	6	1.97	6.3	7	2.00	6.1	8	2.01	6.0
K137+465	4	1.91	6.5	6	1.97	6.1	7	1.99	6.0	8	1.99	5.9
K137+490	4	1.91	7.2	6	1.98	6.4	7	2.00	5.9	8	2.00	5.7

压实施工中对下层填砂层的密度统计结果　　表 4

桩　号	层　次	本层碾压完进行检测		又填筑一层后再进行检测	
		干密度（g/cm³）	含水量（%）	干密度（g/cm³）	含水量（%）
K104+620	12	2.01	8.1	2.02	8.5
K104+645	12	2.00	7.4	2.03	7.6
K104+670	12	2.01	8.3	2.02	8.4
K104+700	12	1.99	7.7	2.04	8.0
K137+410	12	1.98	6.3	2.01	6.5
K137+430	12	2.01	6.6	2.02	6.4
K137+465	12	1.99	5.9	2.02	6.2
K137+490	12	2.00	5.7	2.03	6.0

5 结语

通过大量的试验和实践证明：

(1) 填砂的松铺厚度不宜超过35mm，碾压前含水量宜高出最佳含水量（即与试验段现场实测最大干密度对应含水量）的3～4个百分点，而且含水量应均匀。先用履带推土机排压一遍，然后再上振动压路机碾压。碾压要连续不间断进行，直到碾压合格为止。

(2) 在填砂路基适当的层位，设置一定数量的碎石盲沟是必要的。

(3) 以试验段现场实测的最大干密度和与之对应的含水量为标准，检验评价已施工的倒数第二层的压实情况，作为判定各合同段在施工过程中，路基填砂压实质量是否合格的依据。能够较准确反映实际情况，有利于保证工程质量。

(4) 采用河砂填筑路基注水沉降，提高了施工进度、机械设备使用效率和机械使用费。按该法施工成型的路段填筑，经历雨季后，总沉降量可以满足设计要求。

水泥稳定砂施工之关键六步控制

王 春 靳俊中 杨志绍
河南省公路工程局集团有限公司

[摘 要] 水泥稳定砂以其较高的压实度和强度，被广泛应用于高速公路的上路床和底基层，但现场处理不善，却很难达到规范要求。本文从最基本的问题着手，结合水泥稳定砂的施工工艺，详细论述了施工中的每一环节；并针对“稳定类”或“改善类”填料路基施工中容易出现的“假超密”和压实度不足等现象进行了剖析；同时，针对该类填料施工每一关键环节进行了重点说明。为同类型的路基施工提供有益的借鉴和参考。

[关键词] 水泥稳定砂 施工 关键步骤

信阳至南阳高速公路是上海至陕西高速公路河南境内的重要路段，也是河南省规划的“五纵、四横、四通道”高速公路主骨架的组成部分。由河南省路桥工程集团有限公司承建的泌阳至南阳高速公路第N0.1合同段，起止桩号为K90＋000～K106＋510，全长16.51km，其中路基填方132万m^3，96区上路床38cm采用4％水泥稳定砂填筑，压实度标准按不小于96％控制。

1 施工准备

1.1 测量准备工作

本段路基96区下路床顶，已经过监理工程师验收，并且中、边桩已经恢复。

1.2 室内标准击实试验

1.2.1 最大干密度的确定

按照规范要求进行标准击实，并且通过了监理代表处中心试验室的复核。

1.2.2 最大干密度失真原因分析

最大干密度失真原因主要有以下九个方面：

(1) 标准击实所用粒料与路基填筑所用粒料不同；

(2) 现场使用的集料、用灰等之间的比例波动、离散所致；

(3) 压实设备类型与击实标准不匹配，尤其是使用了超重型设备；

(4) 有不同种类的填料混填现象，没有对不同的混合样做击实试验；

(5) 水泥拌和不均匀，甚至有“灰团”现象，没有打方格，翻拌也不均匀；

(6) 混合料颗粒超过规范规定而没有过筛；

(7) 现场检测压实度不准，取样层位偏上或偏下，造成含水量偏差，甚至相差悬殊，这将直接影响试验结果，由于含水量对压实度计算的敏感性（在计算式的分母上），所以取样层位很重要，稍有疏忽，就可能出现“超百”的假象；

(8) 试验本身误差；

(9) 恶意人为降低了最大干密度标准。

1.2.3 压实度不足原因分析

压实度不足的原因主要有以下十个方面：

(1) 填筑层超厚或填料的含水量不当；

(2) 碾压时机没有把握好；

(3) 碾压速度太快，轮迹重叠宽度太小，接缝搭接长度太短；

(4) 压实设备类型与击实标准不匹配，尤其是设备振动力不够；

(5) 碾压工艺不合理；

(6) 粒料实际颗粒组成与标准击实试验样品不一致；

(7) 有不同种类的填料混填现象，没有对不同的混合样做击实试验；

(8) 水泥拌和不均匀；

(9) 下承层存在软基或有“弹簧”、翻浆等病害；

(10) 水泥初凝时间较短，没有在水泥初凝前使用重型压路机一气呵成，水泥混合料已形成“板体效应”。

1.3 人员及机械组织

人员分工明确，机械进场到位并进行了开工前的保养工作，运转正常。

水泥稳定砂施工，务必确保人员组织和机械设备的完备和符合要求。这里有三点很重要：

(1) 必须由有多年施工经验的负责人现场全过程指挥；

(2) 每一施工段的长度，应根据水泥稳定砂的初凝时间，在保证碾压密实度和强度的情况下，以6个小时内能全部完成碾压且达到要求为准；

(3) 必须具备足够数量和质量的机械设备，具体是：2台20t以上振动压路机，1台平地机，1～2台推土机，1～2台路拌机，1台洒水车，20辆“后八轮”自卸车，1台全站仪，1台水准仪及若干试验仪器等。

这是稳定砂施工的关键之一。

2 水泥稳定砂施工工艺的确定

路拌法施工工艺流程：

准备下承层⟶施工放样⟶打方格上砂并摊铺整平⟶洒水预湿⟶打方格按剂量上整袋水泥并摊铺拌和⟶补充洒水⟶拌和⟶整形⟶碾压⟶接缝和调头的处理⟶养生。

2.1 准备下承层

对96区下路床顶层进行验收，符合设计标准后才能进行上层路基的施工。

2.2 测量

在下承层上恢复中桩，每10m设一桩，在两侧路肩边缘外设指示桩，在两侧指示桩上用带刻度的木板标识出本层路基的设计高程。

2.3 原材料准备与试验

水泥采用32.5级袋装道路专用缓凝水泥，经试验室复核初凝时间为6h20min。

砂采用中粗河砂，各项指标符合要求。

这是稳定砂施工的关键之二。

2.4 运输与摊铺

河砂装车时，应控制每车的数量基本相等（12.5 m^3）。由远到近将砂按计算的面积卸置于方格内，现场进行控制和调整。

方格尺寸为6m×8m（施工前先用白灰撒出卸砂间距线），松铺厚度26cm，由此可计算出每一方格所需要的水泥用量，再根据整个施工段填砂数量计算出本段所需水泥总量进行备料。经计算每一方格中水泥用量为$6\times8\times0.26\times1.50\times1000\times0.03\div1.03=545$（kg），实际施工中按550kg（11袋）控制（砂松铺重度1.50×1000kg/m^3）。

用平地机将砂均匀地摊铺在预定的宽度上，表面力求平整，路拱符合设计要求。然后进行补水预压工作，检查松铺材料层的厚度是否符合预计要求，必要时进行减料或补料工作。

施工中水泥开袋前先清点每个方格中水泥袋数是否正确，清点无误后，用人工将水泥均匀的摊开，并通过挖开20cm×20cm坑复测松铺厚度，确保水泥摊铺厚度一致，整平时间不超过20min。为预防混

合料拌和不均匀，并对水泥剂量进行实际检验。一定要控制好砂的摊铺厚度，把握准水泥的掺量。

这是稳定砂施工的关键之三。

3 拌和与洒水

采用路拌机从路基外侧到中线另一侧进行拌和，依据现场路拌机性能确定拌和遍数，一般情况下不低于2遍，以达到水泥均匀满足规范要求为准。拌和过程中两刀之间重叠0.3～0.5m，拌和长度超出施工长度2m，指定专人跟随拌和机，随时检测拌和厚度，并配合路拌机操作员进行调整，另外还应注意路拌机具的检修，避免夹层和留埂。拌和时间不超过50min。洒水车不应在正进行拌和以及当天计划拌和的路段上掉头和停留，以防局部水量过大。

洒水后，再次进行拌和，使水分在混和料中分布均匀。路拌机应紧跟在洒水车后面进行拌和，减少水分流失。

洒水拌和过程中，及时检查混合料的含水量。含水量宜略大于最佳值，配合人工消除局部过分潮湿或干燥处。

混合料拌和均匀后应色泽一致，没有灰条、灰团和花面，且水分均匀适宜，即水泥砂拌和的均匀程度十分重要。

这是稳定砂施工的关键之四。

4 整平和整形

拌和均匀后，报请监理工程师抽检水泥剂量，合格后，用推土机进行稳压以暴露潜在的不平整，用平地机初步整形。平地机由两侧向路中心进行刮平；必要时，再返回刮一遍。每次整形都应达到规定的坡度和路拱，并应特别注意接缝必须顺适平整。整平过程中应按照测量数据采用“白灰跟踪法”进行高程控制，控制水泥稳定砂的松铺厚度。在整形过程中严禁任何车辆通行。

这是稳定砂施工的关键之五。

5 碾压

当路基水泥稳定砂适合碾压（混合料的含水量比最佳含水量高1%～2%时），报监理工程师批准进行碾压。先静压，使用“白灰跟踪法”控制高程及纵横坡等，根据压路机的轮宽制定碾压方案，使各部分碾压到的次数尽量相同，路肩范围2～3m应多压2遍。碾压过程中应遵循先慢后快，先轻后重，先边后中的原则，曲线段则由内侧向外侧，纵向进退式进行。碾压时应重叠1/3轮宽，后轮必须超过两段的接缝处，后轮压完路面全宽时，即为一遍。头两遍采用1.6km/h的速度，以后采用2.25km/h的速度。根据现场施工经验和施工设备的进场情况。精平后首先用20t的振动压路机静压一遍，然后由20t以上的振动压路机微振一遍，再重振一遍，检测压实度。接着再由20t振动压路机振动碾压，每一遍碾压完后立刻进行压实度检测，查看压实效果，如果压实度不合格，由20t振动压路机继续碾压，进行到能有效地使该种填料达到规定的压实度为止。最后由20t光轮压路机采用微振碾压一遍，以提高路面的平整度。

严禁压路机在已完成的或正在碾压的路段上掉头或急刹车，应保证表面不受破坏。

碾压过程中，路基表面应始终保持湿润，如水分蒸发过快，应及时补洒适量的水。

在碾压结束之前，用平地机再终平一次，使其纵向顺适，路拱和高程符合设计要求。终平应仔细进行，必须将局部高出部分刮除并清出路外。

反复使用“白灰跟踪法”控制高程，碾压连续进行，一气呵成。确保从水泥摊铺到完成碾压总时间不超过6h，这是“稳定土类”施工的核心，也是上面提到必须采用2台以上大吨位振动压路机碾压的重要原因之一。

这是稳定砂施工的关键之六。

6 养生与交通管制

采用10cm厚砂进行覆盖养生（提前打方格确保均匀，为下层施工做准备），在养生期间经常进行洒水，使覆盖层保持湿润，养生期为7天，养生期间进行交通管制，除水车外禁止一切车辆通行。

7 结语

水泥稳定砂施工属于“稳定类”填料类型，其施工工艺并不难，难在其压实度不容易控制。这里涉及到的问题较多，但仍是有规律可循的，其成败的关键在于：控制好砂的摊铺厚度、水泥的准确剂量、水泥砂拌和后的均匀程度、最佳的碾压时间、合理的人员组织和适合的机械设备组合、科学的施工控制和检测方法。

填砂路基的施工技术与质量控制

孙亚刚
中国路桥集团第一公路工程局第一工程公司

[摘　要]　填砂路基由于填料的变化，使得其在实际施工中，击实标准、布料方式、填筑厚度、压实度检测都很难确定，文章依据在实践的基础上就这几个问题做一些阐述，为同类型工程提供了可靠的数据基础。

[关键词]　填砂路基　击实标准　压实度　质量控制

1　工程概况

上海至陕西高速公路泌阳至南阳段是河南省规划的主骨架公路，更是贯穿我国东中西三个经济带的一条东西大通道。沿线地貌类型比较简单，为河流冲积平原。沿线经过的两大河流唐河、白河在旱季的水位在60～100cm，宽度约50～80m，雨季由于上游有游览区橡胶坝的调控，水位变化较大，届时水深约5m，全部淹没河床地段。

路线经过区域属于北亚热带季风型大陆性气候区。四季交替较为明显。东干冷，少雨雪；夏炎热，雨量充沛；春回暖快，降雨逐渐增多；秋季凉爽，降雨逐渐减少。年平均降水量为678.1～967.8 mm，降水量多集中在5～9月份，约占全年的60%～80%。

2　材料的选取

根据本地的《工程地质勘察报告》，该区域从第四系下更新统至上更新统，全更新统的黏土、亚黏土均具膨胀性，且有随深度的增加和时代变老而膨胀性增强的特点。自由膨胀率介于31%～79%，涨缩总率介于0.03%～4.8%之间，以弱膨胀土为主，局部为中等膨胀土。该段路基填方设计为膨胀土掺灰处理。考虑到膨胀土掺灰处理路拌很难拌和均匀，且遇水易膨胀，失水易干裂，又因为该地区雨量丰富，靠翻晒降低膨胀土含水量很难，施工质量和施工进度都无法保证，我标段结合实际情况，考虑到施工紧靠白河，白河里砂源富足的有利条件，决定利用当地丰富的河砂进行路基填筑，边部利用透水性能较好的天然砂砾石进行包边处理。

路基填筑形式如下：

(1) 路基填筑（路床顶面至基底）≤80cm用砂砾石及水泥稳定砂处理填筑。

(2) 路基填筑（路床顶面至基底）>80cm，采用白河砂填筑，边部两侧2.5m范围用砂砾包边，路床顶面以下80cm全部用砂砾石及水泥稳定砂处理填筑。

3　填砂路基的施工技术与质量控制

3.1　击实标准的确定

在施工填砂路基前，首先根据规范要求对材料进行室内重型击实试验，求出最大干密度和最佳含水量，给填砂路基施工制定一个初步的控制标准。

从室内重型击实试验结果可以看出填料砂的最佳含水量为15.8%，相对应的最大干密度为1.75g/cm^3。

据此试验结果我们进行了填砂路基试验段施工。但从试验段的压实度（灌砂法）检测的结果看，我们进行了每碾压一遍检测一次干密度，检测点位保持相对固定，直至干密度不再增长，通过数理统计确定最大干密度标准数值都大于1.75g/cm^3，最大干密度为1.84g/cm^3 与之相对应的最佳含水量为12.5%，见表1。

不同压实遍数检测数据 表 1

	干密度检测值（g/cm³）							最大值
4 遍	1.78	1.81	1.78	1.8	1.81	1.76	1.79	1.81
	1.8	1.75	1.77	1.79	1.78	1.8	1.79	
5 遍	1.78	1.81	1.79	1.8	1.81	1.77	1.79	1.82
	1.81	1.82	1.79	1.81	1.78	1.81	1.82	
6 遍	1.81	1.83	1.83	1.8	1.81	1.84	1.79	1.84
	1.8	1.81	1.79	1.82	1.81	1.82	1.84	
7 遍	1.79	1.81	1.84	1.8	1.81	1.81	1.8	1.84
	1.8	1.8	1.79	1.84	1.83	1.81	1.84	

说明室外压实标准确定的最大干密度与室内重型击实试验确定的最大干密度存在着很大的差异。分析原因主要有以下三个方面：

（1）试验室做室内重型击实试验前对原材料填砂进行了过 10mm 筛，填料粒径更小。

（2）室内重型击实试验最上面一层是松散的，路基填砂采用水夯法压路机压实后，采用灌砂法取压实度时已将最上面一层 3～5cm（松散层）刮掉。

（3）砂场料源十分富足，但是砂子的细度模数也不是十分均匀。

根据施工实践，由于砂的不均匀性，砂源的材料的细度模数，砂砾的含量不同等等都会对施工过程中的压实度控制带来不少的麻烦，如果取用的击实标准不当，就会出现压实度不够或超百现象，因此我们必须采取一系列措施进行控制。

（1）利用不同的细度模数进行室内重型击实试验，求出不同细度模数的砂的最大干密度和最佳含水量，作为我们施工控制的一个重要依据（图 1）。

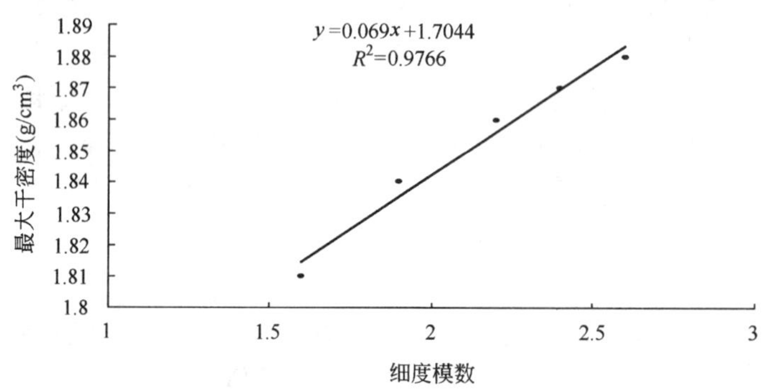

图 1 细度模数与最大干密度关系图

（2）根据不同的砂砾含量进行室内重型击实试验，求出不同砂砾含量的砂源最大干密度和最佳含水量，作为施工控制的依据（图 2）。

（3）经常对压实效果进行统计分析，确定合理的施工控制最大干密度。

3.2 砂的运输与现场布料

砂砾与砂同步进行填筑，分层填筑厚度同填砂一样，使细粒料均匀地填充至较粗骨料之间，并配合振动压路机进行碾压，使粗细集料彼此间达到最佳的镶嵌效果。

首先用白灰撒出坡脚线，沿坡脚线向内布设砂砾 2m，后用挖掘机、装载机装砂，自卸汽车运砂的方式进行布料，合理选取汽车运输路线并设立标志，汽车的配备数量应根据实际情况进行调整，根据自卸汽车运砂的吨位和路基分层填筑的厚度，确定每辆自卸汽车拉砂可摊铺的面积（可划好方格控制）。

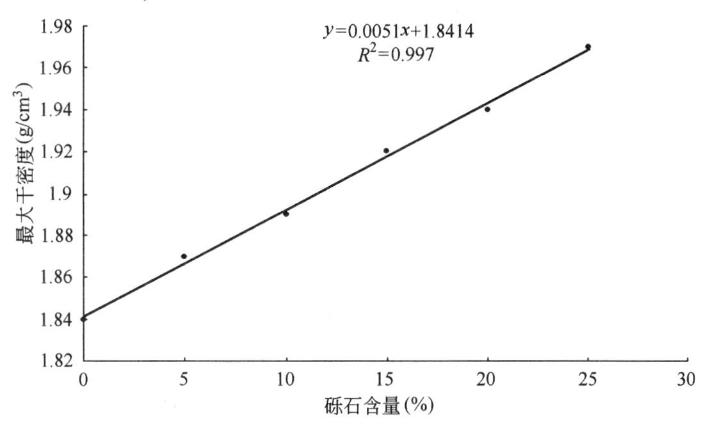

图 2　砂石含量与最大干密度关系图

填筑路基不同于填土、填石路基，它最大的难点是因为汽车无法将中砂运输到指定的填筑位置（载重汽车极易陷进路基里），因此给运输车安排一个行车路线是非常重要的。砂砾包边施工时可以做得稍宽一些，做为运输的临时便道，砂土只能卸在施工便道的附近，然后利用推土机或装载机等设备进行二次倒运摊铺，避免了施工车辆不易通行以及车辆对已完路基表面的质量造成破坏。对施工便道我们采取在施工完后可将砂砾料用挖掘机刷坡至设计位置，并将多余的砂砾顺便摊铺在路床顶的方式进行处理，效果很好，运输车行车路线示意图见图 3 所示。

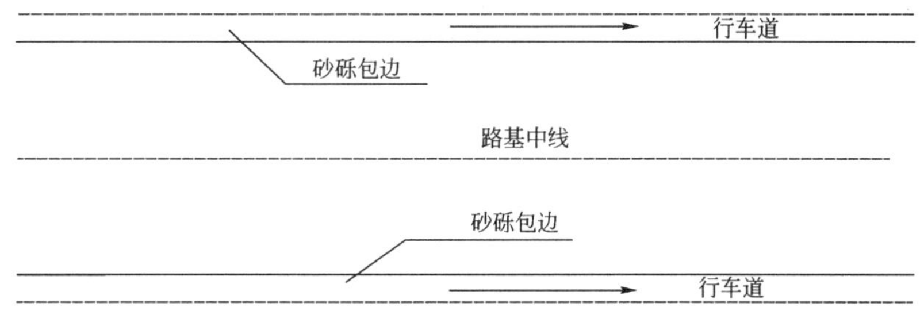

图 3　行车道安排示意图

3.3　填砂路基填料施工现场含水量的控制

控制路基压实含水量是保证压实度极其均匀性的前提条件，压实含水量的控制必须在碾压前做现场抽样测定，考虑到填砂路基渗水比较快，所需的洒水量又比较大，为了保证填砂压实控制在最佳含水量±2%，施工时最佳含水量尽量控制在上限。随时对含水量进行检测，含水量的测定选用酒精燃烧法或烘干法。

施工时由于水车无法行驶到路基进行洒水，我标段开始施工前在路基征地界处（便道的另一侧）每隔 50～80m 打一水井，配备水泵，整平后对填料进行均匀洒水。填砂路基遇雨或雨后施工较为方便。雨季对填砂路基的施工质量和进度影响较小。

3.4　碾压方案的优化

通过试验段确定适宜的松铺厚度、碾压遍数、最佳的机械配套。压实时，采取先轻后重的原则，在压实度为 93%的区域，首先用 14t 压路机进行静压一遍（从两侧向中央、一遍为一个来回），然后用 18t 或 20t 振动压路机进行振动碾压两个来回，后再用 14t 路机进行静压一遍，；在压实度为 94%的区域，振动压路机进行振动碾压三个来回，后再用 14t 路机进行静压一遍；在压实度为 96%的区域，振动压路机进行振动碾压四个来回，后再用 14t 路机进行静压一遍。

压路机碾压速度要适中（2.5km/h），碾压直线段时由两边向中间碾压、碾压小半径曲线段由内侧向外侧的顺序进行。纵向采用进退式行进，压路机每次横向碾压重叠压实宽度控制在 10cm 左右，碾压时应达到无漏压、死角，确保碾压均匀密实。

3.5 压实度检测

包边砂砾及上路床砂砾填筑施工的压实度检测采用填石路基相同的高程控制法（沉降法），检测时在碾压完毕的砂砾上布点（用白灰布点或小块钢板）测量该点的高程，然后采用重型压路机（18t）连续碾压 2 遍后，检测同一点位的高程，两点相对高差小于 2mm，即判定为压实度合格。虽然采用沉降量法测定天然砂砾的压实度还没有在质量检验评定标准中明确规定，但在实际施工中可以作为检测压实度的一个控制依据。但是普通的水准仪的标高测量精度只能达到 1mm，因此施工过程中沉降观测可信度低，为保证路基压实度检测的精度，我们购置一台 DNA03 数字式水准仪进行沉降检测，他的检测精度可以达到 0.001mm。

填砂路基测定压实度采用灌砂法。由于填砂路基表面的松散特性，路基压实度检测工序安排在上一层路基施工完毕后进行，即第 N 层路基碾压施工完毕后，直接铺筑 $N+1$ 层路基，碾压完毕后在 $N+1$ 层路基表面开挖足够检测范围，然后检测第 N 层的路基压实度，保证了路基的填筑质量。

测点间距每 20m 设置两点，每 $2000m^2$ 至少设置 8 个测点，不足 $200m^2$ 时，至少设置二个测点。

4 结语

通过我标段的填方路基施工，道路的整体压实质量能满足规范要求，同时由于部分路段的填方高度较大，在 6～8m，为保证沿河地段路基的整体稳定性，我们对常水位以上 0.5m 采用浆砌片石防护的工程防护方式对路基进行了加强，对于大于 4m 小于 6m 的地段采用拱型骨架植草方式进行了边坡防护。本文施工方案非常适合在多雨的地区进行高填方路基施工，由于不受气候和温度的影响，雨季施工中质量和施工进度都有保证。

高速公路5%水泥改良土路床施工技术

周文勇

中铁二局股份有限公司

［摘　要］　本文通过对5%水泥土的施工技术介绍，主要说明水泥土的施工技术要求、施工工艺、质量控制以及施工过程中易出现的问题和解决方法。

［关键词］　路床处治　水泥改良土　施工工艺

1　工程概况

信南高速公路信泌土建第二合同段全长12.1km，路面全宽34.5m，双向六车道，鉴于河南信阳地区雨季及土质特点，对路基挖方和填方路床80cm范围内，均必须掺灰处理加固路床，以提高路基的质量。原设计路床处治全部采用8%～10%的石灰改良土施工，因石灰用量大，受地材供应商限制，用量不能满足现场施工需要，并且石灰在消解、过筛、布灰等过程中容易污染环境，而且石灰价格与水泥价格差异不大。在工期紧的情况下，为保证原材料供应，确保工程质量标准不降低的情况下，根据土质经试验验证决定对路床处治由石灰变更为水泥改良土，全合同段路床处治水泥改良土32万m^3，水泥改良土施工工艺要求较高，必须在规定时间内碾压完成，否则水泥终凝后，就不能碾压密实。

2　水泥土室内配合比试验

用作路床改良的土质为低液限粉土，掺5%的32.5级水泥后作土工试验，试验结果各项指标为：最大干密度1.85g/cm^3，最佳含水量11.8%，无侧限抗压强度0.2MPa，可以用来改良作路床填料。

3　施工工艺

3.1　工艺流程

准备下承层⟶施工放样⟶运送摊铺土⟶洒水焖料⟶摆放和摊铺水泥⟶拌和（检测含水量确定是否补水再拌和）⟶整形⟶碾压⟶养生。

3.2　施工要点

（1）在路基上恢复中线，每10m设一桩，并在两侧路基边缘外0.5m处设指示桩，同时放出路肩内外边缘及中心线，标准桩保护完好，给施工提供准确高程，并随时进行补桩。

（2）对土场的土要按试验的要求去划定范围，对挖掘机操作手进行详细交底取哪种土。填筑前规划好作业程序和各种机械作业路线，纵向全断面水平分层填筑。计算好每车土的堆放距离，领工员现场指挥汽车卸在方格网内，以确保推土机及平地机摊铺后的摊铺厚度控制在0.18m内。

（3）上完土后，采用TY220推土机松铺粗平。推土机应先推路基两侧，再向中间摊铺，在摊铺过程中派专人用钢钎检查摊铺的厚度。然后用平地机大致平整压路机静压一遍。

（4）布水泥之前检测土的平均含水量，含水量在最佳含水量的－1%～＋5%之间方可布水泥。水泥用量计算式：面积×厚度×最大干密度×5%。

（5）摊铺水泥完成后用稳定土拌和机将水泥土拌和，深度达到稳定土底，同时设专人跟随拌和机，随时检查拌和深度，严禁在拌和层底部留有“素土”夹层。拌和时应略破坏1cm下承层的表面，以利于上下层粘贴。拌和机从右侧向左侧开始拌和，拌和机要切入已拌和过的相邻边缘，拌和完成后混和料色泽一致，没有灰条，灰团和花面，没有粗细颗料“窝”且水分合适和均匀，拌和第一遍及时测定含水量，含水量应高出最佳含水量2%～4%，若不够应及时洒水，补足水后拌和第二遍。

(6) 拌和两遍后用推土机排压完成后先用平地机整平，按边桩测量高程拉线，标注下刮数，如此精平两遍，以达到要求。

(7) 碾压前快速检测填料的平均含水量，含水量在最佳含水量－2%～＋3%方可进行碾压。碾压时压路机重叠1/2轮宽，先慢后快，振动频率先弱后强，由两侧向中间碾压，碾压路基两侧时，应使压路机与路基边缘成45度角碾压，压到边缘为止。在碾压过程中，如有“弹簧”、松散起皱现象，及时翻开，重新拌和，压实后表面不能出现位移、隆起、裂缝或松散。振动碾压结束后静压一遍，以使表面平整、无轮迹。

(8) 碾压完成后立即进行养生，根据气温条件，过4～6h即洒水，养生时间不少于7d，并使路面保持湿润状态。养生期间封闭交通，养护车辆在路上行驶时，应将车速限制在15km/h以内，并禁止急刹车、急转弯。

4 质量控制

(1) 在土场划定取土范围，按试验室的要求进行取土，运至现场的大土块要人工打碎，水泥按要求选用终凝时间在6h以上的，这样施工可以避免因水泥开始凝固没有碾压完毕，影响压实质量。

(2) 灰土的含水量土是决定碾压合格的最重要的因素之一，施工时必须控制碾压时混合料的含水量在最佳含水量的－2%～＋3%之间。布水泥之前土的含水量应在最佳含水量的＋3%～＋5%之间。如含水量偏大，在水泥土拌和过程中不用边拌和边排压，让多余水分自然蒸发；如含水量偏小，在水泥土拌和第二遍前进行补水再进行拌和。

(3) 机械设备配置：根据拌和路段的长短，一般选用两台路拌机同时进行拌和，同时配备一台履带式推土机进行排压，一台平地机、一台洒水车、三台压路机。

(4) 气温对施工水泥土的影响，改良土施工的最佳季节一般是春秋季节，夏季气温高，选择一早一晚，避开中午日照强的时候施工失水严重，不易控制含水量，不适合于施工。

(5) 施工组织：加强管理、统一指挥，细化完成工程任务的各项保证。在施工过程各工序之间必须要密切配合施工，安排要紧凑，做到一环扣一环，任何一个环节不许出现差错，从拌和到碾压成型控制在6h之内，这样才能保证施工水泥土的压实质量。

5 结语

(1) 通过实践表明，水泥改良低液限粉土是切实可行的，但要把握水泥的终凝时间，要在水泥终凝前碾压完毕。

(2) 加强管理、统一指挥，认真编制施工组织设计，细化工艺流程，严格质量标准，以制度管人，是“安全、优质、经济、快速”完成工程任务的根本保证。

(3) 水泥改良土与石灰土比较起来，其优点是压实度没有出现衰减。在施工完几天后检测其压实度基本没有变化。

(4) 采用路拌法改良施工技术，比厂拌法施工节约成本，并且提高了企业施工技术能力，拓宽了施工技术领域。

路基过坑塘段施工技术

燕敏杰
中铁二局股份有限公司

[摘　要]　通过信南高速公路信泌二标 K13+320～K13+377.5 段路基过水塘的施工实例，简要介绍路基过坑塘段的施工工艺以及相关问题的探讨，供类似项目施工参考。

[关键词]　水塘　开挖清淤　冲击碾压　路基施工

1　工程概况

信南高速信泌土建第二合同段路基主线全长约 12.1km，项目区地形大致呈西北高东南低，地貌单元可划分为山地、侵蚀丘陵两个地貌亚类，盆地含堆积侵蚀岗地与冲积河谷平原两个地貌亚类。其中侵蚀山地绝对标高 500～600m，相对标高 500m 左右，分布于路段经过区南部和北部，组成岩性为岩浆岩和变质岩；侵蚀丘陵分布于边缘，贯穿全区，约占测区面积二分之一，丘陵多呈馒头状，山坡较缓，谷宽沟浅、多呈“U”字形，多水库、堰塘，植被较发育。

二标线路范围内多处穿越水塘、水库、水田、沟渠等地段，给施工带来了一定的难度，但在我部技术人员的不懈努力下，终于保证了工程质量和工期要求，现仅对路基过坑塘时施工中所遇常见问题病害及采取的相应措施并结合我公司以往项目的经验做一简单的介绍供大家参考。

2　施工总体要求

路基施工在处理水塘地段时最好能选取枯水期施工，并应集中人力物力机械设备争取在较短的时间内完成填筑，以免造成降雨积水等情况，反复抽水，甚至返工，浪费人力物力，影响工程质量和工期。

标段内路基填筑穿越水塘较多，现仅就 K13＋320～K13＋377.5 段为例做介绍。K13＋320～K13＋377.5 属水塘软基地段，第一次变更设计软基换填深度为 2.00m，当清淤到设计深度后，发现以下黑色淤泥质软弱土层较厚，经相关单位研究后，该段继续下挖到满足要求为止，然后用片石回填到指定高度，经冲击碾压后用中粗砂回填到原地面，经现场实测该段水塘软基换填平均深度为 4m。

3　坑塘处理施工过程

施工的过程大致可分为以下几个步骤：

(1) 根据路基横断面图测量放线出该段软基清淤回填范围要求软基开挖线超出路基边坡坡脚至少 2m 宽。

(2) 开挖清除淤泥：在以往的施工中，多采用泥浆泵吸淤及机械挖淤两种方法清淤，由于我标段便道全线贯通，挖掘机及自卸车容易操作，因此选用了机械挖除的方法，但在以前的施工中也遇到过在水塘较大较深挖掘机不易进入的地方采用高压水泵射水、泥浆泵吸淤的方法并取得了很好的效果。水塘内的淤泥一定要完全彻底清除干净，直到清挖至塘底原状土完全暴露为止。清除塘内淤泥，以及坡上杂草、杂泥后，塘岸边坡按不小于 1∶1.5 的坡度挖成阶梯状，每层阶梯高 20cm 、宽不小于 30cm。软基开挖过程中应随时做好排水措施，可在基坑内设置一个积水坑，积水坑内放置一台泥浆泵，及时抽干地下外渗水，防止基坑原状土含水量上升，破坏原土土质，更不得因水的浸泡造成软土深度的加大。

(3) 在清除淤泥后的硬土层上铺土工格栅，土工格栅搭接宽度不少于15cm，并采用“U”形钉固定；在土工格栅上铺筑30cm厚的0～75mm的砾石砂，砾石砂用振动碾压等方法压实（根据地质及现场情况等，本条可选用）。

(4) 回填片石：回填片石采用汽车运至现场，大型推土机推平摊铺，大型压路机分层碾压密实，分层厚度不大于0.5m。压实度采用沉降法检测，压实层相对沉降不大于2mm方可合格。回填片石从低处开始分层回填，分层碾压，一层覆盖一层，直至填筑到原地面高程，每层回填后采用砂子、碎石对缝隙进行冲水填充，以保证每层的密实度。每层碾压遍数不小于6遍。

(5) 冲击碾压：为了保证回填片石的充分密实，在回填片石面进行冲击碾压追加压实，碾压前后两遍按顺时针与反时针方向交替进行碾压，每圈重叠不小于1/2轮迹，每遍由路基边缘向中心进行。冲击碾压不小于13遍，采用YCT-20型冲击式压路机，牵引功率不小于225kW，行驶速度10～15km/h，相应冲击频率和冲击能分别达到80～100次/min和20kJ。

(6) 回填中粗砂：回填中粗砂采用运至工地，推土机推平，压路机压实。回填中粗砂分层摊铺厚度不大于30cm压实厚度不大于25cm，每层压实遍数不小于5遍，采用灌砂法检测压实密度。

4 质量检验

(1) 回填用片石必须采用不易风化的片石。

(2) 中粗砂的细度模数必须大于2.6。

(3) 回填片石采用沉降法检测压实度，每50m一个断面，每个断面9个点。

(4) 回填中粗砂采用灌砂法检测压实度，检测频率为200m12处。

5 质量缺陷的预防和处理

路基在坑塘段处理的好坏，对路基的稳定性有着重要的影响，而处理的关键就在于清淤和回填碾压这两步，如果清淤没有不彻底，很容易会造成弹簧现象的发生，弹簧现象可分为两种：干弹和湿弹。干弹是由于局部含水量过低，在施工过程中，反复碾压，导致含水量进一步降低，无法达到压实效果，表观现象为：表面粗糙，干裂，碾压后出现隆包；湿弹现象是由于局部含水量过大，碾压过程形成水囊，无法密实。弹簧现象是影响路基质量的主要病害，必须消除。从以往的经验中可以看出来，坑塘段也是最容易出现弹簧的地段，所以一旦发生必须彻底清除弹簧部分，从新换填，重新碾压。

6 结语

软基处理是信南高速公路信泌段路基施工的关键问题，本文针对过坑塘段路基的特点，总结了一套合理的施工方法，可供类似工程参考。

水泥深层搅拌桩施工控制

彭玉阔　裴　伟
河南省高等级公路建设监理部

[摘　要]　水泥深层搅拌桩是进行软基处理的一种有效形式，本文结合信南高速公路信泌段粉喷桩处理软基的施工实践，总结介绍了粉喷桩应用于高速公路软基处理的施工准备、施工工艺、施工控制、质量检验等控制环节。

[关键词]　软基处理　粉喷桩　施工

1　引言

深层水泥搅拌桩是利用水泥作为固化剂的主剂，通过特制的深层搅拌机械在地基深部就地将软土和固化剂强制拌和，使软土硬结而提高地基强度。这种方法适用于处理软土，处理效果显著，处理后可很快投入使用。其施工有以下优点：①施工速度快，可显著缩短工期；②地基不需预压即可得到较高的地基复合强度；③噪声小、污染少，无须排污；④对毗邻建筑物的损坏少，影响小。粉喷桩施工法目前在我国已得到相当广泛的推广和应用，业已取得了相当大的经济效益，并将日趋完善和进一步的发展。如何有效地控制深层水泥搅拌桩的成桩质量，确保软基处理的效果是我们在工程实践中探索的一个课题。

2　工程概述

2.1　地理位置

本项目起点位于信阳市西北部 G107 西侧，与叶信高速公路终点 G107 互通式立交相接，终点位于驻马店市泌阳县城西南，设泌阳互通式立交与泌阳至南阳高速公路相接，路线沿线所经主要城镇包括信阳市平桥区、南阳市桐柏县、驻马店市泌阳县，路线全长 91.7275km。

2.2　工程地质

信泌段位于北部华北地区与南部秦岭褶皱带之衔接部位。地形、地貌类型复杂，地形起伏变化较大。软弱土主要以夹层及透镜体方式存在于丘陵洼地、低山垄岗沟谷、冲沟、水塘、河流及其支流的河漫滩及两侧低阶地上部，其岩性多为第四系全新统灰褐色、灰黄色、褐黄色夹灰白色软塑—流塑状亚黏土，多具弱膨胀性，工程地质性质较差。下部为老黏土或砂砾卵石层，由于受地形地势变化、地表水富存条件、软弱土性质、土质吸水保水性影响，软弱土存在厚度、分布范围变化很大。

2.3　软基处理方案

信南高速信阳至泌阳施工图设计根据软基的不同情况，设计了不同的处理方案。①对于湿软水稻田、坑塘、水沟、低洼路段的浅层软土，清除软塑、流塑状土层、泥炭类土及植物根系，换填中粗砂、砂砾、碎石、片石、开山碎石等渗水性材料至原地面后进行路基的填压施工。②对于基底湿软又填土较高的桥头地段或填方路堤段，采用水泥粉喷桩处理，以此提高地基承载力和减小地基沉降变形。

2.4　水泥粉喷桩的设计要求

桩径：50cm。

桩长：均要求全部穿过软塑土层，桩底应达到硬塑亚黏土、密实状亚砂土及残积风化土等持力层内，施工时可根据持力层深度调整桩长，一般为 6～8m。

桩距：按正三角形布置，边长为 1.2m，施工的水泥为大于 32.5 级的普通硅酸盐水泥，桩体水泥掺入量不小于 50kg/m。

桩身强度：90d 龄期无侧限抗压强度不低于 1600kPa

3 粉喷桩的施工组织

3.1 试桩

（1）深层搅拌水泥桩适用于处理淤泥、淤泥质土、泥炭土和粉土。当用于处理泥炭土或地下水具有侵蚀性时，应通过试验确定其适用性。冬季施工时应注意低温对处理效果的影响。

（2）深层搅拌桩施工是搅拌头将水泥浆和软土强制拌和，搅拌次数越多，拌和越均匀，水泥土的强度也越高。但是搅拌次数越多，施工时间也越长，工效也越低。试桩的目的是为了寻求最佳的搅拌次数、确定水泥浆的水灰比、泵送时间、泵送压力、搅拌机提升速度、下钻速度以及复搅深度等参数，以指导下一步水泥搅拌桩的大规模施工。

（3）每个标段的试桩不少于 5 根，且必须待试桩成功后方可进行水泥搅拌桩的正式施工。试桩检验可采取 7 天后直接开挖取出，或至少 14 天后取芯，以检验水泥搅拌桩的搅拌均匀程度和水泥土强度。

3.2 施工前的准备工作

通过设计资料，现场考查及向群众了解掌握施工场地的地质情况，有无地下障碍物如大石块、管线等。

测量放样依据路基中桩进行粉喷桩桩位的放样，放样时根据设计图纸及路线中桩、控制桩，以正三角形布置桩位，现场用钢卷尺定出每一根桩的桩位，用竹签插入土层标定位置，桩位偏差不得大于 5cm，并绘制桩位点状布置图，桩位进行编号。

检查设备和施工机具，确保良好，根据桩位布置区域，合理选择就位位置，安装调试好设备。

3.3 施工工艺流程

桩位放样→钻机就位→检验、调整钻机→正循环钻进至设计深度→打开高压注浆泵→反循环提钻并喷水泥浆→至工作基准面以下 0.3m→重复搅拌下钻并喷水泥浆至设计深度→反循环提钻至地表→成桩结束→施工下一根桩。

3.4 工艺参数的确定

通过试桩可确定施工工艺参数，基保包括确定搅下钻深度、钻进速度、空压机的压力范围、喷粉搅拌的提升速度、水泥用量、重复搅拌速度的参数，确定下钻和提升的难议程度。通过试桩确定的施工工艺参数为：

（1）钻进速度 $V_{下钻} \leqslant 1.0\text{m/min}$。

（2）提升速度 $V_{提升} \leqslant 0.8\text{m/min}$。

（3）搅拌速度 $V_{搅拌} \leqslant 30 \sim 50\text{r/min}$。

（4）水泥掺入量 50kg/m，水灰比为 0.7，水泥浆密度为 1.67g/cm^3。

（5）送灰管的长度不大于 80m。

（6）送灰管内的空气压力为 0.2～0.4MPa。喷灰时 $P=0.4\text{MPa}$，停喷搅拌时 $P=0.2\text{MPa}$，对于含水量较高的软土，喷粉压力就降低至 $<0.2\text{MPa}$。

3.5 施工质量控制要点

（1）施工场地的平整，清除杂物，挖出地下障碍物。场地低洼处回填夯实整平，满足机械的行走和置平要求。

（2）施工前准确测放轴线和桩位，并用竹签或木桩标定，桩位布置与设计图纸误差不大于 5cm。

（3）为保证水泥搅拌桩桩体垂直度满足规范要求，在主机上悬挂一吊锤，通过控制吊锤与钻杆上、下、左、右距离相等来进行控制。

（4）水泥搅拌桩开钻之前，应用水清洗整个管道并检验管道中有无堵塞现象，待水排尽后方可下钻。

（5）严格控制钻孔深度、喷粉浓度、喷粉量，确保粉喷桩长度和喷粉量达到规定要求。深度误差不大于 5cm。

(6) 施工时应严格控制喷浆时间和停浆时间。每根桩开钻后应连续作业，不得中断喷浆。严禁在尚未喷浆的情况下进行钻杆提升作业。储浆罐内的储浆应不小于一根桩的用量加 50kg。若储浆量小于上述重量时，不得进行下一根桩的施工。

(7) 应确保 P0.32.5 级水泥的质量，严禁使用过期、受潮、结块、变性的劣质水泥。

(8) 严格控制施工中水泥的用量在规范允许误差范围内，每台桩机组及时作好水泥台账，写明每天进水泥量、施工完成延米数、水泥耗用量、剩余水泥量，每批水泥用完均做到有账可查，数量准确，并有专人负责。

3.6 质量通病的解决方案

粉喷桩施工过程中经常会出现各种各样的问题，也就是常说的质量通病。主要有断桩、喷粉不均匀、未达到设计深度、复搅不到位等。

(1) 粉喷桩在成桩过程中，如发生断桩影响桩身质量时，应立即采取补喷措施，补喷重叠长度不少于 1.0m。如发生局部喷粉量不足，采取措施同上。特别困难时以电流表读数明显变化时为准，但在提升喷灰前要有等待送粉到达的时间，防止断桩，否则就应重新打设。

(2) 粉喷桩要穿透软弱土层到达强度相对较高的持力层，并深入硬土层 50cm，持力层深度除个别局地质资料外，还应根据钻进时电流表读数值来确定，当钻杆钻进时电流表读数明显上升，说明已进入硬土层，如持续 50cm 以上则说明已进入持力层。如这际施工桩长与设计桩长不相符时应遵循以下原则：

①如达到设计桩长仍未穿透软土层时，应继续钻进，直至深入下卧硬土层为目；

②如未达到设计桩长在探明确已钻至硬土层的情况下，至少应深入硬土层 1.0m（实在钻不下去的情况除外)。

3.7 施工管理

3.7.1 现场管理

本工程施工实行项目经理负责制，由项目经理部组织技术、计量、材料等有关人员参与工程的施工管理，并制定详细管理及质保体系，负责本工程施工场地的清理、平整，现场对所有桩机进行编号，以加强管理。

3.7.2 原材料控制管理

①项目经理部及软基分设专职技术员一名，与各桩机协调、做好水泥台账。

②为确保工程所用材料的质量和数量，抓源头管理，本工程所用水泥进场前均提供质保书（出厂合格证)，并由专人验收后报监理组确认合格后方可进场。

③水泥按批量（100t）抽检一次。

④做好水泥台账。台账列明本单位每台桩机每天水泥进场数量、耗用数量、施工完成延米数、剩余水泥数量、汇总数量、累计水泥用量、各桩累计调拨数量等。

3.7.3 工程施工质量的管理

为确保本工程质量完成，我们采取一切积极的步骤和行之有效的措施，切实加强施工质量管理，提高工程管理水平，投入足够人力、物力，确保工程质量。

开展全面质量管理，将施工工程质量检验与产品、材料质量检验相结合，强调事前控制，将质量隐患消灭在事前和施工过程中，实行施工质量自检、互检、复检三级检查制度。

①机组对控制质量起关键作用，操作人员按技术要求逐项自检，及时填写整理原始记录，保证粉喷桩深度到位、喷粉均匀、喷粉量达到设计要求。

②由质检组对每批材料进行质量检验，剔除不合格材料。

③对施工中出现的问题及时找出原因，制订具体改进措施。

3.8 质量检验

检测工作由代表处负责管理，由具有相应资质的检测单位检测。

3.8.1　低应变动态质量检测

本检测办法的主要内容就是对桩的完整程度的检测与诊断，即判定桩身是否完好，喷粉是否均匀等等，最终给定综合判定结果。

3.8.2　取芯与标准贯入试验相结合，该方法检查其完整性、桩土搅拌均匀程度及桩的施工长度，对搅拌桩取芯后留下的空间应采用同等强度的水泥砂浆回灌密实。

3.8.3　复合地基静载荷试验

采用接近于复合地基实际工作条件的试验方法，测定复合地基的轴向承载力，为设计提供基础设计的校核依据，确保工程质量和复合地的使用安全。依据《建筑地基处理技术规范》（JGJ 79—2002）的有关规定，试验加荷可分为8～12个等级，总加荷量不应少于设计要求值的两倍，或达到地基极限承载力。每加一级荷载，在加载前后各读记压板沉降一次，以后每半小时读记一次，当一小时的沉降观测不超过0.1mm，可认为已达到相对稳定，即可加下一级荷载。本项目规定，当出现如下条件之一时，即可终止加载：

①沉降量急剧增大，土被挤出或压板周围出现明显的裂缝。

②累计的沉降量已大于压板宽度或直径的6%。

③总加载量已为设计要求的两倍。

3.9　应注意的几个方面

3.9.1　文明施工

建立以项目经理是文明施工的第一责任人的组织保证体系，着重抓好施工现场的场容、料具管理和环境卫生等方面的工作，以创造一个良好的施工环境和作业条件，保护员工的健康，确保施工活动正常进行。

3.9.2　安全生产

（1）安全管理措施

①建立安全管理机构，建立健全各级安全生产责任制。

②严格遵守各项安全操作规程，做到无安全责任事故。

③制订教育、培训制度和计划，对参加施工的所有人员进行岗前教育和培训。

④定期如开安全例会并做会议记录，执行安全安全检查制度，查出问题和隐患，立即制订整改措施并限期整改。

⑤ 建立健全安全台账，对已发生的事故及未遂事故按“三不放过”原则处理。

（2）安全生产

①机械操作人员应注意力集中，不得思想开小差；应动作规范，技术熟练。

②施工时应严防钻机倾斜、倾倒。

③现场施工人员应戴安全帽，其他管理人员须戴标志帽。

④发电机及电动机的电缆应有接地装置，电缆接头要用绝缘材料裹好，防止漏电。夜间施工必须有足够的照明。

⑤注意交通安全。

4　结语

公路软基处理属于隐蔽工程，如施工质量不好，一旦被路堤等构筑物所覆盖，便构成隐患且不好检查及补救。因此，紧抓施工环节，严格施工过程的管理非常重要，只有在施工过程中严格控制才能确保工程质量。

水泥稳定风化岩路床施工与质量检测

刘光宇
中铁十九局集团三公司五分公司

［摘　要］　本文分析了高等级公路上路床水稳风化岩施工和质量检测及相关注意事项。

［关键词］　水泥稳定　风化岩　路床施工　质量检测

1　引言

随着经济的发展，高等级公路建设取得了突飞猛进的发展，随之而来的上路床施工工艺要求也越来越高，水泥稳定土能够满足高要求的路床施工，但是其施工与质量检测存在很多难点，本文对高等级公路路基上路床水稳风化岩施工和质量检测及相关注意事项进行探讨。

所谓水泥稳定风化岩，是水泥稳定土的一种，是指在风化岩中，掺以一定数量的水泥，经混合和加水压实，使得达到稳固的结合，以提高其力学强度和耐水、耐冻性。加入风化岩中的水泥和水接触后，即起水解和水化作用，分解出氢氧化钙，并形成其他水解的水化作用，其物理和化学的交叉反应，使风化岩力学强度提高。用这种方法所得到的混合物称为水稳风化岩。

信阳至南阳高速公路是上海至武威国家重点公路的重要组成部分，是联系我国东南沿海与中西部地区的桥梁纽带。其东接已建成的叶信高速公路；西接在建的南阳至西坪公路，是连接西北与华东地区便捷的公路通道，在国家及河南省干线公路网中具有重要位置。

我部承建的河南省信阳至南阳高速公路信泌段土建工程 NO.9 合同段，采用双向六车道高速公路标准，设计速度为 120km/h，主线总长度 13.1km，其中采用水稳风化岩的上路床填筑宽度 39.72m，厚度为 38cm。

2　对组合材料的要求

2.1　水泥

普通硅酸盐水泥、硅酸盐水泥都可使用，但应选用终凝时间较长（宜在 10h 以上）的水泥，忌用快硬水泥、早强水泥和受潮变质水泥，宜用低强度等级的水泥，如 32.5 级、42.5 级均可。

2.2　水

凡人畜可饮用的水均可使用。

2.3　风化岩

属于粗集料，我们直接取用路基土，颗粒级配不太理想，我们对各筛孔筛余量不做具体规定，只把最大粒径限制到 40mm。做过几次试验，筛分情况见表 1。

风化岩筛分情况　　表 1

筛孔尺寸（mm）	60	50	20	10	5	2	1	0.5	0.25	0.074
通过百分率（%）	100	100	85～95	70～80	40～60	20～40	10～20	5～15	3～10	0～5

在基本材料确定之后，进行水泥稳定混合料的组成设计。按水泥稳定土做基层和底基层层位的不同及公路等级的不同，根据信南高工［2005］039 号《关于桥涵台背回填及路槽处理方案的通知》及［2005］100 号《关于信南高速公路信泌段、泌阳段桥涵台背回填、路床施工等技术方案的指导性意见》的指示精神，结合本标段各段路基挖填及地质情况，针对本标段路床施工制订方案：水稳风化岩

无侧限抗压强度标准为1～1.5MPa，水泥剂量为5％ 。

3 施工技术指标要求

采用风化岩掺水泥松铺厚度为20cm左右，风化岩最大粒径不超4cm路床压实度要求≥96％。采用轮迹法进行压实度检测，要求沉降控制在0～2mm。

4 施工准备

4.1 工地试验室

选取挖方处风化岩试验其CBR、击实、含水量、液缩限、颗粒分析均符合要求，然后再掺5％水泥拌和，试验其CBR、击实、含水量、液缩限、颗粒分析和水泥滴定分析，无侧限强度按要求和所采用的水泥剂量作试件，放在规定温度下保温养生6天后，再浸水1天，进行无侧限抗压强度试验。我们做过几组试验，强度均在1～1.5MPa之间，掺水泥之后的各项试验也符合要求。

4.2 路床验收

路床底面路堤填筑已验收合格，并可以进行下道工序路床的施工。

4.3 场拌位置选择

路基上作为铺平碾压场地和拌和场地。

4.4 施工放样

在路基上恢复中桩和两侧边桩，每10m设一桩，并在边线外0.5m处设指示桩，作为高程控制桩，采用白灰线撒出边界线。

4.5 洒水

在摊铺填料前用洒水车洒水湿润路基表面，但不能洒过多水造成路基表面出现泥泞现象。

5 施工工艺

5.1 表面清理

利用人工清除路堤表面一切杂物。

5.2 测量放样

采用全站仪放出中心桩位，采用水准仪测量高程。用全站仪测量中心桩位，边桩采用经纬仪配合50m钢尺进行定位测量。同时在边桩位置插红色标志小旗。沿设计边线位置外侧30cm处撒10cm宽白灰作为边线。放桩及高程测量经过换手复测准确无误后进行了试验路段填筑施工。

5.3 画卸料网格

画出卸料框线，根据虚铺厚度在路基表面画出每车摊铺方格，上路床38cm内一层松铺厚度约20cm，摊铺方格52m^{2}为一型号21t的自卸车运料，每车均按照标准车厢装料（10m^3/车）。框线采用矩形或正方形均可。

5.4 运料摊铺

料源为风化石，开挖后严格控制软石含水量，控制在比最佳含水量多4％的标准，否则采取洒水或晾晒措施。装车时根据料场指挥人员指定位置进行了装车，且装车方量统一标准。自卸车运输途中保持平稳，速度适中，尽量减少水量散发，保证风化石不洒落在途中，以确保车载方量。进入现场后，自卸时要听现场人员指挥，倒车停车及倒料位置合理，井井有条，以保证卸料在网格中央，且卸料点疏密一致。路基两侧要超填30cm，以保证边坡的压实度。

5.5 初压

采用推土机在卸料场将卸料粗平，平地机精平，采用25t振动式压路机Ⅰ档振压2～3遍，使风化石充分压碎，使风化石粒径控制在4cm以内。

5.6 翻松洒水泥

用带有强固齿的路拌机将压实的风化岩翻松，人工将个别大于4cm的石块破碎。根据本层压实厚度、干密度及按5%掺和水泥计算出每200kg水泥（4袋）能洒多少平米填料，在翻松的填料表面按计算出的平米数画出网格：上路床松铺20cm的做出2m×5m的方格网。在每个网格内用刮板将4袋水泥均匀摊开，保证撒完水泥的填料表面没有空白位置，也没有过分集中的地方。

5.7 拌和

水泥均匀摊开后，采用路拌机进行拌和3遍。第一遍不翻拌到底，留2～3cm，以防止水泥下沉集中在底部翻拌不上来，形成灰夹层；第二遍翻拌时，一定要翻拌到底，并对下层略有破坏（1cm左右）。这样既能消除夹层素土，又能使上下两层结合更好。翻拌两遍后，用滴定法进行检测灰剂量，并一同检测含水量。如果灰剂量和含水量不满足要求，立即补灰洒水，再继续拌和，拌和好的混合料色泽均匀一致，没有灰条、灰图和花面。控制路拌机行走速度在2.75km/h，路拌机搅拌搭接长度不小于30cm。路拌机拌和时设专人跟随，随时检查拌和深度并配合司机调整拌和深度，对于路拌机不能拌和的边角位置，由人工配合进行拌和均匀。

5.8 整形

混合料拌和均匀合格后，立即用平地机初步整形，在直线上平地机由两侧向中心刮平，在曲线上由内侧向外侧刮平，反复刮两遍，人工配合补平。用压路机快速排压一遍，以暴露潜在的不平，再用平地机精平。每次整形都做好2%的路拱。整形中禁止车辆通行。

5.9 碾压

使用18t、25t压路机进行碾压，静压速度1.7km/h，振动压路机振压速度2.0～2.5km/h。先18t压路机静慢压一遍，以使填料获得较均匀的预压，然后进行弱振一遍（采用羊角碾压路机），25t压路机强振6遍，18t压路机赶光一遍（采用光轮压路机）。沿线路纵向进行碾压，由两边向中间碾压，以减少土体侧向变形。碾压一行终了时，采取纵向退行方式继续第二行碾压，不宜采用掉头方式，以免因机械调头时搓挤土体，使压实土体被破坏翻松。两行之间接头应重叠1/2轮迹。碾压过程中，如表面干燥，洒少量水，碾压时间应掌握在从拌和到碾压终了控制在6小时以内，不能超出水泥终凝时间。

5.10 检测压实度

每填一层，都必须用轮迹法进行压实度检测。通过试验段证明：压实度符合要求（≥96%）。

5.11 养生与交通管理

每段压实完并经检查已达到要求的压实度后，应即开始养生。养生时间应不少于7天。养生期禁止车辆通行，但洒水车除外。

6 水稳风化岩路床质量检测

水稳风化岩路床质量检测包括其宽度、厚度、高程及灰剂量、压实度、无侧限抗压强度、弯沉等，这里主要介绍灰剂量、压实度、无侧限抗压强度这几个相对重要的检测项目。

6.1 灰剂量

即EDTA。制作两种标准的EDTA曲线（分别为通过5mm筛的土样掺1%、3%、4%、5%、7%水泥制作一种曲线，另一种为不过筛的土样掺1%、3%、4%、5%、7%水泥制作一种曲线）对比检测，从而能更准确的检测灰剂量，防止因试样料径偏大而造成的灰剂量不够的假象。路拌机拌和均匀后马上进行其检测，以保证数据的真实、可靠。

6.2 压实度

通过试验段发现采用灌砂法检测很难准确的检测出其真实的压实度，风化岩经过路拌机几次拌和后其粒径比室内标准试验粒径小，因此其最大干密度也要比室内标准试验要小，所以现场所得的压实度比真实值都偏小，得不到真实压实度。通过试验几种组合碾压方式得出沉降与压实度之间的关系，在施工过程中采用轮迹法检测压实度，养生结束后采用静压法检测。当沉降量小于 2mm 时，压实度符合要求（≥96%）。

6.3 无侧限抗压强度

通过室内标准试验得出标准值，施工现场拌和完毕后，2h 内试件必须成型并养生，7d 后试验其强度，大量试验结果证明路拌机拌和成型的试件其强度比室内标准试验试件强度偏小，但仍能满足规定的 1～1.5MPa 的要求。

7 施工与质量检测中应注意的几个问题

7.1 水稳风化岩施工作业方式和时间

必须采取流水作业，各工序必须紧密衔接，特别要尽量缩短拌和到碾压间的延迟时间，一般不应超过 6h。必须延长延迟时，不应超过水泥终凝时间。一般情况下，每一流水作业段长以 200m 为宜。

7.2 适宜的工期

无机结合料稳定类结构宜在春末或夏季组织施工，施工期的最低气温应在 5℃以上，并保证在冻前有一定成型期，即第一次重冰冻（－3～5℃）到来之前的半月至一个月完成。尽量不在雨季施工，防止水泥、混合料遭雨。

7.3 严格控制水泥剂量

水泥剂量适中，能保证水泥稳定土的施工质量及其优越性；而剂量太大，既不经济，还会使基层产生裂缝，从而引起沥青面层的相对应的反射裂缝。所以，必须严格控制水泥用量，做到经济合理，精益求精，以确保工程质量。

7.4 碾压厚度

注意碾压厚度，当超过 20cm（压实厚）时应分层碾压。

7.5 接缝

对于不能中断交通的路段，可采用半幅施工的方法。接缝处应对接，必须保持平整密合。注意做好施工接缝和“调头”处的处理工作。

7.6 养生问题

缩短养生期以加快工程进度，是无机结合料稳定类基层施工中必须解决的现实问题。

7.7 质量检测

质量检测过程中只要试验人员认真负责就能做到真实、准确。

8 结语

本文通过介绍信南高速公路路床水稳风化岩施工和质量检测，总结了一套合理的施工工艺，可供类似工程参考。

CFG 桩在高速公路地基处理中的运用

李儒天
路桥集团公路一局五公司

[摘　要]　CFG 桩复合地基是在碎石桩加固地基法的基础上发展起来的一种地基处理技术。其施工工艺已日趋成熟，被广泛应用到高速公路的地基处理，采用 CFG 桩改善了碎石桩的刚性，使其不仅能很好地发挥全桩的侧阻作用，同时也能很好地发挥其端阻作用，使处理效果得到了更好的加强。

[关键词]　CFG 桩复合地基　地基处理　质量控制

1　引言

在目前高速公路建设中，地基的处理显得尤其重要，处理不当 ，在通车后，因地基沉陷，会引起桥头跳车等多种不良病害，严重时影响车辆通行。为此，在工程施工中，对路基的不良地基处理、尤其是桥头处理就不得不引起高度重视了。CFG 桩复合地基处理就是目前处理不良地基的一种行之有效的方法。

2　CFG 桩复合地基处理的优点

CFG 桩施工采用螺旋钻机成孔，这样可避免振坏或扰动桩间土而导致桩间土的结构破坏引起复合地基的强度降低，另外，增加了土壤的密实度，提高了承载力。

CFG 桩复合地基是在碎石桩加固地基法的基础上发展起来的一种地基处理技术。由于 CFG 桩改善了碎石桩的刚性，使其不仅能很好地发挥全桩的侧阻作用，同时也能很好地发挥其端阻作用。

3　材料要求及设计参数的选择

CFG 桩的复合地基一般采用 C25 水下混凝土代替 CFG 桩填料。

(1) 混凝土、混凝土外加剂和掺和料、缓凝剂、均应符合相应标准要求，其掺量应根据施工要求通过试验确定，并采用原钻孔桩所采用的基准配合比。

(2) 褥垫层材料为 5～40mm 碎石或级配砂石，均应符合相应标准要求。

(3) 设计桩径为 400mm，成孔直径为 410mm，桩长 11m，其中有效桩长 10.5m，保护桩长 0.5m。

(4) 处理长度、桩距及布置：采用梅花型满堂布置的形式，填土高度小于 5m 的，处理长度为 20m，靠近桥台 10m 桩距为 1.5m×1.5m，远离桥台 10m 桩距为 3.0m×3.0m；填土高度大于 5m 的，处理长度为 40m，靠近桥台 20m 桩距为 1.5m×1.5m，远离桥台 20m 桩距为 3.0m×3.0m；

(5) 桩身混凝土强度为 25MPa。

4　施工前的准备

平整场地，清除表面杂填土及渣土，要求达到工作面干燥，水电接到施工现场，并对桩孔按一定顺序编号。

长螺旋钻机、混凝土输送泵、混凝土输送管路等设备应经检查、维修，保证浇筑过程顺利进行。

检查电源、线路，并做好照明准备工作。

配齐所有管理人员和施工人员，并对所有人员进行技术交底、安全交底。

对施工道路进行整修，保证混凝土运输通畅。

在正式施工前必须打工艺试验桩，以检验机具性能及施工工艺中的各项技术参数，根据试验桩确定和调整好的技术参数指导施工。

5 施工工艺

(1) 放线：施工前根据放出的外墙轴线或外墙皮线，四周交点用钢钎打入地下，按照桩位布置图统一进行测放桩位线，桩位中心点用钎子插入地下，并用白灰明示，桩位偏差小于 2cm。

(2) 成孔：长螺旋钻机成孔，应匀速钻进，避免形成螺旋孔，成孔深度在钻杆上应有明确标记，成孔深度误差不超过 0.1m，垂直度偏差小于 1%。

(3) 灌注混凝土：成孔至设计深度后，现场指挥员应通知钻机停钻提升钻杆，并同时通知司泵开始灌注混凝土并保持连续灌注。灌注混凝土至桩顶时，应适当超过桩顶设计高程 50cm 左右，以保证桩顶标高和桩顶混凝土质量均符合设计要求。灌注混凝土之前，应检查管路是否顺畅稳固；每班第 1 根桩灌注前，应用水泥砂浆湿润管路，压灌混凝土时一次提钻高度小于 25cm，混凝土埋钻高度大于 1.0m；现场设专人负责检查混凝土灌注质量及意外情况的处理，混凝土进场后应立即灌注（2h 内），严禁长时间搁置；保证桩身混凝土至少 24h 养护，避免扰动。

注意桩底灌注质量，提钻冲开阀门的高度不应超过 30cm。

施工过程中应认真填写施工记录，每台班或每日留取试块 1～2 组，做好养护，送试验室作 28d 强度试验。

(4) 清土及剔桩：

- 第一步清土在罐压桩施工完毕后立即将多余混凝土铲除；
- 第二步在成桩后 5 天左右剔桩，避免因桩身强度较大时剔桩困难；
- 清土采用小型机械设备及人工开挖、运输，避免断桩及对地基土的扰动；
- 清土预留至少 20cm 人工清除，找平；
- 清槽后人工截桩，采用 3 根钢钎间隔 120°，沿径向楔入桩体，直至上部桩体断开，桩顶采用小钎修平；
- 因剔桩造成桩顶开裂、断裂，按桩基混凝土接桩规定，断面凿毛，刷素水泥浆后用高一级混凝土填补并振捣密实。

(5) 褥垫层：

- 复合地基施工、检测合格后，方可进行褥垫层施工，厚度为 50cm；
- 褥垫层材料使用 5～40mm 碎石或级配砂石；褥垫层每层压实厚度控制在 25cm 以下，采用平板振动仪振密，平板振动仪功率大于 1500kW，压振 3～5 遍，控制振速，或采用轻型压路机进行压实，振实后的厚度与虚铺厚度之比小于 0.93（夯填度）。

6 质量要求

(1) 桩体连续密实，不得有断桩、缩径、加砂等缺陷。

(2) 允许偏差

- 桩长：+100mm
- 钻孔垂直度：≤1.5%
- 桩径：20mm
- 桩位：满堂布桩≤0.4D

(3) 成桩 15 天后做竖向静载试验，单桩静载试验做 3 个，其单桩承载力不得小于 500kPa，5%的桩做小应变动测试验。

7 成品保护

已成桩后严防重型机械行走或扰动，防止使桩头压松造成桩顶混凝土不成型、断桩。

清土采用小型机械设备及人工开挖、运输，清土预留至少 20cm 后，人工清除、找平；避免断桩及对地基土的扰动。

8 特别注意的几个要点

(1) 当满堂布桩时，不宜从四周转向内推进施工，宜从中心向外推进施工，或从一边向另一边推进施工。但仅凭打桩顺序的改变并不能完全避免新打桩的振动对已结硬的已打桩产生影响。

(2) 严格控制拔管速率。拔管速率太快可能导致桩径偏小或缩颈断桩，而拔管速率过慢又会造成水泥浆分布不匀，桩顶浮浆过多，桩身强度不足和形成混和料离析现象，导致桩身强度不足。故施工时，应严格控制拔管速率。正常的拔管速率应控制在 1.2～1.5m/min。

(3) 控制好混合料的坍落度。混合料坍落度过大，会形成桩项浮浆过多，桩体强度也会降低。坍落度控制在 18～20cm，和易性好，一般桩顶浮浆可控制在 10cm 左右，成桩质量容易控制。

(4) 设置保护桩长。使桩在加料时，比设计桩长多加 0.5m，将沉管拔出后，用插入式振捣棒对桩顶混合料加振 3～5s，提高桩顶混合料密实度。上部用土封顶，增大混合料表面的高度即增加了自重压力，可提高混合料抵抗周围土挤压的能力，避免新打桩振动导致已打桩受振动挤压，混合料上涌使桩径缩小。

(5) 拔管过程避免反插。在拔管过程中若出现反插，由于桩管垂直度的偏差，容易使土与桩体材料混合，导致桩身掺土影响桩身质量，应避免反插。

(6) 加强施工过程中的监测。在施工过程中，应加强监测，及时发现问题，以便针对性地采取有效措施，有效控制成桩质量，重点应做好以下几方面的监测：

• 施工场地标高观测。施工前要测量场地的高程，并注意测点应有足够的数量和代表性。打桩过程中则要随时测量地面是否发生隆起。因为断桩常和地表隆起相联系。

• 已打桩桩顶高程的观测。施工过程中注意已打桩桩顶高程的变化，尤其要注意观测桩距最小部位的桩。因为在打新桩时，量测已打桩桩顶的上升量，可估算桩径缩小的数值，以判断是否产生缩径。

• 对有怀疑的桩的处理。对桩顶上升量较大或怀疑发生质量问题的桩应开挖查看，并做出必要的处理。

9 结语

CFG 桩复合地基处理在路基不良处理中的效果是明显的，其具有施工速度快，操作简便，在解决填土路基非均匀沉降具有不菲的作用，通过情况表明用 CFG 桩复合地基处理不良路基是一种能解决路基非均匀沉降的一种行之有效的方法。

挤密砂桩施工方案与质量控制

鲁　立　杜海涛

河南省交通公路工程局

［摘　要］　本文结合信南高速公路泌南一标段，通过桥梁台背软弱土质路基处治现场施工，阐述挤密砂桩施工方案要领及其质量控制要点。

［关键词］　台背软基处理　挤密砂桩　施工方案　质量控制

信南高速公路泌南段全长 91.086km，所经地段除河流沿线地带外均属膨胀土路基，且天然含水量较大（18.1%～30.4%）。为了减小桥梁台背路基工后沉降，对承载力小于 150kPa 的台背地基进行深层处理，由于现场砂资源丰富，从经济方面考虑采用挤密碎石桩处治。现结合泌南一标段（K90＋000～K106＋510）挤密砂桩施工情况，谈谈其施工方案要领及其质量控制要点。

1　施工前准备工作

（1）根据实际编制实施性施工组织设计（施工技术方案、质量计划），编制中力求考虑周到，措施得力，便于操作，并上报监理工程师批复。

（2）清表平整场地，拆除高空和地面、地下障碍物。

（3）根据设计文件要求，布设桩位，桩间距及安排桩的分布形式。本标段当台背填土高度大于 5m 时，台背地基处理长度 40m，其中处理段长度 20m，过渡段长度 20m；当台背填土高度小于 5m 时，台背地基处理长度 20m，其中处理段长度 10m，过渡段长度 10m。砂桩桩长 5m，桩径 ϕ50cm，桩间距采用 1.4m（处理段）和 1.6m（过渡段），桩的平面布置采用等边三角形。挤密砂桩严格按照设计图纸进行施工放样，用木桩或竹签定出每根桩的位置。

（4）机械设备及材料的选择。根据地段的地基、砂桩桩径及桩长情况，选择合适的机械设备。泌南一标段选用 DYZ-60 型振动沉管砂桩机，内置平底活页式桩尖，并设有二次投料口。该机激振力为 460kN，符合实际施工要求。原材料采用中粗混合砂，细度模数 2.8 以上，含泥量小于 5%。

2　试验桩

在施工之前，为了根据现场实际情况，调整各种机械参数，以保证大面积施工质量。针对性选择试桩位置，既要考虑软土厚度，又要顾及地质特点，关键是必须选择有代表性的位置，成桩试验要求达到以下目的。

（1）确定符合设计要求的施工工艺，如成桩时间、冲水量、水压、振动锤电机的电流等；

（2）确定合理的投料数量；

（3）确定密实度质量标准。

试桩数量 30～50 根或根据需要确定，试桩前分别进行地基的标准贯入、静力触探和瞬时瑞利波检验，每试验路段各不少于 10 个点；试桩成桩 7d 后，进行桩间土的标准贯入、静力触探和瞬时瑞利波的对照检验，每试验路段各不少于 10 个点，并且进行桩体的重 II 型动力触探（每试验路段不少于 10 根桩）和单桩承载力、复合地基承载力载荷试验检验（每试验路段各不少于 2 个点）。试桩时施工方、监理方均应派员在场，做好详尽的现场记录。

试桩完成后必须提交试桩报告，重点阐述桩身密实度、桩长、荷载试验情况（含荷载 P—沉降 S 曲线，沉降 S—时间 t 曲线），总结评价施工工艺、施工质量、加固效果。

3 施工工序

挤密砂桩施工工艺应按以下程序进行：

整平原地面→机具定位→桩管沉入→加料压密→拔管→机具移位。

移动桩机按照施工前所定桩位就位，校正桩管垂直度小于1.5%，检查桩管长度及投料口位置，桩管必须高出设计桩长3～5m，提升桩管离地面50cm，将桩头活页闭合。准备完成后，在桩位处堆尖少量砂，以利于沉管对中；

用振动沉桩机边振边沉入土层，直至设计深度，如果没有进入持力层，则继续沉至进入持力层50cm为止，留振适当时间；

稍提升桩管使桩尖打开，停止振动，桩管内加足水量，使砂料呈饱和水状态，开始投料，一次上足或分两次投料，亦可超量投砂；

启动拔管，为了使桩管内砂料密实，在拔管前先振动1min，然后边振动边均匀缓慢提升桩管，提升速度控制在1.0m/min，每提升1.0m留振0.5～1.0min（软土层内留振0.5min，砂层内留振1.0min）并反插；

当拔出桩管的二分之一长度时，边加水边加剩余的投料，直至装满为止；

边振动边继续加水，直至桩管提升至孔口；

提升和反插速度必须均匀，反插深度由深到浅，每根桩在保证桩长和灌入砂量的前提下，反插次数不小于5次，做到沉管每提升1.0m反插一次，并根据成桩过程进行施工调整；

投完剩余的填料，在施工距桩头2m范围内时适当增加反插次数和留振时间，采取超载投砂法，同时也可采用其他夯实类措施增加桩头密实度（如用管身下压等方法）；

填料要分批加入，不宜一次加料过量，原则上要“少吃多餐”，每一深度的桩体未达到规定的密实度电流时应继续加料，继续振实，严格防止“断桩”和“颈缩桩”的发生；

施工过程中应及时记录，成桩深度、成桩时间、每次砂灌入量、反插次数等；

施工进程如发现土层有较大变化，投料量或沉桩速度异常应立即停止并报告监理；

施工完毕，平整场地、测量标高，整理施工记录；

4 质量控制

挤密砂桩施工不当或技术要领把握不住，极易留下质量隐患，严重影响处理效果。

（1）若灌砂量不足，砂的含水率不佳或加水量不足，就会引起成桩桩身密实度不足，引起疏松现象。因此要严格控制投砂量，桩管内的加水量必须充足。实际灌砂量未达到设计要求时，补充灌砂后复打一次，或在旁边补桩一根。

（2）沉桩时桩管竖直度不够，或受邻桩振冲影响，容易引起已成砂桩倾斜。因此成桩时要经常校正桩管竖直度，相邻桩应间隔跳跃施工，避免相互间振动影响。

（3）桩底空松或桩底端料少或无料会引起短桩，沉管时遭遇局部硬土层或孤石，处理不当也会造成桩长不够。如果遇到土层或孤石，处理方法最好是及时停机，在桩位旁边试打，确定硬土层范围，然后考虑变更领位桩；拔管前必须灌满砂料，并留振1min。

（4）三次投料不合理，反插深度和次数有误会都会引起砂桩缩径，必须改变投料量比例，改变反差深度和次数以满足要求。

（5）断桩是施工中常见病害，造成的原因有反插深度有误、塌孔、卡管活页打不开等。要严格按工艺性试桩提供的技术参数及成桩步骤控制拔管高度和拔管进度，否则易出现断桩，不能保证桩身的连续性。

（6）卡管为成桩中常见现象，要整修活页，使活页开启灵活打开。

5 挤密砂桩质量检测

5.1 施工允许偏差

施工允许偏差检验包括桩径、桩距、桩长、垂直度以及投料数量（单根砂料贯入量应不小于0.224m^3/m）的要求，详见表1。

施工允许偏差 表1

项　次	项　目	单　位	允许偏差	检查方法和频率
1	桩距	cm	±15	抽查2%
2	桩长	cm	不小于设计	查施工记录
3	桩径	mm	不小于设计	抽查2%
4	竖直度	%	<1.5	查施工记录
5	灌砂量	cm^3	不小于设计	查施工记录

5.2 桩体施工质量和桩间土加固效果检验

（1）检测方法：标准贯入试验、瞬时瑞利波法和动力触探测试。

（2）检验目的：检验砂桩施工质量（即桩身密实度大小），对比挤密砂桩处治前后桩间土实测标贯击数和静力触探曲线变化情况，以判断各土层强度增长情况。

（3）检验频率：标准贯入试验、剪切波速按砂桩根数的2%布设测点；静力触探测试为5点/5000m^2，当点施工面积<5000m^{2}时，应不小于5点，特殊地段适当加密，孔位随即布置，孔深为设计孔深；桩身密实度重II型检测以桩数的5%控制，特殊地段适当加密；瞬时瑞利波法试验1/40m。

（4）检测标准：对标贯试验，桩体实测标准贯入击数$N63.5 \geqslant 15$击，桩间土实测标贯击数：黏性土≥8击，砂性土≥10击。即认为处理效果达到设计要求：对静力触探测试，粉细砂层中实测桩尖阻力$q_c \geqslant 10$MPa，砂土、亚砂土层中实测桩尖阻力$q_c \geqslant 7$MPa，亚黏土、黏土层中实测桩尖阻力$q_c \geqslant 1.4$MPa，淤泥质黏土层中实测桩尖阻力$q_c \geqslant 0.9$MPa，淤泥层中实测桩尖阻力$q_c \geqslant 0.7$MPa。（静力触探测试标准景供参考）：重II型动力触探检测桩身密实度时，5.0m以内的桩体要求贯入量10cm时，击数≥6次（0～1.0m不计数）。

（5）检测时间：成桩后14天进行，成桩时间不足14d的桩，检测标准可以乘以0.8的系数，即0～5m每10cm垂击数≥5击（0～10m不计数）。

（6）砂桩施工结束14d并经检验合格后，方可以填土。

6 结语

挤密砂桩是当前公路建设软基处理行之有效的主要措施之一，它具有施工施工简便、快捷、经济实用、效果明显等特点，被广泛用于桥涵台背软基和路基软基处理。在过去公路建设中取到了关键作用，随着施工工艺的日趋成熟和机械日益更新，相信在未来公路建设中挤密砂桩发挥的作用必定更加突出。

信南高速公路路基压实度检测方法探讨

李有良
河南省交通基本建设质量检测监督站

[摘　要]　路基工程质量的好坏，压实度是最重要的指标之一，只有对路基进行充分压实，才能保证路基的强度、整体稳定性，延长公路的使用寿命。路基压实度检测有多种方法。文章通过在工程压实度检测中发现的一些问题和采用检测方法进行技术探讨。

[关键词]　最大干密度　最佳含水量　干密度　压实度　含水量　重型击实

信南高速公路东起信阳、途径驻马店、西至南阳，横跨三市，全长183km。路基填土种类繁多，路面用材料来源多，为最大干密度、最佳含水量的确定、压实度检测带来了复杂性，以下就信南高速公路压实度检测中遇到的问题、解决方法与大家进行探讨。

1　最大干密度、最佳含水量确定

路基填土最大干密度、最佳含水量是计算压实度的关键数据，是压实度测定的标尺，直接关系到路基施工质量。信南高速路线比较长，填土种类多、变化大，路基土最大干密度、最佳含水量测定工作量大、复杂。针对信南高速路基填料砂、河卵石、砂砾石、山皮土、石灰处治弱膨胀土、水泥处治土等最大干密度、最佳含水量的测定方法与大家探讨。

(1) 河砂

信南高速公路路基填土大部分使用河砂，河砂属于中粗砂。使用重型击实确定的最大干密度、最佳含水量往往小于路基试验段的最大干密度、最佳含水量，路基最大干密度采用试验段的最大干密度。对河砂等散粒料采用重型击实与振动压路机碾压械效果不一致，散粒料压实存在由松到密，继续压实又由密到松的状态变化，采用重型击实击27次后往往不是散粒料最密实状态。河砂最大干密度的测定最好采用振动法测，这样更接近施工机械实际碾压效果。

(2) 河卵石

信南高速填砂路基边部3m采用河卵石填筑，缝隙采用河砂填缝隙，材料粒径对最大干密度产生非常大的影响，往往离散很大。测定河卵石最大干密度往往对路基施工所起作用不大。

(3) 砂砾石（或砂掺碎石）

砂砾石（或砂掺碎石）填料用于桥涵的台背填土，最大干密度测定前，首先将5mm以上石子筛除，然后按照河砂确定最大干密度，最大干密度离散性小。

(4) 山皮石

信南高速在山区部分的路基，采用了大量山皮石进行填筑，山皮石属于岩石的风化物，填料变化很大，给最大干密度、最佳含水量的测定带来了一定的困难。严重风化的花岗岩如果直接在取土厂取样进行击实，测的的最大干密度和最佳含水量难以控制路基现场的施工质量，检测路基的压实度离散很大。要求重型击实用土在路基施工现场取样，使用已压碎花岗岩风化物进行击实更接近现场检验状况，实测压实度离散较小。对山皮石风化物中含较少硬质岩，首先筛除硬质岩后进行重型击实确定最大干密度、最佳含水量。

(5) 石灰处治弱膨胀土

石灰处治弱膨胀土由于石灰的掺加量、石灰有效钙镁含量、掺拌后发生化学变化直接影响重型击实得到的最佳干密度和最佳含水量，要求对石灰有效钙镁含量进行测定、对掺加不同剂量的石灰、掺拌后不同时间进行重型击实，绘制剂量、时间的最大干密度、最佳含水量曲线，更好控制路基质量。

(6) 水泥处治土

水泥处治土、水泥处治砂的水泥用量、时间对最大干密度、最佳含水量影响较大，在测定时要做掺加不同剂量水泥、水泥掺加后不同时间的重型击实，把相应的最大干密度、最佳含水量绘制成曲线，便于对现场压实度进行检测。

2 路基压实度的现场检测

路基压实度现场检测方法很多，有些方法不能够反映路基的碾压质量。以下结合信南高速公路使用的不同路基填料对现场路基压实度检测方法进行探讨。

(1) 河砂

河砂路基现场压实度检测用灌砂法，灌砂筒采用不小于ϕ150mm 的灌砂筒，标准砂密度在室内进行标定，现场检测时灌砂筒中砂面高度要与室内标定时相同，现场可检测施工的下层砂压实度较为准确。填砂路基所含砾石要筛除掉，并扣除砾石的体积、重量（可以采取排砂法），使检测状态与最大干密度测定状态相符，所测的路基压实度才能反映路基的施工质量。

(2) 河卵石

河卵石路基压实度检测使用水袋法等方法，压实度检测速度慢、离散大。信南高速采用了水准仪法，首先用白灰（钢球）布置检测点，用精度不低于 0.1mm 水准仪测量初始高程，20t 以上振动压路机激振两遍后再次测量测点高程，两次检测高程下降不大于 2mm 作为合格标准。河卵石路基质量控制有以下几点应加以强调，河卵石虚铺厚度不大于 35cm、振动压路机吨位要大于 20t（22t、25t 效果更好）、碾压遍数不少于试验段的碾压遍数、检测使用高精度水准仪，精度不小于 0.1mm（带测微镜头、沉降监测用铟钢塔尺或电子水准仪、条码尺更好、精度更高、测量速度更快）。在信南高速通过以上四点控制后，经多次抽测路基压实度满足 2mm 标准的合格率非常高。

(3) 砂砾石、砂掺碎石

砂砾石、砂掺碎石填筑的路基用灌砂法检测，用灌砂法检测时要求灌砂筒直径不小于 20cm。我推荐的检测步骤如下：

①称砂砾石（或砂掺碎石）湿重；

②筛除 5mm 以上的砾石（或碎石）；

③砾石（或碎石）烘干，清干净砂粒后称重；

④砾石（或碎石）湿润后用排水法测定体积；

⑤取砂烘干测定含水量；

⑥扣除砾石（或碎石）的体积、重量，计算压实度。

砾石（或碎石）不可压缩，使用如上方法能够真实反映路基压实度。完全排除砾石（或碎石）的影响，测定砂压实度稳定很好，仅需要取少部分砂的做含水量测定。如果不筛除砾石（或碎石）直接测定压实度，压实度比以上方法测得压实度高 3.6%以上，原因是检验状态与标准击实试验不一致，砾石（或碎石）密度远比砂大。根据砾石（或碎石）含量不同多次击实点成曲线，实测路基砾石（或碎石）含量查曲线上最大干密度的检测方法，由于砾石（或碎石）粒径大小不同，在重量相同的情况下，所占体积不同从而造成压实度难以测准，测定压实度很离散。

(4) 山皮石

根据山皮石石质、风化程度在现场可以采用不同的检测方法。山皮石中未风化硬质岩含量很大的现场压实度检测可采用水准仪法。水准仪高程观测具有检测速度快的优点，路基质量也有保障。山皮石硬质岩风化严重，振动压路机碾压后粉碎成粉末状，使用灌砂法检测较为合理。

(5) 石灰处治弱膨胀土、水泥处治土

石灰处治弱膨胀土、水泥处治土路基压实度检测的关键是最好剂量、时间与最大干密度的关系曲

线，一旦能够确定施工时石灰、水泥剂量，路基压实度就比较易于检测。如果检测时采用最大干密度未考虑时间效应，往往会出现施工时检测压实度满足规范要求，过若干天后压实度不够的现象，实际检测时要根据时间查对于的最大干密度，路基压实度检测就较简单。

3 结语

在信南高速公路建设过程中，根据路基填料不同对最大干密度、最佳含水量、路基现场压实度检测方法进行了有效探索，摸索了一些行之有效的检测方法和控制路基压实质量的措施，多种检测方法也进行了对比，以上方法更能够反映路基压实质量。

路面工程

Lumian Gongcheng

水泥稳定碎石混合料静压法与振动法成型工艺的比较研究

王春江
河南省信阳至南阳高速公路有限公司

孟庆营
天津市市政工程研究院

[摘　要]　水泥稳定碎石混合料的结构和性能与成型方法密切相关，本文对同一级配的水泥稳定碎石混合料，分别按振动法和静压法进行试验，并对其试验结果作了对比分析，得出振动法成型的混合料的性能明显优于静压法确定的混合料的性能。试验工程结果表明，振动法更适合水泥稳定碎石混合料的组成设计，以其试验结果控制现场施工质量更为合理。

[关键词]　振动法　静压法　水泥稳定碎石

我国公路部门室内常用的确定水泥稳定碎石最佳含水量及最大干密度的方法是重型击实法，相应测定其技术指标的试件成型方式是静压法。重型击实方法是在室内通过施加冲击荷载对被压材料进行压实，静压法成型试件的方法与静力压路机滚压机理相同。随着重型振动碾压工艺在道路基层施工中的广泛应用，室内重型击实、静压法成型试件试验方法是否能真正模拟现场的施工压实工艺，已成为众多工程技术人员关注的问题。本文对同一级配的水泥稳定碎石混合料，分别按振动法和静压法进行试验，并对其试验结果作了对比分析，得出振动法成型的混合料的性能明显优于静压法确定的混合料的性能。并通过试验路，验证了振动法成型的混合料的性能与现场碾压成型的混合料的性能相近。

1　原材料

1.1　水泥性能指标

试验所用水泥为普通硅酸盐水泥，其各项技术性能指标见表1。

水泥技术指标表　　表1

项　目	初凝时间（h）	终凝时间（h）	安定性	细度	3d强度（MPa）		28d强度（MPa）	
					抗折	抗压	抗折	抗压
实测值	3.2	6.3	合格	2.8	5.2	20.3	8.5	46.5

1.2　集料

试验所用集料为石灰岩，规格分别为：10～30mm、5～10mm、3～5mm、0～3mm。集料压碎值为19%，0.6mm以下颗粒塑性指数为5。

1.3　矿料级配

试验所用矿料级配见表2。

水泥稳定碎石混合料级配　　表2

筛孔尺寸（mm）	31.5	19	9.5	4.75	2.36	0.6	0.075
质量通过率（%）	100	68.2	44.5	26.8	20	9.2	0

2　表面振动试验仪仪器参数

表面振动试验仪为上置式振动压实设备，可近似地模拟振动压路机在材料表面的作业状况，其仪器参数与常用的振动压路机的参数相近，仪器参数见表3。

表面振动试验仪仪器参数　　表3

振动频率	偏心块夹角	激振力	静面压力	振幅	振动总时间
30Hz	30°	7612N	140kPa	1.4mm	2min

3　击实方式对混合料结构和性能的影响

3.1　击实方式对级配的影响

重型击实试验大部分冲击力将作用于粗集料，粗颗粒往往被击碎，从而改变了集料级配组成。而振动击实试验使被压材料之间的摩擦阻力由初始的静摩擦状态逐渐过渡到动摩擦状态，材料间的摩阻力减小，材料易于移动就位，减少了粗集料的压碎。表4列出了对按照一定级配配制的粗干混合料，分别进行了重型击实试验和振动击实试验后进行颗粒分析的试验结果。可以看出，振动击实后级配碎石中4.75mm以下颗粒含量比击实前增加了2.6%，2.36mm以下颗粒含量变化很小，仅仅为0.4%。而重型击实后级配碎石中4.75mm以下颗粒含量比击实前增加幅度明显增大，为6.7%，2.36mm以下颗粒含量也有较大的变化，为5.9%，说明粗集料破碎程度较严重。

成型方式对级配变化影响结果表　　表4

筛孔尺寸（mm）	原始级配（%）	振实级配（%）	击实级配（%）
31.5	100	100	100
19	93.8	96.1	96.9
16	86.3	89.7	90.5
13.2	77.4	82.3	83.7
9.5	68.8	72.3	75.5
4.75	42.6	45.2	49.3
2.36	30.2	30.6	36.1

3.2　击实方式对结构的影响

SMA沥青混合料是一种骨架嵌挤密实结构混合料已被广泛认可。美国在制订SMA规范时，提出了一个SMA是否形成骨架密实结构的判据：粗集料的间隙率VCA_{DRC}必须大于混合料中粗集料间隙率VCA_{mix}，即$VCA_{DRC}>VCA_{mix}$，其中：

$$VCA_{DRC}=1-\rho_{粗}/\rho_t$$

式中：$\rho_{粗}$——4.75mm以上粗集料的干插捣密度；

ρ_t——4.75mm以上粗集料的合成毛体积密度。

$$VCA_{mix}=1-P_c\cdot\rho_{试件}/[(1+P_b)\cdot\rho_t]$$

式中：$\rho_{试件}$——试件的毛体积密度；

P_c——4.75mm以上粗集料含量；

P_b——混合料的沥青含量；

ρ_t——4.75mm以上粗集料的合成毛体积密度。

因水泥稳定碎石组成结构与沥青混合料极其相似，所以，可用SMA是否形成骨架密实结构的判据对水泥稳定碎石是否形成骨架密实结构进行判定，其中$\rho_{试件}$为水泥稳定碎石的最大干密度，P_b为含水量，其值为0。

由于在振动击实过程中，被压材料不仅运动状态发生变化，同时还受到表面振动器的振动作用，材料颗粒之间更容易相对运动，相互填充。同时，在振动过程中，振动也会迫使水运动，使其具有一

定的动能，从而水会相对较容易地挤入材料颗粒间的空隙中，使混合料易达到密实状态。而重型击实过程中，被压材料仅仅受到落锤的冲击作用，材料颗粒之间相对位移的幅度不大，充填效果也相对较差。

表5中列出了按照表2中的级配配制的混合料，在水泥剂量（4%）一定的条件下，经插捣试验、重型击实试验和振动击实试验后测得的体积指标。可以看出，混合料经重型击实后 $VCA_{DRC}-VCA_{mix}=-2$，即 $VCA_{DRC}<VCA_{mix}$，混合料为悬浮密实结构；而混合料经振动击实试验后 $VCA_{DRC}-VCA_{mix}=0.8$，即 $VCA_{DRC}>VCA_{mix}$，混合料为骨架密实结构。这说明了击实方式不同，混合料内部结构也会有所不同。

水泥稳定碎石体积指标 表5

$\rho_{粗}$ (g/cm³)	插捣试验		重型击实		振动击实	
	$\rho_{粗}$ (g/cm³)	VCA_{DRC} (%)	$\rho_{试件}$ (g/cm³)	VCA_{mix} (%)	$\rho_{试件}$ (g/cm³)	VCA_{mix} (%)
2.78	1.744	37.3	2.40	39.3	2.48	36.5

3.3 重型击实法与振动击实法确定的水泥稳定碎石混合料最佳含水量、最大干密度比较

对级配为表2所列级配、水泥剂量不同的水泥稳定碎石混合料，分别进行了重型击实法试验和振动击实试验，其对比结果见表6。

振动击实与重型击实确定的最佳含水量、最大干密度对比 表6

水泥剂量	振动击实确定的最佳含水量/重型击实确定的最佳含水量	振动击实确定的最大干密度/重型击实确定的最大干密度
3%	1.080	1.032
5%	1.100	1.030
6%	1.078	1.033

由表6可以看出，击实方式对混合料的最大干密度有直接影响，振动击实确定的最大干密度均大于重型击实确定的最大干密度。水泥剂量相同的条件下，振动击实与重型击实确定的最大干密度的比值平均为1.032，最佳含水量的比值平均为1.086。

4 成型方式对结构和性能的影响

4.1 不同成型方式试件吸水率大小比较

对按照表2中的级配配制的混合料，在水泥剂量（6%）一定的条件下，采用静压法和振动法成型试件，试件尺寸为 ϕ150mm，h150mm，压实度均为98%（静压法以重型击实确定的最大干密度作为控制标准，含水量为重型击实确定的最佳含水量；振动法以振动击实确定的最大干密度作为控制标准，含水量为振动击实确定的最佳含水量。以下试件成型均相同）。将成型好的试件标准养生6d后进行吸水率试验，试验结果见表7。

水泥稳定碎石混合料试件吸水率结果 表7

项　目	静压法试件	振动法试件
最佳含水量（%）	5.1	5.5
最大干密度（g/cm³）	2.400	2.480
试件吸水率（%）	1.12	0.26

由表7可以看出：振动成型试件的吸水率远小于静压成型试件的吸水率，静压成型试件吸水率为振动成型试件吸水率的4.5倍。

4.2 不同成型方式试件强度特征比较

对按照表 2 中的级配配制的混合料，在不同水泥剂量件下，采用静压法和振动法成型试件，试件尺寸为 ϕ150mm，h150mm，压实度均为 98%。将成型好的试件标准养生 6d 后进行饱水无侧限抗压强度试验，试验结果见表 8。

水泥稳定碎石混合料 7d 抗压强度　　表 8

成型方式	静压成型			振动成型		
水泥：级配碎石	3∶100	5∶100	6∶100	3∶100	5∶100	6∶100
平均抗压强度（MPa）	2.42	3.98	4.59	6.51	9.04	10.08

由表 8 可以看出：水泥稳定碎石混合料振动成型试件和静压成型试件的 7d 无侧限抗压强度均随水泥剂量的增加而增大。在水泥剂量相同时，混合料振动成型试件 7d 无侧限抗压强度比其静压成型试件 7d 无侧限抗压强度有很大提高，振动成型试件的无侧限抗压强度平均为静压成型试件的 2.39 倍。

4.3 不同成型方式试件结构特征比较

图 1 和图 2 分别为同级配、同水泥剂量水泥稳定碎石的静压成型试件 7d 剖面图和振动成型试件 7d 剖面图。可以看出，振动成型试件剖面结构密实，粗集料分布均匀且排列紧密，粗集料间隙被细集料及胶结料密实填充，肉眼观察看不到大的空隙，混合料形成一个完整密实的整体结构。而静压成型试件剖面则很松散，圆形剖面中心的集料颗粒甚至未被细集料及胶浆裹覆、胶结而呈松散状态，用手可以剥落，且粗集料分布亦不均匀，肉眼可以看到大大小小的空隙分布于剖面表面上。

图 1　静压成型试件 7d 剖面图

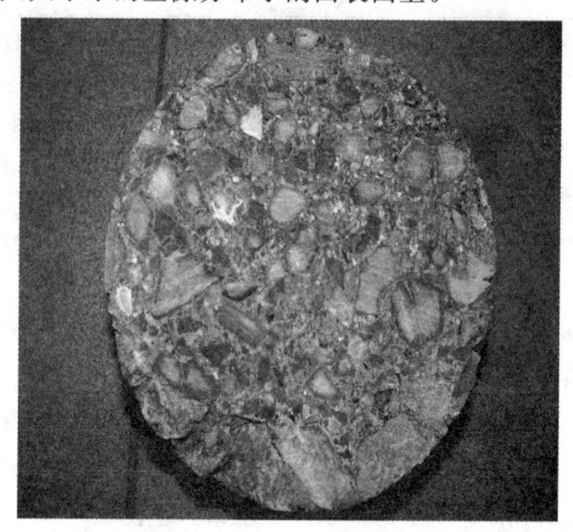

图 2　振动成型试件 7d 剖面图

4.4 不同成型方式试件劈裂强度及抗压模量比较

按照表 2 中的级配配制的混合料，在水泥剂量（6%）一定的条件下，采用静压法和振动法成型试件，试件尺寸为 ϕ150mm，h150mm，压实度均为 98%。将成型好的试件标准养生 28d 后进行无侧限抗压强度、间接抗拉强度及抗压回弹模量试验，试验结果见表 9。

水泥稳定级配碎石强度试验结果　　表 9

强度类型	振动成型试件	静压成型试件	振动成型试件/静压成型试件
最大干密度（g/cm³）	2.48	2.40	1.033
最佳含水量（%）	5.5	5.1	1.078
7d 抗压强度（MPa）	10.08	4.59	2.20
28d 劈裂强度（MPa）	2.49	1.10	2.26
28d 回弹模量（MPa）	3089	2815	1.10

由表 9 可以看出：振动成型试件的 28d 无侧限抗压强度为静压成型试件的 1.60 倍，振动成型试件的 28d 劈裂强度为静压成型试件的 2.26 倍。而振动成型试件 28d 抗压回弹模量为静压成型试件抗压回弹模量的 1.10 倍，说明与静压成型试件相比，振动成型水泥稳定碎石混合料试件在强度增加很大的情况下，其刚度变化不大。

4.5 不同成型方式试件抗干缩能力比较

按照表 2 中的级配配制的混合料，在水泥剂量（5%）一定的条件下，采用静压法和振动法成型试件，试件尺寸为 ϕ150mm，h150mm，压实度均为 98%。将成型好的试件标准养生 6d 后，用千分表法测试件干缩应变，试验结果见图 3、图 4：

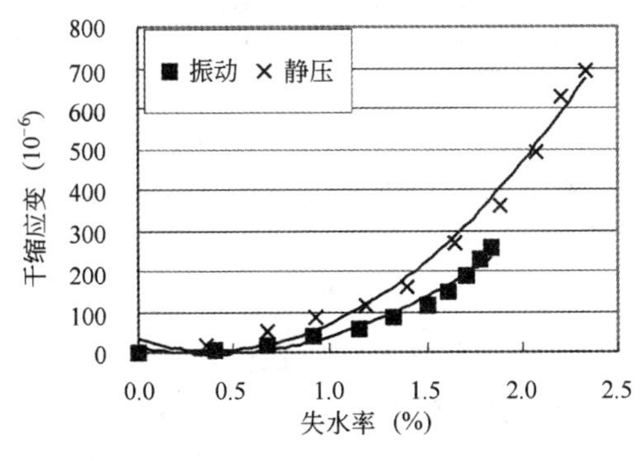

图 3　干缩应变与失水率关系

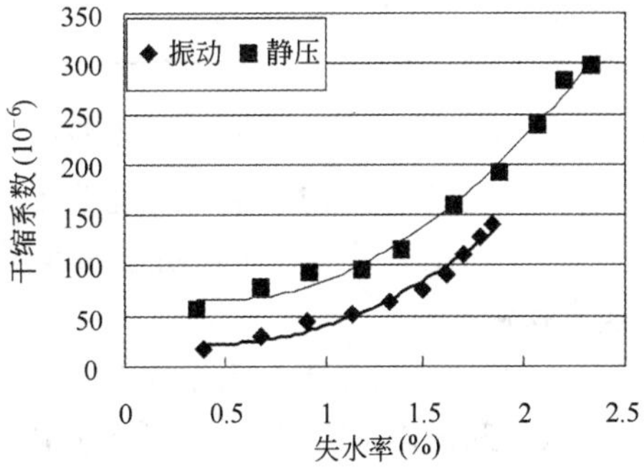

图 4　干缩系数与失水率关系

试验结果表明，相同失水率下，振动成型试件的干缩应变及干缩系数均小于静压成型试件的干缩应变及干缩系数，这表明振动成型混合料的抗干缩能力优于静压成型混合料的抗干缩能力。

5 试验路

室内试验结果表明，振动法确定的混合料的结构和性能要明显好于静压法确定的混合料的结构和性能，但振动试验方法是否合理只有通过现场试验结果来验证。为此，铺筑了级配相同、水泥剂量（4%）相同，而压实度控制标准不同的 A、B 两段水泥稳定碎石混合料试验路，A 段试验路以重型击实试验确定的最大干密度作为压实度控制指标，B 段试验路以表面振动击实试验确定的最大干密度作为压实度控制指标。

5.1 试验段级配

试验段级配表（%）　　表 10

筛孔尺寸（mm）	31.5	26.5	19	9.5	4.75	2.36	0.6	0.075
建议上限	100	99	83	59.0	41.0	28.5	18.5	7.0
建议中值	100	92.5	76.3	52.0	34.0	21.5	11.5	1.8
建议下限	100	90.0	72.0	47.0	29.0	17.0	8.0	0

5.2 试验段水泥混合料击实试验

击实试验结果　　表 11

项　目	重型击实	振动击实
最佳含水量（%）	4.9	5.2
最大干密度（g/cm³）	2.38	2.44

5.3 压实工艺

5.3.1 压实设备

英格索兰 sd176d50t 级振动压路机一台，26t 胶轮压路机一台，18－21t 三光轮压路机两台。

5.3.2 碾压遍数

碾压遍数表 表12

试验段	胶轮压碾压遍数	振动碾压遍数	光轮碾压遍数	平均压实度（%）
A	1	2	1	98.6
B	1	4	1	99.4

由表 12 可以看出，*B* 段试验路的碾压遍数仅仅比 *A* 段试验路的碾压遍数多了两遍（振动碾压），就可以达到压实度 98%的要求。这说明了以振动击实试验确定的最大干密度作为压实度控制指标是可行的，与现场压实设备的压实功是相匹配的。

5.4 强度检测

6d 后在 *B* 段试验路上钻取了完整的芯样，经饱水 24h 后检测无侧限抗压强度，并与现场取料由静压成型试件和振动成型试件的 7d 无侧限抗压强度作对比，试验结果如表 13。

试验段施工后检测结果 表13

水泥剂量	重型击实法最大干密度（g/cm^3）	振动法最大干密度（g/cm^3）	现场取料室内静压 7d 强度（MPa）	现场取料室内振动 7d 强度（MPa）	芯样平均强度		平均压实度（%）
					强度（MPa）	变异系数（%）	
4%	2.38	2.44	4.0	5.98	6.21	10	98.5

可以看出，现场芯样平均抗压强度为现场取样、室内静压制作试件抗压强度的 1.55 倍，而接近于现场取料、振动成型试件的抗压强度，为 1.038 倍，这说明了表面振动成型混合料的结构及性能与现场碾压后的混合料的结构及性能相似。

5.5 裂缝调查

根据试验段裂缝调查资料，基层施工一个月后，*B* 段试验段无裂缝，而 *A* 段却有 2 条裂缝，这进一步说明了振动法设计的混合料具有更为优良的路用性能。

6 结语

（1）静压和振动是构成水泥稳定碎石强度的不同受力类型，由其构成的混合料的组成结构、压实特性及物理力学性质有着显著的不同。

（2）试验路试验结果证明了以振动击实确定的最佳含水量、最大干密度作为现场施工质量控制标准更为合理。

水泥稳定砂底基层强度影响因素与碾压工艺研究

李国喜 河南省信阳至南阳高速公路有限公司
孟庆营 天津市政工程研究院

[摘　要]　本文分析了水泥砂强度的几个影响因素，并通过试验段总结了水泥砂的碾压工艺和混合料现场含水量控制范围。

[关键词]　水泥砂　强度　压实度　碾压工艺

1　引言

信阳至南阳高速公路为国家规划的上海至陕西高速公路的重要地段，是河南以郑州为中心形成通往周边城市高速公路的重要部分。高速公路沿线河砂资源极为丰富，若能利用当地河砂作路面底基层，可大大降低建设费用，节省大量农田的占用。但由于河砂是经自然冲刷、沉积而成的，其颗粒形状为浑圆状，级配组成也不稳定，现场施工工艺性比较差。因此，必须对其强度形成的影响因素和施工工艺性进行研究分析，为河砂在路面底基层的应用作以理论指导。

2　水泥稳定砂强度影响因素分析

2.1　水泥剂量

在砂中掺加20%的石屑得到级配如表1的混合料，按不同水泥剂量，对其进行重型击实，并静压成型试件测定7d无侧限抗压强度，试验结果如图1所示。水泥稳定砂的7d抗压强度随着水泥剂量的增加而增大。

砂和石屑的混合料级配　　表1

筛孔尺寸（mm）	9.5	4.75	2.36	1.18	0.6	0.3	0.15	0.075
通过率（%）	100	94.5	73.5	56.7	28.6	14.8	9.4	9.0

2.2　砂的级配组成

选用三种粗细不同的河砂，其级配如表2所示，在水泥剂量一定的情况下（5%），分别进行重型击实试验，并按其最佳含水量和最大干密度静压成型试件，测定其7d抗压强度，试验结果如图2所示。

砂的级配对水泥砂强度有显著的影响，砂中粗颗粒越多，其混合料的内摩擦力就越大，移动所受到的约束也就大，水泥砂强度表现为越大；相反，砂中细颗粒越多，同重量的颗粒的接触面越少，面接触逐渐转变为点接触，混合料的内摩擦力表现为降低，强度减小。表2为三种不同级配砂的级配表，从集料粗细、颗粒分界筛孔4.75mm通过率来看，砂由粗到细依次为砂1、砂2、砂3。而从图2可以看出，在水泥剂量一定时，砂越粗其强度就越大。因此，在砂中加入一定量的较粗的碎石颗粒，一方面增加其内摩擦力，另一方面也可以让粗集料形成一定的骨架作用，使砂的移动受到更多的约束。

三种河砂级配　　表2

混合料编号	筛孔尺寸（mm）	37.5	4.75	0.6	0.075
1	质量通过率（%）	100.0	74.2	23.7	4.1
2		100.0	88.3	20.0	2.9
3		100.0	91.7	30.0	3.3

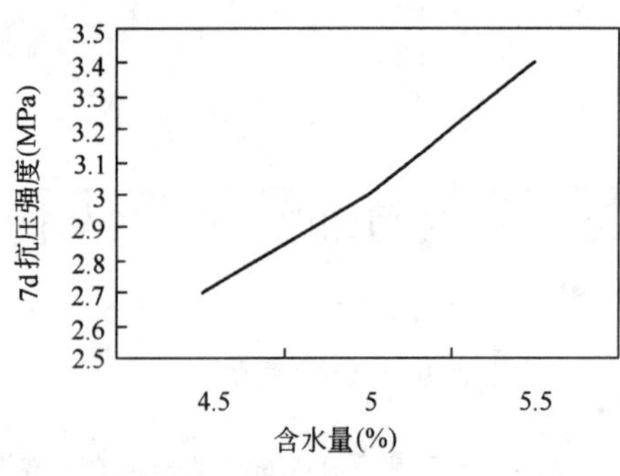

图1 水泥砂强度随水泥剂量的变化曲线

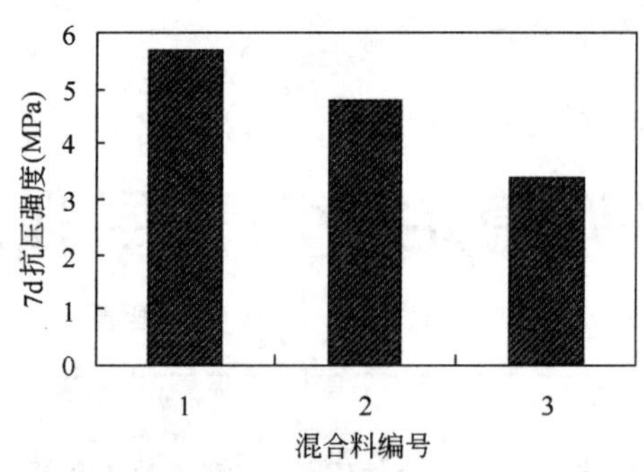

图2 水泥砂强度随砂级配的变化图

2.3 成型方式

对级配为表2中编号3的河砂，在水泥剂量为5.5%下，分别进行重型击实和振动击实试验，并按不同击实试验确定的最大干密度和最佳含水量，分别静压和振动成型试件，测定其7d抗压强度，试验结果如表3所示。

从表3可以看出，水泥砂的最佳含水量、最大干密度和强度与成型方式均有很大关系，振动击实确定的混合料的最佳含水量较重型击实确定的最佳含水量小，而其确定的混合料的最大干密度较重型击实确定的最大干密度大，为1.056倍；振动成型试件的强度较静压成型试件的强度大，为1.04倍。因此，在同一设计强度标准下，振动击实法确定水泥剂量要较重型击实法确定的水泥剂量小。

不同成型方式试验结果　　表3

重型击实		振动击实		静压成型	振动成型
最佳含水量（%）	最大干密度（g/cm³）	最佳含水量（%）	最大干密度（g/cm³）	7d抗压强度（MPa）	7d抗压强度（MPa）
8.0	2.15	7.0	2.27	2.7	3.8

2.4 延迟时间

取一定级配、水泥剂量一定的水泥砂，从混合料拌和后开始，每隔1小时制作混合料强度和标准击实一次，制作过程中混合料含水量不变，试验结果如图3、图4。

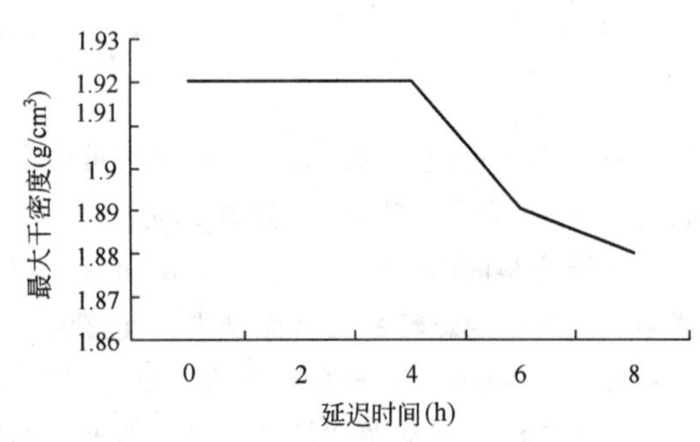

图3 最大干密度随延迟时间变化曲线

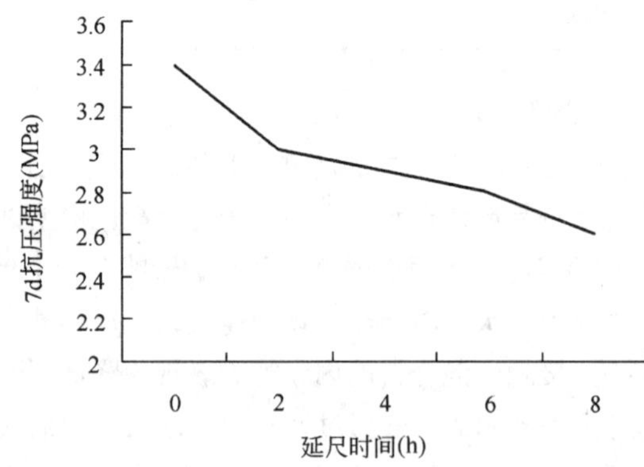

图4 强度随延迟时间变化曲线

从图3、图4可以看出，水泥稳定砂的最大干密度延迟到4h几乎不发生变化，而4h后逐渐变小；水泥稳定砂的强度随着延迟时间的增长而减小。因此，在现场施工水泥砂时，摊铺要快，碾压要及时。

3 施工工艺

为了总结水泥稳定砂的施工工艺性，以指导正常施工。铺筑了一段试验路，试验路以表面振动击实试验确定的最大干密度作为压实度控制指标。

3.1 原材料性质

3.1.1 砂

砂采用泌阳甜水产的中粗砂，其性能指标和级配见表4、表5。

砂的物理性能指标　　表4

表观密度（kg/m³）	细度模数	密度（kg/m³）	含泥量（%）
2494	3.14	1588	2.5

砂的级配　　表5

筛孔尺寸（mm）	9.5	4.75	2.36	1.18	0.6	0.3	0.15	0.075
质量通过率（%）	100.0	94.1	77.6	61.8	21.5	9.4	4.9	2.7

3.1.2 石屑

石屑采用泌阳高邑石料场产的石屑，其表观密度为1544kg/m³，密度为2750 kg/m³。

3.1.3 水泥

水泥性能指标见表6。

水泥技术指标表　　表6

项目	初凝时间（h）	终凝时间（h）	安定性	细度	3天强度（MPa）		28天强度（MPa）	
					抗折	抗压	抗折	抗压
实测值	5.25	6.4	合格	2.7	4.6	21.7	——	——

3.2 试验段级配与水泥剂量

试验段石屑：砂＝20：80，其混合料的级配如表7所示，水泥剂量5.5%。

混合料的级配　　表7

筛孔尺寸（mm）	9.5	4.75	2.36	1.18	0.6	0.3	0.15	0.075
质量通过率（%）	100.0	93.9	76.3	59.8	25.3	14.1	9.1	6.7

3.3 试验段水泥稳定砂混合料击实试验

击实试验结果　　表8

项目	重型击实	振动击实
最佳含水量（%）	8.0	8.0
最大干密度（g/cm³）	2.15	2.21

3.4 压实工艺

3.4.1 压实设备

YZ18振动压路机4台，YZC12钢轮压路机1台，XP261胶轮压路机1台。

3.4.2 碾压工艺

试验了三种碾压工艺，具体为：

A. 12t双钢轮压路机静压1遍，再18t振动压路机小振碾压1遍，再由18t振动压路机大振碾压3遍，最后22t胶轮压路机碾压1遍。

B. 12t双钢轮压路机静压1遍，再由18t振动压路机大振碾压3遍，最后22t胶轮压路机碾压1遍。

C. 12t 双钢轮压路机静压 1 遍，再 18t 振动压路机小振碾压 1 遍，再由 18t 振动压路机大振碾压 2 遍，最后 22t 胶轮压路机碾压 1 遍。

3.4.3　碾压遍数与压实度关系

由图 5、图 6 和图 7 可以看出，对于各种碾压工艺，混合料的压实度均随碾压遍数增加而增大。按照 A 碾压工艺需碾压 5 遍才能保证路面的压实度满足 97%，B 碾压工艺需碾压 4 遍就能保证路面的压实度满足 97%，而 C 碾压工艺也需碾压 5 遍才能保证路面的压实度满足 97%，因此，确定 B 碾压工艺为最优。这也说明了以振动击实试验确定的最大干密度作为压实度控制指标是可行的，与现场压实设备的压实功是相匹配的。

3.4.5　混合料含水量与压实度关系

图 8 为水泥稳定砂压实度与含水量回归曲线，可以看出压实度在最佳含水量±1%范围内，随着含水量的增加而减小，即说明混合料随着含水量的增加不易压实。所以，水泥稳定砂现场含水量尽量控制在最佳含水量±0.5%。

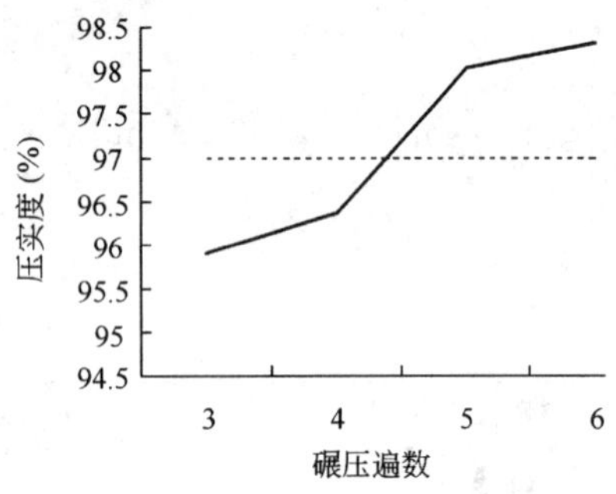

图 5　A 碾压工艺压实度与碾压遍数关系曲线

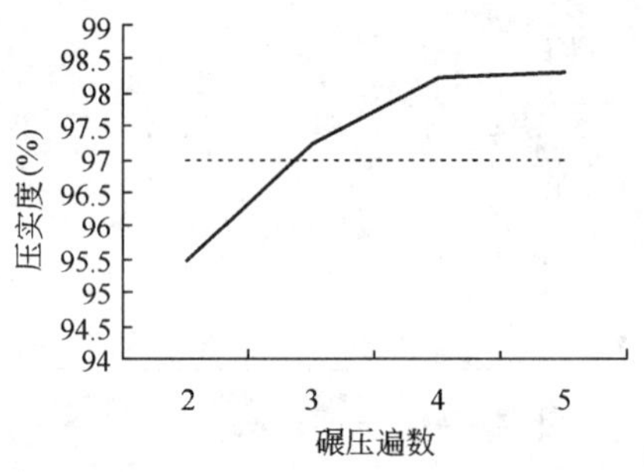

图 6　B 碾压工艺压实度与碾压遍数关系曲线

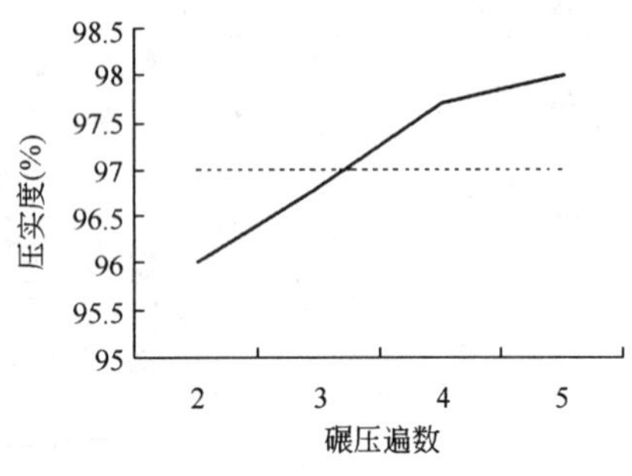

图 7　C 碾压工艺压实度与碾压遍数关系曲线

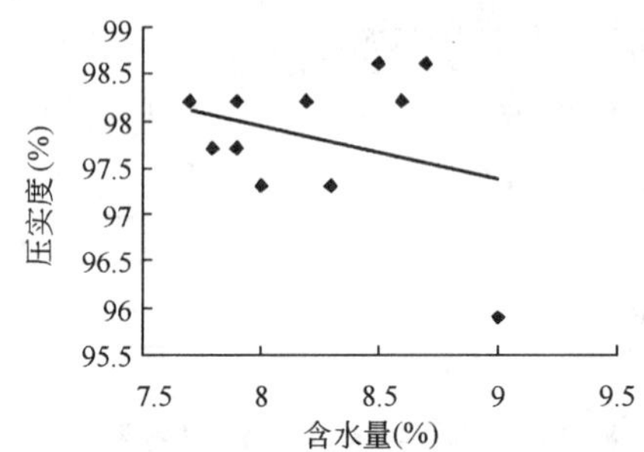

图 8　混合料压实度随含水量的回归曲线

4　结语

（1）水泥剂量、砂的级配、成型方式和延迟时间都对水泥砂的强度有一定的影响。

（2）试验路试验结果证明了以振动击实确定的最佳含水量、最大干密度作为现场施工质量控制标准是合理的，水泥砂现场含水量尽量控制在最佳含水量±0.5%。

改性沥青SMA技术初探

姬同庚　　　　陈李峰
河南省信阳至南阳高速公路有限公司　　江苏省交通科学研究院

[摘　要]　改性沥青SMA混合料因具有优良的路用性能而在我国得到了较为广泛的应用，本文主要结合河南信南高速公路工程对改性沥青SMA-13混合料材料选择、配合比设计、施工工艺谈几点个人意见，以供探讨。

[关键词]　改性沥青　SMA　配合比设计　施工工艺

1　前言

我国规范对SMA的定义为：由沥青结合料与少量的纤维稳定剂、细集料以及较多量的填料（矿粉）组成的沥青玛蹄脂，填充于间断级配的粗集料骨架的间隙，组成一体，形成的沥青混合料，中文名称为沥青玛蹄脂碎石混合料，英文名称为Stone Mastic Asphalt（英）或Stone Matrix Asphalt（美），简称SMA。

世界上第一条SMA路面始建于20世纪60年代中期的德国，80年代起开始在北欧的瑞典、芬兰等国得到广泛应用，并很快推广到全欧洲。美国于1991开始学习欧洲的SMA技术并付诸实践。我国于1992年首次在建设首都机场高速公路中应用改性沥青SMA技术。值得说明的是：美国在引进德国SMA技术经过研究和应用后，对德国的做法有了许多改进和新发展，包括材料要求、设计、施工方面等，由于美国和我国一样，历来是搞密级配沥青混凝土的，而德国研究SMA技术是从浇筑式沥青混凝土开始的，两者在机械设备、材料要求等都有很大差别，使得美国在SMA技术方面的一些改进在我国比较容易接受，而德国的做法直接在我国反而不好接受，因此，我国在进行SMA技术应用的过程中，主要还是参照了美国的SMA技术。

由于SMA路面造价较高，目前我国主要还是将其应用于上面层，主要的混合料类型有SMA16、SMA13、SMA9.5，鉴于层厚和集料公称粒径相匹配的原则（要求至少大于3倍），目前高速公路上面层中以改性沥青SMA13应用较为广泛，厚度一般为4cm。本文结合河南信南高速公路上面层改性沥青SMA13路面施工谈谈对对SMA技术几点个人认识，供探讨。

2　原材料选择

2.1　沥青胶结料

SMA混合料对胶结料的要求比普通的沥青混凝土要高，它要求胶结料必须具有较高的黏度，其质量必须满足沥青玛蹄脂的需要，同时与集料有良好的黏附性，以保证有足够的高温稳定性和低温韧性。但是否一定需要采用改性沥青，国际上也并无一致的肯定的结语，这是因为各个国家、地区的气候条件和交通条件不一样的缘故，而且与经济实力也有很大关系。

笔者认为，作为表面层的SMA13不仅需经受行车荷载的直接作用，同时还由于其直接暴露于频繁变化的各种不利气候条件下，对沥青混合料的各项性能要求更高。研究表明，改性沥青的综合性能要远远优于道路石油沥青，因此，笔者建议在进行沥青材料选择时可结合项目所在地的气候、交通等因素，并结合PG等级计算结果选择合适的沥青胶结料，宜采用改性沥青，河南信南高速公路上面层SMA13采用SBS改性沥青，PG等级为PG76-22。

2.2　粗集料

从SMA的成型机理来看，SMA混合料之所以具有较高的高温稳定性，是基于含量甚多的粗集料之间的嵌挤作用，而这种嵌挤作用的好坏在很大程度上取决于集料石质的坚韧性（Toughness）、集料的颗粒形状和棱角性。可以说粗集料的这些性质是SMA成败与否的关键。

因此，用于SMA路面的粗集料必须使用坚韧的、粗糙的、抗压碎能力强、棱角性好的优质集料，集料必须由联合反击式破碎机械加工而成。

但SMA路面是否必须采用玄武岩，是否唯玄武岩不可，笔者的意见是：材料选择时应贯彻就地取材、服务地方的原则，在集料各项指标均满足规范要求的前提下可论证地选用。河南信南高速公路上面层有11个标段是采用玄武岩，有1个标段采用了当地的石榴石。

2.3 细集料

细集料在SMA混合料中的用量很少，一般不到20%，然而其对SMA混合料的性能影响是较大的。在欧洲，SMA混合料所用细集料必须采用机制砂；而在德国ZTV Asphalt-StB 94规范中也明确要求机制砂用量必须多于天然砂。原因在于机制砂是采用坚硬岩石反复破碎制成，具有良好的棱角性和嵌挤性能，对提高混合料的高温稳定性能和马歇尔稳定度效果非常明显。

对于是否可以使用天然砂？笔者认为，天然砂质地坚硬，但一般表面光滑，棱角性差，且对沥青的黏附性不好。使用天然砂，混合料的和易性好、容易压实，但对混合料的高温稳定性不利。另外，天然砂表面吸附的沥青量少，且天然砂的使用减小了混合料的内摩擦角，使混合料的VMA减小、沥青用量降低，甚至VMA不能满足设计要求。因而，如果有质量较好的机制细集料，尽可能不用天然砂；但如果机制砂针片状较多、含泥量大，可以考虑采用优质的天然砂，机制砂与天然砂的比例应大于1∶1。

我国目前机制砂产量较低，且成本较高，太多数工程中主要还是采用石屑，对于石屑的应用国内也有不少争议，笔者认为，在现阶段，可以鼓励使用机制砂，若要使用石屑，则必须是经反击式联合破碎设备加工生产，并装有除尘设备的集料生产线加工而成，其各项技术指标须满足规范要求，并建议适当提高砂当量要求。

2.4 矿粉

矿粉在沥青混合料中的作用至关重要，沥青只有吸附在矿粉表面形成薄膜，才能对其他粗、细集料产生黏附作用，所以沥青矿粉混合料才是真正意义上沥青结合料。作为填料用的矿粉必须具有与沥青较好的黏附性和较大的比表面积，宜选用石灰石或白云石矿粉。

河南信南高速公路上面层所用矿粉均为石灰石加工而成。

2.5 纤维

纤维之所以逐步成为SMA的必须成分，其原因与SMA使用较多的矿粉与沥青结合料有关，纤维的主要作用为吸附及吸收沥青，纤维可以充分吸附表面及吸收内部沥青，从而使沥青用量增加，沥青油膜变厚，提高混合料的耐久性。目前国内外SMA中主要以添加木质纤维素为主，但也有人提出采用聚脂纤维等，笔者认为，从SMA混合料中纤维的作用机理来看，可不必采用价格高昂的聚脂纤维等材料。

对于木质纤维素究竟是使用松散的好还是使用颗粒的好，目前有不同的说话，笔者建议采用专用的纤维添加设备添加松散的木质纤维。

3 配合比设计

3.1 SMA配合比设计方法选择

德国是SMA的发源地，配合比设计采用的是马歇尔设计方法，设计时将马氏试件的空隙率作为沥青用量的主要控制指标。欧洲其他大部分国家也都有自己的SMA的设计规范和标准，采用的仍然是马歇尔设计方法，只是设计空隙率略有差别而已。美国于1991年引进SMA技术后，经过大规模试验路的修筑和总结研究，其SMA规范较德国有较大的修改，内容更全面，设计方法也更趋完善。与欧洲相比，美国SMA的粒径增大、级配变粗、用油量相对减少。美国SMA混合料主要设计方法

有两种：一种是采用旋转压实机的设计方法，另一种则为采用击实的马歇尔试验设计方法，这两种设计方法都是体积设计法，只是试件成型方法不同而已。

我国对 SMA 的研究起步较晚，目前主要还是借鉴国外的设计方法进行配合比设计。从成型方法上来看，由于我国大部分设计、施工单位还不具备旋转压实设备，采用旋转压实机的设计方法的难度较大，因此，笔者仍推荐 SMA 混合料配合比设计采用击实的马歇尔设计方法。设计流程建议，如图 1 所示。

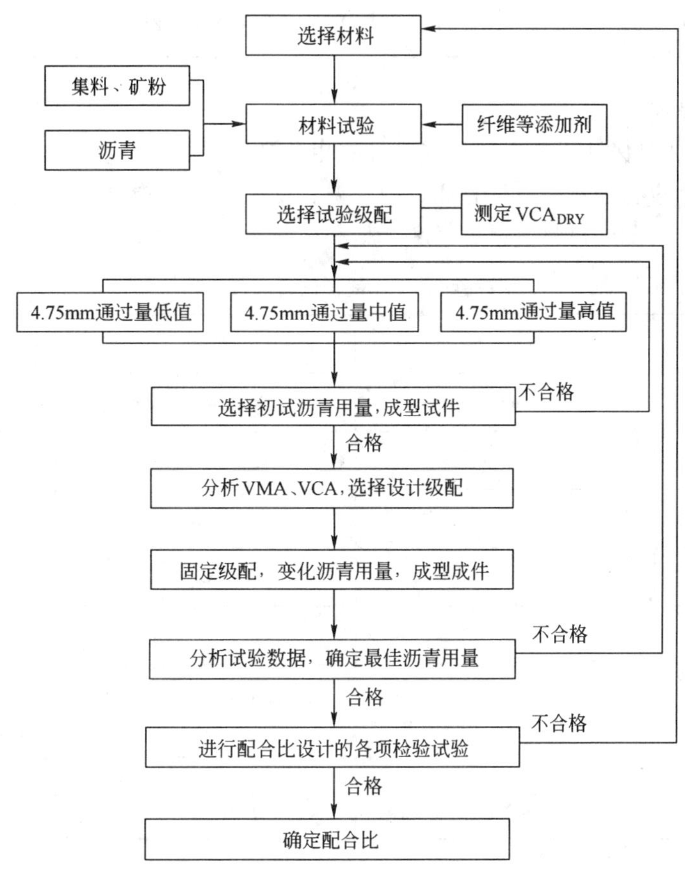

图 1　SMA 混合料配合比设计流程图

3.2　配合比设计要求

（1）设计级配范围

混合料合成级配直接决定着混合料各项性能指标，各个国家均根据自身的国情选择了不同的设计级配范围，总的来说，欧洲的级配要比美国的细。表 1 列出了较典型的几组 SMA13 混合料设计级配范围。从表中可以看出，我国规范规定的级配要比美国的细，而与欧共体提出的建议差不多。近几年的应用情况表明，根据我国规范规定的 SMA13 级配范围设计的混合料性能优良，其路用性能良好，该级配范围在我国现阶段应用是适宜的。

SMA13 混合料设计级配范围　　表 1

规范名称	通过下列筛网（mm）的质量百分率（%）										
	19.0	16.0	13.2	9.5	4.75	2.36	1.18	0.6	0.3	0.15	0.075
美国 AASHTO 标准（1998）	100		90～100	26～78	20～28	16～24	13～21	12～18	12～15		8～10
美国 NAPA 建议（1997）	100		85～95	＜75	20～28	16～24	—	12～16	12～15		8～10

续上表

规范名称	通过下列筛网（mm）的质量百分率（%）										
	19.0	16.0	13.2	9.5	4.75	2.36	1.18	0.6	0.3	0.15	0.075
欧共体（CEN）	100		90～100	50～75	25～35	16～24					8～12
澳大利亚	100		90～100	54～70	24～39	21～30	17～25	14～22	12～19	9～15	8～12
我国规范标准		100	90～100	50～75	20～34	15～26	14～24	12～20	10～16	9～15	8～12

（2）配合比设计要求

SMA 混合料的设计要保证粗集料间形成充分的相互嵌挤的骨架，同时使混合料的空隙率在一个适当的范围内，所设计的混合料必须具有优良的高温、低温、抗水损害性能，建议的 SMA13 混合料配合比设计要求及配合比设计检验指标见表 2、表 3。

改性 SMA13 配合比设计要求 表 2

试验项目	单位	技术要求	试验方法
试件尺寸	mm	Φ101.6mm×63.5mm	T0702
击实次数		两面各击 75 次	T0702
空隙率 VV[2]	%	3～4.5	T0708
粗集料骨架间隙率 VCA_{MIX}		< VCA_{DRY}	T0708
矿料间隙率 VMA	%	≥17%	T0708
沥青饱和度 VFA	%	75%～85%	T0708
稳定度[3]	kN	>6.0kN	T0709
流值	(0.1mm)	20～50	T0709

注：1. 对于重交通道路，VMA 可以放宽到 16.5%。
2. 稳定度难达到要求时可放宽到 5.5kN。

改性沥青 SMA13 配合比设计检验指标及技术要求 表 3

检验项目	单位	技术要求	试验方法
谢伦堡沥青析漏试验的结合料损失[1]	%	不大于 0.1	T0732
肯塔堡飞散试验的混合料损失（20℃）	%	不大于 20	T0733
车辙试验动稳定度[2]	次/mm	>3000	T9719
水稳定性：残留马歇尔稳定度	%	85 以上	T0709
冻融劈裂试验残留强度比	%	80 以上	T0729
渗水系数[3]	ml/min	<20	T0730
构造深度[4]	mm	0.7～1.1	T0731

注：1. 谢伦堡沥青析漏试验在施工最高温度下进行，改性沥青混合料的试验温度为 185℃。
2. 车辙试验试件不得采用经二次加热重塑成型的试件。
3. 渗水系数仅适用于配合比设计室内试验的压实试件检验，不适用于施工现场检验。
4. 构造深度与集料公称最大粒径有关，粒径小的构造深度也小，此值不适用于施工现场检验。

3.3 配合比设计中的问题及对策

SMA13混合料配合比设计中可能会出现一些问题，笔者对这些问题进行总结并提出了相应的对策，如表4所示，供探讨。

SMA13配合比设计可能出现的问题及对策 表4

出现的问题	可能的原因	对　　策
VMA小	4.75mm的通过量太高 0.075mm的通过量太高 集料过多地破碎 集料的毛体积密度不准确	1. 检验试验结果的准确性； 2. 减小4.75mm或0.075mm的通过量； 3. 更换料源
VMA大	4.75mm的通过量太低 0.075mm的通过量太低 集料的毛体积密度不准确	1. 检验试验结果的准确性； 2. 增加4.75mm或0.075mm的通过量
空隙率小	VMA小 沥青用量多 4.75mm通过量多 0.075mm通过量多	1. 检验试验结果的准确性； 2. 减小沥青用量或增大VMA
空隙率高	VMA大 沥青用量少 4.75mm通过量少 0.075mm通过量少	1. 检验试验结果的准确性； 2. 增大沥青用量或减小VMA
VCA高	4.75mm通过量多 集料的毛体积密度不准确	1. 检验试验结果的准确性； 2. 减小4.75mm的通过量

4 施工注意事项

改性沥青SMA13路面施工过程中主要应注意的事项如下。

(1) 由于SMA混合料中矿粉、沥青用量较大，拌和时一般先加矿粉，后喷入沥青。为充分分散纤维，纤维一般在干拌时就加入，与集料一起干拌后再进行湿拌；拌和时间和加料次序见表5。

改性沥青SMA9.5拌和时间及加料次序 表5

加矿料　加矿粉　加纤维	干拌约10s	加沥青	湿拌30～35s	出料
总生产时间约70～80s				

同时，由于拌和时间增加等原因的影响，拌和机生产效率会受到较大影响，其生产效率一般只有其他类型混合料的70%左右。因此，在计算拌和能力时应充分考虑，以保证不影响摊铺速度，造成前场施工停顿。

(2) SMA混合料沥青含量高，黏度大，一般不使用轮胎式压路机碾压，以防止黏轮及轮胎揉搓造成沥青玛蹄脂挤到表面而达不到压实效果；能否采用振动压路机，主要是看石料抗压碎的能力以及沥青结合料和油石比的大小，压碎过程中应密切注意集料的压碎、棱角、嵌挤、泛油等现象，对SMA结构来说，过碾压是个大忌。

(3) SMA13混合料碾压应遵循“紧跟、慢压、高频、低幅”的原则，面层一旦达到足够的密度后，碾压即应停止，过度碾压可能导致沥青玛蹄脂结合料被挤压到路表面，影响构造深度。建议压实后，路面现场空隙率为3.5%～6%。

(4) 因沥青玛蹄脂含量较高，为避免黏轮对平整度的影响，建议采用非接触式平衡梁进行厚度控制。

(5) 油斑的形成及防治：在SMA13路面碾压成型过程中，路面可能会出现油斑，当油斑直径大于5cm时，应及时在油斑区域撒机制砂。摊铺后即出现的油斑，应在碾压之前铲除、换填。油斑的产生可能是纤维掺加剂拌和不均匀所致，因此需检查掺加剂加入剂量是否正确，拌和时间是否够长；当由于碾压过度产生油斑时，应正确掌握碾压遍数及振动力的大小；过高的用油量也会产生油斑，因此要及时检查拌和楼沥青计量器的准确性；拌和料（特别是纤维掺加剂）及路表含有一定的水分，也会产生油斑，因此掺加剂必须干燥，严禁路表带水施工。

5 结语

本文结合信南高速公路SMA13面层施工对SMA混合料的原材料选择、配合比设计、施工工艺等方面谈了几点个人看法，并得出如下结语：

(1) 选择优质的原材料是改性沥青SMA13路面成功的前提条件之一，原材料选择时应结合项目所处地区的交通、气候等特点，本着经济实用的原则。

(2) 近年来，我国SMA路面得到了相当规模的推广应用，绝大部分都取得了良好的效果，笔者认为，目前，SMA路面在我国推广应用并不存在技术上的壁垒，而是其初期投资较高的问题，为降低投资，可以尝试选用薄层SMA9.5、SMA4.75路面。

沥青混合料GTM设计方法和施工工艺

刘占通　　孟庆营
河南省信阳至南阳高速公路有限公司　　天津市市政工程研究院

[摘　要]　在详细分析现行沥青混合料配合比设计方法不足的基础上，提出采用能够模拟现场碾压工况，并以力学参数为设计指标的GTM设计方法，进行沥青混合料配合比设计，分析对比了GTM与马歇尔方法设计结果，提出了与GTM方法相匹配的施工工艺。研究结果表明，与马歇尔设计结果相比，GTM方法设计的沥青混合料路用性能大幅度提高。实体工程表明，尽管GTM设计的混合料油石比较低、压实度标准较高，但使用现有的施工设备，施工的路面压实度完全可以达到较高标准，现场空隙率可控制在6%以下。

[关键词]　公路工程　GTM　路用性能　沥青混合料

1　引言

就沥青混合料自身而言，当前沥青路面早期损坏的主要原因可总结为：沥青用量过大、混合料密度偏低、压实度低、现场空隙率大及级配不良等。但施工管理水平参差不齐是产生这些问题的重要原因之一，当前全国不同施工管理水平下铺筑的沥青路面频繁出现诸如水损坏及车辙等早期破坏现象，面对此情况不得不从根源上重新审视通用的沥青混合料设计方法是否与这些破坏现象有关。事实证明，目前混合料设计方法确有很多方面需要改进：

(1) 室内成型方式与现场碾压方式不匹配

众所周知，室内试验要准确、有效地预测与控制现场施工质量，首先要求试件成型方式能够最大限度地模拟施工工况，使室内成果与现场实际应用效果有可比性；其次要求各种性能评价指标切实反映面层在其服务环境下的服务质量。如今现场大量使用振动压路机及轮胎压路机，而室内成型方式却采用马歇尔击实方法，由此导致用马歇尔方法优化的配比（包括级配、油石比、密度等），在现场压实条件下路用性能并不理想。

(2) 以体积参数为控制指标难以实现设计意图及协调各种矛盾

对于连续密级配沥青混合料，规范规定击实功为双面击实75次，并主要以体积参数（空隙率、间隙率、饱和度等）作为控制指标确定最佳沥青用量。但一方面现行试验规程规定的试验方法难以使沥青混合料体积参数计算结果精确（即使相对精确也不可能），另一方面，大量的研究表明，体积参数与混合料路用性能之间不存在广泛的相关性，也就是说，满足了马歇尔体积参数的沥青混合料未必有好的路用性能。

(3) 压实标准偏低

压实度达到较高标准对沥青混合料高温抗车辙能力、抗水破坏能力及抗疲劳能力均有显著改善。由于马歇尔击实成型方式与现场碾压方式不匹配，造成混合料的密度较低。用它控制施工往往造成路面的密度偏小，空隙率过高，由此导致的后果是混合料未被充分压实，在交通荷载作用下很快产生由于抗剪强度小及追密而出现车辙。

(4) 规范规定的级配范围太宽

规范规定的混合料级配范围太宽。此范围内，不同级配的混合料力学性能有很大差异，且现行规范中沥青混合料配合比设计方法对于矿料级配设计缺少有针对性的级配优化，也是发生早期车辙损坏的原因之一。

如上所述，沥青混合料出现早期破坏现象与室内成型方式及设计指标的不合理、压实度标准偏低、级配不良等有密切关系。为防止早期破坏，进一步提高混合料路用性能，现实的措施是在合理的级配范围内，适当降低沥青用量、提高压实度标准。但最佳级配范围如何确定，沥青用量降低多少，压实度标准提高到什么程度，却需要以科学的方法去开发能够模拟现场压实工况的室内试件成型方式，并提出切实可行的施工控制标准。

针对以上问题，根据天津市市政工程研究院研究成果，河南信南高速公路采用了能够模拟现场碾压工况的以力学参数作为设计标准的GTM方法，进行沥青混合料配合比设计，科学地解决了以上问题，并在施工中总结了与GTM方法相匹配的施工工艺，取得了良好的使用效果。

2　GTM设计方法简介

GTM（Gyratory Testing Machine）采用了和应力有关的推理方法进行混合料的力学分析和设计，克服了马歇尔方法以体积参数作为设计指标的不足。GTM一个重要的特性是能够直接反映出颗粒状塑性材料中可能出现的塑性变形过大的现象，依据这一原理预测在设定的垂直应力下所设计的沥青混合料的最大允许沥青含量。GTM成型试验在于模拟路面行车荷载作用下沥青混合料的最终压实状态即平衡状态，并测试分析试样在被压实到平衡状态过程中剪切强度SG和最终塑性形变大小，以判断混合料组成是否合理。压实试件的最终塑性形变大小用旋转稳定系数GSI（Gyratory Stability Index）表示，是表征试件受剪应力作用的变形稳定程度的参数。试验中变化沥青用量分别进行GTM压实试验，然后绘制GSI与沥青用量的关系曲线，以确定混合料的最大沥青用量。另外GTM还可提供试件的最大密度——试件处于平衡状态时的密度，安全系数GSF——抗剪强度与最大剪应力之比值，静态剪切模量，抗压模量等。

3　配合比设计

3.1　原材料

沥青用SBS-D级改性沥青，检测结果表明所用沥青满足《沥青路面施工技术规范》（JTG F40—2004）规定的D级改性沥青技术要求。

集料为石灰岩粗、细集料及石灰岩矿粉，试验结果表明，集料各项指标均符合《公路沥青路面施工技术规范》关于高速公路及一级公路沥青混合料用集料的质量技术要求。

3.2　级配设计

根据天津市市政工程研究院研究成果，针对工程用集料级配组成，提出的工程级配范围见图1。与规范级配范围相比具有如下特点。

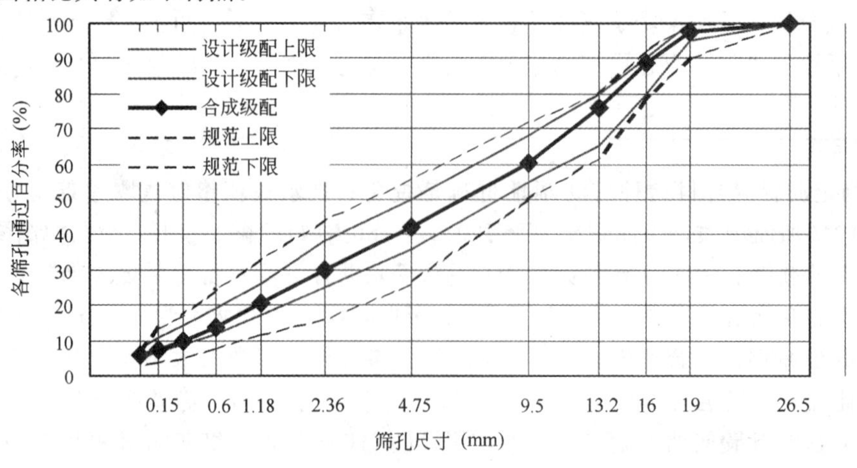

图1　中面层AC-20设计级配图

(1) 设计级配范围大幅度减小，使得沥青混合料级配在较窄的级配范围内波动，从而保证级配的变化对沥青混合料性能不产生大的影响。

(2) 4.75mm通过率降低，粗集料含量适当增加，本次设计级配处于规范规定的粗型密级配范围内，因而使设计的混合料能形成骨架密实结构混合料。

(3) 19～4.75mm集料所占比例较大，粗集料自身组成合理，可避免现场摊铺及碾压时产生离析。

(4) 细集料相对较粗，即细集料用量较少，可避免细集料自身组成不良带来的负面影响。

3.3 配合比设计及结果

采用GTM方法设计AC-20型沥青混合料。试件成型条件为：垂直压力0.7MPa；拌和温度180℃；成型温度160～165℃；控制方式为极限平衡状态。

选择油石比3.7%、4.0%、4.3%，成型GTM试件。按表干法测定试件毛体积相对密度，根据沥青浸渍法实测合成级配矿料混合料的有效相对密度（见表1）并计算沥青混合料最大理论相对密度。GTM试件体积参数及马歇尔试验结果见表2，GTM试验结果见表3。

合成集料有效相对密度试验结果 表1

项目	盆勺重(g)	盆勺中水重(g)	盆勺料重(g)	盆勺油料重(g)	盆勺油料水中重(g)	相对密度	平均有效相对密度
合成集料	147.8	115.7	748.2	1154.0	508.5	2.7100	2.710
	141.9	112.5	743.4	1110.8	504.7	2.7103	

AC-20型沥青混合料GTM试件体积参数及马歇尔稳定度试验结果 表2

序号	油石比(%)	最大理论相对密度	表干法毛体积相对密度	VV(%)	VMA(%)	VFA(%)	稳定度(kN)	流值(mm)
1	3.7	2.562	2.470	3.6	10.7	66.1	11.2	3.1
2	4.0	2.551	2.485	2.6	10.4	74.8	12.7	3.3
3	4.3	2.541	2.507	1.3	9.8	86.5	12.9	3.4

GTM试验结果及与马歇尔试验结果对比表 表3

序号	油石比(%)	GTM试件毛体积相对密度	马歇尔试件毛体积相对密度	GSI	GSF
1	3.7	2.470	2.432	0.99	1.23
2	4.0	2.485	2.445	1.00	1.25
3	4.3	2.507	2.456	1.06	1.24

由表3，判定沥青混合料这种粒状塑性材料是否会出现塑性变形过大现象的指标GSI（稳定系数）随油石比的增加而增大，当油石比大于4.0%，GSI大幅度增大，曲线已呈急剧增加趋势，表明混合料中的沥青已过量，试件的塑性变形过大；从反映沥青混合料抗剪强度方面的参数GSF（安全系数）随油石比的变化情况来看，油石比等于4.0%时，GSF值最大，当油石比大于4.0%，随油石比的增加，GSF值减小。综合考虑GTM试验结果并参考体积参数的大小及变化趋势，将AC-20型沥青混合料最佳油石比确定为4.0%。

由表3还可看出，最佳油石比4.0%下，GTM试件密度为马歇尔试件密度的1.016倍，即如GTM试件密度的98%控制现场压实度，则现场压实度将达到马歇尔试件密度的99.6%以上，如此高的压实度现场是否能够达到则需在施工过程中加以验证。

3.4 路用性能

GMT 方法与马歇尔方法设计的沥青混合料路用性能对比结果见表 4。

不同方法设计的 AC-20 型沥青混合料路用性能　　表 4

试验项目	指　标	单　位	试验结果	
设计方法	—	—	马歇尔方法	GTM 方法
高温抗车辙能力	60℃动稳定度	次/mm	2850	4865
抗水破坏能力	残留稳定度	%	88.2	93.1
	冻融劈裂强度比	%	79.4	84.5
	渗水系数	mL/min	60	20

由表 5，虽然 GMT 方法设计的沥青混合料体积参数不满足规范要求，但其路用性能却远优于满足规范体积参数要求的马歇尔方法设计的沥青混合料，说明现行规范规定的体积参数指标并未涵盖所有路用性能最优的设计结果，即游离于规范规定的体积指标之外的沥青混合料可能具有更为优良的路用性能。

3.5 设计总结

由设计结果及路用性能验证结果可以看出，GTM 方法以旋转压实方式及平衡状态为结束条件成型试件，以沥青混合料力学参数作为标准设计最佳油石比，其成型方式及设计指标科学、合理。与马歇尔方法相比，设计的沥青混合料合理地增大了密度，合理地减少了沥青用量，使得现场压实度适当提高，级配范围较窄，如此以来，为解决我国高速公路早期破坏提供了可行的设计方法。但其设计结果能否在施工中实现则需验证。

4 与 GTM 方法相匹配的施工工艺

4.1 碾压工艺

由于 GTM 方法设计的沥青混合料密度较大，为保证达到较高的压实度，提出与 GTM 方法相匹配的碾压工艺。

摊铺机摊铺速度 2～3m/min，取消初压，直接进入复压阶段，两台 DD130 双钢轮压路机各占半幅紧跟摊铺机碾压，初次前进碾压为静压，后均采用高频低幅强震，两台 26t 以上的轮胎压路机紧跟（建议距离小于 4m）双钢轮压路机同步碾压，即钢轮压路机与轮胎压路机同时前进及后退，共碾压 8 遍（钢轮 4 遍、轮胎压路机 4 遍）。两台 DD110 压路机终压，以消除轮迹及调整平整度。

提出的碾压方式有如下优点：

（1）大幅度提高了碾压效率，总的碾压时间仅为通常碾压工艺的一半，因此能够保证混合料在高温下得到有效压实（数据显示复压可在 140℃以上完成），提高了压实度。

（2）对压路机可进行有效的管理，防止出现漏压现象，碾压遍数易于控制，碾压段落清晰，工艺流畅。

（3）由于在高温下进行碾压，避开了沥青混合料碾压敏感区（95～110℃），避免了推移现象的发生。

4.2 级配及油石比

图 2 为中面层施工中不同日期的抽提筛分结果。试验过程中为保证取样的代表性及合理性，均于摊铺机后取混合料进行抽提筛分试验。试验结果表明，虽然 GTM 设计优化级配范围较窄，但以现有的拌和、摊铺设备，完全能够达到 GTM 设计的级配范围要求。中面层油石比控制准确，不同日期的抽提结果统计分析表明，油石比平均为 4.07%，满足 4.0%±0.1%的要求。

4.3 中面层表观及压实度

按照设计级配施工的沥青路面比较粗糙且均匀，正常施工路段未出现明显的离析现象。

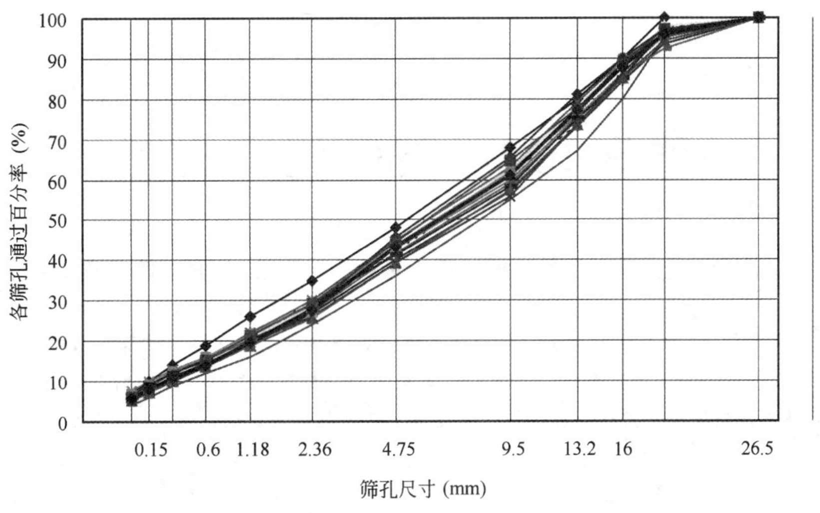

图 2 中面层 AC-20 级配检测图

中面层施工压实度统计结果见表 5，统计结果表明，以现有的碾压设备，完全能够将 GTM 方法设计的沥青混合料压实到较高的水平，以信南高速公路某标段压实效果为佐证，可将中面层压实标准确定为 GTM 密度的 98%以上。

中面层压实效果统计分析结果 表 5

项　目	样本数（个）	以 GTM 密度为标准的压实度代表值（%）	现场空隙率代表值（%）	压实度 97%～98%所占比例（%）
统计结果	75	98.3	4.3	12

由统计结果还可看出，以 GTM 旋转试件密度为标准密度，现场空隙率代表值为 4.3%，是十分理想的现场空隙率值，可确保沥青路面具有良好的路用性能。

4.4 中面层路用性能

施工过程中对沥青混合料抗车辙能力及抗水破坏能力进行检验，结果如表 6，表明生产的沥青混合料具有优良的路用性能。

中面层沥青混合料路用性能检验结果 表 6

项　目	动稳定度（次/mm）	残留稳定度（%）
检测结果平均值	6325	96.5
样本数	3	3

5 结语

（1）GTM 方法成型方式及设计指标科学、合理，设计的沥青混合料合理地增大了密度，减少了沥青用量，使得现场压实度适当提高，级配范围较窄，为解决我国高速公路早期破坏提供了可行的设计方法。

（2）与马歇尔方法相比，GTM 方法设计的沥青混合料虽不满足规范要求的体积指标，却仍具有优良的路用性能，说明现行规范规定的体积指标并未涵盖所有路用性能最优的设计结果，即游离于规范规定的体积指标之外的沥青混合料仍可能具有更为优良的路用性能。

（3）实体工程表明，以现有的压实设备，采用合理的碾压工艺，完全可以将 GTM 设计优化结果成功实施于实际工程，根据 GTM 设计结果铺筑的沥青路面具有优良的路用性能。

浅谈 SMA 路面施工控制

孙建波　　　　黄荣华
河南省信阳至南阳高速公路有限公司　　　江苏省交通科学研究院

［摘　要］ SMA 具有抗滑耐磨、抗疲劳、抗高温车辙、密实耐久、减少低温开裂、构造深度大、降低噪声等优点且 SMA 路面具有较好的排水效果，是全面提高公路使用性能的一种难得的材料。本文对 SMA 沥青混合料在拌和、摊铺及碾压等方面提出了一些参考的建议。

［关键词］ SMA　拌和　摊铺　碾压

1　关于 SMA

SMA 是一种由沥青（改性沥青）、纤维稳定剂（木质素纤维、矿物纤维、有机纤维等）、矿粉及少量的细集料组成的沥青玛蹄脂填充间断级配的粗集料骨架间隙，而组成的沥青混合料。它的最基本的组成是碎石骨架和沥青玛蹄脂结合料两大部分。

SMA 混合料的特点是：高粗集料含量、高矿粉含量、高沥青含量、增加纤维稳定剂，低细集料含量的一种间断式级配沥青混合料。

SMA 具有抗滑耐磨、抗疲劳、抗高温车辙、密实耐久、低温抗裂性好、构造深度大、降低噪声等优点，且 SMA 路面具有较好的排水效果，是全面提高公路使用性能的一种难得的材料。

本文结合信南高速公路上面层 SMA-13 路面施工情况对 SMA 路面施工质量控制谈几点看法。

2　施工机械设备

2.1　拌和设备

由于 SMA 混合料拌和时间长，其产量只有 AC 型混合料的 2/3，且生产过程中对机械设备要求较高，因此，建议能采用进口 4000 型拌和楼，全部生产过程由计算机控制，并配有性能良好、运转正常的打印装置，拌和过程中必须对拌和楼的信息实时打印。

拌和机应配备良好的二级除尘装置和木质素自动添加装置，且保证木质纤维素计量准确。

2.2　运输设备

载重量 15t 以上的自卸汽车，宜备 20 辆左右。为保证运输过程中温度不丧失，每辆运输车辆，均应配备能覆盖全车的篷布或厚棉被。

2.3　摊铺机

对于四车道或六车道高速公路，宜配置性能接近，新旧程度相当的进口沥青混合料摊铺机三台（其中一台备用），最好是同一种型号；（如 ABG 系列的 423、525）。

2.4　压路机

SMA 路面碾压一般不采用轮胎压路机，为提高压实度，建议的配置如下：

性能优良、进口的静重不小于 10t 的双钢轮压路机 5 台，其中带振动压路机不少于 4 台，首选的型号有 DD110、DD130、BM202。

2.5　其他设备

为保证路面平整度，每个 SMA 作业面均须配置非接触式平衡梁装置两套。

3 生产工艺

3.1 温度的控制

改性沥青应随配随用，不宜长时间存放。对现场制作的改性沥青必须不间断搅拌，以防改性剂离析。制作好的改性剂沥青的温度应该满足沥青泵输送及喷嘴均匀喷出的需要。改性沥青的加热温度控制在170～180℃。沥青混合料拌和机在拌和时，集料的烘干温度应控制在180～190℃，成品料温度应控制在170～180℃。

3.2 冷料斗、热料仓的安排

SMA为间断级配，粗集料粒径单一且量多，细集料很少，矿粉用量多，这给混合料拌和带来不少困难。如果按照通常的方法设置振动筛和热料仓，可能会由于筛片的筛分能力跟不上而发生粗集料仓经常不足（等料），对于此现象可将粗集料热仓的筛网设置适当增加1～2mm或采用较多的热料仓。

由于SMA混合料使用的细集料数量很少，因此细集料冷料仓料门口开启很小，对于已经潮湿的细集料，将无法漏下来。对于细集料存贮地必须加盖棚顶，始终保持干燥状态下防止下雨受潮。

3.3 矿粉的输送

SMA矿粉需要量要比一般热拌沥青混合料增加两倍，在添加时间上会比较长，建议将矿粉仓料位控制在90%左右，并且对矿粉的含水量进行检测，含水量过大、矿粉仓料位过满容易出现粉罐堵死，从而影响产量。

3.4 纤维投放

SMA必须使用纤维，纤维的投放目前全部都是采用机械添加，且纤维添加机械在使用前其计量系统必须经过严格的标定，以保证纤维掺量准确性。现在较成型的是松散纤维喂料机，采用风送法加入松散纤维的时间与喷沥青结合料的时间相同，使纤维在空中首先碰到沥青，然后与矿料拌和，使纤维进一步分散均匀。纤维添加设备的计量系统须经过严格标定。

3.5 拌和

SMA混合料拌和、摊铺、碾压等工序施工应由专业的施工技术人员管理、把关；要注意目测检查混合料的均匀性，及时分析异常现象。如确认是质量问题，应作废料处理并及时予以纠正；拌和楼的控制室要逐盘打印各种材料的用量和拌和楼动行情况，并定期对拌和楼的计量系统进行校核；由于SMA中使用了纤维，混合料的拌和时间应适当延长。拌和次序遵循如表1流程。

SMA混合料拌和次序 表1

加矿料→加矿粉	干拌约10s	加沥青加纤维	湿拌约45～50s	出料约5s
总生产时间约60～70s				

4 运输

拌和机向运料车放料时，汽车应前后移动，分三堆装料，以减少粗集料的分离现象，同时，应对每车混合料的温度进行检测；沥青混合料运输车的运量应较拌和能力和摊铺速度有所富余，摊铺机前方应有5辆运料车等候卸料；运料车应用完整无损的棉被覆盖，以保温防雨或避免污染环境；连续摊铺过程中，运料车在摊铺机前10～30cm处停住，不得撞击摊铺机。卸料过程中运料车应挂空挡，靠摊铺机推动前进。

5 摊铺

连续稳定的摊铺，是提高路面平整度最主要措施。摊铺机的摊铺速度应根据拌和机的产量、施工机械配套情况及摊铺厚度予以调整，做到缓慢、均匀、不间断地摊铺。不应任意以快速摊铺几分钟，然后再停下来等下一车料。午饭应分批轮换交替进行，切忌停铺用餐，争取做到每天收工停机一次。

混合料未压实前，施工人员不得进入踩踏。一般不用人工不断地整修，只有在特殊情况下，须在现场主管人员指导下，允许用人工找补或更换混合料，缺陷较严重时应予铲除，并调整摊铺机或改进摊铺工艺。

由两台摊铺机联合作业实施摊铺，前摊铺机过后，摊铺层纵向接缝上应呈斜坡，后面摊铺机应跨缝5～10cm摊铺。两台摊铺机距离不应超过10m。

摊铺机应调整到最佳工作状态，调试好螺旋布料器两端的自动料位器，并使料门开度、链板送料器的速度和螺旋布料器的转速相匹配。螺旋布料器的料量应高于螺旋布料器中心，使熨平板的挡料板前混合料在全宽范围内均匀分布，并在每天起步前就应将料量调整好，再实施摊铺，避免摊铺层出现离析现象；随时分析、调整粗细料是否均匀，检测松铺厚度是否符合规定。摊铺前应将熨平板预热至规定温度（不低于100℃），摊铺时熨平板应采用中强夯等级，使铺面的初始压实度不小于85%。摊铺机熨平板必须拼接紧密，不许存有缝隙，防止卡入粒料将铺面拉出条痕。

要注意摊铺机接料斗的操作程序，以减少粗细料离析。摊铺机集料斗应在刮板尚未露出，尚有约10cm厚的热料时，下一辆运料车即开始卸料，做到连续供料，并避免粗料集中。

摊铺应选择在当日高温时段进行，路表温度低于15℃时不宜摊铺。摊铺遇雨时，立即停止施工，并清除未压实成型的混合料。遭受雨淋的混合料应废弃，不得卸入摊铺机摊铺。

6 碾压

沥青混合料的压实是保证面层质量的重要环节，应选择合理的压路机组合方式及碾压步骤；初压应尽量在较高温度下进行，复压紧跟初压，一气呵成，碾压过程中应重点注意温度的保护，压路机喷水系统宜采用间歇式。

压路机应以缓慢而均匀的速度碾压，压路机适宜的碾压速度随初压、复压、终压及压路机的类型而别，可通过试铺确定。

为避免碾压时混合料推挤产生拥包，碾压时应将驱动轮朝向摊铺机；碾压路线及方向不应突然改变；压路机起动、停止必须减速缓行，不准刹车制动。压路机折回不应处在同一横断面上。

在当天碾压的尚未冷却的沥青混凝土层面上，不得停放压路机或其他车辆，并防止矿料、油料和杂物散落在沥青层面上。

要对初压、复压、终压段落设置明显标志，便于驾驶员辨认。对松铺厚度、碾压顺序、压路机组合、碾压遍数、碾压速度及碾压温度应设专岗管理和检查，使面层做到既不漏压也不超压。

压实完成12小时后，方能允许施工车辆通行。

改性沥青SMA混合料的拌和、压实温度，宜由沥青供应商提供，施工过程中应结合当天的气温、风速、下承层温度、运距等综合确定混合料的施工温度，当条件不具备时可参照表2规定执行。

改性沥青SMA的施工温度（℃） 表2

沥青加热温度	160～170
集料加热温度	180～190
混合料出厂温度	170～185，超过195废弃
运到现场温度	控制在170，不低于165
摊铺温度	控制在165，不低于160，低于150作为废料
初压开始温度	控制在160，不低于150
复压终了温度	不低于135
碾压终了温度	不低于110

笔者根据已往工程施工经验，对 SMA 路面碾压提供如表 3 两种碾压方案，供参考。

碾压方案 表 3

碾压阶段	压路机类型/数量	碾压方案一	碾压方案二
初压	2 台 DD110 钢轮压路机	静压 1 遍共 2 遍	静压 1 遍 前静后振 1 遍
复压	1 台 DD130 和 1 台 BW202 钢轮压路机	振压 2 遍共 4 遍	振压 2 遍共 4 遍
终压	1 台 HD130 钢轮压路机	静压 2 遍	静压 2 遍

SMA 路面施工过程当中往往容易出现油斑现象，一般情况下油斑产生的原因有以下几点：

(1) SMA 混合料温度过高，改性沥青发生老化；

(2) 纤维掺加剂拌和不均匀；

(3) 拌和时间太短，SMA 混合料拌和不够充分；

(4) 用油量过高；

(5) 压路机碾压遍数过多，使路面超压；

(6) 拌和料（特别是纤维掺加剂）及路表含有一定的水分；

(7) 摊铺机等料时间过长及运料车积压过多，发生沥青析漏。

摊铺过程中出现的油斑应及时铲除并用热料填补，碾压过程中出现的油斑应及时在油斑区域撒少量机制砂。

7 施工前准备工作

SMA 施工前除按普通沥青混合料进行常规检查外，还应检查以下几个方面：

(1) 木质素纤维必须在室内架空堆放，严格防潮，保持干燥。

(2) 对于现场加工 SBS 改性沥青的工程，改性剂 SBS 的存放时间不宜太长，以防止老化。

(3) 对木质素纤维添加设备进行计量标定，木质素纤维添加设备不得受潮。

(4) 改性沥青运输温度不低于 150℃，保温贮存温度不低于 140℃，不得长时间存放；对现场加工的改性沥青必须不间断地搅拌，以防改性剂离析。

8 结语

SMA 沥青混合料和一般热拌沥青混合料相比，无论是在拌和、摊铺、碾压还是在温度控制方面，都有相当严格的要求，其综合性能也比一般热拌沥青混合料更为优越，在将来的高速公路发展当中 SMA 路面将会受到更广泛的推广。

浅谈SBS改性沥青的加工与生产

许世展　　　　　　　　　　黄荣华
河南省信南高速公路有限公司　　　　江苏省交通科学研究院

［摘　要］ SBS改性沥青以其突出的路用性能已逐渐被公路建设行业所认可，并不断推广使用，本文从SBS改性沥青相溶性机理和原料选择、生产、存储等工艺方面作了相关介绍。

［关键词］ 改性沥青　基质沥青　稳定剂　生产工艺

1　改性沥青相溶性机理

改性沥青是由高分子聚合物改性剂作为分散相，用物理的方法以一定的粒径均匀地分散到粒径连续相重新构成的体系。聚合物之间存在部分的吸附，极易发生两相之间的离析。相溶性好是指作为分散相的聚合物以一定的径粒，均匀分布在沥青相中，改性效果显著。所以，SBS改性沥青的生产问题就是沥青与SBS的相溶性问题。如果两者的相溶性不好，则沥青会发生离析，使改性沥青的技术指标受到很大的影响。

2　原材料选择

生产SBS改性沥青的原材料包括基质沥青、SBS改性剂和稳定剂等。

2.1　基质沥青的选择

SBS改性沥青是在基质沥青中掺加少量的热塑性橡胶，通过一定的工艺加工而成，改性沥青的性质与基质沥青密切相关。因此要生产符合规范要求的改性沥青，选择基质沥青是关键。

2.1.1　基质沥青与改性剂SBS的配伍性

石油沥青的组成和性质差异，归根到底是原油的组成和性质差异。研究表明，沥青是复杂的混合物，在环境温度时呈现弹性型。优质沥青由于其含有适宜的饱和烃、芳香烃、胶质、沥青质组成比例，掺入改性剂时由于足够的软相沥青质、芳香族溶解，形成沥青/体系均匀结构的混合物。但是基质沥青的三大指标并不能完全反映沥青功能的组分性质。因此要求我们在生产中采用试验用高速剪切机，对基质沥青取样改性，考察不同改性剂品种，最终选定合适的配伍及工艺。

2.1.2　选用合适的基质沥青标号

SBS改性沥青的突出优点就是低温延伸性能的大幅度提高，因而对基质沥青的低温延度也有较高要求。同时，基质沥青中含蜡量的高低，与改性沥青的感温性能相溶性也有直接关系。即含蜡量高时基质沥青与SBS的相溶性差，改性效果不理想，其感温性能指标PI值也越小。

目前的道路石油沥青分为A、B、C三个等级。从各项技术指标来看，A级沥青适用于任何场合和层次；B级沥青适用于高速公路、一级公路沥青面层的下面层次，二级及二级以下公路的各个层次，也可用做改性沥青乳化沥青、改性乳化沥青、稀释沥青的基质沥青；C级沥青只适用于三级及三级以下公路的各个层次；但是B级和C级沥青的含蜡量相对偏高，所以用于生产上面层改性沥青的基质沥青宜采用A级道路石油沥青。

另外，改性沥青的等级是按25℃针入度来区分的。一般来说，基质沥青用通常工艺手段改性后其针入度要下降20～25。如70号道路石油沥青改性后针入度一般在45～50左右，只能符合I-D级要求。所以，加工I-D级一般选用70号沥青，I-C级一般选用90号沥青，I-B级一般选用110号沥青，I-A级则可选用130号沥青。

2.2 SBS改性剂

SBS改性剂兼有橡胶和塑料两种性能，常温下具有橡胶的弹性，高温下能像热塑料般成为可塑性材料，因而称热塑弹性体。SBS改性剂在改性沥青生产中的应用效果最理想，其主要特点是：

①改变了沥青流变学性质，黏弹性和延性提高，路面的抗冲击能力、抗开裂能力、耐磨耗能力都大大增加，可延长沥青路面的使用寿命；

②增大了沥青的黏附性和黏韧度，提高了沥青与砂石料的结合力，改善了沥青混合料的强度和防水能力，增强了沥青路面的耐久性；

③降低了沥青的温度敏感性，使沥青的针入度和软化点下降、弹塑范围扩大，耐流动变形性能力得到改善，使沥青路面平坦性能和抗车辙性能得到提高，使行车速度提高，路面维护减少。

根据苯乙烯和丁二烯所含比例的不同和分子结构的差异，SBS改性剂分为线形结构和星形结构两种。试验表明，星形SBS改性剂效果最好。但在加工性能方面，线形的要比星形的加工容易得多。在生产过程中应根据基质沥青、加工工艺选择合适的SBS改性剂。

2.3 稳定剂的选用

改性沥青生产方式有现场加工和成品生产两种工艺。

现场加工一般是改性沥青设备与拌和楼配合使用，生产出的改性沥青在储存罐中稍作保温存放即输入拌和楼。这种工艺不需要加入稳定剂，只要保温搅拌即可。

成品生产改性沥青的存储、运输，放置时间长，由于沥青中含有较多的极性化合物，而SBS改性剂是属于非极性化合物，黏度大，易集中在上部，因此沥青则容易沉在下部，即产生离析现象。这种不稳定性对生产成品SBS改性沥青的存储是不利的，尤其在长途运输时更不容易解决。加入稳定剂可以降低沥青相与SBS相之间的界面能，SBS相的分散，强化了两相间的黏和。同样，稳定剂的选用也需要根据沥青型号来选择；在生产前必须进行实验，选用合适的稳定剂。

3 设备的选用

确定SBS改性沥青生产设备及参数选择的依据是设备的设计生产能力，而设计生产能力要依托成套设备中主导设备的设计生产能力，然后以此为基础来匹配其他设备。

在SBS改性沥青成套设备中，研磨机是核心设备，而溶胀反应釜则是主导设备。其他设备以此为依据进行匹配。需要指出的是，研磨机是整个工艺流程中最关键的设备，目前用于SBS改性沥青生产的研磨机和高速剪切磨机，无论哪种类型，均要确保混合料的研磨质量，磨盘之间的间隙必须调准确。间隙过大，SBS混合料粒径不够小，SBS与沥青混合不充分、不均匀，从而影响质量；间隙过小（1mm以下），强力的摩擦力会使SBS改性沥青的温度上升，有可能使沥青老化。此外，齿面间隙的大小还会影响研磨机进出口压差、电能消耗等。

4 温度控制

在改性沥青生产工艺中，除原料、设备外，最重要的是温度控制。SBS改性剂的熔点在180℃左右，基质沥青的加热温度越高，SBS改性剂越容易被熔化、并能加快沥青的溶解速度。但是，沥青的温度过高，沥青容易老化；SBS改性剂会被氧化、焦化、分解、降解，造成使用性能下降。所以基质沥青的温度应控制在165～180℃之间。另外，改性沥青存储时的温度也要重视。使用表明，SBS改性沥青长时间在高温条件下存储时使用性能会有所下降，在150～160℃存储时，其各项指标变化不大。

5 成品改性沥青的存储

成品改性沥青存储的优点在于，一可以随时监测，检查质量，保证使用性能；二供应及时。要做到及时供应，除了生产能力的保障外还要配备存储设备——存储罐。存储罐有立式和卧式两种。改性沥青在存储罐中需要搅拌或循环，因为改性沥青中含有较多的极性化合物，而SBS改性剂属于非极性化合物且黏度较大，易聚集在上部，沥青容易沉积在下部，产生离析现象。

如前所述，SBS改性沥青的存储温度也需要严格控制。供应紧张时存储温度可设定165～170℃之间，在SBS改性沥青进出存储罐时各搅拌或循环一定时间；如存储时间较长，存储温度可设定到150～160℃之间，每天搅拌或循环一定时间。存储罐内的SBS改性沥青的搅拌或循环也不宜太频繁，因为：(1) 由于受热使沥青中的轻质油分不断挥发，使沥青变硬变脆，降低黏结性；(2) 沥青过多地与空气接触，会发生一定程度的老化；(3) 沥青在管道内不断运行并由储存罐顶处洒落到罐内时，沥青的表面积增大，将增加沥青的氧化反应；(4) 频繁搅拌或循环还会降低沥青温度，沥青温度反复地升高、降低，既加大成本又容易使沥青老化。

6 结语

SBS改性沥青可以全面提高沥青路面的高温抗车辙性能、低温抗裂性能、水稳性能、耐疲劳性能、抗老化性能等。在SBS改性沥青的生产过程中，必须考虑原材料、设备、温度、存储等多方面因素，只有实时控制，才能既保证质量又降低成本。

信南高速公路泌阳至南阳段SMA路面设计

吉军鹏　吕学彪　姜献民
中交第一公路勘察设计研究院

［摘　要］ 通过初步设计方案比选，随着设计理念的转变，结合SMA的特点，重点介绍了泌阳至南阳段高速公路上面层SMA的设计过程，为SMA路面的设计与施工积累更多的经验。

［关键词］ 方案比选　SMA路面　设计　施工

沥青马蹄脂碎石混合料具有较多的粗集料和较大集料空隙率，可充填较多量的沥青玛蹄脂，具有较高的承载力和抗剪强度，具有较强的高温稳定性、低温抗裂性、水稳性、抗滑性及耐久性。

本项目为上海至陕西高速公路在河南省境内的重要路段，交通量的日益增长以及大型车辆、重载、超载车辆逐渐增多，交通条件对路面的要求越来越高。路面设计通过外业调查，结合沿线的地形、地质、筑路材料分布情况及河南省相邻高等级公路的设计施工经验，确定了几种路面比选方案。在初步设计的基础上，结合本项目的特点，吸取国内高等级公路路面建设的成功经验，经信南高速公路有限公司组织专家与设计单位共同研究本项目路面上面层采用沥青玛蹄脂碎石混合料（SMA）。

1　项目简介

信阳至南阳高速公路泌阳至南阳段起点位于泌阳县城南曲岗附近，接信阳至泌阳高速公路泌阳互通式立交终点，在唐河县五里河附近跨越唐河，在南阳市卧龙区后屯处跨越白河，于辛店北到达本项目终点，与南阳至西坪高速公路辛店互通式立交起点顺接，全长91.086km。双向六车道标准，计算行车速度120km/h。

路线经过区域属北亚热带季风型大陆性气候，季风的进退与四季的替换较为明显。气候特点：冬干冷，雨雪少；夏炎热，雨量充沛。年平均气温14.4～15.7℃，最热月平均气温26.9～28.0℃，历年最高气温41.1℃；最冷月平均气温0.5～2.4℃。年降水量703.6～1173.4mm，年日照时数1897.9～2120.9h，年无霜期220～280d。根据沿线土质情况，设计路段路基土组为低液限黏土。

2　设计背景

2.1　初步设计

初步设计阶段通过外业调查，结合沿线的地形地质、筑路材料分布情况及河南省相邻高等级公路的设计施工经验，确定了几种路面比选方案，见表1。

路面比选方案　　表1

层位＼方案	方案一	方案二	方案三	方案四	方案五	方案六
上面层	4cmAK-13A 改性沥青	4cmSMA-13 改性沥青	4cmAC-13 改性沥青	5cmAK-16A 改性沥青	4cmAK-13A 改性沥青	4cmAK-13A 改性沥青
中面层	6cmAC-20 改性沥青	6cmAC-20 改性沥青	6cmAC-20 改性沥青	6cmAC-20 改性沥青	6cmAC-20 改性沥青	6cmAC-20 改性沥青

续上表

方案 层位	方案一	方案二	方案三	方案四	方案五	方案六
下面层	8cmAC-25	8cmAC-25	8cmAC-25	7cmAC-25	8cmAC-25	8cmAC-25
下封层	改性沥青封层	改性沥青封层	改性沥青封层	改性沥青封层	改性沥青封层	改性沥青封层
基层	36cm 水泥稳定碎石	36cm 水泥稳定碎石	36cm 水泥稳定碎石	36cm 水泥稳定碎石	38cm 水泥稳定碎石	12cmATB-25＋24cm 水泥稳定碎石
底基层	20cm 水泥稳定砂砾	20cm 水泥稳定砂砾	20cm 水泥稳定砂砾	20cm 水泥稳定砂砾	20cm 二灰土	20cm 水泥稳定砂砾
方案比较	结构合理，施工经验成熟	造价高、施工难度大	抗滑性能不足	抗水损害性能稍差	底基层材料稍差	造价高、适合铺筑试验路段

2.2 方案比选

区域内桐柏、泌阳及南阳蒲山石灰岩储量丰富，碎石产量、性能均能满足本项目工程需求；路线经过的河流主要有泌阳河、唐河及白河等大河流，河床砂砾储量丰富，砂砾级配适当，能满足工程要求。根据沿线地质调查及室内试验，沿线分布土壤均具有膨胀性，技术指标较差。根据以上分析，本项目路面基层采用水泥稳定碎石，底基层采用水泥稳定砂砾。

高等级公路沥青路面应具有良好的抗滑、耐磨性、高温稳定性及低温抗裂性。结合当地的气候、水文等自然特性及路面施工的难宜程度，综合考虑路面结构层抗车辙、抗滑、防渗等功能，本路段路面结构推荐采用方案一，上面层采用 AK-13A 具有良好的抗滑性能，基层采用水泥稳定碎石早期强度高，具有良好的抗水损性能，上、中面层采用改性沥青可有效改善沥青混合料的高温稳定性。

2.3 修改方案

随着 SMA 路面技术的发展，在国内也越来越多的应用，但河南省目前高速公路采用 SMA 路面较少，为了提高本项目路面的使用性能，并为河南省今后修筑高速公路 SMA 路面积累经验，经信南高速公路有限公司组织专家与设计单位共同研究本项目路面上面层采用 SMA-13 路面。本文主要就上面层 SMA-13 沥青玛蹄脂碎石的设计进行阐述。

3 SMA-13 路面设计

3.1 SMA 路面的特点

沥青玛蹄脂碎石混合料（SMA）是由沥青结合料与少量的纤维稳定剂、细集料以及较多量的填料组成的沥青玛蹄脂填充于间断级配的粗集料骨架的间隙，组成一体的沥青混合料。沥青玛脂碎石混合料较一般的沥青混凝土具有更好的高温稳定性、低温抗裂性、水稳性、抗滑性及耐久性。

3.1.1 高温稳定性

沥青玛蹄脂碎石混合料中矿料为间断级配，粗集料占到 70％以上，大量的粗集料形成混合料的骨架具有良好的嵌挤作用。沥青混合料产生较强的抵抗荷载变形的能力，即使在高温条件下，沥青玛蹄脂的黏度下降，对这种抵抗能力的影响也不会减小，具有较强的高温抗车辙能力。

3.2.2 耐久性

沥青玛蹄脂碎石混合料内部被沥青玛蹄脂充分填充，空隙率小，沥青与空气接触少，因而沥青混合料的耐老化性能较好。

3.2 SMA 混合料的设计

3.2.1 材料的选择

(1) 沥青

沥青玛蹄脂碎石混合料（SMA）采用SBSⅠ-D改性沥青，可有效改善路面的高温稳定性，改性沥青的剂量按试验确定。基质沥青采用70号石油沥青，SBSI-D改性沥青的指标应满足表2的技术要求。

SBSI-D 改性沥青的技术要求　　表2

项　目	单　位	SBSI-D 指标
针入度25℃，100g，5s	0.1mm	40～60
针入度指数PI，不小于		0
延度5cm/min，5℃，不小于	cm	20
软化点TR&B，不小于	℃	75
运动黏度135℃，不大于	Pa·s	3
闪点，不小于	℃	230
溶解度，不小于	%	99
弹性恢复25℃，不小于	%	75
贮存稳定性离析，48h软化点差，不大于	℃	2.5
TFOT（或RTFOT）后残留物		
质量变化，不大于	%	±1.0
针入度比25℃，不小于	%	65
延度5℃，不小于	cm	15

(2) 粗集料

粗集料必须采用坚硬的、粗糙的、有棱角的优质石料，必须严格限制集料的扁平颗粒含量，必须与沥青有很好的黏附性。沥青玛蹄脂碎石混合料用碎石可采用内乡东川的玄武岩碎石，技术质量要求见表3。

面层用粗集料质量技术要求　　表3

指　标	技术要求	
	上面层	其他层次
石料压碎值　不大于(%)	26	28
洛杉矶磨耗损失　不大于(%)	28	30
表观相对密度　不小于	2.6	2.5
吸水率　不大于(%)	2	3
对沥青的黏附性　不小于	4级	
坚固性　不大于(%)	12	
针片状颗粒含量　不大于(%)	15	18
水洗法<0.075mm颗粒含量　不大于(%)	1	
软石含量　不大于(%)	3	5
石料磨光值（上面层）　不小于(BPN)	40	

(3) 细集料

细集料采用机制砂，应洁净、干燥、无风化、无杂质，其质量符合表4的要求。

沥青混合料用细集料质量要求 表4

项　目	单　位	指　标
表观相对密度，不小于		2.50
坚固性（>0.3mm部分），不小于	%	12
含泥量（<0.075mm的含量），不大于	%	3
砂当量，不小于	%	60
亚甲蓝值，不大于	g/kg	25
棱角性（流动时间），不小于	s	30

（4）矿粉

项目区域内石灰岩储量丰富，矿粉采用石灰岩磨制的石粉，原石料中的泥土杂质应除净。矿粉应干燥、洁净，能自由地从矿粉仓流出，其质量应符合表5的要求。

沥青混合料用矿粉质量要求 表5

项　目	单　位	指　标
表观密度，不小于	t/m^3	2.50
含水量，不大于	%	1
粒度范围<0.6mm <0.15mm <0.075mm	% % %	100 90～100 75～100
外观		无团粒结块
亲水系数		<1
塑性指数	%	<4

（5）纤维

上面层SMA沥青混合料中掺加木质素纤维，可有效改善沥青路面的高温稳定性。木质素纤维的质量应符合表6的技术要求。

木质素纤维质量技术要求 表6

项　目	单　位	指　标	试验方法
纤维长度，不大于	mm	6	水溶液用显微镜观测
灰分含量	%	18±5	高温590～600℃燃烧后测定残留物
pH值		7.5±1.0	水溶液用pH试纸和pH计测定
吸油率，不小于		纤维质量的5倍	煤油浸泡后放在筛上经振敲后称量
含水率（以质量计），不大于	%	5	105℃烘箱烘2h后冷却称量

3.2.2　SMA混合料的设计

本路段气候分区为Ⅳ2区属热区，为满足沥青路面的抗滑、耐磨、高温稳定性及低温抗开裂性的使用要求，上面层采用4cm厚的改性沥青玛蹄脂碎石混合料（SMA-13）铺筑。改性沥青SMA-13混合料技术指标应满足表7的要求。

SMA混合料配合比设计技术要求 表7

项　目	单　位	技术要求
马歇尔试件击实次数	次	双面各击实50
空隙率VV	%	3～4
矿料间隙率VMA，不小于	%	17

续上表

项 目	单 位	技术要求
粗集料骨架间隙率 VCA_{mix}，不大于	%	VCADRC
沥青饱和度 VFA	%	75～85
稳定度，不小于	kN	6
谢伦堡沥青析漏试验的结合料损失，不大于	%	0.1
肯塔堡飞散试验混合料损失，不大于	%	15
混合料车辙试验动稳定度，不小于	次/mm	3000
低温弯曲试验的破坏应变，不小于	$\mu\varepsilon$	2500
浸水马歇尔试验残留稳定度，不小于	%	80
冻融劈裂试验的残留强度比，不小于	%	81
渗水试验渗水系数，不大于	ml/min	80

沥青混合料应在河南高速公路配合比设计和使用情况调查研究的基础上，充分借鉴成功经验，结合本项目的实际情况，选用符合要求的材料进行混合料配合比设计。

上面层采用沥青玛蹄脂碎石混合料（SMA-13），混合料面层矿料的级配组成如表 8 所示。

沥青混凝土混合料矿料级配范围（方孔筛） 表 8

级配类型	通过下列筛孔（mm）的质量百分率（%）									
	16	13.2	9.5	4.75	2.36	1.18	0.6	0.3	0.15	0.075
SMA-13	100	90～100	50～75	20～34	15～26	14～24	12～20	10～16	9～15	8～12

3.3 SMA 的施工和改性沥青的生产应注意事项

（1）改性沥青的黏度相对较高，在 SMA 混合料制备工程中，如果改性沥青的加热温度偏低，混合料将拌和不均匀，无法平整摊铺，碾压也很难达到要求的压实度，施工质量也无法保证，因此改性沥青的加热温度不易低于 165℃，加热的最高温度不应超过 175℃。

（2）改性沥青宜采用专业生产厂家生产的成品改性沥青，以确保改性后的沥青质量，改性沥青应完全按照产品标明的方法、方式进行贮存，不应乱存乱放，并且贮存时间不得超过质量期。施工使用之前应对沥青进行抽样检验，确认已经发生离析的改性沥青不得使用。

（3）木质纤维素的采购、运输及贮存过程中严禁受潮。

（4）为了防止运料车表面混合料结硬，运料车运输过程中必须加盖苫布。

（5）为了保证路面的平整度，在混合料摊铺过程中，应保证摊铺机缓慢、均匀、连续不间断地摊铺，摊铺过程中不得随意变换速度或路途停车。其摊铺速度应充分考虑 SMA 混合料拌和生成率低的特点，摊铺与混合料生产要相匹配。

（6）SMA 混合料面层碾压时，必须采用刚性碾压，宜采用钢筒式静态压路机。不允许采用轮胎式压路机，也可采用“高频、低幅”的振动刚性压路机。

（7）在碾压 SMA 面层时要时刻注意压实度的变换，禁止“过碾压”的现象发生，有效的方法是严格控制碾压遍数。因此在大量铺筑之前应选择试验路段（长度不小于 300m）做好试铺试压工作，确定碾压时间、顺序、温度和碾压速度、最佳压实遍数等指导性数据。

4 新材料、新技术的应用

4.1 改性沥青

随着交通量的日益增长以及大型车辆、重载、超载车辆逐渐增多，交通条件对路面的要求越来越高，改性沥青的使用已逐步成为沥青路面的发展方向。本项目采用 SBSI-D 改性沥青，软化点提高到不低于75℃，可有效提高路面的使用性能尤其是提高高温抗车辙能力、水稳定性和抗老化能力。

4.2 纤维

SMA混合料中含有较多的沥青和粗集料，在混合料中添加适量的纤维稳定剂可有效增大集料的表面积、增加油膜厚度、增强结合料与集料的黏附性、减少混合料在运输或摊铺过程中沥青胶结料的析漏及减少通车后路面的泛油现象。本项目上面层采用木质纤维，纤维用量一般为沥青混合料的0.3%，纤维剂量的容许偏差为纤维总量的±10%，技术指标应满足表6的要求。

5 结语

沥青玛蹄脂碎石混合料具有较多的粗集料和较大集料孔隙率，可充填较多量的沥青玛蹄脂，具有较高的承载力和抗剪强度，具有较强的高温稳定性、低温抗裂性、水稳性、抗滑性及耐久性。

随着交通量的日益增长以及大型车辆、重载、超载车辆逐渐增多，交通条件对路面的要求越来越高，SMA路面较其他沥青混凝土路面有着更优越的性能，更符合本项目路面的使用要求。

浅谈水泥稳定砂底基层施工要点

董 勋 邱柯东 鱼建平
东盟营造工程有限公司

[摘 要] 水稳砂（砾）基层、底基层具有整体性强、承载力高、刚度大、水稳性好而且较为经济的特点。它的施工质量，受材料、施工工艺、施工管理等多方面因素的影响。

[关键词] 水泥稳定砂 底基层施工

砂颗粒粒径一般比较均匀，径度小，嵌锁力弱，摊铺后处于松散状态，碾压时混合料处于塑性流动状态，所以通过多方面综合考虑，掺加一定比例的石屑来改善混合料的级配，减小混合料的孔隙并增大内摩阻力。在此基础上结合以往的施工经验，我们从原材料检测、选择、配合比设计、拌和、摊铺、碾压等施工工艺作以严格控制，取得了较好的效果。

1 原材料

1.1 水泥

应选用质量好、各项指标合格、初凝（宜 3h 以上）、终凝（6h 以上）时间较长的水泥（当采用两种以上的水泥时，不仅要针对不同的水泥进行配合比设计，在选择水泥的时候就应该注意使用的不同水泥的各项指标特别是凝结时间要尽量一致）。

1.2 砂

砂取自沿线河流，有超粒径和含泥块现象，要对进场砂进行过筛处理，使之满足设计要求，另外还要注意砂中杂质的含量，比如云母、泥的含量，过多会影响底基层的强度、耐久性，并且容易产生收缩裂缝。砂筛分结果见表 1。

砂筛分结果 表 1

筛孔尺寸（mm）	4.75	2.36	1.18	0.6	0.3	0.15	0.075
通过量（%）	89.5	72.5	43.5	24.8	10.3	2.1	1.5

1.3 石屑

应特别注意塑性指数应符合设计要求，因为塑性指数越高，其收缩性就越大，抗冲刷能力弱，易使底基层产生裂缝，故对石屑塑性指数严格检查控制，切不可大意。另外应注意石屑的级配组成，石屑级配过粗，在混合料中的比表面积相应地减少了，石屑颗粒对砂的裹覆与颗粒间填充不充分，与水泥的水化作用不足，集料的凝结硬化效果降低，相互的物理和化学作用减弱，从而导致底基层表面松散，层状推移，影响水泥稳定砂底基层的强度和耐久性。但是如果石屑级配过细（0.6mm 以下通过率过高）会导致收缩系数明显增加，易产生裂缝，同样也影响到底基层的使用性能，因此在选择石屑时应多进行颗粒分析试验，确定最佳的级配组成。石屑筛分结果见表 2。

石屑筛分结果 表 2

筛孔尺寸（mm）	4.75	2.36	1.18	0.6	0.3	0.15	0.075
通过量（%）	95.9	72.6	62.8	53.0	43.1	35.2	17.2

2 配合比设计

2.1 设计要求

要求水泥稳定级配砂的 7d 浸水抗压强度不小于 2.5MPa。

2.2 组成设计步骤

2.2.1 用不同石屑掺量拟订三个技术方案，用预估水泥用量进行无侧限抗压强度试验（无侧限抗压试模采用直径×高＝100mm×100mm），试验结果见表3和图1（采用规范试验方法，试验精度符合要求）。

不同方案试验结果对比表　　表3

方案类型	水泥剂量（%）	水泥含量	7d浸水抗压强度（MPa）	方案类型	水泥剂量（%）	水泥含量	7d浸水抗压强度（MPa）
水泥稳定砂＋20%石屑	8	0.074	3.31	水泥稳定砂＋30%石屑	7	0.065	2.77
水泥稳定砂＋20%石屑	7.5	0.07	3.04	水泥稳定砂＋40%石屑	8	0.074	3.47
水泥稳定砂＋20%石屑	7	0.065	2.68	水泥稳定砂＋40%石屑	7.5	0.07	3.09
水泥稳定砂＋30%石屑	8	0.074	3.64	水泥稳定砂＋40%石屑	7	0.065	2.73
水泥稳定砂＋30%石屑	7.5	0.07	3.43				

2.2.2 利用数理分析手段对三个方案进行分析。

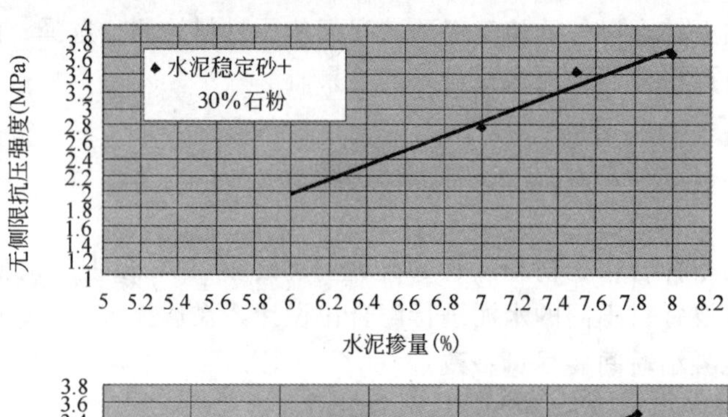

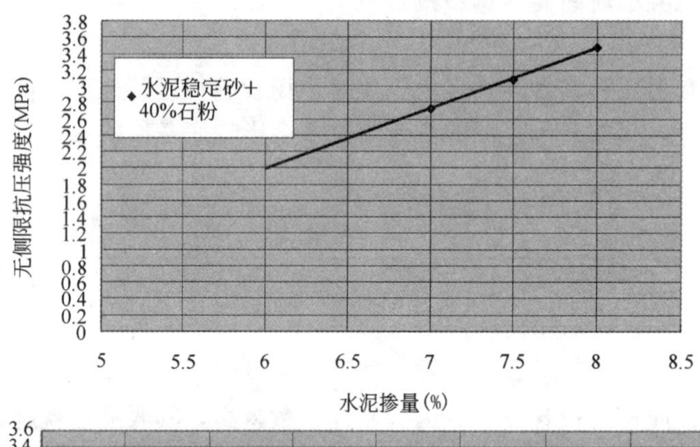

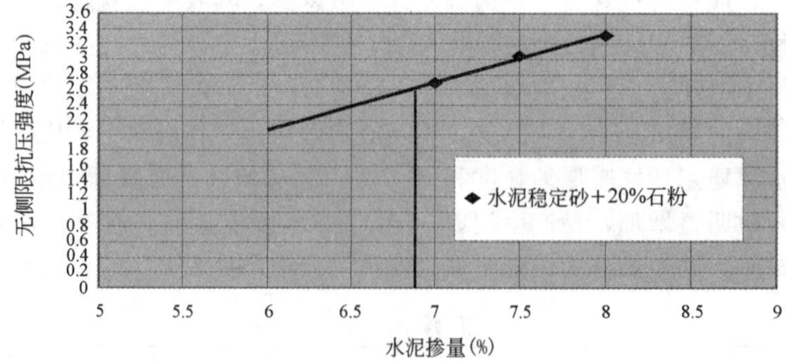

图1 不同方案水泥掺量与无侧限抗压强度关系曲线

2.2.3 经过经济、技术方案比选，确定石屑最佳掺量为20%（即砂：石屑＝80：20）。用5%，5.5%，6%，6.5%，7%五个水泥剂量进行重型击实试验，无侧限抗压强度试验，确定水泥剂量为6.5%，试铺成功。保持级配组成不变，经振动成型法优化，最终采用水泥剂量为5.5%。

3 拌和

混合料的均匀性会直接影响水泥的胶凝作用，进而影响结构层的强度和刚度。混合料的均匀性差，就会造成碾压成型差，水泥稳定砂在行车和温差的影响下，表面易产生大量裂缝，对由于施工作业面影响，暴露时间较长，裂缝较多的路段取芯作无侧限抗压强度检测，强度在2.5MPa到7.5MPa之间分布，离散系数大，也说明了这段时间拌和效果差，应在保证厂拌拌和时间的前提下，分析原材料的含水量、含泥量、塑性指数等指标。

混合料要均匀，首先拌和机的投料要准确，拌和过程要掌握水泥剂量、集料级配、混合料含水量。由于混合料的最佳含水量是通过室内试验测定，若在施工现场对二者的测定频率不足，含水量控制就难以保证。拌制混合料含水量的动态变化导致摊铺后部分路段过干或过湿，必然造成水泥稳定砂在碾压时表面松散或弹簧，难以成型。同时由于含水量不均匀，结构层在早期强度形成过程中，水泥与砂、石屑的水化，凝结和硬化不一致，产生的干缩应力也不均匀，当结构层的干缩应力大于结构层的抗拉强度时就会产生开裂，影响水泥稳定砂的整体成型。

考虑施工现场与试验室的差异，在做试验段时，配合比必须在拌和机上进行调整。首先测定各种原材料的天然含水量，根据理论配比换算成最佳含水量时的施工配合比，然后将各种材料的换算值输入电脑，在相同时间内分别输出水泥、砂，并进行称量，称得的重量与换算值比较，直到各材料的重量输出比例与换算后的理论配合比相吻合，在施工过程中要随时检查各原材料含水量，及时调整各种原材料的重量。施工时要根据当时天气、温度情况确定含水量的大小，考虑运输，摊铺等因素，以满足运输过程中水分的损失。针对水泥稳定砂，要特别提醒的就是，砂性材料的整体保水性较好，含水量不宜较最佳含水量富裕过多，同时水泥稳定砂对含水量非常敏感，应严格控制施工节奏，施工过程中有时发现，由于施工节奏把握不好，在碾压过程中，发现表面干燥、起皮，缺乏经验的施工人员立即进行补水，结果导致混合料含水量偏大，碾压时弹簧。所以水泥稳砂施工，含水量控制、施工节奏把握相当关键，应该严格控制，摸索其规律。

4 摊铺

在控制好混合料均匀性的前提下，为了控制好底基层的平整度和高程，采用两台同型号的摊铺机梯队（前后距离3～6m，重叠宽度20cm）摊铺作业。为了保证平整度，摊铺机应连续摊铺。摊铺过程中要注意摊铺机的速度，保持稳定，同时应考虑拌和设备的生产力与摊铺机速度相匹配，保证每台摊铺机前有三辆以上运料车在等待卸料。摊铺机的振动和振捣频率要均匀一致，不要随意调整。

5 碾压

对于水泥稳定砂混合料碾压，应以振动压路机为主。根据试验路段（采用天津市政优化试验结果）数据，确定以下碾压方式：先用双钢轮压路机稳压一遍，其速度为1.5～1.7km/h；再用2台振动压路机各轻振一遍，强振一遍，其速度为2.0～2.5km/h；最后用胶轮压路机碾压1～2遍，其速度为2.0～2.5km/h。碾压时应遵循先轻后重、先慢后快、先外侧后内侧的原则。值得提醒的是，水泥稳砂表面失水很快，所以必须加强现场管理，紧跟碾压，建议配备能喷水的胶轮压路机终压收面。靠近纵缝部分，必须碾压到位，应防止局部漏压。混合料各组成材料掺配合适的前提下，含水量适中，碾压均匀，7d能取出完整的芯样且强度良好，但是如果含水量和现场碾压控制不好，强度不易形成，取出的芯样轻则表面毛糙，严重者芯样不完整。从拌和碾压到完成，一般应控制在2h（最多不超过3h）完成，不能延误时间，否则也会影响强度。

6 养生及交通管制

碾压完毕即可进入养生阶段。此阶段要求其表面始终处于湿润状态，并用一布一膜土工布进行覆

盖养生。养生期一般为7d。养生期间不得开放交通。不能完全封闭交通时，就限制重车通行。禁止车辆在上面掉头或急刹车，以免影响强度。

7 结语

为了保证工程质量，必须严格控制施工程序，首先是控制好水泥的剂量和质量。另外，砂质量、0.075mm 颗粒含量及混合料的含水量、碾压工艺、养生条件与龄期，都会产生影响。水泥剂量准确，含泥量不超，含水量适中，才能确保水泥稳定混合料质量，以本标段施工情况看，天然砂级配变化较大，干密度也在不断变化，给压实度控制增大难度，需要在保证现场的前提下加强过程控制，做到水泥稳定砂底基层达到应有的效果。

下面层 AC-25 沥青混合料 GTM 试件的体积分析

刘枝林　刘晋辉
山西太行路桥有限公司

[摘　要]　简要介绍了矿料级配范围的关键性筛孔尺寸的调整原则，骨架密实结构的准确含义，并对 GTM 试件进行体积分析，指出在施工中加大对矿料级配控制的重要性。

[关键词]　骨架密实　体积分析　GTM　级配曲线

1　沥青混合料目标配合比设计的主要过程

无论采用马歇尔试验法或美国旋转压实剪切试验机方法中的哪一种来设计沥青混凝土配合比，沥青混凝土目标配合比设计过程都主要分为以下几个步骤：第一步：根据规范或设计文件的要求进行原材料检测。第二步：根据工程的气候条件、交通条件、公路等级、所处的层位合理地确定矿料级配范围。第三步：按不同的油石比成型试件，确定油石比。不同的设计方法确定油石比所依据的指标是不同的，马歇尔试验法确定油石比的主要指标是空隙率、密度、沥青饱和度、矿料间隙率、沥青饱和度、稳定度、流值，以体积指标为主，辅以力学指标；旋转压实剪切试验机方法确定油石比的主要指标是试件压实到平衡状态时的密度、应变比、抗剪安全系数。

2　矿料级配范围的调整原则

在沥青混凝土配合比设计的过程中，合理地确定级配范围是非常关键的一步。这也是沥青混合料设计的基础，没有良好的级配范围，无论用什么方法成型试件，都不会设计出良好的沥青混合料。

不管采用哪一种级配范围，所设计的沥青混合料的结构类型都是悬浮密实、骨架空隙、骨架密实中的一种。在三种沥青混合料的结构类型中，骨架密实结构是路用性能最好的混合料结构类型，它兼顾骨架空隙和悬浮密实两种结构的特点，不仅粗集料数量较高，且因断去了中间尺寸的集料，故有相当数量的细集料填密骨架的空隙，形成了间断型骨架密实结构。这种结构密度较大，黏聚力较高，内摩阻角较高，高温、低温路用性能较好。这种结构越来越受到重视，适合于重交通和高温的地区。

要想设计出密实骨架型沥青混合料，首先要对密实骨架型结构层有明确的定义。通常认为，只要是细集料＋矿粉＋沥青＋预留的设计空隙率体积之和介于关键性筛孔尺寸 4.75mm 或 2.36mm 以上粗集料在松散堆积状态下的最大空隙体积率和经振实（或捣实）状态下的最小空隙体积率之间，即可称为密实骨架型结构层。对于本标段的下面层 AC-25 沥青混合料来讲，4.75 mm筛孔为关键性筛孔尺寸，根据以往施工经验，关键性筛孔尺寸以上的粗集料在松散状态下的干密度与最大理论密度相比，空隙体积率多为 45％左右，在振实状态下的干密度与最大理论密度相比，空隙体积率多为 40％左右。也就是讲，当细集料＋矿粉＋沥青＋预留的设计空隙率体积之和介于 40％～45％之间时，可以认为沥青混合料为骨架密实型结构。

本标段所设计的沥青混合料要符合重交通、高温的要求特性，在关键性筛孔尺寸的通过率确定后，以下几个筛孔尺寸的通过率也是主要的控制点，按照规范确定的级配调整原则，结合以往的施工经验，下面层的级配应按照以下的思路去调整级配。

2.1　矿粉用量的确定

沥青混合料的密度和稳定度，随矿粉用量的增加而提高，沥青混合料的软化程度同样随着矿粉用量的增加而提高，有利于提高沥青混合料的抗高温性能。但矿粉用量也不是越多越好，如果沥青混合料中矿粉用量过多，比表面积增加，需要沥青用量增多，此时由沥青和矿粉形成的沥青胶泥裹覆在矿料表面的厚度加大，沥青混合料的抗高温性能降低，碾压过程中不宜稳定，而且容易产生推移裂纹。通常情况下，我们取规范规定范围3%～7%的中值即5%。

2.2 1/2最大公称尺寸筛孔通过率的确定

较高的1/2最大公称尺寸筛孔的通过率，能使中间料的用量增加，在施工的过程中将产生较少的离析现象，有利于碾压密实。要配置出S形级配曲线，1/2最大公称尺寸筛孔的通过率宜在规范规定的级配范围的中值和上限之间选取，对AC-25来讲，即在66%～76%之间。

2.3 最大公称尺寸筛孔通过率的确定

为使沥青混合料构成骨架作用，减少离析现象，确保具有抗高温稳定性，同时兼顾低温抗裂性能的需要，应尽量减少超最大公称尺寸筛孔的用量，建议最大公称尺寸筛孔通过率控制在中值与100%之间，即98%左右。

2.4 3～0.6mm之间通过率的确定

在调整矿料级配的过程中，要严格注意0.3～0.6mm之间的用量，尽量避免“驼峰”现象的出现，之所以严格控制这两档料的通过率，是因为这两档料的增加会使矿料级配曲线靠近最大理论密度线，靠近最大理论密度线的矿料级配，生产出的沥青混合料对沥青用量非常敏感，当沥青用量稍有微小变化，特别是在炎热高温下，沥青混合料很容易发生塑性变形。通常在规范规定范围的下限取值。

3 下面层目标配合比矿料级配分析

下面层目标配合比由天津市市政设计院采用GTM方法设计，各种数据见表1～表3。

下面层各种原材料密度及配合比 表1

项目	10～25mm	10～20mm	5～15mm	3～5mm	0～3mm	矿粉	沥青
表观相对密度	2.74	2.741	2.742	2.735	2.736	2.89	1.011
毛体积相对密度	2.722	2.72	2.715	2.687	2.674		
内掺配合比	15.51	19.85	27.55	8.77	23.31	1.35	3.66

沥青混合料试件体积参数及马歇尔稳定度试验结果 表2

油石比（%）	最大理论相对密度	表干法毛体积相对密度	空隙率（%）	矿料间隙率（%）	沥青饱和度（%）	稳定度（kN）	流值（mm）
3.8	2.567	2.513	2.1	10.6	80.1	14.8	3.3

矿 料 合 成 级 配 表3

筛孔直径（mm）	31.5	26.5	19	16	13.2	9.5	4.75	2.36	1.18	0.6	0.3	0.15	0.075
合成级配（%）	100	98.9	85.9	72.9	64.4	55.4	34.3	24	18.5	12.5	8.7	6.1	5

在100g沥青混合料中，关键性筛孔4.75mm以上粗集料的体积为：15.51÷2.722+19.85÷2.72+27.55÷2.715=23.14

细集料的体积为 8.77÷2.687+23.31÷2.674=11.98

填料的体积为 1.33÷2.89=0.47

沥青的体积为 3.66÷1.011=3.62

则沥青混合料的绝对体积为 23.14+11.98+0.47+3.62=39.21

由于沥青混合料的空隙体积率为2.1%，故沥青混合料的总体积为：

$$39.21 \div (1-0.021) = 40.05$$

关键性筛孔尺寸4.75mm以上粗集料占沥青混合料总体积百分率为：23.14÷40.05=57.8（%）

关键性筛孔尺寸4.75mm以下细集料+填料+沥青+空隙率的体积之和为：1－0.578＝42.2（%），大于粗集料在捣实状态下的空隙率，小于粗集料在松散状态下的空隙率，属于骨架密实结构。

最大公称尺寸26.5mm筛孔的通过率为98.9%，接近规范规定范围的中值与上值的平均值，有利于矿料级配形成S形级配。

矿粉的用量为5%，等于规范规定范围的中值。

1/2最大公称尺寸筛孔通过率为64.4%，接近规范规定范围的中值66.5%。

0.3～0.6mm之间的通过率差值为3.8%，小于规范规定的这两种料中值的差值6.5%，用量偏小。

通过对下面层混合料的初步体积分析，不仅可以发现其结构类型为骨架密实类型，而且几个主要的筛孔尺寸通过率都符合规范在重交通高温下对沥青混合料级配范围的调整原则，属于典型的S形级配曲线，能提供良好的路用性能。

4 施工中要加大对矿料级配的控制

通过对下面层矿料级配的分析可知，采用GTM的方法来设计沥青混合料配合比，也必须合理科学的选择矿料级配范围，而且其级配的调整思路与采用马歇尔方法来设计沥青混合料配合比时级配调整思路是一样的，任何一种设计方法，都离不开良好的矿料级配范围。

由于GTM还处于试验阶段，各家施工单位都没有旋转压实剪切试验机，在日常的施工中，也不能按照设计方法去成型试件，去检测应变比和抗剪系数，但可以通过常规的试验来检测沥青混合料的含油量、矿料的级配。如果能保证施工中的配合比接近目标配合比，现场的压实度达到GTM试件的密度，相信可以保证现场的施工质量达到设计的预期效果。

良好的矿料级配是沥青混合料路用性能的基础和保证，所以不管用哪种方法设计沥青混合料，对混合料级配的检测和控制都是动态质量管理的主要内容。

5 结语

对GTM试件的体积分析可知，其混合料类型为骨架密实结构，而且几个关键筛孔通过率的调整原则与采用马歇尔方法来设计沥青混合料的调整原则一样，为两头细、中间粗的S形级配。这充分说明确定良好的矿料级配范围是设计沥青混合料配合比的最重要的一步，也只有在良好级配的基础上才能设计出路用性能良好的沥青混凝土，在正常的施工中，要加大对沥青混合料矿料级配的控制，确保施工质量。

SBS 改性沥青混合料中面层 AC-20 施工工艺及质量控制

吴永才
中铁十三局集团有限公司

［摘　要］　SBS 改性沥青在高等级公路、城市干道和机场跑道等的应用，显著提高了路面的使用性能，延长了路面使用寿命，大大降低了养护费用，收到了良好的社会与经济效益。它的具体特点如下：具有很好的耐高温、抗低温能力；较好的抗车辙能力；改善了沥青的水稳定性；提高了路面的抗滑能力；增强了路面的承载能力；减少了沥青的老化等。因此，它在国内高等级公路上的广泛应用，已成为不可逆转的趋势。本文根据信南高速公路路面十二标的施工经验，就如何改善中面层 SBS 改性沥青路面施工工艺及质量控制进行论述。

［关键词］　施工工艺　施工质量　控制

1　工程概况

信阳至南阳高速公路为国家规划的上海至陕西高速公路项目的重要路段，也是河南省“五纵四横四通道”公路主骨架中一横的重要组成部分。由我部承建的泌阳至南阳段路面工程 BNLM-12 合同段，起点桩号 K105＋000，终点桩号 K120＋000，全长 15km。

设计标准：

(1) 全线按高速公路双向六车道设计，设计行车时速 100km/h；

(2) 路基设计宽度 34.5m，路面设计宽度 31.0m，采用沥青混凝土路面结构；

(3) 桥涵设计荷载：汽车—超 20 级，挂车—120；

(4) 路面的结构形式：从上到下路面结构分别为：4cmSMA-13 上面层＋6cmAC-20C 中面层＋8cmAC-25C 下面层＋36cm 水泥稳定级配碎石基层＋20cm 水泥粉煤灰稳定砂底基层，SMA-13 上面层及 AC-20C 中面层采用 SBS 改性沥青。

2　施工工艺

2.1　原材料质量控制

泌南段路面十二标改性沥青中面层原材料产地来源如下：

沥青结合料：SBS 改性沥青采用韩国双龙成品改性沥青，基质沥青 AH-70 重交道路石。

油沥青：SBS 改性剂掺量 0.3%。

粗集料：选用泌阳台山石料厂生产的机轧石灰岩碎石，规格 5～10mm 和 10～20mm 两种。

细集料：选用泌阳台山石料厂生产的机轧石灰岩石屑，规格 0～3mm 和 3～5mm 两种。

填料：选用的石灰岩磨细矿粉。

原材料质量控制要点：

(1) 经常检查集料规格、品种、扁平细长颗粒、含泥量、含水量、风化石含量等。如果外观检查认为颗粒组成不正常，则进行必要的筛分试验。

(2) 经常检查矿粉的色泽是否正常，有无团结块和明显的粗颗粒情况。

(3) 进场材料要按规范进行检验，尽可能加大抽检密度，不合格的材料坚决退场。

(4) 堆料场要进行场地硬化，避免将堆料场的土混入碎石中。

(5) 不同规格的料堆间设置隔离墙，以免不同规格碎石混杂在一起。

(6) 料堆要有明显标示，防止上料时装错料。

2.2 中面层 SBS 沥青混合料配合比设计

目标配合比：委托天津市市政工程研究院采用 GTM 法目标配合比设计，矿料组成比例为：10～20mm 碎石：5～10mm 碎石：3～5mm 石屑：0～3mm 石屑：矿粉＝31：30：12：24：3，最佳油石比 4.0%。

生产配合比：各热料仓集料掺配比例为：1 号热料仓（规格 0～6mm）：2 号热料仓（规格 6～14mm）：3 号热料仓（规格 14～22mm）：矿粉＝40：25：30：5，各热料仓集料筛分结果及合成级配见表 1。

单位（%）　表 1

集料粒径（mm）	26.5	19	16	13.2	9.5	4.75	2.36	1.18	0.6	0.3	0.15	0.075
3 号热料仓	100	85.0	46.8	9.0	1.0	0.3	0.3	0.3	0.3	0.3	0.3	0.3
2 号热料仓	100	100	100	96.5	58.0	0.7	0.1	0.1	0.1	0.1	0.1	0.1
3 号热料仓	100	100	100	100	99.5	85.6	47.4	33.7	24.6	14.0	8.2	0.4
矿粉	100	100	100	100	100	100	100	100	100	99.6	98.2	76.8

矿料级配组成比例及合成级配见表 2。

表 2

矿料规格种类	矿料配合比例	各规格种类矿料（mm）通过百分率（配合后）（%）											
		26.5	19	16	13.2	9.5	4.75	2.36	1.18	0.6	0.3	0.15	0.075
3 号热料仓(大仓)	30%	30.0	25.5	14.0	2.7	0.3	0.1	0.1	0.1	0.1	0.1	0.1	0.1
2 号热料仓(中仓)	25%	25.0	25.0	25.0	24.1	14.5	0.2	0	0	0	0	0	0
1 号热料仓(小仓)	40%	40.0	40.0	40.0	40.0	39.8	34.2	19.0	13.5	9.8	5.6	3.3	0.2
矿粉	5%	5.0	5.0	5.0	5.0	5.0	5.0	5.0	5.0	5.0	5.0	4.9	3.8
合成级配		100	95.5	84.0	71.8	59.6	39.5	24.1	18.6	14.9	10.7	8.3	4.1
建议级配范围		100	95～100	80～90	62～78	52～68	34～50	24～36	15～24	9～18	7～14	5～10	3～7
规范要求级配范围		100	90～100	78～92	62～80	50～72	26～56	16～44	12～33	8～24	5～17	4～13	3～7

2.3 SBS 沥青混合料的拌和

泌南段路面十二标拌和设备是一台西安筑路机械厂制造的 LB3000 强制间歇式搅拌设备，其拌和工艺如下：

(1) 拌和操作人员要掌握设备的性能特点，确保拌和设备运行良好，温控、计量等各项性能可靠，混合料级配、沥青用量和拌和效果应满足规定要求。拌和机计量控制主要是抓冷料的供给，其目标是调整在单位时间内始终均匀地保持有与目标配合比相同比例的集料进入拌和机，只有按这样的配合比进料，才能保证集料级配的准确。

(2) LB3000 每槽拌和料按 2400kg 控制，通过现场试验确定，干拌时间为 5s，加入沥青后湿拌时间为 40s，拌和成料装入成品仓，周期为 60s，这样拌和出的沥青混合料均匀一致、无离析、无花白现象。严禁为提高产量任意缩短拌制时间。

(3) 拌和温度控制在以下范围内：集料温度保持在 180～190℃之间，改性沥青温度控制在 160℃左右，不应超过 180℃；出料温度控制在 175～185℃之间，不能超过 195℃或低于 170℃，每车料出厂前均应检测温度，不符合要求的不能送往现场。

(4) 由于开始拌和时的集料温度难以控制，因此应将温度稳定前的料放掉，以免影响初期拌和混合料的质量。

(5) 应尽量控制集料的含水量，防止由于含水量太大导致集料不能充分烘干，直接影响混合料质量。细集料（尤其是石屑）要始终保持干燥，搭棚覆盖防雨，因为潮湿的石屑容易成团结块，容易影响其级配组成。

(6) 矿粉量占总量的5%，采用上装矿粉，罐车运输，泵送矿粉加入矿粉罐中。在开机前，先装满矿粉罐，同时应防止矿粉受潮结块，受潮的矿粉不但影响其加入，而且由于没有烘干矿粉的程序，直接影响混合料的质量和油石比（潮湿的矿粉使油石比偏大），回收粉尘全部废弃，不能再利用。

(7) 要注意目测检查混合料的均匀性，及时分析异常现象，如混合料有无花白、冒青烟、离析等现象，如确认是质量问题，应作废料处理并及时予以纠正。在生产开始以前，有关人员要熟悉本项目所用各种混合料的外观特征，这要通过细致地观察室内试样的混合料而取得。

(8) 要严格控制油石比和矿料级配，避免油石比控制不当而产生泛油或松散现象。拌和机每天上午、下午各取一组混合料试样做马歇尔试验和抽提筛分试验，检查油石比、矿料级配和沥青混凝土的物理力学性能。最佳油石比4.0%，油石比与设计值的允许偏差±0.2%，生产中控制在3.8%～4.2%。采用抽提法检测沥青用量，应采用下述两种方法予以校核：一是由工地试验室检查每天的沥青用量及混合料产量进行总校核；二是测定实验室拌制沥青混合料中实用油石比与抽提法得出的油石比的差值，建立该实验抽提法测得的油石比的修正值。

(9) 每周分析一次检测结果，计算油石比、各级矿料通过量和沥青混凝土物理力学指标检测结果的标准差和变异系数，检验生产是否正常。

(10) 混合料不允许长时间存放，更不得储存过夜，各个台班的混合料产量预先详细计算好，并与现场摊铺组保持紧密联系，防止出料过多，造成浪费。

(11) 平时重视拌和机的保养工作，每天拌和前进行检查，使各种动态仪表处于正常工作状态，定期对计量装置进行校核，保证混合料中沥青用量及集料的允许偏差符合《技术规范及施工指导意见》的要求，在生产过程中，任何一台拌和机发生故障时，都应立即停工。

2.4 SBS改性沥青混合料的运输

(1) 根据拌和楼和摊铺机生产能力以及运距计算车辆数，一般保持在15辆以上，保证摊铺机摊铺时前面常保存有4～5辆待卸车，运输车辆采用15t大吨位运输车，保证运力满足要求。

(2) 运输前对车辆性能进行检修，应使用性能良好的运输车，防止运料过程中车坏。

(3) 运输车辆的车厢应清扫干净，并洗刷油水混合物，严禁有泥沙或其他杂物残留车厢；为防止沥青混合料与车厢板黏结，在车厢侧板和底部涂1∶3的柴油水混合液。

(4) 装料过程中，为减少沥青混合料的粗细颗粒离析现象，应缩短出料口到车厢的装料距离，往车厢内装一斗料，车就移动一次位置。

(5) 不管是否刮风、下雨，运料车均应用完好的双层篷布覆盖设施，以便保温、防雨或避免污染环境。

(6) 运料途中运料车不得随意停驶，尽量匀速行进，避免突然加速和急刹车。

(7) 采用数字显示插入式热电偶温度计检测沥青混合料的出厂温度和运到现场的温度，插入深度大于150mm，在运料车侧面中部设专用检测孔，孔口距车厢底面约300mm。做好温度检测记录。

(8) 在摊铺现场应凭运料单收料，并检查沥青混合料的质量，检查混合料的颜色是否一致，有无花白料，有无结团或严重离析现象，温度是否在容许的范围内。如混合料的温度过高或过低，应该废弃不用，已结块或已遭雨淋的混合料也应废弃不用。

(9) 卸料后，对残余的混合料应及时清除，防止结硬。

2.5 SBS改性沥青混合料的摊铺

2.5.1 处理下面层

下面层的清扫、修补、处理是一项极其重要的工作，必须予以重视。该项工作应在摊铺前1天完成，并验收确认。具体要求如下：

(1) 彻底清扫、冲洗下面层的污染物，砂浆和其他浮渣应用钢刷擦清。

(2) 下面层的坑槽、松散和其他病害应按规定用沥青混合料修补。

(3) 对下面层的标高、横坡、平整度要进行检测，对影响质量且无法在中面层消除的缺陷地段进行调平。

2.5.2 洒布黏层油

为确保中面层与下面层黏结完好，在摊铺沥青混合料前，应对下面层、与新铺沥青混合料接触的路缘石等的侧面，均喷洒一层黏层油。其质量控制要点如下：

(1) 黏层油质量应满足规范要求；

(2) 黏层油洒布用量控制在 0.2～0.4kg/m^2，且应洒布均匀，局部少洒或多洒的地段应用人工补洒或予以刮除；

(3) 路面有脏物尘土时应清除干净。当有沾黏的土块时，应用水刷净，待表面干燥后浇洒；

(4) 当气温低于 10℃或路面潮湿时，不得浇洒黏层沥青；

(5) 黏层沥青应保证在摊铺前乳化沥青破乳，水分蒸发完后且确保其不受污染。

2.5.3 摊铺

(1) 摊铺温度宜控制在 170～180℃之间，不得低于 160℃。

(2) 每次摊铺前，摊铺机应调整到最佳状态，调试好螺旋布料器两端的自动料位器，并使料门开关、链板送料器的转速相匹配。螺旋布料器的料量以略高于螺旋布料器的中心为度，使熨板的档料板前后混合料在全宽范围内均匀分布，避免摊铺出现离析现象，并随时分析、调整粗细集料是否均匀，检测松铺厚度是否符合规定，以便随时进行上述各项调整。摊铺混合料前，应预热熨板到规定温度(不低于 100℃)，摊铺时熨平板应采用中强夯实等级，使初始压实度不小于 85%，摊铺机熨平板必须拼接紧密，不许存有缝隙，防止卡入料将路面拉出条痕。

(3) 中面层摊铺厚度和平整度由远红外非接触式平衡梁控制，控制精度高，操作方便。摊铺机行走前，应严格按松铺标高用木板将熨平板垫好，确保起始摊铺厚度满足要求。

(4) 连续稳定的摊铺，是提高路面平整度的最主要措施，摊铺机的摊铺速度应根据拌和机的产量、施工机械配套情况及摊铺厚度按 2.5m/min 左右予以调整选择，做到缓慢、均匀不间断摊铺，不应以快速摊铺几分钟，然后再停下来等下一车料，午饭应分批轮换进行，切忌停铺用餐，做到每天收工停机一次。

(5) 摊铺的混合料未压实前，施工人员不得进入踩踏。一般不得用人工整修，只有在特殊情况下，须在现场技术人员指导下，允许用人工找补或更换混合料，缺陷严重时予以铲除，并调整摊铺机或改进摊铺工艺。

(6) 摊铺过程中应随时检测调整松铺厚度，确保松铺厚度偏差在 0～3mm 以内。目测混合料的质量（包括拌和质量和配合比情况)，发现问题及时报告技术负责人予以处理。

(7) 要注意摊铺机接斗的操作程序，以减少粗集料离析。摊铺机集料斗应在刮板尚未露出，尚有约 10cm 厚的热料时拢料，这是在运料车刚退出时进行，而且应该做到料斗两翼才恢复原位时，下一辆运料车即可开始卸料，做到连续供料，并避免粗集料集中。

(8) 严禁料车撞击摊铺机，料车应在离摊铺机前沿 20cm 处停下来，调为空档，由摊铺机靠上并推动料车前进。随时观测摊铺质量，发现离析或其他不正常现象及时分析原因，予以处理。料车在摊铺区洒落的散料必须及时清除。

(9) 遇到机器故障、下雨等原因不能连续摊铺时，及时将情况通知拌和组并报告技术负责人。摊铺遇雨时，立即停止施工，并清除未压实成型的混合料，遭雨淋的混合料应废弃，不得卸入摊铺机摊铺，雨后在下承层未充分干前，不得继续摊铺。

2.6 SBS 改性沥青混合料的压实

(1) 中面层 SBS 改性沥青混合料的压实是保证沥青上面层质量的重要原则，在保持碾压温度并在不出现推移的前题下尽可能早压，碾压按“紧跟、慢压、高频、低幅”的原则进行。

（2）投入碾压机械设备：12t 徐工 YZC12 双钢轮振动压路机 2 台，13t DNYPAC CC622 双钢轮振动压路机 1 台，20t 徐工 YL20C 轮胎压路机 1 台，25t 徐工 XP260 轮胎压路机 1 台。碾压温度、速度和遍数应严格按表 3 执行。

表 3

	机械组合	碾压方式	碾压温度（℃）	速度（km/h）	遍　数
初压	YZC12 双钢轮振动压路机 1 台	前静后振 1 遍	140～150℃	2～3km/h	1
	CC622 双钢轮振动压路机 1 台	全程振动 1 遍	140～150℃	2～3km/h	1
复压	YL20C 轮胎压路机 1 台	静压 3 遍	120～140℃	4～6km/h	3
	XP260 轮胎压路机 1 台	静压 3 遍	120～140℃	4～6km/h	3
终压	YZC12 双钢轮振动压路机 1 台	静压 1 遍	不低于 100℃	2～3km/h	1

（3）碾压必须均衡、连续进行，防止温度变化导致压实度变化，影响压实度和平整度。碾压应从路边缘向内 30～40cm 处开始，以防止沥青混合料挤出，同时允许外侧边缘沥青冷却产生稳定的剪切区，以利于压实。

（4）采用钢轮振动压路机压实改性沥青混合料路面时，压路机轮迹重叠宽度不应超过 20cm；当采用轮胎压路机，压路机轮迹应重叠 1/3～1/2 的碾压宽度。

（5）改性沥青混合料碾压时，应有专人负责指挥协调各台压路机的碾压路线和碾压遍数，使铺筑面在较短时间内达到规定的压实度。做到既不漏压也不超压。

（6）碾压长度不宜太短，也不宜太长，太短不便于碾压，太长温度又会冷却，引起碾压不实，因此碾压长度一般控制在 30～50m 之内。

（7）要对初压、复压、终压段落设置明显标志，便于驾驶员辨认。

（8）在碾压中，应先起步后振动，先停振后停机，换向缓慢平稳，为避免碾压时混合料推挤产生拥包，碾压时应将驱动轮朝向摊铺机；碾压路线及方向不应突然改变；压路机折返应呈阶梯形，不应在同一断面上，初压时不得使用轮胎压路机。

（9）开始碾压前，应加满水；在水箱的水喷完前，应及时加水，加水应在已冷却的成型路面上进行，切忌由于缺水而发生黏轮现象，黏轮导致的拉痕严重影响路面的外观和质量。

（10）碾压作业段的起始点应有标志，最好插旗表示，以避免出现漏压现象。

（11）碾压后的路面在冷却前，任何车辆机械不得在路面上停放（包括加油、加水的压路机），并防止矿料、杂物、油料等落在新铺的路面上。路面冷却至 50℃后才能开放交通。

2.7　SBS 改性沥青混合料的路面接缝

12m 宽的摊铺机，正常不存在纵向接缝。其横向接缝是每天都要碰到的。其平接缝的具体做法是：摊铺机在端部前 1m 处将熨平板稍稍抬起驶离现场，由人工将端部混合料铲后再予以碾压，然后用 3m 直尺检查平整度，并当时就将坡下部分用切割机切掉并清除，切缝必须平直，将缝边的污染物擦干净并涂刷黏层沥青。

第二天摊铺机起动前，熨平板要进行预热，将熨平板全部落在前铺的面层上，下垫木板，其厚度为松铺厚度与压实厚度之差，熨平板前端与切缝边对齐，在螺旋布料器下布满混合料后，摊铺机慢慢起步，摊铺成松铺厚度的沥青混合料摊铺层，用钢轮压路机从前铺的面层上横向碾压，每次向新铺层推进 10～15cm，直至将新铺层碾压密实，再进行纵向正常碾压，用 3m 直尺检查接缝的纵向平整度是否符合要求，否则应立即铲除重做，直至合格。

横向接缝应离桥梁伸缩缝 20cm 以外，不允许设在伸缩缝处，以确保伸缩缝两边路面表面的平顺。

2.8　SBS 改性沥青混合料路面平整度控制的技术措施

（1）施工前的准备，首先，要将沥青混合料中面层的质量缺陷弥补好，以保证中面层清洁、无杂物、平整、无明显局部突起或低洼处，因为下面层、中面层将为上面层的平整度打基础，摊铺机的撒

料分布会因多占或少用而受影响。仅通过4cm厚的上面层来弥补中面层的缺陷，质量难以保证。

(2) 施工中的平整度控制应严格防止混合料产生离析，自卸车在装料时要按规定的次数进行移动，规范中要求移动一次一斗料装车。改性沥青混合料储仓卸料口也不宜距自卸车太高，以免粗集料离析。

摊铺机应均匀、连续、不间断摊铺，做到这一点是很不容易的。变换速度与中途停顿是造成不平整的主要原因。摊铺机前洒落的混合料要及时清理，人工在摊铺好的路上进行修补往往适得其反，达不到效果。

碾压速度要与摊铺机速度相匹配。碾压要保持合理有效的遍数，应遵循：先静压一遍、振动两遍、结束前静压两遍的五遍原则，同时要解决黏轮与水隔离的关系，防止过度用水造成的急骤降温。

(3) 施工机械的配置

碾压设备至少有三台12t以上的双钢轮振动压路机，两台20～30t胶轮压路机，否则即使不停的循回碾压，仍难以满足路面的碾压要求。摊铺机随机人员维持摊铺机工作面洁净，随时清除杂物，并随时回收，铲净散落在路上的混合料，随时修铺边缘或接缝的缺陷。检测调整摊铺厚度，确保合格的压实厚度，并在初压中即以3m直尺检测，及时找平补齐，达到路面平整，接缝严密的要求。

在碾压时，先轻碾后重碾，先压边，后逐步向路中心碾压。按工艺规定的碾压速度、遍数、重叠宽度进行初压、复压、终压三个步骤，终压用双钢轮静压收面，最后压平轮迹。

2.9 影响SBS改性沥青混合料路面平整度的因素分析

(1) 施工队伍的综合素质，是影响路面平整度度的主要因素。一个施工队伍的综合素质与施工队伍的机械装备、施工人员素质及施工操作熟练程度等因素有关。机械设备（沥青拌和站、摊铺机、自动找平装置、压路机、改性沥青设备和自卸车辆）是保证沥青路面平整度的基础，并起决定性的作用。管理不严，工人技术素质就不会太高，若再不按规范施工，竣工后的路面交到养护部门，其维修的包袱将会一天比一天重。

(2) SBS改性沥青混合料的质量要严格控制包括原材料的质量及级配，特别是大粒径集料的进入，空隙率是评定油石比和集料级配的一项极其重要的指标，它的大小直接影响到路面的热稳性、抗裂性、防滑性和耐久性。

(3) 各结构层施工质量沥青路面平整度与路槽、底基层、基层、下面层和中面层的平整度都有关系，影响最直接的还是面层的下一面层的平整度。

(4) 沥青路面平整度的大小与沥青路面厚薄没有必然关系，而与沥青路面摊铺层数有关，沥青路面面层摊铺层数越多，其表面获得的平整度机会就越多。

(5) 测算好拌和时间、车辆装卸时间、重载运输时间、摊铺机前等待时间、空载运输时间等对沥青温度有影响的因素，并采取对应的措施，可以有效的防止结壳、降温太快等问题。雨天、大风、清晨施工等更要有预见性的施工组织计划。

(6) 初期的养护，沥青路面的温度接近环境温度时，方可开放交通。当温度影响面层平整时，对各种车辆和施工中的运输车辆一律禁止通行。

3 质量控制

3.1 质量控制的基本原则

质量控制即采取一系列检测、试验、监控措施、手段和方法，按照质量策划的质量改进的要求，确保合同、规范所规定的质量标准的实现。

(1) 坚持“质量第一”的原则

SBS改性沥青混合料路面是一种特殊的商品，使用年限长，是“百年大计”，直接关系到人民生命财产的安全。如果我们修建的路面表层抗滑能力达不到质量标准，则将出现翻车的严重事故。因此施工过程中应自始至终地把“质量第一”作为质量控制的基本原则。

(2) 充分发挥人的作用的原则

人是质量的创造者，一切控制都是由人来掌握实现的。因此，质量控制必须“以人为核心”，把人作为控制的动力，充分调动人的积极性、创造性，加强有效的培训、教育，增强人的责任感，不断提高人的素质，避免人的失误，真正落实，以人的工作质量保工序质量，促工程质量。

(3) 坚持“以预防为主”的原则

“预防为主”即是要从对质量的事后检查把关，转向对质量的事前控制、事中控制；从对原材料进场控制，转向对原材料生产过程中控制等。

(4) 坚持质量标准、严格检查，一切用数据说话的原则。

(5) 坚持贯彻科学、公正、守法的职业规范。

3.2 质量控制的基本内容

沥青路面施工质量控制，包括所用材料的质量检测、修筑试验段、施工过程中的质量控制和工序间的检查验收。

施工前，对石料、砂及石屑、矿粉也应进行质检。对石料测定的项目有：抗压强度、磨耗率、磨光值、级配组成、相对密度（比重）、含水量、吸水率、土及杂质含量、扁平细长颗粒含量、与沥青黏结力、松方单位重等；对砂和石屑测定其相对密度（比重）、级配组成、含水量、含土量等；对矿粉测定其相对密度和含水量并进行筛分试验。

施工过程中，应对沥青混合料性能抽样检查，其项目有：马歇尔稳定度、流值、空隙率、饱和度、沥青抽提试验、抽提后的矿料级配组成。

3.3 建立和落实质量岗位责任制

(1) 质量意识是保证工程质量的必要条件，落实质量责任制是质量控制的关键，为此，采取了以下措施：

①明确部门和直接责任人同时承担责任，以加强各部门内部监督和管理。

②在施工中加强各层次的监督检查，发现问题坚决按规定追究有关人员的责任。

③对工程质量进行逐日跟踪监控，每项质量问题均应有相应的责任人。

④各岗位人员应保持稳定，人员调整必须得到项目经理的批准。

⑤强调各部门之间，各岗位人员之间相互配合，相互促进，协调统一，严禁互相推诿、扯皮。

(2) 建立质量监控制度在工程施工过程中，应及时掌握工程质量状况，处理质量存在问题。为此，制定全面反映工程质量动态的监控表，每天填写、总结、分析和处理，确保工程质量符合技术要求。实践证明，逐日跟踪监控是行之有效的质量管理办法，不但能及时早发现和处理存在的问题，更重要的是通过落实岗位责任制，防止问题再次出现。

(3) 质量动态管理在进行上述质量监控的同时，还根据规范要求采用计算机对工程质量进行动态管理，取得了良好的效果。不但能在施工中及时反映工程质量的存在问题和质量水平，还能在工程完成后科学地评价本单位实际的施工水平，从而制定企业的质量管理和管制目标。

在施工过程中，对油石比、4.75mm 通过率、0.075mm 通过率、厚度、压实度、平整度、改性沥青软化点和针入度、混合料的空隙率 VV、矿料间隙率 VMA、沥青饱和度 VFA 等主要技术指标均进行了全面的计算机动态管理，对各项指标的平均值、标准差和变异系数采用 SPSS 统计软件进行统计分析并绘制了相应的正态分布图。通过统计分析，掌握了自身的施工水平，为在以后的路面施工中提出质量控制目标提供了条件。

4 结语

SBS 改性沥青混合料路面施工是一项技术性强，涉及范围比较广的一个系统工程。现代化的施工机械，高素质的人员，成熟的施工工艺是必要的质量保证手段，同时必须建立质量岗位责任制。在施工过程中，要充分调动施工人员的积极性和责任心，从原材料把关开始，对沥青混合料拌和、运输、摊铺、压实等工艺上进行层层把关，这样才能铺筑出优良的路面工程。

粉煤灰在信南高速底基层施工中的应用

张佳武
中铁十三局集团

[摘　要]　信南高速底基层原设计采用4%水泥的水泥稳定砂砾，基于当地砂砾材料缺乏，但天然砂料源丰富，仅用天然砂加水泥无法保证强度和压实的要求，利用粉煤灰的填充作用和火山灰效应，利用水泥的早期强度较高、粉煤灰整体性好，后期强度较高，成本低廉和易于施工等优点，在5%的水泥稳定砂中掺加10%的粉煤灰，通过试验室7d强度试验，强度满足设计要求。通过试验段和大面积组织施工进行检验，从施工效果和现场取芯样分析，强度和抗裂性等各指标能满足要求。

[关键词]　粉煤灰　高速公路　底基层

随着科学技术的发展和建设节约型社会的意识的提高，人们对粉煤灰等工业废渣、废料的利用率逐年提高，提高了经济效益和社会效益。近年来粉煤灰在高速公路施工中得到了广泛的应用，主要用于水泥混凝土和石灰、粉煤灰稳定土底基层和石灰、粉煤灰稳定碎石基层等半刚性基层。信南高速泌南路面第十二合同段根据当地的材料实际情况和底基层设计要求，提出底基层采用水泥粉煤灰稳定砂的设想，经过试验段和大面积施工检验，效果良好，各项指标满足设计要求。

1　项目情况简介

信南高速公路泌阳至南阳段为国家规划的上海至武威国家重点公路的重要地段，也是河南省“五纵、四横、四通道”的重要组成，原结构层设计采用20cm水泥稳定砂砾底基层，36cm水泥稳定碎石基层，8cm AC-25粗粒式沥青混凝土下面层，6cm AC-20中粒式改性沥青混凝土中面层，4cm SMA-13改性沥青玛蹄脂碎石上面层。

2　底基层配合比设计情况

2.1　设计的提出

底基层原设计采用4%水泥稳定砂砾，但沿线砂砾料极其缺乏，天然砂储量丰富，运输便利。仅用水泥稳定砂无法满足强度要求，而且压实困难，容易出现裂缝。为保证满足底基层设计的2.5MPa的强度要求，采用5.5%水泥剂量水泥稳定砂加碎石（碎石含量45%）进行施工，但碎石材料供应紧张，难以保证施工进度，且造价太高。为减少碎石的供应压力，降低工程成本，充分发挥天然砂储量丰富，运输便利的条件，并充分利用当地的工业废渣，变废为宝，提出水泥粉煤灰底基层的设计方案。

使用水泥粉煤灰稳定砂作为底基层的填筑材料，主要是为了发挥水泥早期强度高，早期水泥的水化产物的胶凝作用和后期粉煤灰在碱性条件下溶蚀出的活性 SiO_2 Al_2O_3 物质，从而扩大火山灰效应，并且由于粉煤灰的加入，可以调整稳定砂的级配，使原本不易达到压实要求的天然砂容易密实。

2.2　材料指标

2.2.1　粉煤灰

影响粉煤灰性能的主要指标是粉煤灰的细度（比表面积）、烧失量，活性物质（SiO_2，Al_2O_3，Fe_2O_3）的含量，通常情况下，细度越细、比表面积越大，混合料的强度越高，活性物质含量越高，混合料的强度越高。设计中采用的粉煤灰，各项指标满足技术要求，见表1。

粉煤灰的技术指标 表 1

指标	SiO_2 含量	Al_2O_3 含量	Fe_2O_3 含量	含水量	细度		烧失量
检测数据	50.8%	4.08%	18.16%	26.0%	0.3 筛孔	0.075 筛孔	6.58%
	合计：85%				97%	83.8%	
规范要求	>70%			<35%	>90%	>70%	<20%

2.2.2 天然砂

天然砂选自双河砂场水洗砂，其各项技术指标均符合规范要求，筛分结果见表 2。

天然砂筛分结果 表 2

通过百分率（方孔筛 mm）（%）				
孔径	37.5	4.75	0.6	0.075
规范级配	100	50～100	17～100	0～30
实测值	100	85.2	26.6	0.4

2.2.3 水泥

水泥采用 P.O 32.5 级缓凝水泥。初凝时间为 337min，终凝时间为 379min，3d 抗压强度为 14.7MPa，3d 抗折强度 3.6MPa。

水泥具体检测结果见表 3。

水泥检测数据表 表 3

项次	试验项目	质量标准	实测结果
1	3d 抗压强度（MPa）	≥11	14.7
	3d 抗折强度（MPa）	≥2.5	3.6
2	凝结时间（min）初（终）	≥180（360）	337（379）
3	细度（%）	≤10	4.5
4	体积安定性（mm）	≤5	合格

2.3 配合比设计

设计过程中采用 3.5%、4.0%，4.5%、5.0%的水泥剂量，分别同粉煤灰含量 5%、7%、10%、15%、20%的天然砂进行掺配，采用 7%、9%、11%、13%、15%的含水量进行击实试验，分别确定各自的最佳含水量和最大干密度后，进行无侧限强度试验。确定最佳的水泥用量和粉煤灰用量。最终确定使用水泥剂量 5%，粉煤灰：砂＝10：90。其最大干密度为 2.05 g/cm^3，最佳含水量为 10.5%。7d 无侧限抗压强度平均值为 3.2 MPa。击实试验、无侧限强度试验结果见表 4～表 6。

采用水泥剂量 5%，不同粉煤灰量击实结果汇总表 表 4

粉煤灰含量（%）	5	7	10	15	20
最大干密度（g/cm^3）	1.97	1.99	2.05	1.99	1.94

采用 10%粉煤灰，不同水泥剂量 7d 无侧限强度汇总表 表 5

水泥剂量（%）	3. 5	4	4. 5	5. 0
$Rc_{0.95}$（MPa）	2. 3	2. 8	3. 1	3. 2

采用水泥剂量 5%，粉煤灰用量 10%击实结果汇总表 表 6

含水量（%）	6. 7	8. 2	9. 4	11. 3	13. 0
最大干密度（g/cm^3）	1.97	2. 03	2.05	2. 04	1.948

3 路用性能分析

3.1 强度特性

通过现场施工和检测结果来看，如果养生气温较低，7d 取芯效果并不十分理想，但由于粉煤灰后期强度较高，后期强度增长潜力很大。泌南路面第十二合同段于 2005 年 11 月 29 日施工试验段，由于当时养生温度仅有 5～－2℃，尽管采取取暖和保温措施，前期取芯效果并不理想，但到 2006 年 3 月气温回升后，取芯十分完整，强度非常高。2006 年 3 月以后施工水泥粉煤灰稳定砂最迟 10d 就可取出完整芯样。

3.2 温缩特性

因为粉煤灰的温度收缩系数小，温度敏感性差，所以有利减小混合料的温度收缩系数。另外粉煤灰的密度小，粉煤灰的加入减少悬浮结构的孔隙，从而在最大限度内以颗粒接触为主，而颗粒的压缩与孔隙中的气体压缩相比要小得多，所以表现出宏观上的温度收缩应变较小。

3.3 抗冻性能

通过泌南路面底基层试验段经过越冬后的取芯效果来看，水泥粉煤灰的抗冻性能很好。主要是由于粉煤灰的微填充作用及二次火山灰反应作用的存在。

4 水泥粉煤灰稳定砂施工中的注意事项

(1) 粉煤灰运输不便，装卸过程中损耗严重且容易污染环境。粉煤灰出场前多数为干灰、密度很小，大约在 $0.5g/cm^3$，容易飞散。为方便运输，出场前采用拌和机进行加水，可使含水量达到 20%左右，密度 $0.7g/cm^3$，方便运输、装卸。

(2) 粉煤灰吸水率很大，含水量过大的粉煤灰不易下料，会影响拌和机的产量和配合比的准确性。因此粉煤灰存储过程中要进行覆盖，防止结块。另外粉煤灰存储占地较多，而且日产量比较小，施工前要进行集中备料。

(3) 水泥粉煤灰稳定砂由于全部为细料，搅拌起来不容易拌和均匀，对稳定土拌和机的性能要求比较严格，宜使用 500 型以上的稳定土拌和机拌和。而且不宜过多采用振动压实，容易引起过压，用胶轮压路机碾压效果较好。

(4) 粉煤灰对水的敏感性极强，混合料的含水量超出最佳含水量的 0.5%，都有可能导致现场碾压软弹或压实度不够。白天气温较高出场含水量可高于最佳含水量 1%左右，夜间空气湿度较大，气温较低可略低于最佳含水量。

(5) 由于粉煤灰的存在，很难从外观上判断混合料中水泥剂量的大小，需要实验室加大检测频率，稳定土拌和机计量准确。

5 结语

信南高速泌南路面十二标采用水泥粉煤灰稳定砂作为底基层填筑材料进行施工的成功充分证明了该配合比设计是成功的，它最大成功之处在于充分发挥了天然砂材料丰富的优势，减少碎石材料的供应压力，降低的施工成本。保证底基层施工的材料供应，保证施工的连续性。同时变废为宝，充分利用工业废渣，提高了经济效益和社会效益。

浅谈水泥稳定碎石基层施工中松铺系数的确定方法

刘枝林　柴长宏

山西太行路桥有限公司

[摘　要]　简要介绍了松铺系数的定义、影响松铺系数的因素，并对压实厚度与松铺系数之间的关系进行了阐述。

[关键词]　松铺系数　压实厚度　回归分析

1　松铺系数的定义

在水稳料施工中，水稳料的松铺厚度与达到规定压实度厚度之比值称为松铺系数，常精确到小数点后两位。松铺系数是施工中的重要控制参数之一，合理地确定松铺系数也是在开始大规模施工前，进行试验段施工的主要目的之一。

2　影响松铺系数的主要因素

松铺系数的确定与很多因素有关系，一般来讲，混合料类型不同、施工机械性能不同、施工中的碾压工艺不同、技术要求的标准不同、压实的厚度不同，松铺系数和松铺厚度也会不同。根据以往的施工经验，其矿料级配中，粗集料所占的比例越大，松铺系数越小；技术标准越高，要求达到的压实密度越大，松铺系数越小；摊铺机的初始压实度越大，混合料的松铺系数越小；压路机的吨位越大，碾压遍数越多，混合料的松铺系数越小；压实后的厚度越大，松铺系数越小。

3　原始数据的测量方法

在摊铺前，首先在相同断面的不同点处进行水平测量，得高程为 A 值；待水稳料摊铺后，再在相同断面的同一位置处进行水平测量，得高程 B 值；随后待碾压成型后，再在相同断面的相同点处进行水平测量，得高程为 C 值。通过测得数据，可按下述公式计算松铺系数：$h=(B-A)/(C-A)$。

4　松铺系数的计算

在信南高速公路施工中，我部承建信泌路面十四标，起止桩号为 K45＋000～K60＋000，水稳碎石基层厚度为 36cm，分两层施工，每层 18cm。在开始大规模施工前，在 K51＋170～K51＋380 段左侧进行水稳基层试验段施工，为准确地提取松铺系数，我们共在 6 个断面，每个断面 3 个点，总共 18 个位置处布点，通过 18 个点来确定松铺系数，具体测量结果整理如表 1。

松铺系数成果汇总　　表 1

序　号	1	2	3	4	5	6	7	8	9
松铺系数	1.323	1.301	1.189	1.294	1.38	1.235	1.18	1.258	1.211
压实厚度（cm）	16.4	16.6	19.5	17	15.5	18.3	19.4	17.4	18.9
松铺厚度（cm）	21.7	21.6	23.2	22.0	21.4	22.6	22.9	21.9	22.9
序　号	10	11	12	13	14	15	16	17	18
松铺系数	1.224	1.209	1.262	1.217	1.148	1.277	1.28	1.33	1.34
压实厚度（cm）	19.2	19.1	18.7	18.4	18.9	18.4	17.8	17	17.5
松铺厚度（cm）	23.5	23.1	23.6	22.4	21.7	23.5	22.8	22.6	23.5

对 18 个不同的松铺系数取平均值，得 $h=1.2587$。在水稳碎石大规模施工时，如矿料级配、技术标准、施工机械没有大的变化的情况下，松铺系数取为 1.26。

5 松铺系数与压实厚度之间的线性关系

在以上的数据中，以松铺系数为横坐标轴，以压实厚度为纵坐标轴，在电子表格里，对两者进行回归分析，见图 1。

从图中可以看出，松铺系数与压实厚度成反比关系，随着压实厚度的增加，松铺系数减小。两者之间的关系式为 $y=-16.444x+38.699$，$R_2=0.782$，把压实厚度分别为 16cm、17cm、18cm、19cm、20cm 带入上式，求得各自对应的松铺系数，如表 2 所示。

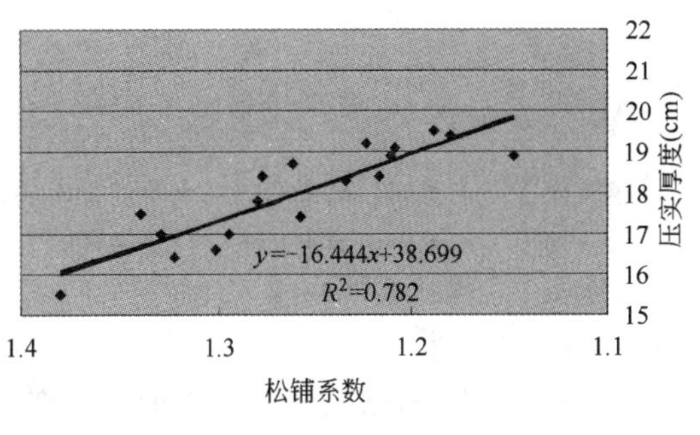

图 1

不同压实厚度对应的松铺系数　　表 2

序　号	1	2	3	4	5
压实厚度（cm）	16	17	18	19	20
松铺系数	1.38	1.31	1.26	1.2	1.14

其中当压实厚度为 18cm 时，松铺系数经回归值为 1.26。由于在实际的施工中，上下基层的厚度不可能正好是 18cm，在±2cm 范围内是正常的，而不同的压实厚度对应不同的松铺系数。在今后的施工中，可以根据不同的厚度取不同的松铺系数，为取值的方便，规定压实厚度在 18+0.5cm 之间时，松铺系数为 1.26；在压实厚度小于 17.5cm 时，松铺系数取 1.31；在压实厚度大于 18.5cm 时，松铺系数取 1.20。

6 施工中松铺系数的调整

前面分别讲述了影响松铺系数的几个主要因素，以及当这几个因素变化时，松铺系数的变化规律。其实松铺系数是多种因素共同作用产生的结果，任何一个因素发生变化，它都会产生波动。在实际的施工中，要每个工作段都布几个点来观测一下松铺系数有无变化，千万不能把试验段取得的松铺系数从开工用到完工，那样势必会出现错误。

7 结语

松铺系数的确定虽然是一个比较简单的问题，但如果不能准确地提取施工系数，必然对施工质量产生很大的影响，而且在以往的施工中，往往会忽视压实厚度对它的影响。在实际施工中，如果能合理地运用压实厚度与松铺系数之间的关系，一定会更好地控制好基层厚度与平整度，提高施工质量。

沥青路面级配碎石基层的应用实践

张　雪　　　　　　　　　　张万磊
南京宁西道路桥梁工程有限公司　江苏省交通科学研究院

［摘　要］ 在我国，级配碎石的应用还缺乏实践经验。本文结合信南高速公路柔性基层试验路的铺筑，介绍了级配碎石配合比设计的主要过程及施工工艺。

［关键词］ 级配碎石　基层　应用

半刚性材料由于具有较高的强度、刚度和板体性，有着很高的路面承载力，为我国目前沥青路面结构普遍采用的基层类型，但半刚性基层自身不可克服的缺点，温缩、干缩，导致产生裂缝，并最终形成反射裂缝，在行车荷载、水、温度梯度的综合作用下，使得路面结构产生开裂、唧浆、松散等病害，最终导致路面结构的破坏[1-2]。特别是近几年来，随着重载交通的日益严重、重载车比例的增加，半刚性基层用于高速公路沥青路面的局限性越来越凸显。

为延长沥青路面的使用寿命和丰富路面结构形式，信南高速公路有限公司对柔性基层进行了研究。

1　试验段概况

试验段位于信南高速公路泌南段第十三合同段内，桩号：K133+257－K134+914，左幅上基层，试验段路面结构见图1。级配碎石层位于沥青稳定碎石层（ATB）下层，组成柔性基层，厚度18cm，分一层摊铺施工。

18cm　原设计沥青面层
18cm　沥青碎石基层(ATB-25)
18cm　级配碎石(GAB)
20cm　底基层

图1　柔性基层级配碎石试验段路面结构图

2　配合比设计

2.1　原材料技术要求

级配碎石的承载能力主要来源于集料的嵌挤作用，但由于我国基层材料针片状、含泥量及塑性指数等指标的偏高，表现为集料质量不高，严重影响了级配碎石的应用。在信南试验路的铺筑中，我们参考国内外规范，提出了级配碎石基层材料技术要求，集料指标要求见表1。级配碎石应采用石质坚硬、清洁、不含风化颗粒的集料。选用反击式破碎机轧制的碎石，应严格控制细长扁平颗粒含量，以确保集料的质量。同时为保证施工含水量的要求，原材料中细集料应采取覆盖措施以避免受潮。

级配碎石（GAB）用集料质量技术要求　　表1

检验项目		技术要求	检验项目		技术要求
石料压碎值	不大于（%）	26	软石含量	不大于（%）	5
细长扁平颗粒含量	不大于（%）	15	液限	小　于（%）	28
细集料水洗法<0.075mm颗粒含量	不大于（%）	15	塑性指数	小　于	6

2.2　配合比设计

（1）级配要求

有研究表明[2]，采用公称最大粒径为31.5mm的混合料，抗离析效果和强度都较好。级配碎石用集料的最大粒径不应超过31.5mm，宜采用三种以上规格的集料组配而成，混合料的级配范围应满足表2要求。

级配碎石（GAB）级配通过率（%）范围　　表 2

方筛孔尺寸（mm） \ 类型	级配碎石 GAB	
	级配上限	级配下限
31.5	100	100
19.0	85	100
9.5	52	74
4.75	29	54
2.36	17	37
0.6	8	20
0.075	0	7

（2）配合比设计步骤

集料级配是影响级配碎石的强度、稳定性最为重要的因素之一。为保证级配碎石（GAB）基层形成骨架密实结构，配合比设计时可在级配范围内选取粗、中、细三种级配，分别进行试验，选取CBR值大的级配为设计级配。配合比设计程序如下：

①按实际使用的集料，分别进行筛分，按颗粒组成进行计算，确定各种集料的组成比例。要求组成混合料的三个级配符合表 2 的规定。

②按①确定的三个级配，选取 5 个含水量进行重型击实试验，确定级配碎石的最佳含水量及最大干密度。

③确定完级配碎石的最佳含水量及最大干密度后采用最佳含水量下成型试件，进行级配碎石浸水4d 的 CBR 强度试验，（试验方法参照《公路土工试验规程》（T0134—93）。室内 CBR 值要求应大于100%，在满足此要求的前提下，选取 CBR 值最大的级配为设计级配。

3　级配碎石基层施工工艺

级配碎石基层有路拌法和集中拌和（厂拌）法两种方法。因集中厂拌的混合料级配更容易控制，拌和更均匀，且施工中具有厂拌的条件。本次试验路级配碎石混合料拌和方法采用厂拌法，并由两台摊铺机梯队摊铺作业。

施工中，为确保级配碎石边缘部分的压实，在中央分隔带及路肩部分设置高 18cm、宽度不小于10cm 的 C25 水泥混凝土块作为边界条件。

3.1　混合料的拌和

（1）拌和场的备料应能满足摊铺要求，同时，调试好拌和机，采用连续式拌和设备，应首先确定各料仓的皮带转速，调整送料速度比例关系，然后按照级配要求进行试拌，确定各料仓的进料速度。

（2）每天开始搅拌前，应检查场内各处集料的含水量，计算当天的配合比。为了使现场级配碎石能在接近最佳含水量下碾压，外加水与天然含水量的总和要比最佳含水量略高。根据天气情况、气温高低，拌和含水量应适当调整。潮湿天气宜高 0.5%～1%，气温高、干燥天气可高 1%～2%。

（3）每天开始搅拌之后，出料时要取样检查是否符合设计的配合比，进行正式生产之后，每 1～2h 检查一次拌和情况，抽检其配比、含水量是否变化。高温作业时，早晚与中午的含水量要有区别，要按温度变化及时调整。

（4）拌和机出料不允许采取自由跌落式的落地成堆、装载机装料运输的办法。一定要配备带活门漏斗的料仓，由漏斗出料直接装车运输，装车时车辆应前后移动，分三次装料，避免混合料离析。

3.2　混合料的运输

运输车辆数量一定要满足拌和出料与摊铺需要，并略有富余。运输车应尽快将拌成的混合料运送到铺筑现场。车上的混合料应覆盖，从运输到摊铺过程中，覆盖的布不应取下，以减少水分损失。

3.3 混合料的摊铺

(1) 摊铺前应将底层适当洒水湿润，但不应有积水。

(2) 摊铺机宜连续摊铺。如拌和机生产能力较小，在用摊铺机摊铺混合料时，应采用最低速度摊铺，避免摊铺机停机待料。根据经验，摊铺机的摊铺速度一般宜在1m/min左右。摊铺采用两台摊铺机梯队作业，间距不超过10m，一前一后应保证速度一致，摊铺厚度一致，松铺系数一致，路拱坡度一致，摊铺平整度一致，振动频率一致等，两机摊铺接缝平整。

(3) 摊铺机的螺旋布料器应有三分之二埋入混合料中，以避免离析。在摊铺机后面应设专人消除粗细集料离析现象，特别应铲除局部粗集料“窝”，并用新拌混合料填补。

3.4 混合料的碾压

(1) 每台摊铺机后面，应紧跟双钢轮振动压路机和轮胎压路机进行碾压，一次碾压长度一般为50～80m。碾压段落必须层次分明，设置明显的分界标志。

(2) 碾压过程中注意稳压要充分，振压不起浪、不推移。压实时，可以先稳压（静压）→弱振→强振→最后稳压，压至基本无轮迹为止。强振过程中，应注意避免过振，造成结构层表面松散和集料振碎现象。碾压完成后用灌砂法检测压实度。

通过试验路的铺筑，我们建议的碾压方案如下：

12～15t钢轮压路机静压1遍（速度1.5～1.7km/h）；

弱振碾压3～4遍（速度1.8～2.2km/h）；

强振碾压2～3遍（速度1.8～2.2km/h）；

轮胎压路机碾压1～2遍（速度1.5～1.7km/h）。

(3) 压路机碾压时应重叠1/2轮宽。压路机倒车换挡要轻且平顺，不要拉动底层，在第一遍初步稳压时，倒车后尽量原路返回，换挡位置应在已压好的段落上，在未碾压的一头换挡倒车位置错开，要成齿状，出现个别拥包时，应专配工人进行铲平处理。

(4) 压路机不得在已完成的或正在碾压的路段上调头和急刹车，以保证级配碎石层表面不受破坏。

(5) 路面的两侧应多压2～3遍。若现场发现含水量不足，可适当洒水。

4 结语

在我国，级配碎石的应用还缺乏实践经验。本文结合信南高速公路柔性基层试验路的铺筑，介绍了级配碎石配合比设计的主要过程、施工工艺及在应用中应注意的事项。得出以下结语：

(1) 原材料的技术性能对级配碎石强度、稳定性影响较大，为提高级配碎石的承载能力，原材料的质量控制显得尤为重要。

(2) 级配碎石只有在不小于最佳含水量条件下才能达到最佳压实效果，因此对于级配碎石的施工，应特别重视含水量的控制。

沥青稳定碎石基层在信南高速公路中的应用研究

王　标　蔡　敏　　　　　　张万磊
南京瑞恒建设实业有限公司　　　江苏省交通科学研究院

[摘　要]　该文基于沥青稳定碎石基层在信南高速公路试验路的铺筑，介绍了 ATB-25 混合料配合比设计、施工过程等几个方面的控制措施。

[关键词]　沥青稳定碎石　ATB　基层　应用研究

20 世纪 90 年代后，我国的高速公路建设处于高速发展阶段，半刚性基层沥青路面成为我国新建高速公路的唯一结构形式。长期以来，人们普遍认为半刚性基层板体性强，有着很高的承载能力和抗变形能力，节省了大量资本和沥青材料，为发展沥青路面起到了无可替代的作用。但进入 21 世纪以来，随着我国国民经济的快速增长，我国现有的沥青路面耐久性较差、达不到设计年限就开始大修的问题日益凸显，人们对半刚性基层的认识也逐渐深刻。这其中与半刚性基层引起沥青路面的大量开裂，半刚性基层排水性能差，易水损坏及半刚性基层沥青路面损坏后的维修养护困难等一系列问题不无关系。

研究表明，沥青碎石基层作为一类柔性结构层，具有很强的柔性和变形能力，作为应力消散层，可以有效地减少路面结构中的应力集中现象，大大延缓路面反射裂缝的发生；另一方面沥青碎石基层可以与沥青混凝土面层黏结牢固，并且由于其模量接近，路面结构受力更均匀。为进一步探讨柔性基层的路用性能，延长沥青路面的使用寿命，同时也为河南省高速公路路面结构选择新的空间，河南信南高速公路有限公司以信南高速公路建设为依托，开展了柔性基层的试验研究。

1　试验段概况

沥青稳定碎石，简称 ATB，目前应用较多的主要有 ATB-25、ATB-30 两种混合料类型，本试验段选择了 ATB-25 进行了试验路铺筑，铺筑总厚度为 18cm。考虑到压实因素，施工过程中分等厚度两层进行摊铺施工。

试验段位于信南高速公路泌南段第十三合同段内，桩号：K131＋618－K132＋172，全幅上基层，试验段一：K133＋257～K134＋914，左幅上基层，试验段二：试验段路面结构，见图 1。

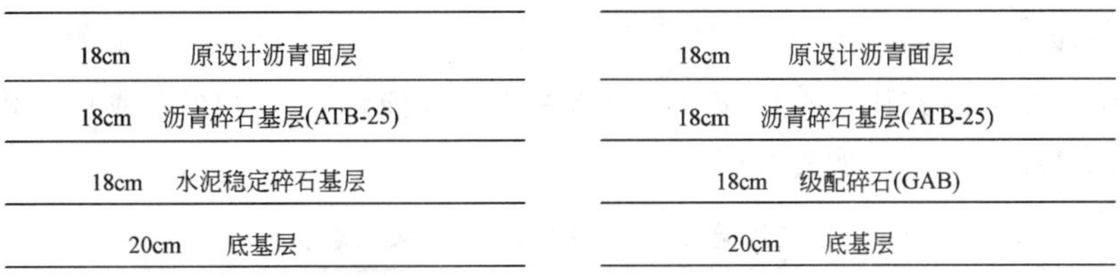

a)柔性基层试验段一	b)柔性基层试验段二
18cm　原设计沥青面层	18cm　原设计沥青面层
18cm　沥青碎石基层(ATB-25)	18cm　沥青碎石基层(ATB-25)
18cm　水泥稳定碎石基层	18cm　级配碎石(GAB)
20cm　底基层	20cm　底基层

图 1　柔性基层试验段路面结构图

2　配合比设计

(1) 原材料的选择

所用集料为河南南阳镇平石料场石灰岩，沥青为韩国双龙 70 号道路石油沥青。依据设计要求分别进行了集料和沥青的技术指标试验，所选集料与沥青均满足规范要求。各种规格集料密度见表 1。

集料密度试验结果表 表 1

矿 料	视密度（g/cm³）	毛体积密度（g/cm³）	吸水率（%）
1号料	2.848	2.821	0.33
2号料	2.853	2.822	0.39
3号料	2.832	2.790	0.53
4号料	2.840	2.774	0.84
矿 粉	2.822	—	—

（2）级配选择

依据规范（JTG F40—2004）的要求，在选择集料结构时，根据集料的筛分结果首先初选出粗、中、细三个级配，根据初始油石比分别制作大马歇尔试件，得出试件的体积指标，根据体积指标初选一组满足或接近设计要求的级配作为设计级配。表 2 为三种矿料的合成级配，图 2 为三种级配曲线图。

三种矿料的合成级配 表 2

级 配 类 型	通过下列筛孔（方孔筛，mm）的质量百分率（%）												
	31.5	26.5	19.0	16.0	13.2	9.5	4.75	2.36	1.18	0.6	0.3	0.15	0.075
级配 1	100	96.4	67.3	52.1	44.2	39.0	27.2	17.6	12.6	10.0	7.7	6.4	4.1
级配 2	100	96.8	70.1	55.7	48.4	43.3	30.6	19.7	14.0	11.0	8.4	6.9	4.4
级配 3	100	97.5	74.6	59.9	52.1	46.8	33.9	21.7	15.4	12.1	9.2	7.6	4.7

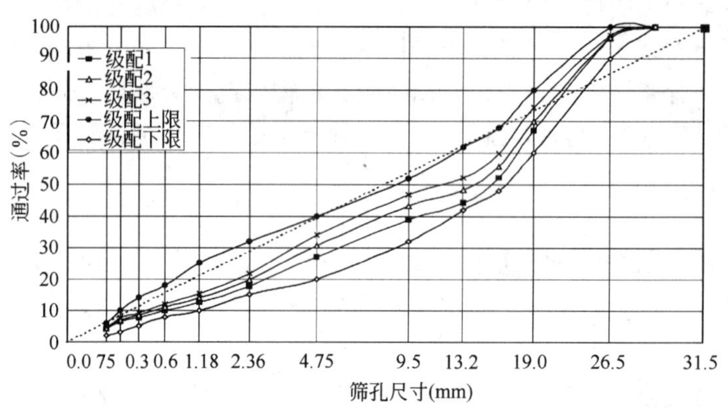

图 2 ATB-25 型设计级配曲线图

（3）试验级配评价

根据各个级配的预估油石比，采用 3.8%的油石比、双面各击实 112 次成型三组大马歇尔试验。三种级配大马歇尔试验结果汇总如表 3 所示。

三种试验级配大马歇尔试验结果汇总表 表 3

体积指标 / 级配	油石比（%）	毛体积密度（g/cm³）	实测理论密度（g/cm³）	空隙率（%）	VMA（%）	饱和度（%）
级配 1	3.8	2.520	2.666	5.48	13.35	58.97
级配 2	3.8	2.533	2.667	5.02	12.90	61.05
级配 3	3.8	2.549	2.664	4.32	12.35	65.05
技术要求	—	—		3～6	12～14	55～70

由表3可知级配1、级配2和级配3体积指标均满足要求，综合比较，选择级配2为设计级配。

(4) 油石比的确定

按选择的矿料设计级配，采用五种油石比分别进行大马歇尔击实及稳定度试验，结果见表4。

ATB-25型设计配合比大马歇尔稳定度试验结果 表4

油石比(%)	稳定度(kN)	流值(0.1mm)	空隙率(%)	VMA(%)	饱和度(%)	毛体积密度(g/cm³)	实测理论密度(g/cm³)
2.8	17.76	33.8	7.25	12.94	43.99	2.509	2.705
3.3	19.29	38.9	5.89	12.81	54.02	2.525	2.683
3.8	21.49	45.4	4.80	12.85	61.77	2.536	2.664
4.3	18.42	51.6	3.89	13.03	70.12	2.543	2.646
4.8	17.32	56.8	2.78	13.17	78.88	2.551	2.624
要求	≥15	实测	3～6	12～14	55～70	—	—

由于密度没有出现峰值，所以直接以目标空隙率所对应的油石比作为OAC_1，取目标空隙率为5.0%时对应的油石比3.76%为OAC_1。由各项指标与油石比的关系可得符合各指标要求的油石比范围为3.37%～4.30%，其中值为3.84%，即为OAC_2，OAC_1与OAC_2的平均值为3.80%，最终取设计油石比为3.80%。设计混合料的体积指标及路用性能指标见表5。由表5，表明所设计的沥青稳定碎石混合料各项指标满足技术要求。

沥青混合料体积性质表 表5

混合料特性	设计结果	技术要求	混合料特性	设计结果	技术要求
矿料间隙率VMA(%)	12.85	≥12.77	粉胶比FB	1.37	—
饱和度VFA(%)	61.77	55～70	DA(μm)	8.26	≥6μm(参考)
P_{be}(%)	3.79	—	残留稳定度S_0(%)	88.1	≥80
V_{be}(%)	9.41	—	动稳定度(次/mm)	1301	≥1000
V_g(%)	85.68	—			

3 试验路铺筑

沥青稳定碎石与密级配沥青混凝土相比，两者在级配组成、油石比、铺筑厚度等方面均有很大的不同。沥青稳定碎石中粗集料的含量要高于密级配沥青混凝土，而油石比又要小于后者，同时，沥青稳定碎石的最大铺筑厚度一般要大于密级配沥青混凝土。正是由于这些不同，使得两者在施工工艺与质量控制上存在较大的差异。

(1) 拌和

沥青稳定碎石中粗集料的含量多，混合料温度会更容易散失，因此要严格掌握沥青和集料的加热温度以及沥青混合料的出厂温度，并同时做好保温措施。与普通密级配沥青混合料相比，沥青稳定碎石混合料的拌和温度应比普通密级配沥青混合料高5～10℃左右。

拌和时间应适当延长，必须使所有集料颗粒全部裹复沥青结合料，并以沥青混合料拌和均匀为度。同时要注意目测检查混合料的均匀性，及时分析异常现象。如混合料有无花白、冒青烟和离析等现象。如确认是质量问题，应作废料处理并及时予以纠正。

(2) 运输

沥青稳定碎石的运输，应特别注意运输过程中造成的集料离析，装料过程应严格按照“前、后、中”的方式进行，分为几堆装料，以减少粗集料的分离现象。

运输车的运量应较拌和能力和摊铺速度有所富余，摊铺机前方应至少有三辆运料车等候卸料，不得出现停机等料现象。

(3) 摊铺与碾压

摊铺机的摊铺速度根据拌和机的产量、施工机械配套情况及摊铺厚度、摊铺宽度，按 2～4m/min 进行调整选择，做到缓慢、均匀、不间断地摊铺。调整好螺旋布料器两端的自动料位器，并使料门开度、链板送料器的速度和螺旋布料器的转速相匹配。螺旋布料器的料置以略高于螺旋布料器 2/3 为度，使熨平板的挡板前混合料的高度在全宽范围内保持一致，避免摊铺层出现离析现象。

沥青稳定碎石混合料的压实是保证基层质量的重要环节，为保证基层的压实度和平整度，初压在混合料不产生推移、开裂等情况下尽量在摊铺后较高温度下进行。由于粗集料含量较多且层厚较大，优先采用钢轮压路机进行振动碾压，遵循“高频高幅”的原则，并铺以轮胎压路机搓揉密实。碾压过程中并注意做到缓慢而均匀的速度碾压。对路面薄弱带处，如靠近中分带、路肩处及两台摊铺机接缝处等进行了重点压实。本试验段采用的碾压方案见表 6。

施 工 碾 压 方 案 表 6

碾压阶段	压路机类型/数量	碾 压 方 案
初压	1 台 DD110 钢轮压路机	前静后振 1 遍
复压	1 台 BW202 钢轮压路机 1 台 DD110 钢轮压路机 1 台 XP260 胶轮压路机	钢轮压路机开振 2 遍 胶轮压路机静压 2 遍
终压	1 台 DD110 钢轮压路机	静压 1～2 遍

4 现场试验

由于工地试验条件限制，考虑到集料公称最大粒径为 26.5mm，现场施工控制采用了小马歇尔方法进行试件成型，得出室内标准密度为 2.531g/cm³。与大马歇尔成型方法相比，试件密度略低，但两种方法的压实效果基本一致。

试验路铺筑完毕后，对试验路进行了观察，铺面没有出现石料被振碎的现象。进行了压实度的检测，具体试验结果见表 7 所示。

压实度试验结果 表 7

取芯桩号	取芯位置	基层名称	芯样密度 (g/cm³)	空隙率 (%)	标准密度 (%)	压实度 (%)
K132+100	距中分带 3.5m	上基层	2.515	5.6	2.531	99.4
		下基层	2.544	4.5	2.531	100.5
K132+100	距中分带 14.5m	上基层	2.479	6.9	2.531	97.9
		下基层	2.485	6.7	2.531	98.2
K131+900	距中分带 8.0m	上基层	2.495	6.3	2.531	98.6
		下基层	2.498	6.2	2.531	98.7

续上表

取芯桩号	取芯位置	基层名称	芯样密度 (g/cm³)	空隙率 (%)	标准密度 (%)	压实度 (%)
K131+800	距中分带 3.0m	上基层	2.532	4.9	2.531	100.0
		下基层	2.482	6.8	2.531	98.1
K131+700	距中分带 13.5m	上基层	2.542	4.5	2.531	100.4
		下基层	2.493	6.4	2.531	98.5
要求			—	3～8	—	≥97

现场取芯试验结果表明，所取芯样压实度均满足技术要求。上基层平均压实度为99.3%，下基层平均压实度为98.8%，可见沥青稳定碎石层内压实度基本一致，表明采用的碾压工艺及分层施工法取得良好的效果。

5 结语

沥青稳定碎石与密级配沥青混凝土相比，两者在级配组成、油石比等方面均有很大的不同，同时沥青稳定碎石的最大铺筑厚度一般要大于密级配沥青混凝土。正是由于这些不同，使得两者在施工工艺与质量控制上存在较大的差异。本文基于沥青稳定碎石基层在信南高速公路试验路的铺筑，介绍了ATB-25混合料配合比设计、施工过程等几个方面的控制措施。现场检测结果表明，信南高速公路沥青稳定碎石基层的施工基本达到课题设计要求。

桥 梁 工 程

Qiaoliang Gongcheng

白河特大桥五跨连续箱梁施工监控分析

许世展

河南省信阳至南阳高速公路有限公司

[摘　要]　运用工程控制理论，将预应力连续梁桥的施工控制视为一随机最优控制问题，建立相应的数学模型、目标函数及物理模型，依据最小误差分析理论进行预测，按最优控制规律构成闭环状态反馈系统，对各施工阶段进行调整控制，达到控制的目的。其成果在白河特大桥的施工控制中得到了应用。

[关键词]　连续梁桥　施工控制　灰色理论　预测控制

1　引言

在预应力连续梁桥的实际施工中，虽然可采用各种施工计算方法算出各施工阶段的预抛高值、位移值、挠度，但当按这些理论值进行施工时，结构的实际变形却未必能达到预期的结果。这主要是由于设计时所采用的诸如材料的弹性模量、构件自重、混凝土的收缩徐变系数、施工临时荷载的条件等设计参数，与实际工程中所表现出来的参数不完全一致而引起的；或者是由于施工中的立模误差、测量误差、观测误差、悬拼梁段的预制误差等；或者两者兼而有之。这种偏差随着连续梁桥悬臂的不断加伸，逐渐累积。因此在桥梁施工过程中，必须对施工预拱度、主梁梁体内的应力等进行严格的施工控制。目前施工控制方法主要有三种：一是采用纠偏终点控制法；二是应用现代控制理论中的自适应控制法；三是设计时给予主梁标高和内力最大的误差容许值的误差分析控制法。

2　工程概况

白河特大桥位于南阳市西郊，是信阳至南阳高速公路上的一座特大型桥梁。主桥上部结构为56m＋3×100m＋56m 五跨预应力混凝土变截面连续箱梁。桥梁全长 1560.2m，半幅桥宽 16.75m。箱梁为三向预应力混凝土结构，其中纵向预应力分别设置顶板束、底板束和腹板束，横向预应力束布置在桥面板内。设计荷载为公路Ⅰ级。采用挂篮平衡悬臂法施工。主桥总体布置如图 1 所示。

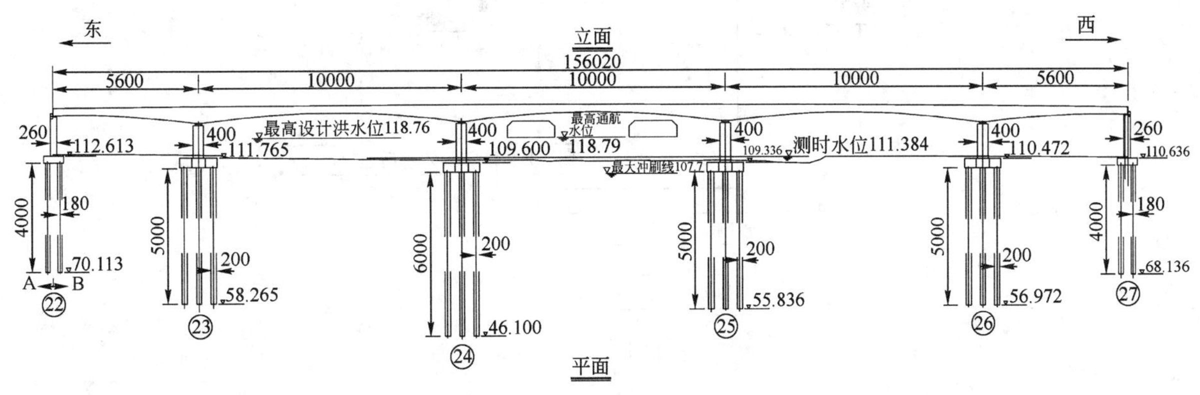

图 1　白河特大桥主桥总体布置图

3　施工监控仿真分析

大跨径预应力混凝土连续梁桥的施工采用分阶段逐步完成的悬臂施工方法，结构的最终形成必须经历一系列的施工过程，对施工过程中每个阶段进行详细的变形计算和受力分析，是桥梁施工监控最基本的内容之一。为了达到施工监控的目的，首先通过计算来确定桥梁结构施工过程中每个阶段在受力和变形的理想状态，以此为依据来控制施工过程中每个阶段的结构行为，使其最终成桥线形和受力状态满足受力要求。在对白河特大桥各施工阶段实施控制时，将其简化为平面杆系结构，将全桥右幅（或左幅）离散为140个单元。每个节段的悬浇过程分为：挂篮就位与立模→混凝土浇筑→张拉预应力筋与拆模→移动挂篮前移四个受力阶段。右幅（或左幅）整个结构形成过程分为53个施工阶段及1个运营阶段，使整个施工过程中出现的荷载、边界条件、计算图式的改变都能在分析模型中得到准确的体现。

4 施工监控过程

4.1 线形监控

大跨径连续梁桥的施工控制是一个施工→量测→识别→修正→预告→施工的循环过程。施工控制的最基本要求是确保施工中结构的安全，其次必须保证结构的线形和内力状态符合设计要求。白河特大桥主桥是运用工程控制理论，采用最优控制理论与计算机相结合的技术，将成桥线形和施工期结构变位状态，作为线性离散、确定性动态结构系统最优控制的对象，建立随机的数学模型和性能指标，用误差分析的思想，从被噪声污染的状态中估计出真实的状态，并用估计出来的状态变量，按确定性的最优控制规律构成闭环状态反馈系统，求出最优控制变量值，不断对各阶段进行调整、控制，最终达到随机最优控制的目的。施工控制流程图如图2所示。

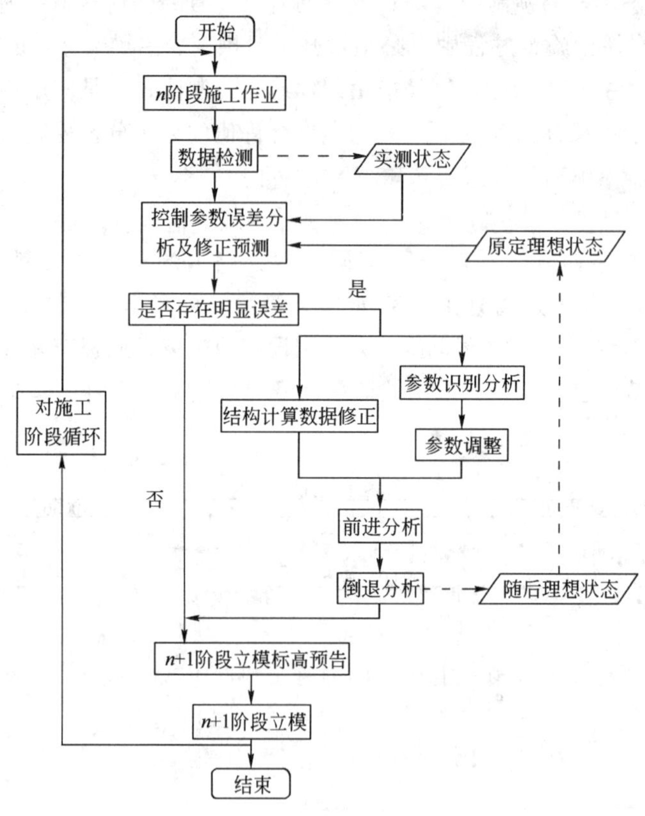

图2 主桥施工控制流程图

根据规范可知，桥梁的预拱度公式为：

$$f_{预拱度}=f_{恒载}+f_{收缩徐变}+\frac{1}{2}f_{活载} \tag{1}$$

所以施工阶段各节点的立模标高为：

$$H_{立模}=H_{竖曲线}+f_{预拱度}+f_{挂篮变形}+f_{支座变形}+f_{误差调整值} \tag{2}$$

其中挂篮的变形值是根据挂篮加载试验，最后绘制出挂篮荷载— 挠度曲线，根据各梁段重量内插而得，由施工单位确定。

4.2 应力监控

应力监测过程中，由于主桥在悬臂施工阶段为静定结构，而收缩、徐变在静定结构中是不产生附加应力的，因此应当由应变计的测量值扣除此时刻发生的混凝土收缩、徐变应变。在工作应力下，混凝土的弹性应变和徐变应变都与应力呈线性关系。因此只要总应力不超过混凝土强度的50%，分批施加应力所产生的应变可以采用叠加原理：对于在时刻 τ_0 施加初应力 $\sigma(\tau_0)$，又在不同时刻 τ_i $(i=1, 2, \cdots, n)$ 分阶段施加应力增量 $\Delta\sigma(\tau_i)$ 的混凝土，其在以后任何时刻 t 包括收缩应变在内的总应变可以表示为：

$$\varepsilon(t,\tau_0)=\frac{\sigma(\tau_0)}{E(\tau_0)}[1+\varphi(t,\tau_0)]+\sum_{i=1}^{n}\frac{\Delta\sigma(\tau_i)}{E(\tau_i)}[1+\varphi(t,\tau_i)]+\varepsilon_S(t,\tau_0) \tag{3}$$

式中：$\sigma(\tau_0)$ ——在 τ_0 时刻施加的初应力；

$E(\tau_i)$ ——龄期为 τ_i 的混凝土弹性模量；

$\varepsilon_S(t, \tau_0)$ ——混凝土在 t 时刻的收缩应变；

$\varphi(t, \tau_i)$ ——徐变系数，按公路桥规（JTJ 023—04）模式计算。

设每次施加应力增量 $\Delta\sigma(\tau_i)$ 后立即读数，即观察时刻 $t_0=\tau_0$ 时

$$\sigma(\tau_0)=\frac{[\varepsilon(\tau_0,\tau_0)-\varepsilon_S(\tau_0,\tau_0)]}{[1+\varphi(\tau_0,\tau_0)]}E(\tau_0) \tag{4}$$

式中：$\varepsilon(\tau_0, \tau_0)$ ——应变观测值（减去传感器初读数）。

一般在混凝土初凝时刻设定应力初值，否则混凝土未承受荷载时钢弦已反映出的应力就不能及时排除。

观察时刻 $t_1=\tau_1$，则

$$\Delta\sigma(\tau_1)=\frac{[\varepsilon(\tau_1,\tau_0)-\varepsilon_S(\tau_1,\tau_0)]-\dfrac{\sigma(\tau_0)}{E(\tau_0)}[1+\varphi(\tau_1,\tau_0)]}{[1+\varphi(\tau_1,\tau_1)]}E(\tau_1) \tag{5}$$

同理可推出：

$$\Delta\sigma(\tau_i)=\left\{\varepsilon(\tau_i,\tau_0)-\varepsilon_S(\tau_i,\tau_0)-\frac{\sigma(\tau_0)}{E(\tau_0)}[1+\varphi(\tau_i,\tau_0)]-\sum_{j=1}^{i-1}\frac{\Delta\sigma(\tau_j)}{E(\tau_j)}[1+\varphi(\tau_i,\tau_j)]\right\}\frac{E(\tau_i)}{1+\varphi(\tau_i,\tau_i)} \tag{6}$$

故在 τ_i 时刻，测点处扣除了收缩徐变效应的混凝土弹性应变为：

$$\varepsilon(\tau_i, \tau_0)_t=\frac{\sigma(\tau_0)}{E(\tau_0)}+\sum_{i=1}^{n}\frac{\Delta\sigma(\tau_i)}{E(\tau_i)} \tag{7}$$

5 施工控制结果

5.1 线形控制结果

白河特大桥主桥两幅均已经顺利合龙。数据分析结果表明桥梁的结构形成后的外形、内力状态符合设计要求，施工控制达到了预期效果。图3为主桥各跨梁底缘设计高程和实测梁底缘高程比较。图4为右幅合龙后实测桥面高程与设计桥面高程比较图。右幅合龙误差表见表1。

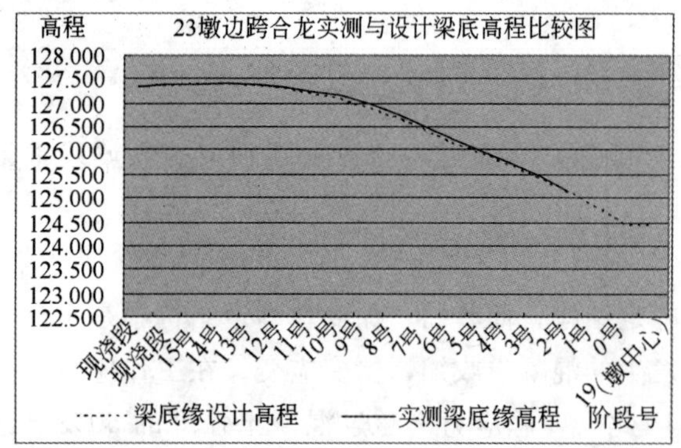

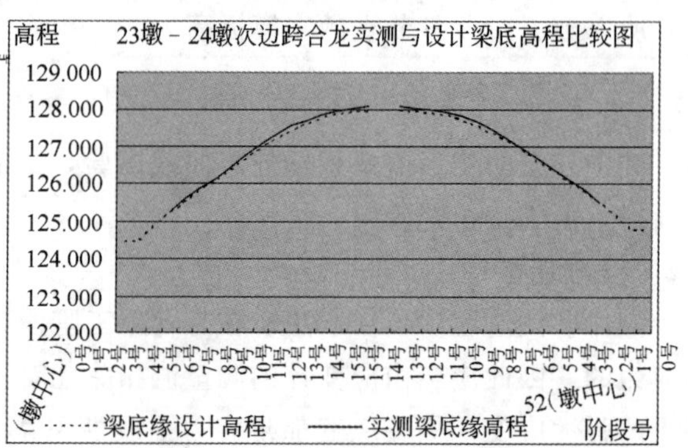

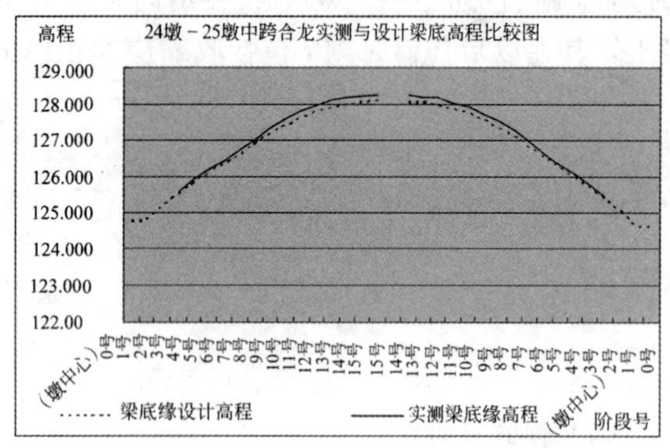

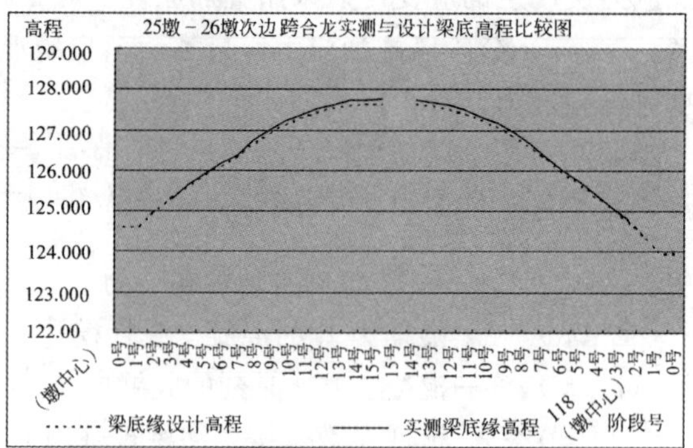

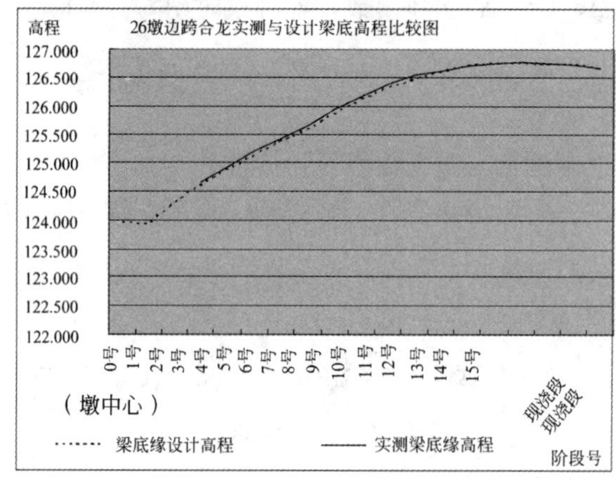

图 3　主桥各跨合龙线形比较图

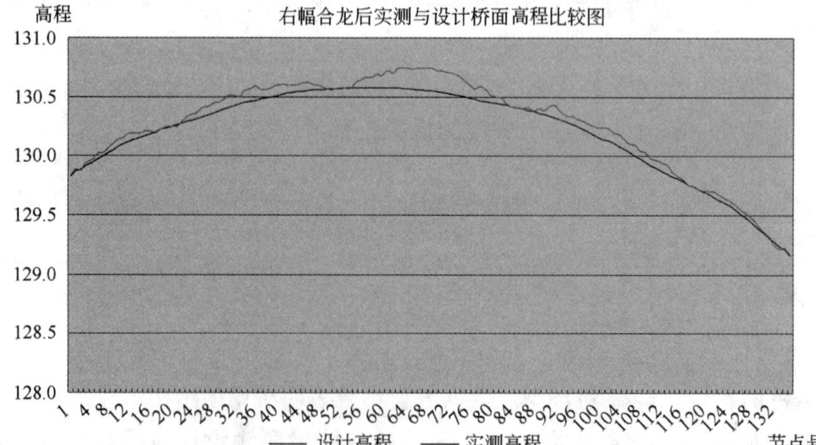

图 4　右幅合龙后实测桥面高程与设计桥面高程比较图

右幅合龙误差表 表1

合龙段	图纸节点号	施工节段号	设计梁底高程（m）	实测梁底高程（m）	实测-设计（m）	合龙误差（m）
22—23 墩边跨合龙	1′	22号墩边跨现浇段	127.370	127.385	0.015	0.006
	2	23号墩15号块	127.386	127.395	0.009	
23—24 墩次边跨合龙	34	23号墩15号块	127.961	128.073	0.112	0.008
	35	24号墩15号块	127.967	128.071	0.104	
24—25 墩中跨合龙	67	24号墩15号块	128.052	128.246	0.194	0.005
	68	25号墩15号块	128.048	128.237	0.189	
25—26 墩次边跨合龙	100	25号墩15号块	127.643	127.755	0.112	0.009
	101	26号墩15号块	127.629	127.750	0.121	
26—27 墩边跨合龙	133	26号墩15号块	126.734	126.759	0.025	0.010
	134′	27号墩边跨现浇段	126.710	126.725	0.015	

5.2 应力控制结果

通过对各施工过程的实测应力控制，保证了全桥在施工过程中应力不超限及受力合理。以下给出各施工过程支点断面上下缘应力变化曲线，见图5；四分点断面上下缘应力变化曲线，见图6。

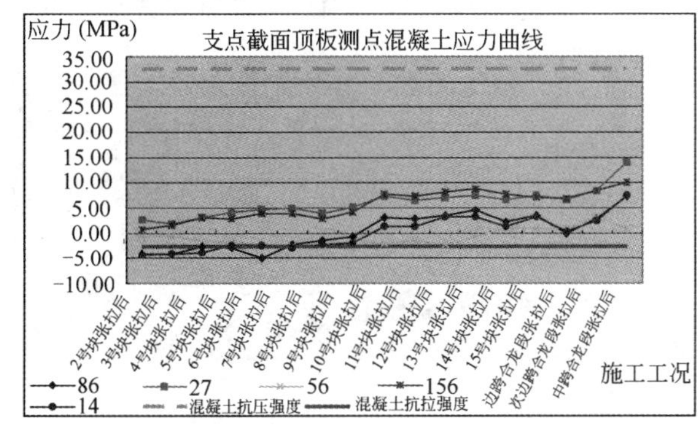

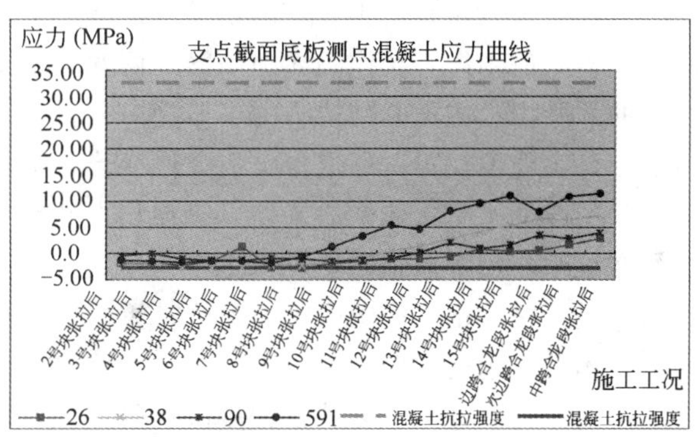

图5 支点断面上下缘应力变化曲线

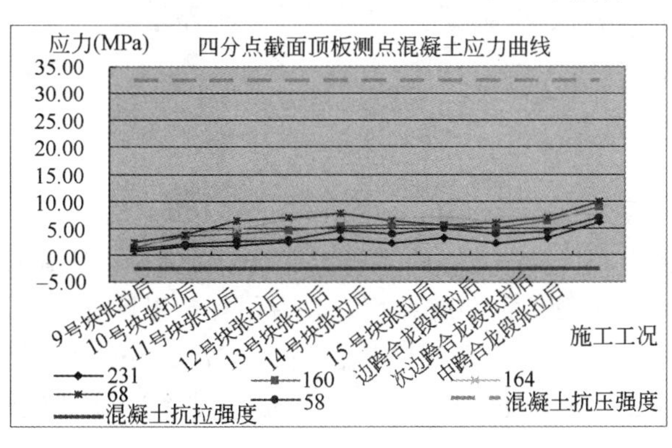

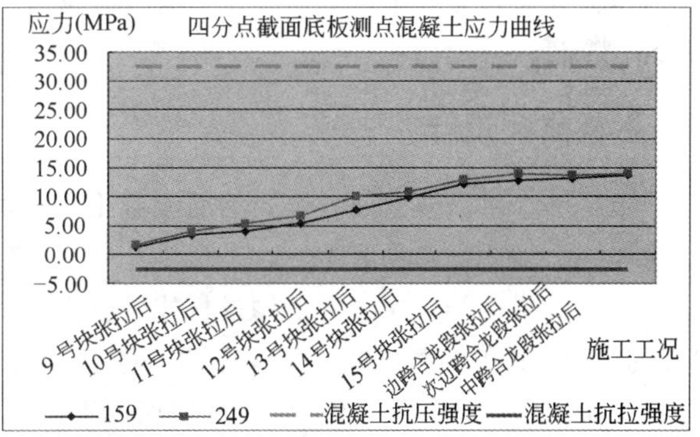

图6 四分点断面上下缘应力变化曲线

6 结语

通过对白河特大桥主桥成功的进行施工监控，得出如下结语：

（1）利用最小误差分析原理进行预应力混凝土连续梁桥的控制是可行的；

（2）本桥成桥后边跨、次边跨合龙段标高实测比设计高13～15cm，中跨合龙段标高实测比设计高15～18cm，为成桥后的收缩、徐变留下了较富余的变形余地。

（3）根据实践经验，理论的收缩、徐变变形值较实际值偏小，根据本桥实测值与理论计算值比较可知，其偏差量约为桥梁跨径的8‰左右调整。本桥依托工程施工监控过程研究成果可供同类桥梁参考。

桐柏停车区单塔不对称自锚式悬索桥的设计与施工

许世展　姬同庚　王春江
河南省信阳至南阳高速公路有限公司

［摘　要］　本文介绍了停车区单塔不对称自锚式悬索桥结构设计过程中塔、梁构造、缆索结构、鞍座与索夹构造，通过空间非线性静力计算说明各部分受力合理线形易控，并结合施工要点对施工和监控提出要求。

［关键词］　自锚式悬索桥　结构设计　单塔不对称　施工

1　引言

自锚式悬索桥是由主缆、加劲梁、索塔、吊索等构件组成的柔性悬吊结构。它与地锚式悬索桥不同的是，它的主缆直接锚固在加劲梁的两端，由加劲梁直接承受主缆的水平力。主缆是结构中的主要受力构件之一，主要承受拉力作用，主缆不仅可以通过自身的弹性变形，而且可以通过其几何形状的改变来影响体系的平衡，表现出非线性特征。索塔、加劲梁在恒载作用下以轴向受压为主，在活载作用下，受压弯共同作用，呈梁柱特征。吊索是将加劲梁自重、外荷载等传递到主缆的传力构件，承受轴向拉力。为增添信南路景观效果，对服务区跨线桥的景观设计给予多种方案多次反复比较、研究，最终在桐柏南北服务区之间建设一自锚式悬索桥。作为南北服务区间和横穿高速公路附近县乡道路的跨线桥，有效地解决了南北跨线交通问题，亦为信南高速路增添一靓丽的风景。全桥效果见图1。

图1　桥梁效果图

2　主桥结构设计

主桥为单拱塔双索面自锚式钢筋混凝土悬索桥，跨径组成为18m＋38m＋66m＋18m，主跨66m，边跨38m，两侧锚跨均为18m，全长140m。拱塔全高36.75m，桥上塔高26.75m，塔身为箱形截面，主墩、塔、梁固结，次边墩上均设板式橡胶支座。主梁截面为肋板式截面，在有吊杆位置设有横隔板以增强主梁刚度，主梁高1.2m，桥下净空为≥5.5m，塔下横梁梁顶结构标高为157.442m。桥梁线形：桥梁纵坡为（正负）2.0%，变坡点位于桥面主塔下横梁处，设置R＝2000m竖曲线，主梁线形与竖曲线吻合；桥面横坡为1.0%，铺装找坡。

2.1　塔、梁构造

主桥为单塔自锚式悬索桥，由钢筋混凝土主塔（上、下横梁处配预应力钢筋），钢筋混凝土肋板式桥面（横隔内配预应力钢筋），主缆和吊杆组成。

主塔：桥面以上主塔为2.0m×1.5m矩形截面，顺桥向2.0m，横桥向1.5m；桥面以下为变截面，根部尺寸为2.0m×3.0m。拱塔全高36.75m，桥面以上塔高26.75m，主缆索鞍位于桥面以上18.50m处，该处设有2.0m×1.5m上横梁；桥面处设2.4m（宽）×2.5m（高）下横梁，为塔墩梁固接体系。

主梁结构：主跨和边跨主梁为双肋式梁板结构，主梁肋为矩形截面，1.20m×1.20m，桥面中心处设一道小纵梁，以加强对横隔梁的侧向约束。桥面全宽15m，两道肋梁中心距离11.5m，两侧均悬

挑人行道板1.05m。主跨和边跨桥面板厚度为20cm，吊索处设横隔梁，横隔梁宽30cm，高1.2m；主塔处设塔下横梁，箱型截面，宽2.4m，高2.5m；主跨缆索锚固处均设边跨中横梁，宽2.5m，高3.0m。主梁肋不配预应力，为钢筋混凝土结构，仅在主缆锚固跨配置预应力钢束；中横梁、塔下横梁及边跨中横梁亦配置预应力钢束：中横梁内布置2束8ϕ15.24钢绞线，主塔上横梁内布置4束8ϕ15.24钢绞线，主塔下横梁内布置4束10ϕ15.24钢绞线。

两侧锚固跨均为箱梁结构，单箱双室，顶板与底板板厚25cm，边腹板及中腹板宽50 cm，靠近支座处腹板加宽。边墩处设端横梁。

2.2 缆索结构

主缆为非对称空间布置，主跨跨度为63.5m，垂跨比1∶12.7，垂度5m；边跨跨度为35.5，垂跨比为1∶17.75。理论散索长度主跨，边跨分别为5.3m、5.2m；全桥共设两根主缆，其结构为预制平行丝股（PWS），每根主缆由19束ϕ5－91的镀锌高强平行钢丝组成，钢丝标准强度1670MPa。主缆在索塔顶设索鞍，梁端张拉、锚固。主缆应力控制在600MPa以内，安全系数大于3。

吊索采用空间布置，与铅垂线成1.5°左右夹角，两端均采用冷铸墩头锚，上端锚头设耳板，耳板通过销栓与索夹耳板铰接，下端锚固于主肋梁上。桥塔两侧第一根吊索距桥塔中心6.5m，吊索的间距均为5.0m，大跨侧最短吊索距③号墩中心14.5m；小跨侧最短吊索距①号墩中心11.5m。全桥吊索共15对，采用ϕ5－85镀锌高强平行钢丝束，标准强度为1670MPa，应力控制在500MPa以内，安全系数大于3。钢丝束外设PE护套，两端配冷铸锚。吊杆上端通过索夹固定于主缆，下端锚固于主肋梁上。短吊杆外套16Mnϕ194×10钢管，张拉完毕后，真空压注C50水泥砂浆。

2.3 鞍座与索夹构造

主鞍座采用铸焊结构，鞍槽底部为1800mm半径的圆弧槽，为增加主缆与鞍槽间的摩阻力，并方便索股定位，鞍槽内设了竖向隔板，在索股全部就位并调股后，在顶部用锌块填平，再将鞍槽侧壁用螺栓夹紧。索夹采用左右两半连接，壁厚37mm，索夹分两类，A类索夹长度870mm，螺杆数量为16个，B类索夹长度为770mm，螺杆数量为14个，索夹两半采用齿形接缝，接缝留有18mm空隙，以适应主缆空隙率与设计空隙不一致的误差。散索套结构与索夹基本相同，壁厚50mm。散索鞍鞍槽与主鞍座鞍槽相似。

2.4 下部与基础

下部结构采用扩大基础，除桥塔处外，其余桥墩均为双柱式墩，上部设盖梁。主塔墩扩大基础顶面距地面1.5m，尺寸11m×12m，基础持力层暂定为第一层斜长角闪光片麻岩。主桥塔墩梁固接，3号桥墩处设盆式支座，其余各墩台盖梁上均设LYZ板式橡胶支座，最大承载力为3534kN。

3 结构静力计算分析

3.1 结构计算模型

本桥结构的计算分析采用西南交通大学的“桥梁非线性空间分析系统—BNLAS”进行空间静动力特性分析。计算分析阶段按以下施工步骤进行：

（1）桥面以下桥塔柱的施工；

（2）加劲梁的架设；

（3）计算中按支架上现浇施工计算；

（4）桥面以上桥塔的施工计算；

（5）主缆的架设与安装——主缆施工过程分析；

（6）安装吊索，形成悬索桥结构；

（7）桥面铺装——成桥状态（恒载状态）的分析；

（8）活载作用效应的分析——荷载组合。

结构计算图式见图2。

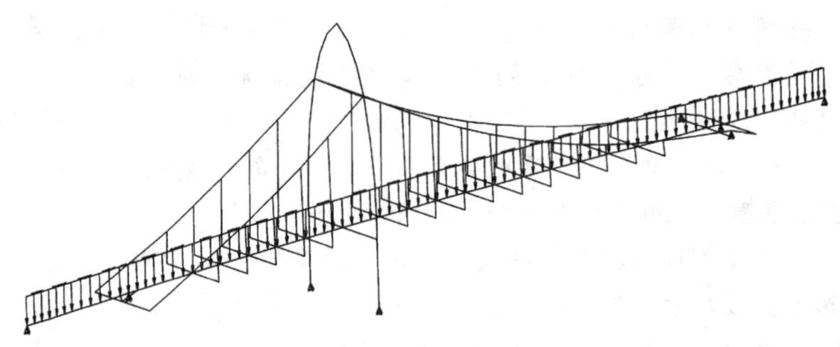

图2 全桥计算图式

3.2 恒载内力分析

(1) 桥塔的内力状态

设计时一般要求桥塔两侧的主缆索力水平分力相等，因此成桥状态（恒载状态）桥塔顺桥向没有弯矩，但在横桥向由于设有塔拱上下横梁处有主缆压力作用，塔柱又是曲线形，将产生面外弯矩。

根据计算，桥面以上塔柱内的最大恒载压应力为：12.36MPa，在上下横梁之间；最大拉应力3.542MPa，在上横量以上的装饰段；上横梁的最大压应力3.086MPa，最大拉应力2.373MPa。

主塔上横梁内力如下：轴力：797.79kN（压），桥塔面内靠塔柱处的弯矩为1701.7kN·m，跨中弯矩2497.2kN·m，弯矩的方向都是使横梁下缘受拉。

(2) 恒载状态主缆的内力

结构优化后，主缆的恒载力进一步减小。恒载状态主缆内力最大值发生在桥塔顶的边跨侧，单根主缆最大值为14851.7kN，最小值发生在大跨散索鞍处，其值为12475.8kN；最大应力为420.485MPa。

(3) 恒载状态的吊索力设计

自锚式悬索桥由于是先施工加劲梁后架设主缆，吊索力需要进行张拉调整才能达到设计要求，吊索恒载索力的设计可以采用类似于斜拉桥恒载索力的设计方法，如内力平衡法、加劲梁弯曲能量最小等原理都可以应用。本次设计按加劲梁恒载应力较小、恒载与活载组合作用下加劲梁应力分布比较均匀的原则，设计了本桥的吊索恒载张力。吊索的恒载吊索力最小为566.8kN，最大为688.9kN。

(4) 恒载状态的加劲梁内力

加劲梁采用轴线处1.2m梁高的混凝土梁，除在锚固处截面加高和腹板加厚外，其余截面为等截面。在支架上施工过程中应力比较低。

4 桥梁的施工与监控

4.1 主桥施工要点

自锚式悬索桥是一种新型结构，结构受力构造复杂，张拉工艺繁重，要求施工应由具备施工资质、技术力量雄厚、有自锚式悬索桥施工经验、在预应力张拉方面有丰富经验的单位承担，并聘请有资质、有经验的监控单位进行施工监测监控。施工应严格遵守有关技术规范规程，确保工程质量与安全。

4.2 主桥下部结构施工

(1) 2号墩基础属大体积混凝土，浇注时应避免混凝土水化热引起开裂。基础浇注完成以后应及时浇注墩身，避免墩身混凝土龄期相差太大。

(2) 支座安装时，支座的四氟板和钢板表面应用酒精洗干净，支座安装定位要高度准确。

(3) 墩身、盖梁施工完成后，要对墩顶高程进行测量，检查是否满足设计要求，并根据测量结果

适当调整支承垫石的高度，以使墩顶高程满足设计要求。

4.3 主桥上部结构

主桥施工是桐柏停车区跨线桥施工中的重点，主梁采用支架现浇法施工，施工时应按以下顺序：

(1) 施工0号至4号墩台，搭设支架并施工锚固跨；

(2) 主桥的浇筑从主墩向两侧对称、均衡的进行，在主梁靠近锚跨段合龙。待主梁混凝土达到设计强度的90%后，张拉主梁横隔板预应力束；

(3) 采用爬模施工主塔，主塔中钢筋，特别是塔顶主缆索鞍处及下横梁与主肋梁、下塔柱固接处钢筋布置较密，浇筑混凝土时要特别注意振捣饱满密实；

(4) 安装索夹。从主塔两侧开始以主跨两对、边跨一对的方式张拉吊索、调整索力，吊索需要分多次张拉，张拉控制的标准为张拉吊索的索力安全系数不小于2，安装后的吊索长度不短于成桥时需要的吊索长度，主跨、边跨主缆索力基本相等；

(5) 交替张拉吊杆和主缆，使主梁脱离支架。主缆与吊杆的张拉是主桥施工的关键工序，届时，经与施工、监理监控等部门协商后，设计将提供施工指导建议书，提供张拉方案与控制要素，以便施工单位编制安全可行的张拉实施方案，确保主桥施工顺利完成；同时施工监控单位应加强关键部位的监测监控，保证结构的安全及成桥线型。

5 结语与建议

本桥结合地形选用地方路与服务区沟通桥两桥合一的方式并选形设计了自锚式悬索桥。信南路的景观效果，可为同类型桥梁设计与施工提供参考。

白河特大桥桥面铺装钢纤维混凝土抗折性能研究

禹 雷 孟会英 管品武 郑州大学土木工程学院

姬同庚 河南省信阳至南阳高速公路有限公司

［摘 要］ 本文结合信南高速公路白河大桥桥面铺装实际工程，通过试验研究在混凝土中掺入两种不同类型和不同体积率的钢纤维对混凝土抗折强度的影响，同时研究了钢纤维混凝土（SFRC）抗折强度与抗压强度、劈拉强度等之间的关系，为实际工程应用提供参考。研究表明：SFRC的抗折强度随着抗压强度的提高而提高，随着钢纤维体积率的增大，抗折强度与抗压强度之比也随着呈上升趋势；SFRC抗折强度随着劈拉强度的提高而提高，随着钢纤维体积率的增大，SFRC的抗折强度与劈拉强度比呈下降趋势。

［关键词］ 抗折强度 体积率 配合比 钢纤维混凝土（SFRC）

1 引言

钢纤维混凝土（SFRC）本身优异的特性，使其在路面和桥面铺装层中的应用越来越普遍。白河特大桥是上海至西安国家重点公路泌阳至南阳段上的一座特大型预应力混凝土连续箱梁桥。该桥桥梁全长1590.2m，桥面总宽度为34.5m。为了改善桥面的混凝土性能，提高桥面铺装的耐久性，全线所有铺装层采用了10cm厚CF50钢纤维钢筋（双钢）混凝土。本文结合白河特大桥桥面铺装工程，并按照有关规程，利用42.5R普通水泥试配制的CF50的SFRC，采用三分点对称加载破坏特性试验研究在混凝土中掺入不同类型和不同体积率的钢纤维对混凝土抗折强度的影响，并研究了钢纤维混凝土抗折强度与抗压强度、劈拉强度等之间的关系。

2 试验原料的选取

本试验采用两种钢纤维，铣削型和剪切波纹型，钢纤维体积率分别为0、0.5％、1.0％、1.5％、2.0％。钢纤维特征参数如表1所示。

钢纤维特征参数 表1

钢纤维类型	平均长度 l_f（mm）	等效直径 d_f（mm）	长径比 l_f/d_f
铣削型	32.3	0.94	34.3
剪切波纹型	32.4	0.56	57.4

其他原材料的选取：

（1）水泥：郑州市洞林水泥厂的42.5R普通硅酸盐水泥。

（2）细集料：河中砂，$M_x=2.68$，重度1520 kg/m^3。

（3）粗集料：最大粒径不大于20mm的花岗岩，连续粒级。

（4）拌和水：采用自来水。

（5）外加剂：采用FDN-1高效减水剂（郑州建科混凝土外加剂有限公司生产），在0.3％～1.0％的掺量范围内减水率为14％～25％。

3 试验方案及配合比

试件设计时考虑的主要参数是试件截面尺寸、钢纤维类型和钢纤维体积率等。所有试件的制作、养护和试验方法都严格按照《钢纤维混凝土试验方法》（CECS13：89）等的规定进行。抗压试件和劈裂试件尺寸为100mm×100mm×100mm，抗折试件尺寸为100mm×100mm×400mm，每种试验试件

的钢纤维体积率有五种，分别为0、0.5%、1.0%、1.5%、2.0%，共5组，每组3个试块。抗折强度按下式计算：

$$R_b = \frac{PL}{bh^2} \tag{1}$$

式中：R_b——抗折强度（MPa）；

P——极限荷载（N）；

L——支座间的距离（mm）；

b——试件宽度（mm）；

h——试件高度（mm）。

立方抗压强度的测试采用NYL-2000D压力试验机，无锡建筑材料仪器机械厂生产；劈裂抗拉强度的测试采用NYL-600型材料试验机，无锡建筑材料仪器机械厂生产；抗折强度的测试采用广州试验仪器厂生产的WE-30型压力机。试验配合比采用绝对体积法试配，配合比如表2所示。

试验配合比设计表 表2

试件编号	钢纤维体积率（%）	材料用料（kg/ m³）						
		W/C	水泥	水	砂	石子	钢纤维	减水剂
SF_0	0	0.31	463	169	512	1194	0	4.6
SF_1	0.5	0.31	485	177	544	1104	39	4.9
SF_2	1.0	0.31	507	185	573	1017	78	5.1
SF_3	1.4	0.31	530	193	597	935	117	5.3
SF_4	1.8	0.31	551	201	619	855	156	5.5

本试验所采用混凝土强度等级为CF50，为了消除基体混凝土的变异对试验结果的影响，在浇筑SFRC的同时，浇筑一批同等强度等级的素混凝土作对比。

4 试验结果及分析

4.1 试验结果

对不同钢纤维掺量的试件分别进行了28d的抗压试验、抗折试验和劈拉试验。不同钢纤维类型和体积率对SFRC性能的影响结果如表3所示。

试验结果 表3

钢纤维类型	试件编号	钢纤维体积率（%）	抗压强度（MPa）	抗折强度（极限强度）（MPa）	劈拉强度（MPa）
铣削型	XSF_0	0	51.8	4.38	3.07
	XSF_1	0.5	49.8	4.80	3.93
	XSF_2	1.0	48.9	4.62	4.22
	XSF_3	1.4	54.6	4.80	5.49
	XSF_4	1.8	47.6	5.73	5.49
波纹型	BSF_0	0	42.2	4.85	2.74
	BSF_1	0.5	45.5	4.75	3.74
	BSF_2	1.0	39.3	4.38	4.14
	BSF_3	1.4	42.9	5.36	4.70
	BSF_4	1.8	41.7	5.73	4.75

4.2 试验结果分析

4.2.1 钢纤维体积率的影响

(1) 钢纤维体积率对抗折强度的影响

经过对结果分析，由图1可以看出，随钢纤维体积率的增加，不同掺量试件的抗折强度依次都呈线性增加，当钢纤维体积率为2.0时的试件的抗折强度达到最大值。但当钢纤维体积率达到1.4%时，抗折强度增加幅度开始变缓。可以看出，SFRC抗折强度并不随钢纤维体积率的递增而呈相应的线性增加。当钢纤维体积率小于1.0%时，波纹型SFRC的抗折强度较大，当体积率大于1.0%时，波纹型SFRC的抗折强度略小于铣削型SFRC，但是，总体来看，波纹型SFRC的抗折强度略大于铣削型SFRC。从试验现象可以看出，钢纤维改变了混凝土抗折破坏的形式，抗折强度较素混凝土有明显的提高。

(2) 钢纤维体积率对 $f_{fc,m}/f_{fc,cu}$ 影响

对结果进行分析，图2给出了两种不同钢纤维类型和掺量的混凝土抗折强度和抗压强度之比与钢纤维体积率之间的关系。可见，随之钢纤维体积率的增加，抗折强度与抗压强度之比 $f_{fc,m}/f_{fc,cu}$ 明显增大，呈上升趋势。随着钢纤维体积率的增大，抗折强度增长率明显大于抗压强度增长率，因此，增加合适的钢纤维掺量能有效提高混凝土的抗折性能。但是，钢纤维的掺量不能太大，否则会产生混凝土施工困难。

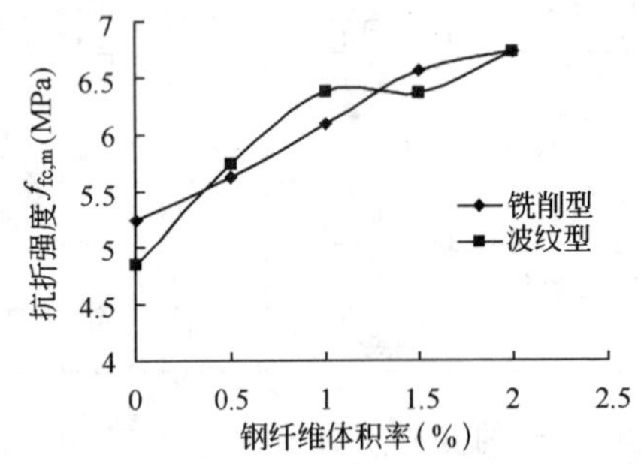

图1 钢纤维掺量对混凝土抗折强度的影响

图2 钢纤维体积率对 $f_{fc,m}/f_{fc,cu}$ 的影响

对于本试验，在钢纤维体积率为0～1.8%时，其抗折强度与抗压强度比值为，铣削型SFRC为0～0.13,剪切波纹型为0～0.12。铣削型和剪切波纹型SFRC的抗折强度与抗压强度之比平均值 $f_{fc,m}/f_{fc,cu}$ 分别为0.113、0.108。

(3) 钢纤维体积率对 $f_{fc,m}/f_{fc,spl}$ 影响

图3给出了不同钢纤维类型和掺量的混凝土抗折强度和劈拉强度之比与钢纤维体积率之间的关系，可见，随之钢纤维体积率的增加，抗折强度与劈拉强度之比 $f_{fc,m}/f_{fc,spl}$ 明显减小，呈下降趋势。正如同有关文献所述，随着钢纤维体积率的增大，抗折强度增长率明小于劈拉强度增长率。在本试验中，铣削型和剪切波纹型钢纤维混凝土的抗折强度与劈拉强度之比平均值 $f_{fc,m}/f_{fc,spl}$ 分别为1.40、1.58。

从以上试验结果来看，铣削型和剪切波纹型钢纤维对混凝土的抗折强度、劈拉强度和抗压强度平均增强率分别为：19%、56%、4%和30%、39%、5%。钢纤维对混凝土的抗折强度和劈裂强度增强显著，而对于抗压强度增加不是太明显。

4.2.2 抗折强度与其他强度的关系

(1) 抗折强度与抗压强度

图4给出了SFRC抗折强度与抗压强度之间的关系，其中，基体混凝土为C50。可以看出，抗折强度随着抗压强度的提高而提高，提高幅度为0～28%。因此，在桥面铺装中使用高强SFRC，可以有效的提高路面的抗裂能力。本文通过试验研究的结果，对数据进行回归统计分析得出抗压强度在50～60MPa时，抗压强度与抗折强度之间的关系式为：

$$f_m = 0.0005 f_{cu}^{2.36} \text{（方差 0.46）} \tag{2}$$

（2）抗折强度与劈拉强度

图 5 显示出抗折强度与劈拉强度之间的关系。随着劈拉强度的增长抗折强度明显随着增长，提高幅度为 0～28%。劈拉强度与抗折强度比明显大于抗压强度与抗折强度比。本文通过试验研究的结果，对数据进行回归统计分析得出劈拉强度在 2～6MPa 时，抗折强度与劈拉强度之间的关系式为：

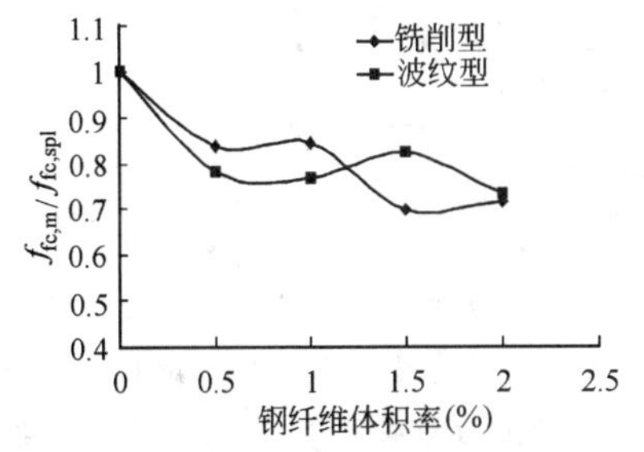

图 3　钢纤维体积率对 $f_{fc,m}/f_{fc,spl}$ 的影响

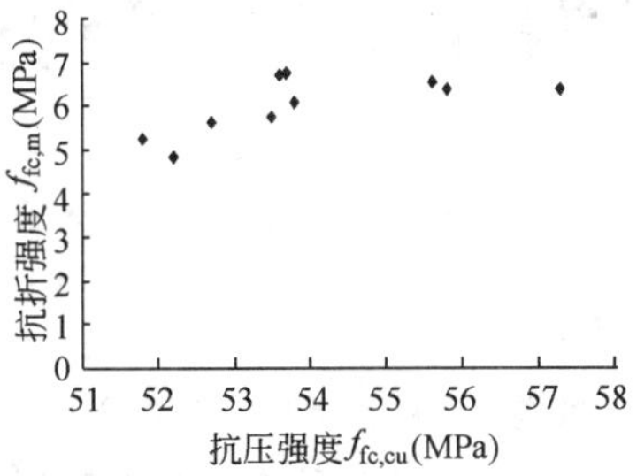

图 4　抗折强度与抗压强度的关系

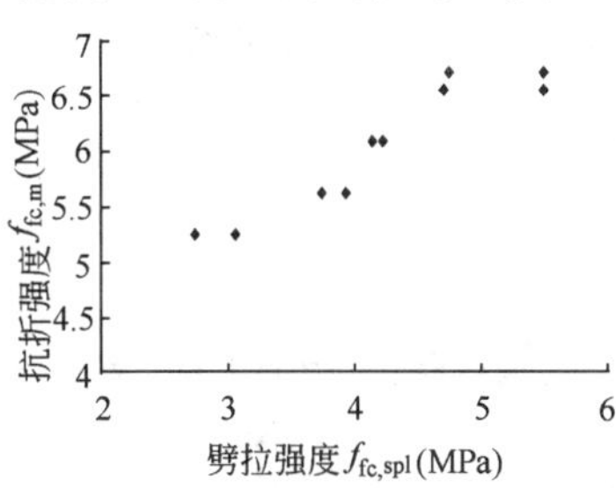

图 5　抗折强度与劈拉强度的关系

$$f_m = 3.39 f_{spl}^{0.41} \text{（方差 0.89）} \tag{3}$$

5　SFRC 抗折强度计算模式

为了简化计算，SFRC 抗折强度可以采用综合系数法计算模式，它是建立在复合力学理论的基础上，综合了大量的试验研究数据，经过统计分析而提出的，其计算模式为

$$f_{ftm} = f_{tm}(1 + \alpha_m \lambda_f) \tag{4}$$

式中：f_{ftm}、f_{tm}——分别为 SFRC 和素混凝土的抗折强度；

α_m——钢纤维对混凝体抗折强度的影响系数；

λ_f——钢纤维特征系数，$\lambda_f = \rho_f \dfrac{l_f}{d_f}$。

计算式的关键在于 α_m 的取值，由于各种钢纤维的类型，试验方法不同等影响因素，α_m 的取值也不尽相同。经过对本试验结果的统计，铣削型和剪切波纹型钢纤维的影响系数 α_m 分别为：0.44，0.42。因为钢纤维的阻裂效应，在受力前后钢纤维抑制了混凝土的裂缝发展，缓和了因细观裂缝和缺陷尖端产生的应力集中现象，推迟由此导致的混凝土过早开裂，从而使 SFRC 的变异系数较普通混凝土低。另一方面，SFRC 的弯曲韧性较普通混凝土有较大的提高，从而其抗折承载能力的可靠度也大大提高。

6　结语

本文结合高速公路桥面铺装实际工程，通过试验研究在混凝土中掺入两种不同类型和不同体积率的钢纤维对混凝土抗折强度的影响，并且根据本试验推出了 SFRC 抗折强度与抗压强度、劈拉强度等之间的关系，最后总结如下：

（1）SFRC 的抗折强度随着抗压强度的提高而提高，随着钢纤维体积率的增大，SFRC 的抗折强度与抗压强度比也随着呈上升趋势。

（2）SFRC 抗折强度随着劈拉强度的提高而提高，随着钢纤维体积率的增大，SFRC 的抗折强度与劈拉强度比呈下降趋势。

（3）经过本文试验结果的统计分析，得出 SFRC 抗压强度与抗折强度关系式，劈拉强度与抗折强度的关系式。

（4）经过本文试验结果的统计分析，得出两种钢纤维对混凝土的抗折强度增强系数，铣削型为：0.19，剪切波纹型为：0.30。

白河特大桥主桥预应力混凝土箱梁 0号、1号块水化热结构耦合场分析

许世展

河南省信阳至南阳高速公路有限公司

[摘　要]　目前混凝土水化热温度场求解模型正成为研究的热点。本文针对河南信阳高速公路白河特大桥预应力箱梁0号、1号块早期温度裂缝控制做了一些有意义的研究工作。首先给出水化热求解模型，以三维非稳定温度场为基本原理，运用有限元分析软件对此特大桥预应力箱梁0号、1号块做了早期水化热温度场的有限元模拟，然后将所计算的温度场作为边界条件加到应力场的分析当中，对早期的混凝土水化热结构耦合场进行空间力学仿真，并以实测数据参考，为更精确的预测早期混凝土温度场和应力场的分布规律，为施工过程中进行温控提供理论上的依据。

[关键词]　预应力混凝土箱梁　水化热温度场　结构耦合场　空间仿真　温控裂缝

1　引言

混凝土水化热温度场是一个很复杂的问题，涉及了化学、数学、物理、材料等多个领域。预应力混凝土箱梁开裂的原因很多，诸如材料强度不足、施加预应力不当以及混凝土浇注养护工艺不合理等，但混凝土浇注后硬化早期，混凝土内外温差较大，从而产生较大的温差应力以及混凝土的干缩则是箱梁早期开裂的主要原因。水泥水化放热较多，混凝土的导热性能差、散热慢，使得混凝土内部温度升高较快，内部混凝土受热体积产生较大膨胀，而外部混凝土却受外界因素的影响膨胀较小，临时支座是箱梁0号、1号块施工期移动的主要外部约束，内约束是混凝土内部的温度场而引起的。内外混凝土的不均匀变形使得混凝土外表面产生了较大的拉应力，故箱梁在浇注后硬化早期易产生有害裂缝。箱梁0号、1号块由于一次性浇筑混凝土量大，底板腹板厚度比较大，如果混凝土表面温度差达到一定的极限，则可能导致表面拉应力超过混凝土的抗拉强度，而出现表面裂缝。同时混凝土降温阶段如果降温过快，由于底板腹板收缩，又受到强大的摩阻力，可能导致底板腹板出现收缩性贯穿裂缝。如果养护湿度再不够，混凝土硬化过程中失水干缩，裂缝开展就更为严重，有的甚至发展为贯穿裂缝，大大影响结构的安全性和耐久性。为了防止裂缝的开展，就必须控制混凝土的内外温差和延缓混凝土降温速率。所以混凝土早期截面的温度现场观测就非常重要。因此，有必要了解水化热温度在箱梁截面的分布规律，估算温差应力，为今后桥梁施工中同类问题积累经验，也为水化热温度场的理论研究提供试验数据。在混凝土内部的自由温度变形受到约束时，便会产生拉应力，这拉应力也是混凝土产生裂缝的主要原因。本文介绍了混凝土温度场的理论推导及混凝土箱梁0号、1号块早期的现场测温结果和比较分析。

2　三维非稳定温度场基本原理

空间不稳定场在区域 R 内（图1），T 满足热传递方程

$$\frac{\partial^2 T}{\partial x^2}+\frac{\partial^2 T}{\partial y^2}+\frac{\partial^2 T}{\partial z^2}+\frac{1}{\alpha}\left(\frac{\partial \theta}{\partial \tau}-\frac{\partial T}{\partial \tau}\right)=0 \tag{1}$$

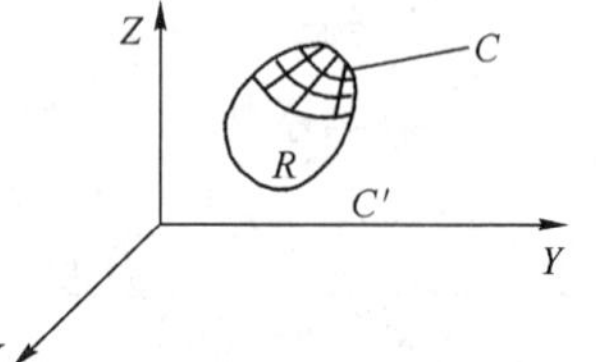

图1　三维空间域

式中，在初始瞬时，T 是给定的温度；定解条件为：当 $\tau=0$ 时，$T=T_0(x,y,z)$；在边界 C' 满足第一类边界条件，当 $\tau>0$ 时，$T=T_b$；在边界 C 上满足第三类边界条件，当 $\tau>0$ 时，

$$l_x \frac{\partial T}{\partial x}+l_y \frac{\partial T}{\partial y}+l_z \frac{\partial T}{\partial z}+\bar{\beta}\ (T-T_a)\ =0 \tag{2}$$

式中：T——在第一类边界条件上给定的温度；

τ——时间；

θ——绝热温升；

$\bar{\beta}$——表面平均放热系数；

α——导温系数；

T_a——平均统计气温；

T_b——边界温度。

3 水化热求解模型

由于水化热作用，在绝热条件下混凝土的温度上升速度为

$$\frac{\partial \theta}{\partial \tau}=\frac{Q}{c\rho}=\frac{Wq}{c\rho} \tag{3}$$

式中：W——水泥用量；

q——单位重量水泥在单位时间内放出的水化热；

c——比热容；

ρ——密度；

Q——单位时间内放出的热量。

朱伯芳根据大量试验结果建立了如下表达式：

$$\theta=\theta_{\infty}\ [1-\exp\ (-aT^b\tau^c)] \tag{4}$$

式中：θ——绝热温升；

θ_{∞}——最终绝热温升；

T——混凝土温度；

τ——混凝土龄期；

a、b、c——待定参数。

张子明等人提出了有效时间的概念，建立了如下双曲线表达式：

$$\theta\ (t_e)\ =\theta_{\infty} t_e/\ (M+t_e) \tag{5}$$

$$t_e=\int_0^{\tau}\beta_T \mathrm{d}t \tag{6}$$

式中：t_e——有效时间；

M——模型参数；

β_T——化学反应速率比。

可根据 Arrhennius 函数或 Carina 指数函数得到。

4 水化热温度场的有限元分析

4.1 工程概况

白河特大桥是河南省信阳至南阳高速公路上的一座特大型桥梁，位于南阳市西郊，该桥起点桩号K175+429.9，终点桩号K176+399.9，桥梁全长1590.2m。桥轴线与白河呈85°斜交。白河特大桥主桥采用五跨预应力混凝土变截面连续箱梁，跨径组合为：56m+3×100m+56m。主桥连续箱梁采用挂篮悬臂现浇法施工。其墩顶块包括箱梁的0、1号施工梁段，且在支架上分两次浇注成型。0号块长4m，1号块长3m；0号块两侧距墩中心2.0 m范围内箱梁顶、底板厚度分别为0.5m和1.5m，腹板厚度为0.7m；1号块梁段顶、底板厚度分别为0.28m和0.6m，腹板厚度为0.6m。在全桥共对

3 个截面进行温度监控，在墩顶处 0 号块按混凝土温度梯度埋入温度传感器（如图 2 所示）。

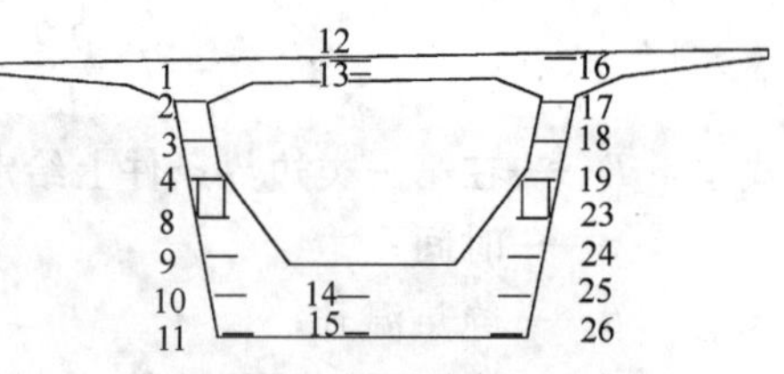

图 2 0 号块温度传感器布置

4.2 计算过程

本文主要是热结构耦合分析，采用间接分析方法，热单元用 8 节点的流体等参元，假定材料是各向同性的，且材料的物理参数不随温度而变化，均视为常数。混凝土浇筑温度和空气接触面温度取平均值。在边界条件的处理中，与墩顶接触的温度一般采用第一类边界条件，即温度已知边界条件。但在实际工程中，周围环境的温度不断变化，不可能是定值。因此在计算中表面温度通过不同的养护层向外进行对流换热，因此，采用第三类边界条件。箱梁 0 号、1 号块混凝土分两层浇筑，在模拟中按两个工况模拟，即浇筑底层看作第一个工况，浇筑第二层看作第二个工况。

4.3 结果分析

图 3 为箱梁 0 号、1 号块混凝土浇筑全部完一天的温度分布，图 4 和图 5 为分层浇筑完一天的温度分布。分析图 3、图 4 和图 5 表明：后，温度在底板，腹板等较厚的部位水化热产生的温度较高，腹板与横隔板及底板中部温度最高，一天内水化热产生的最大温度差（最高温度与最低温度之差）大约在 15°左右，温度呈现处清晰的梯度分布状，在顶板，底板的边缘处温度最低。

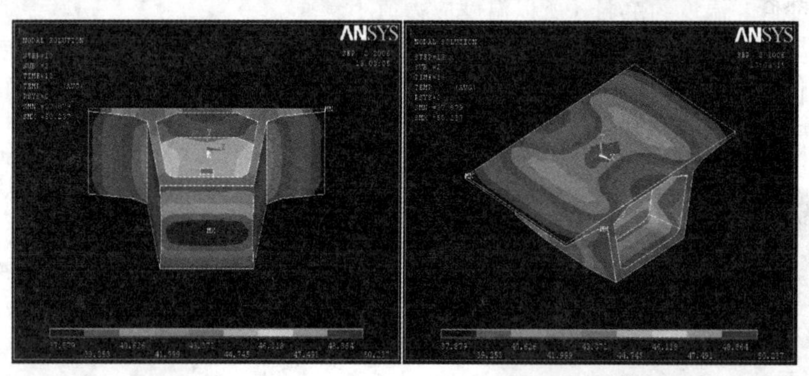

图 3 箱梁 0 号、1 号块全部浇筑后一天的温度分布

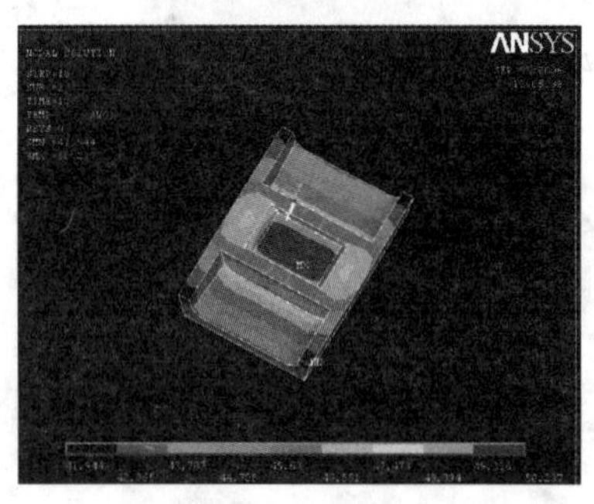

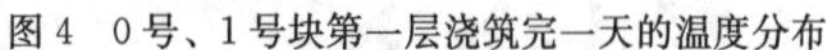

图 4 0 号、1 号块第一层浇筑完一天的温度分布

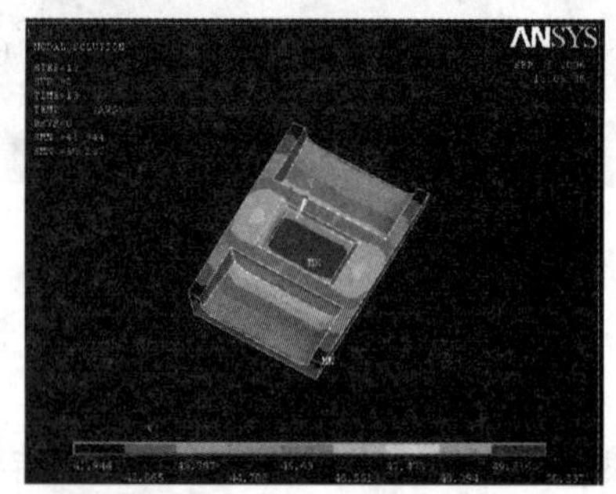

图 5 0 号、1 号块第二层浇筑完一天的温度分布

图 6 为腹板测点 8 浇筑过程的温度分布。分析图 6 表明：腹板测点 8 是在第二工况期浇筑的，所以图中第一工况期的温度为负值，说明第一工况期腹板测点 8 还未浇注产生水化热，这时的温度不具有实际意义，只是延伸值。

图 7 为底板测点 11 浇筑过程的温度分布。分析图 7 表明：底板测点 11 是在第一工况期浇筑的，浇筑完后随着时间的延伸，其水化热温度不断升高，浇筑完 2d 半内温度急剧升高，2d 半水化热温度最高，此后温度曲线比较平缓。

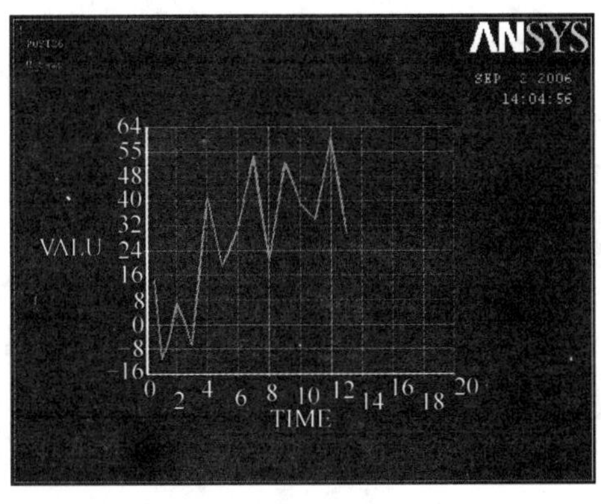

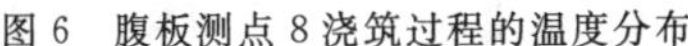

图 6 腹板测点 8 浇筑过程的温度分布

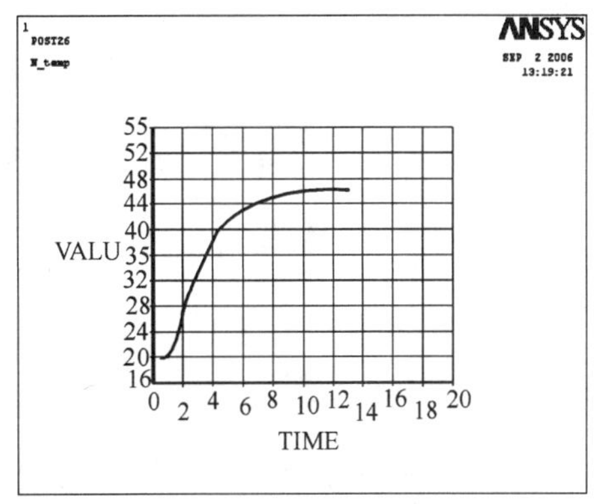

图 7 底板测点 11 浇筑过程的温度分布

图 8 为顶板测点 1、12、16 浇筑过程的温度分布。分析图 8 表明：顶板是在第二工况期浇筑的，所以图中第一工况期的温度应力为接近零值，这时的温度不具有实际意义，说明第一工况期腹板测点 1、12、16 还未浇筑产生水化热，形成温度应力，顶板在第二工况浇筑完后产生的温度应力很小，因为顶板很薄，温度低，温度约束弱，所以温度应力值小。

图 9 为底板浇注过程的温度应力引起的塑性变形。分析图 9 表明：底板中部（墩顶处），有与散热状况差，造成底板温度高，产生较大的温度应力，同时底板的早期强度很低，温度应力所产生的应变超出早期强度所能承受的应变，所以导致较大的塑性变形。

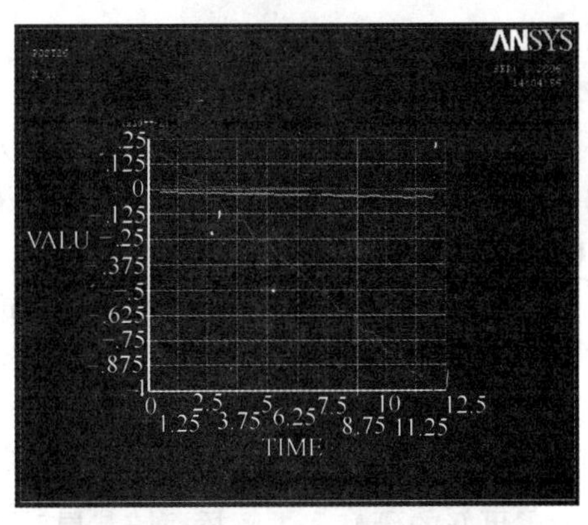

图 8 顶板 1、12、16 浇筑过程的应力分布

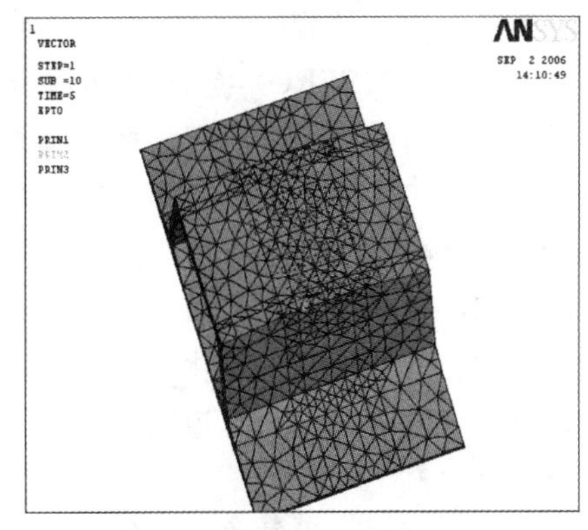

图 9 底板浇筑过程中温度应力引起的塑变

5 结语

(1) 预应力箱梁 0 号、1 号块在浇筑过程中，一次性浇筑量较大，在腹板与底板、腹板与顶板、腹板与横隔板相交处混凝土产生大量水化热，导致浇筑温度很高。并向表面依次降低，并且箱梁大体积混凝土中心向表面温度梯度越来越大。

(2) 温度场的分布随边界条件的变化呈规律性的变化，边界条件相同时，温度场存在着对称性，边界条件不同时，温度场存在着非对称性。

(3) 预应力箱梁 0 号块底板在温度应力的作用下，会产生相对较大的塑性变形，需要在施工浇筑时，注意进行温度控制，避免产生裂缝。

钢纤维混凝土桥面系对桥梁结构承载能力影响试验研究

唐国斌　孟会英　管品武　　　　姬同庚

郑州大学土木工程学院　　　　河南省信南至南阳高速公路有限公司

[摘　要] 桥面铺装层不仅是桥梁结构的保护层，同时又参与结构受力。而桥梁设计时，通常不考虑铺装层的作用，这与结构实际受力状态不符。为研究钢纤维混凝土桥面铺装层对桥梁结构承载能力影响，本文通过无铺装层、混凝土铺装层和钢纤维混凝土铺装层空心板梁试验，研究铺装层对空心板梁受力性能影响。试验结果表明桥面铺装层空心板梁共同受力性能良好，铺装层能显著提高结构开裂荷载和极限承载能力，增大结构刚度和改变结构破坏形态。本文试验可为桥梁常用补强层加固法提供试验参考。

[关键词] 钢纤维混凝土　桥面铺装　空心板梁　承载能力　试验研究

1　前言

随着我国国民经济的飞速发展，公路交通事业发展迅速，但目前仍存在交通流量偏大，超载严重等现象，对桥梁结构损伤较大，为此《高速公路设计技术要求》对新设计的桥梁结构提高荷载标准。为提高桥面抗冲击、抗疲劳及耐久性，主线桥面铺装采用钢纤维混凝土。

钢纤维混凝土（SFRC）是近 20 年来迅速发展起来的一种新型复合材料，广泛应用于道路、桥梁工程中。目前，对于钢纤维混凝土桥面铺装的研究，主要集中在抗裂性、抗冲击疲劳性等材料力学性能和铺装技术施工工艺等方面，而对铺装层的受力性能和对结构受力性能影响研究较少。在桥梁设计过程中，往往也重视桥梁自身的结构受力特性的分析，而铺装层仅作为二期恒载作用在桥面上，并不对其进行专门的受力分析，或假定桥面铺装层不参与梁体受力或仅将铺装层折算计入桥面板厚度和桥面板共同受力，事实上这种简化与结构实际并不符合，当铺装层与行车道板结合良好，铺装层成为桥梁结构叠合层，铺装层与行车道板构成叠合结构，这种二次受力构件与一次受力构件在受力性能上有很大差异。

鉴于目前桥规对这类结构没有给出明确的计算方法，为了更好的研究和了解桥面铺装层对结构受力性能的影响，本文通过对普通预应力混凝土空心板梁和分别浇筑混凝土铺装层和钢纤维混凝土铺装层的叠合空心板梁进行对比试验研究，对三种类型的空心板梁进行受力性能比较，进而分析不同类型桥面铺装层对结构承载能力影响。同时本试验可为桥梁结构常用补强层加固法提供试验参考。

2　试验概况

根据研究目的预制三根 10m 预应力混凝土空心板梁，截面尺寸和配筋图如图 1 所示，其中混凝土强度等级为 C50，板梁底受力钢筋为 $8\phi_j15.24$ 和 $5\phi12$。空心板梁浇筑后正常养护 28d，在其中两片梁上分别浇筑 10cm 厚混凝土和钢纤维混凝土铺装层，模拟桥面铺装，铺装层混凝土强度为 C50。所有试件均在泌南土建施工标段预制梁厂制作，混凝土铺装层强度达到设计强度后进行现场现场试验。

现场加载采用单点集中加载，根据施工现场特征，采用 6 片空心板梁作为加载配重，由钢丝绳捆绑配重梁，与横担钢梁形成反力装置。试验荷载由千斤顶提供，荷载传感器和应变仪控制加载大小和速度，具体加载布置如图 2 所示。

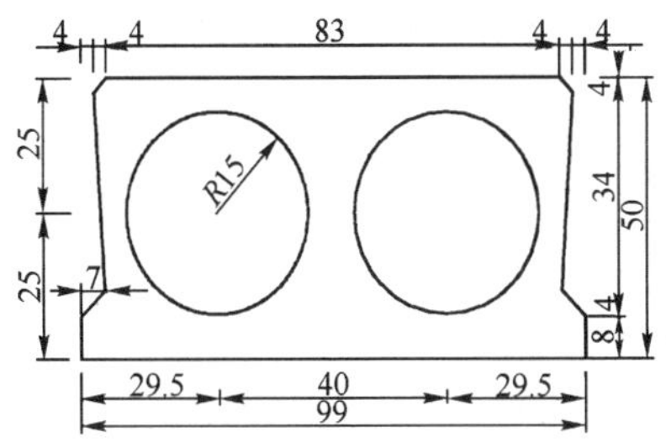

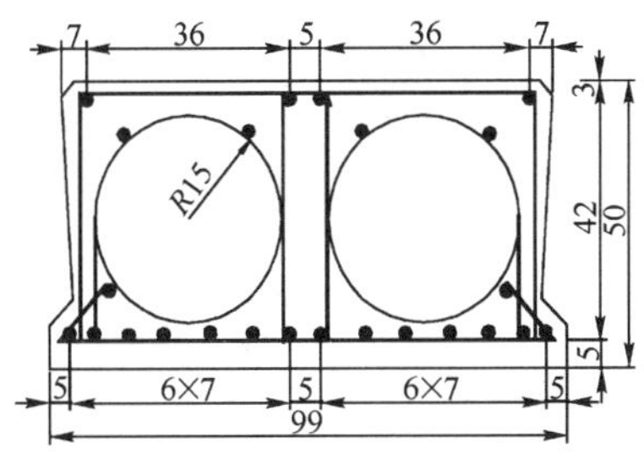

图 1 空心板梁截面尺寸及配筋图

图 2 加载现场图

3 主要试验结果

3.1 混凝土应变

图 3 为空心板梁受压、受拉区边缘混凝土应变随荷载变化曲线。比较无铺装层空心板梁（B-1）和有铺装层空心板梁（B-2、B-3）荷载-应变曲线可知，两种类型空心板梁荷载—应变曲线形态类似，曲线上特征点不同。加载初期拉、压区混凝土应变均呈线性增长，接近开裂荷载后，首先在受拉区混凝土呈现一定的塑性变形，达到开裂荷载后，跨中附近出现裂缝，中和轴上移，受压区混凝土应变突增。随着荷载进一步增大，由于裂缝宽度的增大和新裂缝的不断出现，受拉区混凝土应变跳跃性变化至应变片失效。而受压区混凝土则由于中和轴不断上移应变增长加快，最终达到极限压应变。

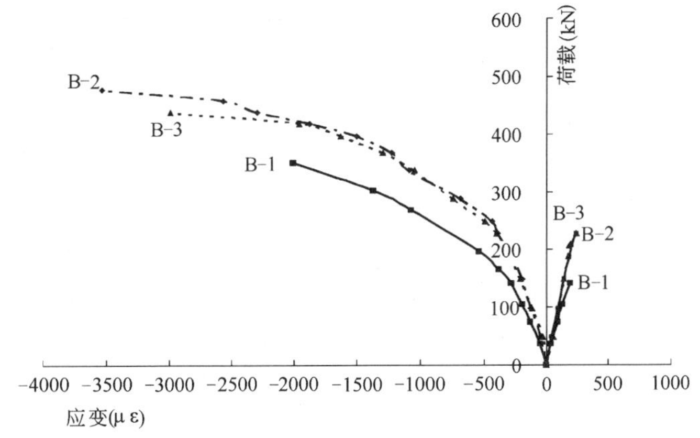

图 3 空心板梁受压、受拉区混凝土应变变化曲线

比较混凝土铺装层空心板梁 B-2 和 SFRC 铺装层空心板梁 B-3 荷载—应变曲线可知，两种类型空心板梁应变变化规律基本相同，只是达到开裂荷载后，实测 SFRC 铺装层空心板梁受压区应变略大于混凝土铺装层空心板梁压应变。

沿截面高度的应变分布能反映结构整体受力性能和材料间的变形协调情况，图 4 为三种类型空心板梁跨中截面混凝土应变沿梁高变化曲线，由图可知在加载过程中混凝土应变沿梁高基本成线性分布，这表明试验过程中空心板梁跨中截面基本保持平面，在整个加载过程中空心板梁混凝土平均应变符合平截面假定。

比较图 4a）和 b）、c）可知，浇筑铺装层后截面中和轴上移，这是由于浇筑铺装层后，铺装层与空心板梁共同作用，截面受压区加大。由图 4b）、c）可知，沿梁高范围内应变保持线性变化，这表明铺装层和空心板梁在跨中附近黏结良好，无相对滑移，两者共同受力性能良好。

3.2 荷载挠度曲线及其特征

试验荷载作用下，无铺装空心板梁（B-1）、混凝土铺装层空心板梁（B-2）和 SFRC 铺装层空心

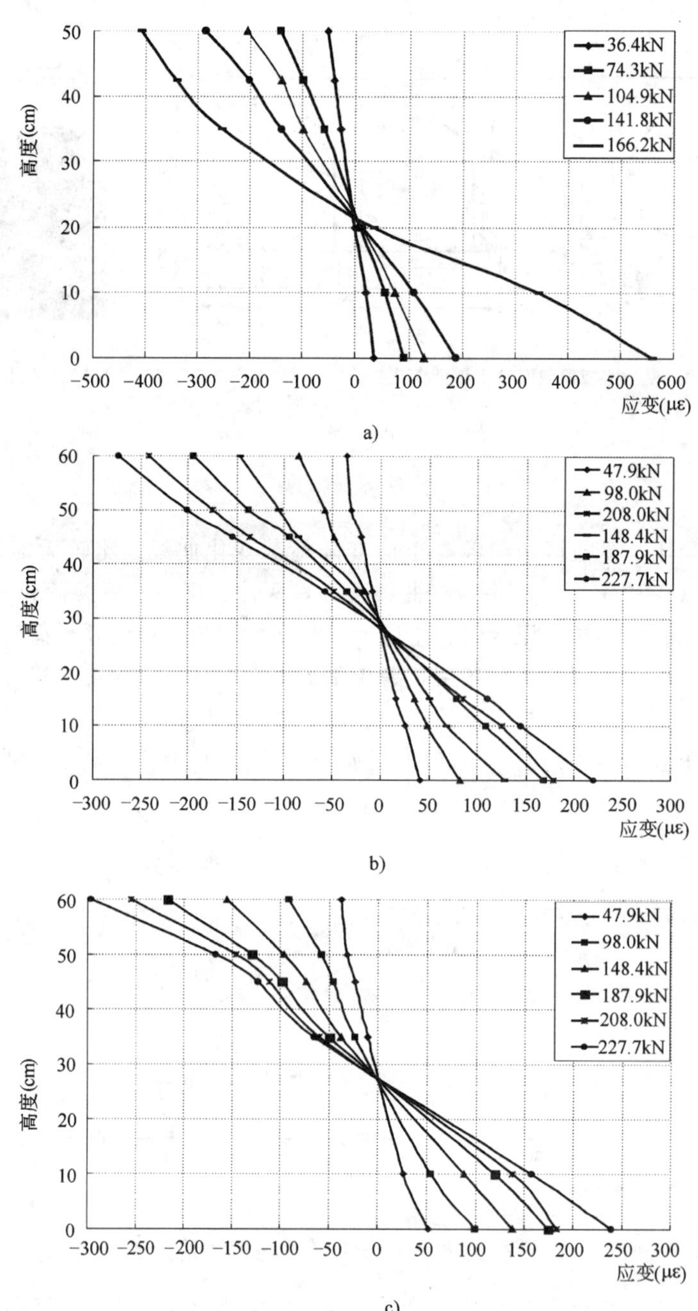

图 4 空心板梁混凝土应变沿截面高度变化曲线

a）无铺装层；b）混凝土铺装层；c）钢纤维混凝土铺装层

板梁（B-3）跨中挠度实测值和荷载大小的关系如图 5 所示。由图可以看出，两种类型空心板梁荷载挠度曲线特征与普通受弯构件变形特征类似，只是桥面铺装层与空心板梁共同作用时，相同荷载作用下，结构变形远小于普通空心板梁的变形。由此可见，桥面铺装层对结构刚度影响明显，试验实测有铺装层空心板梁抗弯刚度是普通空心板梁抗弯刚度的 1.69 倍。

3.3 极限荷载和破坏形态

试验实测各空心板梁开裂弯矩和极限弯矩如表 1 所示。试验结果表明考虑铺装层与空心板梁共同作用时，两种类型的桥面铺装层对开裂弯矩的影响相同，比无铺装层空心板梁开裂弯矩提高 43.6%，对极限弯矩的影响大致相同，与无铺装层空心板梁相比，混凝土铺装层和 SFRC 铺装层空心板梁极限弯矩分别提高 24.9%和 21.5%。

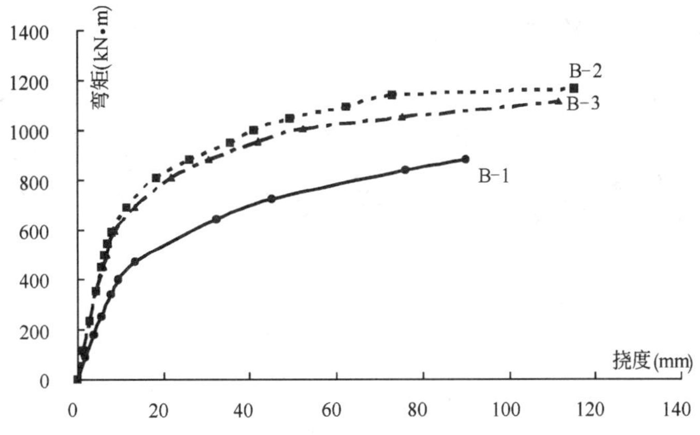

图 5 空心板梁荷载挠度关系曲线

空心板梁的开裂荷载和极限荷载 表 1

试件类型	开裂弯矩 M_r(kN·m)	极限弯矩 M_u(kN·m)	试件类型	开裂弯矩 M_r(kN·m)	极限弯矩 M_u(kN·m)
无铺装层	407.5	949	SFRC 铺装层	585.0	1153.4
混凝土铺装层	585.0	1185.0			

注：不计空心板自重弯矩。

图 6 为三片空心板梁的裂缝形态图。试验过程中无铺装层空心板梁达到极限荷载时，共产生 29 条裂缝，其中最大裂缝宽度 0.6mm，裂缝高度 45cm。混凝土铺装层空心板梁达到极限荷载时，共产生 24 条裂缝，其中最大裂缝宽度 1.5mm，裂缝高度 50cm。SFRC 铺装层空心板梁达到极限荷载时，共产生 25 条裂缝，其中最大裂缝宽度 1.0mm，裂缝高度 52cm。

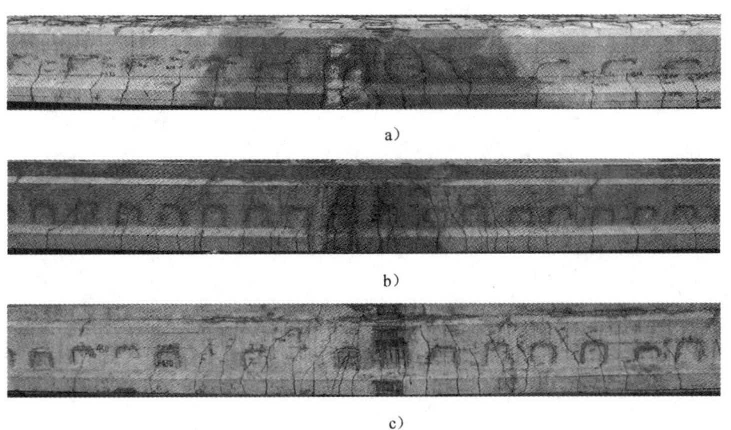

a)

b)

c)

图 6 空心板梁裂缝图

a) 无铺装层；b) 混凝土铺装层；c) SFRC 铺装层

图 7 为三片空心板梁的破坏形态。无铺装层空心板梁荷载接近承载能力极限荷载后，受压区混凝土边出现压裂缝隙，部分被压碎，随后荷载稍一增大，混凝土大片剥离，破坏区往下扩展，形成三角破坏区而很快丧失承载力，从荷载-挠度曲线上看，破坏阶段并不明显。综合以上现象，表明受拉区配筋率较大，无铺装层空心板梁破坏具有一定的超筋破坏形态。

有铺装层的空心板梁达到极限荷载时，跨中挠度和最大裂缝宽度都较无铺装层空心板梁明显增大，随着荷载增大受压区混凝土被压碎甚至剥落，此时受拉区裂缝已经很大，空心板梁完全破坏。从破坏形态看，有铺装层的空心板梁已经表现处较好的延性，因此属于延性破坏类型。比较两种有铺装层的空心板梁破坏形态，混凝土铺装层空心板梁破坏后，受压区混凝土被压碎，而 SFRC 铺装层空心板梁破坏后，受压区钢纤维混凝土出现鳞片状隆起，且水平裂缝较为明显。

a)

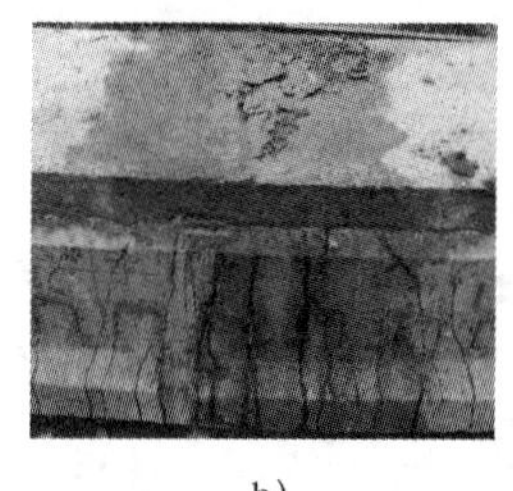

b)

c)

图 7　空心板梁破坏形态

a）无铺装层；b）混凝土铺装层；c）SFRC 铺装层

4　结语

（1）通过对三种类型的空心板梁对比试验研究，表明桥面铺装层与空心板梁粘结较好，整个试验过程铺装层没有发生横向剪切破坏，铺装层与空心板梁共同受力性能良好。

（2）桥面铺装层能显著提高空心板梁的开裂荷载和极限承载，浇筑 10cm 厚混凝土和 SFRC 铺装层，10m 空心板梁开裂荷载提高 43.6%，极限荷载分别提高 24.9%和 21.5%。

（3）桥面铺装层与空心板梁共同受力，加大截面面积，截面刚度明显增大，结构变形减小。

（4）从破坏形态表明，SFRC 铺装层与混凝土铺装层相比在空心板破坏时，受压区劈裂性能较强。

（5）本文只研究铺装层对单板受力性能的影响，事实上桥面铺装完成后，铺装层与所有行车道板共同受力，受力状态较为复杂，因而铺装层对桥梁整体承载能力的影响尚须进一步研究。

白河特大桥桥面铺装中钢纤维混凝土抗剪性能研究

禹　雷　孟会英　管品武　　　　姬同庚
郑州大学土木工程学院　　河南省信南至南阳高速公路有限公司

[摘　要]　本文结合信南高速公路白河特大桥桥面铺装实际工程，通过试验研究在混凝土中掺入不同类型和不同体积率的钢纤维对混凝土抗剪强度的影响，同时研究了钢纤维混凝土抗剪强度与抗压强度、劈拉强度等之间的关系，为实际工程应用提供参考。

[关键词]　抗剪强度　体积率　配合比　钢纤维混凝土（SFRC）

1　试验概况

近年来我国高速公路发展非常迅速，桥面和路面铺装中需要大量的优良材料来部分弥补不能满足要求材料的缺陷。由于钢纤维混凝土本身优异的特性，近年来，其在路面和桥面铺装层中的应用越来越普遍。本文结合信南高速公路白河特大桥桥面铺装工程，并按照有关规程，利用 42.5R 普通水泥试配制的 CF50 钢纤维混凝土（SFRC），采用双面剪切破坏特性试验研究在混凝土中掺入两种不同类型和不同体积率的钢纤维对混凝土抗剪强度的影响，研究了 SFRC 抗剪强度与抗压强度、劈拉强度等之间的关系。

2　试验原料的选取

本试验采用两种钢纤维，铣削型和剪切波纹型，钢纤维体积率分别为 0、0.5%、1.0%、1.5%、2.0%。钢纤维特征参数如表 1 所示。

钢纤维特征参数　　　　表 1

钢纤维类型	平均长度 l_f（mm）	等效直径 d_f（mm）	长径比 l_f/d_f
铣削型	32.3	0.94	34.3
剪切波纹型	32.4	0.56	57.4

其他原材料的选取：

（1）水　泥：郑州市洞林水泥厂的 42.5R 普通硅酸盐水泥。

（2）细集料：河中砂，M_x＝ 2.68，密度 1520 kg/m^3。

（3）粗集料：最大粒径不大于 20mm 的花岗岩，连续粒级。

（4）拌和水：采用自来水。

（5）外加剂：采用 FDN-1 高效减水剂（郑州建科混凝土外加剂有限公司生产），在 0.3%～1.0% 的掺量范围内减水率为 14%～25%。

3　试验方案

所有试件的制作、养护和试验方法都严格按照《钢纤维混凝土试验方法》（CECS13：89）等的规定进行。抗压试件和劈裂试件尺寸为 150mm×150mm×150mm，抗折试件尺寸为 100mm×100mm×400mm，每种试验试件的钢纤维体积率有五种，分别为 0、0.5%、1.0%、1.4%、1.8%，共 5 组，每组 3 个试块。抗剪强度按下式计算：

$$f_v=\frac{F_{max}}{2bh} \tag{1}$$

式中：f_v——混凝土的抗剪强度（MPa）；

F_{max}——最大荷载（N）；

b——试件平均宽度（mm）；

h——试件的平均高度（mm）。

试验配合比采用绝对体积法试配，配合比如表2所示。

试验配合比设计表 表2

试件编号	钢纤维体积率（%）	材料用料（kg/ m³）						
		W/C	水泥	水	砂	石子	钢纤维	减水剂
SF_0	0	0.31	463	169	512	1194	0	4.6
SF_1	0.5	0.31	485	177	544	1104	39	4.9
SF_2	1.0	0.31	507	185	573	1017	78	5.1
SF_3	1.4	0.31	530	193	597	935	117	5.3
SF_4	1.8	0.31	551	201	619	855	156	5.5

测试抗剪强度的双面剪切试验装置及试件剪切破坏状态如图1、图2所示。

图1 抗剪试验装置

图2 试件剪切破坏形态

本试验所采用混凝土强度等级为CF50，为了消除基体混凝土的变异对试验结果的影响，在浇筑SFRC试件的同时，浇筑一批同等强度等级的素混凝土作对比。

立方抗压强度的测试采用NYL-2000D压力试验机，无锡建筑材料仪器机械厂生产；抗剪强度测试采用WAW-22000型微机控制电液伺服万能试验机，济南试验机厂生产；劈裂抗拉强度的测试采用NYL-600型材料试验机，无锡建筑材料仪器机械厂生产。

4 试验结果及分析

4.1 试验结果

对两种不同钢纤维掺量的试件分别进行了28d的抗压试验、抗剪试验和劈裂试验。不同钢纤维类型和体积率对SFRC性能的影响结果如表3所示。

主 要 试 验 结 果 表3

钢纤维类型	试件编号	钢纤维体积率（%）	抗压强度（MPa）	抗剪强度（MPa）	劈拉强度（MPa）
铣削型	1	0	51.8	5.08	3.07
	2	0.5	49.8	6.85	3.93
	3	1.0	48.9	8.31	4.22
	4	1.4	54.6	9.12	5.49
	5	1.8	47.6	8.80	5.49

续上表

钢纤维类型	试件编号	钢纤维体积率（%）	抗压强度（MPa）	抗剪强度（MPa）	劈拉强度（MPa）
波纹型	1	0	42.2	4.54	2.74
	2	0.5	45.5	6.09	3.74
	3	1.0	39.3	7.61	4.14
	4	1.4	42.9	8.67	4.70
	5	1.8	41.7	8.71	4.75

4.2 试验结果分析

4.2.1 钢纤维体积率对抗剪强度的影响

（1）钢纤维体积率对抗剪强度比的影响

经过对结果分析，由图 3 可以看出，随钢纤维体积率的增加，不同掺量试件的抗剪强度依次都呈线性增加，当钢纤维体积率为 1.4%时的试件的抗剪强度达到最大值。但当体积率大于 1.4%时，抗剪强度增加幅度开始变缓，甚至有下降趋势。可以看出，SFRC 抗剪强度随体积率的递增而呈相应的线性增加。当体积率小于 1.0%时，两种 SFRC 的抗剪强度之比大致相同，当体积率大于 1.0%时，波纹型 SFRC 的抗剪强度之比略小于铣削型 SFRC，但是，总体来看，波纹型 SFRC 的抗剪强度略大于铣削型 SFRC。铣削型 SFRC 和波纹型 SFRC 抗剪强度分别提高 0～80%、0～92%。从试验现象可以看出，钢纤维改变了混凝土抗剪破坏的形式，抗剪强度较素混凝土有明显的提高。

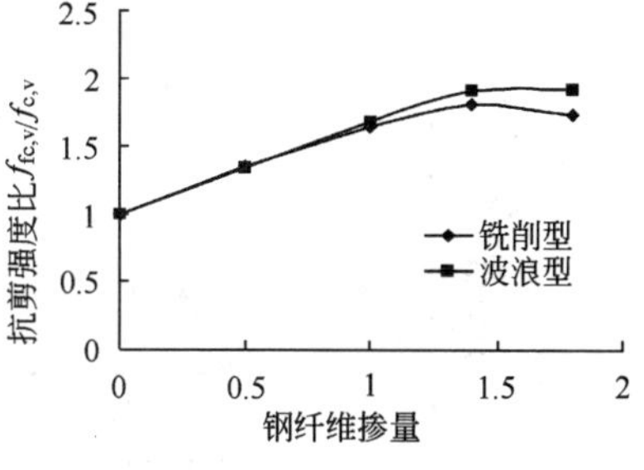

图 3 钢纤维掺量对混凝土抗剪强度的影响

（2）钢纤维体积率对 $f_{fc,v}/f_{fc,cu}$ 影响

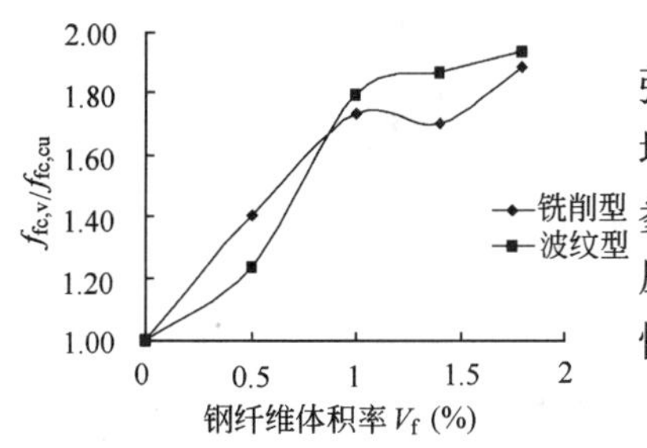

图 4 钢纤维体积率对 $f_{fc,m}/f_{fc,cu}$ 的影响

图 4 给出了不同钢纤维类型和掺量的混凝土的抗剪强度和抗压强度之比与钢纤维体积率之间的关系。可见，随之钢纤维体积率的增加，抗剪强度与抗压强度之比 $f_{fc,v}/f_{fc,cu}$ 明显增大，呈上升趋势。参考有关文献表明随着体积率的增大，抗剪强度增长率明显大于抗压强度增长率，因此，增加钢纤维的掺量能有效提高混凝土的抗剪性能。

对于本试验，在钢纤维体积率为 0～1.8%时，其抗剪强度与抗压强度比值，铣削型 SFRC 为 0～0.19，剪切波纹型 SFRC 为 0～0.21。铣削型和剪切波纹型 SFRC 的抗剪强度与抗压强度之比平均值 $f_{fc,v}/f_{fc,cu}$ 分别为 0.15、0.17。

（3）钢纤维体积率对 $f_{fc,v}/f_{fc,spl}$ 影响

图 5 给出了两种不同钢纤维类型和掺量的混凝土的抗剪强度和劈拉强度之比与钢纤维体积率之间的关系，可见，在钢纤维体积率为 1.0%之前，随之体积率的增加，抗剪强度与劈拉强度之比 $f_{fc,v}/f_{fc,spl}$ 呈增大趋势，抗剪强度增长率大于劈拉强度增长率。但是，随着钢纤维体积率继续增大，$f_{fc,v}/f_{fc,spl}$ 呈下降趋势。这可能是由于钢纤维的掺量增大到一定程度，对试件的抗剪承载力提高不大。在本试验中，铣削型和剪切波纹型 SFRC 的抗剪强度与劈拉强度之比平均值 $f_{fc,v}/f_{fc,spl}$ 分别为 1.73、1.76。

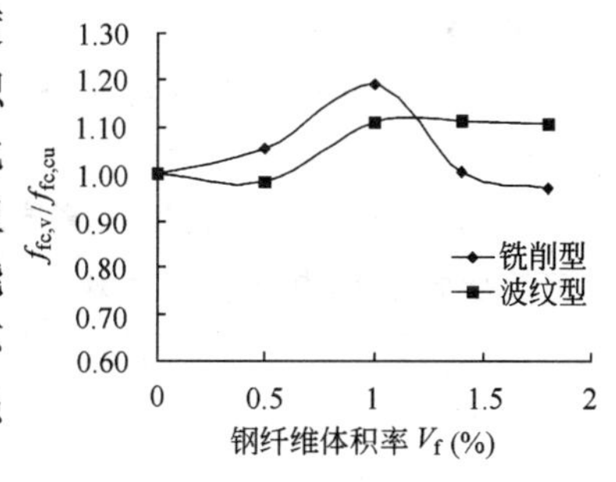

图 5 钢纤维体积率对 $f_{fc,m}/f_{fc,spl}$ 的影响

从以上试验结果来看，铣削型和剪切波纹型钢纤维对混凝土的抗剪强度、劈拉强度和抗压强度平均增强率分别为：63%、56%、3%和 71%、39%、4%。钢纤维对混凝土的抗剪强度和劈裂强度增强显著，而对于抗压强度增加不是太明显。

4.2.2　抗剪强度与其他强度的关系

（1）抗剪强度与抗压强度

结合试验结果并进行分析，图6给出了SFRC抗剪强度与抗压强度之间的关系，并参考有关文献，可以看出，抗剪强度随着抗压强度的提高而提高，因此，在桥面铺装中使用高强SFRC，可以有效的提高路面的抗裂能力。本文通过试验研究的结果，对数据进行回归统计分析得出抗压强度在50～60MPa时，抗压强度与抗剪强度之间的关系：

$$f_{fc,v}=4.55f_{fc,cu}^{0.12}\text{（方差 }\sigma=0.05\text{）} \tag{2}$$

（2）抗剪强度与劈拉强度

结合试验结果并进行分析，图7显示出抗剪强度与劈拉强度之间的关系。随着劈拉强度的增长抗剪强度明显随着增长，提高幅度为0～67%。本文通过试验研究的结果，对数据进行回归统计分析得出劈拉强度在2～6MPa时，抗剪强度与劈拉强度之间的关系：

$$f_{fc,v}=1.14f_{fc,spl}^{0.34}\text{（方差 }\sigma=0.16\text{）} \tag{3}$$

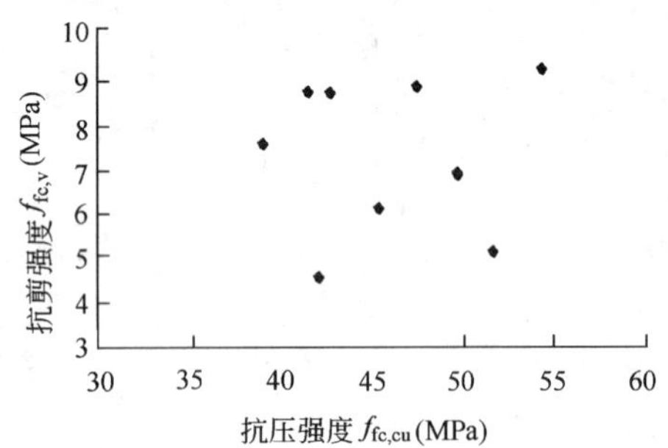

图6　抗剪强度与抗压强度的关系

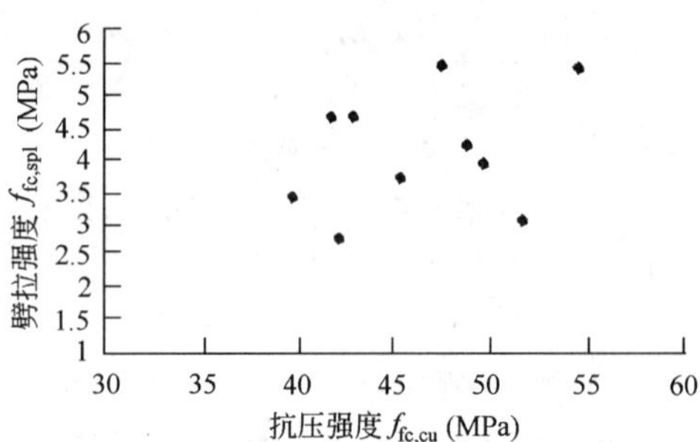

图7　抗剪强度与劈拉强度的关系

5　SFRC抗剪强度计算方法

在有关文献中，SFRC抗剪强度可以采用综合系数法计算模式，其计算模式为：

$$f_{ftm}=f_{tm}\ (1+\alpha_m\lambda_f)$$

式中：f_{ftm}、f_{tm}——分别为SFRC和素混凝土的抗剪强度；

α_m——钢纤维对混凝体抗剪强度的影响系数；

λ_f——钢纤维特征系数，$\lambda_f=\rho_f\dfrac{l_f}{d_f}$。

计算式的关键在于α_m的取值，由于各种钢纤维的类型，试验方法不同等等影响因素，α_m的取值也不尽相同。经过对本试验结果的统计，铣削型和剪切波纹型钢纤维的影响系数α_m分别为：0.41，0.46。

6　结语

本文结合信南高速公路白河特大桥桥面铺装实际工程，通过试验研究在混凝土中掺入两种不同类型和不同体积率的钢纤维对混凝土抗剪强度的影响，并且根据本试验结果推出了SFRC抗剪强度与抗压强度、劈拉强度等之间的关系，最后总结如下：

（1）SFRC的抗剪强度随着抗压强度的提高而提高，随之钢纤维体积率的增大，SFRC的抗剪强度与抗压强度比也随着呈上升趋势。

（2）SFRC抗剪强度随着劈拉强度的提高而稍微提高，但是提高不显著，随着钢纤维体积率的增大到1.0%时，SFRC的抗剪强度与劈拉强度比呈下降趋势。

（3）经过本文试验结果的统计分析，得出SFRC抗压强度与抗剪强度关系式，劈拉强度与抗剪强度的关系式。

（4）经过本文试验结果的统计分析，得出两种钢纤维对混凝土的抗剪强度增强系数，铣削型为：0.41剪切波纹型为：0.46。

钢纤维混凝土桥面铺装的主要力学性能试验研究

禹 雷 孟会英 管品武 姬同庚
郑州大学土木工程学院 河南省信阳至南阳高速公路有限公司

[摘 要] 本文结合信南高速公路白河大桥桥面铺装实际工程，通过对钢纤维体积率（V_f）为0～1.8%、基体强度为C50的钢纤维混凝土（SFRC）的抗压、抗折、劈裂、抗剪和弹性模量的物理性能进行的试验研究，并考虑经济因素，确定最佳钢纤维类型和体积率。试验结果表明：SFRC抗压强度随V_f的增加仅仅有着小幅度的增长；钢纤维对SFRC的抗折、劈裂和抗剪性能起着明显的增强作用，强度比值随V_f的增加而增大；SFRC的弹性模量随材料抗压强度的提高而缓慢增加。

[关键词] 钢纤维混凝土（SFRC） 体积率 配合比

1 前言

由于近年来我国经济的高速发展，致使交通流量偏大和超载现象严重，桥面铺装过早破坏屡见不鲜，纯粹使用普通混凝土或者沥青混凝土桥面铺装已经渐渐不能满足要求。因此，研究并推广使用新的铺装层材料显得十分必要。由于钢纤维混凝土（SFRC）具有优良的抗冲击、抗磨损、抗疲劳等特性，同时具有高温抗车辙、低温抗裂的能力。最近10多年来，国际国内混凝土科学技术迅速发展，强度超过CF40、V_f大于1.2 %的SFRC应用日益增多。因此，SFRC在桥面铺装中的应用将会越来越普遍。

白河特大桥是上海至武威国家重点公路泌阳至南阳高速公路上的一座特大型预应力混凝土连续箱梁桥。该桥桥梁全长1590.2m，桥面总宽度为34.5m。为了改善桥面的混凝土性能，提高桥面铺装的耐久性，全线所有铺装层采用了10cm厚CF50钢纤维钢筋（双钢）混凝土。本文结合河南信南高速公路白河特大桥桥面铺装工程，并按照有关规程，利用42.5R普通水泥试配制的CF50的SFRC来研究其各项物理性能，试确定最佳钢纤维类型和掺量。

2 原材料的选取

（1）钢纤维：采用剪切波纹型和钢锭铣削型钢纤维，长径比分别为50、40。

（2）水 泥：采用的是郑州市洞林水泥厂的42.5R普通硅酸盐水泥。

（3）细集料：选用河砂，$M_x = 2.68$，松密度1520 kg/m^3。

（4）粗集料：采用最大粒径不大于20mm的花岗岩。松密度1520 kg/m^3，含泥量0.5%。

（5）拌和水：采用自来水。

（6）外加剂：采用FDN－1高效减水剂（郑州建科混凝土外加剂有限公司生产），在0.3%～1.0%的掺量范围内减水率为14%～25%。

3 试验方案及配合比

3.1 试验方案

试件设计时考虑的主要参数是试件截面尺寸、钢纤维类型和钢纤维体积率等。试件设计参照有关规程 中的有关规定进行。抗压试件和劈裂试件尺寸为150mm×150mm×150mm，抗折试件尺寸为100mm×100mm×400mm，剪切试件尺寸为100mm×100mm×300mm，弹性模量试件尺寸为150mm×150mm×300mm。每种试验试件的钢纤维体积率有五种，分别为0、0.5%、1.0%、1.4%、1.8%，共5组，每组3个试块。

立方抗压强度的测试采用NYL-2000D压力试验机，无锡建筑材料仪器机械厂生产；抗剪强度和弹性模量的测试采用WAW-22000型微机控制电液伺服万能试验机，济南试验机厂生产；劈裂抗拉强度的测试采用NYL-600型材料试验机，无锡建筑材料仪器机械厂生产；抗折强度的测试采用广州试验仪器厂生产的WE-30型压力机。

3.2 试验配合比

试验配合比采用绝对体积法试配，配合比如表1所示。

试验配合比设计表　　表1

试件编号	钢纤维体积率（%）	材料用料（kg/ m³）						
		W/C	水泥	水	砂	石子	钢纤维	减水剂
SF_0	0	0.31	463	169	512	1194	0	4.6
SF_1	0.5	0.31	485	177	544	1104	39	4.9
SF_2	1.0	0.31	507	185	573	1017	78	5.1
SF_3	1.4	0.31	530	193	597	935	117	5.3
SF_4	1.8	0.31	551	201	619	855	156	5.5

4 试验结果及分析

4.1 试验结果

对不同钢纤维类型和掺量的试件分别进行了28d的抗压试验、抗折试验、劈裂试验、抗剪试验和弹性模量试验。不同钢纤维类型和体积率对SFRC性能的影响结果如表2所示。

28d 试 验 结 果　　表2

类　型	试件编号	钢纤维体积率（%）	抗压强度（MPa）	抗折强度（MPa）	劈裂强度（MPa）	抗剪强度（MPa）	弹性模量（MPa）
铣削型	XSF_0	0	51.8	4.38	3.07	5.08	463000
	XSF_1	0.5	49.8	4.80	3.93	6.85	522000
	XSF_2	1.0	48.9	4.62	4.22	8.31	446000
	XSF_3	1.4	54.6	4.80	5.49	9.12	453000
	XSF_4	1.8	47.6	5.73	5.49	8.80	472000
波纹型	BSF_0	0	42.2	4.85	2.74	4.54	436000
	BSF_1	0.5	45.5	4.75	3.74	6.09	446000
	BSF_2	1.0	39.3	4.38	4.14	7.61	470000
	BSF_3	1.4	42.9	5.36	4.70	8.67	512000
	BSF_4	1.8	41.7	5.73	4.75	8.71	440000

4.2 试验结果分析

（1）抗压试验结果分析

对试验结果进行分析，得出不同钢纤维掺量对混凝土抗压强度的影响结果如图1。从钢纤维混凝土抗压强度比曲线图中可以看出随纤维体积率的增大，4种试件的抗压强度都有增加，但增加的幅度不大。剪切波纹型增加幅度要比铣削型稍大一些。

研究表明，钢纤维对提高 SFRC 抗压强度作用较小。受压试件的变形与损伤大致可分为 4 个阶段：①微裂缝及气孔闭合；②混凝土线弹性响应；③微裂缝稳态扩展；④裂缝贯通与非稳态扩展。①和②阶段混凝土的应变很小，在（0.05～0.5）ε_0 之间，此阶段，钢纤维所承担的应力很小，混凝土基体起主要受力作用。到③阶段，即（0.5～0.9）ε_0 时，微裂缝稳态扩展，钢纤维起到阻裂作用，从图 2 中可看到应力—应变曲线上升段在接近峰值点时发生弯曲。③阶段之末，宏观裂缝出现，试件承受压力达到峰值荷载，材料应力即为抗压强度。试件受压过程中，尽管钢纤维起到阻裂作用，但在峰值荷载之前的①至③阶段，微裂缝宽度小，扩展速度慢，钢纤维所起的阻裂增强作用并不十分明显。又因为钢纤维阻裂增强效果与 V_f 有关，所以 SFRC 抗压强度随 V_f的增加仅仅有着小幅度的增长。

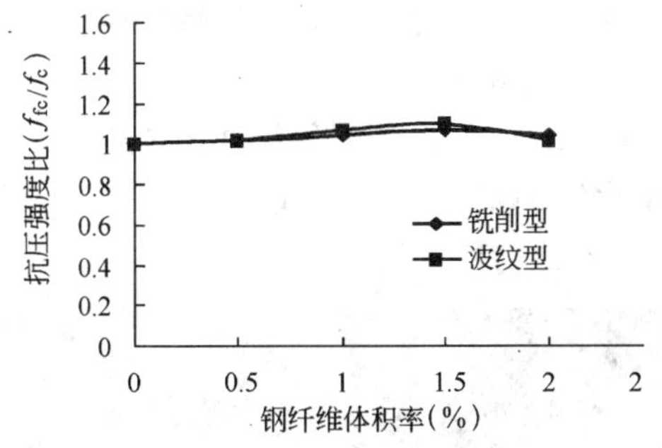

图 1　钢纤维掺量对混凝土抗压强度的影响

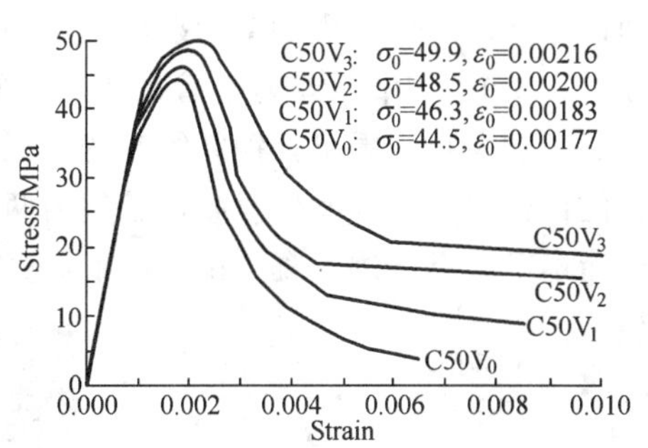

图 2　典型的 SFRC 应力—应变曲线

试验结果表明，在钢纤维含量特征参数适宜、能使混合料均匀搅拌成型的情况下，钢纤维混凝土的抗压强度的大小主要取决于混凝土的基本性能，钢纤维并不显著提高混凝土的抗压强度。从试验现象来看，钢纤维改变了混凝土抗压破坏的形式，破坏后碎而不散，抗压韧性有明显的提高。

（2）抗折试验结果分析

通过对试验结果进行分析，不同钢纤维掺量对混凝土抗折强度的影响结果如图 3。可以看出，随钢纤维体积率的增加，4 种试件的抗折强度依次都有增加，当钢纤维体积率为 2.0 时，试件的抗折强度达到最大值。波纹型 SFRC 抗折强度比要明显高于铣削型 SFRC。当 V_f从 0.5%增到 1.8%，铣削型 SFRC 和波纹型 SFRC 最大抗折强度分别增长28 %、39 %。

钢纤维改变了混凝土抗折破坏的形式，抗折强度有明显的提高。没有加钢纤维的试件是从中间发生脆断，劈裂为两半。而加有钢纤维的试件，由于钢纤维的存在，混凝土开裂之后，因为有钢纤维的拉结作用，试件并没有完全断裂，而继续保留一定的承载能力。SFRC 试件和素混凝土的试件试验后对比如图 4 所示。

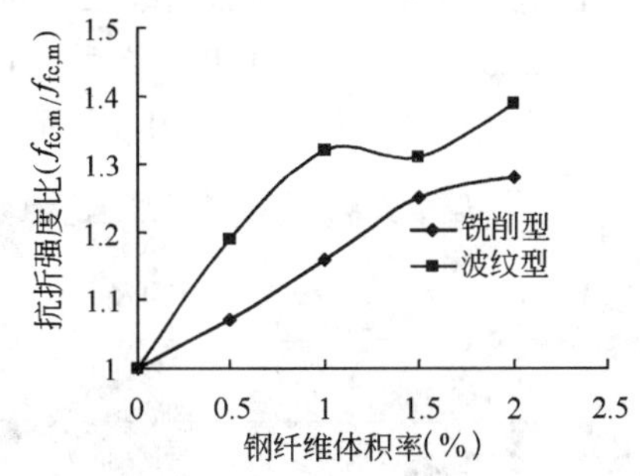

图 3　钢纤维掺量对混凝土抗折强度的影响

a)

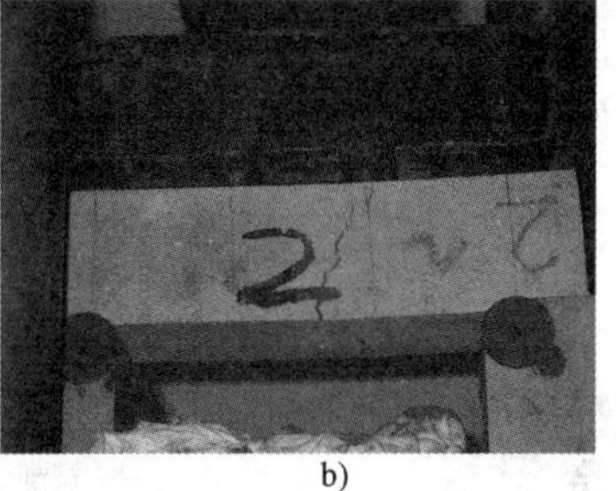

b)

图 4　不同类型试件的抗折破坏形态

a）素混凝土试块；b）SFRC 试块

（3）劈裂强度试验结果分析

由试验结果分析，不同钢纤维掺量对混凝土劈裂强度的影响结果如图 5。从图 5 可以看出，随钢纤维体积率的增加，4 种试件的劈裂强度依次都有较大的增加，在钢纤维体积率为 1.5 和 2.0 时的两种试件的劈裂强度达到最大值。当 V_f 从 0.5%增到 1.8%，铣削型 SFRC 和波纹型 SFRC 最大劈裂强度分别增长 78 %、73 %，两种钢纤维对 SFRC 影响大致相同。

研究表明，混凝土在拉力作用下，裂缝变化为引发、稳定扩展与不稳定扩展 3 个阶段。SFRC 构件在受力初期应变很小，钢纤维所承担的拉应力也小，基体起主要受力作用。随着应变增大，钢纤维承担应力越大，混凝土基体达到极限应变的时间推迟，也即导致裂缝最初引发推迟；基体开裂后，裂缝间应力重分布，原先由基体承担的应力向钢纤维转移，跨越裂缝的纤维将荷载传递给裂缝的两侧表面，使裂缝处材料仍能够继续承受荷载，裂缝扩展速度得到延缓，并呈稳定扩展状态，如果跨越裂缝传递拉应力的纤维越多，则裂缝稳定扩展持续时间越长，导致最终达到的峰值拉应力越高；当拉力达到峰值，裂缝扩展到临界点，开始出现失稳扩展状态，但由于仍有钢纤维跨越裂缝，使承载力缓慢地下降。V_f 越大，钢纤维对这 3 个阶段的影响越显著，从而 SFRC 的劈裂抗拉强度也就越大。

由试验现象可以看出，钢纤维改变了混凝土劈裂破坏的形式，抗劈裂强度有明显的提高。没有加钢纤维的试件是从中间发生脆断，劈裂为两半。而加有钢纤维的试件，由于有钢纤维的拉结作用，破坏后碎而不散，钢纤维混凝土试件和素混凝土的试件试验后对比如图 6 所示。

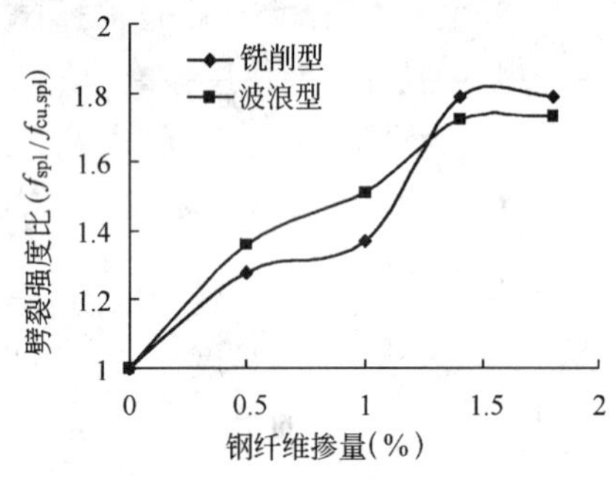

图 5　钢纤维掺量对混凝土劈裂强度的影响

a)

b)

图 6　不同类型试件的劈裂破坏形态

a）素混凝土试块；b）SFRC 试块

（4）抗剪强度试验结果分析

对试验结果进行分析，不同钢纤维掺量对混凝土抗剪强度的影响结果如图 7。可以看出，随钢纤维体积率的增加，4 种试件的劈拉强度依次都有较大的增加，当 V_f 从 0.5%增到 1.8%，铣削型 SFRC 和剪切波纹型 SFRC 最大抗剪强度分别增长 79%、92 %，在钢纤维体积率为 1.4%时，试件的抗剪强度达到最大值，当钢纤维体积率达到 2.0 时，其抗剪强度增加不明显，甚至又有稍微减小。

由试验现象及分析结果看出，钢纤维改变了混凝土受剪破坏的形式，抗剪强度有明显的提高。随着钢纤维掺量的增大，SFRC 的剪切破坏明显由完全脆性破坏向半脆性破坏发展。没有加钢纤维的试件是从刀口处发生脆断，劈裂为两半。而加有钢纤维的试件，由于钢纤维的存在，混凝土开裂之后，试件并没有完全断裂，而继续保留一定的承载能力。SFRC 试件和素混凝土的试件试验后对比如图 8 所示。

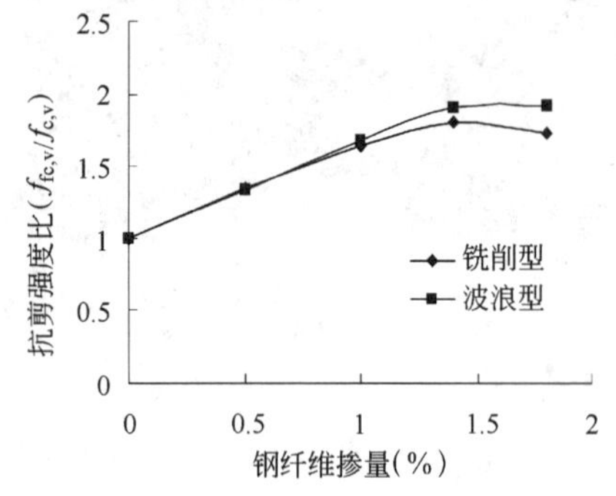

图 7　钢纤维掺量对混凝土抗剪强度的影响

a)

b)

图 8　不同类型试件的抗剪破坏形态

a）素混凝土试块；b）SFRC 试块

(5) 弹性模量试验结果分析

不同钢纤维掺量对混凝土弹性模量的影响结果如图 9。从 SFRC 弹性模量比曲线图中可以看出随纤维体积率的增大，4 种试件的抗压强度都有增加，但增加的幅度不大。当 V_f 从 0.5%增到 1.8%，铣削型 SFRC 和波纹型 SFRC 弹性模量之比分别为 0.96～1.13，1.01～1.17。波纹型增加幅度要比铣削型大一些。

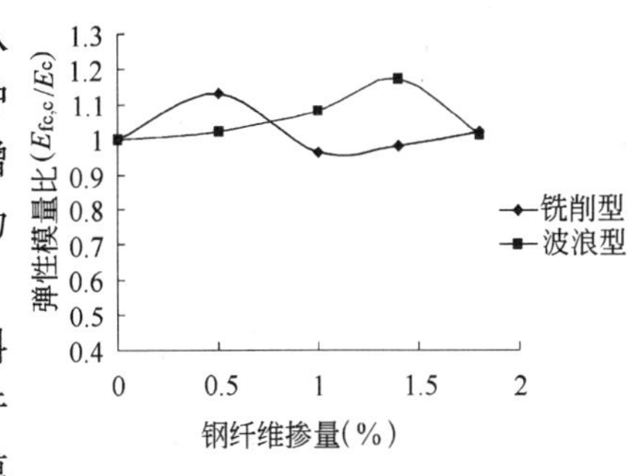

图 9 钢纤维掺量对混凝土弹性模量的影响

试验结果表明，在钢纤维含量特征参数适宜、能使混合料均匀搅拌成型的情况下，SFRC 的弹性模量的大小主要取决于混凝土的基本性能，钢纤维并不显著提高混凝土的弹性模量。

5 结语

(1) SFRC 抗压强度随 V_f 的增加有较小的幅度增长，但增长并不明显。当 V_f 从 0.5%增至 1.8%，铣削型 SFRC 和剪切波纹型 SFRC 立方体抗压强度之比分别为 1.02～1.07，1.02～1.10。SFRC 抗压强度的大小主要取决于混凝土的基本性能，钢纤维并不显著提高混凝土的抗压强度。

(2) 当 V_f 从 0.5%增到 1.8%，铣削型 SFRC 和剪切波纹型 SFRC 最大抗折强度分别增长 28 %、39 %。波纹型 SFRC 抗折强度比要明显高于铣削型 SFRC。随着钢纤维的掺量的增加，抗折强度成线性增加，而且钢纤维改变了混凝土抗折破坏的形式。

(3) 当 V_f 从 0.5%增到 1.8%，铣削型 SFRC 和波纹型 SFRC 最大劈裂强度分别增长 78 %、73 %,两种钢纤维对 SFRC 影响大致相同。

(4) 当 V_f 从 0.5%增到 1.8%，铣削型 SFRC 和波纹型 SFRC 最大抗剪强度分别增长 79%、92 %，剪切波纹型 SFRC 抗折强度比要明显高于铣削型 SFRC。

(5) SFRC 弹性模量随 V_f 的增加有较小的幅度增长，增长并不明显。当 V_f 从 0.5%增至 1.8%，铣削型 SFRC 和波纹型 SFRC 弹性模量之比分别为 0.96～1.13，1.01～1.17。SFRC 弹性模量的大小主要取决于混凝土的基本性能，钢纤维并不显著提高混凝土的弹性模量。

(6) 通过上述试验表明了 SFRC 比普通混凝土力学性能有较大的提高，能明显提高混凝土的抗折、抗剪、劈裂等性能，因此能显著提高混凝土的抗冲击、抗磨损、抗疲劳、耐久性等特性。加入钢纤维后，改变了混凝土的破坏形式，有效地延长铺装层的使用寿命。适合在高等级公路桥梁铺装层中的推广应用。

(7) 通过试验，比较钢纤维混凝土各项物理性能试验的结果，同时考虑到经济因素，确定最佳钢纤维类型为剪切波纹型，最佳钢纤维掺量为 1.4%。

白河特大桥预应力连续箱梁挂篮悬浇施工工艺

李鸿盛　孙亚刚　　　　　　　　姬同庚　许世展
中国路桥集团第一公路工程局第一工程公司　河南省信阳至南阳高速公路有限公司

[摘　要]　文章结合信南高速公路白河特大桥主桥施工情况，介绍了主跨5孔预应力连续箱梁无支架挂篮悬臂浇筑施工工艺，对类似工程有很好的借鉴作用。

[关键词]　预应力混凝土　连续箱梁　挂篮施工　悬臂浇筑

1　工程概况

白河特大桥主桥是信阳至南阳高速公路上的一座特大型桥梁，位于南阳市西郊，该桥起止桩号为K175+399.9～K176+990.1，全长1590.2m。其中主桥为主跨100m的预应力混凝土变截面连续箱梁，其跨径组合为56+3×100+56m，采用分离式整体断面，双幅布设，半幅桥采用单箱单室箱形截面，采用斜腹板形式，腹板倾斜高宽比为5∶1。箱梁根部高5.8m，高跨比为1/17.24；跨中梁高2.5m，高跨比为1/40。梁高从距墩中心2.0m处到跨中合龙段由5.8m到2.5m按照二次抛物线变化。箱梁顶板宽16.75m，底板根部宽6.53m，跨中宽7.85m。主桥现浇箱梁除墩顶0号块设两个厚70cm的横隔板及边跨端部设厚120cm的横隔板外，其余部位均不设横隔板，并且全桥箱梁采用三向预应力体系。

2　施工方案简介

主桥每半幅6个墩柱，4个T构，每个T构除0号块1号块外分为14个对称梁段，其中0号块、1号块梁段共长为10m，在墩顶墩旁碗扣支架上现浇完成。2号到6号块长2.5m，7号块到15号块长度为3.5m。边跨支架现浇段长度为4.76m，边跨和中跨合龙段长2m。根据现场实际情况，我项目部决定采用4套挂篮进行悬臂浇注施工，分别从半幅主桥的23号、24号、25号、26号墩顶同时开始对称施工，悬臂施工前应做好临时锚固，在悬浇过程中应对称施工，避免出现不平衡荷载。箱梁的预应力张拉顺序为先纵，后横，再竖的原则。主桥的合龙顺序则为先合龙边跨，随即拆除主墩临时锚固，然后合龙次边跨，最后合龙中跨。

施工过程中对悬浇的连续梁进行精心的施工管理和监控，以保证成桥后的桥面线形。为保证合龙前各悬浇段的混凝土龄期一致，要求4个T构施工步距相差不大。

为了能够迅速地为34.5m×100m桥面每个作业点提供材料，我们在4个T构边布设了4台塔吊，每个塔吊工作高度距承台面约为25m，高出桥面6m左右。塔身横截面为1.6m×1.6m，宽度大于左右幅箱梁翼沿板之间的净间距1.0m。现浇箱梁桥面宽（双幅宽度为34.5m），作业面跨度大（两端悬臂最长100m）这使得作业面回转半径为50m的塔吊更能满足在34.5m×100m的面域上工作。桥面上任何作业点需用的材料都能通过塔吊直接送到，大大提高了工作效率。这是汽车吊无法满足的。

根据本桥主墩承台的设计特点，将塔吊基础浇注在左、右幅承台之间4.15m的空档中，塔基混凝土依附于两侧承台的约束，使其更加稳定。每个塔基基本尺寸为4.5m×4.15m×1.5m。基础混凝土为C30，上下面设钢筋网片加强。塔身通过预埋在基础内的地脚螺栓锚固。

3　挂篮悬臂浇筑施工

3.1　0号块和1号块满堂式碗扣支架支撑

根据图纸及施工要求，考虑采用碗扣架满堂支撑。其荷载最大为两肋板附近，所以此处考虑用

600mm×600mm 的格构，其余梁底部分采用 900mm×900mm 的格构。

在梁底上部采用分步支架的方式，主要考虑主梁的肋板最高达 5.8m，其侧压力需要通过斜撑传递给支架，故在支架上建立一平台，方便进行侧模的支撑处理。

支架主要由立柱、横向水平杆、纵向水平杆以及斜撑等组成。横撑为主要受力构件，支架高度主要通过支架可调节管及楔形支撑等调节。

支架钢管采用 Q235（3 号）钢，其截面特性如表 1。

表 1

外径（mm）	壁厚（mm）	截面积（mm^2）	惯性矩（mm^4）	抵抗矩（mm^3）	回转半径（mm）	每 m 长自重（N）
48	3.5	489	121500	5078	15.78	38.4

在支架架设完成后，为检查支架的承载能力，减小和清除支架的非弹性变形及地基的沉降量，在支设模板前必须对支撑体系进行预压。预压材料为砂袋，最大荷载为设计荷载的 1.2 倍，要求分段加载，预压 48h。观测方法是采用水准仪倒尺测量，测出加载前某点的标高 H1，加载后测出同一点的标高 H2，卸载后同一点的标高 H3，测点至少布设 3 点。根据观测结果绘制出支架的沉降曲线及趋势线，以此结合设计预拱度来调整底模的高程。

在施工过程中注意波纹管定位准确，绑扎牢固。钢筋纵向接长焊接或绑扎搭接，钢筋在接缝处预伸出长度及距离，满足钢筋搭接长度和接头布置间距，然后安装腹板、堵头模板，并加固。在底板上搭设碗扣支架和翼板支架，支模板，绑扎剩余腹板钢筋及顶板钢筋，并预留孔。

为保证桥面混凝土的标高和平整度，顶板混凝土采用振捣梁进行混凝土的振捣，在用插入式振捣棒初步捣实混凝土后，将振捣梁抬至桥面上标高控制轨道上，人工拖振使混凝土被振平，然后人工第一次收浆。待混凝土初凝后，即用手指按压不出现压痕后进行二次收浆，然后拉毛，并用 3m 直尺检查平整度。

3.2 悬浇段挂篮施工

3.2.1 模板种类及支撑方式

模板包括底模、外模、内模、堵头及上下齿板模板。

由于主桥的底板厚度、宽度和腹板高度是变化的，因此底模采用大块面厚的定型钢支架，模板面板采用高强防水胶合板，底模支架直接铺于底篮纵向分配梁上，后端贴入已浇部分 15cm。外模采用整块的钢架模板组成，翼缘横勒用 I14 支撑于外滑梁上并栓接。外滑梁由 2［28 组成，长度为 9.2m，两梁间距 9.49m，横向倾斜布置与箱梁翼板下缘坡度一致，通过横梁斜杆连结成整体。滑梁悬吊杆采用 Φ32 精扎螺纹钢筋。空篮时内滑梁后吊点采用前段箱梁预留孔，通过悬吊小车反扣于滑梁上；在浇注混凝土时每根吊杆施以 150kN 的预压力。腹板模板竖肋采用 14 的槽钢组成，上栓接与横肋下端伸出底两侧，竖肋每道间距 50cm。挂篮前移时拖动滑梁连同模板整体行走一次到位，同时模板等高一次支成。

内模由模板骨架和滑梁组成。模板由组合钢模组成，厚 3mm；顶板骨架由横肋滚轮架、滚轮组成。横肋分为 3 段，采用销子连接，通过销子调整两端槽钢与工字钢的连接长度，可使其适应箱梁腹板的厚度。腹板内模的竖肋采用［14 的槽钢组成腹板模板竖向与顶板横肋采用销子连接，腹板模板可用销子转动利于模板拆装。内模骨架由 Φ120 滚铰支撑于内滑梁上，并可纵向移动。支撑模板和骨架前端悬吊杆采用 Φ32 的精轧螺纹钢，悬吊于主桁前横梁分配梁上，后端通过已浇桁架上的预留孔用 Φ32 的精扎螺纹钢筋锚固，浇注混凝土时对锚杆施以预紧力，使模板贴近混凝土面。

堵头模板采用钢模，根据箱梁封锚端的尺寸及纵向束孔道布置，堵头模板采用不同的组合以留出符合要求的张拉槽口。

当挂篮主桁行走到位后，通过千斤顶调后锚将上拔力转换由竖向预应力筋承受，解除后锚小拉杆上的销子。安装底模板，通过主桁前横梁分配梁上的液压穿心式千斤顶调整底篮前吊杆，后横梁穿心式千斤顶调整后吊杆。由测量人员通过高程控制点来确定底模的位置（控制点在挂篮模板上取两点，每块箱梁取1～2个截面）。放出底模中线，当出现与桥轴线偏差时，通过铰可在纵横梁上微调底篮，并在已浇箱梁底板通过砂浆抹平。安装底篮后横梁卸下千斤顶、分配梁，然后安装后横梁锚固杆及后端工作平台。通过两根锚杆，锚固底篮后横梁，使底模与已浇混凝土底板贴紧，起到防止漏浆的作用。

脱模时，通过千斤顶使卸架分配梁下降，然后再通过主桁前扣横梁上穿心式液压千斤顶放松底篮前后吊杆，靠自重脱底模板。施工人员在后端工作平台松开螺母，解除底篮锚杆。

安装调整好底模后，进行外模安装。根据梁高及梁宽选择模板组合，立模设计标高由测量人员放出，施工人员通过液压千斤顶调整吊杆微调模板就位，同时派人在侧向的工作平台上，调整底篮紧固肋上的螺栓，使两侧的外模紧靠底模，然后安装外模锚固杆，并施力锚固于已浇梁段翼板上，在浇注养生穿束后，就可以脱外模。先解除外横下缘的紧固肋与纵梁间的螺栓，拆除对拉螺杆，解除外模翼板的后锚固杆，然后放松前梁前后吊杆靠自重脱外模板。施工中严禁采用敲、撬等强制脱模办法。

3.2.2　钢筋施工

钢筋按所处的部位可分为底板钢筋、腹板钢筋、顶板和翼板钢筋及齿板钢筋。根据施工的要求钢筋在绑扎过程中还需布预应力定位钢筋、螺旋筋和预应力钢筋。

由于箱梁混凝土采用一次浇筑，钢筋也一次绑扎成型，先在钢筋制作场制作成型，然后由吊机将所需钢筋吊到已完的箱梁上，先绑扎底板钢筋，再绑扎腹板钢筋，安放竖向预应力钢筋锚固螺母、锚垫板、压浆管和波纹管。波纹管和定位筋绑扎牢固。腹板钢筋绑扎完成即可绑扎顶板和翼板钢筋，合理地确定不同种类钢筋的绑扎顺序不得遗漏，在竖向预应力管道布设过程中，应用胶带纸将锚头和波纹管连接密封，封住压浆管管口，并将压浆管和钢筋绑扎连接牢固，以免浇混凝土时振动脱落和进浆。另外，还有护栏预埋筋，翼板和底板泄水孔以及挂篮上使用的预留孔。护栏钢筋和翼板钢筋同时绑扎。泄水孔先用圆木或铁皮筒预留，做成以便于拔出，挂篮上使用的预留孔位置要准确以免影响挂篮的使用。为便于底板预应力筋张拉，在0号块顶板上预留80cm×80cm的人孔，以利于人员上下和设备的运输。

3.2.3　箱梁混凝土的质量控制

本桥箱梁混凝土设计强度因施加的预应力较大，为减少收缩徐变等。故对混凝土各项指标要求比较严格。严格掌握混凝土的配合比，并规定施工所用碎石、砂要与试验一样，水泥要同一标号、同一牌号、同一厂号，并且每次灌注混凝土时试验人员现场人员现场值班，控制混凝土的坍落度。不合格的要及时清除。以免影响梁体质量。

混凝土采用混凝土运输罐车，通过塔吊或者混凝土泵车输送到桥面，箱梁采用全断面一次浇注。浇注顺序为由下而上，先底板，后腹板，最后顶板。在浇筑底板混凝土时，采用弯管从待浇筑的前端进入到箱体，前端接一软管进行浇筑，底板又分先左右两侧对称浇注，然后中间合龙：顶板浇注时先两翼，后中间，浇注时加强振捣。

在施工中还需要控制一个“T”上两端总施工荷载均衡，并且每幅挂篮的两侧腹板混凝土高差不能相差过大。底板与顶板施工均从未成梁前端向已成梁段方向灌注，最后在已成梁段范围内合龙。同时为了减少箱梁悬浇过程中的不平衡自重影响，箱梁自重误差控制在3%以内，并且各梁段的混凝土浇注应同时进行，最大浇注混凝土重量差不得大于本梁段自重的30%。

浇筑腹板混凝土时，混凝土浇注中加强对锚固端和张拉端振捣，当振动时混凝土不再有显著的沉落，不再出现大量的气泡，混凝土表面均匀、平整，并泛浆，说明振动适宜。振动时间不可过短或过长，过短时混凝土振不实，过长时混凝土可能产生离析现象，振动时间约20～30s。混凝土浇筑完成后用锤敲击模板检查，避免出现空洞或不密实情况。

在灌筑箱梁混凝土的过程中，要及时测量挂篮主桁、前后横梁、底板、腹板、顶板挠度变化，发出实际沉落与预留量不符合时，通过调整后锚及前吊杆避免结构超限下垂。在混凝土浇注完毕后，及

时进行养护。养护用湿草帘、麻布等覆盖，并经常洒水养生，翼缘板下用养护剂或有人专门洒水养生。在三向预应力张拉后脱内模、堵头模板。气温较低时在混凝土表面上覆盖洒水养生。

3.3 预应力管道布置

预应力管道采用钢带厚度为0.35mm钢带卷制而成。纵向束的压浆嘴，排气孔的布置是：当管道长度$L\leqslant 25$m时，不设三通压浆嘴；$L>25$m时中心设置一个三通压浆嘴。压浆嘴的安放要求，纵向束由于长度>25m而增设的压浆嘴均为三通压浆嘴，三通二端接波纹管，其波纹管的大小同波纹管的接头相同，长度要比波纹管的接头长2cm，三通另一端为钢管接塑料胶管，伸出混凝土表面，每个三通在安放前必须严格检查，以防接头处漏浆。

横向束压浆嘴在张拉端锚具上，可通过嘴管伸出混凝土顶面，排气管按放在锚固端，可用塑料管代替，但施工时必须保证不漏浆。

竖向预应力钢筋压浆嘴安放在锚固端，通过嘴管伸入混凝土箱室内，排气孔原则上利用锚固螺母和锚垫板，钢筋和管壁的孔隙，不用增设设备。

横向预应力管道在锚垫板处预埋塑料管伸出顶面，作压浆嘴，在锚固端用塑料管伸出顶面作排气孔。竖向预应力管道压浆嘴预先焊成三通状，三通端为镀锌钢管、长20～30cm和锚固端垫板焊成一体。待安放固定后，用塑料管把压浆嘴引到箱室内底板上，压浆时从下端往上压，利用垫板和螺丝母间的孔隙排气。

3.4 预应力张拉工艺

3.4.1 张拉设备

顶板纵向束，底板纵向束采用YDC4000-200型穿心式油压千斤顶4台。竖向预应力钢筋和横向预应力钢筋YDC1000-200型穿心式油压千斤顶2台。顶板横向束采用YDC300穿心式油压千斤顶2台。配套的工具锚具各4套，横向预应力钢筋工具锚各2套。油泵压力表随千斤顶配套使用，每油泵四块压力表，一块控制张拉力，一块控制回油力。卷扬机（5t）4台用于长束穿束。其他附属设备，张拉工作平台纵向横向各2个等。

3.4.2 张拉顺序

先张拉纵向束，要对称双向张拉，但可分先后。张拉横向束时可同时张拉竖向预应力筋，横向束从0号块中心向两边逐束单向交错张拉，每束中的根也要对称逐束单向张拉。后张拉竖向预应力筋从0号块中心向两边与桥轴线对称单向张拉，当张拉赶不上挂篮施工时，竖向筋推迟1～2段张拉。

底板钢束在合龙段完成后，依照先张拉长束后张拉短束的顺序，按原设计要求双向对称张拉，后解除临时锚固。

3.4.3 张拉操作

（1）钢绞线张拉

安装工作锚及夹片之前要用高标号石蜡涂沫以便退卸。利用支架安装千斤顶。徐徐启动油泵，千斤顶送油工作。张拉到控制应力的10%停止送油，读油表数，量取千斤顶伸长量记录。按张拉力20%、100%分级张拉，读取各级油表数和相应的伸长量，当张拉至100%时，持荷2min。检查实际伸长量和理论伸长量，其差值<6%，则认为通过，否则要找原因。当活塞行程不够可倒顶张拉至设计荷载100%，并做好记录。

（2）预应力高强钢筋张拉

在Φ32钢筋上，安装垫板和螺母，并用扳手扳紧。将穿心拉杆旋戴在预应力钢筋上并至少扣上6扣螺纹长度。千斤顶就位套在穿心拉杆上，持套脚底至垫板链轮套管上，带上并拧紧穿心拉杆螺母。前油嘴进油，后油嘴回油，活塞向后移动张拉钢筋。钢筋伸长同时，不断转动拧紧装置拧紧螺母锚固，直到油压达到设计控制张拉力，并做好10%、20%、100%伸长量记录。预应力钢筋一律采用双控制法，但油压表值误差不超过1%，伸长量误差不得超过正负6%。

3.5 预应力管道压浆及封锚

3.5.1 预应力管道压浆

压浆顺序，纵向束原则上从一端向另一端压浆，当管道超过 25m 时，在管道中设置三通，从一端压浆至三通出浆后，再从三通向另一端或三通压浆，依次循环压浆。竖向钢筋压浆嘴布置在下端箱室内，压浆从下端往上至上端出浆为止。横向束从锚垫板进浆，另一端从一塑料管出浆。

有关水泥浆的技术要求，压浆用纯水泥浆，水泥为 42.5 号普硅水泥，掺高效减水型膨胀剂。水泥浆的性能：水灰比为 0.4～0.45，稠度控制在 14～18s 之间。掺入膨胀剂，掺入量为水泥的 8%，膨胀量小于 10%。泌水率不超过 4%。水泥浆在拌和 45min 时间内性能不变。

水泥浆的工地配制及压浆操作，严格按配合比配料。拌和方法：砂浆搅拌机拌和，先放入水和膨胀剂，再加入水泥，搅拌均匀，标准搅拌时间 5min。经试验测定符合水泥浆性能要求（稠度在 14～18s）水泥浆可倒入储浆池。倒入储浆池中的水泥浆不停地搅拌。压浆时要求打开全部进浆孔和排气孔，用压浆泵将水泥浆从压浆孔中压入。当另一端压浆孔流出的浆和压浆孔压入的浆稠度相同时，关闭原先的压浆孔。移至新的压浆孔继续送浆，如此不断往前直至到达另一端的排气孔。关闭排气孔阀门。压力表逐渐升至 0.7MPa 时稳定一定时间（约 2min），关闭压浆孔。

3.5.2 割束和封锚

割束方法及要求，钢绞线割束可在压浆前也可在压浆后割束，在压浆前割束必须用砂轮机锯割，在压浆后可以用气割，但必须保证做到切割（氧气要充足）而不是熔割，任何预应力钢筋均不能用电弧烧割。对于高强预应力钢筋压浆后可用气割，严禁用电弧烧割。对于钢束切割的余留长度暂定为砂轮锯割 $L \geqslant 20$mm，气割 $L \geqslant 30$mm，对于高强钢筋余留长度 $L \geqslant 35$mm。

封锚前应先将锚周围冲洗干净并凿毛，然后按图纸要求或布置钢筋网，立模后浇注封锚混凝土。对于横向预应力钢筋封锚时还必须注意其颜色，必须和周围混凝土颜色一致，保持混凝土表面的美观。封锚混凝土标号应符合设计混凝土标号。封锚混凝土必须加强养护，并保证在施工过程中不被损坏。

4 边跨、中跨合龙段施工

本桥的体系转换采用设计给定的方案，先合龙边跨，然后合龙次中跨，最后合龙中跨。边跨合龙段和中跨合龙段施工采用设计的吊架用及模板。合龙段施工由于两悬臂受温度日照、混凝土收缩徐变的影响，应严格按设计要求的合龙顺序进行。合龙段劲性骨架安装和混凝土浇注应控制温度在 18℃左右。合龙段施工时应在 T 形悬臂端设置施工平衡重，通过放置水箱或砂袋来实现。

4.1 边跨合龙段施工步骤

待 23 号、26 号墩顶的悬浇施工完毕后，将挂篮的内外模板系统和承重系统全部拆除，利用悬臂端的预留孔和边跨的支架，安放两道工字钢纵梁，铺设底模，侧模采用钢模板（0 号块的外模）或竹胶板（下方背方木带）悬吊于以浇好的箱梁上，在施焊内支撑钢筋骨架之前，考虑刚架连接的作用我们将采取在悬臂两端各配置 15～20t 平衡重，可以将砂袋、水箱、钢绞线作为配重。绑扎底板钢筋，安装预应力管道。在一天气温最低时将内撑骨架焊接于两悬臂端的预埋件上，焊接时要在尽可能短的时间内完成，焊缝要饱满，焊接完成后及时洒水降温，防止因焊接高温灼周边的混凝土。

选择最佳时间（日温较低且上升阶段）进行浇注，并用最短时间完成浇注工作。在浇筑混凝土的同时，同时分级给合龙段的另一端配重进行卸载的方式进行施工。混凝土浇注完成后及时覆盖土工布进行洒水养生。待混凝土强度达到 90%后，张拉边跨底板束 B1。解除 26 号墩和 23 号墩临时张拉精轧钢，拆除 26 号墩和 23 号墩顶的临时支座，同时锁定 26 号墩和 23 号墩顶的永久支座，张拉边跨合龙束 H1～H3 和底板束 B2～B5，使结构由两个刚结单悬臂梁转换成两个单悬臂梁。

4.2 次中跨合龙段施工步骤

采用挂篮内滑梁，通过高强螺栓或精扎螺纹联系在一起锚于合龙段两端的箱梁上。支底模和外侧

模。在合龙端的悬臂端加平衡重，焊接内支撑刚性连接骨架，工序如边跨。

解除26号墩和23号墩顶的永久支座的锁定，绑扎底板、腹板钢筋。安装竖向预应力管道和板钢筋。选择最佳时间进行浇注，并用最短时间完成浇注工作。在浇筑混凝土时，同时分级给配重进行卸载的方式进行施工。浇注完成后及时覆盖土工布进行洒水养生。待混凝土强度达到90%后，张拉次中跨底板束Z1、Z14。

解除25号墩和24号墩临时张拉束，拆除25号墩和24号墩顶临时支座，并对25号墩的永久支座进行锁定，张拉次中跨底板束Z2、Z13、Z3、Z12，该结构体系转换成两个带悬臂的双孔连续梁。

4.3 中跨合龙段施工步骤

采用挂篮内滑梁，通过高强螺栓或精扎螺纹联系在一起锚于合龙段两端的箱梁上。支底模和外侧模。在合龙端的悬臂端加平衡重，焊接内支撑刚性连接骨架，焊接工序如边跨。解除25号墩顶的永久支座的锁定，绑扎底板、腹板钢筋。安装竖向预应力管道。选择最佳时间进行浇注，并用最短时间完成浇注工作。

混凝土浇注完成后及时覆盖土工布进行洒水养生。待混凝土强度达到90%后，张拉中跨合龙束及底板束。张拉次边跨剩余的所有预应力束，形成五跨连续梁结构，完成全桥体系转换。

4.4 合龙段施工注意事项

合龙段合龙时温度必须严格符合设计要求，混凝土浇注最好选在温度变化较小的日期和一天中气温最低的时间进行，并加快浇注时间。合龙段施工过程中，测量人员应认真进行标高观测的变化，发现问题及时报告处理。

合龙段安置刚性骨架连接之前，合龙段两端的T构悬臂设计高差不超过设计要求的2cm界限，轴线偏差不超过设计要求的1cm界限，否则应通过平衡重来调整。张拉严格按设计要求，以先长后短，先边跨后次中跨再中跨的顺序。

4.5 合龙段高程的控制

由于本桥为5孔连续梁，箱梁分四个T悬臂浇筑，合龙的顺序是边跨，次中跨，中跨。要经过二次合龙，二次体系转化后才能完成。合龙过程中箱梁的内力变化较复杂，采用平衡重调整合龙段桥面高程的方式会影响到相邻合龙段的标高，因为桥面的荷载发生变化，梁端的标高必定会发生相应的变化。因此在合龙前将所有不需要的物品移走。

合龙段的预应力钢束较多，边跨18束，次中跨32束，中跨32束，同时张拉的程序也复杂，第一阶段设计要求混凝土强度达到设计要求后张拉部分，第二阶段在体系转换完成后张拉完。会对标高造成影响，因此在各个阶段前后均对各测点的标高进行监测，为后期的标高控制提取依据。

体系转换过程中由于临时固结装置的拆除，使原来的等悬臂简支梁成为简支悬臂结构，结构内力发生变化，其次由于支座由原来的自由状态变成受压状态。支座的变形会对标高造成影响。

因此需要对先施工26号和23号墩之间的合龙段的各种因素引起的标高变化进行仔细的收集和整理分析，作为后续合龙段施工时标高控制的依据。

5 结语

通过白河特大桥主跨的挂篮悬臂浇筑施工，确保了大桥质量与安全，应力及变形满足设计要求。

白河特大桥主跨连续箱梁设计

李雅娟　牟宗军
中交第一公路勘察设计研究院

[摘　要]　白河大桥主桥上部结构为变截面PC连续箱梁，跨径布置为56m+3x100m+56m。主桥采用三向预应力体系。以该桥施工图设计为根据，介绍了箱梁构造、设计特点、计算过程、预应力钢束布置，为同类型桥梁的设计计算提供了一定的参考资料。

[关键词]　变截面　斜腹板　预应力连续箱梁　设计

白河大桥是泌阳至南阳高速公路上的一座大型桥梁，位于南阳市西郊，该桥起点桩号K175+399.9，终点桩号K176+990.1，桥梁全长1590.2m。桥轴线与白河呈85°斜交。白河大桥主桥为主跨100m的预应力混凝土变截面连续箱梁，其跨径组合为56+3×100+56m。引桥为跨径30m的装配式部分预应力混凝土连续箱梁，其中信阳岸方向为7×30m+6×30m+5×30m+5×30m，南阳岸为5×30+5×30+6×30m。主桥位于直线段上，信阳方向部分引桥位于R=6000m的圆曲线上，南阳方向部分引桥位于参数为A_1=1009.769和A_2=1009.769的缓和曲线上。主桥总体布置见图1所示。

白河大桥位于白河中游，横跨河谷，地势较平坦，河床比降小于1‰，呈“U”型谷，河曲发育，河槽浅坦，切深3～5m，两侧发育高漫滩和一、二级阶地。桥头分别建于左岸高漫滩和右岸一级阶地上。根据工程地质调绘资料，经钻探揭示，桥址区地层主要由第四系冲洪积物组成，桥址区地震动峰值加速度为0.10g，设计地震为第一组。桥址区基本烈度为VII度，依《JTJ 004—89》第1.0.5条，须按Ⅷ度进行抗震设防。

1　技术标准及技术条件

设计荷载：公路－Ⅰ级。

桥面宽度：0.5m（外护栏）+15.25m（行车道）+1.0m（内侧护栏）+1.0m（中央分隔带）+1.0m（内侧护栏）+15.25m（行车道）+0.5m（外护栏），全宽34.5m。

通航净空：18m（宽）×6m（高）。通航标准为Ⅵ（3）级，通航净空水位以上6m，净宽不小于18m，上底宽不小于14m，侧高不小于4m。

设计洪水频率：1/300。

支座沉降：主桥2cm，引桥1.0cm。

地震动峰值加速度：0.10g。

桥梁最大纵坡：不大于3%。

2　主桥设计构思

2.1　一般构造的拟定

2.1.1　确定合适的边、中跨比

白河桥边、中跨比例为0.56，使边跨支座在任何情况下均保持一定的压应力，同时也减小了边跨现浇段的施工难度。

2.1.2　保证足够的梁高

高、跨比是影响主梁受力状态的主要参数。适当增加梁高，可增加主梁刚度。鉴于新桥规设计参数与旧桥规的差异，结合计算情况，墩顶梁高与跨径之比采用1/17.24，跨中梁高与跨径之比采用1/40。

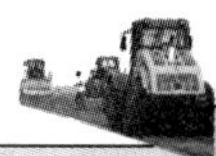

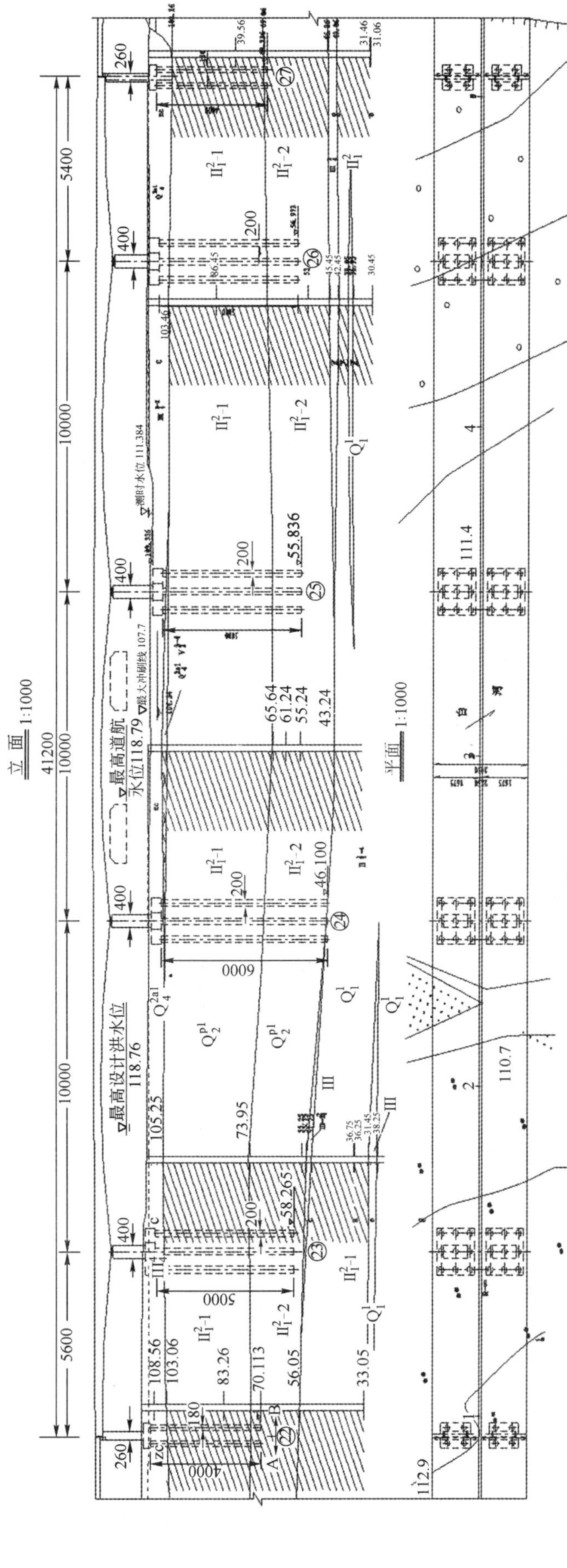

立面 1:1000
41200
5400
10000
10000
10000
5600
最高通航水位118.79
最高设计洪水位 118.76
测时水位 111.384
最大冲刷线 107.7
平面 1:1000
111.4
110.7
112.9

图1 主桥总体布置

2.1.3 选择合理的横断面形式

由于本桥横向宽度较大，单幅桥宽已达16.75m。因此，在拟定横断面结构形式时，采用了大悬臂、斜腹板。在完全满足受力要求的前提下，有效降低了上部恒载大小，减小了下部墩、台尺寸。

2.2 预应力钢束计算及布置

在配置预应力钢束时，尽量采用大吨位预应力钢束，减少预应力钢束规格。本桥纵向预应力只采用了15ϕ^s15.2mm、17ϕ^s15.2mm两种预应力钢束。

采用三向预应力体系，使箱梁混凝土均处于受压状态。

为避免箱梁腹板斜裂缝的产生，每侧腹板均布置了14束腹板下弯束。

计算过程中，严格控制正应力及主应力，使其完全满足规范规定的相应限值并有一定的安全储备。

3 主桥结构设计

3.1 主桥上部结构设计

主桥上部为（56+3×100+56）m五跨预应力混凝土变截面连续箱梁，采用分离式整体断面，半幅桥宽16.75m，中央分隔带宽1.0m。半幅桥采用单箱单室箱形截面，采用斜腹板形式，腹板倾斜高宽比为5∶1。箱梁根部梁高5.8m，高跨比为1/17.24；跨中梁高2.5m，高跨比为1/40。箱梁顶板宽16.75m，底板根部宽6.53m，跨中宽7.85m，翼缘板内外侧悬臂长分别为411.3m和414.7m。箱梁高度从距墩中心2.0m处到跨中合龙段处按二次抛物线变化，除墩顶0号块设二个厚70cm的横隔板及边跨端部设厚120cm的横隔板外，其余部位均不设横隔板。箱梁采用三向预应力体系。

0号块两侧距墩中心2.0m范围内箱梁顶、底板厚度分别为0.50m和1.50m，腹板厚度为0.70m；距墩中心2.0m处至跨中箱梁顶板均为0.28m等厚度，底板厚度从0.60m至0.30m按二次抛物线变化，腹板8号块以前为0.60m，11号块以后为0.40m，9～10号块由0.60m按直线变化至0.40m。

主桥连续箱梁采用挂篮悬臂现浇法施工。各单“T”箱梁除0、1号块外分为14对梁段，箱梁纵向1号至15号分段长度为3.0m+5×2.5m+9×3.5m。0号块总长4.0m，中跨合龙段长度均为2.0m，边跨合龙段长度为2.0m。边跨现浇段长度为4.76m。悬臂现浇梁段最大重量为125.1t，挂篮自重按65t考虑。

主桥范围桥面铺装层为10cm厚的沥青混凝土。横坡2%，横坡由腹板高度调整。

3.2 主桥下部结构设计

主桥桥墩和过渡墩均采用矩形空心截面，主墩外形长宽为8.53m×4.0m，顺桥向壁厚0.6m，横桥向壁厚1.0m，承台长宽高为13.6m×13.6m×3.5m，每墩9ϕ2.0m钻孔灌注桩，过渡墩外形长宽为7.85m×2.6m，顺桥向壁厚0.5m，横桥向壁厚1.0m，承台长宽高为10.85m×7.6m×2.5m，每墩4ϕ1.8m钻孔灌注桩。

4 主桥结构分析

4.1 主桥上部结构分析工况

施工计算共分58个受力阶段，阶段划分根据施工进度和施工顺序安排，用桥梁综合程序计算。施工阶段划分如表1所示。

施工阶段划分一览表　　表1

施工阶段编号	安装单元（个）	集中力个数	内容描述
1	8	6	安装墩顶0号块、1号块
2			张拉腹板下弯束W1
3			压浆
4	6	8	挂篮安装，2号块悬浇施工

续上表

施工阶段编号	安装单元（个）	集中力个数	内容描述
5			张拉顶板束 T1，腹板下弯束 W2
6			压浆
7～24	6	8+8	移动挂篮，3～8 号块悬浇施工； 张拉顶板束 T2～T7，腹板下弯束 w3～w8； 管道压浆
25～42	6	8+8	移动挂篮，9～14 号块悬浇施工； 张拉顶板束 T8～T19；管道压浆
43	6	8+8	移动挂篮，15 号块悬浇施工
44		8	拆除挂篮，张拉顶板束 T20，T21
45～48			管道压浆；支架现浇边跨
49	2	4	边跨合龙段模板的安装与配重，边跨合龙
50		4	拆除模板，张拉 B1～B5，H1，H2，H3
51			压浆
52	2	4	次边跨合龙段模板的安装与配重，次边跨合龙
53		4	拆除模板，张拉 Z1～Z14，H4
54			压浆
55	1	2	中跨合龙段模板的安装与配重，中跨合龙
56		2	拆除模板，张拉 Z1～Z14，H4
57		1（均布）	二期恒载的施工，运营
58			收缩、徐变

主桥施工过程中单“T”进行了下述几种工况的验算，并以此控制临时固结所需的预应力钢筋及临时支撑。

(1) 最后一个悬臂段不同步施工，一侧施工，另一侧空载；

(2) 最大悬臂时，一端承受最大风载，另一端空载；

(3) 一侧堆放的材料、机具等按 8.5kN/m 计，悬臂端部作用 200kN 集中力，另一端空载；

(4) 一侧施工机具等动力系数 1.2，另一侧为 0.8。

主桥合龙温度按 18℃计，合龙顺序为先合龙边跨，后合龙中跨。

箱梁横向桥面板分别按框架和简支板考虑固端影响两种模式进行计算，择其大者控制截面设计。

4.2 预应力体系

预应力钢材：

标准强度　$f_{pk}=1860\text{MPa}$

锚下控制应力　$\sigma_{con}=0.75f_{pk}=1395\text{MPa}$

孔道偏差系数　$K=0.0015$

孔道摩擦系数　$\mu=0.25$

锚具回缩　$\Delta=6\text{mm}$

JL32 精轧螺纹粗钢筋　$f_{pk}=750\text{MPa}$

主桥纵向预应力采用 $15\phi^s15.2$mm、$17\phi^s15.2$mm 钢束，群锚锚固体系，设计张拉吨位分别为 2929.5kN、3320.1kN。纵向预应力在箱梁根部几个梁段布设腹板下弯钢束，其余梁段布设顶板束和底板束。主桥箱梁横向预应力采用 $4\phi^s15.2$mm 钢绞线，15—4 型扁锚，以 75cm 和 70cm 的间距布设，一端张拉，交替锚固，单根设计张拉吨位为 781.2kN。竖向采用 JL32 精轧螺纹粗钢筋，设计张拉吨位为 452.3kN，在近支点 24.5m 范围内每侧腹板按双肢配置，以 50cm 等间距布置，其余梁段按单肢配置，以 50cm 等间距布置，为方便施工竖向预应力可兼作悬臂施工时挂篮的后锚点，挂篮前移后，建议对竖向预应力粗钢筋进行补拉并封锚。

4.3 主桥上部结构受力分析

主桥上部纵向分析，以桥梁综合程序桥梁博士 V3.03 进行了成桥状态下恒载、活载、预应力、混凝土收缩徐变、支座强迫位移、温度变化等作用的计算。

计算中考虑了以下三种组合：

(1) 承载能力组合 I：基本组合；

(2) 荷载组合 II：作用短期效应组合；

(3) 荷载组合 III：标准组合（适用于构件应力验算）。

4.3.1 持久状况承载能力极限状态计算

依据《公路钢筋混凝土及预应力混凝土桥涵设计规范》(JTG D62—2004)，桥梁构件必须进行持久状况承载能力极限状态计算，应满足规范 5.1.5 条的要求：$\gamma_0 s \leqslant R$。

控制截面正截面抗弯承载力 表 2

截　面	节点号	内力 (kN·m)	最大抗力 (kN·m)	是否满足要求
支点	19 号节点	-3.378×10^5	-7.529×10^5	是
	53 号节点	-3.860×10^5	-7.529×10^5	是
	87 号节点	-3.779×10^5	-7.529×10^5	是
	121 号节点	-3.479×10^5	-7.529×10^5	是
跨中	36 号节点	1.689×10^5	1.895×10^5	是
	70 号节点	1.502×10^5	1.669×10^5	是
	104 号节点	1.683×10^5	1.895×10^5	是

4.3.2 持久状况正常使用极限状态计算

此项计算必须满足规范 6.3.1 条的相应要求。主要是进行结构的抗裂验算，即验算结构在作用（荷载）短期效应组合下正截面拉应力和斜截面主拉应力。

(1) 正截面抗裂：对于全预应力构件，在短期效应组合下应满足：

分段浇注或砂浆接缝的纵向分块构件：$\sigma_{st}-0.80\sigma_{pc}\leqslant 0$

(2) 斜截面抗裂：应对构件斜截面混凝土的主拉应力 σ_{tp} 进行验算，对于现场浇注构件，在短期效应组合下应满足 $\sigma_{tp}\leqslant 0.4f_{tk}=0.4\times2.65=1.06\text{MPa}$。

（箱梁上部结构采用 C50 混凝土，轴心抗压强度标准值 $f_{ck}=32.4\text{MPa}$，轴心抗拉强度标准值 $f_{tk}=2.65\text{MPa}$。）

控 制 截 面 应 力 表 3

截　面	节点号	最小正应力 (MPa)		是否满足要求	最大主拉应力 (MPa)	是否满足要求
支点	19	上缘	1.71	是	0	是
		下缘	4.35	是		是
	53	上缘	0.963	是	−0.0854	是
		下缘	5.46	是		是
	87	上缘	1.33	是	0	是
		下缘	5.09	是		是
	121	上缘	1.4	是	0	是
		下缘	4.88	是		是
1/4 跨径	44	上缘	1.42	是	−0.427	是
		下缘	5.5	是		是
	62	上缘	1.55	是	−0.37	是
		下缘	5.34	是		是
	112	上缘	2.71	是	−0.397	是
		下缘	4.6	是		是

4.3.3 持久状况的预应力混凝土构件应力计算

持久状况的预应力混凝土构件应力计算，主要是计算使用阶段正截面混凝土的法向压应力、斜截面混凝土的主压应力以及预应力钢筋的拉应力，并满足规范 7.1.1、7.1.2、7.1.5、7.1.6 条的相应要求，荷载分项系数均取 1.0 的效应组合控制。

（1）受压区混凝土的最大压应力，未开裂构件 $\sigma_{kc}+\sigma_{pt}\leqslant 0.5f_{ck}=0.5\times 32.4=16.2$MPa

（2）受拉区预应力钢筋的最大拉应力，对于钢绞线，未开裂构件 $\sigma_{pe}+\sigma_{p}\leqslant 0.65f_{pk}=0.65\times 1860=1209$MPa

（3）混凝土的最大主压应力，应符合 $\sigma_{cp}\leqslant 0.6f_{ck}=0.6\times 32.4=19.44$MPa

控制截面应力　　表 4

截面	节点号	最大正应力（MPa）		是否满足要求	最大主压应力（MPa）	是否满足要求
支点	19	上缘	10.5	是	10.5	是
		下缘	7.94	是		是
	53	上缘	9.37	是	9.37	是
		下缘	8.93	是		是
	87	上缘	9.7	是	9.7	是
		下缘	8.51	是		是
	121	上缘	10.1	是	10.1	是
		下缘	8.23	是		是
跨中	36	上缘	12.5	是	13.6	是
		下缘	13.6	是		是
	70	上缘	11.7	是	13.3	是
		下缘	13.3	是		是
	104	上缘	12.5	是	13.3	是
		下缘	13.3	是		是

计算结果表明，在上述各种工况下截面应力分布较为均匀，箱梁顶、底板均未出现拉应力并有一定的压应力储备。考虑竖向预应力后，箱梁各截面最大主拉应力值控制在 1.0MPa 以内。

4.4 主桥下部结构分析

（1）全桥基桩均为摩擦桩，按照“m”法计算基桩受力及配筋；

（2）过渡墩盖梁按双悬臂梁设计，框架验算配筋。

5 结语

白河大桥作为变截面连续箱梁，在结构设计中采用斜腹板减轻了结构上部恒载自重，减小了下部墩台尺寸；同时，在计算时，主桥采用了大吨位预应力钢绞线，使结构尺寸仅需满足结构受力要求，而不是由结构配束控制构造，从而有效降低了上、下部结构的工程数量。白河大桥在跨径布置、上下部一般构造的拟定、预应力钢束的计算与布置均进行了优化，以期达到结构安全化、合理化、经济化。该桥为同类型桥梁的设计提供了一定的参考资料。

白河特大桥挂篮的安装与使用

吕学彪　　　　　　　　　　　孙亚刚
中交第一公路勘察设计研究院　中国路桥集团第一公路工程局第一工程公司

［摘　要］　大跨径多跨预应力混凝土连续梁桥悬臂浇注施工时，多采取挂篮悬臂对称法施工，文章从白河特大桥出发，对挂篮的设计、安装与使用三个方面阐述了挂篮悬臂施工时挂篮的使用要点，为同类型连续梁桥施工提供了可靠的数据基础。

［关键词］　连续梁桥　悬臂施工　挂篮　安装与使用

1　工程概况

白河特大桥主桥是信阳至南阳高速公路上的一座特大型桥梁，位于南阳市西郊，该桥起止桩号为K175＋399.9～K176＋990.1，全长1590.2m。其中主桥为主跨100m的预应力混凝土变截面连续箱梁，其跨径组合为56＋3×100＋56m，采用分离式整体断面，双幅布设，半幅桥采用单箱单室箱形截面，采用斜腹板形式，腹板倾斜高宽比为5∶1。箱梁根部高5.8m，高跨比为1/17.24；跨中梁高2.5m，高跨比为1/40。梁高从距墩中心2.0m处到跨中合龙段由5.8m到2.5m按照二次抛物线变化。箱梁顶板宽16.75m，底板根部宽6.53m，跨中宽7.85m。主桥现浇箱梁除墩顶0号块设两个厚70cm的横隔板及边跨端部设厚120cm的横隔板外，其余部位均不设横隔板，并且全桥箱梁采用三向预应力体系。

1.1　施工方案简介

主桥上部箱梁0号块、1号块和边跨现浇段采用碗扣式满堂支架施工，中跨和边跨合龙段采用吊架施工，其余部分采用挂篮悬臂对称施工。悬臂施工前应做好临时锚固，在悬浇过程中应对称施工，避免出现不平衡荷载。箱梁的预应力张拉顺序为先纵，后横，再竖的原则。主桥的合龙顺序则为先合龙边跨，随即拆除主墩临时锚固，然后合龙次边跨，最后合龙中跨。

主桥每半幅6个墩柱，4个T构，每个T构除0号块1号块外分为14个对称梁段，其中0号块、1号块梁段共长为10m，在墩顶墩旁支架上现浇完成，2号到6号块长2.5m。7号块到15号块长度为3.5m。边跨支架现浇段长度为4.76m，边跨和中跨合龙段长2m。根据现场实际情况，我项目部决定采用4套挂篮进行悬臂浇筑施工，分别从半幅主桥的23号、24号、25号、26号墩顶开始对称施工，施工过程中对悬浇的连续梁进行精心的施工管理和监控，为保证合龙前各悬浇段的混凝土龄期一致及成桥后的桥面线形，这就要求四个T构挂篮施工步距相差不大。

1.2　大型设施

四个主墩配置四套挂篮，采用塔吊施工，为了能够迅速地为34.5m×100m桥面每个作业点提供材料，塔吊位置选择在这个区域的几何中心是最合理的，从而选择在4个主墩承台左、右幅中间是最合适的。根据本桥主墩承台的设计特点，将塔吊基础浇注在左、右幅承台之间4.15m的空档中，塔基混凝土依附于两侧承台的约束，使其更加稳定。每个塔基基本尺寸4.5m×4.15m×1.5m。基础混凝土为C30，上下面设钢筋网片加强。塔身通过预埋在基础内的地脚螺栓锚固。

每个塔吊工作高度距承台面约为25m，高出桥面6m左右。塔身横截面为1.6m×1.6m，宽度大于左右幅箱梁翼沿板之间的净间距1.0m。

2 挂篮设计

2.1 挂篮设计说明及设计参数

(1) 最大节段重量：121t（7号段）；

(2) 最大节段长度：3.5m；

(3) 最大节段高度：5.8m；

(4) 桥面宽度：16.75m；

(5) 箱梁底宽：6.53～7.85m。

2.2 设计依据

根据交通部颁发的公路桥涵设计和施工规范，悬灌几何特征主要参照白河大桥施工图。设计规范依照《公路桥涵设计和施工规范》、《钢结构设计规范》、《机械设计手册》。

挂篮荷载系数取值如下：

(1) 混凝土超灌系数：1.05；

(2) 混凝土浇注时动力系数：1.2；

(3) 挂篮行走冲击系数：1.3；

(4) 施工机具及人群荷载：2.5kN/m^2；

(5) 混凝土偏载：2m^3；

(6) 挂篮自重：44t。

2.3 设计原则及主要结构

挂篮设计尽量考虑通用性，以备不同的桥梁使用，同时兼顾其使用性安全可靠，施工方便的原则。从整体上挂篮可分为主桁承重系统，底篮和内外模板系统及动力系统。

主桁承重系统由两组三角桁架组成，在其上设置前横梁，前横梁为钢箱梁，挂篮两主桁悬臂端长度为4.5m，行走轨道长8.55m，并在其上设置横向联系以提高其抗风稳定性及整体刚度。前横梁与底篮、内外滑梁通过吊杆相联结。

底篮前系统通过吊杆与主桁联结，底篮后横梁锚固于已浇箱梁上，挂篮前移时，底篮后横梁通过吊杆联结于外滑梁上。在底篮前后横梁上铺设纵梁及底模板，内外模板按箱梁全高设置。箱梁内外均设有滑梁，前端联结在主桁前横梁上，后端吊挂在已浇箱梁顶板上。

动力系统主要为挂篮的行走、底篮的提升和主桁后锚转换及挂篮顶推纵移时提供动力，主要用千斤顶来完成。

本挂篮采用三角垂直组合形式，受力较为合理，走行方便，外形美观。本挂篮制造重量为44t。挂篮的主要结构如下：

(1) 主梁系

主梁系位于竖向预应力筋中心位置（8150mm），是挂篮主要受力部件。主梁系由主梁、前横梁、中后横梁、立柱、立柱横联和斜拉带构成。主梁和前横梁由钢板焊制成钢板系，立柱由角钢焊制成格构立柱，斜拉带由16Mn钢板和40Cr圆钢组合成可调式拉带。主梁系有以上各构件构成三角式刚体，受力较为合理。

(2) 上锚系

上锚系主要是转力件、上锚梁，用32mm精扎螺纹钢各锚具将主梁锚固。一个篮8个锚点。其中一个锚点要求预埋32mm精扎螺纹钢直接将主梁后端与桥面锚固。同时和行走滑轨锚固在桥面上。

(3) 前吊系

前吊系主要由32精扎螺纹钢、连接件、扁担梁及千斤顶构成，用于悬吊底模和调整节段模板高度。本篮前吊共6组。

(4) 底模系

底模系主要由前后托梁、固定底模和活动底模构成。活动底模根据底板宽度的变化进行调节，调整到位后用临时板块将其定位在前后托梁上。底模上铺 20mm 竹胶板。前部由前吊系前拖梁承吊，后部由底锚和后边吊锚固在已成梁段上。

（5）底锚系

底锚系由活动吊耳，锚杆、垫板、螺母、扁担梁和千斤顶构成。因为该桥底板宽度为变化状，底锚预留孔要避开纵向波纹管，底板锚孔应在两波纹管之间变动，所以底锚为移动式。具体底锚预留孔位置根据纵向波纹管情况而定。

（6）侧模系

侧模系由高低片侧模，牛腿和对拉筋构成。翼 180mm 挡板用定型钢模板代替，可拆卸。侧模系调整好后将侧模底部用千斤顶或木撑顶在工作梁上将底模紧贴在底模上。

（7）内模系

内模系由模架、夹板、调整丝杠组成。可根据箱孔尺寸调整横向宽度。

（8）走行系

本挂篮为一次走行法。由滑轨、主梁后吊轮、内外滑梁、底模临时后吊组成。

（9）施工平台

为方便施工，需在挂篮上设置 3 个工作平台：前横梁工作平台——为方便前吊的操作。底模前工作平台——为方便张拉，立模。底模后工作平台——为方便底锚的安装和处理桥下混凝土。除底模后工作平台外其他两平台不在挂篮制造范围内，可根据施工现场进行制作。

3 挂篮安装工艺图

3.1 滑轨的安装

按主梁中心线间距 8.15m 在桥面上放样，按图示位置预埋好精轧罗纹钢做临时锚固点，安放铁枕，并铺设与铁枕同高的 60cm 长枕木，然后在枕木上铺设滑轨并将其锚固（图 1）。

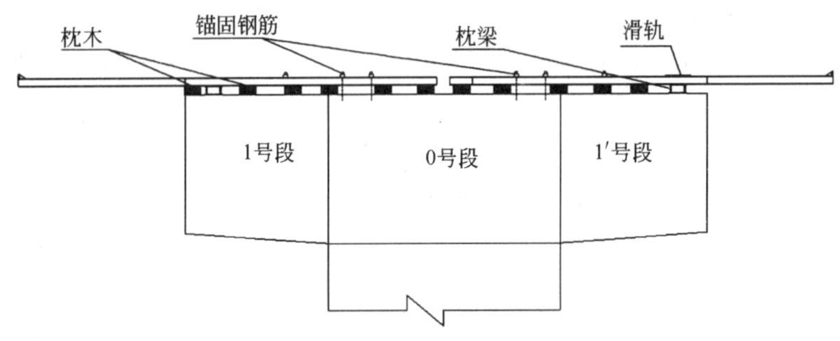

图 1　滑轨安装示意图

3.2 主桁承重系统的安装

将拼装搞好的单片主梁（在桥下已拼装好，上下主梁、立柱，斜拉带）用塔吊提升上桥安装在滑轨上，主梁联结高强螺栓一定要均匀上紧，而后将上下主梁焊死使其具有更好的刚度和稳定性，斜拉带一定要相互贴紧立柱或吊耳两边，不得有间隙，斜拉带的上紧程度以主梁有 20mm 的上挠度为准。斜拉带一定要受力均匀。单片拼好的主梁重量约为 4.4t，两片主梁安装就位后安装立柱横梁，而后安装前横梁、中后横梁，至此主梁系统安装完毕，注意调整主梁与桥轴线的一致。

3.3 前吊系（包括底模）的安装

在前横梁上安装好扁担梁、千斤顶（20～32t）及前吊带垫板。测量好拟浇块的底板标高，用千斤顶调整吊带的高度使前托梁位置与设计相符。在前吊系安装的同时将后边吊安装就位。在桥下面挂篮的正下方将前后托梁摆放好，前后拖梁的间距为 4.589m，安装时要注意前后托梁的对角线测量误

差在±2mm。而后安装I25号工字钢纵梁，并用螺栓上紧。然后在上面铺设底模面板。用精轧螺纹钢或吊机将拼装好的底模系提升到位，安装好前吊和后边吊，而后安装底锚系（图2）。

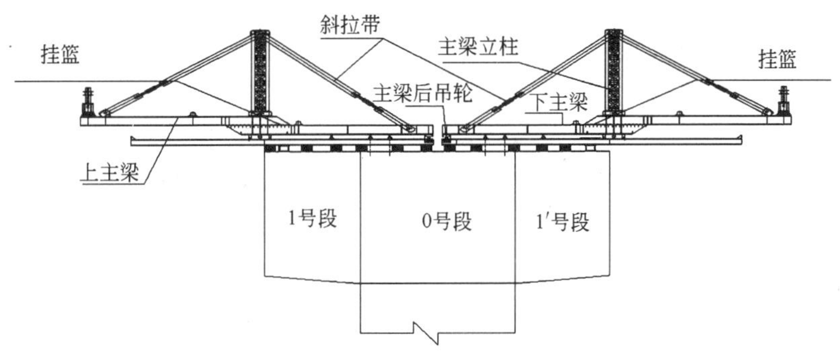

图2　承重及吊系安装示意图

3.4　侧模板和内模的安装

外滑梁穿入侧模中，与侧模一同吊装就位，并用牛腿联好在侧模的可调板上，在侧模吊装就位后调整牛腿位置使前后牛腿正好坐在底模系的前后托梁上，上好滑梁的前后吊杆，而后将侧模用对拉螺杆上紧，使侧模紧贴在已经浇注好的混凝土梁段上，并要有15～20cm的重叠长度。安装滑梁前可以将滑梁后吊轮装置直接安在滑梁上并临时固定，侧模吊装就位后可将吊轮丝杆穿好并调整就位，然后将滑梁锚固好（锚固在已成梁段上）（图3）。

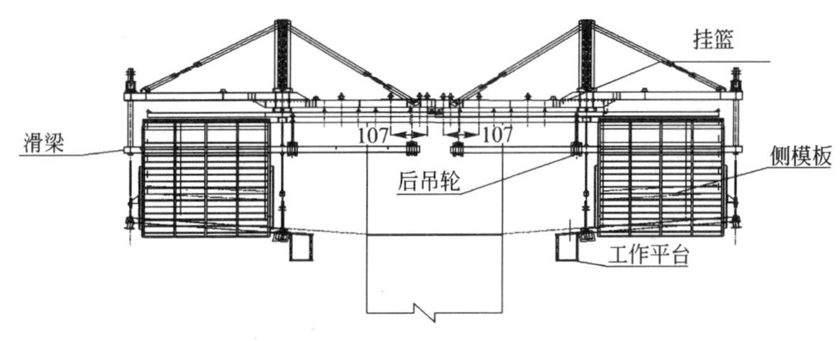

图3　侧模和内模安装示意图

3.5　内模的安装

内模的拼装在底模平台上进行，拼装好后连同内滑梁一同起吊到位。内滑梁在已成梁段后50cm处用精轧螺纹钢吊住，使内模与已成梁段密贴在一起。根据计算施工预拱度调整内滑梁的标高保证顶板的厚度和立模标高。

4　挂篮使用工艺

为保证挂篮结构的可靠性和使用中的弹性变形以及测定挂篮实际变形量，确保箱梁施工中的安全和质量，在第一次使用之前必须对已拼装的挂篮按设计荷载加安全系数进行试压，以求得挂篮在不同荷载下的变形挠度值。试压的荷载作用在底模上，模拟施工荷载按混凝土浇注重量分级加载，每一级加载后，必须及时检查各杆件的联结情况和工作情况，及时做出是否继续加载的结论，逐级加载至1.2倍设计荷载后再逐级卸载，既保证了承重系统的非弹性变形消失，又保证了挂篮结构使用的安全可靠性。

（1）第一步：轴线一致，接长滑轨。控制内容是轨道的中线和间距，即挂篮的主桁的中线及横向控制。依据基准线控制和放样轨道走向。轨道应水平放置，两条轨道各对应点标高误差小于3mm。

在挂篮主桁上标记出主桁的轴线。调整挂篮时，通过观测此轴线来使挂篮中线和桥轴线平行。为保证挂篮就位时不扭曲、偏移，在主桁上设置垂直于主桁中线的标记线，用仪器观测来控制横向轴线，相差过大要及时调整（图 4）。

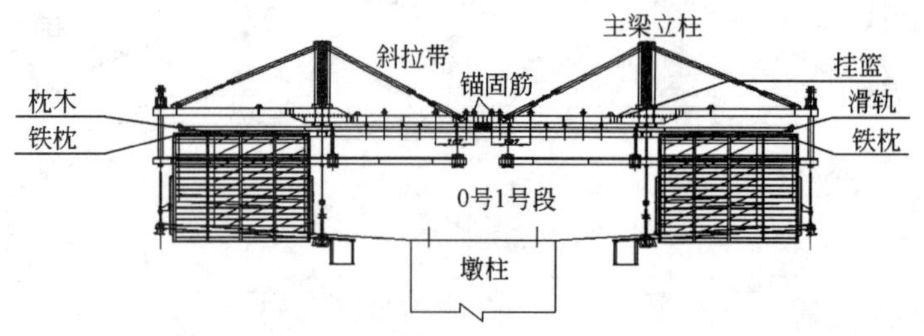

图 4　挂篮使用工艺示意图（1）

（2）第二步：模板下落，固定后边吊点。控制内容是模板要均匀下落，后边吊点要满丝扣上紧，安全索倒链要拉紧（图 5）。

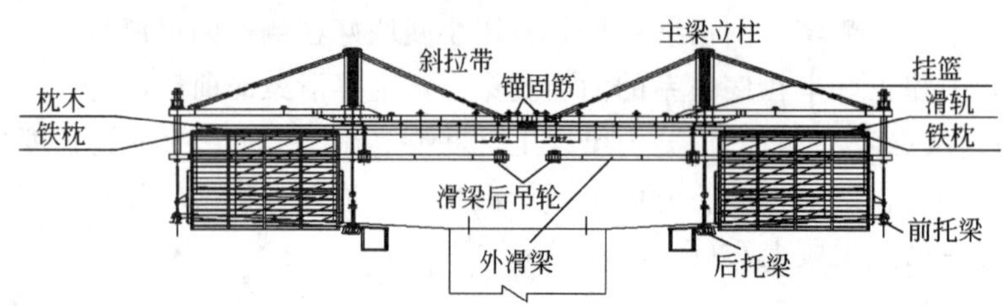

图 5　挂篮使用工艺示意图（2）

（3）第三步：拆除后锚，稳步前移。挂篮前支腿放于已浇注箱梁端部，在空篮行走时锚固小车用 Φ200mm 的铸钢轮反扣在轨道翼缘实现主桁行走，通过后部锚固分配梁上设置千斤顶实现后支点反力在拉杆和后锚固小车之间的相互转换（图 6）。

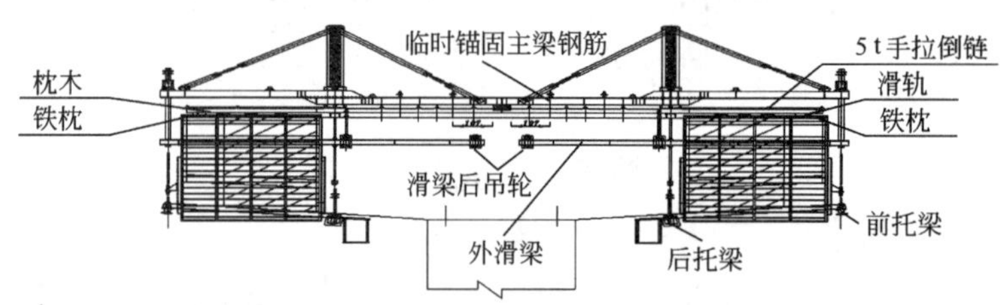

图 6　挂篮使用工艺示意图（3）

（4）第四步：更换后锚，调整模板。改用丝杠将后拖梁锚固在已成梁段的底端，拆除后边吊点，利用千斤顶和倒链调整模板的高程至最佳（图 7）。

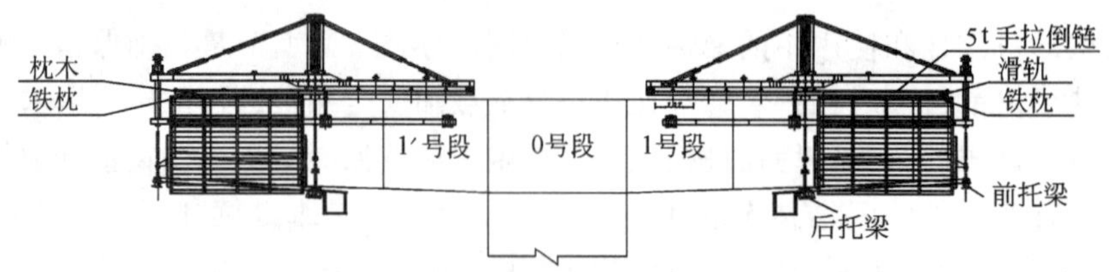

图 7　挂篮使用工艺示意图（4）

（5）第五步：周而复始，进入下一梁段（图 8）。

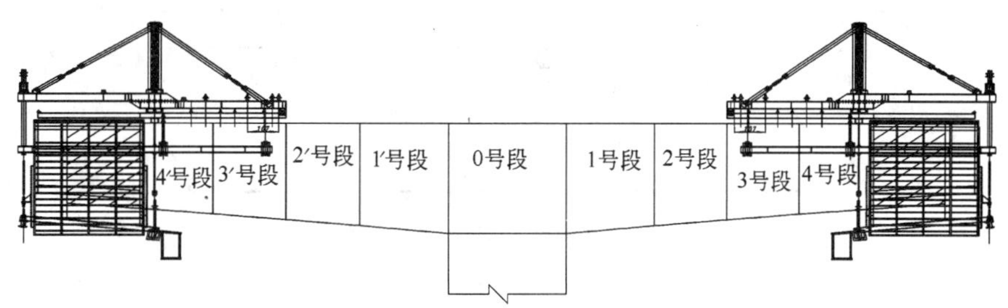

图 8 挂篮使用工艺示意图（5）

5 挂篮临时锚固结构验算

5.1 验算主桥最大悬臂状态的抗倾覆稳定性

假设悬浇至最大悬臂状态后力学图示如图 9 所示。

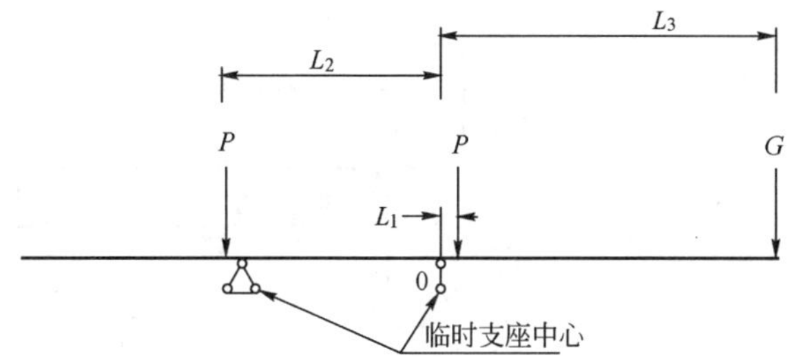

图 9 力学图示

因为临时锚固每端采用 30 根精轧螺纹钢，张拉控制力为 452.3kN，则总的预压力为

$$P = 30 \times 452.3 = 13569\text{kN}$$

最大悬臂状态为最不利状态，设此时的不均匀荷载为 G，安全系数为 2，则由力的平衡条件，所有力对于 0 点去矩得：

$$GL_3 + PL_1 \leqslant PL_2$$

即：

$$2G \leqslant P\ (L_2 - L_1)\ /L_3$$

$$2G \leqslant 13569 \times (3.25 - 0.25) \div 44.5$$

$$G \leqslant \frac{914.764}{2} KN$$

又因为第 15 段梁重：$m_{15} = 93.655$t

$$30\% m_{15} = 28.096 \leqslant 45.7\text{t}$$

因此，不均匀浇注不超过 30%是合理的。

5.2 验算临时支座的强度

当最后一个悬臂段不同步施工，一侧施工，另一侧空载时：

力学图示如图 10 所示。

15 号块重 $m_{15} = 93.655$t，梁体总重 $m_T = 3515.098$t，则 $G_{15} = 917.82$kN，$G = 34447.96$kN，此时，支座反力分别为 T_1、T_2，临时支座采用 50 号混凝土，$R_a = 28.5$MPa。则由力的平衡条件，对 0 点取矩得：

$$\sum M = PL_4 + T_2 L_5 - G_{15} L_3 - GL_1 - PL_2 = 0$$

则：$T_2 = (GL_1 - PL_4 + PL_2 + G_{15} L_3)\ /L_5$

$= (34447.96 \times 1.5 - 13569 \times 0.25 + 13569 \times 3.25 - 917.82 \times 48.75)\ /3.5$

$= 39177.90\text{kN} \leqslant RaA = 28.5 \times 10^6 \times 6.53 \times 1 = 1.861 \times 10^8\text{N} = 1.86 \times 10^5\text{kN}$

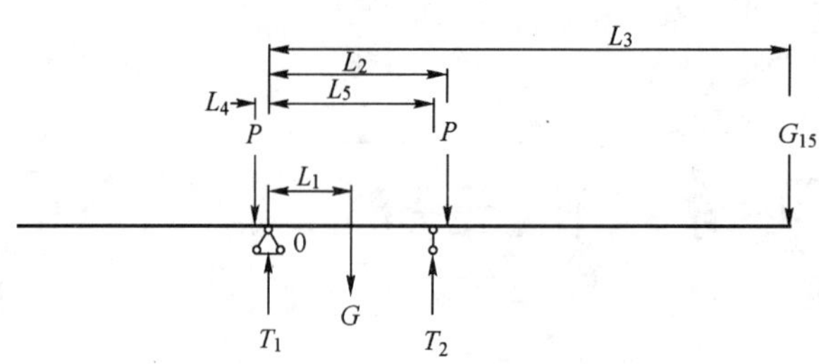

图 10　力学图示

所以，此种荷载工况下临时支座混凝土强度符合要求。

5.3　验算活载空载

当一侧堆放的材料、机具按 8.5kN/m 计，悬臂端部作用 200kN 集中力，另一侧空载时，力学图示如图 11 所示。

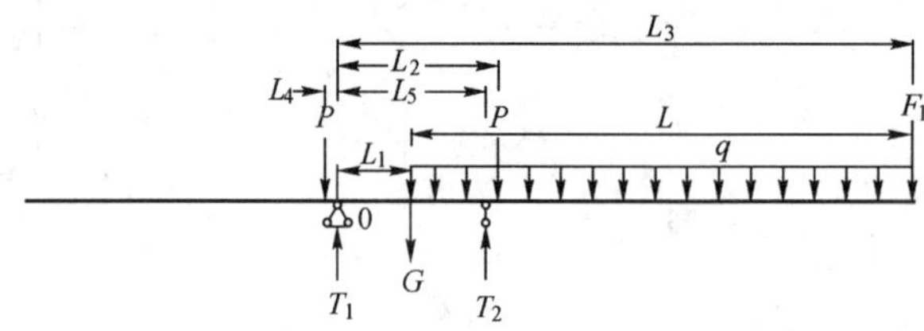

图 11　力学图示

则由力的平衡条件，对 0 点取矩得：

$$\sum M = PL_4 + T_2L_5 - F_1L_3 - GL_1 - PL_2 - qL^2/2 = 0$$

则：　$T_2 =（GL_1 - PL_4 + PL_2 + F_1L_3 + qL^2/2）/L_5$

$=（34447.96 \times 1.5 - 13569 \times 0.25 + 13569 \times 3.25 + 200 \times 50.5 + 8.5 \times 49）/3.5$

$= 29398.70\text{kN} \leqslant RaA = 28.5 \times 10^6 \times 6.53 \times 1 = 1.861 \times 10^8\text{N} = 1.86 \times 10^5\text{kN}$

所以，此种荷载工况下临时支座混凝土强度符合要求。

综上所述，临时锚固措施得当，不会发生失稳或临时支座被压坏的情况。

6　结语

白河桥挂篮的主承重结构采用两三角拉杆式承重架，全部采用型钢加工，受力部位全部在节点上，白河桥挂篮承重比仅为 0.44（主承重结构重量与节段重量之比），从优化结构形式上看，三角轻型挂篮的设计、安装、使用为同类型连续梁桥施工提供了可靠的数据。

白河特大桥主桥抗震性能分析

王 艳 陈 淮 葛素娟
郑州大学土木工程学院

[摘 要] 大跨度公路桥梁作为城市生命线工程的重要组成部分，对其进行抗震性能分析，对提高其抗震能力具有重要现实意义。本文以白河特大桥主桥为研究对象，采用有限元程序 Midas/Civil，建立了桥梁的空间有限元模型，对其进行自振特性、反应谱和地震波下的时程响应分析。计算结果表明：该桥梁整体刚度较大，桥梁振动以竖向振动形式为主；24 号桥墩墩底截面受力最为不利，可作为全桥的抗震设计的控制截面。

[关键词] 连续梁桥 有限元法 地震反应

1 引言

大跨度公路桥梁是公路交通运输的咽喉，为城市生命线工程的重要组成部分，对大跨度公路桥梁进行抗震分析，提高其抗震能力是至关重要的。白河特大桥是泌阳至南阳高速公路上的一座特大型预应力混凝土连续梁桥，为了探讨该桥梁的抗震性能，本文采用有限元程序 Midas/Civil，结合该桥的结构特点，建立了桥梁的空间有限元计算模型，对其进行自振特性计算、反应谱分析以及在 Elcent 波、Taft 波以及 G2 人工地震波作用下的时程响应分析，通过计算，可了解该桥梁的抗震性能，为大跨度连续梁桥的抗震设计提供借鉴。

2 工程简介

白河特大桥是泌阳至南阳高速公路上的一座特大型桥梁，桥梁全长 1590.2m，主桥为主跨最大跨径 100m 的 5 跨连续预应力混凝土变截面箱梁桥，其跨径组合为 56+3×100+56m，采用分离式整体断面，半幅桥宽 16.75m，中央分隔带宽 1.0m。半幅桥采用单箱单室箱形截面斜腹板形式，除墩顶 0 号块设 2 个厚 70cm 的横隔板及边跨端部设厚 120cm 的横隔板外，其余部位均不设横隔板。箱梁根部梁高 5.8m，跨中梁高 2.5m，箱梁高度从距墩中心 2.0m 处到跨中合龙段处按二次抛物线变化。主桥桥墩和过渡墩均采用矩形空心截面，主墩外形长宽为 8.53m×4.0m，顺桥向壁厚 0.6m，横桥向壁厚 1.0m，过渡墩外形长宽为 7.85m×2.6m，顺桥向壁厚 0.5m，横桥向壁厚 1.0m。主梁采用 C50 混凝土，主桥桥墩及过渡墩均采用 C40 混凝土，桥面铺装层为 10cm 厚的沥青混凝土。横坡 2%，横坡由腹板高度调整。该桥主桥主跨的桥型图如图 1 所示。

箱梁采用三向预应力体系。纵向预应力在箱梁根部几个梁段，布设腹板下弯钢束，其余梁段布设顶板束和底板束。纵向和横向预应力钢束采用低松弛高强度预应力钢绞线，竖向预应力采用 $\Phi^{L}32$ 的精轧螺纹粗钢筋等。设计荷载：公路—I 级。地震烈度：VII 度。

3 有限元建模

采用有限元程序 Midas/civil 对白河特大桥进行抗震计算，由于该桥为上、下双幅，且上、下幅对称，结构在中央分隔带处断开，故只需计算其中一幅主桥，按照该桥梁实际设计中的各梁段块件的划分进行桥梁有限单元划分，由于 0 号块局部受力比较复杂，故单元划分比较细，采用梁单元将预应力混凝土连续梁桥的主梁和桥墩离散化，共计划分 192 个梁单元，199 个节点，桥梁结构计算模型简图如图 2 所示，单跨计算模型如图 3 所示。

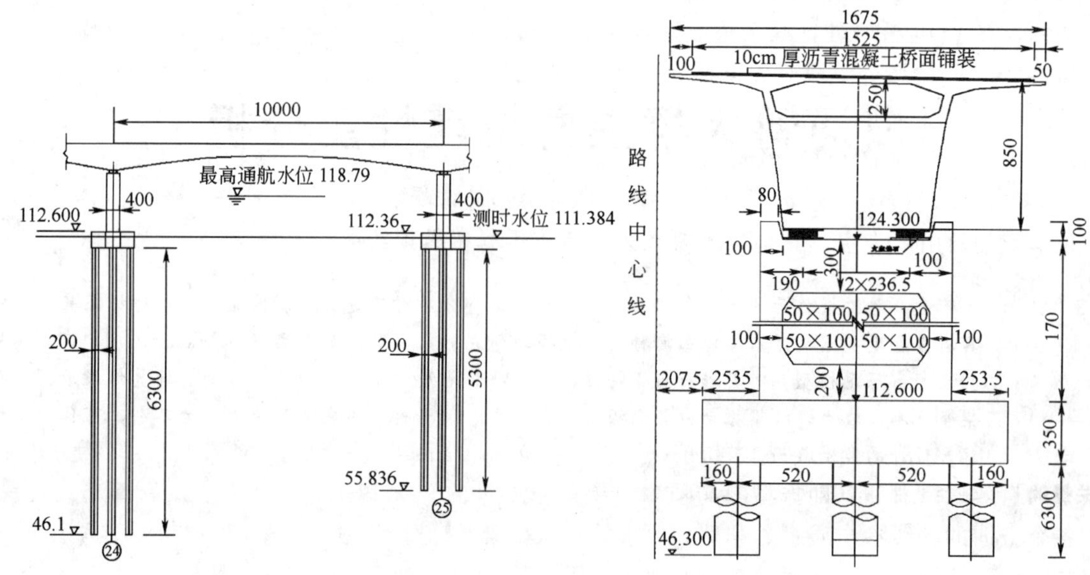

图 1　白河特大桥主桥主跨桥型图（尺寸单位：cm）

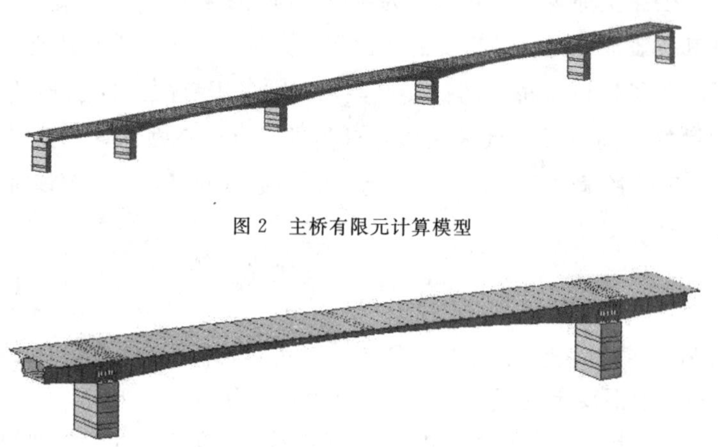

图 2　主桥有限元计算模型

图 3　主桥标准跨有限元计算模型

主梁采用 C50 号混凝土，弹性模量 35000MPa，剪切模量 15050MPa，泊松比 0.1667，热膨胀系数 0.000012，抗压设计强度 28.5MPa，抗拉设计强度 2.45MPa，重度 25kN/m^3，主桥桥墩及过渡墩均采用 C40 号混凝土，弹性模量 33000MPa，剪切模量 14190MPa，泊松比 0.1667，热膨胀系数 0.000012，抗压设计强度 23MPa，抗拉设计强度 2.15MPa。纵向预应力钢绞线采用低松弛高强度预应力钢绞线，符合 ASTM A416—97 的规定，单根钢绞线直径 15.24mm，公称面积 A=140mm^2，标准强度 1860MPa，张拉控制应力为 1395MPa，弹性模量 E_y=1.95×105MPa，泊松比 0.3。纵向预应力钢束为 15-17、15-15 钢绞线束，具体参数见表 1。

预应力钢束计算参数取值　　表 1

钢束型号	孔道面积 (m^2)	截面面积 (m^2)	松弛系数	孔道摩阻系数	孔道偏差系数	锚具变形及钢束回缩量 (mm)
15-17	0.00636	0.00236	45	0.25	0.0015	6
15-15	0.00636	0.00266	45	0.25	0.0015	6

Midas/civil 程序可自动计算桥梁结构的自重，二期恒载包括桥面铺装层为 10cm 厚沥青混凝土和护栏自重，考虑按照均布荷载施加，预应力张拉形式是两端张拉，按照预应力荷载施加。

桥梁计算模型的边界条件：桥墩底部固结，主梁与墩顶的连接依照设计图纸，支座形式为铰支座，水平约束在 24 号桥墩处，其余桥墩处梁段简支在桥墩上，主梁节点与墩顶的节点按照主从约束的形式连接，22 号桥墩处梁段竖向位移 u_z、绕 x 方向的转角 $rotx$、绕 z 方向的转角 $rotz$ 等自由度以桥墩顶节点的自由度为主，其余自由度释放；23 号桥墩处梁段竖向位移 u_z、横向位移 u_y、绕 x 方向的转角 $rotx$、绕 z 方向的转角 $rotz$ 自由度以桥墩顶节点的自由度为主，其余自由度释放；24 号桥墩处梁段竖向位移 u_z、横向位移 u_y、纵向位移 u_x、绕 x 方向的转角 $rotx$、绕 z 方向的转角 $rotz$ 自由度以桥墩顶节点的自由度为主，其余自由度释放；25、26 号桥墩顶约束同 23 号桥墩处，27 号桥墩顶约束同 22 号桥墩处。

4 计算与分析

4.1 自振特性分析

采用子空间叠代法求解白河特大桥的动力特性，按照公路工程抗震设计规范规定，结构分析中对应于振型的有效质量总和（即振型参与质量）要占总质量的 90%以上，故为了保证计算精度，满足振型在各个方向的轴线参与质量之和达到要求，对该桥梁共计算了 100 阶振动频率和振型。由于一般情况下结构前几阶自振频率和振型起控制作用，限于篇幅，本文只给出了该桥梁前 10 阶振动频率和前 6 阶振型，振动频率和振动周期计算结果列于表 2，振型图如图 4～图 9 所示。

桥梁结构的动力特性计算结果　表 2

振型阶次	频率（Hz）	周期（s）	振型特征
1	4.683	1.342	桥面系竖向第 1 阶振动
2	7.118	0.883	桥面系竖向第 2 阶振动
3	8.960	0.701	主梁端部横向偏移
4	9.133	0.688	主梁端部横向偏移
5	9.861	0.637	桥面系竖向第 3 阶振型伴随纵向漂浮
6	10.144	0.619	桥面系竖向第 4 阶振型伴随纵向漂浮
7	15.092	0.416	桥面系横向第 1 阶振型
8	15.166	0.414	桥面系竖向第 5 阶振型
9	16.592	0.379	桥面系横向第 2 阶振型
10	16.618	0.378	桥面系竖向第 6 阶振型

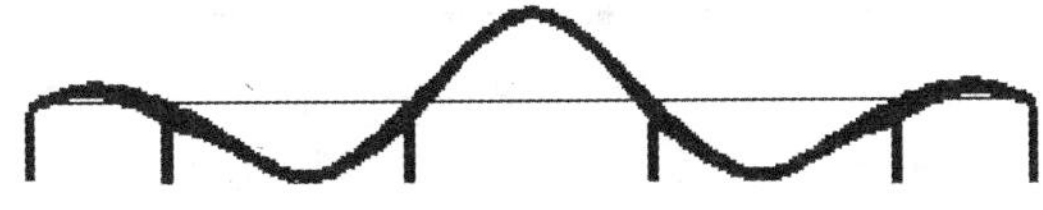

图 4　桥面系竖向第 1 阶振型（立面图）

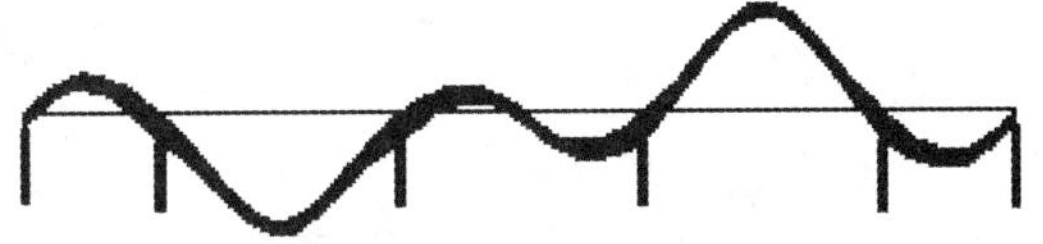

图 5　桥面系竖向第 2 阶振型（立面图）

图 6　主梁端部横向偏移（俯视图）

图 7　主梁端部横向偏移（俯视图）

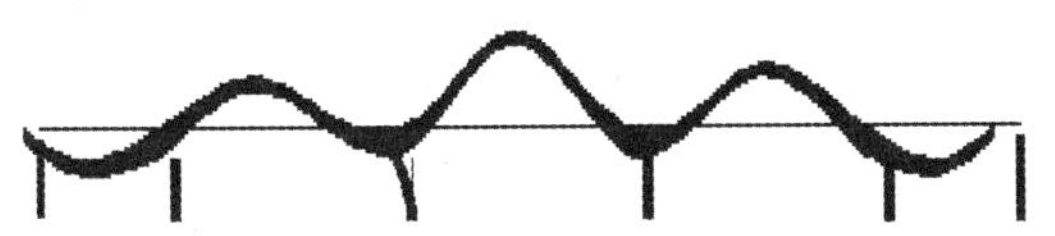

图 8　桥面系竖向第 3 阶振型（立面图）

图 9　桥面系竖向第 4 阶振型（立面图）

计算结果表明，桥梁的自振频率值较大，表明该桥梁整体刚度较大。白河特大桥主桥的振动形式主要由主梁的竖向、横向以及桥墩的纵向振动形式组成，在桥梁前10阶振型中有一半以上的振型是桥梁主梁的竖向振动形式，并且前2阶振型都表现为桥梁主梁的竖向振动，表明该桥梁的整体竖向刚度相对其横向、纵向刚度弱。由于该桥梁的桥墩不高，桥梁箱梁宽度较大，桥梁的横向振动形式在第7阶才发生，表明桥梁整体横向刚度较大。在桥梁的第3、4阶振型中出现了桥梁主梁端部偏离支座的现象，而且发生在桥梁的前几阶振型中，这是由于在桥梁原设计中，端部支座按双向活动支座（横向和纵向）处理，允许桥梁主梁发生沿桥梁纵向、横向位移的原因引起，为避免该种现象发生，建议桥梁主梁两端支座处采取一定措施如设置挡块等，从而达到阻止主梁两端在地震中产生横向位移、偏离支座的情况发生。桥梁第5、6阶振型比较复杂，出现了桥墩纵向与主梁竖向耦合的振动形式，这是由于主梁只在24号桥墩处约束了纵向位移，其他桥墩位置均释放了桥梁纵向线位移自由度，所以24号桥墩易出现纵向振动形式。

4.2 反应谱分析

反应谱分析法是把多自由度系统转化为广义单自由度系统的复合体，先求出每个振型对应的最大反应值，然后用适当的组合方法，预测结构最大反应值。反应谱组合方法目前应用最广泛的是使用可以考虑振型之间的概率相关度的CQC方法，其表达式为 $R_{max}=[\sum_{i=1}^{N}\sum_{j=1}^{N}R_i\rho_{ij}R_j]$，其中 ρ_{ij} 为模态组合系数。根据《上海至武威国家重点公路信阳至南阳高速公路泌阳至南阳段工程场地地震安全性评价工作报告》，该桥场地类别为Ⅱ类场地土，抗震设防烈度为8度，水平地震系数 $K_h=0.10$，场地卓越周期 $T_g=0.30s$，重要性修正参数 $C_i=1.7$；根据抗震规范，考虑该桥桥墩高度介于10m与20m之间，取综合影响系数 $C_z=0.33$。反应谱曲线如图10所示，分别考虑顺桥向和横桥向2个方向的水平地震作用，计算得到墩底内力值列于表3。由于该桥为对称结构，本文只给出半跨桥梁构件的内力。

墩底内力 表3

项目	单元内力								
	轴力（kN）			剪力（kN）			弯矩（kN·m）		
位置	墩22	墩23	墩24	墩22	墩23	墩24	墩22	墩23	墩24
沿桥纵向地震作用	157.86	280.21	447.97	400.39	461.16	9684.86	4519.71	4451.08	112967.84
沿桥横向地震作用	0.02	0.00	0.02	311.45	2812.25	4689.81	3503.36	49808.7	81402.67

注：表中数值沿顺桥向剪力为 Z 向，弯矩为 Y 向；沿横桥向剪力为 Y 向，弯矩为 Z 向。

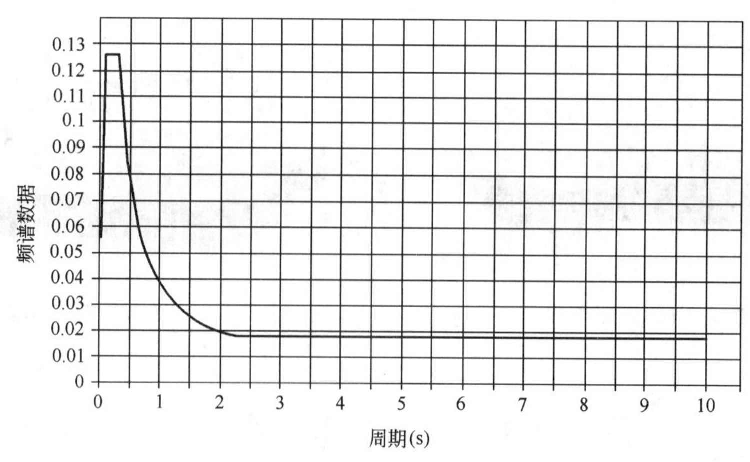

图10 设计反应谱曲线

通过对白河特大桥主桥进行地震反应谱计算可以看出：该桥梁在顺桥向水平地震作用下，22、23、24号桥墩墩底的内力（轴力、剪力、弯矩）依次增大，其中24号桥墩墩底的剪力和弯矩明显大于22号和23号桥墩；桥梁在横桥向水平地震作用下轴力很小，剪力和弯矩同样有从端部桥墩向中部桥墩依次增大的趋势，但变化幅度没有顺桥向地震作用下明显。出现上述情况的主要原因是：在纵向水平地震作用下，桥梁纵向只有24号桥墩处主梁的纵向线位移被约束，全桥主梁的纵向振动引起的水平作用主要是由24号桥墩来承担，故24号桥墩墩底的内力明显大于其他部位桥墩墩底的内力；在横桥向水平地震作用下，从端部桥墩向中部桥墩，桥墩墩底的内力变化趋势不是很大，出现这种现象同样也可从边界条件角度来解释：22号桥墩支座是允许双向活动（纵向、横向）的铰支座，23号墩处支座是只允许纵向活动的铰支座，24号墩处则为双向均被约束的铰支座，所以横向振动引起的水平地震作用分配给各个桥墩处则呈现依次增大的趋势，但变化幅度较小。

4.3 时程分析

在进行该桥梁的地震时程响应计算时，依据公路抗震设计规范，并结合该场地土的特性，选用了2条天然记录的地震波和1条人工合成的地震波：El－cent地震波的东西向、南北向两条波中取峰值大者，沿结构的纵、横向方向分别输入；Taft地震波的东西向、南北向两条波中取峰值大者，沿结构的纵、横向方向分别输入；按规范反应谱拟合得到的II类场地水平向人工地震波G2波沿结构的纵、横向方向分别输入G2x和G2y波，输入的各条地震波如图11～图13所示。地震时程响应计算时间均为20s，时间间隔为0.02s，各条地震波峰值加速度均调幅为0.1g（g为重力加速度），桥梁的阻尼比取为0.05。

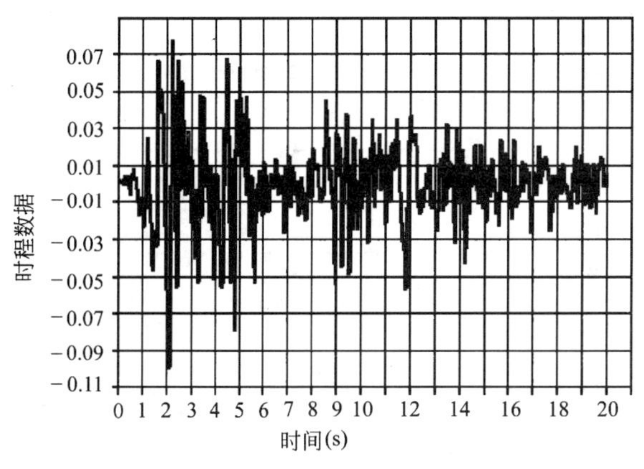

图11 El－centro地震波

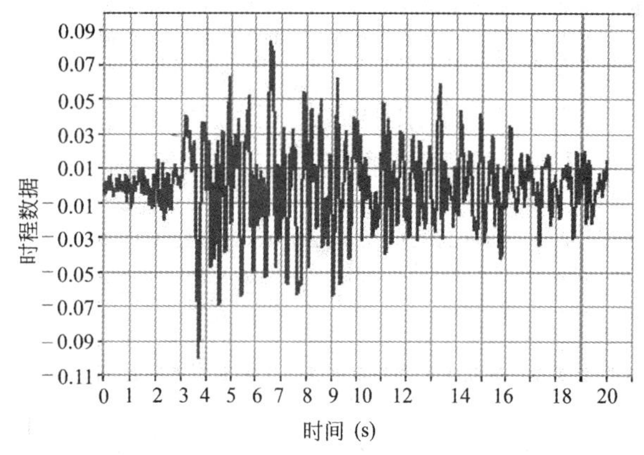

图12 Taft地震波

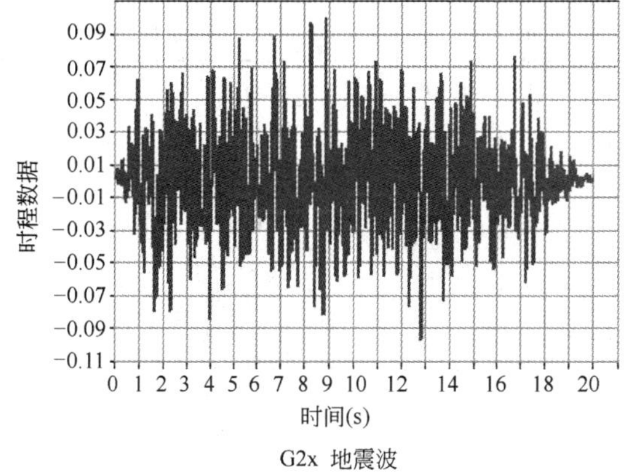

G2x 地震波

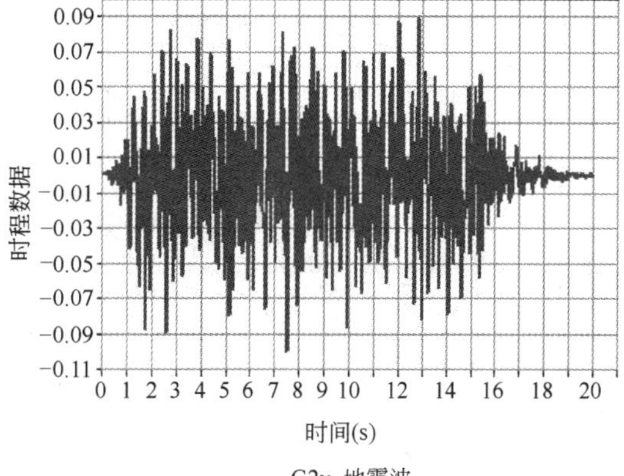

G2y 地震波

图13 G_2人工地震波

考虑顺桥向和横桥向 2 个方向的水平地震反应，根据地震时程响应计算得到的主梁内力计算结果列于表 4，桥梁墩底内力值计算结果列于表 5，主梁主要节点位移计算结果列于表 6。由于该桥梁为对称结构，限于篇幅，本文只给出半跨桥梁构件的内力计算结果，并绘出跨中节点在 El－cent 波作用下的位移时程曲线如图 14、图 15 所示。

主 梁 内 力 表 4

内力	地震波	墩 22 顶	边跨中	墩 23 顶	中跨中	墩 24 顶	跨中
轴力（kN）	Elcent _ X	47.47	2346.15	4763.04	8761.09	23802.23	20375.88
	Taft _ X	31.4	1558.23	3187.5	5927.23	17369.26	14578.91
	G2 _ X	25.76	1279.23	2591.9	4594.25	11719	9776.97
剪力（kN）	Elcent _ X	420.05	191.39	547.37	451.51	585.48	202.85
	Taft _ X	346.7	195.57	493.1	418.01	567.73	229.98
	G2 _ X	239.47	167.19	429.87	199.22	483.57	126.18
	Elcent _ Y	61.34	1911.2	2831.73	896.1	3327.01	85.84
	Taft _ Y	34.41	1428.66	4123.04	721.92	4289.72	113.52
	G2 _ Y	39.12	1163.06	3274.99	757.9	4574.22	133.26
弯矩（kN·m）	Elcent _ X	47.2	7176.88	12202.66	5109.05	51533.27	6332.63
	Taft _ X	37.07	8992.4	11789.52	4836.32	43100.3	8097.35
	G2 _ X	25.92	3972.74	7737.91	2710.17	28634.42	4031.51
	Elcent _ Y	10157.01	20051.66	52274.85	52656.62	68986.99	36576.49
	Taft _ Y	7143.12	19640.25	74613.32	48159.42	79524.32	45373.4
	G2 _ Y	5911.97	17933.45	53368.06	37758.77	79489.15	55894.14

注：表中数值沿顺桥向剪力为 Z 向，沿横桥向剪力为 Y 向。数值沿顺桥向弯矩为 Y 向，沿横桥向弯矩为 Z 向。

墩 底 内 力 表 5

项 目	单元内力								
	轴力（kN）			剪力（kN）			弯矩（kN·m）		
位 置	墩 22 底	墩 23 底	墩 24 底	墩 22 底	墩 23 底	墩 24 底	墩 22 底	墩 23 底	墩 24 底
Elcent _ X	420.3	515.95	883.65	695.27	604.42	31430.39	4862.73	4365.43	420568.44
Taft _ X	348.1	654.54	933.99	460.1	395.18	23891.56	5142.05	4398.84	319447.46
G2 _ X	239.66	492.86	623.62	646.76	896.38	17040.15	7021.27	7549.69	212306.88
Elcent _ Y	0.05	0.01	0.06	462.13	7400.3	7252.01	4413.11	82122.57	123979.92
Taft _ Y	0.05	0.01	0.05	299.33	6520.99	10122.07	4446.81	114658.03	152764.44
G2 _ Y	0.05	0.01	0.06	622.92	4844.02	8225.6	6835.04	84588.75	150036.85

注：表中数值沿顺桥向剪力为 Z 向，弯矩为 Y 向；沿横桥向剪力为 Y 向，弯矩为 Z 向。

主 梁 位 移 表 6

位 移	地震波	墩 22 顶	边跨中	墩 23 顶	中跨中	墩 24 顶	跨中
纵桥向位移（mm）	Elcent _ X	20.604	20.336	19.94	19.489	17.642	20.789
	Taft _ X	15.689	15.47	15.173	14.806	13.399	15.676
	G2 _ X	10.445	10.344	10.162	9.922	8.905	10.499
横桥向位移（mm）	Elcent _ Y	20.538	9.664	1.869	9.511	2.665	8.009
	Taft _ Y	17.543	8.766	2.618	10.731	3.283	11.055
	G2 _ Y	11.97	5.864	1.933	8.706	3.218	11.074
竖向位移（mm）	Elcent _ X	0.014	4.826	0.009	6.031	0.015	8.929
	Taft _ X	0.011	3.673	0.012	7.387	0.016	8.432
	G2 _ X	0.008	2.49	0.009	3.664	0.01	6.215

由表 4 桥梁结构地震时程响应计算结果可以看出，桥梁主梁内力均是 24 号桥墩上的主梁截面（0 号梁段右截面）处最大，而且各桥墩上方主梁截面内力均比跨中截面内力大，Elcent 波的地震反应最大，Taft 波的地震反应次之，G2 波的地震反应相对较小。由表 5 可以看出，在多条地震波作用下，两个方向的地震响应均是 24 号桥墩墩底截面的内力最大。结合上面反应谱计算所得结果，由此可以得出结论：24 号桥墩墩底是全桥抗震设计的控制截面，但该处应力未超出规范限值，故白河特大桥主桥在设防烈度下，其抗震是安全的。

由表 6 可以看出，在地震作用下主梁跨中纵桥向、竖桥向位移最大，22 号桥墩处主梁横桥向位移最大，这与该处无横向约束有关，Elcent 波的地震反应最大，Taft 波的地震反应次之，G2 波的地震反应相对较小。由主梁跨中位置节点在 Elcent 波作用下的位移时程曲线图（图 14、图 15）可以看出，该点在整个地震作用时程范围的位移响应、位移变化趋势与地震波的变化趋势相似。

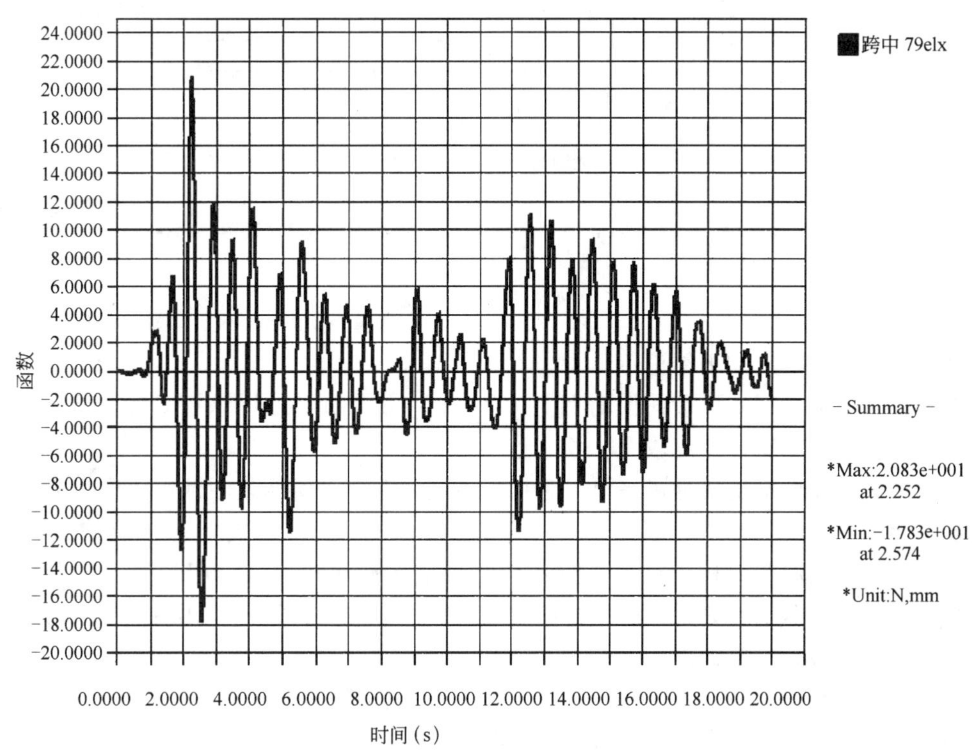

图 14 在 Elcent _ X 作用下跨中节点的纵桥向位移时程图

在进行桥梁抗震动力时程计算时，从计算结果可以看出，在地震波作用下 24 号桥墩墩底内力比反应谱计算所得的内力大 2～5 倍，出现这种情况原因是在进行反应谱计算时，将全桥转化为单自由度体系，既将桥梁主梁的所有质量集中为一个质点，各个桥墩的刚度之和作为一个桥墩的刚度来计算得到全桥最大水平地震响应，各个桥墩的内力是将该最大地震响应按照各个桥墩的刚度分配得到；在进行桥梁的动力时程计算时，考虑了地震波对桥梁的整体作用，又由于桥梁在 24 桥墩处的约束较强，24 号桥墩承担了所有桥墩承受的纵桥向地震作用力，故 24 号桥墩墩底的内力较大。另外，设计反应谱曲线是将大量地震反应谱曲线按照地震烈度、场地等进行分类，再分别统计平均，经平滑处理和调整后得到的代表曲线，故地震时程分析计算得出的各个桥墩墩底的内力比设计反应谱分析计算得出的结果大一些（在一个数量级范围内）也是属于正常范围。

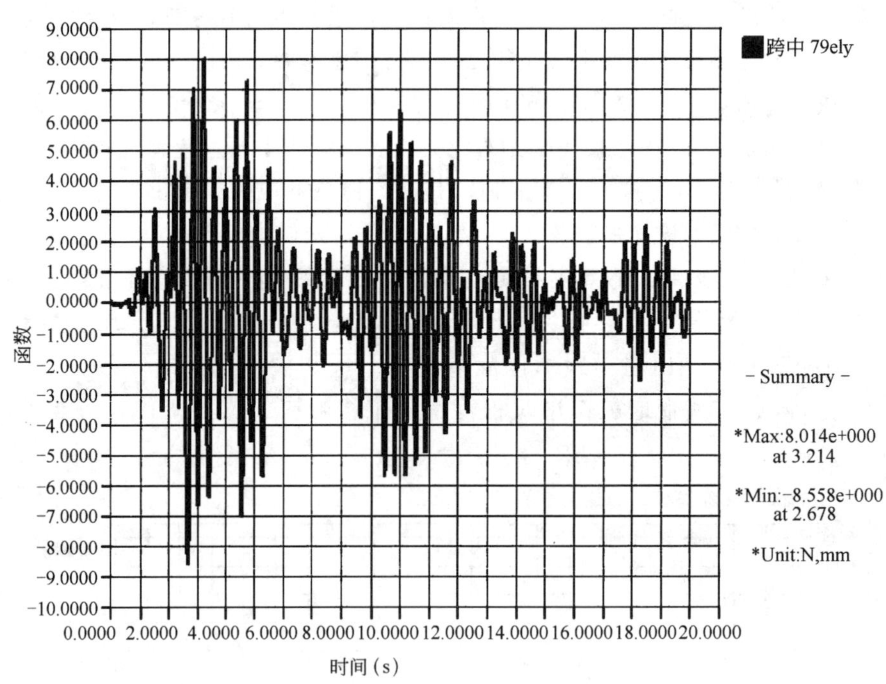

图 15　在 Elcent _ y 作用下跨中节点的横桥向位移时程图

5　结语

通过以上计算可以得出如下结论：

(1) 桥梁的主要振动形式以竖向振动为主，自振频率值较大，表明该桥梁的整体竖向刚度相对其横向、纵向刚度弱，桥梁整体刚度较大。

(2) 建议桥梁主梁两端支座处需采取一定挡护措施，避免主梁两端在地震中产生横向位移、偏离支座的情况发生。

(2) 反应谱计算及时程分析计算均表明，24 号墩墩底截面在地震作用时受力最为不利，该截面为桥梁抗震设计的控制截面。主梁跨中纵桥向、竖桥向位移最大，24 号墩顶主梁截面受力最为不利，此两处也应作为抗震设计控制截面。

白河特大桥收缩徐变试验研究

徐　锦　张永水　　　　　　姬同庚　许世展

重庆交通大学土木建筑学院　河南省信阳至南阳高速公路有限公司

[摘　要]　在节段法施工的预应力混凝土连续梁桥施工过程中，结构体系不断转换，收缩、徐变对结构的内力与变形有较大的影响。通过试验预估出混凝土的收缩、徐变等时效行为，对保证结构的施工质量及其使用性和安全性都有着重要的意义。对白河大桥进行试验室内及工地环境中进行收缩徐变试验，得到了白河大桥的实测收缩徐变数据，拟合出其收缩徐变规律，将其与几种现行规范相比较，分析其吻合程度，验证规范的适用性。

[关键词]　连续梁桥　收缩徐变试验

1　前言

对于采用节段法施工的预应力混凝土连续梁桥而言，在其施工过程中，结构的几何特性、材料特性、所受荷载以及支承条件等均不断变化，结构体系也不断转换，收缩、徐变对结构的内力与变形有较大的影响。因此，通过试验预估出混凝土的收缩、徐变等时效行为，对保证结构的施工质量及其使用性和安全性都有着重要的意义。信阳至南阳高速公路泌南段白河特大桥为大跨度多联连续梁桥，采用悬臂节段现浇法施工，有必要对其进行收缩徐变试验进行深入研究。本试验采用试验室和工地两组试件，对白河大桥的收缩徐变效应进行研究和分析。

2　收缩徐变试验实施方案

白河大桥主桥为主跨 100m 的预应力混凝土变截面连续箱梁，跨径组合为 56＋3×100＋56m，上部现浇箱梁采用 C50 混凝土，主墩采用 C40 混凝土，分离式整体断面，半幅桥宽 16.75m，半幅桥采用单箱单室箱形截面，采用挂篮悬臂现浇法施工。其收缩徐变试验实施方案如下。

2.1　徐变试验室的具体要求

标准徐变实验室要求密封效果好，有配套的温度湿度控制系统，能将温度保持在 20±2℃，相对湿度保持在 60%±5%。地面及四壁干净整洁，地面坚硬，磨损时不易起尘土，否则灰尘较多不利于千分表的保养，影响使用寿命，有时还会卡住千分表；地面平整，有利于徐变仪的安放，地面不平会使徐变仪倾斜，加载时易造成偏载；徐变实验室应该尽量避免外界环境影响，如远离能产生震动的实验设备，远离车辆较多的道路等；徐变实验室要做好卫生清洁工作，建立规范的管理制度，并有专人负责管理和数据采集工作。

2.2　收缩徐变仪器设备

收缩徐变试验仪器主要有千分表和徐变仪：

（1）立式千分表：混凝土的收缩试验仪器采用千分表测长仪，此装置是把试件靠固定螺丝固定在架子上，在试件的两端预埋两个铜片，将千分表顶杆头与铜片接触，即可测量试件的变形值。该仪器测量收缩变形方便、误差小、测量波动小等优点。

（2）弹簧式压缩徐变仪：其基本形式如图 1 所示。

2.3　徐变试件的制作

徐变实验应采用棱柱体试件，每组 3 块。试件的截面尺寸应根据混凝土中集料的最大粒径按表 1 选定。

徐变试件尺寸选用　　表1

试件最小边长（mm）	集料最大粒径（mm）
100	30
150	40
200	60

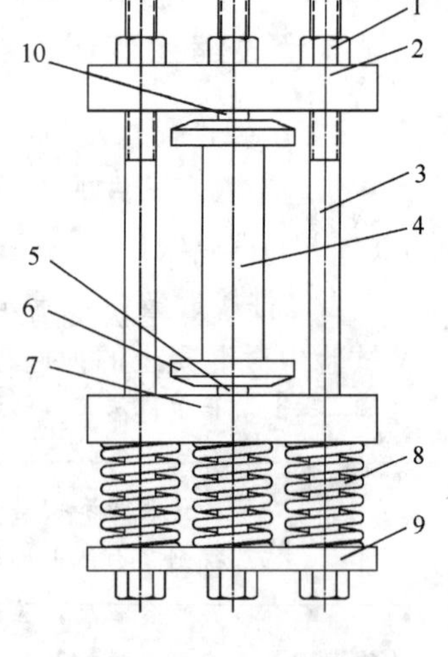

图1　徐变仪结构图

1-螺母；2-上压板；3-丝杆；4-试件；5-球铰；6-垫板；7-下压板；8-弹簧；9-底板；10-球铰

根据白河特大桥的实际情况，选用试件尺寸定为10cm×10cm×40cm，采用外装式变形测量装置，徐变试验两侧面有安装测量仪表的测头，测头采用埋入式，用胶黏土结。试件拆模后应立即送入标准养护室养护（自混凝土搅拌加水开始起算）。本实验应制备4组徐变试件，并分别在龄期为7、14、28、90d时加荷。制作徐变试件时应同时制作相应的棱柱体抗压试件及收缩试件以供确定试验荷载大小及测定收缩之用，收缩试件应与徐变试件相同，并装有与徐变试件相同的测量装置。抗压试件及收缩试件应随徐变试件一并养护。

试件拆模后应立即送入标准养护室养护到7天龄期（自混凝土搅拌加水开始起算）。然后移入恒温恒湿室待试。制备4组徐变试件，并分别在龄期为7、14、28、90d时加载。

每组试件应包括：

三个徐变试件　　100mm×100mm×400mm

三个收缩试件　　100mm×100mm×400mm

三个棱柱体强度试件　　100mm×100mm×300mm或150mm×150mm×300mm

三个弹模试件　　100mm×100mm×300mm或150mm×150mm×300mm

三个立方体强度试件　　100mm×100mm×100mm或150mm×150mm×150mm

试件制作前要认真挑选模具，选用内壁光滑平整，各侧面相互垂直的模具，尤其是试验受力面，这样制作出的试件在加载时不易造成偏载，有助于测得数据的准确性。试件预制时要充分搅拌混凝土，浇铸试件后要在振捣床上充分振捣，使试件内部密实，避免试件内存在过多气泡或试件表面存在太多气孔，影响外观。

2.4　试件加载

加载前应仔细检查仪表，不得有任何松动或异常现象。加荷用的千斤顶、测力计等也要予以检查。将千斤顶、测力计安放到徐变仪上，要使试件、加荷千斤顶、测力计及徐变仪的轴线重合。再次检查变形测量仪表，记下初始读数。

试件放好后，开始加荷。取徐变应力为所测得的棱柱体抗压强度的40%。用千斤顶先加压至徐变应力的20%进行对中。此时，两侧的变形相差应小于其平均值的10%，如超出此值，应松开千斤顶，重新调整后，再加荷到徐变应力的20%，检查对中的情况。对中完毕后，立即继续加荷直到徐变应力，读出两边的变形值。此时，两边变形的平均值即为在徐变荷载下的初始变形值。从对中完毕到测初始变形值之间的加荷及测量时间不得超过一分钟。拧紧承力螺杆上端的螺母，放松千斤顶，观察两边变形值的变化情况。此时，试件两侧的读数相差应不超过平均值的10%，否则应予以调整，调整应在试件持荷的情况下进行，调整过程中所产生的变形增值应计入徐变变形之中。再加荷到徐变应力，检查两侧变形读数，其总和与加荷前读数相比，误差不应超过2%，否则应予以补足。

2.5　数据读取

加载完成后按下列试验周期（由试件加荷时起算）测定混凝土试件的变形值：1、3、7、14、28、45、60、90、120、150、180、360d。

在测读变形读数的同时应测定同条件放置收缩试件的收缩值。每次读完数据要注意与上次的数据作对比，若有突变要检查千分表和延伸杆的固定测头是否松动，或是延伸杆是否断裂；若读数没有变

化，则应检查千分表的伸缩杆是否卡住。

3 混凝土收缩徐变试验结果及分析

3.1 混凝土弹性模量及抗压强度的测定

在实验室测定试件的弹性模量和抗压强度的过程中，当进行测定抗压弹性模量试验时，以 0.2～0.3MPa/s 的速度做预压加载；当进行混凝土抗压强度试验时，以 0.3～0.5MPa/s 的速度连续而均匀地加载，当试件接近破坏而开始迅速变形时，应该停止调整试验机油门，直至试件破坏，记录破坏荷载。

试验中对混凝土的弹性模量和抗压强度进行了测定，各龄期结果如表 2、表 3、表 4 所示。

弹性模量试验值（GPa） 表 2

养护龄期 / 试验环境	7d	14d	28d	90d
实验室	32.96	36.88	39.61	44.38
工地	33.46	35.65	36.20	46.49

立方体抗压强度试验值（MPa） 表 3

养护龄期 / 试验环境	7d	14d	28d	90d
实验室（试块尺寸：10cm×10cm×10cm）	50.92	65.90	66.89	72.31
工地（试块尺寸：15cm×15cm×15cm）	49.88	51.96	49.88	65.63

棱柱体抗压强度试验值（MPa） 表 4

养护龄期 / 试验环境	7d	14d	28d	90d
实验室	43.5	56.33	53.7	56.57
工地	48.29	51.33	51.93	52.57

3.2 徐变试验结果分析

实验室和工地对比试验的数值记录如表 5 第 2、3 列所示（表中均为 7d 龄期试件的数据）：

徐 变 系 数 值 表 表 5

应变（10^{-6}）/ 持荷时间（d）	实验室试验值	工地试验值	实验室拟合值	工地拟合值	04 规范计算值	AASHTO 计算值
1	0.361	0.295	0.330	0.301	0.5668	0.246
3	0.540	0.550	0.562	0.546	0.7866	0.433
7	0.723	0.757	0.728	0.763	1.0106	0.635
14	0.895	1.006	0.891	0.983	1.2364	0.838
28	1.058	1.167	1.056	1.197	1.5039	1.065
45	1.161	1.336	1.159	1.327	1.7096	1.216
60	1.257	1.407	1.220	1.404	1.8416	1.293
90	1.290	1.604	1.305	1.516	2.0336	1.405
120	1.334	1.643	1.359	1.592	2.1710	1.492
150	1.364	1.648	1.396	1.647	2.2763	1.554
180	1.433	1.688	1.422	1.686	2.3605	1.600

对试验数据采用最普遍的退化核 Dirichlet 级数来拟合徐变系数公式为：

$$\phi(t, \tau_0) = \sum_{i=1}^{n} \alpha_i(\tau_0)\left[1 - e^{-\lambda_i(t-\tau_0)}\right]$$

拟合结果见表 5 第 4、第 5 列和图 2、图 3。从图中可以看出徐变系数 Dirichlet 级数拟合值与试验值吻合良好，也说明用退化核 Dirichlet 级数来拟合混凝土徐变系数曲线是一种比较好的方法。

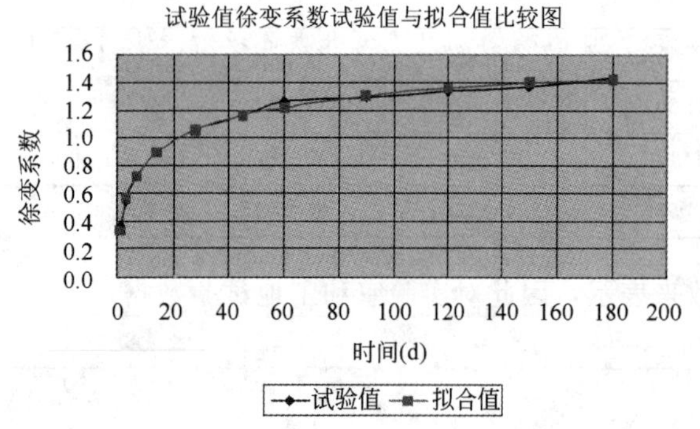

图 2 实验室试验值与拟合值比较图

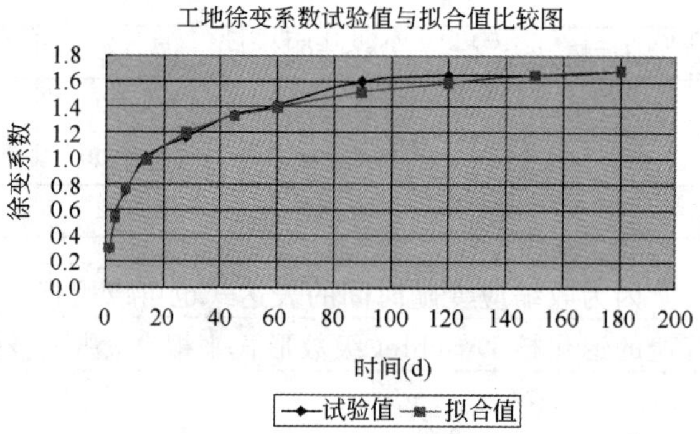

图 3 工地试验值与拟合值比较图

选用 JTG D62—2004 规范和 AASHTO 规范计算值来和实验室和工地进行比较，计算值列于表 5 的第 6、7 列，比较结果见下图 4。

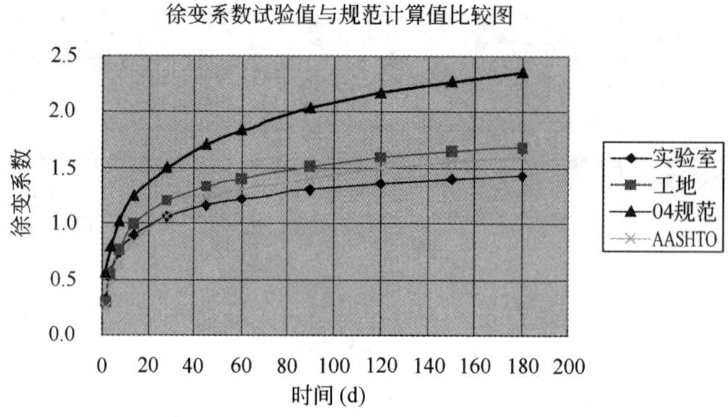

图 4 徐变系数试验值与规范计算值比较图

从图中可以看出，04 规范计算值明显大于实验室、工地和 AASHTO 规范计算值，而实验室和工地拟合曲线与美国 AASHTO 模型曲线非常接近，因此用 04 规范计算白河桥徐变效应与实际情况有一定的偏差。

3.3 收缩试验结果分析

经过半年多的试验观测，收集到的试验试件的收缩数据如表 6 第 2、3 列所示（表中均为 7d 龄期试件的数据）：

收缩应变值表 表 6

应变 (10^{-6}) / 持荷时间 (d)	实验室	工地	实验室拟合值	工地拟合值	04 规范计算值	AASHTO 计算值
1	31.750	11.778	30.138	13.431	47.794	121.319
3	69.875	41.097	68.855	37.556	81.863	148.653
7	115.500	72.806	123.198	76.793	122.372	195.254
14	179.625	124.403	174.127	125.096	166.986	255.816

续上表

持荷时间（d） \ 应变（10^{-6}）	实验室	工地	实验室拟合值	工地拟合值	04 规范计算值	AASHTO计算值
28	216.500	189.292	210.439	180.387	221.380	332.325
45	231.000	201.764	226.101	217.024	262.028	396.501
60	251.500	245.876	235.634	238.521	286.767	433.114
90	241.250	272.528	252.402	268.067	320.163	481.452
120	225.875	283.000	267.503	287.924	341.925	509.610
150	286.000	300.500	281.179	302.302	357.325	527.095
180	310.500	311.502	293.566	313.330	368.828	538.255

因为收缩应变随时间的表达式也可以用指数函数来表示，因此对实验室和工地试验数据也采用最普遍的退化核 Dirichlet 级数形式来拟合，拟合公式为：

$$\varepsilon(t,\tau_0)=\sum_{i=1}^{n}\alpha_i(\tau_0)\left[1-e^{-\lambda_i(t-\tau_0)}\right]$$

拟合结果见表 6 第 4、第 5 列和图 5、图 6。图 5 和图 6 说明用 Dirichlet 级数同样适合拟合收缩应变曲线。

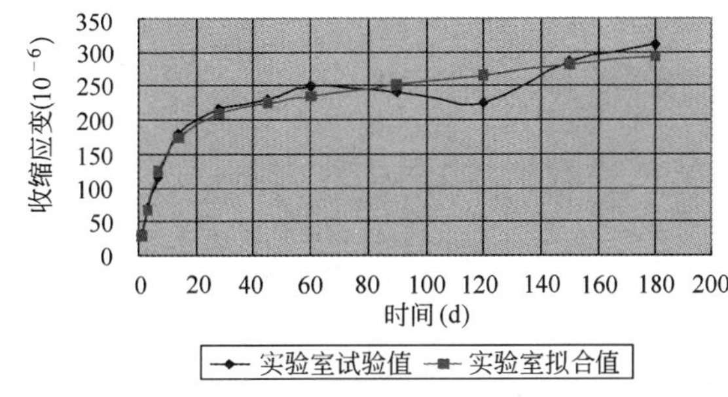

图 5　实验室试验值与拟合值比较图

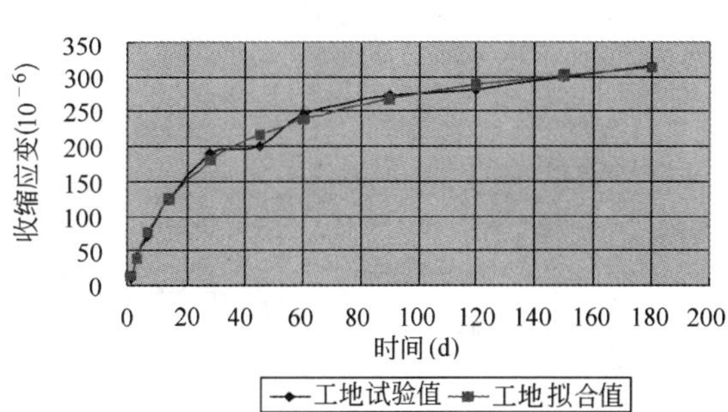

图 6　工地试验值与拟合值比较图

选用 JTG D62—2004 规范和 AASHTO 规范计算值来和实验室和工地进行比较，计算值列于表 5 的第 6、7 列，比较结果见图 7。

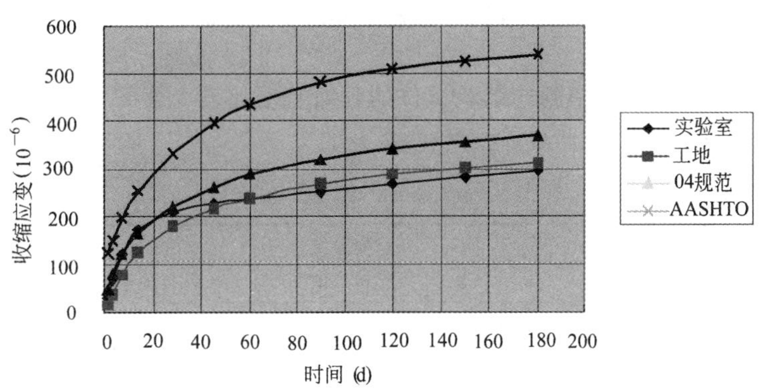

图 7　收缩应变试验值与规范计算值比较图

从图 4 中可以看出，实验室和工地与 04 规范比较接近，三者远小于 AASHTO 规范计算值；工地值与 04 规范最接近，两者变化趋势也相一致，因此用 04 规范来计算白河桥的收缩效应时有相当高的精度，与实际情况比较符合。

4 结语

通过在标准实验室和工地现场进行的收缩徐变的试验过程及数据的处理和分析，对试验拟合曲线和 04 规范、美国 AASHTO 规范模型曲线进行比较，得到一些初步的结论：

(1) 实验室和工地徐变系数 Dirichlet 级数拟合值与试验值吻合良好，说明用退化核 Dirichlet 级数来拟合混凝土徐变系数曲线是一种比较好的方法，同时此方法也适合收缩应变曲线的拟合；

(2) 实验室和工地的徐变系数曲线有一定的偏差，这是实验室和工地不同环境的原因，如湿度、温度等，也说明混凝土收缩徐变的影响因素多而复杂；

(3) 相同计算时刻工地的徐变系数和收缩应变均小于 04 规范计算值，徐变系数相差相对较大；

(4) 实验室和工地徐变系数拟合曲线的变化发展趋势与 AASHTO 规范非常接近，而实验室和工地收缩应变拟合曲线的变化发展趋势比较接近与 04 规范，因此当用 04 规范的收缩徐变模型来计算白河桥的收缩徐变效应与实际情况存在偏差；因此，建议白河桥收缩采用 04 规范计算公式而徐变采用美国 AASHTO 规发计算公式两者相结合的方法来考虑混凝土的收缩徐变效应。

桐柏停车区自锚式悬索桥施工过程分析

徐 松 张永水 姬同庚 许世展
重庆交通大学土木建筑学院 河南省信阳至南阳高速公路有限公司

［摘 要］ 基于桐柏停车区自锚式悬索桥，讨论了此类桥型特性及施工过程分析，为今后同类桥梁的施工建造提供有益的参考。

［关键词］ 自锚式悬索桥 施工过程分析 钢筋混凝土主梁

1 自锚式悬索桥的发展及桐柏停车区跨线桥主桥工程概况

自锚式悬索桥是直接将主缆锚固在加劲梁的两端或中间，为不方便建造锚碇的地方修建悬索桥提供了一种解决方法。自锚式悬索桥加劲梁要承担主缆索力，须在主缆架设之前完成。自锚式悬索桥适用于中小跨径，它保留了传统悬索桥的外形，桥梁造型美观，因此，自锚式悬索桥这种独特的结构形式也越来越为人们重视。如1990年建成的日本此花大桥，1999年建成的韩国永宗大桥，美国旧金山—奥克兰海湾新桥等都是自锚式悬索桥的代表之作。

桐柏停车区跨线桥主桥设计为单塔自锚式悬索桥，桥跨布置为18m＋38m＋66m＋18m，桥面宽15m，塔梁固结。主梁为钢筋混凝土双肋式梁板结构，梁高1.2m。主塔为钢筋混凝土椭圆形拱塔，塔柱为箱形截面，桥面以上尺寸为1.5m×2.0m，桥面以下为变截面，根部尺寸为2.0m×3.0m。主塔全高36.75m，桥面以上高26.75m。主缆为非对称空间布置，主跨跨度为63.5m，垂跨比1∶12.7，垂度5m；边跨跨度为35.5m，垂跨比为1∶17.75。全桥设两根主缆，吊索采用空间布置，与铅垂线成1.5°左右夹角，全桥共15对吊索，吊索间距均为5.0m，桥塔两侧吊索距桥塔中心线6.5m。

2 施工过程分析

由于自锚式悬索桥的结构特点，使得主梁必须在主缆架设前施工，这就要求采用比较传统的满堂支架上施工桥面系。本桥就是基于自锚式悬索桥的这种特点采用如下主要施工步骤：基础——桥面以下的主塔——搭设支架——浇筑主梁及桥面以上的主塔——架设主缆——安装索夹——安装吊杆——张拉吊杆调整主缆线形——拆除支架——主缆防腐。其中吊杆张拉阶段是整个施工过程的重要控制点。

2.1 施工过程分析的计算理论及方法

悬索桥的基本计算理论有三种，按发展顺序为：弹性理论、挠度理论和有限位移理论。弹性理论适用于刚度较大的小跨径悬索桥，不考虑主缆的初始刚度；挠度理论适用于具有竖直吊杆的大跨径桥，忽略成桥后竖向荷载引起的主索水平力的改变对悬索桥的静力影响，针对有限变形进行计算；有限位移理论可计算任意结构形式的大跨径悬索桥，适用于有限变形、大变形。本桥采用有限位移理论进行仿真分析。

本桥采用空间有限元程序Midas Civil6.71对桥梁结构及整个施工过程进行模拟计算。由于主缆是柔性构件，计算模型中考虑了主缆的几何非线性影响。以设计给出的成桥状态为基础建立模型，按倒拆法得到各施工工况的结构内力及位移状态。计算过程中对主缆这种非线性影响比较明显的构件考虑了温度变化的影响。计算模型如图1。

2.2 空缆线形

本桥设计时给出了成桥线形，以主梁弯矩分布均匀为目标，得到优化后的成桥吊杆力，在这基础

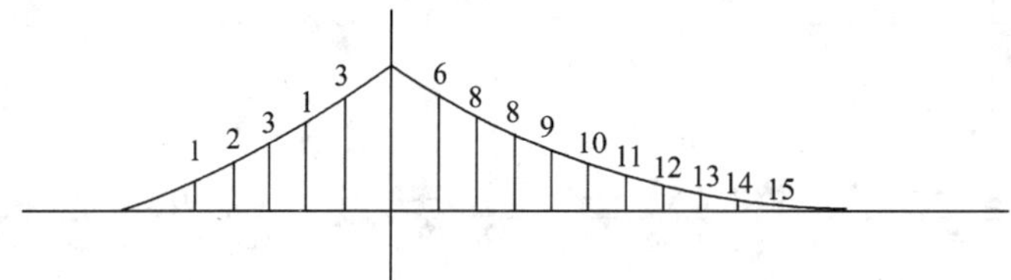

图1 计算模型

上确定了最优成桥状态，并以此为计算模型的初始状态，然后利用空间有限元程序 Midas Civil6.71 的倒拆法得到空缆线形。所谓倒拆法，即通过从成桥状态倒拆结构的过程进行结构分析来得到每一工况段结构的内力状态和位移状态。本桥计算不考虑混凝土的收缩许变，因此倒拆分析是可行。

2.3 主缆、吊杆下料

主缆、吊杆下料也就是主缆和吊杆的无应力长度。由于计算模型只是模拟了左右两个散索鞍得理论散索点到主索鞍的理论顶点的长度，因此实际的主缆下料不仅要包括计算模型求得的无应力长度，还要加上锚固跨空间段，即锚垫板到散索鞍段的长度，同时还要修正主、散索鞍圆弧段无应力长度。对于一般的自锚式悬索桥，主缆各索股之间的长度是有差别的，因为各索股在索鞍处的弯曲半径是不停的，所以还要通过主缆中心索股的无应力长度分别计算出各索股的无应力长度。本桥计算出的主缆中心索股的无应力长度，如表1。

主缆中心索股的无应力长度（m） 表1

边跨锚固跨空间段无应力长度	修正后边跨无应力长度	修正后主跨无应力长度	主跨锚固跨空间段无应力长度	合　计
5.231	40.003	66.847	5.570	117.652

对于吊杆下料长度的计算是根据非线性有限元程序对桥梁整个施工过程的模拟计算后得到的，即成桥主缆吊杆点位置与计算模型给出的吊杆点初始位置之间的距离再减去吊杆本身的应力伸长量，如表2。

吊杆无应力长度（m） 表2

吊杆号	1	2	3	4	5
吊杆下料长度	4.4617	6.4928	8.9123	11.6042	14.5542
吊杆号	6	7	8	9	10
吊杆下料长度	15.0451	12.4705	10.1549	8.0981	6.3287
吊杆号	11	12	13	14	15
吊杆下料长度	4.8013	3.6192	2.6376	1.8899	1.4868

2.4 吊杆张拉阶段分析

吊杆的张拉过程是全桥施工的重点，它包括主索鞍的顶推、吊杆的张拉顺序及张拉力、满堂支架的拆除顺序等一系列工序。

在吊杆张拉过程中，施工控制的目标是混凝土主梁不出现过大的拉应力，并保证吊杆张拉后梁底有足够的压应力以抵抗活载应力，因此合理得张拉顺序是必须得，由于张拉千斤顶得数量有限，本桥考虑6台千斤顶同时工作，经过反复得计算分析做到桥梁结构在吊杆张拉过程中受力均匀，特别要求的是要确保各个钢筋混凝土结构的拉应力在要求的范围之内，应该不允许其在施工过程中出现裂缝。吊杆张拉顺序如表3。

吊杆张拉顺序 表3

第一次张拉：5，10，11号吊杆	第四次张拉：2，7，14号吊杆
第二次张拉：4，9，12号吊杆	第五次张拉：1，6，15号吊杆
第三次张拉：3，8，13号吊杆	

说明：吊杆张拉以无应力长度控制。

对于桥塔，由于吊杆张拉会引起桥塔向跨中方向偏移，故对索鞍边跨方向也需要设置相应的偏移量来减小成桥后主缆对桥塔的偏心矩，本桥通过计算对索鞍取9cm的预偏量，因此经计算分析得主索鞍顶推需要分三次进行，如表4。

主索鞍顶推顺序及顶推量 表4

主索鞍顶推顺序	顶推量
第一次顶推：吊杆第一次张拉之前	2cm
第二次顶推：吊杆第四次张拉之前	4cm
第三次顶推：吊杆第五次张拉结束	3cm

对于支架拆除，经计算可以得到，在吊杆张拉之前，可以拆除外伸跨得支架，待吊杆张拉结束后，由跨中至两边拆除主跨及边跨支架。

3 结语

与国内外跨度较大的自锚式悬索桥相比，桐柏停车区自锚式悬索桥的跨径显得较小，但其在施工及监控中的复杂性也是比较显著的。自锚式悬索桥在施工方法上及地锚式悬索桥得区别最重要得是吊杆得安装和张拉过程。如前所述，这个阶段是一个在计算和施工上都非常复杂得过程，只能通过有限元方法进行分析。本文以桐柏停车区自锚式悬索桥为实例，着重介绍了对其施工过程得分析。并在本桥实际施工中探索出一种适合本桥的吊杆张拉顺序，在保证工程安全的基础上，减少了吊杆张拉过程中的体系转换，节省了工期，并使各项器械得到充分利用。

目前，人们对于自锚式悬索桥的研究无论是在理论上还是在实践上认识都是还不够全面的，本桥的设计及施工、控制，为今后同类桥梁的建造积累了宝贵经验。

G312国道分离式立交桥现浇连续箱梁施工技术

邸立建

中铁二十二局集团公司

［摘　要］　通过对G312国道分离式立交桥现浇连续箱梁的施工总结，对类似工程的施工具有借鉴意义。

［关键词］　现浇连续箱梁　施工技术

1　工程概况

K139＋882.342　G312国道分离式立交桥上部结构左幅跨径组合为（3×40＋23.726）m，右幅跨径组合为（23.726＋3×40）m，采用预应力混凝土连续箱梁。

2　施工技术

2.1　基础处理

G312国道分离式立交桥上跨主线路基，将支架基础按照路基标准进行处理后浇筑5cm厚C15混凝土，可以满足基础承载力要求。

2.2　支架设计与模板安装

本桥左右幅均采用满堂支架，一次浇筑完成。由于工期较紧，左右幅同时安装模板。考虑到模板只使用一次，选用价格便宜但板面光洁平整强度较高的竹胶板。

2.3　钢筋加工及安装

2.3.1　钢材进场验收及送检

钢筋必须按不同种类、等级、牌号、规格及生产厂家分批验收、分别堆放，不得混杂，且应立标牌以示识别。钢筋在运输、储存过程中，应避免锈蚀和污染，并堆置在钢筋棚内。

在钢筋进场后，要求提供附有生产厂家对该批钢筋生产的合格证书，标示批号和出厂检验的有关力学性能试验资料。进场的每一批钢筋，均按JTJ055—83《公路工程金属试验规程》进行取样试验，试验不合格的不得使用于本工程。

2.3.2　钢筋加工

调直：钢筋调直采用调直机进行。

剪切：钢筋按所计算的下料长度进行切断，当钢筋直径小于12mm时用手动剪切器剪切，当钢筋直径大于12mm而小于40mm时用钢筋弯切机剪切。

弯曲：钢筋在弯曲前在加工台先划线，然后用弯切机弯曲。

接头：受力钢筋的绑扎接头位置应相互错开。在受力钢筋接头长度区段内（焊接接头长度区段内指35d长度范围内，但不小于500mm，绑扎接头长度区段指1.3倍搭接长度），有绑扎接头的受力钢筋面积与钢筋总截面积受拉区不得超过25%，受压区不得超过50%，有焊接接头的受力钢筋面积与钢筋总截面积受拉区不得超过50%，钢筋焊接采用电弧焊，双面焊缝的长度不小于5d，单面焊接的长度不小于10d。

2.3.3　钢筋安装

钢筋安装按照施工程序分为两部分，首先安装底腹板钢筋，待浇筑完底腹板混凝土后再安装顶板和翼板钢筋。钢筋绑扎采用20～22号钢丝，绑扎前要核对箱梁的布筋，与加工的钢筋半成品对号入座。箍筋与受力钢筋垂直设置。钢筋绑扎过程中，用临时框架加以固定，增加钢筋骨架整体稳定性，钢筋骨架基本成型后，用井字架按设计位置，固定波纹管。为了确保钢筋在混凝土中有一定厚度的保护层，用塑料垫块呈梅花形布置在钢筋骨架两侧。

为了便于操作及考虑到今后的内模拆卸，在每跨梁板距支点1/4处开设人孔，因此在此处的顶板纵向钢筋须断开中间的上下层各11根，同时顶板需断开横向钢筋4道，此处断开的钢筋须考虑今后露出人孔边缘的搭接长度15cm，下料时要特别注意，今后待内模拆出后再根据顶板的钢筋设计焊接钢筋网片或焊接断开处，焊接时要按规范要求。

2.3.4 施工要点

(1) 存放时避免钢筋受到机械损伤，防止表面生锈。钢筋存放设置统一格式的标志牌，标明名称、厂家、产地、规格、出厂日期、进场时间。

(2) 钢筋工程由专职工程师负责技术交底、施工指导和工后检查。

(3) 所有钢筋工进行培训，电焊工持证上岗。

(4) 所有钢筋的弯曲和调直均采用冷处理方法。

(5) 钢筋应准确安装，不容许用片石、碎石、块石、金属或木块作定位垫块，保证钢筋的保护层厚度。

(6) 钢筋安装后先行自检合格并及时报检，合格后方可进行混凝土浇筑。并填好隐蔽工程记录，以便考察。

(7) 钢筋电弧焊时焊接地线应与钢筋接触良好，防止因起弧而烧伤钢筋。

2.4 波纹管及钢绞线安装

2.4.1 波纹管安装

钢筋绑扎完成后，根据设计坐标，安装相应部位的波纹管，波纹管安装过程中随时检查安装情况，防止波纹管破损，发现损坏及时修补或更换，确保波纹管完整，避免漏浆。波纹管的接长可采用大一号同型波纹管作为接头管，接头管的长度为300mm，管两端用密封胶带或热缩管封裹，以防漏浆。

2.4.2 安装预应力钢绞线束

(1) 下料

预应力钢绞线下料长度既要满足使用要求，又要防止下料过长造成浪费。预应力筋下料长度的计算，应考虑箱梁孔道长度、张拉千斤顶长度与穿束方法等因素，由于箱梁采用两端张拉，故每根钢绞线的长度按下式确定：

$$L = L_0 + 2(L_1 + L_2 + L_3 + L_4)$$

式中：L_0——构件的孔道长度；

L_1——工作锚厚度；

L_2——千斤顶长度；

L_3——工具锚厚度；

L_4——长度富余量（一般取100mm）。

钢绞线的下料：钢绞线下料场地应平整，钢绞线下料长度误差控制在（－50，＋100）mm的范围内。钢绞线的盘重大、盘卷小、弹力大，为了防止下料过程中钢绞线紊乱并弹出伤人，事先用钢管架制作成简易的铁笼装载钢绞线原料。因钢绞线为高强钢材，如局部加热或急剧冷却，将引起该部位的马氏组织脆性变形，小于允许张拉力的荷载即可造成脆断，危险性很大。钢绞线下料时，将钢绞线盘卷装在铁笼内，从卷内逐步抽出，做到安全施工。钢绞线的下料采用砂轮切割机切割，不得使用电弧切割。

(2) 绑扎

钢绞线的编束：钢绞线下料后，平放于加工平台上，每隔 1m 用 22 号铁丝将一束钢绞线扎成一组，然后捆扎在一起，形成预应力钢束，编好束的钢绞线应标明使用孔道的编号，以免用错。

(3) 穿束

为方便施工，防止穿束困难，本桥在浇筑箱梁混凝土前进行穿束。钢绞线端头必须做成锥型并包裹好，负弯矩束直接用人工穿束，长束用卷扬机牵引钢丝绳穿束。

(4) 固定锚具与预留排气孔

根据设计图纸上给出的位置，固定锚固端、张拉端的锚垫板、喇叭管、螺旋筋。波纹管与喇叭管连接处用胶带密封，以防止浇筑混凝土过程中混凝土浆液进入波纹管内。设排气孔位置须定在波纹管最高点，排气孔与波纹管连接处用胶带密封。

2.5 箱梁混凝土浇筑

根据箱梁的施工工艺，混凝土浇筑分两次进行。即先浇筑箱梁的底腹板混凝土，浇筑至翼板和边腹板的交界处，然后进行养生，安装顶板内模，安装顶板钢筋和预埋件后再进行顶板混凝土的浇筑。

2.5.1 原材料与配合比设计

采用符合规范要求的砂石料和水泥、外加剂等，根据设计要求制定混凝土的配合比。

2.5.2 施工方法

拌制：混凝土拌制由拌和站集中拌和。

运输：采用 $8m^3$ 混凝土运输罐车运输。

浇筑：混凝土浇筑时采用先浇筑底板和腹板，然后绑扎顶板钢筋和安装顶板模板，然后再浇筑顶板混凝土。每次混凝土浇筑时，分层进行浇筑，泵送入模，分层厚度以不大于 30cm 为宜，并结合梁体结构尺寸考虑梁底板为一层，腹板分两层进行混凝土浇筑，顶板为一层进行混凝土浇筑。底、腹板混凝土浇筑时，混凝土从腹板对称入仓，均匀布料，保证底板混凝土密实及其厚度正确。当混凝土达到底板设计标高时，停止此段的灌筑，向前段推移，按此循环，直到全部混凝土浇筑完毕。

振捣：采用插入式振捣器振捣，布点均匀，混凝土振捣时避免振动棒碰撞模板、钢筋和其他预埋件，严禁振捣器触及波纹管，以免波纹管出现变位、孔缝漏浆，影响张拉。对每一振动部位，必须振动到该部位混凝土密实为止。密实的标志是混凝土停止下沉，不再冒出气泡，表面呈现平坦、泛浆。

养护：混凝土终凝后，终凝时间由试验确定，开始覆盖麻片洒水养护，专人专管，洒水的频率必须保证混凝土表面湿润。如气温高于 26℃，在混凝土表面用塑料薄膜覆盖，防止水分蒸发过快。

2.6 钢绞线张拉

2.6.1 张拉准备

(1) 锚具、连接器进场

预应力锚具、连接器进场时应按《后张预应力体系验收建议》(FID－91) 和《预应力筋锚具、夹片和连结器》(GB/T 14370—93) 分批验收，合格后方可使用。

(2) 张拉设备的选用及标准

张拉设备应配套标定，以确定张拉压力表读数的关系曲线，标定张拉设备用的试验机或测力计精度，不得低于＋2%。压力表的精度不易低于 1.5 级，最大量程不宜小于设备额定张拉力的 1.3 倍。

张拉设备的标定期限，不宜超过六个月或每使用 200 次。当发生下列情况之一时，应对张拉设备从新标定：

千斤顶经过拆卸修理；

千斤顶久置后重新使用；

压力表受过碰撞或出现失灵现象；

更换压力表；

张拉中预应力筋发生多根破断现象或张拉值误差较大；

监理工程师要求；

预制构件尺寸变化异常。

(3) 预应力束张拉控制力

预应力钢束张拉力按图纸要求进行控制。

(4) 预应力筋张拉伸长值

计算钢绞线张拉时的理论伸长值 ΔL (cm) 按下式计算：

$$\Delta L = (P_p \cdot L)/(A_p \cdot E_p)$$

式中：P_p——预应力钢绞线平均张拉力，N；

L——预应力钢绞线的长度，mm；

A_p——预应力钢绞线截面积，mm^2；

E_p——预应力钢绞线的弹性模量，N/mm^2，取试验值。

预应力钢绞线平均张拉力 $P_{平}$ (N) 按下式计算：

$$P_{平} = P[1 - e^{-(kL+\mu\theta)}]/(kL + \mu\theta)$$

式中：P——预应力钢绞线张拉端的张拉力，N；

L——从张拉端至计算截面的孔道长度，cm；

θ——从张拉端至计算截面曲线孔道部分切线的夹角之和，rad；

k——孔道局部偏差对摩擦的影响系数；

μ——预应力钢绞线与孔道壁的摩擦系数。

对多曲线段组成的曲线束，应分段计算，然后叠加各分段计算值。

(5) 张拉程序：

钢绞线张拉顺序：中层束→下层束→上层束，同类型束应先中腹板后边腹板，且左右两侧对称张拉。

张拉程序：由于钢绞线的计算伸长量较大，考虑到千斤顶的行程较小，张拉根据每束钢绞线的伸长量分级进行张拉。钢绞线张拉伸长量为预应力束两端的合计值，各阶段伸长量之和为钢绞线的总伸长量。各预应力束实际引伸量与设计引伸量的差值按规范要求控制在±6%之间。

(6) 张拉施工前的其他准备工作

构件端头清理及钢绞线清理；

电力供应；

张拉班组布置、人员安排及安全、质量技术交底会的召开；

工具锚、限位板、千斤顶等配备及设备配套工具检验、准备等。

2.6.2 预应力张拉

混凝土张拉试件强度达到设计张拉强度后，方可进行箱梁预应力张拉。

(1) 张拉前的准备

清理锚垫板及钢绞线表面；

安装锚环；

装夹片；

安装限位板。

(2) 安装张拉设备

千斤顶安装就位；

套管打紧工具锚夹片。

(3) 张拉

千斤顶安装完毕后，由技术人员检查合格后开始预应力张拉。在预应力施工过程中严格按张拉控制程序测量钢绞线伸长，并与计算值及时比较，发现异常立即停止并做出处理。

(4) 锚固

打开油缸的回压油回油锚固；

向千斤顶回油缸供油，活塞回程。

2.6.3 张拉伸长值校核

(1) 张拉伸长值的量测

用量测千斤顶油缸行程数值方法测量钢绞线伸长值，在初始应力下，量测油缸外露长度，在相应分级荷载下量测相应油缸外露长度，如果行程不够中间锚固，则第二级初始荷载应力为前一级最终荷载，将伸长值叠加，即为初应力至终力间的实测伸长值，实际伸长值 ΔL 应为：

$$\Delta L = \Delta L_1 + \Delta L_2 - A - B - C$$

式中：ΔL_1——从初应力至张拉控制应力之间的实测伸长值，包括多级张拉，两端张拉的总伸长值；

ΔL_2——初应力以下的推算伸长值按相邻级的伸长值确定；

A——张拉过程中工具锚夹片回缩引起的预应力筋内缩值；

B——千斤顶体内预应力筋的张拉伸长值；

C——构件的弹性压缩值。

(2) 伸长值校核

伸长值校核是检验张拉工序成败的有效手段，预应力控制为主、伸长量控制为辅的双向控制已在预应力中普遍应用，若钢绞线控制应力已达到设计值，并实际量测伸长值在计算伸长值的±6%范围内，则认为合格。否则应暂停张拉，查明原因，在采取措施后，方可继续张拉。

混凝土强度达到设计强度90%，采用千斤顶进行张拉。混凝土强度以同条件养护的试件抗压结果为依据。

2.7 孔道压浆

孔道压浆是为了保护钢绞线不锈蚀，并使预应力钢绞线与构件混凝土有效的黏土结，从而既能减轻梁端锚具的负荷，又能提高梁的承载能力、抗裂性能和耐久性。孔道压浆在张拉完成后24h内进行。

(1) 准备工作：切割锚具外钢绞线，并保证钢绞线切割后的外露长度不小于3cm。用水泥砂浆或水泥浆堵塞锚具周围的钢绞线间隙，用清水冲洗预应力管道。在洗孔过程中，如发现有冒水、漏水现象，应及时堵塞漏洞。发现有串孔现象，又不宜处理时，应判明串孔数量，在压浆时几个孔同时压注。

(2) 水泥浆的制备

水泥砂浆的配制严格按照经审批的试验室上报监理代表处的配比进行。孔道压浆所用的水泥浆，使用不低于40MPa的普通硅酸盐水泥拌制。水泥浆应用有足够的流动性，稠度控制在14～18s之间，水灰比应在0.4～0.45。泌水率宜控制在2%，最大不得超过4%，每次拌量以不超过40min的使用为宜，水泥浆在使用和压注过程中应经常搅动。

(3) 压浆程序和操作办法

预应力张拉后，应在24h完成孔道压浆，经过铁丝筛的水泥浆用压浆机从一端压浆，当另一端冒出浓浆，稠度达到注浆端水泥浆稠度后，关闭出口阀门继续加压，压力控制在0.5～0.6MPa，压力持续至少10s，然后关闭阀门。压浆工作要在一次作业中连续完成。

2.8 落架

支架应在预应力张拉完成后混凝土达到95%强度后方可卸架，卸架应遵循全孔多点、对称、缓慢、均匀的原则。

2.9 几个要点

安装模板时，板缝应顺直，接缝严密，板面平整度及光洁度好。

在钢筋安装时，应优先考虑钢绞线的定位，根据波纹管的位置，提前挪动或调整其他普通钢筋。

锚固端的普通钢筋影响张拉时，可适当弯折，预应力施工完成后及时复位。

混凝土振捣要密实，特别是锚下混凝土。避免因锚下混凝土振捣不密实给预应力施工造成影响。

对称张拉时，应尽量使张拉两端保持同步，避免因张拉不同步造成伸长量偏差较大。

孔道压浆尽量采用新出厂水泥，不采用存放过久水泥，禁止使用过期水泥。

3 结语

我单位根据此施工技术方案，合理安排，精心组织，优质高效地完成了现浇箱梁施工。

白河特大桥施工过程稳定性分析

王 艳 陈 淮 葛素娟
郑州大学土木工程学院

[摘 要] 采用悬臂浇注施工的大跨度预应力混凝土连续梁桥在施工过程中，要经历T构形成和一系列的体系转换，为确保桥梁施工过程结构的安全性，需探讨桥梁施工过程的稳定性。本文以白河特大桥为工程实例，采用有限元程序Midas/civil，建立了桥梁的空间有限元模型，对其施工过程进行模拟，进行了每个施工阶段桥墩的稳定性分析。计算结果表明：白河特大桥主桥的总体稳定性系数较大，桥墩结构稳定性较强，桥梁不易发生失稳破坏；桥梁在施工阶段以最大悬臂状态下稳定性最差，桥梁在成桥运营阶段，结构在活载作用下的稳定性可作为全桥的稳定性控制阶段，最易发生失稳的墩身是26号桥墩的纵向失稳。

[关键词] 连续梁桥 稳定性分析 悬臂浇注 施工过程

1 引言

桥梁悬臂浇注施工方法的普遍推广使用，不但加快了桥梁的施工进度，使得桥梁的跨越能力不断增大，还为桥梁建设带来了很大的经济效益。但是采用悬臂浇注施工方法进行桥梁施工时，桥梁不仅要经历T型刚构阶段形成主梁的过程，还要经历体系转换的过程，桥梁结构经历了相当复杂的受力过程，尤其在施工阶段，其T型刚构所受约束较少，使施工阶段桥墩的稳定性问题尤为突出。本文以白河特大桥为研究对象，采用Midas/civil有限元程序，建立了该桥的空间有限元计算模型，进行施工过程模拟，对每个施工阶段进行桥墩的稳定性计算，计算得出相应桥梁的稳定安全系数，所得结论可为该类桥梁的设计和施工提供参考。

2 工程简介

白河特大桥是信阳至南阳高速公路上的一座特大型桥梁，设计荷载：公路－Ⅰ级。桥梁全长1590.2m，主桥为主跨最大跨径100m的5跨连续预应力混凝土变截面箱梁桥，其跨径组合为56＋3×100＋56m，采用分离式整体断面，半幅桥宽16.75m，中央分隔带宽1.0m。半幅桥采用单箱单室箱形截面斜腹板形式，除墩顶0号块设2个厚70cm的横隔板及边跨端部设厚120cm的横隔板外，其余部位均不设横隔板。箱梁根部梁高5.8m，跨中梁高2.5m，箱梁高度从距墩中心2.0m处到跨中合龙段处按二次抛物线变化；主桥桥墩和过渡墩均采用矩形空心截面，主墩外形长宽为8.53m×4.0m，顺桥向壁厚0.6m，横桥向壁厚1.0m，过渡墩外形长宽为7.85m×2.6m，顺桥向壁厚0.5m，横桥向壁厚1.0m。主梁采用C50号混凝土，主桥桥墩及过渡墩均采用C40号混凝土，主桥范围桥面铺装层为10cm厚的沥青混凝土。横坡2%，横坡由腹板高度调整。白河大桥主跨桥型如图1所示。

箱梁采用三向预应力体系。纵向预应力在箱梁根部几个梁段，布设腹板下弯钢束，其余梁段布设顶板束和底板束。纵向和横向预应力钢束采用低松弛高强度预应力钢绞线，竖向预应力采用ϕ^L32的精轧螺纹粗钢筋等。

主桥连续箱梁采用挂篮对称悬臂现浇法施工，各单“T”箱梁除0、1号块外，划分为14对梁段，箱梁纵向1号至15号梁段长度分别为3.0m＋5×2.5m＋9×3.5m，0号块总长4.0m，中跨合龙段长度均为2.0m，边跨合龙段长度为2.0m，边跨现浇段长度为4.76m。合龙顺序为合龙边跨、次边跨，最后合龙中跨的施工方案。

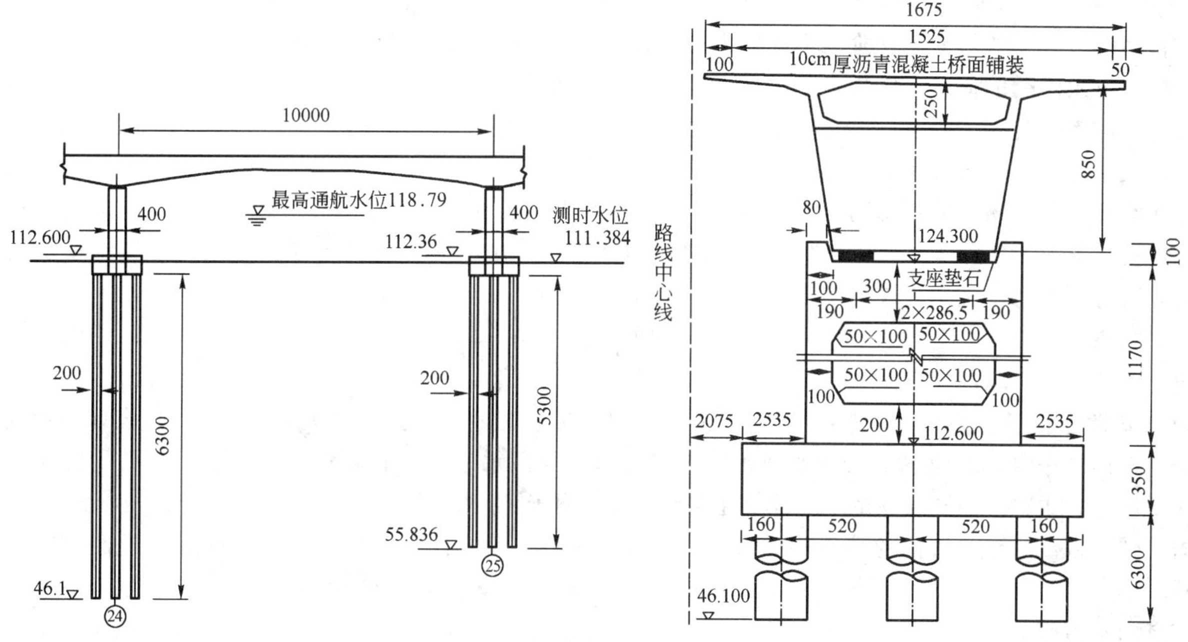

图 1　白河特大桥主桥主跨桥型图

3　有限元建模

本文采用有限元程序 Midas/civil 对白河特大桥进行空间有限元建模，由于白河特大桥为上、下双幅，且上、下幅对称，结构在中央分隔带处断开，所以本文只计算其中一幅主桥，按照该桥梁实际设计中的各梁段块件的划分进行桥梁计算有限单元划分，由于 0 号块局部受力比较复杂，故单元划分比较细，采用梁单元将预应力混凝土连续梁桥的主梁和桥墩进行离散化，共计划分 192 个梁单元，199 个节点，桥梁结构计算模型简图如图 2 所示，单跨模型如图 3 所示。

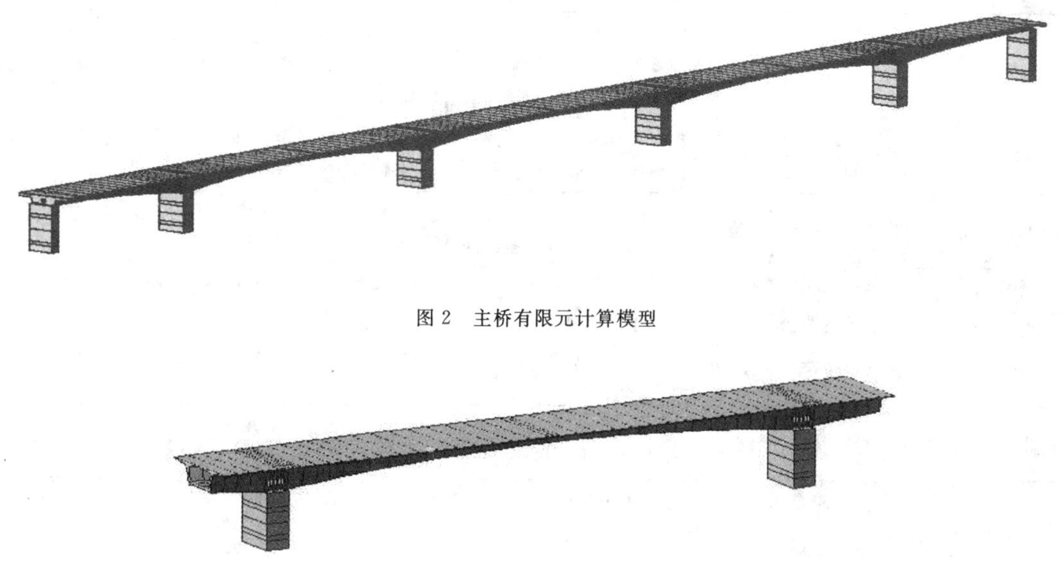

图 2　主桥有限元计算模型

图 3　主桥标准跨有限元计算模型

对桥梁施工过程的模拟，首先根据该桥梁实际施工顺序、工序以及时间安排，将桥梁施工过程划分为若干阶段，由于白河特大桥主桥是从开始施工桥墩，浇注 0 号块、1 号块梁段，然后不断浇注

2～15号梁段并同步施加相应的预应力钢束，然后边跨、次边跨、中跨合龙，直至桥梁合龙成桥，完成桥面铺装，到桥梁的运营阶段，最后施加活载。每个阶段都需考虑施工的桥梁梁段持续时间，构件龄期，以及承受的荷载（包括自重、施工荷载、以及预应力作用等）大小、作用时间和具体作用位置，同时考虑混凝土收缩、徐变的影响、混凝土强度发展变化的影响等。其次把在不同阶段施工的单元以及施加的荷载定义为不同的结构组、边界组以及荷载组，然后通过程序对结构组、边界组和荷载组激活和钝化，激活功能相当于浇注桥梁构件，安装支座，和施加荷载，钝化功能相当于拆除桥梁构件、拆除支座、卸载等，通过该功能来实现桥梁施工过程中的各种施工工序。完成施工过程模拟之后，再分别将每个施工阶段模型导出作单独的桥梁稳定性分析。

在桥梁的单T施工阶段，0号块梁段与桥墩固结，故本模型在桥梁支座体系转换之前采用将0号块上的节点与桥墩的节点固结，即箱梁0号块上节点的6个位移自由度与桥墩顶节点自由度完全相同，按照完全弹性连接中的刚接形式模拟；而在桥梁体系转换后，主梁与墩顶的连接依照设计图纸根据支座形式来定，24号桥墩处的支座形式为铰支座，梁段水平约束在桥墩上，其余桥墩处梁段简支在桥墩上，主梁节点与墩顶的节点按照主从约束的形式连接，22号桥墩处梁段竖向位移 uz、绕 x 方向的转角 $rotx$、绕 z 方向的转角 $rotz$ 等自由度以桥墩顶节点的自由度为主，其余自由度释放；23号桥墩处梁段竖向位移 uz、横向位移 uy、绕 x 方向的转角 $rotx$、绕 z 方向的转角 $rotz$ 自由度以桥墩顶节点的自由度为主，其余自由度释放；24号桥墩处梁段竖向位移 uz、横向位移 uy、纵向位移 ux、绕 x 方向的转角 $rotx$、绕 z 方向的转角 $rotz$ 自由度以桥墩顶节点的自由度为主，其余自由度释放；25、26号桥墩顶约束同23号桥墩处，27号桥墩顶约束同22号桥墩处。桥墩底部固结。

根据桥梁实际施工过程，现将具体划分的施工阶段工况描述如表1所示。

各施工阶段工况 表1

施工阶段	名　称	工况描述
1	施工桥墩0、1号块	施工22～27号桥墩和0号块、1号块梁段；各个桥墩底固结，0号块与桥墩墩顶用弹性连接中的刚接模拟，加自重荷载，施加作用在1号块上的挂篮荷载，在该阶段施工7d之后施加2号块梁段的混凝土湿重
2～14	施工2～14号梁段	施工2～14号梁段，施加作用在2～14号块上的挂篮荷载，在该阶段施工7d之后施加3～15号块梁段的混凝土湿重。卸载上阶段的挂篮和湿重荷载
15	施工15号梁段	施工15号梁段，施加作用在15号块上的挂篮荷载（边跨的挂篮荷载不施加，改施加施工合龙段的吊架荷载），在该阶段施工7d之后施加边跨合龙段的混凝土湿重，卸载上阶段施加的挂篮和湿重荷载
16	施工边跨现浇段和合龙段	施工边跨现浇段和合龙段，卸载上阶段合龙段吊架荷载和合龙段湿重荷载，保持上阶段挂篮荷载。现浇段暂时按照弹性连接与过渡墩墩顶连接
17	23、26号墩体系转换	将23、26号墩的临时固结转换成铰支座（多一水平约束），边跨现浇段与过渡墩的连接也转换成铰支座，保持挂篮荷载
18	施加次边跨合龙段施工荷载	施加次边跨处作用在15号梁段上的吊架荷载以及次边跨合龙段的混凝土湿重，中跨处仍施加挂篮荷载
19	施工次边跨合龙段	施工次边跨合龙段，卸载上阶段的吊架荷载以及合龙段混凝土湿重，释放23、26号墩处的水平约束，保持作用在跨中15号梁段上的挂篮荷载
20	24、25号墩体系转换	将24、25号墩的临时固结转换成铰支座（25号墩多一水平约束），保持作用在跨中15号梁段上的挂篮荷载
21	施加中跨合龙段施工荷载	施加中跨处作用在15号梁段上的吊架荷载以及次边跨合龙段的混凝土湿重，卸载上阶段的挂篮荷载
22	施工中跨合龙段	施工中跨合龙段，卸载上阶段的吊架荷载以及合龙段混凝土湿重。释放25号墩水平约束，完成全桥体系转换，达到成桥状态
23～25	分别加二期恒载＋汽车＋温度荷载	每个阶段分别施加二期恒载、汽车荷载、温度荷载

在上述工况中需要说明的是，在桥梁施工完成边跨合龙段（16 阶段）之后，需解除 23、26 号墩处的临时固结措施，进行体系转换，本文计算中将转换后的 23、26 号墩处水平位移进行了约束，若直接转换为成桥状态的约束形式，则桥梁的两边结构变为可变体系，出现多余自由度（桥梁纵向位移），故在该处只释放了绕 y 轴的转角，其余位移全约束。同理在施工完成次边跨合龙段之后，进行体系转换时，将 25 号墩处的水平位移也进行了约束。

由程序自动计算桥梁结构的自重，二期恒载包括桥面铺装层为 10cm 厚沥青混凝土和护栏自重，考虑按照均布荷载施加，预应力张拉形式是两端张拉，按照预应力荷载施加。施工中需要考虑的施工荷载为挂篮与合龙段吊架的重量，采用原设计中数据分别为 65t 和 20t。原桥梁设计的汽车荷载是公路Ⅰ级，由于程序不能同时进行移动荷载分析和屈曲分析，故将汽车荷载根据规范按照静力荷载，该桥面宽 16.75m，故按单向 4 车道将均布荷载 q_k 施加于全桥，其中 26 号桥墩的稳定性最差，故将集中荷载 p_k 作用于 26 号桥墩顶位置处。

桥梁在悬臂施工状态下是静定结构，故桥梁梁体的温度变化不会引起结构的内力变化，不影响桥梁结构稳定性，然而在桥梁成桥之后，结构体系转化为超静定结构，温度会引起桥梁结构内力，故本文在计算桥梁运营阶段稳定性时，在缺乏实际温度数据的情况下，结合桥梁规范考虑对桥梁梁体施加竖向温度梯度，图 4 是加载示意图，根据桥梁规范桥面板表面的最高温度 T_1 取 24℃（由于白河特大桥主桥桥面铺装为 10cm 厚的沥青混凝土，故按照规范取混凝土铺装与 50cm 厚的沥青混凝土温度的内差值），T_2 取 6.7℃其中 $A=300$mm。

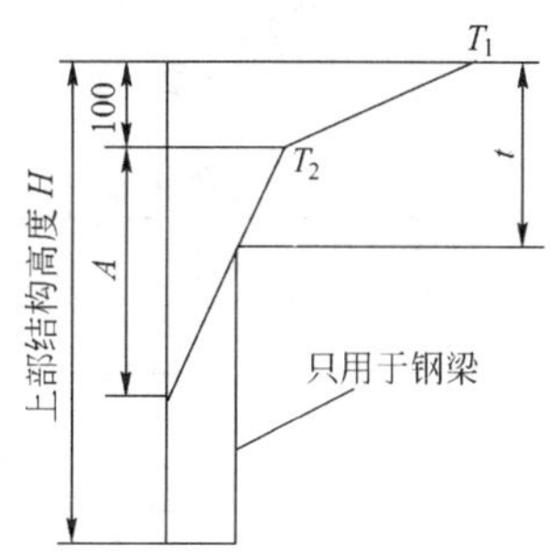

图 4　竖向梯度温度（单位：mm）

4　计算结果

通过对桥梁各个阶段进行稳定性计算，得出各种工况下桥墩的失稳模态和稳定系数，稳定系数计算结果列于表 2。限于篇幅，本文仅给出第 15 施工阶段桥墩的前 6 阶失稳形态如图 5 所示。

分析计算结果可以得出以下结论：

从整体计算来看，各种工况下的桥梁第 1 阶稳定系数，最小值为 348.9，最大值为 1406.6，稳定系数整体较大，该值越大说明结构在相应荷载作用下，结构越稳定，不易发生失稳，对于白河特大桥

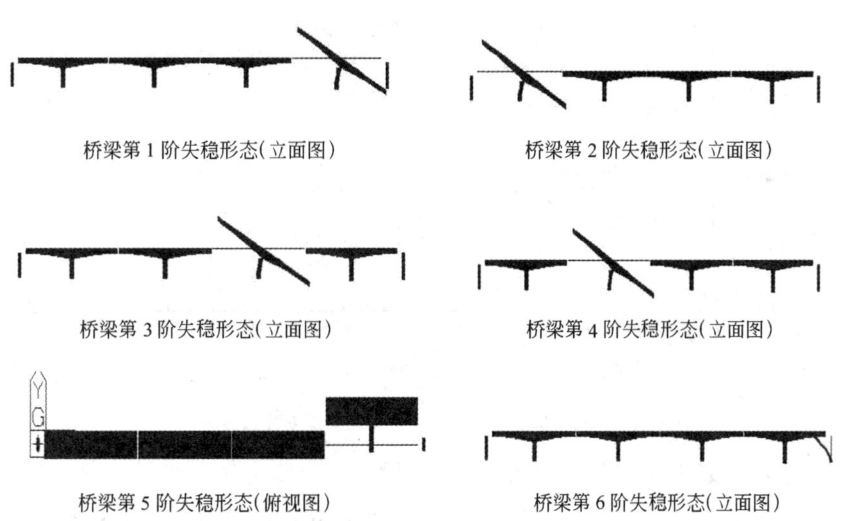

图 5　第 15 施工阶段桥墩失稳形态图

各施工工况下的失稳系数及失稳形态　　表2

施工阶段	第1阶失稳形态的稳定系数	前6阶失稳形态特征
1	1406.569	桥墩的前后失稳顺序是26、27、23、25、24、22号墩的纵向1阶失稳
2～6	1174.266～702.948	桥墩的前后失稳顺序是26、23、25、24、27、22号墩的纵向1阶失稳
7～12	625.673～418.578	桥墩的前后失稳顺序是26、23、25、24、27号墩纵向1阶失稳，最后1阶为26号墩的横向1阶失稳
13～15	393.659～369.668	桥墩的前后失稳顺序是26、23、25、24号墩的纵向1阶失稳形态，然后是26号墩的横向1阶失稳最后表现为27号墩的纵向失稳
16	446.682	桥墩的前后纵向失稳顺序为25、24、26、23号墩，然后是26、25号墩的横向1阶失稳
17～18	411.138～409.235	桥墩的前后失稳顺序是26、25、24、23、27、22号墩的纵向1阶失稳
19	459.863	桥墩的失稳顺序依次是26、27、23、25、24、22号墩的纵向1阶失稳
20	449.654	桥墩的失稳顺序依次是27、26、25、24、23、22号墩的纵向1阶失稳
21	445.261	桥墩的失稳顺序依次是27、26、25、24、22、23号墩的纵向1阶失稳
22	463.428	桥墩的失稳顺序依次是26、27、25、23、24、22号墩的纵向1阶失稳
23～25	394.734、348.876、349.581	桥墩的失稳顺序依次是26、25、23、24、27、22号墩的纵向1阶失稳

主桥，由于该桥为连续梁结构，而且墩身高度较小，故该结构稳定性较强，不易发生失稳破坏。

从悬臂施工最初阶段到成桥运营阶段，将每一工况的第1阶稳定系数与相应阶段绘于图6，由图6可以看出，在悬臂施工的前15个阶段，稳定系数逐渐减小，结构稳定性依次降低，以最大悬臂状

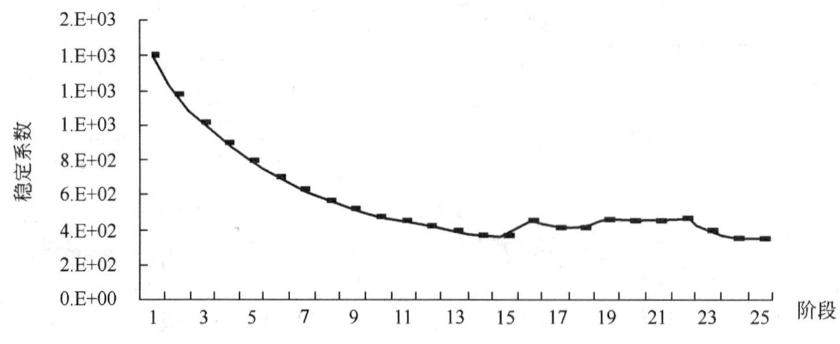

图6　桥梁施工阶段与第1阶失稳稳定系数趋势图

态时稳定性最差，稳定系数为369.7，随着边跨合龙段，次边跨合龙段以及中跨合龙段的施工（相应分别为16阶段、19阶段、22阶段），结构的稳定性依次提高，成桥阶段之后，随着二期恒载的施加，以及运营阶段汽车荷载的施加等，稳定性再次呈现逐渐降低趋势。另外，在桥梁施工完边跨合龙段（16阶段）进行结构的体系转换之后（17阶段），结构的稳定性较上阶段变弱，施工完次边跨合龙段

(19 阶段)，24、25 号墩体系转换完之后结构的稳定性变弱。在体系转换完之后承受施工下一阶段合龙段施工荷载的情况下，桥梁稳定性再次降低，但这时的稳定系数较最大悬臂状态时高。桥梁在自重荷载＋二期恒载＋汽车荷载作用下，全桥稳定性最低，稳定系数 348.9。根据计算结果，阶段 24 与阶段 25 两种情况下第 1 阶失稳模态和稳定系数非常相近，说明温度梯度对桥梁的整体稳定性影响很小。

从桥梁失稳模态来看，在桥梁施工的前 15 阶段，前 6 阶段失稳模态主要以各墩的纵向 1 阶失稳为主，因为主墩在承受相同的自重与施工荷载情况下，发生失稳的前后顺序与各墩的高度或构件的长细比呈相反趋势，即 26 号墩墩身最高、长细比最大，其最先发生截面弱轴方向（桥梁纵向）失稳，然后依次是 23 号墩、25 号墩、24 号墩。随着施工阶段的进行，结构自重的不断增大，从第 7 阶段开始主桥 26 号墩的横向 1 阶失稳先于了 22 号墩的纵向失稳，从 13 阶段开始主桥墩的横向 1 阶失稳先于了 27 号墩的纵向失稳，并且仍按照 26、23、25、24 号墩的顺序依次发生截面强轴方向（桥梁横向）失稳。桥梁在施工完二期恒载之后的前 6 阶失稳模态仍是以 6 个墩的纵向 1 阶失稳形式为主，先后顺序依次是 26、23、25、24、27、22 号墩。在施工合龙段以及体系转换前后，由于受内力重分布的影响，加上各个桥墩的墩高也不相同，故没有出现规律性的失稳形态，但前 6 阶失稳模态仍是 6 个墩的纵向失稳形式。

5 结语

通过以上分析可以得出以下结论：

(1) 白河特大桥主桥桥墩的稳定性系数较大，表明该桥梁稳定性较强，桥梁不易发生失稳破坏。

(2) 在桥墩施工阶段，最大悬臂状态下桥梁的稳定性最差，此阶段可作为桥梁施工阶段稳定性控制阶段；在成桥运营阶段，活载作用下桥梁的稳定性系数最小，该阶段可作为全桥的稳定性控制阶段，其中 26 号桥墩最容易发生纵向失稳。

(3) 桥梁的合龙会使桥墩的稳定性提高，桥梁体系转换会使桥墩的稳定性降低，温度对桥梁稳定性影响很小。

陈官营枢纽互通立交施工组织与管理

李林周　　　　张伯芝

中建二局二公司　信阳至南阳高速公路有限公司

[摘　要]　本文主要从陈官营互通立交施工角度出发，介绍了施工总体部署、测量控制、桩基、现浇箱梁、后张预应力等关键工序及重点部位的施工以及施工难点与其控制要点，对技术、质量保证措施作了简要分析和论述。

[关键词]　枢纽互通立交　施工组织　管理

1　引言

信阳至南阳高速是上海至西安高速公路在河南省的重要路段，也是河南省“五纵、四横、四通道”高速公路主骨架的组成部分。陈官营枢纽互通立交位于信南高速泌阳至南阳第八合同段，是信南高速与南阳至邓州高速交汇，相连接的互通立交。信南高速上跨南邓高速，型式为半定向涡轮型。主线设计长2.63km，有A、B、C、D、E、F、G、H八条匝道，匝道全长6.733km。总占地面积300亩。互通主体位于直线段和半径为6000m的圆曲线上，匝道最小半径$R=75$m，最小缓和曲线参数$A=80$。上跨南邓高速设有30孔K166＋970.44主线桥，21孔25mAK1＋316.66匝道桥，19孔25mBK1＋302.55匝道桥，9孔25mEK0＋710.6匝道桥，11孔25mFK0＋697.55现浇预应力混凝土匝道桥五座桥构成。其中K166＋970.44主线桥最大，上部连续箱梁共分五联，跨径组合：(6×25m)＋(18m＋4×25m)＋(6×25m)＋(5×25m)＋(8×25m)，桥宽2×16.75m，桥长750m；采用单箱三室截面，梁高140cm；除14号位于南邓路中央分隔带处桥墩采用普通钢筋混凝土薄壁墩外，其余桥墩处端横梁，中横梁均采用预应力横梁，下部结构采用柱式墩、肋式台，基础为桩基础。

陈官营互通立交桥梁工程，现浇箱梁C50混凝土计24200m^3，桩基础C25混凝土21000m^3，立柱C30混凝土3000m^3，钢筋II级600t，I级钢213t，总造价7000万元。南邓路加宽路基、涵洞、桥梁部分造价2000万元，整个互通工程总造价9000万元。

该互通立交占地面积广，工程规模大，技术含量高，牵涉外围关系复杂，如何组织施工队、机械设备进行施工，如何控制桩基、现浇箱梁施工质量成为施工的关键和难点。

2　施工总体部署

2.1　人员组织

项目部本着“优质、高效”的施工原则，抽调精干人员，精心组织，对施工全过程进行动态管理，严格控制施工质量。组成以项目经理为首，生产经理为工区负责人，总质检师主抓质量，总工程师负责技术的项目班子，下设试验室、工程部、技术部、测量组、物资设备部、安全部，对现场施工质量、进度、安全直接控制。另外，由专人负责地方关系协调，确保有个良好的外部环境。

根据工程需要分成主线、匝道两个施工队，每队由桩基、模板、混凝土、钢筋、张拉、桥面铺装、护栏、防水、伸缩缝等专项作业队组成，保证各个工作面均有人员施工，达到平行施工的总体效果。

2.2　机械设备组织

根据工程规模大的特点，建立陈官营混凝土搅拌站一座，搅拌机型号为强制式2×JS750。配搅拌运输车8m^{3}型5台。另外设钢筋加工厂两座，各配8台电焊机，3台切断机，2台钢筋拉伸机。群张用千斤顶6套，型号为500t，单根穿心式千斤顶2套，型号为20t。

2.3 水电供应

混凝土搅拌站配备1台100kW发电机一台，另设有600kW变压器1座。搅拌站设150m³储水池1座，通过抽取地下水，满足施工水电需要。翟庄工区搅拌站作为备用。

3 测量控制

测量工作是保证施工的首要和关键环节，它贯穿于施工的全过程，做好测量工作极为重要。

3.1 测量仪器和放样方法选用

为确保测量精度，购置2″级的拓普康全站仪GTS-311和DS3水准仪各2套，用于整个线路的施工。利用全站仪采用坐标法进行放样和检测，在放样时采取双后视，即除后视一个已知方向外，再加测另一个已知方向，避免后视距离较长，气候条件不好发生的观测误差。高程测量每次必须归零。传统放样靠光学经纬仪测量角度和钢尺量测距离，工作强度大，受外界影响多，测量精度不高。高级精密的仪器和先进测量方法是施工质量的保证。

3.2 控制网的布设

3.2.1 平面控制网的加密

本着“先整体后局部，先控制后碎部，逐步检查”控制网布设原则，针对各桥长、桥型、跨度和施工精度要求等实际情况，在整个路线控制网的基础上进行加密。首先在地形图上选点，点位尽可能均匀分布在互通区，再结合实际地形实地埋点。埋点用洛阳铲挖直径20cm，深50～80cm的圆坑，浇注混凝土，坑中心埋设刻“十”字线的带弯钩钢筋作为加密点，确保控制点的稳固。经过反复踏勘比较，最后形成以ZJ05-1～ZJ04和ZJ10-1～ZJ12为起始边的两条闭合导线，如图1所示。导线测量按二级导线技术要求进行施测，方位角闭合差$\pm16\sqrt{n}$（n测站数）；相对闭合差≤1/10000。

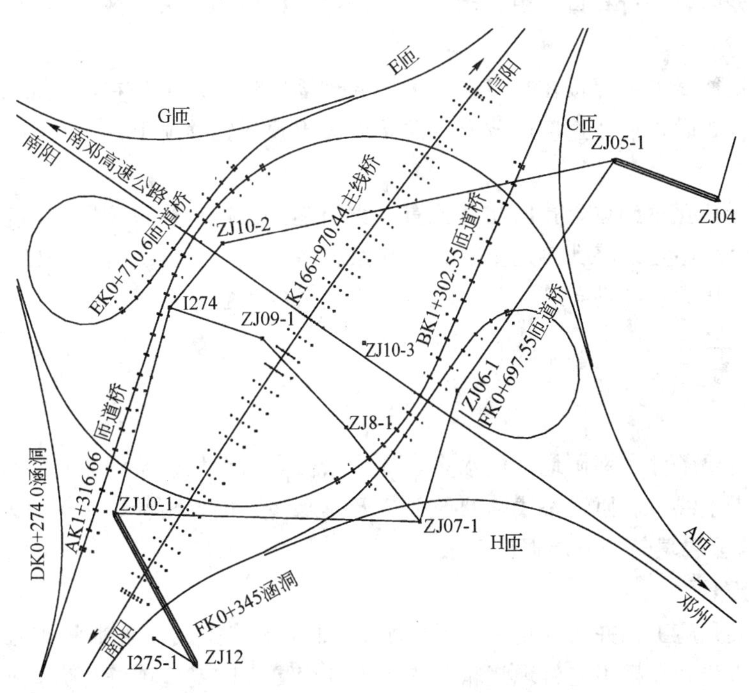

图1 陈官营互通立交测量控制网

3.2.2 高程控制网布设

互通各桥位置相对集中，地势平坦，各点间通视良好，平面控制点间距不远，因此将高程控制点与平面控制点共用。水准测量按四等水准要求施测：环线闭合差$\pm20\sqrt{L}$（L水准路线长，单位km）。

3.3 控制网的复测

道路桥梁施工外界环境复杂，大型机械设备多，随着时间的变化，点位可能发生位移和沉降甚至破坏。因此，在施工期间，无论是首级网点还是加密点，必须进行定期复测，以确定控制点的变化情况和稳定状态，这也是确保工程质量的重要工作。结合本互通的气候条件和施工进度、工期，在下部结构施工期间对控制点进行至少两次复测。第一次复测在桥墩基础施工期进行，第二次复测在墩、台身施工期进行，并在主要墩台、台顶帽完工前完成，为墩、台顶帽精密测定和上部结构施工提供依据。复测精度不低于原测精度，复测时把加密点纳入首级控制网中观测，整体平差，以提高加密点的精度。

4 桩基施工要点

主线桥桩径 1.5m，桩深 60m，单根桩造价约 8 万元。桩基是结构施工的关键，一旦造成质量缺陷，出现偏位、堵管、断桩等质量事故，损失将达到单桩造价的 3 倍以上，所以应对桩基施工进行全过程监控，确保桩基施工质量。

4.1 钻机选用对桩质量的影响

钻机要根据不同的地质条件选用。本地区地质为黏土、砂、中粗砂和沙砾石。前期钻机主要为旋挖钻，另有部分正、反循环钻机。旋挖钻有施工进度快，孔径控制好等优势，然而后来经大量比较桩基声测报告发现，该机易造成夹渣、堵管等质量缺陷，分析主要是由于钻进速度快，泥浆护壁不稳定原因造成的，不适于该地质。后期钻机全部改为反循环钻，既保证了施工速度，又保证了施工质量。

4.2 桩偏位控制

首先从测量放线定位开始，用全站仪逐根放样，确保精度；施工中，钻头应随时调整，保证钻孔垂直度。下放钢筋笼时，进行孔口对中，确保钢筋笼位于桩中心，可有效地控制桩偏位。

4.3 钢筋笼上浮控制

首先是将桩基钢筋笼上端焊接在孔口护筒上，起到固定作用。另外在灌注混凝土过程中，估算混凝土到钢筋笼底端位置时，灌注速度应放慢，防止混凝土顶托钢筋笼上浮。

4.4 堵管控制

堵管往往是由于清孔不到位，孔内泥浆比重过大引起。在接近孔口位置易出现堵管，因此时导管内混凝土高度小，压力不足以将孔口比重变大的泥浆排除造成的。解决方法是做好清孔工作，加长导管高度，增加混凝土压力。晃动导管，防止由于气阻造成的阻管。

5 现浇箱梁施工要点

5.1 修筑施工便道

便道是施工的首要条件。南阳地区雨水多，地表水位高，再加桩基泥浆坑、钻渣，地面泥泞，施工车辆无法进入。沿主线桥、匝道桥线路修筑便道及排水沟，确保雨天、雪天，车辆通行无阻。施工便道用 80cm 厚砖渣分层填筑、分层辗压而成。

5.2 跨南邓路部分施工

上跨南邓路桥梁先施工，并要在南邓路 12 月 18 日通车前完成，否则将带来大的经济和声誉损失。对此，申请以跨线 2 孔桥为主将现浇箱梁进行设计变更，改变施工缝位置，增加接连器，为加快进度创造了条件。另外，加大人员，物资，设备投入，日夜备战，确保了工期目标的实现。

为防止桩基施工对南邓路土路基浸泡，在路基深度内，采取了人工开挖桩孔，砌砖护壁 30cm，防水砂浆抹面 2cm 措施。泥浆坑挖在边沟外，通过水泵，胶管输送泥浆。承台基坑开挖后，采用砂浆护壁，坑口覆盖雨布防水措施。待承台、薄壁墩完成后，基坑回填全部用 C15 混凝土填实。

为保证南邓路施工车辆通行，跨南邓路部分现浇箱梁钢管支架留置左右两个门洞，门洞宽 4.5m，高 4.5m。门洞前方 100m 设置减速、慢行醒目的安全标识牌。门洞口设限宽、限高反光标识牌。洞

口两侧设缓冲沙袋，以免车辆直接撞击支架。设两名保通员，调度来往车辆通行。

5.3 主线桥与匝道桥施工工艺比较

匝道桥箱梁采用一次浇筑混凝土工艺，主线桥采用二次浇筑工艺，两者在各个工序上均存在不同。

5.3.1 支架搭设对比

现浇箱梁支架采用满堂支架。匝道桥采用普通钢管搭设，在腹板、桥墩四周实体段竖杆平面纵横间距为40cm×40cm，在空腹段竖杆间距为80cm×80cm。水平钢管的竖向间距为120cm，支架顶部水平钢管纵向间距调整为40cm，为确保满堂支架整体强度、刚度和稳定性，每跨纵向每隔3m分别在桥墩处，1/8跨、3/8跨，跨中设置9道钢管剪刀撑，每跨横向设5道剪刀撑。

搭设要求：竖杆要求垂直，采用单根钢管，连接采用直插式扣件对接，不宜采用十字扣件平行连接。钢管高度根据测量放样确定，高度调整通过顶托螺杆升降来解决。在支架顶部顶托上放置横向槽钢，在槽钢内放置15cm×10cm大方木做横杆，上部按25cm间距纵向摆放5cm×10cm小方木，上铺装木模板。

主线桥采用碗扣式定型钢管脚手架，在腹板、桥墩实体段范围，竖杆平面纵横间距为60cm×60cm，空腹段竖杆平面纵横间距为120cm×90cm，水平杆步距均为120cm。按要求在1/4跨、1/2跨处及两墩身处，设横向剪刀撑，在腹板处设纵向剪刀撑。

5.3.2 模板制作安装比较

匝道桥内模采用木模整体制作，分四节拼装而成，每节长度5～6m。内模预先制作完成，待箱梁底、腹板钢筋绑扎完后，用16t吊车将木模吊装上桥，安装好。内模安装后，再绑扎顶、翼板钢筋。

主线桥内模分两次完成。第一次，内模支设端横梁、腹板竖向两侧模板，高度设在顶、腹板相交下拐角处。在翼板内边沿钉木条作为浇筑控制线，使二次浇筑接缝隐藏在翼板与侧腹板交接处。第二次支模要依据测量放样标高、位置来控制。

5.3.3 混凝土浇筑比较

匝道桥一次性浇筑。从桥跨一端横梁开始，按先浇箱梁底板，再腹板，最后顶、翼板混凝土的顺序分段分层向前施工，每施工段长度以后浇混凝土振捣时，先浇腹板混凝土不大量流进底板为准。

主线桥分二次浇筑。第一次浇筑底板、腹板混凝土，第二次浇筑顶板、翼板混凝土。

一次性浇筑工艺优点：(1) 工序少，利于加快进度，缩短工期。(2) 冬季施工，易于混凝土保温养生。箱梁内部混凝土水化热散发集中，温度高，易保证强度。(3) 不存在留置施工缝而有的质量通病。缺点是：施工人员要钻进箱内振捣底板混凝土，劳动强度大。夏季施工，人易中暑。

二次浇筑优点是：(1) 对承重支架各项条件要求相对宽松。(2) 混凝土为敞开式施工，易于振捣，缺点是：(1) 冬季施工时，保温效果不好，混凝土强度增加较慢。(2) 存在大量施工缝质量通病，如钢筋上包裹混凝土污染严重，横梁钢筋内松动混凝土无法清除干净。(3) 顶、底板混凝土浇筑应在两天内完成，若时间间隔长，由于龄期差别会造成混凝土收缩裂缝。

5.4 后张预应力施工

预应力是连续梁桥施工的关键，如何减少张拉过程中出现的堵管、伸长值不够、滑丝现象，保证预应力的施工质量，是一个非常重要的课题。

(1) 在张拉过程中发生滑丝现象，可能由于以下原因：

张拉时锚具锥孔与夹片间可能有杂物或钢绞线上有油污、锚垫板喇叭口内有杂物。

钢绞线有负公差及受力不符合设计要求。

初应力小，可能钢束中钢绞线受力不均，引起钢绞线收缩变形。

切割锚头钢绞线时留得太短，或未采取降温措施。

长束张拉，伸长量大，油顶行程小，多次张拉锚固，引起钢束变形。

锚固效率系数小于规范要求值。

塞片、锚具的硬度不够。

(2) 张拉过程中断丝现象一般有以下原因:

钢束在孔道内部弯曲，张拉时部分受力大于钢绞线的破坏力。

钢绞线本身质量有问题。

油顶未经标定，张拉力不准确。

(3) 影响伸长值的因素分析:

①钢绞线的实际弹性模量与计算值存在误差。现场一般按 2×10^5MPa 计算，而厂家产品弹性模量并不均匀。因此弹性模量应用实际检测值。

②钢绞线的截面面积偏差。同一厂家生产的不同批号的钢绞线也有一定的面积偏差。

③孔道摩阻损失大于设计取值。一般影响 μ 和 k 的因素如下:

钢绞线的类型，表面锈蚀是否严重。钢绞线穿束时发生交叉、缠结。

波纹管分单波、双波和三波，μ 和 k 都不一样。重要预应力结构应进行孔道摩阻现场测试。

管道定位筋固定间距过大、松动，因混凝土重量、振动棒震动而变型，造成孔道摩阻增大。

管道在浇筑混凝土时发生漏浆，局部摩阻力增加。

锚垫板应与孔道完全垂直，如不垂直容易造成锚垫板口的摩阻损失。

④千斤顶输出力不准确。产生主要原因:

压力表读数不够精确。现场压力表读数最多精确到 1MPa，以下读数只能估读。持荷时压力表指针来回摆动。油泵油封密闭性降低原因，在高荷载情况下出现不稳定。现场在持荷时往往以封闭回油阀时压力表指针读数为最终压力表压力值，造成偏差。千斤顶校验不准或千斤顶油路故障导致压力表读数与千斤顶实际张拉力不对应。

⑤夹片内缩、预应力滑丝造成的伸长值量测误差:

现浇箱梁多跨为一联，钢绞线束长较长。主线桥第二联 $N1$ 束长 118.66m，计算理论伸长值为 761mm。施工用穿心式千斤顶 YDC5000，最大行程 200mm，需 4 个行程达到设计张拉力。每次千斤顶回油时，由工作锚代替工具锚锚固钢绞线，工作锚夹片靠人工楔紧在锚具内，因此受力后会因楔紧和夹片内齿咬入钢绞线带来一定量的回缩量和钢绞线滑丝，虽每次回缩量都在规范允许范围内(≤6mm)，但累计回缩量已大于规范要求。实测伸长值中应合理扣除张拉回缩量，但现场量测一般以千斤顶行程累加取值，将回缩值给漏算，造成误差。

总之，张拉过程中发现有滑丝、断丝、伸长量不够等情况要及时查明原因，采取相应措施后方可进行下一步施工。

(4) 防治措施:

钢绞线进场应进行弹性模量检测，当偏差范围大时，加大检测频率，及时调整理论伸长值。

定期对钢绞线截面面积进行测定。当发现面积发生变化时，及时调整现场伸长值控制值。

钢绞线下料应在硬化洁净场地，防止被污染。钢绞线垫高存放在仓库，在现场应覆盖防雨蓬布。

波纹管应进行径向刚度、抗渗漏性能试验，保证在承受荷载后不渗出水泥浆，但允许渗出水。

波纹管运输，应采用平车调运，防止受力变形。波纹管应减少现场存放时间，避免生锈。

波纹管应根据设计坐标表、标高位置，用定位钢筋固定。定位钢筋设置间隔直线段 1m，曲线段 0.5m，拐点处加密，确保波纹管定位准确，线形顺畅，圆滑。管道相接处应密封牢固，防止漏浆。

根据《公路桥涵施工技术规范》(JTJ 041—2000) 附录 G-9 进行现场摩阻试验。

预埋锚垫板应垂直于孔道中心线，与端模牢固连接。可焊接在构造筋上，以防止歪扭变位。

钢绞线穿束时应以白胶布缠头标记编号，两边锚具相应编号，对号穿束，防止发生缠绕。

千斤顶、压力表要定期校验，张拉时发现异常要及时查找原因，必要时重新校验。加强千斤顶、油泵保养，确保设备稳定性。对易损部件，影响张拉读数时应及时更换。

张拉人员固定，现场应有千斤顶各行程中张拉应力和理论计算伸长量对应数据表。

监测回油后的回缩值，伸长量量测应在钢绞线不受力段做标记，测其与工作锚距离的改变量。

用专用工具将工作锚上工作夹片楔紧，使各受力筋受力一致，防止未楔紧钢绞线发生回缩。

6 结语

通过陈官营互通立交整个施工过程，得出对于规模大、技术含量高，外围关系复杂的工程，首先要树立全局观念，总体部署，为工程全面展开做好各项基础准备工作；再要抓住关键和重点，以桥梁施工为主线，攻破测量控制、桩基、现浇箱梁、后张预应力等关键工序及重点部位的施工技术难关；精心组织，技术为先，严抓质量是互通立交施工成功的法宝。

大跨度混凝土拱桥支架验算及施工工艺探讨

周冠堂　　许世展
天津市塘沽区中铁十八局集团第五工程有限公司　河南省信阳至南阳高速公路有限公司

[摘　要]　由于上承式钢筋混凝土拱桥结构受力合理，桥型美观，目前广泛应用于山区高速公路上跨天桥及被交道上跨主线分离式立交桥。本文通过扣件式钢管支架在大跨度钢筋混凝土拱桥应用中的受力分析，结合具体工程实例，对其施工工艺进行探讨，为大跨度混凝土拱桥施工提供参考。

[关键词]　上承式　拱型天桥　支架　验算　施工工艺

1　概述

上承式钢筋混凝土拱桥以其合理的结构受力特点及优美的外观，目前广泛应用于山区高速公路上跨天桥及被交道上跨主线分离式立交桥上。上海至西安高速公路信阳至南阳段全线设计 102 座天桥，其中高速公路上跨天桥及被交道上跨主线分离立交桥中有十座采用混凝土上承式拱桥的结构形式，不仅成为高速公路的一道风景，而且通过视觉变化可以减轻司机在高速公路行驶过程中的疲劳程度。结合工程实践，现对其主要施工工艺进行分析、总结。以 K39＋080 上承式拱桥为例进行详细说明。

1.1　技术标准

桥面宽度：净宽 7.5m＋2×0.5m 防撞栏，总宽度 8.5m；

桥长：84.18m；

设计荷载：公路 II 级；

桥面横坡：双向 1.5%；

桥面纵坡：跨中为变坡点，双向 0.5%。

1.2　结构特点

上承式钢筋混凝土拱桥，主拱圈跨度 58m，矢高 9.667m，矢跨比为 1/6，采用现浇钢筋混凝土空心截面，按悬链线无铰拱设计计算，截面厚 1m，拱座为重力式基础。桥面板采用现浇钢筋混凝土，截面高 0.45m。桥面板和主拱圈之间通过立墙传递压力，立墙厚 0.5m，宽 5m。

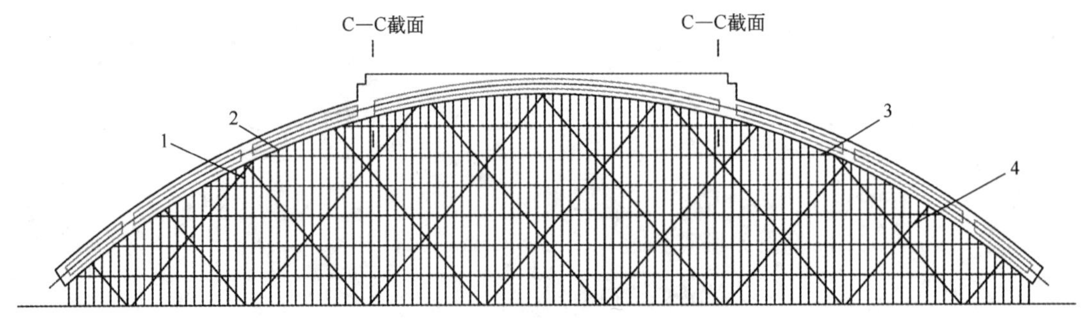

图 1　主拱圈现浇钢管扣件式支架系统

1-立杆（间距 50cm）；2-小横杆（间距 50cm）；3-大横杆（间距 150cm）；4-剪刀撑（间距 500cm）

2　施工工艺

主拱圈施工顺序：分为三段两环进行施工，预留两个间隔槽。施工工艺流程见图 2。

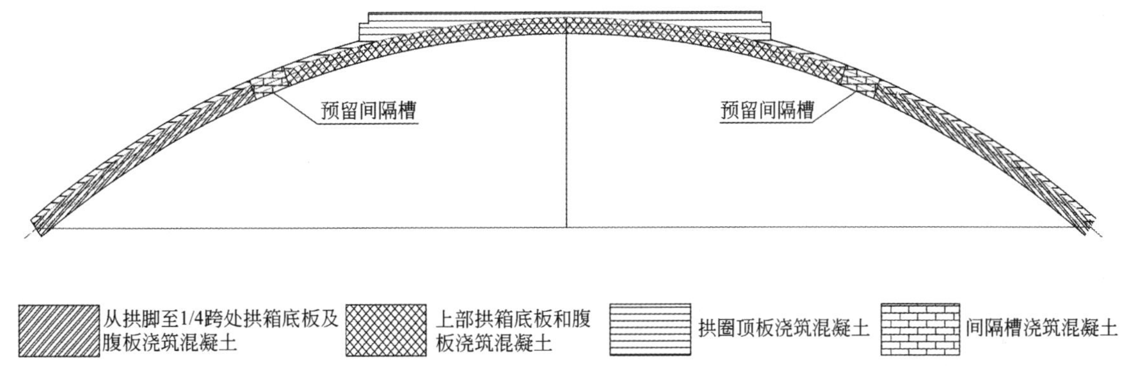

图 2　主拱圈混凝土施工顺序

2.1　主拱圈支架设计与安装

主拱圈现浇支架采用满堂扣件式钢管支架，钢管采用 ϕ48mm、壁厚 3.5mm。扣件式钢管支架由立杆、小横杆（垂直桥轴线方向）、大横杆（顺桥轴线方向）、剪刀撑、斜撑组成。立杆间距 0.5m，小横杆间距为 $L=0.5$m，大横杆间距 $l_0=1.5$m。支托上铺 10×10cm 方木，再铺竹胶板，其板厚 $\delta=$12mm。由于该分离立交位于挖方段，地质条件较好，立杆下采用铺设 10×20cm 木垫板。

底模、侧模及内模均采用厚 $\delta=12$mm 的竹胶板，横纵主次肋采用 8×10cm 方木，其重量按 60kg/m^2。

施工荷载（包括施工人员及其设备、运输工具等荷载）按 2kN/m^2 考虑。

（1）立杆竖向承载力验算

在 C-C 变截面最大处立杆受力最大，以此处计算混凝土荷载。

混凝土荷载：$q_1=1.2\times0.5\times25=15.00$kN/m

底模荷载：$q_2=0.5\times0.06\times10=0.3$kN/m

侧模荷载：$q_3=1.2\times0.5\times0.06\times10=0.36$kN/m

施工荷载：$q_4=0.25\times2.0=0.5$kN/m

立杆 ϕ48×3.5mm 的物理性能如下：

净截面：$$A=\frac{\pi\times(d_1^2-d_2^2)}{4}=\frac{\pi\times(48^2-41^2)}{4}=489.3\text{mm}^2$$

回转半径：$$I=\frac{\sqrt{d_1^2+d_2^2}}{4}=\frac{\sqrt{48^2+41^2}}{4}=15.8\text{mm}$$

长细比：$$\lambda=\frac{l_0}{I}=\frac{1200}{15.8}=76.0$$

由《公路桥涵钢结构及木结构设计规范》（JTJ025）附表中查得轴心受压构件稳定系数：$\phi=0.774$

$$[N]=[\sigma]\times A\times\phi=235\times10^3\times489.3\times10^{-6}\times0.774=88.998\text{kN}$$

式中：$[N]$ ——立杆轴向压力容许值；

$[\sigma]$ ——立杆 Q235 钢材屈服点强度，为 235MPa。

$$Q=(q_1+q_2+q_3+q_4)\times0.5=(15.313+0.3+0.368+0.5)\times0.5=8.08\text{kN}$$

$Q<[N]$，所以单根钢管立柱的承载能力符合要求。

（2）地基承载力验算

$$P=\frac{Q}{S}=\frac{8.08}{0.2\times0.5}=80.8\text{kPa}<[P]=200\text{kPa}$$

经验算，地基承载力符合要求。

（3）顶端小横杆计算

ϕ48mm、壁厚 3.5mm 钢管的力学性能

惯性矩： $I=\dfrac{\pi\times(d_1^4-d_2^4)}{64}=\dfrac{\pi\times(48^4-41^4)}{64}=1.2187\times10^{-7}\text{m}^4$

计算截面抵抗矩：$W=\dfrac{\pi\times(d_1^4-d_2^4)}{32d_1}=\dfrac{\pi\times(48^4-41^4)}{32\times48}=5.0778\times10^{-6}\text{m}^3$

钢材弹性模量：$E=2.1\times10^5\text{MPa}$

$[\sigma]$ ——钢材屈服点强度，为 235MPa。

$[f]$ ——容许挠度，取 3mm。

强度验算： $\sigma=\dfrac{qL^2}{10W}=\dfrac{16.16\times0.5^2}{10\times5.0778\times10^{-6}}=79.6\text{MPa}\leqslant[\sigma]=235\text{MPa}$

刚度验算：$f_{\max}=\dfrac{qL^4}{150EI}=\dfrac{16.16\times0.5^4}{150\times2.1\times10^5\times1.2187\times10^{-7}}=0.263\text{mm}\leqslant[f]=3\text{mm}$

经验算小横杆的强度及刚度均满足要求。

(4) 纵向水平大横杆计算（按三跨连续梁计算）

强度验算：$\sigma=\dfrac{M_{\max}}{W}=\dfrac{0.267Fl_2}{W}=\dfrac{0.267\times8.08\times0.5}{5.0778\times10^{-6}}=212.5\text{MPa}\leqslant[\sigma]=235\text{MPa}$

刚度验算：$f_{\max}=1.883\dfrac{Fl_2^2}{100EI}=\dfrac{1.883\times8.08\times0.5^2}{100\times2.1\times10^5\times1.2187\times10^{-7}}=0.149\text{mm}\leqslant[f]=3\text{mm}$

经验算大横杆的强度及刚度均满足要求。

(5) 扣件抗滑承载力验算

$$R=8.08\text{kN}\leqslant[R_c]=8.5\text{kN}$$

经验算扣件抗滑承载力满足要求。(根据现场施工经验一般采用双扣件加固)

(6) 施工预拱度验算

施工设计图中已提供 50mm 的预拱度考虑了结构的永久荷载及基本可变荷载所产生的弹性挠度值。所以本方案仅计算拱架和支架的弹性和非弹性变形的影响。

拱架和支架的弹性挠度值的计算

$$\delta_1=\frac{\sigma\times h}{E}=\frac{10.19\times9167}{2.1\times10^5}=0.5\text{mm}$$

立杆内的压应力 $\sigma=\dfrac{Q}{S}=\dfrac{8.08}{(48^2-41^2)\times\pi\div4}=10.19\text{MPa}$

立杆的高度： $h=9.167\text{m}$

拱架和支架的非弹性挠度值的计算

$$\delta_2=2K_1+3K_2+2.5K_3+2K_4=2\times2+3\times0+2.5\times2+2\times0=9\text{mm}$$

K_1 为顺木纹相接每条接缝变形值取 2mm；K_2 为横木纹相接每条接缝变形值取 3mm；K_3 为顺木纹与横木纹相接每条接缝变形值取 2.5mm；K_4 为木料与金属相接或木料与混凝土相接每条接缝变形值取 2mm。

所以经计算施工预拱度调整为 60mm。设置预拱度时，拱顶处按全部预拱度总值设置，拱脚处为零，其余各点按二次抛物线分配，按下列公式计算：

$$\delta_x=\delta\left(1-\frac{4x^2}{L^2}\right)$$

式中：δ_x——任意点（距离为 x）的预加高度；

δ——拱顶总预加高度；

L——拱圈计算跨径；

x——跨中至任意点的水平距离。

(7) 主拱圈支架的安装

主拱圈支架纵、横距经上面计算确定，采用满布式ϕ48mm钢管支架，立杆间距0.5m，小横杆间距为$L=0.5$m，大横杆间距$l_0=1.5$m。安装支架前，按主拱圈在地面上的投影准确放样，支架立杆和支架支承面接触面应详细检查，准确计算预拱度及支架支承面和顶部标高，并复测跨度，确认无误后方可进行支架的安装。

如主拱圈各测点标高与设计和放样图有出入时，应用弧形木或垫木进行调整，使模板弧形符合设计拱圈内弧曲线形状要求。

支架搭设时，立杆、横杆分别应保持竖直和水平，横竖成排，斜撑、剪刀撑随着支架的提升同步设置，所有扣件应拧紧。

支架应稳定、坚固，应能抵抗在施工过程中有可能发生的冲撞和振动。安装时应注意以下几点：

支架立杆底端应紧密与木垫板接触，不得有间隙，支架安装完毕后，应对其平面位置、顶部标高、节点连接及纵、横向稳定性进行全面检查，符合要求后，方可进行下一步工序。

(8) 支架预压

为消除支架非弹性变形及测出弹性变形值，按支架承受最不利荷载处（即位于C-C截面最大处）进行预压，预压采用砂袋堆载，堆载前测出底模顶标高，分级架载，每级加载为20t左右，每级加载后持荷60min，堆载达到设计承载力的100%后持荷时间24h，对测点进行标高测量，检查支架的变形情况，分别测定各级荷载作用下支架的变形值。然后卸载，再测量各测点标高，算出非弹性变形值和弹性变形值，以便确定预拱值，通过顶托调整标高达到控制线形的目的。

2.2 主拱圈钢筋的制作与安装

钢筋使用前将表面油渍、漆皮、鳞锈等清除干净。使用的钢筋要平直、无局部弯折现象，成盘的钢筋和弯曲的钢筋均应用调直机调直。钢筋均按设计图纸弯折成型，弯折的标准必须达到设计图纸和施工规范的要求。钢筋加工严格按设计图纸的要求进行成型。钢筋在加工成型时，接头采用搭接焊，搭接焊的接头质量必须达到施工技术规范的要求。搭接接头由专人施焊。在施工绑扎时，骨架钢筋的焊接应满足设计要求，并保证骨架不变形，在同一平面上。

钢筋安装实测项目　　表1

项次	检查项目			规定值或允许偏差	检查方法和频率	权值
1△	受力钢筋间距（mm）	两排以上排距		±5	尺量：每构件检查2个断面	3
		同排	梁、板、拱肋	±10		
			基础、锚碇、墩台、柱	±20		
			灌注桩	±20		
2	箍筋、横向水平钢筋、螺旋筋间距（mm）			±10	尺量：每构件检查5～10个间距	2
3	钢筋骨架尺寸（mm）	长		±10	尺量：按骨架总数30%抽查	1
		宽、高或直径		±5		
4	弯起钢筋位置（mm）			±20	尺量：每骨架抽查30%	2
5△	保护层厚度（mm）	柱、梁、拱肋		±5	尺量：每构件沿模板周边检查8处	3
		基础、锚碇、墩台		±10		
		板		±3		

主筋接头应错开布置，同时应避开钢筋弯曲处，距弯曲点不应小于钢筋直径的10倍。箍筋的安装与主筋垂直，箍筋弯钩的叠合处，在拱圈长度方向置于上面并交错布置。为了保证混凝土保护层的规定厚度，在钢筋与模板间设置水泥砂浆垫块，用埋设其中的铁丝与钢筋扎紧，并互相错开，分散布置。绑扎钢筋过程中注意施工预埋件及立墙钢筋的预埋安装。

2.3 模板的制作与安装

模板、支架及拱架制作时的允许偏差 表2

项目			允许偏差（mm）
木模板制作	模板的长度和宽度		±5
	不刨光模板相邻两板表面高低差		3
	刨光模板相邻两板表面高低差		1
	平板模板表面最大的局部不平	刨光模板	3
		不刨光模板	5
	拼合板中木板间的缝隙宽度		2
	支架、拱架尺寸		±5
	榫槽嵌接紧密度		2
钢模板制作	外形尺寸	长和高	0，−1
		肋高	±5
	面板端偏斜		≤5
	连接配件（螺栓、卡子等）的孔眼位置	孔中心与板面的间距	±0.3
		板端中心与板端的间距	0，−0.5
		沿板长、宽方向的孔	±0.6
	板面局部不平		1.0
	板面和板侧挠度		±1.0

模板、支架及拱架安装的允许偏差 表3

项目		允许偏差（mm）
模板标高	基础	±15
	柱、墙和梁	±10
	墩台	±10
模板内部尺寸	上部构造的所有构件	+5，0
	基础	±30
	墩台	±20
轴线偏位	基础	15
	柱或墙	8
	梁	10
	墩台	10
装配式构件支承面的标高		+2，−5
模板相邻两板表面高低差		2
模板表面平整		5
预埋件中心线位置		3
预留孔洞中心线位置		10
预留孔洞截面内部尺寸		+10，0
支架和拱架	纵轴的平面位置	跨度的1/1000或30
	曲线形拱架的标高（包括建筑拱度在内）	+20，−10

拱圈外、底模采用竹胶板，内模采用木模。确保拱圈几何尺寸，对模板面应认真处理。模板的制作根据拱圈设计进行，做到拼缝严密。模板组拼精度应满足规范要求。

模板安装前，放样工作要及时准确，根据拱曲线方程计算拱圈布点，底模用全站仪以1×1m间距设点，现场检查底板各点标高及底板圆弧方向和横向的平整度。侧墙边线点每隔3m用全站仪测设底板面上，同时在底板以20cm垂直间距设好侧墙边线检查点，以利模板最终尺寸检查，保证结构尺寸正确。

使用前在模板与混凝土的接触面上涂刷脱模剂。使用的脱模剂选用脱模性能好，光洁，色泽一致的脱模剂，以确保混凝土的外观光洁明亮。

在分配梁上铺设底模，底模的安装在测量的监测下按照设计要求调整到位，在侧模与底模连接要堵塞严密，不得出现漏浆现象。

模板的安装不能影响钢筋的绑扎，模板与钢筋安装工作应配合进行，妨碍钢筋绑扎的模板应待钢筋安装完毕后安设。

模板安装完毕后，应对其平面位置、顶面标高、节点联系及模板的整体稳定性等进行检查，并得到签认后方可浇筑混凝土。

2.4 主拱圈混凝土浇筑

混凝土采用搅拌站集中拌和，混凝土运输车运输，吊车配料斗入模。为避免先浇筑混凝土因支架下沉面开裂，应沿拱跨方向分段分环浇筑。拱圈混凝土在1/4跨附近（尽量避开立墙位置）对称设置施工缝拱圈是以轴向受压为主的结构，因此施工缝两端面须垂直于拱轴线，且人工凿毛，凿除处理层混凝土表面的水泥砂浆和松弱层时，处理层混凝土须达到2.5MPa。经凿毛处理的混凝土面，应用水冲洗干净。

分段、分环浇筑程序应先下后上，左右对称均衡进行，完成一环合龙一环，使支架变形均匀和尽可能小，以保证浇筑过程中拱圈变形均匀，不发生开裂。依此制定出如下浇筑顺序及浇筑量：拱圈两1/4跨的边跨（拱箱底板及腹板并预留两个间隔槽）→上部拱圈（拱箱底板及腹板）→拱圈顶板→浇筑间隔槽（见图2主拱圈混凝土施工顺序）。各段内的混凝土应一次连续浇筑完毕，间隔槽应垂直于拱轴线，间隔槽混凝土应在拱圈分段浇筑完后且其强度达到75%设计强度后，对称浇筑。合龙段混凝土应在最后封拱时浇筑，合龙时间应选择在夜间或低温时进行。封拱浇筑混凝土期间，设专人检查拱架、模板、钢筋和预埋件等稳固情况，当发现有松动、变形、移位时，及时处理。

在浇筑1/4跨的边跨拱圈时，因坡度陡，为防止混凝土往下流，需事先在侧模顶预留固定盖板的螺栓孔或“U”行卡子。盖板模可采用竹胶模加方木肋，在接近初凝时揭开，人工收面。

拱圈质量检测标准见表4。

就地浇筑拱圈实测项目 表4

项次	检查项目		规定值或允许偏差	检查方法和频率	权值
1Δ	混凝土强度（MPa）		在合格标准内	按附录D检查	3
2	轴线偏位（mm）	板拱	10	经纬仪：测量5处	1
		肋拱	5		
3Δ	内弧线偏离设计弧线（mm）	跨径≤30m	±20	水准仪：检查5处	2
		跨径<30m	±跨径/1500		
4Δ	断面尺寸（mm）	高度	±5	尺量：拱脚、L/4，拱顶5个断面	2
		顶、底、腹板厚	+10，−0		
5	拱宽（mm）	板拱	±20	尺量：拱脚、L/4，拱顶5个断面	1
		肋拱	±10		
6	拱肋间距（mm）		5	尺量：检查5处	1

2.5 支架的卸落

支架的卸落的过程，是由支架支承的拱圈的重力逐渐转移给拱圈自身来承担的过程，因此支架的

卸落不能突然卸除，要按一定的卸架程序和方法进行。只有达到卸落量，拱架才能脱离拱圈体并实现力的转移。本桥主拱圈支架系统采用扣件式钢管支架，在立杆下部安装底托。

主拱圈浇筑完毕后，待拱圈混凝土强度达到80%以后，主可拆除支架。支架的拆除从拱顶开始，逐次向拱脚沿纵向对称均衡地卸落，横向应同时一起卸落，卸架时设专人用仪器观测拱圈挠度，并详细记录，另设专人观察是否有裂缝现象，卸架的时间宜在白天温度较高时进行。

主拱圈模板、支架拆除后，进行维修整理，分类妥善存放。

2.6 桥面板的施工

支架采用扣件式钢管支架，钢管采用ϕ48mm、壁厚3.5mm。立杆间距1.0m，小横杆间距为$L=0.5$m，大横杆间距$l_0=1.5$m。支托上铺10×10cm方木，经验算支架的刚度、稳定性均达到要求。桥面板模板采用竹胶板，肋采用8×10cm的方木。按施工设计图纸要求绑扎桥面板钢筋。混凝土由拌和站进行集中拌和，试验室对拌和过程进行全面监控，随时掌握混凝土塌落度、和易性，输送车运至现场用吊车配合吊斗，插入式振捣器振捣，采用分层浇筑，每层以30cm为宜，在混凝土初凝前对桥面板顶面进行拉毛，保证与桥面铺装连接良好，混凝土养护采用麻袋覆盖养护方式。

3 施工注意事项

支立钢管拱架时，必须使立杆承重后能够均匀沉降并有效地传递给地基，因此地基要有足够的地基承载力及均匀性，通过多次实践，我单位采用轻型触探仪对地基进行检测，对地基承载力较差的采用换填风化石处理，可达到较好的使用效果。

拱顶设计标高及计算施工预拱度按二次抛物线从拱顶向拱脚进行分配。经过预压后必须根据钢管拱架及地基的弹性变形及非弹性变形重新调整预拱度。

主拱圈的施工是混凝土拱桥结构施工的重要环节。主拱圈采用现浇钢筋混凝土箱型结构，因此采用分段、分环浇筑程序应先下后上，左右对称均衡进行，完成一环合龙一环。并且在分段处设置0.5～1.0m垂直于拱轴线的间隔槽，避免因连续浇筑而造成在拱圈混凝土内部产生应力徐变，致使混凝土开裂，间隔槽混凝土应在拱圈分段浇筑完后且其强度达到75%设计强度后，对称浇筑。合龙段混凝土应在最后封拱时浇筑，合龙时间应选择在夜间或低温时进行。封拱浇筑混凝土期间，设专人检查拱架、模板、钢筋和预埋件等稳固情况，当发现有松动、变形、移位时，及时处理。

4 结语

扣件式钢管支架在施工中简便、快捷，通过上托和下托可以达到调整拱圈的高度，在支架卸落时能够保证拱圈安全。扣件式钢管支架受地基承载力的要求较高，适用地基较好的地段应用，实践证明本工程采用拱圈浇筑工艺合理，可以在类似工程中推广应用。

钢纤维混凝土边沟盖板在高速公路工程中的应用

孟会英　唐国斌　　　　姬同庚
郑州大学土木工程学院　河南省信阳至南阳高速公路有限公司

［摘　要］　为研究少筋钢纤维混凝土边沟盖板受力性能，本文设计7种类型的沟盖板并进行正截面承载能力试验。通过试验研究，分析了不同类型沟盖板的破坏形态及变形特征，研究钢纤维体积率对沟盖板极限承载力的影响，探讨钢纤维混凝土沟盖板取代普通钢筋混凝土沟盖板的可行性。试验结果表明采用适当的钢纤维体积率和钢筋配筋率，钢纤维混凝土沟盖板能满足设计要求，并具有明显的经济效益。这一研究成果已在信阳至南阳高速公路上获得成功应用。

［关键词］　钢纤维混凝土边沟盖板　承载能力　破坏形态

1　前言

信南高速公路是河南省2006年通车的第一条勘察设计典型示范路，为了最大限度的进行绿化，减少圬工外露，对挖方段边沟采用暗边沟盖板上植草设计，达到了生态型的效果，为了减少配筋，研制了少筋钢纤维混凝土盖板，可以像素混凝土盖板一样采用塑料模板预制，方便施工，节约成本。钢纤维混凝土（SFRC）是近20年来迅速发展起来的一种新型复合材料，具有优良的抗裂性、抗弯曲特性、耐冲击性、耐疲劳性等特点，在公路和桥梁工程中得到广泛应用。采用钢纤维混凝土制作沟盖板已在国内一些大型项目中获得应用，但以往研究主要集中在钢纤维混凝土配合比设计上，对钢纤维混凝土沟盖板受力性能和承载能力试验研究尚少。

为此本文依据符合设计，兼顾经济的原则设计7种类型13个沟盖板通过进行其正截面承载能力试验，旨在研究不同类型沟盖板的变形及破坏特征，比较其受弯极限承载能力，分析其替代传统钢筋混凝土沟盖板的可行性。

2　试验研究概况

根据工程要求，沟盖板的破坏荷载为30kN，为此本试验分别设计了钢筋钢纤维混凝土和钢纤维混凝土沟盖板，同时为进行对比研究，设计了素混凝土沟盖板。各类构件设计参数如表1，钢筋钢纤维沟盖板钢筋布置如图1，钢纤维体积率1.4%，混凝土强度等级为C30和C40。钢纤维混凝土沟盖板考虑影响变量为钢纤维体积率（1.2%、1.4%）和混凝土强度等级（C40、C50）。试验水泥采用42.5R普通硅酸盐水泥；钢纤维采用铣削型，长径比50，屈服强度600MPa；钢筋采用HPB235。所有沟盖板的浇筑、养护均在郑州大学结构试验室进行，并在浇筑构件的同时每个构件预留100mm×100mm×100mm的立方体试块与构件在同一环境条件下养护，在构件试验前一天或当天进行抗压试验测得混凝土立方体抗压强度，其余强度指标按规定进行换算，实测沟盖板抗压强度如表1所示。

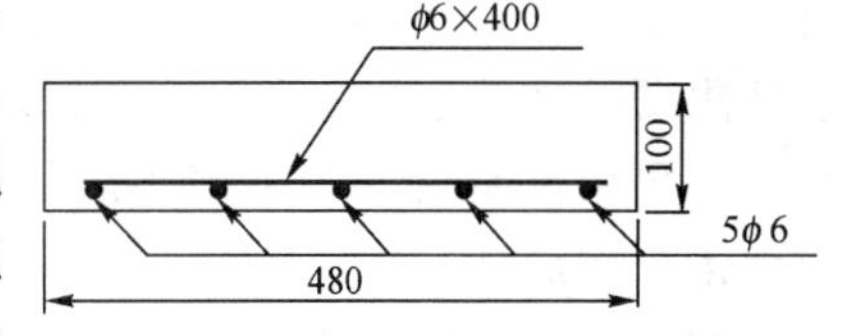

图1　钢筋钢纤维混凝土沟盖板截面示意图

沟盖板设计参数及混凝土强度表　　表1

编　号	截面尺寸(mm×mm)	钢纤维体积率	混凝土强度等级(MPa)	实测强度(MPa)	钢　筋
A-1	480×100	1.4%	C30	33.7	4φ6
A-2	480×100	1.4%	C30	33.2	4φ6

续上表

编　号	截面尺寸（mm×mm）	钢纤维体积率	混凝土强度等级（MPa）	实测强度（MPa）	钢　筋
B-1	480×100	1.4%	C40	42.1	$4\phi6$
B-2	480×100	1.4%	C40	40.8	$4\phi6$
C-1	480×120	1.2%	C40	41.3	
C-2	480×120	1.2%	C40	42.0	
D-1	480×120	1.4%	C40	42.9	
D-2	480×120	1.4%	C40	43.1	
E-1	480×120	1.2%	C50	50.2	
E-2	480×120	1.2%	C50	52.4	
F-1	480×120	1.4%	C50	53.5	
F-2	480×120	1.4%	C50	54.9	
G	480×120	1.4%	C50	51.4	

试验采用跨中集中加载，分级加载制度。荷载通过千斤顶施加，由荷载传感器测定各级荷载大小。在沟盖板支座及跨中布置百分表测量变形，试验过程中密切关注沟盖板裂缝开展情况。

图 2　加载装置图

3　试验结果及分析

3.1　荷载挠度曲线及其特征

荷载-挠度曲线反映了沟盖板的受力性能。试验时，在沟盖板跨中布置两个百分表，支座各布置一个百分表，试验过程中，观测记录沟盖板变形值见图 2。

图 3 为钢筋钢纤维混凝土沟盖板荷载-挠度曲线。由此可以看出，钢筋钢纤维混凝土沟盖板受力过程中其变形基本上与普通的钢筋混凝土沟盖板类似。加载开始，由于荷载尚小，截面未开裂，试件表现为弹性变形特征，挠度较小，荷载-挠度曲线近似为直线。当荷载增加，跨中首先出现裂缝，沟盖板刚度发生变化，试件的挠度有突变，但变化不大，并随即稳定。随着荷载的增大，变形的增长速度较前一阶段快，这是因为受拉区混凝土部分退出工作，钢纤维发生滑移，混凝土承担的应力由钢筋和拉去钢纤维共同承担，因此构件在开裂后挠度变化不大，荷载-挠度曲线仍近似为直线关系。当荷载继续增加，钢筋将近屈服时构件表现出明显的塑性变形特征，挠度增加更快，荷载-挠度曲线逐渐形成一平滑段。钢筋钢纤维混凝土沟盖板优良的塑性变形性能，一方面由于钢筋良好的延伸率，另一方面由于钢纤维的阻裂作用。钢纤维与混凝土中的微裂缝形成裂纹桥，钢纤维承担绝大部分拉应力，从而抑制裂缝发展。

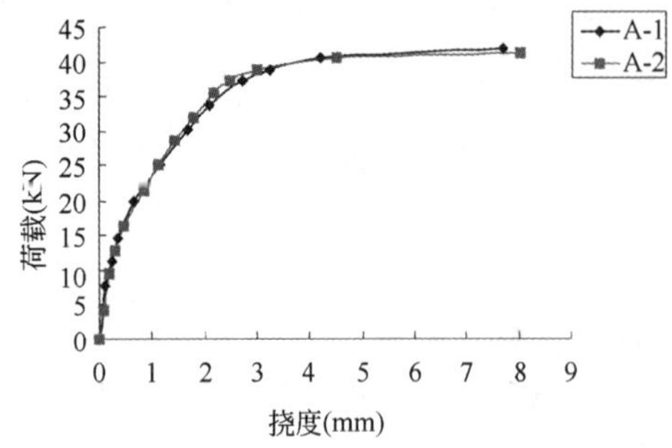

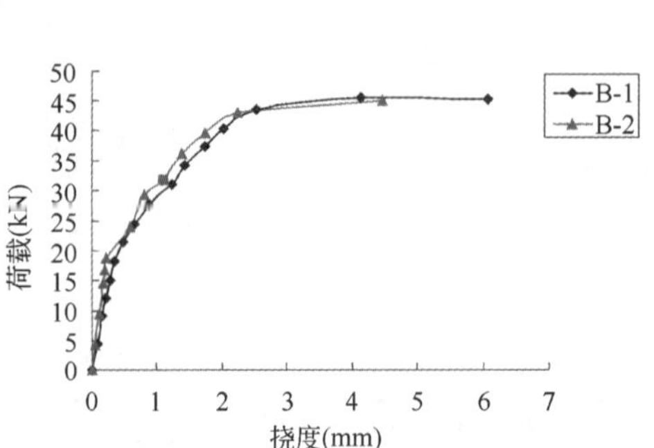

图 3　钢筋钢纤维混凝土沟盖板荷载-挠度曲线

图4为不同强度等级和钢纤维体积率的钢纤维混凝土沟盖板荷载-挠度曲线。与钢筋钢纤维混凝土沟盖板相比，纯钢纤维混凝土沟盖板几乎没有屈服阶段，而只有弹性工作阶段和下降阶段。但随着钢纤维体积率的增大，沟盖板表现出一点的屈服特性，特别是混凝土基体的强度较高（达到C50）时，沟盖板的荷载-挠度曲线有明显的水平段，说明钢纤维掺量的多少直接影响构件的塑性变形能力而混凝土基体对钢纤维的有效粘结锚固能力也直接影响到钢纤维应力发挥水平。

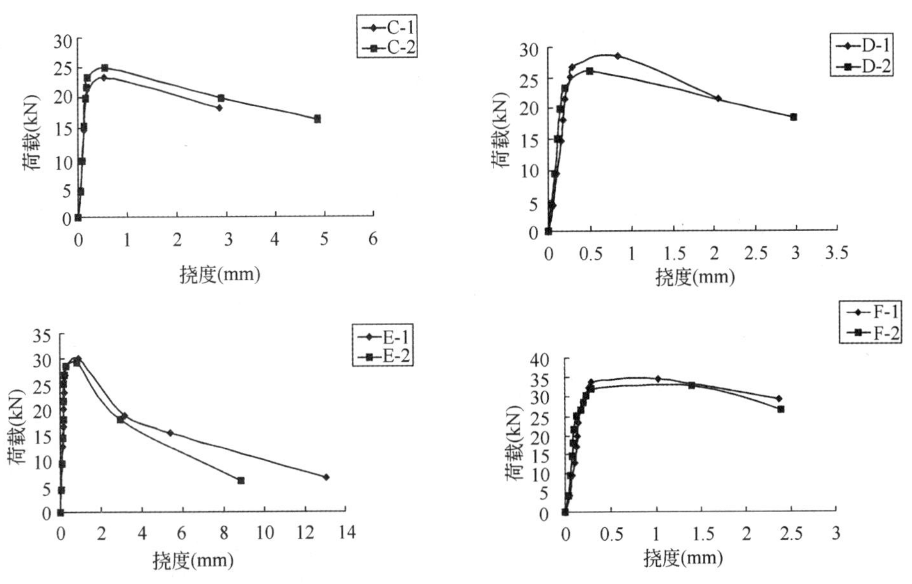

图4　钢纤维混凝土沟盖板荷载-挠度曲线

图5为强度等级C50的素混凝土沟盖板荷载-挠度曲线。素混凝土沟盖板，变形特征与一般素混凝土结构类似，仅有弹性阶段，荷载达到开裂荷载，即达到极限荷载，沟盖板发生脆性断裂。

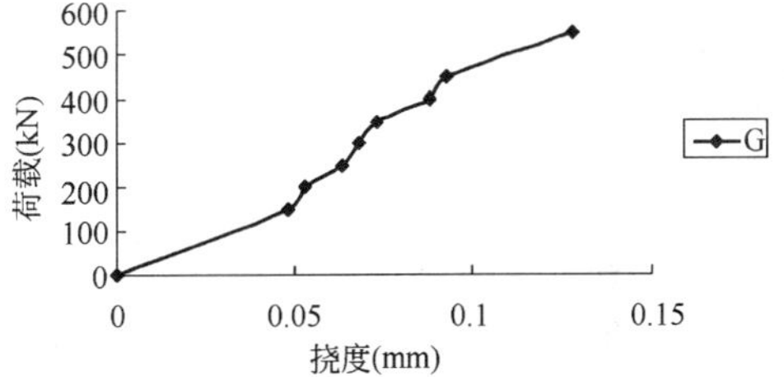

图5　素混凝土荷载-挠度曲线

通过对三种类型沟盖板的荷载-挠度曲线进行分析，可以得到如下结语：

（1）钢筋钢纤维混凝土沟盖板有优良的塑性变形能力。

（2）与普通素混凝土沟盖板相比，钢纤维混凝土沟盖板具有明显的下降段，钢纤维的掺入改变素混凝土沟盖板的破坏形态。

（3）混凝土集体强度较高（达到C50），钢纤维体积率较大（达到1.4%）时，钢纤维混凝土沟盖板的荷载-挠度曲线有两个近似线性阶段，其分界点是沟盖板的开裂荷载。

3.2　裂缝形态与破坏特征

钢筋钢纤维混凝土沟盖板裂缝出现、发展情况（图6）及破坏形态，与普通钢筋混凝土构件破坏类似。加载初始，沟盖板处于弹性阶段，达到开裂荷载（极限荷载的20%～30%）后，跨中附近首先出现弯曲裂缝。随着荷载增加，裂缝增长缓慢。荷载达到极限荷载50%～60%，1/4跨出向新裂缝②、③，当荷载达到极限荷载75%时，①、②、③号裂缝接近通缝，同时跨中附近又有产生新裂缝④、⑤，并且快速开展。达到极限荷载时，①、④、⑤号裂缝之间有相互连通的裂缝。

钢纤维混凝土沟盖板的裂缝开展情况与钢筋混凝土沟盖板明显不同，整个加载过程中，仅在跨中出现一条主裂缝，达到破坏时，跨中区域出现多条相互连通的竖向裂缝，图7为两类沟盖板裂缝实图。钢纤维混凝土沟盖板的开裂荷载与基体混凝土强度等级和钢纤维体积率有关，破坏形态类似。裂缝出现后，发展迅速很快丧失承载能力。与素混凝土沟盖板相比，钢纤维的掺入改变混凝土的破坏形态，增加了沟盖板的延性。

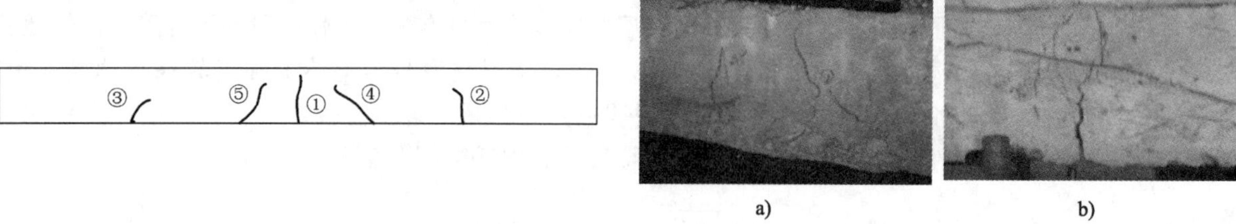

图 6 钢筋钢纤维混凝土沟盖板裂缝简图

图 7 沟盖板裂缝

沟盖板开裂荷载极限荷载及破坏特征 表 2

沟盖板编号	开裂荷载（kN）	极限荷载（kN）	破坏特征
A-1	11.2	42	沟盖板底部出现多条裂缝，压区混凝土压碎，受拉钢筋屈服
A-2	9.5	41.3	沟盖板底部出现多条裂缝，压区混凝土压碎，受拉钢筋屈服
B-1	15.1	45.5	沟盖板底部出现多条裂缝，受拉钢筋屈服
B-2	14.7	45.1	沟盖板底部出现多条裂缝，受拉钢筋屈服
C-1	19.9	23.3	跨中形成一条主裂缝
C-2	21.6	25.7	跨中形成一条主裂缝
D-1	25.1	28.5	跨中形成多条裂缝，有一条主裂缝
D-2	21.5	26	跨中形成一条主裂缝
E-1	23.4	30.1	跨中附近形成多条裂缝
E-2	25.1	29.2	跨中附近形成多条裂缝
F-1	30.2	34.4	跨中附近形成多条裂缝
F-2	26.8	32.7	跨中附近形成多条裂缝
G	18.1	18.1	脆性断裂

4 结语

（1）钢筋钢纤维混凝土沟盖板有明显的塑性性能和较高的承载能力，选用其替代传统的钢筋混凝土沟盖板是完全可行的。

（2）钢纤维混凝土沟盖板的开裂荷载与极限承载能力随着钢纤维体积率的增加而提高，钢纤维的掺入改变素混凝土沟盖板的破坏形态。

（3）当钢纤维混凝土沟盖板基体选用高强混凝土时，能够满足设计要求。

（4）采用钢筋钢纤维混凝土替代原设计钢筋混凝土沟盖板节省造价近 20%。

淮河大桥冲击成桩施工技术

王红光
中铁大桥局集团

［摘　要］　针对淮河大桥桥位处的水文地质特点，介绍了该桥钻孔桩的冲击成孔施工技术及主要施工工序和控制要点。

［关键词］　淮河　冲击钻孔　桩基　施工技术

1　工程概况

淮河大桥位于河南省信阳市甘岸镇境内，中心里程 K1＋525，桥长 934.44m，跨淮河设计为 31—30m（3×5×30＋6×30＋2×5×30）装配式部分预力混凝土连续箱梁，下部构造为三柱式单排架桥墩，肋板式桥台，钻孔灌注桩基础。桩径 0 号、31 号桥台为 1.5m，1～30 号桥墩为 1.8m，共 204 根桩，总长 6513m，C25 混凝土总计 15541.2m^3，C30 混凝土总计 558m^3，I 级钢筋 50.492t，II 级钢筋 769.734t。

本桥为大型桥梁，设计洪水频率三百年一遇，设计流量 11637m^3/s，相设计水位为 80.68m。

淮河大桥桥址位于淮河两岸冲沉积漫滩阶地，河漫发育，地势开阔，地形稍平坦。桥区岩性上部为第四系沉积层，下部主要为第三系泥质砂岩；根据勘察资料，主要地层分布如下：表层为表现松散状的粗砾砂，层厚 0～10 米；第二层为表现密实状的卵石，层厚 0～6 米；第三层为全风化～强风化的泥质砂岩，层厚约 1.2～10.3 米；第四层仍为泥质砂岩，最大厚度约 45.7m。取芯试验无侧限抗压强度最大约 5.3MPa。实施证明适于采用冲击成桩施工技术，不但节省投资，而且工效快。

2　钻孔前施工准备

淮河为季节性河流，年内降雨量集中在 6～9 月份，水流量大，水位高。其他时间水流量小，水位较低，主河道水深一般不超过 3m。淮河大桥 3～26 号墩均为水中墩，采用枯水期筑岛法施工；其他墩位于旱地。在淮河大桥桥位区上游侧填筑施工便道，筑岛与修建施工便道同时进行，施工便道宽 6m。19～21 号墩位于主河道，修建约 40m 长，宽 5m 的便道栈桥，方便在雨季正常通行。各墩位处筑岛宽约 12m，长约 38m。相临两岛之间下游侧封闭合龙（20 号、21 号墩之间除外），再把中部填筑隔开，形成泥浆池和沉淀池。填筑时注意墩中心线和桥中心线斜交角度；施工用水来源于淮河水。为满足施工用电在桥尾侧淮河岸上设 630kVA 变电站一座，桥头岸上设 500kVA 变电站一座，同时准备 250kW 的发电机 1 台，作为备用电源。

3　冲击钻孔桩基施工

3.1　工艺流程

根据本桥址地质情况，依经验比较适合采用冲击钻机成孔，正循环法施工。主要施工工序如下：人工开挖埋设钢护筒→钻机就位→冲击成孔→终孔→清孔→安放钢筋笼→灌注水下混凝土→超声波检测。冲击成桩施工具体工艺流程见《冲击成桩施工工艺框图》。

3.2　施工放样

根据施工图和布设的导线控制网在现场用满足精度要求的全站仪精确测设桩位，并在四周两个垂直方向埋设了护桩，现场用混凝土固定牢固。桩位放样后，用钢尺复核相邻桩桩距、桩位，检查无误

后，对施工班组进行测量技术交底。

3.3 钢护筒质量要求及埋设

对于 ϕ1.8m 或 ϕ1.5m 孔径的，现场均采用 ϕ2.0～2.2m 的钢护筒。钢护筒壁厚 8～10mm，长度为 2.5～3m。护筒上下平面保持平行，底面中心与顶面中心在同一铅垂线上，满足钢护筒制造的相关技术要求；钢护筒外径误差±5mm；

淮河河滩表层均为粉细砂或中粗砂，比较松散，现场采用人工开挖埋设护筒，并在护筒及四周包填黏土，分层予以夯实；护筒顶面平面位置偏差不大于 5cm，倾斜度不大于 1%；钢护筒埋设后，由项目部测量组对桩位中心进行复测，以确保钢护筒埋设位置准确。

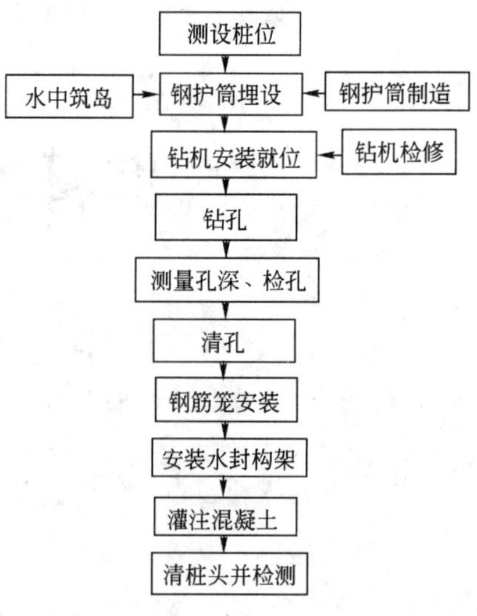

图 1　冲击成孔施工工艺流程图

3.4 泥浆设计

一定密度的泥浆在其水头压力的作用下，固定和保护孔壁不坍孔；同时能悬浮钻渣，起排渣作用；还能冷却钻头和减少钻头磨损，加快冲击速度，使钻孔得以顺利完成；

泥浆原料现场采用当地的红黏土，为提高泥浆的胶体率及黏度，加入了适量的烧碱或者碳酸钠，改善和保持泥浆性能。

搅拌好的泥浆储备在泥浆池内，供循环使用，不断得到补充和处理净化。

泥浆密度：正循环冲击冲击时，入孔泥浆密度保持 1.2～1.4g/cm^3；

黏度：入孔泥浆黏度 18～22Pa·s；

含砂率：新制泥浆不大于 4%；循环泥浆不超过 8%；

胶体率：不小于 95%；

pH 值：大于 6.5。

3.5 冲击钻孔

钻机就位前，对钻孔各项准备工作进行仔细检查。钻机安装后底座和顶端平稳，在冲击中不产生位移或沉陷。钻机的起吊滑轮、钻锥中心和钻孔中心三者在同一垂直线上；正循环开孔，先启动泥浆泵，待泥浆进入钻孔内一定数量并循环畅通后，开始慢速冲击，在深度小于 6m 以内时，保持进尺速度 0.4～0.5m/h，冲程约 1～1.5m，冲击频率开始最高达 12 次/min，逐步稳定在 5～6 次/min；待泥浆护壁正常，冲击锥全部进入卵石层后开始加速冲击，冲程提高至 2.5～3.0m，冲击频率 7～8 次/min，进尺速度 0.2～0.3m/h；当冲击锥进入强风化泥质页岩层时，冲程仍保持约 2.5m，冲击频率约 8 次/min，进尺速度约 0.3m/h；当冲击锥进入较为密实，强度较高的泥质页岩层时，冲程仍保持约 2.5m，冲击频率约 8 次/min，进尺速度下降至 0.1～0.15m/h，调整好泥浆各项指标，稳定冲击，直至达到终孔设计标高，考虑到孔底沉淀，一般比设计孔底标高加深冲击约 0.2～0.5m；在冲击过程中，对不同的地层采用不同的冲程和泥浆密度。在软土、砂土等容易坍孔的土层，采用小冲程成孔，同时提高水头，加大泥浆密度，防止坍孔；冲击过程中，经常检查钻机的水平位置、钻头直径和钢丝绳磨损情况，若钻头或钢丝绳磨损严重，及时修理或更换；钻孔时注意观察孔内泥浆面变化，是否有漏浆情况发生，始终保持孔内泥浆面高于施工水位或地下水位 2m 以上。

因故停钻时，孔口加护盖，同时将钻锥提高距孔底 5m 以上；终孔前后，严格控制泥浆指标，减少孔底沉淀；钻孔完成后，使用检孔器检查孔深，孔径和孔形倾斜度。检孔器用钢筋焊成一圆柱体，以钢筋笼骨架（包括耳环）的直径加 10cm 为外径，检孔器高度为设计孔径的 4 倍进行检孔，检孔器能平稳下放达到孔底，能顺利吊出时即为合格。

3.6 清孔

终孔后，对孔深、孔径进行检查，符合设计规范要求后方可清孔。先用掏渣桶掏除钻渣，因淘渣

法清孔只能淘取粗粒钻渣，不能降低泥浆相对密度和孔壁泥皮厚度，只能作为初步清孔，然后用换浆法进行清孔。

清孔方法：先用掏渣桶掏除孔内钻渣，然后注入新鲜泥浆采用正循环法换浆清孔。换浆时及时向孔内注入新鲜泥浆，保持孔内水头，避免坍孔。换浆清孔时间：以排出泥浆的含砂率与换入泥浆的含砂率相接近为度，一般需要1～2d时间；清孔后泥浆指标如下：密度：1.03～1.10g/cm^3；黏度17～20Pa·s；含砂率0.5～1.5；胶体率＞98%；酸碱度（pH值）：6.5～8。

在安装钢筋骨架后，灌注水下混凝土前，再次检查孔内泥浆性能指标和孔底沉淀厚度，超过规定进行第二次清孔。此时利用水封导管作为进浆管道进行换浆清孔，符合要求且孔底沉淀厚度满足规范要求后灌注水下混凝土。

3.7 钢筋笼的制作与安装

3.7.1 钢筋笼的制作

淮河大桥204根灌注桩中，桩长最大35m，最小23m。1～30号墩钢筋笼最长，均为24m；0号台钢筋笼最短，只有20.7m。为方便运输至施工现场，钢筋笼在车间均分三节进行制作，分节长度按起吊、运送条件确定最长节段长度14m。桩底部素混凝土段，为固定声测管位置，设计有一段m长的固定钢筋架，在加工车间单独制作。分节制作采用加劲圈成型法：按设计尺寸加工加劲圈，在主筋上标出加劲圈位置，用直角尺校核加劲圈与主筋的垂直度，然后进行点焊联结，在一根主筋上焊好全部加劲圈后，按图纸标示主筋间距在加劲圈上标出每根主筋位置。转动骨架，将其余主筋依次焊好，最后将螺旋筋按图纸间距绑扎在骨架上。混凝土保护层采用绑扎混凝土预制块控制，沿竖向每隔2m一道在加劲圈位置梅花形布置，圆周对称布置4个。在钢筋笼加工车间，声测管按分段长度采用三根ϕ57×3.5mm钢管按平面等边三角形布置在钢筋笼内侧，与加劲圈点焊，部分用粗铁丝与钢筋骨架绑扎牢固。

3.7.2 钢筋笼的安装

在施工现场，先将底节固定声测管的钢筋骨架对准孔位中心平稳地轻放，慢放，用两根钢管将其支撑在孔口，汽车吊机起吊中间节钢筋笼与底节骨架进行搭接焊连接。在施工现场，同时两段声测管连接处采用ϕ70×6.5mm，长80mm的套管与声测管进行周边焊，对接时保证声测管顺直。声测管底端采用80mm×80mm×10mm钢板焊牢封死，防止进入砂浆或杂物。

两节连接完毕，检查合格后在孔内下放，钢筋笼起吊点置于加强箍筋处，加强箍筋与主筋必须全部焊接，以防变形；下放就位后在孔口仍用两根钢管支撑，汽车吊机起吊顶节与下放节相焊连，保证焊缝长度和厚度。完成后根据钢筋笼在孔内的设计位置，使用与主筋同型号的4根钢筋做吊筋，与钢筋笼顶口主筋焊接。检查合格钢筋笼就位后，牢靠固定。待桩身混凝土初凝后，解除钢筋笼的固定约束，使其同混凝土一道收缩，避免黏着力的损失。

3.8 灌注桩身混凝土

3.8.1 水封混凝土的配制

水封混凝土的配合比经过试验确定，采用批复配合比如下：水泥∶粉煤灰∶砂∶石∶水∶外加剂＝1∶0.25∶2.449∶3.114∶0.622∶0.0075；试配强度取值33.2MPa，水灰比采用0.622。水泥采用驻马店确山生产的豫南牌P.042.5普通硅酸盐水泥，水泥用量为325kg/m^3；细集料采用淮河天然中粗砂，用量为796kg/m^3；碎石采用信阳南湾生产的5～31.5mm连续级配，用量为1012kg/m^3；拌和用水采用自来水，用量为202kg/m^3；通过试验采用北京翰苑生产的SF-1型高效减少剂，用量为2.436kg/m^3。试验坍落度为200mm，工作性能良好，经监理批复用于现场施工。

3.8.2 灌注水下混凝土

水下混凝土灌注采用导管法。导管采用直径26cm钢管制作，底节较长约4.0m，其他各节长度相等，均在2～2.5m左右，并有2个1m左右的调整节，满足不同深度桩基的灌注需要。接头采用带有密封圈的法兰接头，易于密封和拆装。

因导管在其他工地已长期使用过，导管使用前必须进行水密试验，承压和抗拉试验可不做。进行水密试验的压力等于最大孔深孔底静水压力的 1.5 倍，按最大孔深 35m 计，最大水密试验压力为 0.53MPa。水密试验通过后，按导管拼装顺序对各节导管进行编号，灌注混凝土前仍以此编号拼装。

水下混凝土灌注采用浮球法，球体采用篮球或足球均可，球体外径比导管内径略小 3～5cm，方便球体在混凝土压力作用下在导管内运动。浮球的作用在于将导管内混凝土与泥浆隔开，防止管内混凝土与泥浆混合产生离析，影响桩身质量。

灌注前在导管顶口安装一个大的贮料斗，贮料斗的容积 V 能保证首批填充混凝土入孔后，使导管埋置深度不小于 2m。V 计算过程如下：

$$V=\frac{2}{4}(H_1+H_2)+\frac{2}{4}h_1$$

$$=\pi\times1.83^2/4\times(0.5+2.0)+\pi\times0.26^2/4\times(35\times11/24)$$

$$=7.43(\mathrm{m}^3)$$

一切就绪后，水封前将浮球放入导管内，在导管口盖上一块铁板，该铁板用粗铁丝引出料斗外，混凝土运输到达现场后，做混凝土的坍落度试验，保证坍落度为 18～22cm。待混凝土装满料斗后，用钻架上的卷扬机将导管口的铁板取出，完成首批混凝土灌注。首批混凝土灌注，连续不断地进行，中途不得停止。测量水下混凝土面的位置用测绳吊着锤鉈进行，测绳要事先用标定过的钢尺丈量标定其尺寸，锤鉈重为 3～4kg，过重陷入混凝土内，而过轻则又浮在泥浆面沉不下去。测鉈用圆钢车制成圆锥形，锤鉈底直径为 9～12cm，高约 12～15cm；在混凝土灌注过程中，严格掌握导管的埋置深度始终控制在 2～6m。

水下混凝土在运输过程中的延续时间（从水和水泥进入搅拌机起到混凝土进入导管为止）不超过混凝土流动度保持时间的一半，并不超过 45min。混凝土全部采用混凝土搅拌车运输。

在灌注混凝土过程中，随时注意测量混凝土面的高程，并在灌注每罐混凝土时测量一至二次混凝土面高程，或根据每次混凝土灌注数量和成孔直径换算混凝土面上升高度来确定测量次数，以便掌握导管的埋入深度和是否需要提升导管；到接近设计标高时，每灌注一罐或每 5min 测量一次，测量数据精确到厘米。

为防止钢筋笼上浮，当孔内混凝土面接近或进入钢筋笼时，使导管保持稍大一点的埋深，并放慢灌注速度，以减小混凝土的冲击力；适当提升导管，使钢筋笼在导管下口有一定埋深。

在灌注混凝土过程中，拆下来的导管及时用水冲洗干净，并堆放整齐，以便循环使用。

灌注结束时，保证水下混凝土灌注顶面高出桩顶设计高程 0.5～1.0m，以便清除浮浆，确保桩身混凝土的质量。

4 结语

淮河大桥全桥 204 根钻孔桩自 2004 年 9 月 15 日开钻，至 2005 年 3 月 28 日结束。通过冲击钻孔施工技术的采用，全桥钻孔桩无损超声波检测均为 I 类桩；证明该桥位地质完全适合采用冲击钻孔的施工技术，该施工方案是可行的。

结构物台背水泥稳定风化岩填筑施工技术

杨 颖 崔自友
中铁二十局集团第二工程有限公司

［摘　要］　因地制宜选择当地强风化岩和复合硅酸盐水泥作为结构物台背填筑材料，使路基与结构物之间起到良好的连接作用，既节约成本，又加快了进度，取得了比较好的效果，介绍结构物台背填筑水泥稳定风化岩特点、施工方法及注意事项。

［关键词］　高速公路　结构物台背　水泥稳定风化岩　施工工艺

1　引言

信南高速公路信泌段土建 No8 合同段起讫里程为 K63＋200～K71＋000，全长 7.890163km（包括改线增长 90.163m），路线所经过区域为侵蚀低山丘陵地带，地形起伏较大，挖方地段较多。上部浅层地基土以第四系全新统黏性土为主，中部低山垄岗区大部岩石出露，出露岩石为元古代全～强风化片麻岩及斜长角闪片岩，风化覆盖层厚度变化大。下部多为中生界、元古界全风化～强风化各期基岩。

2　台背回填方案

本标段路堑风化材料挖方较多，为减少弃方，保护环境，合理利用当地资源，台背回填材料采用全～强风化岩掺水泥，为延长水泥稳定风化岩施工时间，保证施工质量，水泥采用初凝时间较长的 32.5 级复合硅酸盐水泥，台背下路床（包括下路床）以下采用掺 3％的水泥，上路床部分采用掺 5％的水泥；锥坡部分填料采用强风化石掺 3％水泥。

3　施工工艺

施工准备—松铺布料—摊铺整平—初压—翻拌与洒水—摊铺水泥—拌和—灰剂量检测—碾压—压实度检测—养生。

3.1　施工准备

3.1.1　地基处理

各结构物根据现场地质情况进行地基处理，若基底为土质且含水量较大或地基承载力较低时，采用换填开山石渣（强度不小于 30MPa）或碎石等进行处理，确保地基承载力符合要求。

3.1.2　施工放样

首先根据设计图纸用全站仪将台背、台前及锥坡范围在现场定位，将回填范围用白灰线明显在实地标示出来，为保证边部压实质量，防止雨水冲毁，标示时周围各加宽 50cm，其次在桥涵肋板（立柱、台身）处按 15cm（压实厚度）一层用记号标出每层回填的位置，并标明层数。

3.2　松铺布料

根据台背回填试验段结语，现场松铺厚度控制在 18cm 左右，松铺系数为 1.2，压实厚度控制在 15cm 左右。自卸车卸料时，应根据车容量和填筑厚度按网格法卸料，自卸车每车容量为 $14m^3$，每车可摊铺面积为 $14 \div 0.18 = 77.8m^2$。其卸料顺序为由左至右，用推土机慢慢推送到准确位置，料堆距离要适当，防止过密或过稀。

3.3　摊铺整平

用 T140 推土机在布好的风化岩摊铺整平。整平由一侧至另一侧横向进退式进行，由人工配合将大块及硬度较大的风化石捡走，保证拌和机拌和均匀。由于强风化岩石天然含水量较低，为保证水泥岩的含水量，整平后及时洒水使风化岩石含水量符合要求。

3.4 初压

整平后用压路机进行初压，先用压路机进行静压一遍，再振动碾压一遍，碾压时先慢后快，以免表层松土被推走。初压目的是将部分小块风化石压碎，保证拌和机施工顺利、拌和均匀。

3.5 翻拌与洒水

压路机静压一遍后，用拌和机对填料进行翻拌一遍，将未压碎的大块风化石捡走，翻拌时及时检测填料含水量，若风化石的含水量的较小时，适当予以洒水，含水量大时予以晾晒，此时含水量应控制在水泥土最佳含水量+2%～+3%之间，以保证其掺灰后的含水量符合要求，每方压实水泥土含水量增加1%需洒水量（t）=该水泥土的击实标准（t/m^3）×1（m^3）×96%×1%，翻拌完成后，再用压路机静压一遍和平地机初平一遍，详见图1。

3.6 摊铺水泥

平地机初平后，使其表面平整，根据水泥掺量和压实控制厚度计算出每包水泥可摊铺的面积 S，S（m^2）=0.05（t）÷［该水泥土的击实标准（t/m^3）×96%×3%（或5%）×0.15（m）］，用石灰在底层做安放每袋水泥的标记，并画出摊铺水泥的边线，水泥用汽车直接送到摊铺路段，打开水泥袋将水泥倒在路基上用刮板将水泥均匀摊开，并注意使每袋水泥的摊铺面积相等并等于计算面积，详见图2。

图1　平地机初平

图2　摊铺水泥

3.7 拌和

先用拌和机将铺好水泥的风化石料翻拌两遍，使水泥分布在风化石中，第一遍不翻拌到底，以防止水泥落到底部，第一遍由内侧开始，同时机械应慢速前进；第二遍相反由外侧开始，接着用拌和机再拌和两遍后，并随时检查和调整翻拌深度，使水泥土全部翻透；在此过程中，人工配合将机械拌和不到的地方翻拌均匀，详见图3。

拌和结束后，及时检测混合料的含水量，含水量不够时用洒水车进行洒水补湿，拌和机应紧跟在洒水车后面进行拌和，并随时快速检测含水量，水分较最佳含水量大1%～2%，以补偿施工过程中水分蒸发，并有利于减轻延迟时间的影响，在施工中，人工配合捡出大块的风化岩石，当混合料没有灰条、灰团和花面时，没有粗细颗粒“窝”，则已拌和均匀。然后对填筑层的松铺厚度、灰剂量和含水量进行检查，符合要求后，用平地机进行精平，局部料不够时用人工补平，精平后方可进行碾压。

3.8 碾压

当混合料处于最佳含水量+1%～2%，且灰剂量合格后，即可进行。

压实机具先轻后重，先静压一遍，速度控制在1.7km/h，再振动碾压，振动力由弱到强，以适宜土体强度增长。

振动碾压速度应先慢后快，最大速度不宜超过3km/h，以免松土被推走，第一、第二遍微振速度为2km/h，第三、第四遍强振速度为2.5km/h，第五遍强振速度为3km/h，最后一遍光面速度宜慢，采用1.7km/h。

压实机具工作线路要合理，碾压时由内侧向外侧，横向进退式进行，压路机前后两次碾压重叠不少于压实宽度的1/3（0.4～0.5m），确保压实均匀，做到不漏压、无死角，详见图4。

图3 路拌机拌和

图4 碾压

3.9 压实度检测

据试验段结语，水泥土振动碾压第五遍即可满足96%压实度的要求，为了防止表面松散，再用压路机静压光面一遍，静压后采用灌砂法测定压实度，采用烘干法测定含水量。

3.10 整修、养生

填筑完毕后，严格按照设计尺寸施工整修，采用人工挂线清刷夯拍，整修后要达到坡面平顺稳定，不亏坡，曲线圆滑等要求，整修后立即进行洒水养护，确保水泥稳定风化岩强度增长。

4 施工注意事项

填料中不得含有草皮、树根等杂物及生活垃圾。

由于场地狭小、死角较多，为保证回填质量，在碾压过程中，应人工配合局部翻拌，找平，小型夯机夯实，并尽量不要损坏结构物。

水泥土的表面应始终保持湿润，如表面水分蒸发得快，应及时补洒少量水。如有“弹簧”、松散、严重裂纹等现象，应及时翻开重新拌和。

强风化岩石的天然含水量（7%左右）一般低于掺灰前所需要的含水量，且透水性差，水分散失快，如果摊铺后再洒水，所用时间长，且水分不易均匀，表层水分过多，下层水分不足，需进行多次拌和，故采用在挖方段上料时浇洒水的方法，以加快施工进度，缩短施工周期。

台背回填的质量直接关系到竣工后行车的舒适与安全，应严格控制分层厚度和压实度，应设专人负责监督检查。

5 结语

结构物台背是高速公路施工的重要内容之一，其回填质量直接影响到通车后的司乘人员的安全及舒适性，应因地制宜地选择经济、合理、实用的回填材料，确保高速公路的稳定和高速行车的安全，我标段全线结构物较多，共计27座结构物，结构物台背回填采用水泥稳定风化岩材料，施工后经检测弯沉值普遍较小，达到了预期的目的，取得了良好的社会效益和经济效益。

连续梁桥悬臂浇注的施工测量与控制

赵 阳 王 沛

中国路桥集团第一公路工程局第一工程公司 河南省信阳至南阳高速公路有限公司

[摘 要] 根据理论计算和施工过程中对主梁挠度和线形的测量，对施工过程中各节段梁体的标高得到有效的控制。为连续梁桥悬臂浇注的安全施工和合理成桥状态提供技术依据。

[关键词] 悬臂浇注 预应力连续箱梁 挠度 测量控制

1 工程概况

白河特大桥（主桥）是信阳至南阳高速公路上的一座特大型桥梁，位于南阳市西郊，该桥起止桩号为 K175+399.9～K176+990.1，全长 1590.2m。其中主桥为主跨 100m 的预应力混凝土变截面连续箱梁，其跨径组合为 56+3×100+56m，节段划分情况是 0 号、1 号段 10m，2～6 号段 2.5m，7～15 号段 3.5m，边跨 4.76m，合龙段 2m。采用分离式整体断面，双幅布设，半幅桥采用单箱单室箱形截面，采用斜腹板形式，腹板倾斜高宽比为 5∶1。箱梁根部高 5.8m，高跨比为 1/17.24；跨中梁高 2.5m，高跨比为 1/40。梁高从距墩中心 2.0m 处到跨中合龙段由 5.8m 到 2.5m 按照二次抛物线变化。箱梁顶板宽 16.75m，底板根部宽 6.53m，跨中宽 7.85m。主桥现浇箱梁除墩顶 0 号块设两个厚 70cm 的横隔板及边跨端部设厚 120cm 的横隔板外，其余部位均不设横隔板，并且全桥箱梁采用三向预应力体系。

2 施工控制的内容和目的

桥梁施工控制的目的就是确保施工中结构的安全和确保结构形成后的外形和内力状态符合设计要求。

对于悬臂浇注施工的预应力混凝土连续梁桥，施工控制就是根据施工监测所得的结构参数真实值进行施工阶段的仿真分析，确定出每个悬臂浇筑阶段的立模标高，并在施工过程中根据施工监测的成果对误差进行分析、预测和对下一立模标高进行调整，以此来保证成桥后桥面线形、合龙段两悬臂端标高的相对偏差不大于规定值，以及结构内力状态符合设计要求。

3 施工控制网的建立

3.1 墩顶测量和基准点的设立

利用大桥沿线的施工控制网点，用全站仪测出墩顶测点的三维坐标，将墩顶标高值作为主梁高程的水准基点（每墩的 0 号块边）。每一墩顶布置一个水平基准点和两个轴线基准点，做好明显的红色标识，对于主桥施工控制网应至少每月进行一次联测（控制网见图 1）。

3.2 主梁挠度、轴线和主梁顶面高程的测量

对于连续梁桥施工监控来说，测试主梁控制断面的标高及其变化规律也是一个重要内容。标高测试也可采用水准仪读数法，可由施工单位测量完成，并由监理认可。

（1）测点布置

根据连续梁桥悬浇施工的特点，每次浇筑一个节段梁，每个悬臂施工节段均为测试断面，考虑到箱梁可能发生扭转变形，每个断面布置 6 个高程测点和和两个轴线点，测点用短钢筋长约（32～42cm）距该节段前端 10cm 处，钢筋头外露桥面（3～5cm）并用红色油漆标明（见图 2）。

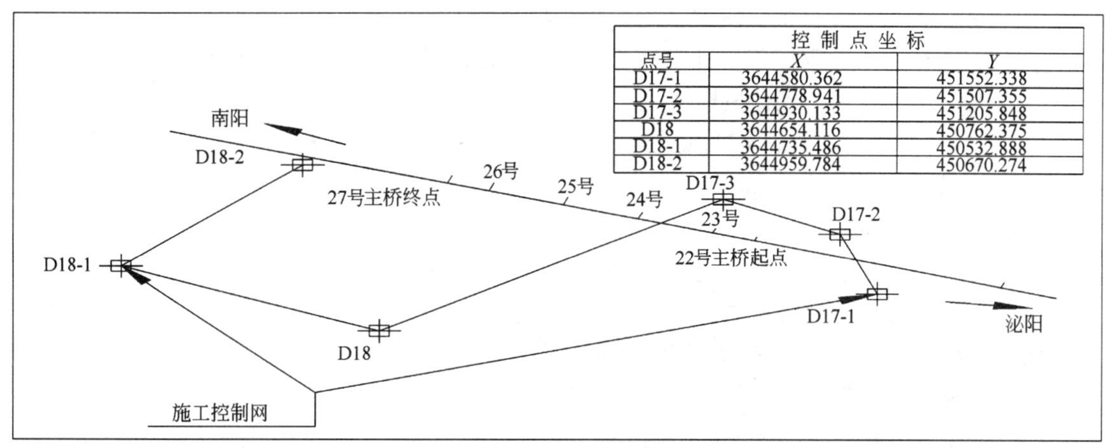

控制点坐标		
点号	X	Y
D17-1	3644580.362	451552.338
D17-2	3644778.941	451507.355
D17-3	3644930.133	451205.848
D18	3644654.116	450762.375
D18-1	3644735.486	450532.888
D18-2	3644959.784	450670.274

图 1　测量控制网

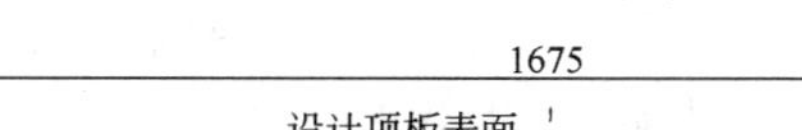

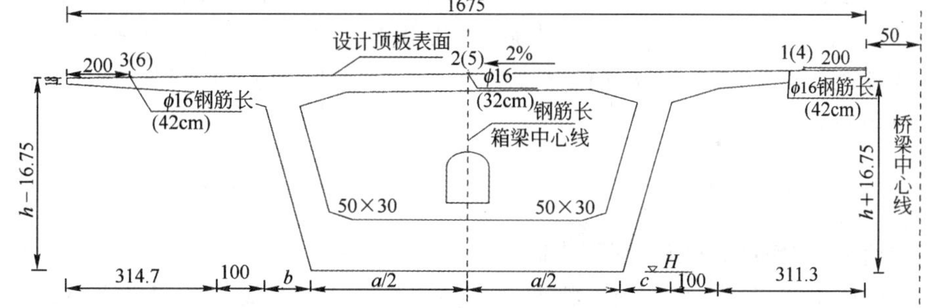

图 2　箱梁钢筋头测点布置示意图（单位：cm）

注：括号内编号为桥梁前进方向梁端钢筋头编号

（2）测试方法、工况

标高用水准仪进行测量，根据各节段施工次序，每一节段按三种工况（即当前节段钢筋绑扎完成后、混凝土张拉前后的钢筋头高程值、测点处桥面高程值）对主梁挠度进行平行独立测量，相互校核。轴线使用全站仪和钢尺等进行测量，采用测小角法或视准法直接测量其前端偏位。视准时，将轴线后视点引至过渡墩，用远点控制近距离点。在主梁顶面混凝土高程测量过程中，同一截面测 6 个点，根据其横坡取其平均值，这样可得到主梁顶面的高程值。同时，在不同工况下，由观察得到的主梁挠度（反拱）变化值，与监控单位给定立模标高（含预拱度）立模的高程值，也可得到主梁顶面的高程值，两者比较后，可检验施工质量。在节段张拉后，测第 n 号块钢筋头高程时，同时应对前面所有块此时的对应钢筋头（桥面）高程值进行测量。

（3）观测时间与项目

为尽量减少温度的影响，挠度的观测安排在早晨太阳出来之前进行。在整个施工过程中主要观测内容包括：立模、混凝土浇注前后、预应力张拉前后及挂篮拆除后、边（中）跨合龙前后、最终成桥前的各项标高值。以这些观测值为依据，进行有效地施工控制。

3.3　主梁立模标高的确定及测量

（1）立模标高的确定

桥梁标高监控是以实际施工情况为依据，比较实际观测变形和理论计算变形对结构进行监测，修正理论模型来消除理论与实际的偏差以便掌握结构的实际变形规律，通过调整立模标高来对桥梁标高进行控制。

（2）立模标高

在主梁的悬臂浇筑过程中，梁段立模标高的合理确定，是关系到主梁的线型是否平顺，是否符合设计的一个重要问题，如果在确定立模标高时考虑的因素比较符合实际，而且加以正确的控制，则最终桥面线型较好。否则，最终桥面线型会与设计线型有较大的偏差。

众所周知，立模标高并不等于设计中桥梁建成后的标高，总要设置一定的预拱度，以抵消施工中产生的各种变形（挠度）。其计算公式如下：

$$H_{lmi}=H_{sji}+\sum f_{1i}+\sum f_{2i}+f_{3i}+f_{4i}+f_{5i}+f_{qi}$$

式中：H_{lmi}——i 节摸板的立模标高；

H_{sji}——i 节摸板的设计标高；

$\sum_{f1i}$——各节梁自重在 i 节段产生的挠度总和；

$\sum_{f2i}$——由张拉各节段预应力在 i 节段产生的挠度总和；

f_{3i}——混凝土收缩徐变在 i 节段产生的挠度总和；

f_{4i}——施工临时荷载在 i 节段产生的挠度；

f_{5i}——使用荷载在 i 节段产生的挠度；

f_{qi}——挂篮变形值。

其中挂篮变形值是根据挂篮加载试验，综合各项测试结果，最后绘制出挂篮荷载—挠度曲线，进行内插而得。而$\sum f_{1i}$、$\sum f_{2i}$、f_{3i}、f_{4i}、f_{qi}五项在前进分析和倒退分析计算中已经加以考虑，倒退分析输出结果中的预抛高值 H_{ypgi} 就是这五项挠度的总和。那么式（1）可改写为：$H_{lmi}=H_{sji}+H_{ypgi}+f_{qi}$预计标高的计算公式为：

$$H_{yji}=H_{lmi}-f_{qi}-f_{i}$$

式中：H_{yji}——i 节段预计标高；

f_{i}——块件浇注完后，i 节段的下挠值。

但是，实际的施工状态与理想的施工状态是有差别的，这就是说，如果按照计算的预抛高值施工，最终成桥状态不一定是理想的状态。这时，具有反馈控制的实时跟踪分析系统就是实现桥梁结构施工控制的关键。通过卡尔曼滤波器预告出各个阶段的实际状态值，再有最后的最优控制，结合实际观测值，得出最优调整方案，最终完成整个控制过程。

（3）立模标高的测量

一般地说，底板底模板选三个特征位置，顶板底模板选十个特征位置（顶板 7 个点，底板三个点），见图 3。

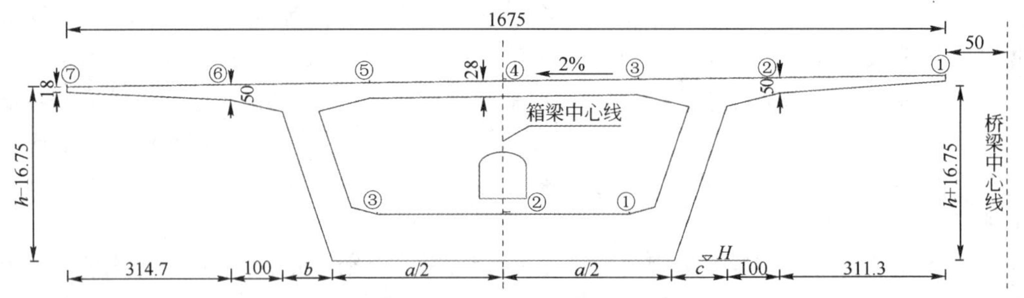

图 3　箱梁立模标高示意图（单位：cm）

用精密水准仪测量立模标高，立模标高的测量应避开温差较大的时段。施工单位立模到位、测量完毕后，监理单位对施工各节段的立模标高进行复测。

（4）同跨两边对称截面相对高差的直接测量和多跨线形的通测

当两边施工节段相同时，对称截面的相对高差可直接进行测量和分析比较。当施工节段不同时，对称节段的相对高差不满足可比性，此时，可选择较慢的一边最末端截面和较快的一边已施工的对应截面作为相对高差的测量对象。在测量过程中，同一对称截面可测多点，根据其横坡取其平均值，可得到对称截面的对应点的相对高差。除保证各跨线形在控制范围内外，主梁全程线形应定期或不定期进行通测，确保全桥线形的协调性。

(5) 挂篮及模板定位误差

由于挂篮是一个庞大的结构物，加上挂篮本身刚度的影响，实际施工时挂篮位置很难做到与设计一致。挂篮模板定位包括外模板和内模板的定位，外模板决定了梁底标高，而内模板决定了桥面的标高。

挂篮定位是控制主梁标高最重要也是最直接的手段，定位时只要态度认真，并且挂篮在设计上是合理的，挂篮定位误差能够控制在允许范围以内。

4 现场测设

为了确保施工控制的顺利实施，施工过程中各项技术参数的准确测定至关重要，它是进行施工控制的必要初始参数，它为施工的仿真分析提供了实测依据，是最终实现施工控制目的的最关键的一步。以下介绍白河特大桥现场测设的内容及结果。

4.1 挠度观测

挠度观测资料是控制成桥线形最主要的依据。根据以往的经验，在每个施工块件上布置 6 个对称的高程观测点 1、2、3、4、5、6，顺序是从上游至下游，其中控制点 2 和 5 为箱梁中心线，这样不仅可以测量箱梁的挠度，同时可以观察箱梁是否发生扭转变形。在施工过程中，对每一节段需进行立模、混凝土浇注前、混凝土浇注后、预应力筋张拉前、张拉后的标高观测，以便观察各点的挠度及箱梁曲线的变化历程，及时为下一段的立模标高做出调整，保证箱梁悬臂端的合龙精度及桥面线形。由于现场测量数据太多，现仅将挂篮拆除后 25 号、26 号墩各节点的实际标高列于表 1、表 2。

各节点标高（25 号墩）　　表 1

图纸节点	信阳方向			图纸节点	南阳方向		
	测点 1	测点 2	测点 3		测点 4	测点 5	测点 6
68	130.550	130.440	130.324	86	130.545	130.412	130.278
69	130.576	130.489	130.350	87	130.506	130.390	130.262
70	130.611	130.498	130.366	88	130.530	130.405	130.275
71	130.618	130.516	130.400	89	130.530	130.386	130.272
72	130.677	130.572	130.430	90	130.525	130.424	130.306
73	130.698	130.605	130.446	91	130.523	130.433	130.278
74	130.696	130.586	130.450	92	130.500	130.380	130.260
75	130.728	130.620	130.466	93	130.458	130.350	130.250
76	130.768	130.639	130.504	94	130.461	130.344	130.218
77	130.778	130.676	130.558	95	130.466	130.322	130.196
78	130.795	130.696	130.565	96	130.441	130.311	130.177
79	130.816	130.698	130.569	97	130.434	130.287	130.174
80	130.833	130.706	130.580	98	130.412	130.273	130.157
81	130.844	130.713	130.566	99	130.408	130.257	130.115
82	130.821	130.737	130.607	100	130.386	130.262	130.122

各节点标高（26 号墩）　　表 2

图纸节点	信阳方向			图纸节点	南阳方向		
	测点 1	测点 2	测点 3		测点 4	测点 5	测点 6
101	130.362	130.250	130.124	119	129.835	129.720	129.615
102	130.338	130.207	130.104	120	129.822	129.711	129.582
103	130.318	130.199	130.044	121	129.810	129.695	129.555

续上表

图纸节点	信阳方向			图纸节点	南阳方向		
	测点 1	测点 2	测点 3		测点 4	测点 5	测点 6
104	130.278	130.151	130.001	122	129.799	129.666	129.544
105	130.239	130.115	129.984	123	129.775	129.640	129.519
106	130.223	130.105	129.974	124	129.747	129.610	129.495
107	130.182	130.059	129.956	125	129.706	129.571	129.430
108	130.162	130.038	129.906	126	129.679	129.530	129.375
109	130.121	129.995	129.876	127	129.648	129.503	129.378
110	130.101	129.972	129.848	128	129.674	129.460	129.330
111	130.073	129.949	129.820	129	129.530	129.406	129.271
112	130.066	129.930	129.787	130	129.477	129.357	129.240
113	129.993	129.876	129.740	131	129.463	129.319	129.177
114	129.992	129.842	129.700	132	129.415	129.271	129.156
115	129.938	129.811	129.692	133	129.376	129.252	129.120

从表中可以看出：

合龙时两个合龙段的相对高差为 12mm，两者之差在规范之内，合龙时不需要进行压重和纠偏，可以直接合龙。更好地说明立模标高的计算模式合理，具有很强的实用性，保证了成桥后桥面线型平顺。

4.2 线形监测

根据施工进度，我单位的施工立模标高有监控单位提供。目前据已完成的情况来看，实测桥面标高基本控制在要求的精度范围以内，现阶段 25～26 号主要线形控制结果见附图 4 和图 5。次跨合龙段梁底缘设计标高与实测标高对比图见图 6。

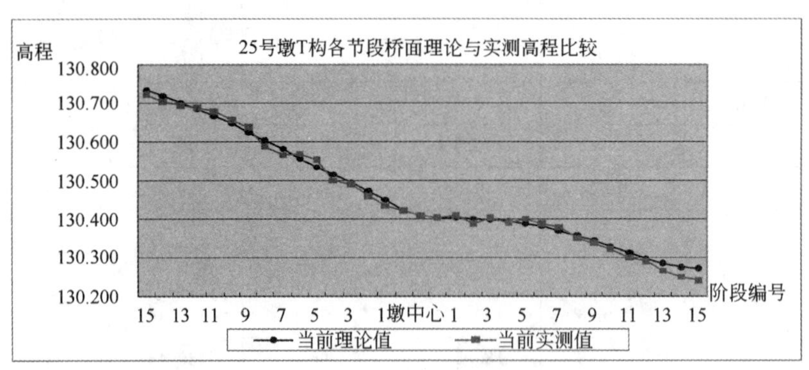

图 4　25～26 号墩主要线形控制结果

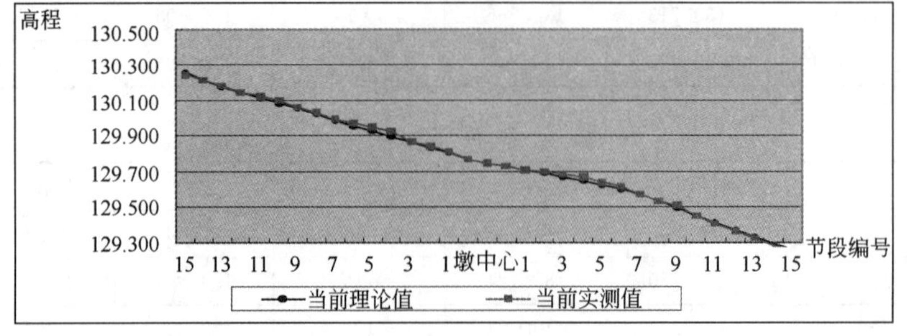

图 5　26 号墩 T 构各节段桥面理论与实测高程比较

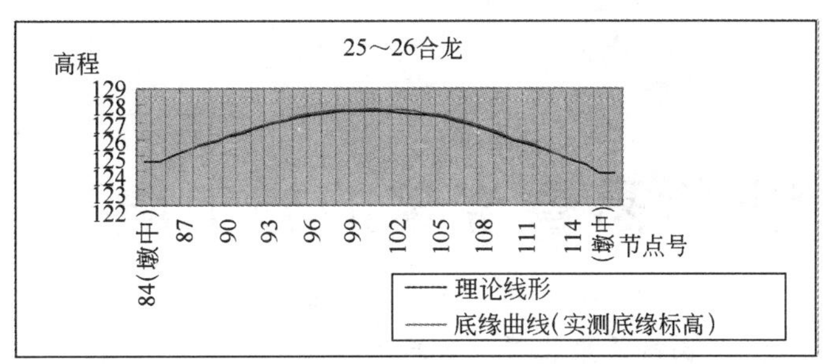

图 6　2 次边跨合龙梁底设计标高与实测标高对比图

从图中可以看出，各块件的实际标高与预测标高的变化趋势大致相同的，实际标高是围绕着预测标高上下波动的，当施工到最大悬臂状态时（即施工完 15 号块），实际标高总是与预测标高趋势一致。

5　施工控制的措施

（1）在悬臂施工过程中，对挠度和施工标高进行施工精密测量。

（2）悬臂施工按照对称平衡的原则进行施工，施工过程中应随时注意两悬臂不得出现不平衡荷载。

（3）施工进度以及确切的预计合龙时间分别考虑各个部分混凝土的徐变变形。

（4）在每节段施工结束后，及时向监控单位提供该节段的实测标高、有关数据，以便核对。使监控单位及时准确地给出下一节段的立模标高。

6　结语

（1）标高是悬臂浇筑施工的主要控制内容之一。通过调整变形来确定立模标高，可以达到标高控制的目的。

（2）确保了施工过程中结构的可靠度和安全性，保证了桥梁变形、梁段的挠度变化和结构的应力状态符合设计要求。

（3）通过监测与施工控制，施工工艺参数更具合理性，为合理成桥状态提供技术依据。

（4）收集施工和成桥试验全过程的信息，为桥梁结构理论、桥梁科学研究和发展奠定基础。

连续梁桥悬臂浇筑的施工质量控制

孙亚刚　王宝善　王春江

中国路桥集团第一公路工程局第一工程公司

［摘　要］　大跨径多跨连续梁桥悬臂浇筑时，挠度和外观质量控制的好坏直接影响到连续梁成桥后正确使用下的线形及美观。文章从这两个方面阐述一下挂篮悬臂施工时的控制要点。

［关键词］　连续梁桥　悬臂浇注　挠度　外观质量　控制

1　工程概况

我公司承建的上武高速公路——信南项目土建第十合同段白河特大桥，白河特大桥主桥是泌阳至南阳高速公路上的一座特大型桥梁，位于南阳市西郊，该桥起止桩号为 K175＋399.9～K176＋990.1，全长 1590.2m。其中主桥为主跨 100m 的预应力混凝土变截面连续箱梁，其跨径组合为 56＋3×100＋56m，节段划分情况是 0 号、1 号段 10m，2～6 号段 2.5m，7～15 号段 3.5m，边跨 4.76m，合龙段 2m。采用分离式整体断面，双幅布设，半幅桥采用单箱单室箱形截面，采用斜腹板形式，腹板倾斜高宽比为 5∶1。箱梁根部高 5.8m，高跨比为 1/17.24；跨中梁高 2.5m，高跨比为 1/40。梁高从距墩中心 2.0m 处到跨中合龙段由 5.8m 到 2.5m 按照二次抛物线变化。箱梁顶板宽 16.75m，底板根部宽 6.53m，跨中宽 7.85m。主桥现浇箱梁除墩顶 0 号块设两个厚 70cm 的横隔板及边跨端部设厚 120cm 的横隔板外，其余部位均不设横隔板，并且全桥箱梁采用三向预应力体系。

2　悬臂浇筑施工的挠度控制

在悬臂浇筑混凝土的过程中，每一节段给出一个合适的预抛高，对于连续梁桥的合龙精度和运营状况下的线形有着重要的意义，影响连续梁桥悬臂浇筑预抛高的就是施工过程中挠度的控制，以下就几个主要的影响挠度控制的因素作一些简要分析。

2.1　挂篮前移的立模标高

在悬臂浇筑混凝土施工过程中，由于设计参数，施工工艺（包括截面尺寸误差引起的恒载误差），测量误差的影响，使每个挂篮悬臂浇注过程中标高都存在误差，因此不断的调整其误差，使实际的桥梁施工过程中的每一个状态都控制在理想的线形范围内，必须对立模标高进行不断的调整。

立模标高的确定：调整立模标高，是为了设一个预留抛高，用来抵消施工中由于挂篮体系变形、混凝土自重、施工中的临时荷载、混凝土的收缩徐变、体系转换的支座变形、温度影响等引起的各种挠度。其公式如下：

$$H_{lmi}=H_{sji}+\sum f_{1i}+\sum f_{2i}+f_{3i}+f_{4i}+f_{5i}+f_{qi}$$

式中：H_{lmi}——i 节摸板的立模标高；

H_{sji}——i 节摸板的设计标高；

$\sum f_{1i}$——各节梁自重在 i 节段产生的挠度总和；

$\sum f_{2i}$——由张拉各节段预应力在 i 节段产生的挠度总和；

f_{3i}——混凝土收缩徐变在 i 节段产生的挠度总和；

f_{4i}——施工临时荷载在 i 节段产生的挠度；

f_{5i}——使用荷载在 i 节段产生的挠度；

f_{qi}——挂篮变形值。

由于 f_{1i}、f_{2i}、f_{3i}、f_{4i}、f_{5i}即是设计的预拱度 f_Y，因此上式可简化为

$$H_{lmi} = H_{sji} + f_Y + f_{qi}$$

混凝土浇注后模板标高为

$$H_{yji} = H_{lmi} - f_i - f_{qi}$$

式中：H_{yji}——块件浇注后的预计标高；

f_i——块件浇注后该节段的下挠值。

2.2 挂篮体系的变形

挂篮体系的变形一般是由挂篮体系在混凝土重量下的弹性变形及挂篮系统各连接杆件因松动而引起的几何变形组成的。挂篮体系的弹形变形可以通过拼装的挂篮按设计荷载加安全系数进行试压，以求得挂篮在不同荷载下的变形挠度值。试压的荷载作用在底篮上，应按混凝土浇注重量分级加载，每一级加载后，必须及时检查各杆件的连接情况和工作情况，及时作出是否继续加载的结语，如第一次加载后情况良好，再继续加载，直至最大荷载的 1.2～1.3（安全系数）倍，最后逐级卸载至零，直到非弹性变形全部消失为止。

模拟施工现场情况，将荷载全加在底模系统上，具体的加载数量和程序如下：

一载：50％——60t；持荷 120min，测量位移

二载：75％——90t；持荷 120min，测量位移

三载：100％——120t；持荷 120min，测量位移

四载：120％——150t；持荷 120min，测量位移

卸载：100％——120t；持荷 120min，测量位移

卸载：75％——90t；持荷 120min，测量位移

卸载：50％——60t；持荷 120min，测量位移

卸载：0％——0t；持荷 120min，测量位移

挂篮施工现场见图 1。

图 1　白河特大桥挂篮施工掠影

数据整理，得出 100％的位移与卸载后的位移差作为控制计算基础。

通过挂篮预压可以知道挂篮体系的弹性变形，在施工控制过程中对于悬臂浇筑过程中的预抛高起着至关重要的作用。

2.3 混凝土浇筑后的标高

在悬臂浇注完每一节段混凝土后，就等于连续梁又增加了一个恒载，它对已浇注好的连续梁的每一节段的标高都会产生影响，所以在混凝土浇筑后对梁体的每一节段标高测量非常重要，其一它能及时地反映出挂篮加载后的沉降量；其二是通过标高测量来及时调整施工预抛参数，优化节段的预抛值，以便得到一个更加合理的线形。

2.4 预应力张拉后的标高

在悬臂浇注完每一节段混凝土后，都要对其进行预应力张拉、锚固，等于给连续梁又增加了一个预加外力，每施加一段预应力，对连续梁每一节段的标高都会产生影响，所以预应力张拉后对梁体每一节段的标高测量都非常重要，其一通过预应力张拉前后的标高变化及时调整预抛参数，给出合理的节段的预抛值。其二通过预应力张拉前后的测量能及时发觉已成梁段标高的变化，及时调整每一节段的合理标高，以便连续梁成桥后得到一个更加合理的线形。

2.5 预加高的调整

在悬臂浇注每一节段混凝土的同时，要同时考虑到施工中的临时荷载、混凝土的收缩徐变、体系转换的支座变形等方面而设置的预抛高的一部分，这一标高可参照同一类型连续梁桥（跨度、支座）而定。

挂篮加载			加载段		卸载段				
			75%（90）	100%（120）	120%（150）	100%（120）	75%（90）	50%（60）	0%（0）
南阳侧	尾点	3	1.074	1.07	1.07	1.07	1.071	1.067	1.066
		4	1.065	1.063	1.065	1.065	1.067	1.062	1.06
	中支点	5	1.477	1.476	1.495	1.495	1.496	1.493	1.495
	主梁 1	6	1.537	1.531	1.529	1.532	1.536	1.537	1.545
	横梁边 1	7	1.716	1.706	1.706	2.084	2.091	1.713	1.725
	横梁中 1	8	2.078	2.074	2.07	2.073	2.08	2.08	2.095
	横梁中 2	9	2.337	2.033	2.034	2.036	2.044	2.045	2.06
	横梁边 1	10	1.654	1.657	1.654	2.031	1.656	1.661	1.678
	主梁 2	11	1.463	1.466	1.463	1.466	1.471	1.47	1.483
	中支点 2	12	1.491	1.489	1.491	1.49	1.492	1.489	1.492
	尾点	13	1.093	1.091	1.087	1.088	1.091	1.086	1.084
		14	1.093	1.089	1.09	1.09	1.09	1.086	1.084
			75%（90）	100%（120）	120%（150）	100%（120）	75%（90）	50%（60）	0%（0）
泌阳侧	尾点	15	1.092	1.087	1.089	1.086	1.088	1.084	1.082
		16	1.089	1.084	1.084	1.085	1.086	1.08	1.08
	中支点 1	17	1.451	1.45	1.449	1.449	1.45	1.447	1.45
	主梁 1	18	1.433	1.423	1.418	1.42	1.426	1.429	1.439
	横梁边 1	19	1.602	1.598	1.569	1.964	1.598	1.596	1.613
	横梁中 1	20	1.971	1.963	1.954	1.959	1.967	1.968	1.986
	横梁中 2	21	1.955	1.953	1.949	1.955	1.957	1.959	1.973
	横梁边 1	22	1.578	1.578	1.555	1.96	1.573	1.581	1.592
	中支点 2	23	1.397	1.396	1.394	1.395	1.4	1.4	1.411
	主梁 2	24	1.433	1.431	1.429	1.431	1.429	1.429	1.431
	尾点	1	1.073	1.061	1.064	1.062	1.064	1.061	1.058
		2	1.073	1.065	1.066	1.065	1.066	1.063	1.061

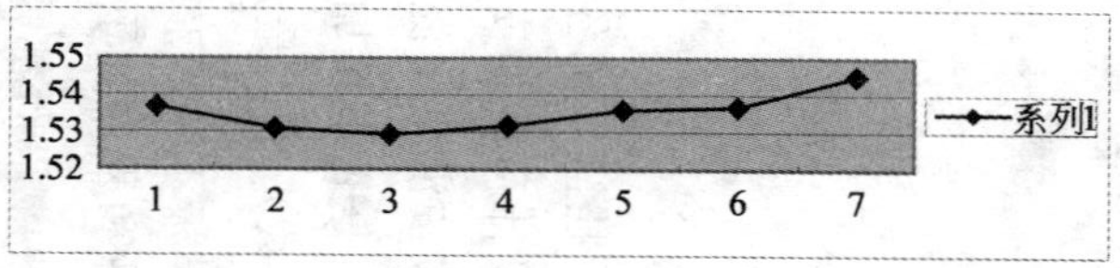

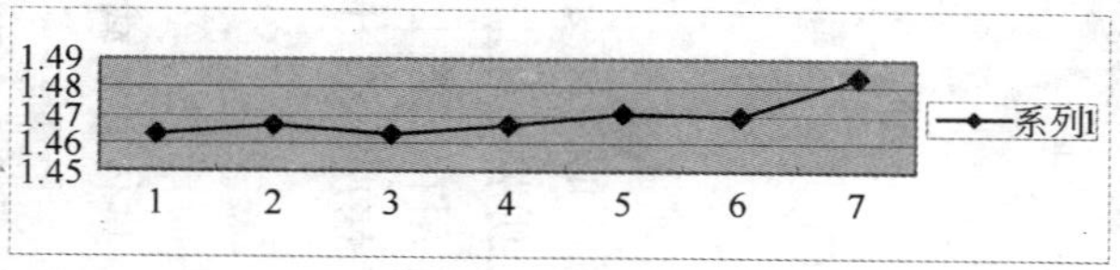

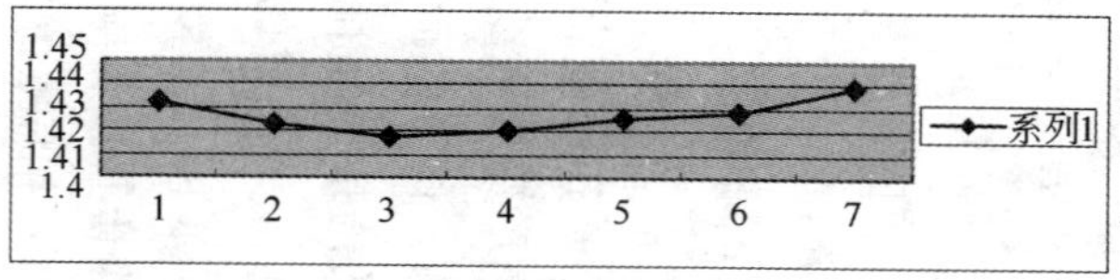

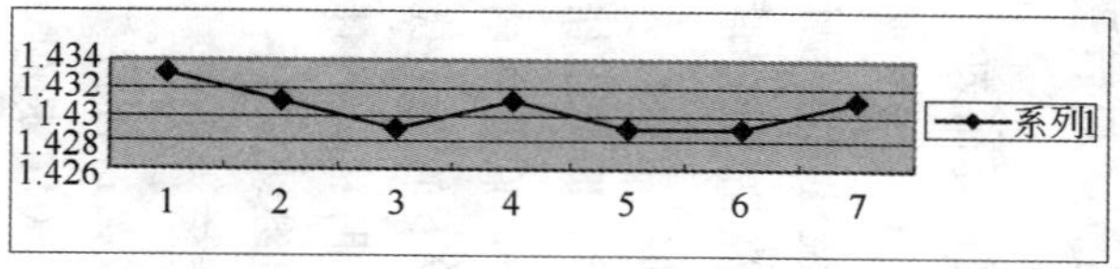

说明：主梁下降 15mm，横梁下降 20mm，挂篮在施工中采用变形值为 20mm。

3 悬臂浇筑施工的外观质量控制

在悬臂浇筑施工中，混凝土的外观质量是混凝土质量的直观体现。它不仅仅影响到连续梁桥的成桥美观线条，而且也会影响到混凝土的内在质量。

混凝土的外观质量问题一般容易出现的主要有以下几个方面：

(1) 腹板表面有明显的班痕、层印现象；

(2) 腹板内表面倒角处有大量气泡、麻面、蜂窝现象；

(3) 节段接缝间有漏浆、错台、烂边现象；

(4) 节段混凝土间有明显的颜色不统一现象；

(5) 混凝土表面有收缩裂纹现象。

在混凝土施工过程中，影响混凝土的外观质量主要因素有以下几个方面，简要地做一下控制分析。

3.1 模板的安装质量

(1) 现浇箱梁的模板是由侧模、底模、芯模拼装而成的，每块模板不是一整体，而是采取几块大钢板带骨架拼接而成，这种拼接接缝会直接影响到模板安装的密封性。本桥箱梁的底板部位还存在着变化，每一节段箱梁的底板的尺寸都不相同，这使得我们在施工每一节段时都得重新拼装底板模板，模板拼缝必须经过静雕（可采用原子灰）处理，模板拼缝拼得好坏会直接导致漏浆现象的有无产生。

(2) 现浇箱梁的侧模、底模、及芯模是紧贴在已经悬浇好的节段梁体上。模板与已成梁段之间贴合的紧密与否至关重要，在混凝土浇注过程中，混凝土会对外侧模产生侧向压力，这就要求模板安装必须牢固紧密，施工控制过程中，悬浇梁的外侧模骨架部位采取加焊顶杆顶紧工作梁，外侧模的控制可采取增加对拉拉杆，底板部位增加到5道，梁半高部位增加到3道。防止混凝土进筑时模板与已成梁段混凝土的贴紧变形（可考虑粘结一层双面胶进行处理)。后锚杆件必须紧密牢靠，不得出现松动现象，否则会形成安装缝隙，产生漏浆、错台现象，直接会影响到悬浇梁体的外观质量。

(3) 在施工控制过程中，模板的处理必须精心打磨，清除锈迹，使模板光滑洁净，涂刷质量较好的机油、脱模剂或模板漆，机油、脱模剂或模板漆不要涂刷过多，现油光或亮光即可，否则会造成混凝土表面颜色不统一，出现班痕大花脸现象。

3.2 悬臂浇筑梁的浇注工艺流程

(1) 悬浇梁浇筑混凝土时，入模的混凝土顺序应按下图所示进行，混凝土先放入底模前端，在浇筑底板混凝土时，采用串通从待浇筑节段进入到箱体内，前端接一软管进行浇筑，底板又分先左右两侧对称浇注，然后中间合龙，腹板可先浇筑一侧，一侧完成后在浇筑另一侧，避免混凝土间隔时间过长，混凝土产生明显的接茬，引起层印现象，顶板浇注时先两翼，后中间，浇注时加强振捣。放料的厚度要控制好，每次不能超过30cm，并及时进行振捣引浆。混凝土浇注示意图见图2。

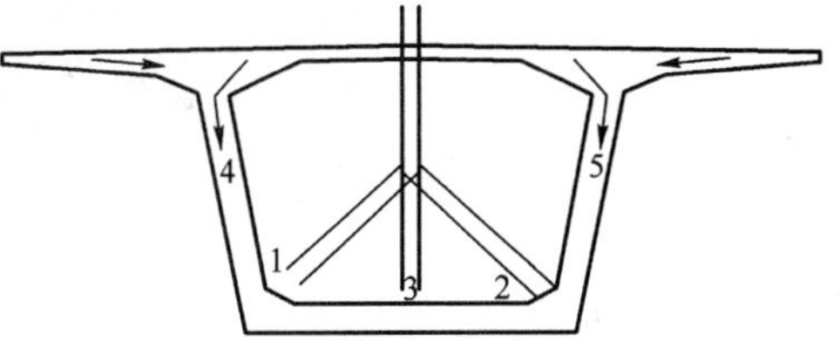

图2 混凝土浇注示意图

(2) 梁体混凝土浇筑时，在底板浇注过程中，把进料斗串桶的出口制作合适，在料斗口周围铺一层土工步或木板，防止混凝土料落在顶板内，在腹板浇注过程中，混凝土从图示位置下料到腹板，不能从外翼缘板下料，(如从外翼缘板下料，等到浇注完腹板再浇注外翼缘板，两者间隔时间过长，会造成两者接茬现象明显）以避免混凝土干料和后浇注的混凝土粘合不好，造成混凝土表面的大花脸现象，在顶板浇注过程中，先用振动棒撵浆，进行二次收浆抹面，并及时进行洒水养生，以避免收缩裂纹的产生。

(3) 腹板与底板的内交角处有一 30×50 倒角，在混凝土施工过程中，由于振动棒伸入到外侧模内侧比较困难，同时振动时抑制混凝土斜层下流，混凝土内部的气泡不宜排出，导致此部位有过多气泡、麻面等现象。施工控制过程中，可在倒角模板处割开若干小孔，便于振动棒伸入振捣，以利于混凝土内空气的排除。

3.3 施工人员的责任感

（1）在施工之前，对全体施工人员、技术人员、质检人员进行全面的技术交底，对每一道工序制定严格的控制目标，提高每位人员的质量意识和责任意识，分工明确，责任到人，以保证控制目标的顺利实现。

（2）在悬浇梁浇筑混凝土施工控制过程中，对每一节段的端头凿毛要严格控制，凿毛工序很是关键，混凝土表面凿除干净，露出均匀的石子，钢筋保护层处凿除平滑顺直，以避免节段接缝处产生烂边（曲线）现象。节段端面的平滑顺直对混凝土的节段美观质量尤为重要。

（3）在悬浇混凝土施工控制过程中，混凝土的流动性、和易性、坍落度要严格控制，不同部位的混凝土可以稍做调整，底板、顶板的混凝土坍落度要控制的稍微小一些，腹板的混凝土坍落度要控制的稍微大一些，振捣时振动棒遵循快插慢拔的原则，振捣至混凝土表面呈现平坦泛浆，不冒气泡，不显著下沉为止。

（4）在悬浇混凝土完成后，要及时进行洒水养护，混凝土凝结硬化过程中，由于大体积混凝土水化温度较高，本身需要大量的水分，洒水养护水分补充的不及时，会造成混凝土表面出现收缩裂纹现象，直接会影响到混凝土的外观质量。

4 结语

总之，连续梁桥的悬臂浇注的施工控制是个循序渐进的过程。我们通过每一节段的施工，逐步发现问题、解决问题，来确保悬浇梁体的挠度、外观质量达到最好。我们将继续性、经常性的开展活动，集思广益，齐心协力，随时随地得解决施工过程中遇到的问题，使连续梁桥的挠度及外观质量控制得更加完善。图 3 为合龙后的线形照片。

图 3　白河特大桥右幅合龙后的线形照片

马谷田枢纽互通立交变截面预应力混凝土连续箱梁碗扣支架设计与现浇施工

李大维
中铁十九局集团三公司五分公司

[摘　要]　通过信南高速马谷田枢纽互通立交现浇变截面连续梁的施工工艺，介绍了碗扣式支架设计，总结了现浇施工要点，对类似工程有一定的借鉴作用。

[关键词]　枢纽互通立交　变截面预应力连续箱梁　满堂支架

信阳至南阳高速公路是上海至西安高速公路的重要组成部分，其东接在建的叶信高速公路及安徽已建成的国道312线、六安至叶集一级公路，进而连接沪蓉、京福国道主干线；西接拟建的南阳至西安公路，是连接西北与华东地区便捷的公路通道，在国家及河南省干线公路网中具有重要位置。

马谷田互通立交位于信泌土建No.9标段，上部结构采用现浇变截面预应力混凝土连续箱梁，共分三联，左幅桥跨径组合为：（2×25＋21.462）＋（25.141＋30＋23.397）＋（5×25）m，桥宽17.684～26.476m，右幅桥跨径组合：（2×25＋22.367）＋（24.236＋30＋23.397）＋5×25m，桥宽20.75～29.238m，桥长282m，采用单箱三～五室截面，梁高140cm。除墩顶处设横梁外，跨中不设横梁，采用纵横向预应力张拉。

根据施工现场地质条件按右幅第三联、右幅第一联、左幅第三联、左幅第一联、右幅第二联和左幅第二联顺序进行施工。

1　支架设计与安装

1.1　支架选用

根据工程特点一般可采用满堂支架、少支点支架二种方法施工。少支点支架技术适应性强，施工速度较快较经济，但一次性投入较大，适用于箱梁高度大，本工程不适用；满堂支架大型设备节约、经济性好、搭设简单，施工进度快，安全性能好，零散部件少有利于文明施工。另外，此种支架具有翼板早拆功能，有利于缩短模板的周转时间。

1.2　地基处理

根据工程地质条件、箱梁结构特点，对地基原地面下换填1m开山石渣，地面以上1.2m填筑风化砂，原底面以下河套换筑钻爆法开挖开山碎石，其强度不小于30MPa，用25t振动压路机分层30cm压实，碾压无轮迹，地表以上填筑压实度要均匀，要求压实度达到96%以上，表面要平整，并做成向外$i=0.02$的排水坡。分别用灌砂法及重型触探检测压实度及地基承载力：支架立柱的底座在20×20×40cm的预制混凝土板上，预制板放置形式：下层顺桥向放置2块预制板，上层横桥向居中压至下层两板中间。

为了确保地基的承载能力，施工中不让雨水和施工用水浸泡地基，特别是养生水。养生时，在箱梁底板上的排水孔和通气孔接上塑料管，将养生水接引到桥侧的水沟中，避免养生水浸泡地基。

1.3　支架体系

采用扣件式满堂式支撑体系，立杆步距$h=0.9$m，立杆纵距$I_b=1.2$m，立杆横距$I_a=9$m，脚架搭设高度$H_0=9$m。立杆上下配可调支托；连续梁底、箱梁模板采用大块竹胶板拼装而成，模板支撑梁采用10cm×10cm方木，U形支托内采用15cm×15cm方木做纵梁；内模采用10cm×10cm方木作支撑；箱梁模板翼板支撑采用10cm×10cm方木（如图1）。

1.3.1 检算依据

木材物理性能指标（计算值）：

弹性模量：$E=6.0\times10^3$MPa，静曲强度$f=25$MPa

容许挠度：木胶合板面［δ］≤$L1/400$（清水混凝土）

木模板主肋［δ］≤1.5mm≤$L2/500$（表板纤维方向）

模板支撑钢楞［δ］≤1.0mm≤$L3/1000$（模板主楞方向）

1.3.2 荷载计算

模板支撑架自重按下式计算：

$$q_{G1K}=0.038\times n\times H_0$$

式中：n——横杆和斜杆设置的系数，其值分别取3.0（$h>$杆距I）、3.5（$h=I$）或4.0（$h<I$），本次计算$n=4$（偏于安全考虑）；

0.038——ϕ48×3.5钢管单位自重，kN/m；

H_0——搭设高度，$H_0=7.0$m。

由上可知：$0.038\times n\times H_0=0.038\times4\times7=1.368$kN

钢筋混凝土自重在立杆中产生的轴力：

钢筋混凝土自重：考虑在腹杆位置钢筋及混凝土相对集中，荷载值较大，以此位置作为计算依据。

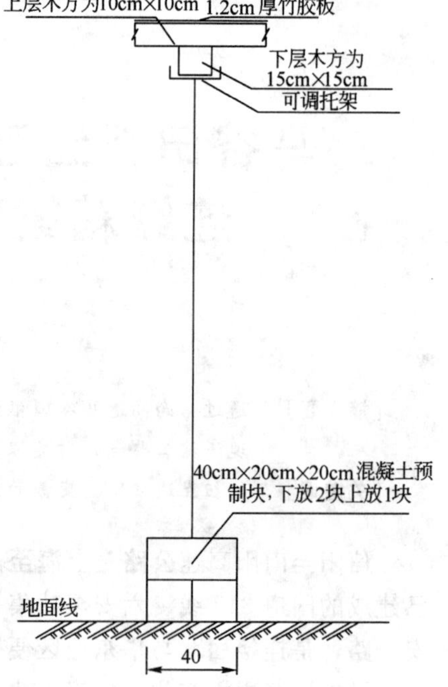

图1 单根支架示意图

梁板处每米混凝土重：

$$13.5\times0.15+(13.5+8.9+0.6)\times0.25\div2+(8.9\times2+0.6)\times1\div2-3\times(2.35\times0.98-0.4\times0.2\times2)=7.671\text{m}^3$$

每m³混凝土按24kN计，则$7.671\times24=184.104$kN，每m²受力为：$184.104\div8.9$（按荷载集中安全考虑）$=20.686\text{kN/m}^2$

梁板每m钢筋及钢绞线重：

$$(716.36+34755.2+786.94+4312.66+79664.98+156214.5+5362.76+13751.24)\div72\div2\times9.8/1000=20.59\text{kN}$$

每m²受力为：$20.59\div8.9=2.313\text{kN/m}^2$

梁板每m²模板及方木重：按0.5kN/m^2进行计算

则 $$20.686+2.313+0.5=23.50\text{kN/m}^2$$

q_{QK}施工人员、小型机具及混凝土振捣产生的荷载按3kN/m^2考虑。

荷载设计值：

$$q_f=1.2\times(q_{G1K}+q_{G2K})+1.4\times q$$

$$Q_K=1.2\times(1.368+23.5)+1.4\times3$$

$$=34.041\text{kN/m}^2=0.03404\text{N/mm}^2$$

1.3.3 模板检算

取$b=1$mm宽板带（面板为12mm厚竹胶板$h=65$mm作为计算单元），则

$I=b\times h_3/12=1\times653/12=2.29\times104$mm　　$W=b\times h_2/6=1\times652/6=704.2\text{mm}^3$

荷载：

$$q_f=0.03404\times1=0.03404\text{N/mm}$$

$$q_k=0.02487\times1=0.02487\text{N/mm}$$

模板取此楞间距600mm按五跨连续梁进行计算。

取弯矩系数 $K_m=0.078$，挠度系数 $K_f=0.644$ 得

$$M = K_m \times q12 = 0.078 \times 0.03404 \times 6002 = 955.8\text{N/m}$$

强度检算：

$$\sigma = M/W = 955.84 \div 704.2 = 1.36\text{N/mm}^2 < [\sigma]/1.55 = 25/1.55 = 16.1\text{N/mm}^2$$

强度满足要求

挠度检算：

$$f = kf \times (q14) \div (100 \times EI)$$
$$= 0.644 \times 0.02487 \times 6004 \div (100 \times 6.0 \times 103 \times 2.29 \times 104) = 0.151\text{mm} < [f]$$
$$= L/400 = 600/400 = 1.5\text{mm}$$

1.3.4 次楞检算

竹胶板下楞采用 10cm×10cm 方木（$I=8.334\times106$mm，$W=1.67\times105\text{mm}^3$，次楞间距为 600mm，主楞间距为 900mm。

荷载计算：

$$q_f = 0.03404 \times 600 = 20.424\text{N/mm}$$
$$q_k = 0.08724 \times 600 = 14.922\text{N/mm}$$

按五跨连续梁进行计算。

取弯矩系数 $K_m=0.078$，挠度系数 $K_f=0.644$ 得 $M=K_m\times q12=0.078\times20.424\times9002=1290388.32\text{N}\cdot\text{m}$

强度检算：

$$M/W = 1290388.32 \div 1.67 \times 105 = 7.72\text{N/mm}^2$$
$$7.72\text{N/mm}^2 < [\sigma]/1.55 = 25/1.55 = 16.1\text{N/mm}^2$$

强度满足要求

挠度检算：

$$f = K_f \times (q14) \div (100 \times EI) = 0.644 \times 14.922 \times 9004 \div (100 \times 6.0 \times 103 \times 8.334 \times 106)$$
$$= 1.26\text{mm} < [f]L/400$$
$$= 900/400 = 2.25\text{mm}$$

挠度满足要求

1.3.5 主楞检算

主楞采用 15cm×15cm 的方木（$I=42.19\times106$mm，$W=5.62\times105\text{mm}^3$）主楞间距 900mm，立杆间距 1200mm。

荷载计算：

$$q_f = 0.03404 \times 900 = 30.636\text{N/mm}、q_k = 0.02487 \times 900 = 22.383\text{N/mm}$$

取弯矩系数 $K_m=0.078$，挠度系数 $K_f=0.644$ 得

$$M = K_m \times q12 = 0.078 \times 30.636 \times 12002$$

1.4 支架整体稳定性

按照碗扣支架使用说明书中的要求，为了保证支架的整体稳定性，需用建筑脚手钢管沿支架四周及全高设双向剪力撑。沿桥纵向每 4 排设一排双向剪力撑，在横桥方向上，除了两侧最外排设双向剪力撑外，还要在箱梁 5 个腹板下增设 5 排双向剪力撑，在加设剪力撑时，要使每根立杆上都有与剪力撑的连接点，而且要保证立杆全高中段的 2/3 长度内，至少要有一个与斜撑的连接点。

此外，在拼装杆件时严格按照工艺要求进行。搭设支架时首先对立柱下的混凝土垫块标高进行测量复核，并用加垫砂层的办法，调整垫块的标高。用水准仪先将支架四周各个垫块的标高调整准确，然后挂线调整中间各支点的垫块标高。支架拼装到顶以后，要逐个检查每根立杆下面的垫座是否浮起或虚支，并将其逐个扭紧。为了确保支架的稳定性，每根立杆的垂直度和水平偏差，垂直偏差应控制

在支架全高的 $h/500$ 以内，水平偏差应控制在支架全高的 $h/400$ 以内。

1.5 静载试验

为检验支架的受力情况及加载后的弹性变形情况，也为了消除混凝土施工前支架的非弹性变形，支架拼立好后采用超载预压工艺。支架预压采用水泥袋装砂分步加载，预压荷载为1.2倍的钢筋混凝土和模板的重量。加载的顺序按0.6、0.8、1.0、1.2倍预压荷载分四个阶段进行，在每阶支架变形基本稳定后，再加下一级荷载。

预压时观测三类数据，以分清支架的可恢复性变形和不可恢复非弹性变形，一是测试支架底座沉降（测地基沉降量）；二是顶板沉降测量（测支架沉降）；三是卸载后顶板可恢复的沉陷量，并用悬线吊铅锤测支架总沉降量及侧位移量（测支架加载后的垂直度）。测量时采用多点动态观测以求得经验沉降量（弹性变形部分），在设置预拱度时参考。

预压时，在加载完成后每12h测试一次各预定点高程，直至72h的累计沉降量不大于1mm、地基沉降稳定后，即可卸除预压荷载，卸载从跨中至两边对称进行，卸载完成后实测各观测点的反弹值。

1.6 静载结果分析

采用统计法分析各阶段观测值，剔除个别值，找出观测值的规律性。计算支架弹塑性压缩值：

支架塑性变形 ΔL 塑＝预压前标高－预压后标高－弹性回弹值

支架弹性变形 ΔL 弹＝卸载后底模标高－卸载前底模标高

其中塑性变形包括地基沉降值、支架立杆接缝压缩值及方木塑性压缩值，这些塑性变形在预压完后认为已消除，调整底模标高时不再考虑。

预留拱度及沉降量，调整底模标高：

各点标高 H＝设计标高＋支架弹性变形值 ΔL 弹＋箱梁恒载挠度值（预留拱度）－张拉后反拱值。

重新调整平台灌梁顶面标高，以保证连续梁有良好的设计线形。

2 箱梁现浇施工要素

2.1 模板安装

箱形梁的外模全部采用木质框架大块覆膜竹胶板制成。安装模板时要尺寸准确，表面平整，缝隙用腻子打平，拐角和易漏浆的部位要贴上胶带纸，确保混凝土的外观良好。箱梁内模采用木质框架配小块竹胶板制成，内模骨架能在平地上拼装，再用吊车整体吊装就位，可节省安装时间。

2.2 钢筋骨架及波纹管制备和安装

严格检验其出厂合格证和材质化验单等质检资料，不合格产品不准进场，按规定进行自检、抽检，符合要求方可使用。钢筋用方木支垫离地20cm以上分类存放，并做好标识，不能混用。

钢筋骨架在加工场地下料、加工、分段绑好以后，用吊车吊装就位，连接成形。穿放底板、顶板、肋板的纵向钢筋时，严格按照图纸的要求摆放，认真进行检查，不得少放或错放。浇筑混凝土前，应认真检查各种预埋件的种类、数量、材质、位置等，看是否按照设计要求进行配置。

在绑扎钢筋骨架时，应按设计要求绑好波纹管的定位网片，钢筋骨架就位后再穿上经检查合格的波纹管，并绑扎牢固，波纹定位后管道轴线偏差不大于5mm。要保证在浇筑混凝土时波纹管不会塌陷或上浮，并严禁振捣棒触及波纹管。波纹管接头处要严格密封，波纹管的接长采用大一号的同型波纹管套接作为接头管，接头管长度为300mm，管两端用密封胶带或塑料热缩管封裹，以防接缝处漏浆。

预留孔道端部波纹管与预埋钢板的连接，采用波纹管延伸至预埋钢板的孔洞外口齐平。施工时，注意端头锚下垫板与波纹管孔道中心垂直。

波纹管安装时，以梁底模板为基准，按预应力筋曲线坐标，直接量出相应点的高度，标在箍筋上，定出波纹管曲线位置。波纹管的固定，采用钢筋定位网片，钢筋定位网片应焊在箍筋上，箍筋下

面用垫块垫实。波纹管安装就位后，在波纹管顶部绑一根钢筋，以防浇筑混凝土时波纹管上浮而引起严重的质量事故。在混凝土薄弱部位设置防崩钢筋，保证预应力筋正常张拉。

波纹管安装就位过程中应尽量避免反复弯曲，以防管壁开裂，同时还应防止电焊火花烧伤管壁。波纹管安装后，检查波纹管的位置，曲线形状是否符合设计要求，波纹管的固定是否牢靠，接头是否完好，管壁是否破损等。如有破损，及时修补。

在波纹管在负弯矩顶点处安装溢浆管道，溢浆管道采用 ϕ16mm 钢管，接口处用塑料胶布缠绕密实、牢固，管顶高出板顶面 10cm 以上并安装阀门。

2.3 预应力筋制作及安装

预应力钢筋采用后张法式施工工艺，钢绞线先进行外观和强度等规定项目检查，保证其无锈蚀、无损伤及抗拉强度、伸长率等指标合格。钢绞线下料时，采用砂轮切割机切割，禁用气割、电焊切割，并在切口两侧各 5cm 处用铅丝绑扎好，以防切割时散开。预应力钢绞线采取人工和机械相配合进行穿束。将设计根数钢绞线编扎在一起成为一束，每隔 1m 用绑丝捆扎牢固。穿束时，束的前端排齐扎紧并裹胶布，穿入特制的穿梭器内，穿梭器前端穿入 ϕ5 高强钢丝靠慢速卷扬机拉过去，后端靠人工推送。穿束时应注意波纹管接头，防止牵拉过快使接头损坏。混凝土浇筑时，在钢绞线两端安设倒链并派专人对其进行往返拖拉，防止个别渗漏进来的水泥浆堵塞孔道影响张拉。穿束后必须用胶带纸将梁外的钢绞线和波纹管口缠裹严密，防止雨水锈蚀钢绞线。

2.4 梁体混凝土浇筑

按设计要求优选箱梁配合比。因混凝土方量大应充备合格的水泥、砂、石，以便混凝土连续施工。采用饮用水掺入的缓凝高效减水剂进行拌制。浇筑前先对支架、模板、钢筋、波纹管道、预埋件安装情况等进行认真的检查，工地配备必要的试验仪器，跟踪试验，随时对混凝土质量进行检查和监控，并在较高处支立 2m 高柱模进行实验。

因墩台处沉降量小，支架跨中沉降量大，连续浇筑混凝土时会产生不均匀沉降，会使支座处箱梁顶板开裂，所以浇筑采用斜层法，逐孔由梁的中心端向两端和两侧对称浇筑，配以足够数量的插入式振动器和平板振动器，按照操作规程的要求认真振捣，确保混凝土内在密实和外在美观。箱梁采用两次灌筑法，即第一次浇筑底板及腹板混凝土，第二次浇筑顶板混凝土。两次浇筑混凝土的分层面设在箱梁腹板 1/3 高度处。在底板混凝土浇筑后，立即安装内模顶板，绑扎箱梁顶板钢筋，使顶板混凝土的浇筑要在底板混凝土浇筑起以后的两天内完成。两次浇筑混凝土施工缝进行凿毛处理，以保证两次浇筑混凝土连接紧密。

混凝土初凝后，立即进行混凝土的养护工程，进行覆盖、洒水、降温，消除因内外温差引起的混凝土表面裂纹等。养生时，在梁底排水孔和通气孔口上接出塑料管，将多余的养生水引出支架地基，避免养生水浸入支架地基。

2.5 预应力筋的张拉

张拉预应力钢束时，采用张拉吨位和伸长值进行双控，当预应力钢束达到张拉控制吨位时，实际伸长值与理论伸长值的误差应在施工规范允许的范围内。施工时确保锚垫板与预应力束垂直，张拉端锚垫板下布设钢筋网和螺旋筋，该处混凝土必须振捣密实。所有横梁预应力钢束张拉完成后，方可张拉纵向预应力钢束。张拉横梁预应力束要全过程关注横梁的跨中上缘和支点下缘等截面的状态，一旦发现异常，立即停止横梁的预应力张拉，待查明原因并采取措施后方可继续施工。

2.5.1 张拉机具、设备选定及标定

根据设计采用的锚夹具和张拉吨位选定配套的千斤顶及油泵、压力表等。预应力筋束张拉力一般为设备额定张拉力的 50%～80%。张拉设备施工前应配套标定，以确定张拉力与压力表读数的关系曲线，标定好的千斤顶与压力表要编号，以防弄错。施加预应力用的机具设备及仪表要由专人使用和管理，并应定期标定，压力表工作完毕应随时取下，以防碰坏。

千斤顶经过拆卸修理；千斤顶久置后重新使用超过 6 个月或 200 次；压力表受过重撞或出现失灵

现象；更换压力表；张拉中钢绞线发生多根断丝事故，或张拉伸长值误差较大。需经过相关标定部门重标定方可使用。

2.5.2 准备工作

浇筑梁体混凝土时制做多组试块，与梁体混凝土同等条件下养护，当试块抗压强度、龄期符合设计及规范要求时，方可进行张拉作业。

张拉前核定各级张拉压力表读数，确定张拉值范围，确定张拉顺序；锚夹片、张拉配套设备检查；并对构件端头清理及钢绞线清理。

安装锚具与张拉设备。工作锚环与锚垫板对中，夹片均匀牢固，外露一致，千斤顶上的工具锚孔与构件端部工作锚孔的孔位排列要一致，千斤顶的张拉力作用线与孔道中心线重合。

2.5.3 张拉及锚固

钢绞线张拉程序为：0→初应力→1.05σcon（持荷 5min）→σcon（锚固）。

张拉预应力钢束时，采用张拉吨位和伸长值进行双控，当预应力钢束达到张拉控制吨位时，实际伸长值与理论伸长值的误差在施工规范允许的范围内。施工时应确保锚垫板与预应力束垂直。所有横梁预应力钢束张拉完成后，方可张拉纵向预应力钢束。张拉应分级张拉，按设计给定的初始张拉力划线，按设计给定的锚固张拉力量取实际伸长值，与计算的伸长值相比，如在允许范围内（±6%），则进行锚固；如不在允许范围内则查出原因重新处理。张拉力达到设计应力 105%时，要持续 5min 后再锚固，锚固后预应力钢束外露长度不小于 3cm，用砂轮机切割，严禁用电弧、乙炔氧气切割。

2.6 孔道压浆

压浆材料按设计要求的水泥浆强度配制，水灰比宜为 0.4～0.45，水泥浆 3h 泌水率宜控制在 2%，最大不应超过 3%，采用饮用水拌制。膨胀剂严格按试验确定，自由膨胀率应小于 10%。

压浆前，先用高压水冲洗孔道，再用高压风吹干孔道，检查通气情况。将孔道所有排气孔上安装阀门。

压浆时压浆机出浆口与孔道相连，保持密封。开始压浆从近至远逐个检查出浆口，待冒出浓浆后，逐一关闭，到最后一个出浆口出浓浆后，封闭出浆口，继续加压至 0.5～0.6MPa（或设计规定值），封闭进浆阀门，等水泥浆凝固后，再拆卸阀门，如果较长管道一端注浆压力较大，而另一端尚未排出浓浆时，可将注浆孔转移到已排出浓浆的排气孔接力压浆。

压浆泵采用活塞式压浆泵。水泥浆应不停搅拌，压浆缓慢均匀进行，中途不得停顿。如有中断，应立即用高压风将部分压入的水泥浆吹出。压浆顺序先压下层孔道再压上层孔道。水泥浆必须过筛后再进入压浆泵，防止将水泥浆块压入孔道。要在压注时对水泥浆取样做稠度、泌水率、膨胀率等试验，不得用余浆做试验。

2.7 封端

压浆工序完成后即可进行封端，封端前应先清除锚头、垫板、梁端衔接处的油圬、灰碴，之后再绑扎钢筋，立钢模，灌筑与梁体标号相同的混凝土。

3 拆模和落架

拆模和落架要同时进行，必须严格按照设计要求，待预应力筋全部张拉完成并且压注的水泥浆达到设计强度的 90%以上方可拆卸支架。落架时由跨中向两端逐渐卸落，由专人指挥，几孔连续梁统一有序进行，落架时应注意分次、均匀、同步，并且注意保证人身安全。拆模时轻敲轻打，不允许损伤主体混凝土的梭角，或使混凝土表面造成伤痕。

4 结语

施工实践证明，施工方案比较成功。支架总沉降量满足规范要求，支架施工速度较快，正常时每联施工 35～40d 为一周期，解决了技术问题且经济效益较好，值得推广。

桥涵台背回填施工质量控制

王周望
信南高速泌南土建二标

[摘　要]　本文总结了利用中粗砂进行台背回填施工经验，介绍了台背回填施工技术规范要求，施工中有效控制回填质量的措施，以及保证施工安全、减少对周边环境的影响的措施，可以在类似工程施工中推广应用。

[关键词]　台背回填　中粗砂　质量控制

1　工程概况

信南高速泌南土建二标所施工的构造物主要包括：24道涵洞通道、15座中、小桥及2座天桥，其桥涵台结构类型有：轻型薄壁式、柱式和肋式。台背回填填芯材料采用中粗砂，掺砂碎石包边，总方量19.6万m^3，其中中粗砂16.3万m^3，掺砂碎石3.3万m^3，利用土工格栅23.3万m^2，最大回填高度8.8m。

2　技术规范要求

桥涵台背、锥坡、护坡及拱上各种填料，宜采用透水性材料，不得采用含有泥草、腐殖物或冻土块的土。

台背填土顺路线方向长度，应自台身起，顶面不小于桥台高度加2m，底面不小于2m，拱桥台背填土长度不应小于台高的3～4倍。锥坡填土应与台背填土同时进行，并应按设计宽度一次填足。

台背回填分层厚度宜为15cm。高速公路和一级公路的桥台、涵身背后和涵洞顶部的填土压实度标准，从填方基底或涵洞顶部至路床顶面均为96％。软土路基的台背填土应符合设计要求。应严格控制分层厚度和密实度，应设专人负责监督检查，检查频率每50m^2检验1点，不足50m^2时至少检验1点，每点都应合格，台背回填宜采用小型机械压实。

台背填土的顺序应符合设计要求。拱桥台背填土宜在主拱圈安装或砌筑以前完成；梁式桥的轻型桥台台背填土，宜在梁体安装完成以后，在两侧平衡地进行；柱式桥台台背填土，宜在柱侧对称、平衡地进行。

3　施工工艺

3.1　施工准备

在台背回填施工前，必须对各填料进行试验，如集料的筛分试验，集料的压碎值试验，掺砂碎石混合料级配，各填料施工时的最佳含水量等。

台背回填之前先组织好专业的施工队伍，施工负责人，技术负责人，试验负责人，配备专用的小型夯实机械及压实机械，平整机械。熟悉台背回填的施工要求，不同的桥涵台结构应分别做好技术交底。

台背回填之前，先清除基坑内杂物，淤泥，湿土，抽干积水，用台背回填料分层夯实至路基原地面，并向路基两侧做4％排水坡，压实度为96％。

填土之前应先在台背回填面的台壁上，按要求每15cm一道，从底部到顶部弹好分层线。

桥台背回填与锥坡同时进行，台背填筑前按图纸尺寸准确放出锥坡边线。

3.2　严格控制回填材料

台背回填的材料主要为细度模数＞2.6的中粗砂填芯和70％的碎石掺砂混合料包边，因此在开工前必须对回填料各项技术指标进行试验，严格控制各项技术指标达标，如中粗砂的细度模数，碎石的级配和碎石掺砂混合料级配以及各填料的压碎值应符合设计规范及试验规定要求，不合格料严格禁止使用。

3.3　严格控制压实厚度

回填分层填筑，根据压实机型及材料和设计规范要求，一般控制在15cm，用墨线在台后台背处标示每层填筑厚度，保证摊铺均匀、平顺，压实或夯实时选择在最佳含水量时进行回填，填筑面应做3%～4%的坡度，以利于排水。

3.4　严格控制压实质量

每填一层都要进行压实度检查，填写检测记录，填筑过程拍照，并会同检测资料存档。派专人负责，每层回填都要做压实度试验，合格后并报监理工程师抽检认可才能进行下一层回填，检查频率每50m² 检查一点，不足50m² 至少检查一点，每点都得合格，压实度为96%，锥坡压实度与台背回填相同。

台背回填范围，顺线路方向底部为此台背处设计填土高度的3倍取整，底部距基础内缘不小于2m，并应满足压实机械操作运转的施工需要。

压实时，当路桥的施工顺序要求采用先填筑路基后施工桥台时，其压实机具要求同一般路基；先施工构造物后填筑路基时，对大型机具难以压实的地方，应采用小型震动夯或手扶震动压路机薄层夯实或碾压。对涵顶50cm以内填土采用轻型静载压路机压实。

3.5　土工格栅施工

为增强整体性和抗剪切变性性能，可考虑到包边土内每填高1m左右，在结合部处设置加筋土工格栅。

铺设施工前，将下承层表面修理平整，清除上面的杂物，清除表面的浮土，露出坚硬地表。

满铺土工格栅。土工格栅按照垂直于道路方向铺设，采用搭接法连接，搭接长度按防裂工程土工合成材料的施工要求进行控制，横向搭接宽度不小于50mm，纵向搭接宽度不小于150mm。

土工格栅的锚固。按照间距1m梅花形布置楔入锚钉，锚钉要尽可能打在两道土工格栅的互相搭接的部位，以增强其整体性能。

现场施工如发现有土工格栅断裂、损坏的，必须在其上重新铺设一层，方法按其上所述施工。

土工格栅铺设时应注意的质量问题：

(1) 土工格栅在存放以及施工铺设过程中应尽量避免长时间曝晒或暴露，以免其性能劣化。

(2) 土工格栅必须满铺，搭接符合要求，不得有漏铺、虚铺现象，发现有破损时必须立即修好，发现材料有断裂变形的要及时更换，或采取弥补措施，以保证整体性能。

(3) 锚钉必须牢固固定在地里面，不得有松动。上下层土格栅搭接缝应错开，错开长度不应小于0.5m。

4　安全保证措施

安全与否是国家财产和人们生命是否得到保证的重要标志。根据项目部的要求以《公路工程安全施工规程》为依据，从以下几方面抓好该台背回填的安全工作，以确保国家财产及人们的生命安全。

提高全体员工的安全意识，组织全体员工认真学习和理解《公路工程安全施工规程》。

以主要领导为首，成立安全领导小组，并配备足够的专职安全员，尤其主持日常的安全检查及监督工作，勤检查，早发现，把不安全因素带来的损失降低到最低限度。

实行专人专机，持证上岗，严格按照有关规程操作，并负责机械的日常保养及维修工作，保证机械的完好状态，不要带病、带故工作。

实行安全技术交底制度，每月月底召开一次全体职工的安全大会，总结本月的完成成绩和存在的不足并提出改正措施，现时布置下月的工作，以及相应的安全防患措施，让所有职工都清楚哪些地方有不安全的因素存在，并采取相应的控制方法。

实行专职安全员责任制，采取重奖重罚，严格兑现的方法，调动专职安全的积极性，同时也增加他们工作的责任性。

加大安全措施防患的资金投入，配备足够的安全设备和器材，增强风险意识。

对已出现的安全事故，应积极保护好现场，并按有关规定逐级上报，在最短的时间内组织人员进行现场抢救。积极配合事故调查人员的工作，反映事故发生的真相，本着“三不放过的原则”将事故调查清楚。

5 环境保护措施

5.1 对社会环境、生态环境的保护措施

5.1.1 水土保持

冲洗集料或含有沉淀物的操作用水、施工废水，应采取过滤、沉淀等处理措施，并严禁直接排入农田、耕地、渠和水库，使能做到达标排放。

施工区域在施工期内和完工后应妥善处理，油料、砂、石、化学制品等施工材料应严格堆放和管理，避免其对地表附近地域造成污染。

施工机械应防止漏油，机械在运转或维修时产生的油污须经处理后方可排放。

台北回填前挖出的弃土及弃料在指定的位置堆放，并堆入整齐，必要时进行植被保护和采取措施以防水土流失造成环境和农用污染。

严格组织施工和加强管理，保护周围环境、河流、水塘，确保排灌水流不间断、不堵塞，施工中损坏的水利渠道、道路、排水沟渠等应及时恢复或加以接引。

对职工加强保护自然资源和野生动植物的教育和管理，在雇用合同中规定严禁偷猎和随意砍伐树木等行为发生。

5.1.2 保护文物和绿色植被

在施工中发现文物古迹时，立即保护现场和暂时停止该处作业，并尽快通知有关管理部门处理后，方能进行施工。

尽量保护公路用地范围之外的现有绿色植被，若因修建临时工程破坏了现有的绿色植被，负责在拆除临时工程时加以恢复。

保护公路两旁的古树名木和法定保护的树种，即使处于公路用地范围内，有可能也要尽量设法保护。

在施工期间严格控制对工程破坏植被的面积，因不可避免的工程占地、砍伐之外，不应该再发生其他形式的人为破坏。

5.2 对环境空气影响的措施

在材料运输过程中，为防止尘土扬起，配备洒水车，经常用水湿润运料道路，保护周围村民生活环境及便道两侧的农作物等受影响。对易引起粉尘的细料或松散料使用帆布，盖套等遮盖物加以遮盖或适当本水润湿。

6 结语

构造物台背回填的质量好坏直接关系到竣工后行车的舒适与安全，特别是高等级公路，由于设计时速高，如果构造物台背回填质量不好，就会造成行车不适，桥头跳车。因此台背回填应严格按规范施工。根据不同的桥涵台结构，采用不同的施工方法，精心组织，从细着手，从严要求。就地取材，选择透水性好的材料，填前作好填料试验，得到相关参数以便指导施工；施工中严格控制分层厚度，选择合适的压实机械设备，采取紧靠台背处用小型垂直夯实机械人工薄填强夯，远离台背处用压路机薄填静压，以确保压实度符合标准。同时建立完善的质量保证体系，设立专人负责监督检查。总之，为了优质完成结构物台背回填，应做到技术到位、设备到位、组织措施到位、安全文明措施到位、环境保护措施到位。

风化岩地质条件下桥梁挖孔灌注桩施工技术

杨 颖 崔自友

中铁二十局集团第二工程有限公司

[摘 要] 在风化岩石出露的丘陵地区施工高速公路钻孔灌注桩，根据现场地质情况及以往施工经验，经过方案比选，成孔确定采用人工挖孔方法，主要介绍人工在风化岩地层挖孔施工机具、劳动力组织、施工方法、安全注意事项以及取得的效果。

[关键词] 高速公路 人工挖孔 灌注桩 风化岩

1 概述

信南高速公路信泌段土建№8标，线路处于山岭重丘区，地形起伏较大。全线共有大桥4座，中桥6座，其中郭岗、王桥大桥分别为10～30m和5～30m的后张预应力混凝土组合箱梁。其余桥梁跨径分别为16m、20m预应力空心板简支梁，桥梁基础设计均为钻孔灌注桩基础。

线路所处伏牛山和桐柏山浅山地带，属侵蚀低山丘陵，其地表出露主要岩性为元古带（P_t）二云斜长（二长）混合片麻岩、花岗岩，以及灰绿色斜长角闪片岩，岩石上部风化较严重，中下部为强～弱风化。桩基穿越地层具体为（以郭岗大桥为例）：上部为褐黄色亚黏土，硬塑，含植物根系及少量云母碎片，层厚为4.2～5.8m；中部为全～强风化黄褐色闪长岩，节理裂隙发育，层厚为13.2～19.0m；下部为灰色斑状结构弱风化闪长岩，层厚为26～33.5m，设计基桩持力层在此层。

2 施工方案比选

桥梁桩基设计为钻孔灌注桩，经过我们对施工图纸的研究和对现场地层、水文情况的调查，钻孔桩存在以下问题：

(1) 桥区桩基穿越岩石层较厚，多达20m，桩基持力层为花岗类闪长岩，强度大，普通旋转钻机钻进困难，需用冲击钻机施工。

(2) 本合同段桩基共408根，工程数量大。冲击成孔效率底，施工周期长，成本大，影响工期。

而人工挖孔有以下优点：

机械投入少，仅需要铁铲、风镐、空压机等小型机具。

可同时开展多个工作面。

基桩孔径垂直度、直径等易于复核，如有偏差随时纠正，孔底沉渣易清除，可以做到孔底无沉渣，大大提高嵌岩桩的承载力，成孔质量好于钻孔。

采用混凝土护壁不需要泥浆，环境污染小。

经过比较人工挖孔有节约投资、质量好、工期快的优点，根据以往类似地层施工经验，故旱地桩基采用人工挖孔桩。当地下水丰富无法进行挖孔桩施工时采用冲击钻机成孔。

3 挖孔桩主要机具配置及劳动力组织

挖孔桩主要机具配置具体见表1，劳动力组织具体见表2。

挖孔桩主要机具配置表 表1

序　号	机具名称	规格型号（功率）	用　途
1	提升机架	3kW	出渣
2	空压机	W-2.5/B型	凿岩动力、孔内送风
3	风镐	1.5kW	凿岩
4	护壁模板	内径不小于桩径	护壁
5	风钻	3.5kW	凿炮眼
6	潜水泵	3kW	抽水
7	电焊机	BX150	钢筋笼制作
8	切割机	7.5kW	钢筋笼制作
9	弯曲机	1.5kW	钢筋笼制作
10	导管	300mm	灌注混凝土
11	吊车	QY20	安装钢筋笼

挖孔桩劳动力组织 表2

序　号	职　务	人　数	主要工作职责
1	队长	1	全面管理、组织生产、协调
2	技术负责人	1	各种技术工作，编写施工方案，进行技术交底
3	质检负责人	1	桩基各种质量检查工作
4	安全员	2	全过程施工安全检查、爆破物品管理工作
5	测试人员	2	放样定位、标高控制及试件制备
6	挖孔班长	1	桩基挖孔工作
7	钢筋班长	1	钢筋笼制作、安装
8	混凝土灌注班长	1	混凝土灌注工作
9	普工	60	协助各班班长做好本职工作

4 施工工艺

桩位测量、放样—孔口开挖—现浇混凝土护壁—分节开挖土石方及护壁（出渣-排水）—基岩石方爆破—整修孔底—清渣—钢筋笼制作、安装—混凝土浇注成桩。

4.1 挖孔施工

4.1.1 挖孔准备工作

安全、技术交底工作：施工前将挖孔桩的深度、直径、施工工艺、穿越岩层、质量控制要点及所要达到的标准、施工安全注意事项等及时向施工班组进行交底，以保证施工质量和安全。

场地平整、布置与管线保护：施工前对现场进行调查，了解地下管线、电缆等埋设情况，排除地下有碍挖孔桩施工的障碍物。对可能受到施工影响的地下管线，及时向相关部门汇报，并采取迁移和保护措施。

4.1.2 桩位放样定位

根据建设单位交付的施工图纸，计算出每个墩台桩基的桩位坐标，经复核无误后按大桥导线控制网放样各桩中心位置，并放出护桩。护桩需用混凝土包裹，埋深不小于30cm，且位置合适，不受施工扰动。在已夯平的桩位处，按设计桩径加上护壁厚度画圆，此圆即为挖孔桩开挖轮廓。

4.1.3 孔口开挖

孔口开挖深度一次不能超过1m。上下节护壁连接不小于50cm，其内壁下口直径大，上口直径小

但大于桩径，遇石方时用风镐开挖。开挖完成后，仔细检查挖孔的上、下中心是否与设计位置重合，否则需整修。

4.1.4 绑扎护壁钢筋

每节护壁环向设 5 根 ϕ8 钢筋，竖向布设 10 根 ϕ8 钢筋。竖向钢筋单根 1.2m，两端各设一弯钩，弯钩必须伸出护壁混凝土，以便与下一环护壁竖向钢筋的上部弯钩挂接。护壁钢筋设于护壁混凝土厚度的中央。

4.1.5 安装护壁模板

护壁模板采用薄钢板加工成的钢模，每节模板分为两个半圆形，模板上口比下口小 5～10cm（上口半径不小于设计桩半径 R），两块半圆形模板拼接后留有约 5cm 宽的一条缝，此缝中嵌入一节 ϕ50mm 焊管，以方便拆模。

孔口立模时，模板要高出原地面 30～50cm，以防止雨水和杂物掉入井内。模板定位后检查桩位中心是否与模板的上、下中心重合。合格后，加固模板，准备浇注护壁混凝土。

4.1.6 护壁混凝土浇注

护壁为 C20 混凝土现浇，混凝土坍落度 8～10cm，粗集料为 10～20mm 碎石，混凝土中掺入高效早强减水剂，减水剂掺量为水泥用量的 0.8%。

浇注时应对称、分层浇注（每层厚度不大于 20cm），防止模板移位，同时人工用钢筋对称捣固。护壁混凝土应捣固密实，防止漏捣，待混凝土不再下沉时继续浇注上层混凝土。

4.1.7 分节土石方开挖

护壁混凝土浇注后即可将提升机架就位，机架试运转，通常三人一组施工，一人挖土，两人吊土，三人轮换施工。

一个人开挖第一孔，另两个人开始把已安装调试好的机架移至两个孔位的正中央，调平固定机架，搭设机架配重，整理机架的各种线路。机架试运行，检查机架提升的各种操作情况。为两个孔的第二循环开挖提升做好准备。

当第一个孔浇注完第一护壁混凝土后，机架活动臂转至另一个孔上方，开始开挖第二孔的孔口段。

第二孔护壁混凝土浇注完成，第一孔护壁混凝土已有一定强度（约 4h），可以拆除护壁模板内撑，第一孔开始第二环的挖孔施工。

挖孔桩井壁土质松散时，一次开挖深度不大于 50cm，且在绑扎护壁钢筋的同时沿水平方向在 1/2 模板高度处的井壁中打入不小于 50cm 长的 ϕ12 钢筋 10 根（均匀分布），钢筋外露约 10cm，外露钢筋与护壁钢筋相连，防止开挖下一环时上一环护壁混凝土下沉。

在挖孔时，可以依据实际需要设置护壁混凝土强度、调整护壁混凝土厚度和护壁钢筋布设数量。

挖孔桩每挖进一环（1m）检查桩心、桩径一次，每挖进 5m 检查垂直度一次。到全～强风化岩石层时用风镐凿除，如此分节开挖，直至设计高程（详见图 1）。

挖孔桩在施工过程中应随时注意地层变化，认真对照设计地质资料，并做好详细记录。若地层不相符，应立即上报监理、业主，等待处理。尤其是挖至设计桩底标高时，更应引起足够重视。若桩底地质相符则可进行桩底整平，清除浮渣。

挖孔桩中积水应及时抽走。若水量较大，水泵抽水需较长时间或两次抽水时间较短（人工挖孔作业时间很短），则需改变施工方法，采用钻孔施工。

4.1.8 基岩爆破

当挖孔至坚硬的弱风化化岗类闪长岩，风镐无法凿除时，采用爆破开挖，用风钻钻炮孔，炮孔直径为 5cm，深度为 1m，炸药选用 2 号岩石乳化炸药，此类炸药，爆破性能好，防水性能好，环境污染小，爆破有毒气体较少。雷管选用：瞬发电雷管。ϕ1.8m 及 ϕ1.5 孔钻爆参数如下：单桩沿 0.47m 周围半径均布 7 个孔，正中 1 个孔，具体见图 2。钻孔均垂直打入，装药量均为 2 节 0.4 kg。药装好后，工人离开井底，检查爆破线路，进行禁戒，确保安全后进行爆破。当确认雷管全部爆破后，用空压机送风，待烟雾消尽后，工人下井进行清渣。如此循环开挖直至设计标高。

图1　人工分节开挖

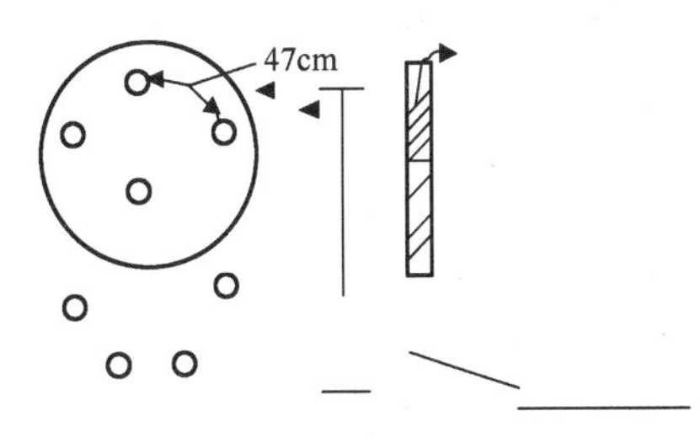

图2　挖孔桩爆破炮眼位置示意图

4.1.9　整修孔底

当挖至设计标高时，将岩渣清除干净，认真复查一次孔径及倾斜度等各项指标，确保达到设计和规范要求。

成孔检查合格后，应及时进行钢筋笼安装，基桩开挖完成后见图3。

4.2　钢筋笼加工吊装

4.2.1　钢筋笼制作

在挖孔的同时，在桩位附近的钢筋加工场集中加工钢筋笼。钢筋笼采用加劲筋成型法一节制作，若超过24m时分两节制作，其端部钢筋头相互错开且大于35倍钢筋直径。

为了钢筋笼定位准确，保护层钢筋耳环的设置应与每环混凝土护壁的上口位置相对应，并适当加密，耳环尽量扁平，以方便钢筋笼精确定位。

4.2.2　钢筋笼运输吊装

钢筋笼运输用专用运输车辆运输，在运输过程中要慢行，保证钢筋笼不散架和变形。

钢筋笼的吊装采用2台20t汽车吊，最上一节钢筋笼吊放即将完成时应及时检查钢筋笼中心与桩中心是否重合，调整钢筋笼使偏差在规范允许范围内。

4.3　浇注桩基混凝土

混凝土浇注采用导管法，导管内壁要光滑，内径大小一致，连接牢固，在有压力下不漏水。在使用前应进行水密、承压和接头抗压试验，最下面一节导管应较长，一般为4～6m。

当提升导管时，必须防止钢筋笼拔起，浇注时，必须采取措施，以便观察和测量钢筋笼可能产生的移动并及时加以处理，基桩灌注见图4。

图3　开挖完成的基桩

图4　挖孔桩混凝土灌注

漏斗顶端至少应高出桩顶（水面）3m，以保证在灌注最后部分混凝土时，管内混凝土能满足顶托管外混凝土及其上面泥浆重力的需要。

5 挖孔桩施工注意事项

施工前准备足够的护壁模板，每孔不少于4m护壁模板，保证护壁混凝土及时施工。施工时每孔中的半圆防护板不少于2块。

井口围栏高度不小于1.2m，且强度足够。围栏上包裹防护网。井口周围1.5m范围内不准堆放任何物料，孔渣应随挖随清。

下班后井孔要用盖板盖住，盖板要比井孔周边大20cm以上，刚度足够，且设置明显标志，防止误踏盖板。

挖孔现场设2名专职安全员，配戴醒目标志，负责检查现场施工机具、人员是否按规程操作。施工现场设置安全警示牌，并把施工现场围护起来，严禁非施工人员进入施工现场。夜间设置足够的红色警示灯。

每次下井前先对孔中送风10～15min（10m以下的井），由专人对井内气体进行检测，若发现有毒气体或缺氧时（氧气含量小于18%）要采取增大送风加氧排毒等措施，且施工时连续送风。凡检查有毒气体含量超过容许值时，立即停止作业，妥善处理，即：CO_2浓度小于5mg/m^3，SO_2浓度小于15mg/m^3，H_2S浓度小于10mg/m^3，NH_4浓度小于10mg/m^3。

井中有积水需潜水泵抽水时，要特别注意安装漏电保护装置，抽水需在井下无人时进行，防止漏电伤人。

挖孔桩施工所用电线均应为防水电缆线，除接头外不得有任何破口。

卷扬机钢丝绳鼓上要加装钢筋防护罩，防止钢丝绳突然断裂甩动伤人。

钢筋笼加工时，电焊机、切割机、弯筋机等电动机具必须具有相应的上岗证的人员才能操作，以防不安全事故发生。

井孔内必须设应急软爬梯。供人员上下井的吊笼应安全可靠，并配有松动卡紧保护装置。井口四周应设护拦。

挖孔桩施工配备专门的爆破工班。

爆炸物随用随取，剩余雷管、炸药及时送至炸药库保管，不得现场存放。

孔内瞎炮应按安全规程处理。

6 结语

信南高速公路信泌№8合同段基桩共有408根，其中370根基桩采用人工挖孔，经过对挖孔桩作静载试验，发现其承载力完全符合设计和规范要求，取得了良好的经济和社会效益。

双钢混凝土在白河特大桥复合桥面铺装中的应用

魏　伟

中国路桥集团一局一公司

［摘　要］　采用双钢混凝土进行桥面铺装的目的是延长其使用寿命。本文简要介绍了钢纤维混凝土配合比设计中原材料的选择、设计方法应用、设计参数的选择以及双钢混凝土桥面铺装的施工工艺。

［关键词］　钢纤维混凝土　钢纤维　配合比设计　施工工艺

引言

由路桥集团一局一公司承建的白河特大桥，是信阳至南阳高速公路泌阳至南阳段上的一座特大型桥梁。该桥起点桩号K175+399.9，终点桩号K176+990.1；主桥为主跨100m预应力混凝土变截面箱梁，跨径组合为56+3×100+56m；引桥为装配式部分预应力混凝土连续箱梁，跨径组合为7×30+6×30+5×30+5×30m（东引桥）、5×30+5×30+6×30m（西引桥）。该桥复合桥面铺装采用双钢混凝土。

钢纤维增强混凝土（Steel Fiber Reinfoucld Concret，简称SFRC)，是一种性能优良、应用广泛的复合材料。钢纤维在混凝土中乱向分布，有效的阻碍了基体混凝土内部微裂缝的开展及宏观裂缝的产生发展。与普通素混凝土相比，在静荷载作用下，钢纤维的掺入对混凝土力学性能的提高幅度是有限的；然而，在动荷载作用下，钢纤维混凝土的主要力学性能如抗冲击性能及抗疲劳性能有显著提高。国内外大量应用实践也充分表明，钢纤维混凝土具有卓越的抗冲击性能，收缩性能、抗疲劳性能及耐久性能也有显著提高。

1　本工程钢纤维及钢纤维混凝土的技术要求

国家黑色冶金行业标准《混凝土用钢纤维》（YB/T 151—1999）将钢纤维定义为，用钢材料经一定工艺制成、能随机地分布于混凝土中的短而细的纤维。该标准还详细规定了钢纤维的分类、代号、尺寸及重量允许偏差、试验方法和检验规则。业主在相关文件中规定，用于本工程的钢纤维为铣削型，外形为端勾形或波纹形，强度等级不低于800MPa。钢纤维混凝土强度等级为CF50，抗弯拉强度6.0MPa。

2　钢纤维混凝土配合比设计

2.1　设计依据

(1)《公路水泥混凝土路面施工技术规范》(JTG F30—2003)；

(2)《公路工程桥涵施工技术规范》(JTJ 40—2000)；

(3)《混凝土用钢纤维》(YB/T 151—1999)；

(4)《增强纤维混凝土用钢纤维》(ASTM A820—1990)；

(5)《纤维混凝土结构技术规程》(CECS 38：2004)；

(6)《公路工程水泥混凝土路面设计规范》(JTJ 041—2000)。

2.2　原材料选择

2.2.1　水泥

由于技术原因，目前水泥强度的提高一般通过提高C_3A含量和提高水泥细度来实现，其后果必然导致水泥水化热大、达到同样流动度的需水量大、与高效减水剂相容性差。因此根据钢纤维混凝土桥面铺装的工程性质及施工要求，选择了中联水泥有限公司南阳分公司采用大型干法旋窑工艺生产的质量稳定、流变性好的低碱普通硅酸盐水泥，强度等级 42.5MPa。试验结果见表 1。

水泥孔隙比检测结果

表 1

安定性	凝结时间（min）		28d 强度（MPa）		SO_3（%）	MgO（%）	LOSS（%）	碱含量（%）
	初凝	终凝	抗压	抗折				
合格	151	206	7.1	50.3	2.53	2.18	1.94	0.52

2.2.2 掺和料

粉煤灰中的光滑颗粒微珠以球形效应在水泥混凝土中发挥润滑作用，减小了水泥混凝土中各颗粒间的摩擦力，可提高新拌水泥混凝土的和易性及可泵性。粉煤灰的微集料效应不但具有缓凝作用，可延缓水泥混凝土水化热的释放，降低水化热；还可填充水泥石及骨料间的空隙，提高水泥混凝土的密实度、强度及耐久性。粉煤灰的火山灰活性使粉煤灰的活性成分同水泥水化生成的氢氧化钙缓慢的发生二次水化反应，生成水化硅酸钙和水化铝酸钙，从而提高水泥混凝土的后期强度。故选择鸭电集团的干排Ⅰ级粉煤灰作为掺和料。试验结果见表 2。

粉煤灰各项指标检测结果

表 2

细度（%）	需水量比（%）	含水量（%）	烧失量（%）	SO_3（%）
10	92	0.8	3.45	1.27

2.2.3 粗集料

级配优良、洁净、坚硬密实的机轧碎石不但可使水泥混凝土获得良好的工作性和易密性，而且可改善水泥混凝土的宏观力学性能。因此粗集料选择了 5～25mm 连续集配机轧碎石。试验结果见表 3。

碎石各项指标检测结果

表 3

表观密度（kg/m^3）	含泥量（%）	针、片状（%）	碱活性	压碎值（%）	石料强度（MPa）
2770	0.2	4.2	无	9.9	88.2

2.2.4 细集料

细集料选择级配良好，洁净的白河河砂。试验结果见表 4。

砂各项指标检测结果

表 4

表观密度（kg/m^3）	堆积密度（kg/m^3）	含泥量（%）	细度模数	泥块含量（%）	碱活性
2660	1490	1.0	2.60	0.2	无

2.2.5 拌和水

拌和水采用达到饮用水标准的地下水。试验结果见表 5。

水各项指标检测结果

表 5

pH 值	总硬度（mg/L）	硫酸盐（mg/L）	氯化物（mg/L）
7.0	174.2	39.9	9.0

2.2.6 外加剂

外加剂选择江苏博特新材料有限公司生产的 JM－II 型缓凝高效减水剂。试验结果见表 6。

减水剂各项指标检测结果　表6

减水率（%）	凝结时间差（min）	抗压强度比（%）	钢筋锈蚀
18.7	+190	139	无

2.2.7　钢纤维

钢纤维混凝土破坏时，钢纤维是从基体混凝土中拔出而不是拉断。钢纤维本身抗拉强度过高对钢纤维混凝土无实际意义。抗拉强度800MPa的钢纤维已经足够满足工程需要。

钢纤维本身与基体混凝土的界面黏结强度决定钢纤维混凝土的性能。就钢纤维而言，界面黏结强度取决于钢纤维的外形及截面形状。美国材料与试验协会标准ASTM A820—1990《增强纤维混凝土用钢纤维》中，要求钢纤维直径细、重量轻、不易结团、流动性好、握裹力强、粘结性好。《公路水泥混凝土路面施工技术规范》（JTG F30—2003）中规定，路面及桥面混凝土中，宜使用有锚固端的钢纤维。因此，业主对钢纤维外形的要求是正确的。

《公路水泥混凝土路面施工技术规范》（JTG F30—2003）中规定，为满足钢纤维混凝土路面和桥面便于机械摊铺，避免成团等要求，必须降低钢纤维掺量。《公路工程水泥混凝土路面设计规范》（JTJ041—2000）规定，钢纤维水泥混凝土桥面铺装，宜符合现行中国工程建设标准化协会标准《纤维混凝土结构技术规程》的规定，其中对于长径比为50的钢纤维规定最小掺量为40kg/m^3，对于端勾形等异型钢纤维，体积掺量不宜低于0.25%。因此，钢纤维掺量应在20～60kg/m^3之间经试验确定。

《公路水泥混凝土路面施工技术规范》（JTG F30—2003）中对于钢纤维的长度规定为，钢纤维最短长度宜大于粗集料最大公称粒径的1/3；钢纤维最大长度不宜大于粗集料最大公称粒径的2倍。

综上所述，选择了天津腾云钢纤维有限公司生产的铣削型钢纤维，规格Ami04-35-800，外形为宽波纹形，铣削面粗糙，光面有压痕。试验结果见表7。

钢纤维各项指标检测结果　表7

抗拉强度（MPa）	长度偏差（%）	形状合格率（%）	等效直径偏差（%）	长径比偏差（%）	弯曲性能
890	4.6	99.4	6.0	10.0	合格

2.3　配合比设计法则

以正确的配合比设计法则结合丰富的实践经验为指导是完善配合比设计的前提。此次的钢纤维混凝土配合比设计应用了《公路工程桥涵施工技术规范》（JTJ40—2000）中的双掺技术，并依据水胶比法则、密实体积法则、最小单位用水量法则、最小水泥用量法则进行配合比参数设计。值得注意的是，《公路水泥混凝土路面施工技术规范》（JTG F30—2003）中规定，钢纤维混凝土砂率宜在38%～50%之间，这一规定是欠妥的。首先，浆集比决定水泥混凝土的收缩徐变性质，浆集比越大，水泥混凝土的收缩徐变越大；第二，砂率应当按照水泥混凝土的工作性，依据密实体积法则及填充理论，通过计算或试拌确定砂率。

2.4　配合比设计参数

（1）试配抗压强度59.9MPa，试配抗弯拉强度6.5MPa。

（2）水泥用量410kg/m^3，粉煤灰用量90kg/m^3。

（3）水胶比0.32，用水量160kg/m^3。

（4）砂率32%～38%。

（5）外加剂掺量0.7%，用量3.5kg/m^3。

（6）钢纤维用量20～60kg/m^3，体积率0.25%～0.76%。

（7）坍落度80～120mm。

2.5 试拌确定最佳配合比

（1）对钢纤维掺量与混凝土强度增长关系进行试验，试验结果见表8、表9。

钢纤维掺量与抗压强度关系表　　表8

强度等级	钢纤维掺量（kg/m³）	抗压强度（MPa）		强度增长率（%）	
		7d	28d	7d	28d
CF50	0	49.8	61.1	0	0
	20	50.6	63.2	1.6	3.4
	40	52.8	65.8	6.0	7.7
	60	51.7	63.7	4.3	4.3

钢纤维掺量与抗弯拉强度关系表　　表9

强度等级	钢纤维掺量（kg/m³）	抗弯拉强度（MPa）		强度增长率（%）	
		7d	28d	7d	28d
6.5	0	4.84	6.06	0	0
	20	6.22	7.27	28.5	20.0
	40	6.30	8.14	30.2	34.4
	60	6.36	8.85	31.4	46.0

从表8、表9的试验结果可知，同强度等级的混凝土，钢纤维的掺入，抗压强度提高率大致为7.7%，并且不随钢纤维掺量提高呈线性关系，钢纤维最佳掺量大致为40kg/m³；然而钢纤维的掺入对混凝土弯拉强度的提高比较明显，且大致与钢纤维掺量成正比，故将钢纤维最佳掺量定为60kg/m³。

（2）通过试拌确定合理砂率，试验结果见表10。

砂率与混凝土工作性关系表　　表10

水灰比	砂率（%）	坍落度（mm）	和易性描述
0.32	32	75	有离析现象，砂浆裹覆度不足
	34	95	轻微离析
	36	105	和易性较好
	38	115	和易性良好

根据施工条件及施工机械的要求，按照钢纤维混凝土工作性选择坍落度为80～120mm，由上表可知满足工作性及和易性要求的最佳砂率为38%。

（3）按照试验确定的最佳钢纤维掺量及最佳砂率进行验证试验，试验结果见表11。

最佳配合比设计结果　　表11

水泥（kg/m³）	粉煤灰（kg/m³）	砂（kg/m³）	碎石（kg/m³）	水（kg/m³）	JM-II（kg/m³）	钢纤维（kg/m³）	坍落度（mm）	28d强度（MPa）
410	90	670	1100	160	3.5	60	110	8.78/65.5

由上表可知，工作性及强度均能满足规范及施工要求，确定以上配合比为最佳配合比。

3 双钢混凝土桥面铺装施工

桥面铺装施工工艺流程如图1。

3.1 钢纤维混凝土拌和

钢纤维混凝土拌和采用卧轴式HL750型强制搅拌机，投料顺序为：粗集料、细集料、钢纤维准

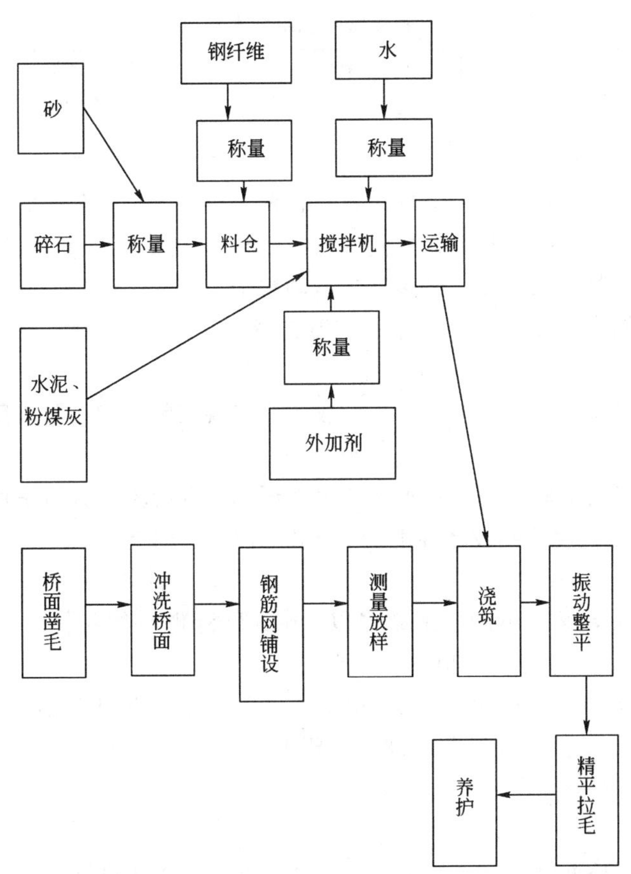

图1　桥面铺装施工工艺流程

确称量后投入料仓，通过皮带输送至搅拌机内，拌和机自动计量水泥、粉煤灰后自动投入搅拌机，干拌5s后，自动计量并加水搅拌，加水完毕人工称量、人工进行外加剂投料后，湿拌60s结束。按此工艺拌和的钢纤维混凝土工作性稳定，钢纤维分散均匀。原材料计量允许偏差见表12。

原材料计量允许偏差　　表12

材料名称	钢纤维	胶结材料	粗、细集料	水	外加剂
允许偏差（%）	±2	±2	±3	±2	±2

3.2　钢纤维混凝土运输

钢纤维混凝土采用罐车运输，罐车运输过程中保持低速旋转，以避免钢纤维在运输过程中振动下沉，影响均匀性。

3.3　桥面清理

施工前，应凿除梁板浮浆、超高部位、污染部位，之后用水彻底清洗。

3.4　钢筋网铺设

人工进行钢筋网片铺设，搭接方式采用扣搭法，绑扎和搭接长度应符合《公路水泥混凝土路面施工技术规范》(JTG F30—2003) 的要求。另外，为保证足够的混凝土保护层厚度及双钢混凝土铺装层与梁板的整体性，按每平方米六处设置钢筋网片锚固架立钢筋。

3.5　钢纤维混凝土浇筑

钢纤维混凝土铺筑采用三辊轴机组铺筑。工艺流程为：布料、三辊轴震动整平、精平饰面、拉毛、养生。

(1) 布料采用小型龙门吊配合人工进行，以预先布置的28mm圆钢标高轨道作为布料厚度基准，在此基础上人工布料高出标高轨道5～10mm，并人工进行粗平。

(2) 震动整平作业由三辊轴整平机组完成，三辊轴整平机组技术参数见表13。

三辊轴整平机组技术参数　　表 13

轴直径 (mm)	轴速 (r/min)	轴长 (m)	行走速度 (m/min)	振动功率 (kW)
219	300	8	8	17

三辊轴振动整平采用前进振动，后退静滚方式作业，第一遍振动整平完毕，立即对低洼及过高处进行人工找补，之后继续进行振动整平，直到混凝土表面均匀出现 3mm 水泥浮浆，振动整平作业结束（当天气温、风力、混凝土工作性综合影响，震动整平遍数为两遍）。

(3) 精平饰面采用铝合金 6m 直尺配合木抹刀进行。6m 直尺在纵、横两个方向进行两遍精平，木抹刀配合饰面。

(4) 拉毛在混凝土二次收浆同时进行。二次收浆在混凝土临近初凝时人工木抹刀完成，之后立即人工拉毛。

(5) 钢纤维混凝土终凝前应当喷雾状水保持表面湿润；混凝土终凝后采用覆盖洒水养生，养生天数不少于 7d（桥面混凝土强度达到设计强度的 80%后开放交通）。

3.6 铺装效果

1. 钢纤维混凝土桥面铺装总体静态平整度以 3m 直尺检测，合格率 92.8%，满足《公路水泥混凝土路面施工技术规范》(JTG F30—2003) 的要求。

2. 钢纤维混凝土 28d 抗压强度代表值 60.6MPa，28d 弯拉强度代表值 7.2MPa，满足《公路水泥混凝土路面施工技术规范》(JTG F30—2003) 的要求。

4 结语

采用双钢混凝土进行桥面铺装的目的是延长其使用寿命。优化设计的钢纤维混凝土配合比是双钢混凝土桥面铺装成功的前提和关键因素，钢纤维混凝土桥面铺装施工工艺与普通混凝土桥面铺装施工工艺并无本质区别。应当特别注意的是，钢纤维混凝土的振捣应避免使用振捣棒插入式振捣，以防止钢纤维下沉。

旋挖钻机在信南高速公路桥梁桩基础施工中的应用

何仁清

路桥集团公路一局五公司

[摘　要]　旋挖钻机在目前高速公路基础建设中越来越应用广泛，其能适应一般的钻孔深度和不同的直径，旋挖钻机具有成孔快、便于操作的优点，在高速公路基础建设中发挥了巨大的作用，施工中就位迅速准确、进尺快、施工效率高，可节省工期。

[关键词]　旋挖钻机　桩基础　高速公路　应用

1　引言

信阳至南阳段高速公路是上海至西安国家重点公路在河南境的一段，根据设计单位提供的地质资料，沿线属剥蚀岗地区（I）中的一个亚区—岗地边缘缓坡地亚区（其由中更新统洪积层 Q_2^{al} 以及局部上更新统残坡积物 Q_3^{dl+pl} 组成）和河流冲积平原区（II_2）中的一个亚区——级阶地亚区（其为第四系全新统下段 Q_3^{al}）。岩性上部为黏土、亚黏土，表现为胶泥状，施工中容易出现缩孔。9～16m 为黏土夹漂石，漂石的粒径大小不一，最大半径达 50cm。下部以粉砂类土为主，具二元结构。局部分布有淤泥质土，容易造成泥浆中含砂率超标和桩尖沉淀超标且易坍塌。

2　主要机械的选择

2.1　选择的理由

由于施工任务紧、地质情况特殊，经施工单位反复论证，最终选择了国内较为先进的旋挖钻机，型号 R518。

R518 旋挖钻机是由意大利土力公司生产的钻孔机械。该钻机可以钻 0.6～1.8m 直径的孔，最大钻进深度可达 50m，钻进速度为 4～5m/h。利用该钻机施工与一般的循环钻机施工工艺流程基本相同，所不同的是旋挖钻机施工不需外部动力和制备循环泥浆池，可以一边钻进，一边将孔内的渣土掏出运走，对于施工现场无法制备泥浆池或运送泥浆有困难的桩基施工极为便利。另外，R518 钻机在钻机就位、钻进和清渣过程中，由于全部由电脑控制，因此就位准确度和钻机垂直度易于掌握，且能一次成孔，尤其是清渣工作迅速彻底，几分钟就能够达到钻桩、清孔质量标准。

2.2　成孔的优点

本方法成孔不用套管，在泥浆（稳定液）保护下钻进；钻锥要多次上下往复作业。这两个施工特点决定了优质泥浆的正确使用是成孔作业的关键。

R518 钻机适宜在地质条件为粘性土、亚黏土和砂质黏土的地层工作。

钻机自带动力，功率大，不受施工现场动力变化影响。

所有施工程序均由电脑操作控制，操作简便，施工精度高，所需配套机具少。

钻机就位迅速准确、进尺快、施工效率高，可节省工期。

3　工艺原理及工艺流程

具有自动输土，进钻阻力小，效率高的效果，能做到边钻进，边自动出土，螺旋叶片之间保持较大的空隙，使土便于疏导，避免堵塞。工艺流程如图 1 所示。

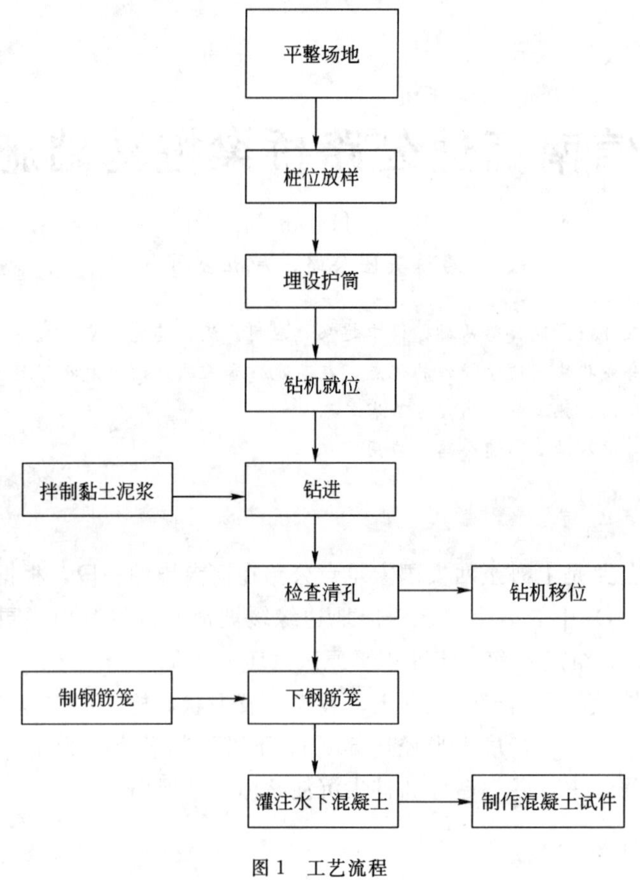

图1 工艺流程

4 施工操作要点及其质量控制

4.1 平整场地

将桩位周围场地内清理干净，并整平夯实，如地基软弱，应进行加固处理，以利钻机就位工作。由于518钻机是通过电脑自动控制就位准确度和钻机垂直度，因此钻机就位的场地必须要平整坚实。

4.2 桩位放样

利用测量仪器准确放出钻孔桩中心位置，设立三个以上控制点，用两个控制点放样，两个控制点校核，以确保桩位准确无误。

4.3 泥浆的配制

旋挖钻机成孔速度快，而且土层属易坍塌地层，要求泥浆护壁速度要快，而且效果也要好。因而我们选择了黏土、纯碱（Na_2CO_3）、羧甲基颖维（CMC）及水搅拌而成的优质泥浆，新配制泥浆的比例为：黏土为水质量的8%，纯碱用量为黏土的0.4%，羧甲基纤维用量为黏土的0.33%。按照这个比例制出来的泥浆性能很好，相对密度在1.08左右，酸碱度（pH值）为8～10，黏度为20～24s，失水率为15～20ml/30min。这种泥浆能够迅速在孔壁上形成一层2mm厚的乳状泥皮，同时，新制泥浆均能使沉淀厚度达到设计要求，不需清孔。

4.4 “自动补浆法”保持水头压力

由于地下水位高，而且地层又极易坍塌，保证孔内外水头差是钻孔过程中保证冲孔质量必不可少的措施。为此，我们使用了“自动补浆法”保持孔内水头压力。方法是：在孔位边开挖一个小泥浆坑（注意：派专人随时给坑内加浆），使坑内泥浆与护筒开口相通。当钻头未入孔时，孔内泥浆要基本上与护筒顶相平，当钻头及钻杆伸入孔内时，泥浆溢出后流入小泥浆坑内暂时储备；当钻杆提出孔后，小泥浆坑内泥浆自动补回孔内。采用这种方法使孔内泥浆得到了及时的补充，保证了孔内水头压力，有效地防止了坍孔。

4.5 沉淀厚度的控制

为避免出现过多的沉淀，成孔后，应至少沉淀1～2h，然后检查沉淀厚度，如果发现沉淀超标，可以用旋挖钻直接捞出。这样不仅保证了沉淀厚度不超标，而且还可以节约清孔时间。

4.6 特殊地层的成孔措施

胶泥层施工一般用螺旋钻头搅松后，再用钻斗捞出，由于胶泥层容易缩径，钻进时要放慢速度，反复扫孔。遇有漂石、旋挖钻机挖不出来时，可改用冲击钻冲碎，为防止斜孔，应适量加入碎石，而且冲击时，扬程不宜过高，控制在1～2m左右为宜。

4.7 埋设护筒

护筒形式：护筒的高度和壁厚应根据桩位处的地质情况确定。一般选用钢护筒，其内径以大于设计桩径20cm为宜。

护筒埋设：护筒基坑应大于护筒外径30～100cm，以利回填夯实。当地表为砂性土时，应将护筒周围0.5～1.0m范围内的土挖除，并夯填粘性土至护筒底0.5m以下。护筒埋设完毕，其平面位置偏差不大于5cm，与桩轴线的偏差不得超过1%，此外护筒顶面应高出地下水位1.5～2.0m，并高出原地面0.3m。

4.8 钻机就位

由于钻机为履带式可以行走，且就位有电脑控制，因而可以直接操作钻机移置桩位处，并调整钻机上的对中装置与桩位中心控制点对准，调整好钻杆垂直度，即可完成钻机就位过程。

4.9 钻孔

钻机就位后，即可钻孔。钻进时将钻锥对准孔位中心，操作钻机钻进手柄，通过液压传动装置钻锥的叶片即可将孔中泥砂旋挖至钻锥内，此时操作钻机的掏渣手柄，旋挖出的渣土就被提升起来，再操作钻机的回转装置将钻锥筒移于弃渣位置，并操作钻机下压钻杆装置，使钻锥底部触销上顶，钻锥叶片开起，渣土即被弃落。以此循环，就完成了钻孔的全过程。

钻进在钻进进程中，要注意保持钻杆的位置与桩位中心保持一致，注意保持孔内水头和不断向孔内投放经拌制的黏土泥浆，并且经常检测孔内泥浆的各项指标，使其始终保持在正常范围，以防止塌孔。

作好钻孔记录，随时注意地层变化，当渣样与地质剖面不一致时，采取变换钻头和泥浆配方等技术措施并及时通知监理及设计单位。

旋挖出的渣土应及时运至指定的弃土位置，以保证施工现场的整洁。

钻机的旋转范围之内，要作好安全标识。

当钻孔接近设计孔深时，应特别注意钻杆上的标尺刻度保证孔深，达到要求。

4.10 检孔及清孔

当钻孔达到设计孔深时，立即通知监理，利用检孔器进行检孔。

检孔完毕操纵钻机的掏渣手柄，进行清孔，清孔结束要及时请试验人员取样检测孔内泥浆密度等指标和孔内沉淀厚度，若各项指标在合格范围内，则钻机可移至下一孔进行施工。若不合格，应再次清孔，直至各项指标均满足要求。

4.11 吊放钢筋、下导管及水下混凝土灌注

当清孔完毕并检测合格后，即可进行此道工序。由于此项工序与其他钻进孔方法的施工基本一致。在此不再叙述。灌注时应采取泥浆回收再生利用措施，防止泥浆外溢污染环境。

5 结语

由于恰当地选择了以旋挖钻机为主，冲击钻配合施工的施工方法，再加上合理的施工安排，按期完成了施工任务。同时，对桩基进行了超声波无破损检测，结果混凝土均匀性好，无缩径、夹层和断桩情况，成桩优良率达到了100%。

淮河大桥30m预应力混凝土箱梁预制与安装施工技术

梁广勋

中铁大桥局集团

[摘　要]　31—30m跨径的淮河大桥为跨淮河段工程，施工采用先预制后安装、通过体系转换简支变连续的方案，缩短了施工工期，提高了施工质量，保证了施工安全；为今后跨河流装配式大型桥梁建设积累了宝贵经验。

[关键词]　淮河　预应力混凝土箱梁　预制　安装

1　工程概况

淮河大桥为31—30m左右幅分离装配式连续箱梁结构，位于信阳至南阳高速公路信泌土建1合同段，箱梁高1.6m，顶宽2.40m（2.85m），底宽1.0m，每片箱梁C50混凝土33.09m^3（35.84m^3），每片梁重约96.8t。淮河大桥是信南高速公路跨淮河的控制性工程，设计为30m跨径的装配式部分预应力混凝土组合连续箱梁施工中采用了箱梁预制后，通过平移上桥用架桥机架设就位的方案，节省了施工投资，大大提高了施工进度，同时也保证了施工质量。箱梁施工采用预制安装方案。其桥型布置图见图1所示。

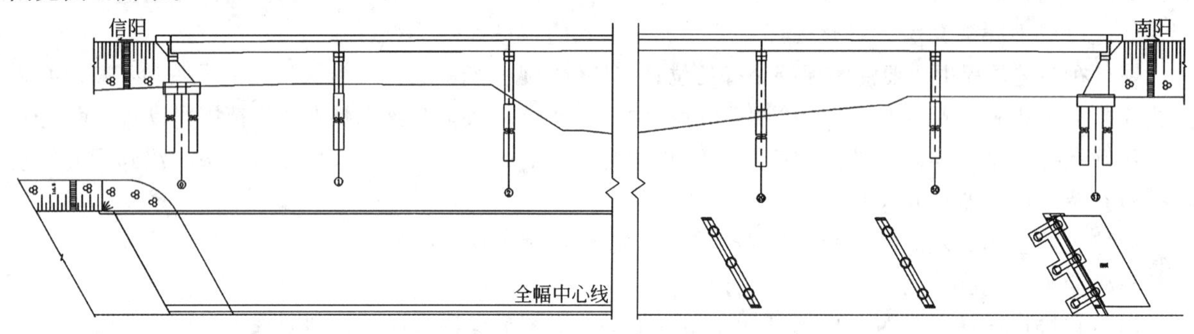

图1　桥型布置图

2　施工流程

淮河大桥上部结构为装配式部分预应力混凝土组合连续箱梁，设计为多箱单独预制，先简支后连续的结构体系。组合箱梁为减轻安装重量和增加横向整体稳定性，在连续墩顶各箱梁之间设横向湿接缝，墩顶采用现浇混凝土连成整体；在非连续墩顶边跨端横梁部分与箱梁同时预制，墩顶采用现浇混凝土连成整体。

全桥30m箱梁在淮河大桥南阳侧桥头左侧布置大型预制梁进行预制，用100t龙门吊机配合180t架桥机安装的施工方法，施工工艺流程见图2。

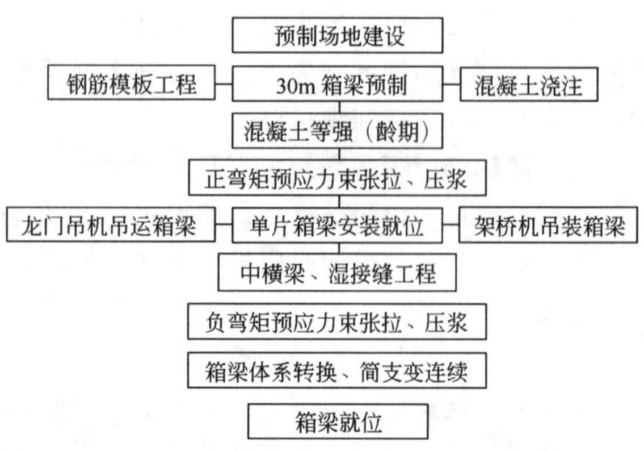

图2　箱梁预制安装施工流程

3 箱梁安装设备

3.1 选用设备

淮河大桥为多箱组合式箱梁，30m 箱梁最大重达 96.8t。淮河大桥跨越淮河中游主河道，河床较宽，长年有水。根据工程实际情况及经济、方便的原则，采用一台 100t 龙门吊机配合一台 180t 架桥机作为 30m 箱梁安装的吊装设备。

3.2 架桥机技术性能及特点

3.2.1 架桥机性能介绍

采用的桁架式架桥机起重能力为 180t，具有自重轻、安装拆卸和运输便利的特点。架桥机总长 78m，架设最大跨度 51m，尾部长度 24m；起重天车 2 台，起升高度 5m，最大起重量 90t×2，主要性能参数见表 1。

桁架式架桥机性能参数　　表 1

项　目		起重天车	中支腿横移轮箱组及反托轮箱组		前支腿轮箱	后支腿轮箱
最大起重量（t）		90×2				
电机功率（kW）		16×2				
提升速度（m/min）		0.64				
横移	速度（m/min）	1	2		2	
	功率（kW）	0.75	3.0		4.5	
纵移	速度（m/min）	2	2			2
	功率（kW）	3.0	3.0			3.0
总功率（kW）		64.5	桥机总长（m）	78	跨径（m）	51
总高（m）		7.5	总宽度（m）	8	起升高度（m）	5

3.2.2 架桥机特点

（1）架桥机的前支轮箱和中支腿反托轮箱组可旋转，以满足大半径弯桥的架设要求。

（2）架桥机的主桁桁节之间由销板连接，架桥机的总长度可以通过减少主桁桁节以满足该桥机在小跨径架设条件下的过孔和架梁要求。

（3）架桥机中支腿轮箱组是双向行走的两对轮箱组，即纵移轮箱组和横移轮箱组，该纵移轮箱（反托轮箱组）与主梁下弦接触，以实现桥机过孔；当架梁时反托轮箱组不工作，横移轮箱组横移，实现架梁要求。

（4）架桥机的起重小车可以横移偏一侧起吊，架边梁时，先将边梁放在邻近的中梁桥墩上，然后将起重小车横移到待架边梁的一侧，起吊边梁并使架桥机整体横移到位；采用天车吊架边梁可以最大限度的减少前、中横移轨道悬臂部分的弯矩，使架桥机架设边梁即安全又方便。

（5）架桥机采用三个支撑点过孔，前支撑点为反托轮箱组，中支撑点为带有伸缩缸的后支腿，后支撑点为带配重梁的运梁小车，中支撑点可缓冲主梁在过孔时过中托轮箱组的压力。

3.3 龙门吊机技术性能及特点

3.3.1 龙门吊机性能介绍

采用的桁架式龙门吊机起重能力为 100t，是一种非整体、安装拆卸和运输便利的设备，全部由 N 型万能杆件组装而成。龙门吊机跨度 44m，容许承载不小于 68t 的走行大车 4 台；用 2 台 10t 电动葫芦设 2 个固定吊点；龙门吊机天车为两个可移动吊点，天车移动幅度在 4m 以内，每个吊点最大允许吊重 500kN，两吊点合计最大吊重 1000kN。

3.3.2 龙门吊机特点

（1）龙门吊机全部由 N 型万能杆件组装而成，可根据起吊需要改装组合，方便快捷。

（2）通过改进，减轻了起吊大梁的单点竖向受力，增加了起吊大梁外向水平力，同时提高了龙门吊机大梁的起吊重量。

4 箱梁预制

4.1 预制场设置

淮河大桥两侧桥头均为高填方路段，根据现场情况及施工方便的原则，预制场地设置在淮河大桥南阳侧桥头左侧大堤内，紧邻淮河大桥施工现场，直接用100t龙门吊机通过轨道提梁；通过运梁小车配合架桥机安装箱梁。

预制台座按强震体系设计，钢筋混凝土结构。台座地基进行换填砂砾压实处理后，用C30混凝土浇注成型，并高出已硬化的地面30cm，台座两端设3.0m×3.0m×0.7m的扩大基础，以保证台座有足够的承载力。

为使桥面平整，预制箱梁台座跨中按设计要求向下设17mm的预拱度，预拱度采用抛物线形式；预制箱梁预拱度通过成型的台座调整。台座表面打磨平整光滑，每隔5～6m设假缝一道，防止台座表面产生收缩裂纹。台座边缘用预埋角钢防护，防止掉角。

4.2 模板工程

模板采用侧包底、侧包端方案。箱梁外模在钢结构车间加工成型，面钣采用$\delta=6$mm钢板，背带用[10槽钢。外模设上下两排拉杆，及外模桁架上的两排可调支撑杆支撑侧模和翼缘板底模，抵抗混凝土侧压力。内模选用加工成型的钢模。箱梁端模采用钢结构多节段加工成，便于拆装。由于箱梁预制时要预留预应力孔道，端模加工时要仔细核对锚垫板位置，保证锚垫板与预应力垂直。

箱梁腹板与底板交接处，设$r=5$cm圆弧倒角，此处模板用圆管切割而成，固定在侧模板上。滴水槽模板用2cm×2cm小角铁与外模焊接。

4.3 预埋件与预留孔设置

在箱梁翼缘板预留4个吊孔。预留孔周边及梁底转角设置圆弧，不锈钢板进行加固，对箱梁和钢丝绳起到了保护作用。

每片预制箱梁底板设置4个ϕ100mm的通气孔，如通气孔的位置与普通钢筋发生干扰，可适当挪动普通钢筋的位置。为保证箱梁安装牢固，要先预埋滑板支座钢板，钢板中心露出梁底1cm。

4.4 钢筋工程

钢筋采用现场钢筋加工车间加工，用平板车运到台座前进行现场绑扎成型的施工方法；绑扎顺序为：先绑扎底、腹板钢筋，检查签证后，放入内模，最后绑扎顶板钢筋。淮河大桥横跨淮河主河道，常年空气湿润，为防止钢筋腐蚀，预制箱梁保护层厚度设为3.7～6cm；混凝土垫块采用工程锯齿型塑料垫块，构件表面垫块数量不少于4个/m^2。

箱梁顶板纵、横向钢筋可在顶板束张拉预留槽处截断，待负弯矩钢束张拉完毕后，再用相同直径的短钢筋与顶板束张拉预留槽处截断的顶板钢筋采用单面焊连接，焊缝长度两侧各12cm。

钢筋安装时要注意预埋横梁钢筋、伸缩缝钢筋、防撞护栏钢筋、支座预埋钢筋等。

4.5 混凝土工程

为保证预制箱梁的质量，采用C50高性能混凝土，施工重点是控制好混凝土拌和、运输、浇注及养生等工序，以保证箱梁预制质量及外型美观。本桥预制箱梁采用吊斗浇注混凝土，入模以内部插入式振捣器振捣为主，外部侧振为辅的振捣方式；坍落度控制在12～14cm，根据箱梁浇注部位不同做适当调整，灌注底板和腹板下部时坍落度要偏大，灌注顶板和腹板上部时坍落度要偏小；混凝土的搅拌时间比普通混凝土延长40～60s；混凝土养护采用土工布覆盖保湿养生，养生时间为7～10d，可根据空气湿度、温度和水泥品种及掺用的外加剂等情况，酌情延长或缩短，每天撒水次数以能保持混凝土表面经常处于湿润状态为度；当气温低于5℃时，搭设保温棚保温，用蒸汽养生，确保混凝土养护温度大于10℃。箱梁内部养护采用箱内灌水，喷洒腹板内侧及顶板；因顶板有一定的倾斜角度，采用先喷洒水，后覆盖塑料薄膜的保湿养护方法。

5 箱梁安装

5.1 吊具系统

5.1.1 吊装计算

30m 箱梁的吊点距梁端约 0.7m，吊点的横桥向距离为 1.875m，采用吊架、滑车组及软吊索结合的吊装工艺。

箱梁吊点间距约为 28m，箱梁自重 968kN。为了吊装方便，采用制作的整体垂直吊架体系统，每片梁两个吊架，用起吊能力 1000kN 的龙门吊机的两个天车滑车组吊装，则平均单个吊点竖向荷载为 484kN，每个吊轴为 485kN；吊索竖向及水平力分别为 484kN、0kN，龙门吊机的两套滑车组吊装系统单个固定吊点最大允许吊重 500kN，计算结果表明，龙门吊机吊具系统均满足设计要求，可以安全的提吊、吊运箱梁。

5.1.2 吊具配置

本工程采用依梁体特征形状，专门制作的整体钢桁架进行箱梁包底吊装方案。吊具配置有：钢桁梁吊架 2 套，软吊索 2 根，滑车组 2 套，卸扣 2 个。

吊装梁体时，在吊架与箱梁之间采用高强度纤维软吊索相连，梁底处两根索头采用高强卸扣连接。为确保软吊索与梁体接触良好，受力均匀，梁体不受损伤，在底板、腹板交界处设置圆弧状的钢板保护套，以保护梁体及软吊索。

5.2 箱梁吊运

预制场紧邻淮河大桥 29 号、30 号墩及 31 号台，根据综合考虑、施工方便的原则，采用制梁台座垂直于淮河大桥纵轴线方向设置预制场。龙门吊机横跨 29 号、30 号墩、制梁场及存梁场，首先用起吊 1000kN 的龙门吊机将箱梁提运到 29 号、30 号墩上，通过盖梁上设置横移滑道滑移安装就位，完毕后在该孔上拼装架桥机，架桥机中支腿落于设置在 30 号墩大里程侧用 N 型万能杆件拼装的临时支承托架上。剩余各孔用架桥机架设箱梁，架梁顺序为右幅 29 号墩～0 号台箱梁，架桥机返回后架设 30 号墩～31 号台箱梁，然后转向架设左幅 29 号墩～0 号台箱梁。

箱梁调运，首先用龙门吊机将箱梁提吊到 29 号～30 号墩处的横移滑道上，通过横移滑道将梁放于运梁小车上给架桥机喂梁的运输方法。

龙门吊机吊梁时，用两套滑车组下放软吊索，将软吊索穿过预留的 4 个吊孔，在梁底用高强卸扣连接好，开始慢慢起吊箱梁。两个起吊点起吊过程应同步进行，并且随时检测箱梁的平稳状态和两个吊点的受力状况，确保箱梁提升平稳及各吊点受力均匀。箱梁提升到一定高度后，关闭提升装置，开始箱梁吊运，龙门吊机电动葫芦吊重与箱梁吊运不可同时进行。龙门吊机轮箱的走行速度均不大于 8m/min，保证龙门吊机走行时两腿同步，出现错动及时调整，龙门吊机两侧立柱走行异步不超过 25cm。箱梁起吊、吊运时，随时检测龙门吊机状态及受力状况，发现异常，立即停止作业及时调整。

5.3 箱梁安装及控制措施

5.3.1 支座安装

箱梁在进行体系转换前，处于简支状态时，在连续墩上用临时支座支撑，临时支座共计 1240 块。临时支座为与梁体同交角边长为 30cm 的菱形，有 C50 混凝土制成，采用 35t 砂桶调整标高，置胶皮于砂桶顶面，对梁底起保护作用。临时支座安装完毕，将永久支座安放至设计位置，梁底支座预埋板锚固钢筋用单面焊接，焊缝长度不小于 10d，支座上钢板与支座预埋板用断续焊接。

临时支座安装后，调整临时支座顶面标高与永久支座顶面设计标高齐平；箱梁精确就位后，处于临时支座上，保证滑板支座在无支承力下与主梁接触，安装永久支座。支座垫石与支座下钢板之间浇注环氧砂浆并确保密实，待预制箱梁一联架设完毕后，浇注连续接头（中横梁）混凝土及其两侧与顶板负弯矩束同长度范围内的桥面板混凝土，达到设计要求强度后，张拉顶板负弯矩预应力钢束，并压注水泥浆；现浇连续接头施工完成后，浇注剩余部分桥面板混凝土，浇注时应由跨中向支点浇注，最后可将砂桶放砂落梁，完成箱梁体系转换，使箱梁置于永久支座上。

5.3.2　箱梁安装就位

（1）施工工艺流程

箱梁需要在梁面通过运梁台车运到架桥机处，通过架桥机才能将箱梁安装就位，具体施工流程如下：

①龙门吊机吊运箱梁，通过横移滑道安装29号～30号墩箱梁。

②在29号～30号墩跨上游及梁面上拼装箱梁支承托架及滑道。

③在右幅已架梁上拼装架桥机及其走道，并使其处于可以架设28号～29号墩右幅箱梁的待架状态。

④在右幅已架梁上铺设运梁台车走道。

⑤龙门吊机配合运梁台车运送箱梁至架桥机后巷，架桥机天车提梁，将箱梁放置在支点上。

⑥调整架桥机使箱梁精确定位，横移大梁，将箱梁缓慢下落至临时支座上。

⑦检查箱梁位置，如不满足要求，上升大梁重新定位安装；如满足要求，马上释放吊架与箱梁分离，架桥机移位安装下一片箱梁。

⑧架桥机移位过孔，安装下一片箱梁，直至全部箱梁架设完毕。

（2）箱梁就位

架桥机过孔到位置后，安装前横移梁，落下前支腿，使前轮箱支撑于前横移梁上。运梁台车将箱梁运至待架位置（喂梁），用架桥机前天车起吊箱梁前端，并向前走一定距离（根据现场实际情况），再用后天车起吊箱梁后端，起吊提梁，两天车同时向前移动，将运梁台车退出。将梁放置在支点上，横向移动卷扬机，便于箱梁精确就位，然后横移大梁，将箱梁移位至架设支座正上方，落梁至距已安装支座顶50cm左右时，停止落梁，调整箱梁纵向、横向位置后，再继续落梁。

箱梁距离已安装支座顶30cm左右时，再次停止落梁，较为精确调整箱梁位置后，继续落梁至距已安装支座顶10cm左右时，检查箱梁的轴线和端边线的偏位，微调架桥机大梁使箱梁精确定位，当箱梁纵横向偏差在20mm以内时，下放吊索，使箱梁座落在临时支座，此时落梁完成。

5.3.3　箱梁安装控制措施

（1）验收墩顶支座垫石顶高程、平整度、轴线偏位，在墩顶测量放样箱梁的轴线和端边线位置以及支座十字线。

（2）安装好永久支座和临时支座，临时支座顶面标高和永久支座顶面标高齐平。

（3）箱梁起吊过程中，应保持梁体水平，纵横向倾斜不能过大。

（4）运梁台车运梁时，应注意箱梁的方向要与待架孔要求的方向一致，并且运输过程应保持平稳，避免碰撞。

（5）龙门吊机和架桥机吊梁和落梁过程中要缓慢，保持箱梁在空中平稳。

（6）在临时支座顶面设置橡胶垫，防止箱梁就位时与支座发生刚性接触，保护箱梁混凝土。

（7）箱梁就位后，要将箱梁横隔板钢筋焊接起来，以确保箱梁的稳定和安全。

（8）箱梁被提到待架位置时，要落到较底位置（离支点20～30cm）时再进行横移。

（9）安装就位的箱梁，要对永久支座或临时支座进行认真检查，发现破碎、损坏要及时进行更换和加固。

5.4　箱梁体系转换就位

5.4.1　箱梁简支状态精确就位方法

架梁前，测量放样出支座十字线、盖梁支承垫石十字中线及箱梁就位梁端线。箱梁将就位时，通过多次缓慢移动卷扬机、大梁，来调整箱梁的纵横向位置，经检查符合设计位置再落梁，完成一片箱梁精确就位；依此模式，完成所有箱梁的架设。

5.4.2　箱梁中横梁、湿接缝施工

箱梁一联在临时支座上就位处于简支状态时，及时把横隔板的钢筋连接起来，确保箱梁的稳定和安全。连接桥面板钢筋时，预先在钢筋车间按设计加工成环型运到现场，牢固定位、对齐焊接，焊接采用单面焊接，焊接长度不小于12cm。箱梁连续端封锚混凝土与现浇接头（中横梁）混凝土一起浇

注；在绑扎和焊接中横梁钢筋时，要事先准确定位顶板制孔波纹管，为防止波纹管变形和移动，要连接牢固，并在浇注混凝土时管内穿入钢筋或钢绞线作为芯棒。等钢筋施工完毕后，浇注中横梁混凝土及其两侧与顶板负弯矩等同长度范围内的桥面板混凝土。

各现浇连续接头混凝土浇注时气温不能相差过大，控制在较小范围内，并在一天气温最低时施工。从箱梁预制到浇注完横向湿接缝的时间不宜过长，所有新、老混凝土结合面的混凝土与主梁一致。

5.4.3 箱梁顶板负弯矩预应力施工

(1) 预应力张拉

当混凝土均达到设计强度的95%后，方可进行顶板负弯矩预应力钢束张拉。由于箱梁预制后已张拉过梁体预应力钢束（编号为N1、N2、N3、N4，箱梁两侧共计8束），此时进行张拉箱梁顶板负弯矩预应力钢束，编号为T1（3长束）、T2（2短束）。钢束采用两端张拉，张拉顺序为先长束后短束，对称单根张拉。初始张拉值宜取0.15倍设计张拉值，初始张拉前调整钢绞线束松紧，张拉设备与孔道轴线一致，均匀受力，确保锚固体各部分接触紧密，钢绞线布置平顺，不交叉。正式张拉，采用分级加载张拉，加载分为4级，即0.15σ_{con}、0.3σ_{con}、0.6σ_{con}、0.8σ_{con}，每加载一次，测量一次伸长值。张拉σ_{con}时，持荷2min并在张拉端补足吨位，测量伸长值，观察钢绞线与夹片情况。张拉完成后，千斤顶回油，油缸回缩，工具锚后退，工作锚夹片便自动将钢绞线锚住，回油应缓慢进行，达到自锚的目的。自锚应逐端进行。回油时，打开千斤顶回油和输油阀，千斤顶主油缸继续回缩，工具锚脱开油顶口，夹片陆续从锚孔脱离出来，详细检查钢绞线情况。最后相继拆出工具锚、千斤顶、限位器退顶，用游标卡尺量取工作锚夹片外露量。

张拉采用双控，以张拉控制吨位为主，用伸长值进行核对，实际伸长值与理论伸长值误差控制在±6%以内。同一断面断丝之和不超过总丝数的1%，且每束断丝或滑丝只允许一根。每端钢绞线回缩量≤5mm（张拉后夹片外露量，与24h测量外露量之差）。

(2) 封锚

切割钢绞线时，应在锚板外留3～5cm外露钢绞线。切割后用环氧树脂砂浆将锚具上的空隙（压浆孔除外）填充密实。连续端封锚混凝土要及时浇注，以防止锈蚀。

(3) 孔道压浆

孔道压浆采用压浆泵压浆。在锚垫板上的压浆孔安装接口闸阀，以便压浆时调节压力。用压力水冲洗孔道，过滤的压缩空气吹净积水，使孔道湿润洁净；如有与相邻孔道串孔现象，应先处理好后再同时进行压浆。

水泥浆的标号同梁体。水灰比一般0.4～0.45，掺用减水剂时，控制在0.35以内。水泥浆拌和3h泌水率2%，稠度14～18s，具有较好的流动性和易性好。水泥浆中的水和外加剂，应对钢绞线无腐蚀作用。水泥浆从搅拌至入孔间隔时间不得超过40min。

压浆应在张拉完成后及时进行，采用一端向另一端压注方式。一端向另一端压注时，水泥浆从排气孔排出后，立即堵塞排气孔，直至冒出浓浆，关闭出浆阀门，输浆泵压力达到0.5～0.7MPa持荷2min，压力调整1MPa（长束孔道），无漏水、漏浆，压浆泵停机，同时关闭压浆端阀门。孔道压浆完毕后，等待一定时间（夏季约30min，冬季2～3h），至水泥浆流动性消失，拆除两端阀门，冲洗干净，倒用下一孔。孔道压浆后，因泌水孔会出现空段，宜选用较稠的水泥浆从压浆口进行填补。

5.4.4 箱梁体系转换

一联箱梁现浇连续接头施工完成并张拉后，浇注剩余部分桥面板混凝土，浇注时应由跨中向支点浇注，当桥面板混凝土达到设计的强度后，通过砂箱放砂解除一联内的临时支座，使桥面恒载作用在永久支座上，完成体系转换，箱梁就位。

6 结语

淮河大桥施工采用先预制后安装、通过体系转换简支变连续的方案，缩短了施工工期，提高了施工质量，保证了施工安全，为今后跨河流装配式大型桥梁建设积累了宝贵经验。

连续箱梁采用贝雷梁、83式军用墩支架施工要点

王立新　　　　　　　　李海军
信阳至南阳高速公路有限公司　中铁十二局集团公司

［摘　要］　桥梁现浇施工中经常采用搭设支架的方法，支架必须具有足够的强度和良好的稳定性，来承受工程实体的荷载及施工过程中发生的附加荷载。结合工程实例本文着重介绍贝雷梁、83式军用墩组合而成的支架的施工要点。

［关键词］　贝雷梁　83式军用墩支架　施工　搭设

K172＋605.14宁西铁路分离式立交特大桥现浇箱梁跨越宁西铁路及两条天冠集团专用线，施工里程K172＋453.14～K172＋817.14，全长364m。

桥跨布置共分八联：左幅为50m×3＋27m＋50m×3＋37m，右幅为50m×3＋37m＋50m×3＋27m。

结构形式为：上部结构箱梁均采用等高度预应力混凝土连续箱梁，单箱双室直腹板截面，箱梁高2.8m，顶板宽16.25m，底板宽9.75m；两侧悬臂长3.5m，悬臂板端部厚18cm，根部板厚45cm；箱梁顶板厚25cm，底板厚25cm，腹板厚50cm。箱梁在支点处均设置横隔梁，其中中横梁在正交孔厚2.0m，斜交孔厚3.0m，端横梁厚1.2m。桥面横坡由箱梁刚性旋转形成。桥墩采用板式墩，桩基础。

由于工期紧，现浇箱梁工作量大（单幅六联），支架、模板周转周期长（每联周转时间为30d）。为了保证质量和工期，九标项目经理部采用了两联贝雷梁、83式军用墩支架、模板对现浇箱梁进行流水作业，其后续各工序也采用流水作业的方式。所采用的贝雷梁、83式军用墩支架具有强度高、稳定性好、操作简便、经济效益好等优点。

1　贝雷梁、83式军用墩支架的施工

1.1　地基处理

根据规范要求处理原地面，从线路中间往两侧设置一定坡度，并在线路两侧设置排水沟。然后对原地基承载力进行测试，测试强度要求达到200kPa，对达不到承载要求的基础进行开挖换填。根据基础的承载测试结果，开挖深度为1～3m不等，开挖面积为7m×7m。开挖后的基础以河砂及灰土回填，首先铺填河砂，每20cm一层，以立式打夯机夯实，填至距施工高程50cm处后再铺填灰土，灰土比例3∶7，每15cm一层，以打夯机夯实，填至地表后，铺填面积增加为8m×8m，将整个基坑覆盖，防止降水或地表水渗入基坑从而降低基坑承载力，导致支架沉降影响上部结构施工。基础处理高程根据军用墩拼装高度进行计算，施工时由测量班进行测定。基础处理完成后，放置6×6m预制的C20混凝土临时支墩。

地基承载力验算：

（1）钢管墩支立于承台上，承台为C30混凝土浇注，承载力无须验算。

（2）军用墩基础为6m×6m×0.5mC20混凝土，并布设构造钢筋。

承载面积取　　$S=6\text{m}\times6\text{m}=36\text{m}^2$

荷载为　　$P=619.65\times(26+2)/4/2=17350.2/4/2=2168.8\text{kN}$

则　　$\sigma_{基}=P/S=2168.8/36=60.2\text{kPa}<200\text{kPa}$（地基承载力）。

1.2 支架搭设

总体采用贝雷梁、83式军用墩组合而成的支架。贝雷梁地面拼装，吊车吊装就位。贝雷片使用长度为3m的整倍数，特大桥横向布置16片，左幅第四次灌注L3—L4跨越天冠铁路专用线只能在中间设一个支墩，跨度较大，将剩余的贝雷梁片全部增加到此跨中。L3—L4（R3—R4）跨越天冠铁路专用线只能在中间设一个支墩，跨度较大，支墩断面加大为6m×6m，在支墩顶向外侧斜撑。

军用支墩布置50m跨布置两联(四个),37m、27m跨布一联(两个),详见模板支架纵断面图(图1)。

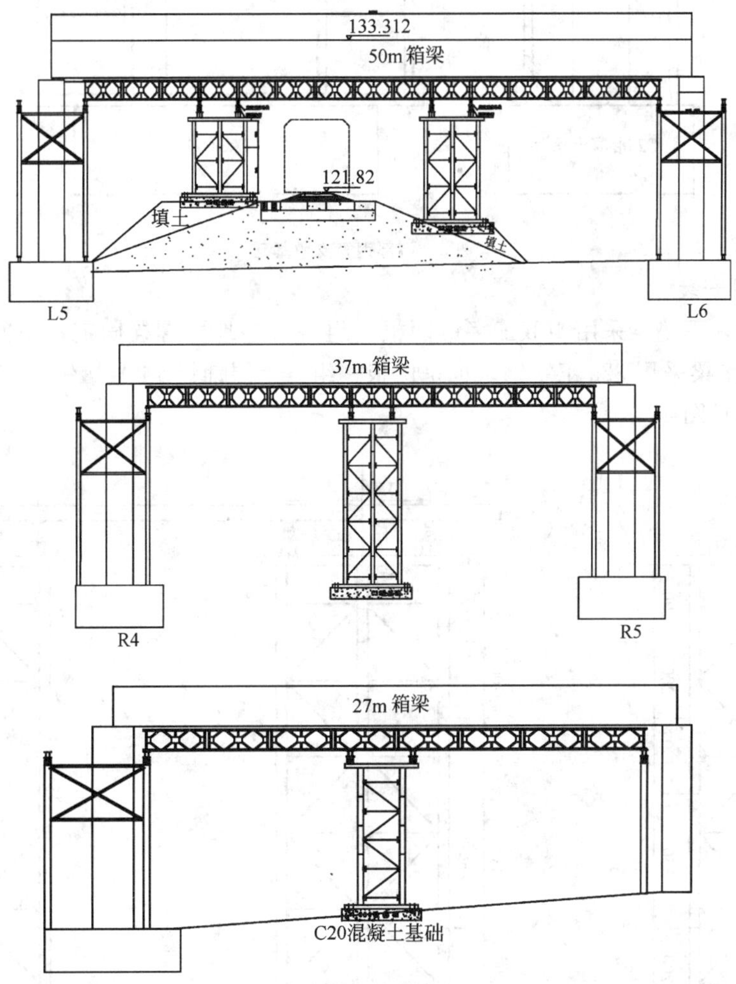

图1 现浇段模板支架纵断面图

1.2.1 支墩基础

跨中83式军用支墩基础采用C20混凝土，截面为600cm×600cm×50cm，详见图2。

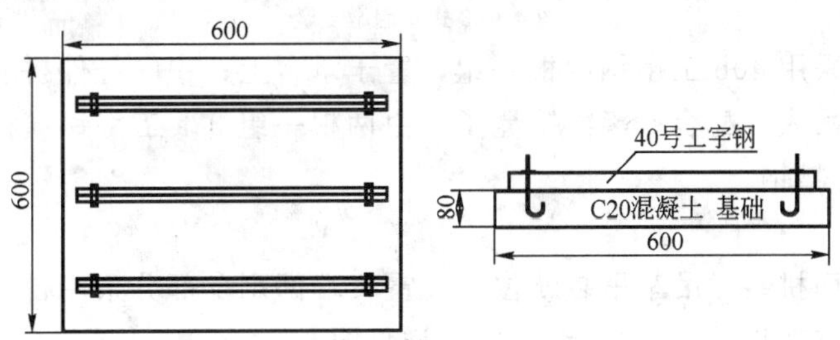

图2 83式军用支墩基础

跨越宁西铁路的军用支墩基础布设在铁路两侧路基边坡上，净宽为15m，净高为7m，保证列车的通行。在原铁路路基边坡上帮填三七灰土，每20cm一层，采用冲击夯夯实，为保证与原路基连接密实，每层施工时在原路基边坡上做20cm×20cm台阶。为确保跨铁路施工万无一失，在铁路两侧的每个临时支墩下设6根挖孔桩。灰土填筑完成后，人工施工基础挖孔桩，挖孔桩施工长度2.5m，桩径1.2m，挖孔桩桩底确保潜入原路基1～1.5m深，每个支墩下设6根桩，以确保基础的稳定。

端部钢管支墩基础，置于墩身承台上，有两根40b作为下垫梁，见图3端部钢管支墩基础。L1、L9和R1、R9采用混凝土基础，见图3。

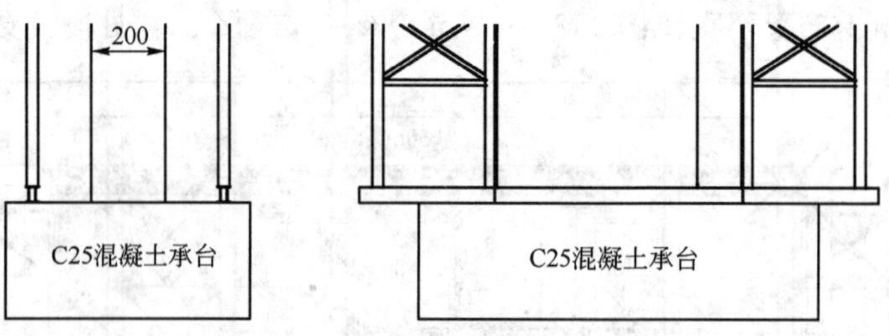

图3　端部钢管支墩基础

1.2.2　支墩拼装机安装

83式军用支墩，下垫梁采用40b工字钢两根一组，U型地脚螺栓固定；中间杆间拼装采用吊车起吊人工配合；上垫梁采用32a工字钢，也是两根一组，上层铺设14号槽钢，支放在落梁铁凳子上。83式军用墩支墩详见图4。

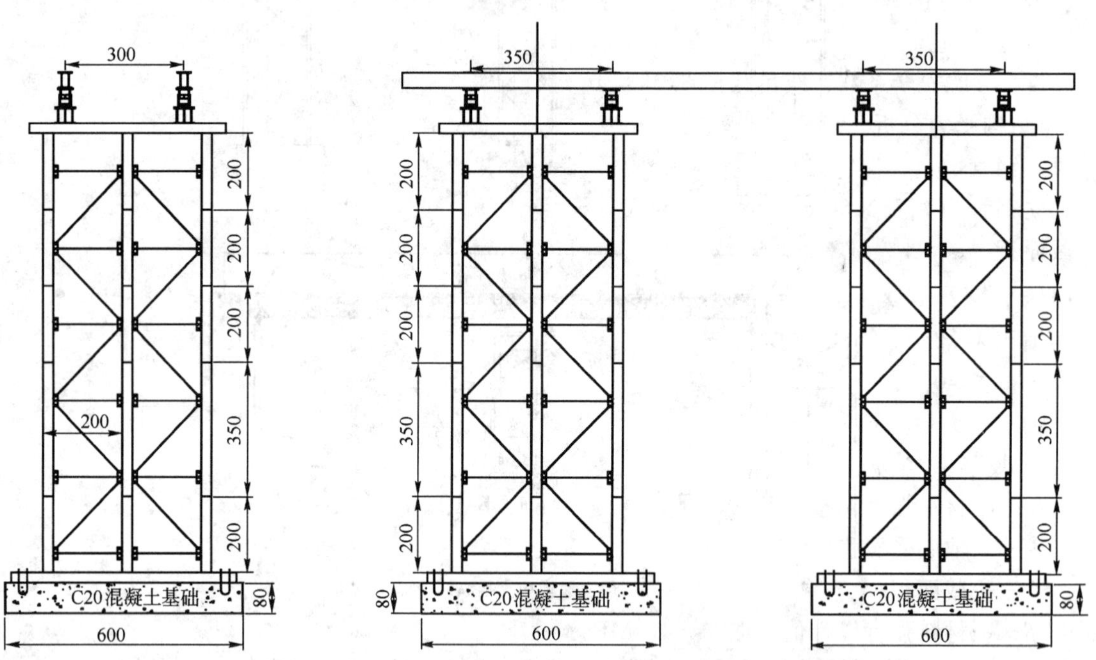

图4　83式军用墩支墩

钢管支墩，下垫梁采用40b工字钢两根一组，置于承台上；中间杆件拼装采用平面焊接，吊车起吊人工配合；落梁铁凳子上由两根一组32a工字钢横桥向布置，上层铺设14号槽钢。

1.2.3　贝雷梁拼装

贝雷梁拼装采用地面拼装，吊车吊装就位。贝雷梁端部剩余部分采用自制三脚架支撑，梁端三角支架见图5，贝雷梁横断面详见图6。

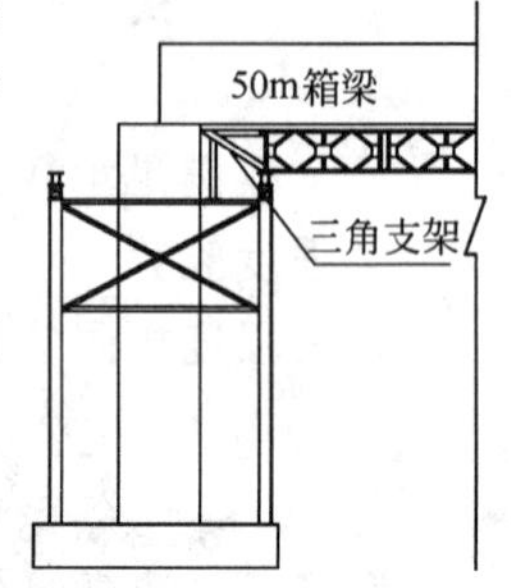

图5　梁端三角支架

1.3　支架受力分析

1.3.1　荷载

6号～7号墩上箱梁属第二联B节段，施工全长50m，混凝土方量

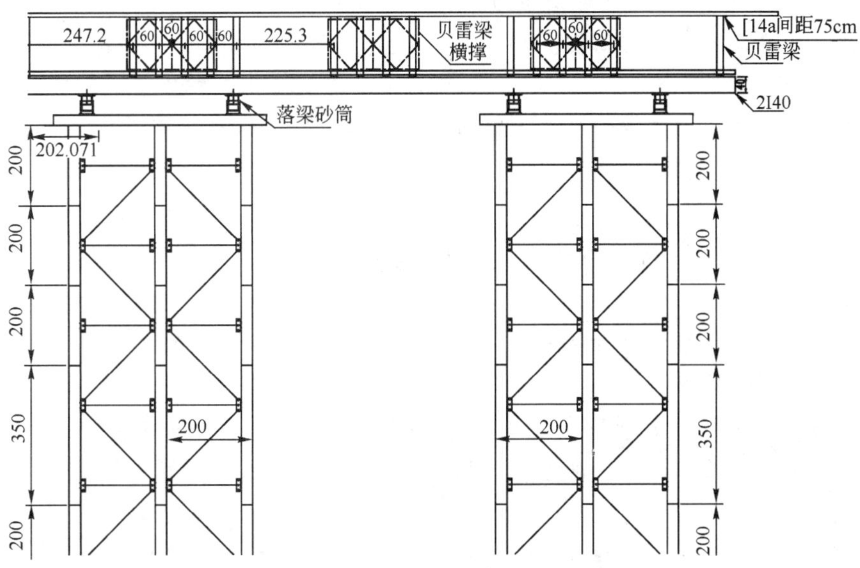

图 6　贝雷梁横断面

619.65m^3，容重按 26kN/m^3，模板自重、施工人员、机具等按 2kN/m^3 考虑。

则荷载总重为：$W=619.65\times(26+2)=17350.2$kN，单根钢管荷载重量 $P=17350.2/4/12=361.5$kN，考虑安全系数，线荷载按 370kN/m 进行验算。

1.3.2　结构受力分析、计算

（1）钢管墩

支立钢管为 $\phi273\times6$mm

截面积 $A=\pi\left[(273/2)^2-(261/2)^2\right]=5033\text{mm}^2$

回转半径 $i=\sqrt{D^2+d^2/4}=\sqrt{273^2+267^2/4}=95.5$mm

长细比 $\lambda=2500/95.5=26.2$

查表得 $\phi=0.9$

①轴心压力验算

由公式　$N_d=K\phi Af$

式中：K——材料强度调整系数，对搭设高度 30m 以下，取 $K=0.8$；

ϕ——轴心受压稳定系数；

A——截面积；

f——材料强度设计值，取 $f=215$MPa。

得：

$$N_d=K\phi Af=0.8\times0.9\times5033\times215=779.11\text{kN}>P=361.5\text{kN}$$

故满足承载力要求。

②强度验算

钢材强度极限值 $[\sigma]=215$MPa

由公式 $\sigma=N/\phi A$，得：

$$\sigma=N/\phi A=361.5/(0.9\times2544.69\times10^{-6})=157.85\text{MPa}<[\sigma]=215\text{MPa}$$

故满足强度要求。

③刚度验算

由规范可知主桁杆件受压杆容许长细比为［λ］＝100。

钢管墩杆件长细比　　　　$\lambda=2500/95.5=26.2<[\lambda]=100$

所以也满足刚度要求。

由以上验算结果可知，钢管墩满足施工需要，且本段支架搭设间距最大也最具代表性，故其他墩位处钢管墩无须再进行验算。

(2) 军用墩

军用墩采用83式军用墩，军用墩承载及强度无须再进行验算。

(3) 贝雷梁

贝雷梁总跨径为50m，单孔最大跨径17m，贝雷梁每断面贝雷片数量：4＋6＋4＝14片，高度1.5m，16Mn钢材，中心最大间距2.225m。

由前计算可知，上部荷载为 $W=619.65\times(26+2)=17350.2\text{kN}$，则每组贝雷片承载为 $17350.2/3=5783.4\text{kN}$，平均每米承载为 $q=5783.4/50=115.7\text{kN/m}$，现以贝雷片单跨最大跨径 $L=22\text{m}$ 来计算。

①强度计算

单片贝雷梁容许弯矩 $[M]=788\text{kN}\cdot\text{m}$（构建设计参数，计算为 $950\times0.9=855\text{kN}\cdot\text{m}$），贝雷梁按 3×4 片＝12片计算，三组贝雷梁容许弯矩 $[M]=9456\text{kN}\cdot\text{m}$。

上部荷载为均布荷载，则 $M=1/8ql^2=1/8\times115.7\times22^2=6999.85\text{kN}\cdot\text{m}$，贝雷梁每米自重为 $16\times16\times0.3/48=1.6\text{t/m}$，产生的弯矩设计值 $M_g=1/8\times16\times0.175\times22^2=169.4\text{kN}\cdot\text{m}$。

则总弯矩为 $M_{总}=M+M_g=6999.85+169.4=7169.25\text{kN}\cdot\text{m}<9456\text{kN}\cdot\text{m}$

故满足强度要求。

②挠度计算

贝雷片为16Mn钢材，弹性模量 $E=200\text{GPa}$，由挠度公式 $f=5ql^4/384EI$，得

$$f=5ql^4/384EI=5\times115.7\times10^3\times22^4/[384\times200\times10^9\times(1/12\times18\times1.5^3)]$$

$$=4.7\times10^{-4}\text{mm}<[f]=L/500$$

$$=22000/500=44\text{mm}。$$

所以满足稳定性要求。

1.4 支架预压

1.4.1 确定预压重量和堆载高度

在搭设好的支架上以大于箱身重100%的荷载进行堆载预压，预压采用砂袋堆载法，换算砂袋的堆载高度时，考虑到堆载砂袋间的空隙，计算砂容重采用 1.45t/m^3。空腹段的堆载预压高度 $\geqslant1.4\text{m/m}^2$，实腹段的堆载预压高度 $\geqslant2.3\text{m/m}^2$。

1.4.2 支架预压沉降稳定标准

支架净压5d（120h）以上及达到沿降稳定状态2d（48h）以上，沉降稳定标准：24h沉降不超过1mm。

1.4.3 测点布设及观测记录

观测点，纵向间距为3m，横向为左、中、右布设。观测时间为每天16：00，观测以下数据：预压前各测点处的底板实测高程 h_0，及预压期间每天各相应测点处的实测底板高程 h_1、h_2、h_3、h_4、h_5、h_6、h_7。当 $h_7-h_5\leqslant1mm$ 及 $h_7-h_6\leqslant1\text{mm}$，即认为沉降已达稳定状态，若以上条件不满足需继续预压，直至最后两天的沉降量 $\leqslant1\text{mm}$，方可卸载。卸载时，测量卸载前各测点处的底板高程 $h_{前}$ 及各相应测点卸载后的底板高程 $h_{后}$。

1.4.4 模板调整

根据以上测量数据得出弹性变形 $V_{弹}=h_{后}-h_{前}$，非弹性变形 $V_{非}=h_0-h_{后}$，总沉降变形为 $V=V_{弹}+V_{非}$，根据各测点的弹性变形值得出预压段内的平均弹性变形值。计算出卸载后底模标高调整值 H=底板理论高程+预拱度值+预压段内的平均弹性变形值。最后按底模标高调整值 H 对预压后的底模进行高程调整，对模板缝隙重新进行密封打胶处理，确保底模板高程正确、表面平整、缝隙密实不漏浆。

1.4.5　后续施工

底模板调整完成清理干净后，安装固定支座垫板→在底模上准确标出钢筋网的定位线（红油漆）→安装底板钢筋网→穿插波纹管→安装内模→绑扎腹板钢筋→穿插波纹管→绑扎顶板钢筋→穿插波纹管→安装端模、侧模→浇筑底板混凝土→浇筑腹、顶板混凝土。强度满足要求后，对预应力钢束进行张拉，孔道压浆，封锚。所有工作完成后拆除支架，供下一节段使用。

2　结语

由于在施工中采用了贝雷梁、83式军用墩支架的施工方法，加快了支架的搭设，拆除速度，加快了施工进度，从而使工程质量得到了保证，为信南高速公路宁西铁路分离式立交特大桥的早期贯通创造了条件。

生态环保及其他工程

Shengtai Huanbao Ji Qita Gongcheng

信阳至南阳高速公路南阳膨胀土生态改性试验研究及工程应用

姬同庚

河南省信阳至南阳高速公路有限公司

［摘　要］　通过对信阳至南阳高速公路项目南阳境典型膨胀土路堑边坡生态改性试验研究及工程应用效果检测评价，探索了中弱等膨胀土边坡防护新技术，经济可行，对类似工程具有一定参考价值。

［关键词］　高速公路　膨胀土　生态改性　边坡防护

1　概述

河南省信阳至南阳高速公路项目是国家规划的西部开发大通道上海至陕西（沪陕）高速公路重要组成部分，自东向西依次穿越信阳市、驻马店市、南阳市，全长182.904km，其中南阳市境110km，分信阳至泌阳段、泌阳至南阳段两个项目进行建设。公路沿线地质、地形复杂，泌阳至南阳段全线分布中弱膨胀土。为了探索膨胀土路堑边坡防护新技术，建设生态环保高速公路，选择K177＋170～K177＋800两侧膨胀土路堑边坡进行生态改性试验研究。试验段全长630m，位于南阳市卧龙区潦河镇李庄村境内，属典型南阳膨胀土。该段边坡设计坡率为1∶2，改性施工面积为43142.2m^2。

2　南阳膨胀土成因及工程特性

2.1　南阳地理气候

南阳北靠伏牛山、东扶桐柏山、西依秦岭、南临汉江、三面环山，海拔高度在72.2～2212.5m之间，地势呈阶梯状，大部分为高阶地，其地形为平坦开阔的岗地与宽缓谷地，以河流为骨架，构成向南开口与江汉平原相连接的马蹄形盆地，素称南阳盆地。南阳处于亚热带向暖温带的过渡地带，属典型的季风大陆半湿润气候，年平均气温14.4～15.7℃，年降雨量在300～1100mm之间，每年的雨季为7、8、9三个月。

2.2　南阳膨胀土的形成环境和成因类型

南阳盆地的膨胀性黏土是从新第三纪到早全新世多个地质时期形成的。地质历史时期气候、古地貌和沉积环境的变化造成膨胀土的产状、物质成分、结构特征和工程性质差异很大，是影响膨胀土成因类型的主要因素。

晚第三纪中新世时期，南阳盆地气候湿润多雨，处于湖相沉积环境。盆地中部处深水还原环境，形成灰绿色和灰白色弱成岩的泥灰岩和硬黏土，盆地西部边缘处于浅水沉积环境则形成棕红色夹灰绿色条带的硬粘土。在第四纪初期，喜马拉雅运动造成水平向挤压作用，盆地周围山地普遍上升，在地表水侵蚀作用下，形成了自北、东、西三面向盆地中部和南部逐渐倾斜并略有起伏的地貌景观，南阳盆地结束了大面积湖相环境，形成了NW-SE向排列的波浪状垄岗，第三系湖相沉积地层发生大范围变形，并发育大量构造裂隙、节理。早更新世中晚期和中更新世早期，盆地处于缓慢的下沉和相对稳定阶段，周围山地继续遭受风化剥蚀，在盆地中形成了大量冲洪积黏土地层，上第三系地层基本上被掩盖起来。在盆地中部硬黏土埋深可能达到600～800m以上，而盆地边缘和垄状岗地部位埋深较浅，因此上第三系泥岩的成岩程度差别很大，在盆地中心有的已经形成泥灰岩或泥岩，而垄岗地带仅形成了超固结的硬黏土。

南阳盆地早更新世气候总体上比较寒冷，化学风化微弱，因此地层物质来源与母岩成分极为相似，下更新统地层基本上不发育膨胀土。

南阳盆地棕黄色膨胀土形成于中更新世。中更新世早期气候温暖，基本上是季节性中等降雨的暖湿气候地区，岗坡地形上棕黄、棕红色黏土中形成了大量锰质结核即是这种气候的反映。地下水位处于周期性的变化过程中，因此形成的棕黄色黏土中普遍发育标志氧化环境的锰质结核和标志动荡地下水位的钙质结核层。中更新世冲洪积地层是南阳盆地广阔平原区上部的主要地层。

晚更新世至全新世初时期，地壳振荡性抬升，河流侵蚀，中更新统地层成了垄状岗地的主体地层，被切割抬升形成岗地和二级阶地，在地势开阔的低平地区则形成了厚度不一的河湖相褐色黏土，称为黑垆土。全新世时期，盆地相对稳定，岗间洼地中河流两侧形成带状冲积平原。

从沉积环境分析，南阳膨胀土主要成因类型可以划分为 3 种，见表 1。

南阳膨胀土主要成因类型 表 1

序号	成因类型	地质时代	氧化还原环境	地质特征和地貌分布规律
1	湖相	N_1	还原	盆地内部，灰白灰绿色硬粘，荷载裂隙和构造节理非常发育，裂隙面有蜡状光泽。分布于垄状岗地的下层
			氧化	盆地周边，棕红色硬黏土，荷载裂隙和构造节理发育裂隙面上被灰绿色蒙脱石和蒙脱石/伊利石混层矿物填充。分布于垄状岗地
2	冲洪积相	Q_2	氧化	棕黄色黏土，棕黄色夹灰白色网纹状黏土，含褐色锰质结核，局部发育裂隙。局部分裂大量钙质结核。广泛分布于岗地，二级阶地，在垄岗斜坡中下部厚度较大
3	河湖相	Q_4	还原	褐色黏土、亚黏土，厚度较薄，有短小细密的荷载裂隙发育，构造裂隙不发育。分布于平坦地形上部，厚度较薄

2.3 南阳膨胀土的工程特性

膨胀土其矿物组成多以伊利石、蒙脱石为主，夹少量的高岭石。这些亲水性的黏土矿物遇水膨胀，失水收缩，具有明显的胀缩性、多裂隙性、超固结性，以及强度减弱性，容易造成沉陷、溜塌、纵裂、坍塌等自然灾害，仅我国每年因膨胀土造成的经济损失就达 150 亿美元。修筑在典型膨胀土分布区的公路、铁路常常是“逢堑必滑、有堤必坍”，而且这种破坏作用具有多次反复性和长期潜在危害性。南阳地区的膨胀土具有膨胀土的一般特性，同时土体裂隙发育，局部膨胀土中夹有砂礓石或灰白、灰绿色黏土夹层或薄膜，具有中强膨胀势能、较高的液限和含水量。根据地质勘察试验资料，按现行规范判定，南阳地区的膨胀土为膨胀潜势中等膨胀土。南阳膨胀土基本特性指标见表 2。

信南高速公路南阳膨胀土基本特性指标 表 2

采样点	液限	塑限	塑性指数	颗粒分析				自由膨胀率
				%				δ_{ef}
	W_L	W_P	I_P	>0.075	0.075～0.005	0.005～0.002	<0.002	%
K177+122.5～K178+000	46.7	22.9	23.8	3.7	52.9	16.9	26.5	62

3 膨胀土危害和路堑边坡防护方案

3.1 膨胀土危害

膨胀土的矿物成分及结构形式，使它具有胀缩特性，含水量的变化使其这一特性显示出来。新开挖的膨胀土地基与边坡，受雨水、大气、地下水、土压力等因素的影响，使膨胀土含水量发生变化。

反复胀缩导致了膨胀土土体的松散，并在其中形成许多不规则的裂隙，裂隙破坏了土体的整体性，使水的侵入和土中水分的蒸发更为容易。土体含水量的波动引起胀缩变形的反复发生，又进一步导致了裂隙的扩展和向土层深部发展，使土体强度大为降低，形成风化层。风化层深度一般在1～1.2m。风化层深度范围内，土体湿胀干缩效应明显，土体的粘聚力和抗剪强度急剧下降，所以大气风化作用层是产生各种地基，及边坡病害的直接引导层。对地基及边坡稳定性危害极大。因此膨胀土大气风化作用层是危害工程的主要原因，是工程防护和治理的重点对象。

膨胀土含水量的变化是受多种因素的影响，雨水渗入只是其中的一个比较重要的因素。因此治理膨胀土地基及边坡，仅仅依靠防止雨水渗入土体是远远不够的。它应该是对大气风化作用层影响深度范围内土体的彻底治理。

3.2 膨胀土路堑边坡防护方案

对于膨胀土挖方路堑边坡防护，一般采用全封闭形式的刚性防护。其主要观点认为：膨胀土边坡失稳的主要原因是受降水影响，当土体吸水由非饱和态进入饱和态这一过程中，土体的抗剪强度则由强逐渐变弱，当土体的剪切指标值随含水量增加而衰减时，其边坡稳定性随之递减直至产生变形破坏。因此采用边坡封闭防护以阻止降水被非饱和土吸收，其主要方式如浆砌片石满铺防护、浆砌片石挡土墙、浆砌片石拱型骨架植草、混凝土六角块满铺防护、土钉墙加固边坡等。实践证明这些刚性防护方案治理膨胀土效果较差。不能从根本上解决在大气风化作用层影响深度范围内膨胀土体的胀缩问题。因为膨胀土新开挖的坡面受大气、地下水、土压力变化等多种因素影响，即使没有降水的浸入，也会发生膨胀与收缩，必然产生一定的变形，以求达到新的平衡。即使这种变形不大，也会对刚性防护结构起破坏作用。慢慢形成裂缝，雨水就会从裂缝中渗入，加剧膨胀土的胀缩变形，恶性循环，直至引发连锁破坏。刚性防护结构还有产生眩光、燥声，不能还原生态环境等缺陷。

4 膨胀土生态改性机理及作用

4.1 改性机理

膨胀土生态改性剂是由一种复合化学配方＋水＋活性石灰充分搅拌组成。具有电解和离子交换的作用，有较强的渗透性，能溶于水，在水中离解出带正电荷的阳离子 $[X]^{n+}$ 和带负电荷的阴离子 $[Y]^{n-}$，阳离子与膨胀土胶体表面的阳离子 $[M]^{n+}$ 产生交换作用，将这些原本吸附在膨胀土颗粒表面、亲水性极高的阳离子赶走，代之以亲水性较低、粘结力较强的铝离子及其水合物。使膨胀土颗粒上的吸附水的化学键破坏形成自由水，改性后土颗粒形成键状和网状结构加快反应和离子交换，自由水通过重力、蒸发、压实作用排除，改变了膨胀土颗粒的结构特征，从而提高膨胀土的抗剪强度，增强膨胀土的水稳性，永久的改变膨胀土的属性，将膨胀土改性为非膨胀土。且具有比石灰土更稳固更持久的效果。即：

$$[\text{土壤胶体}]^{n-}\ [M]^{n+} + [X]^{n+} \longrightarrow [\text{土壤胶体}]^{n-}\ [X]^{n+} + [M]^{n+}$$

而离解出来的阴离子则与土壤中铝产生络合作用：

$$[\text{土壤颗粒}] + [Y]^{n-} \longrightarrow [\text{侵蚀的土壤颗粒}]^{3-} + [AlY]^{3-n}$$

铝离子的树脂络合物 $[AlY]^{3-n}$ 再与 $[\text{土壤胶体}]^{n-}\ [X]^{n+}$ 作用，使树脂得以再生：

$$[AlY]^{3-n} + [\text{土壤胶体}]^{n-}\ [X]^{n+} \longrightarrow Y^{n-}X^{n+}\ [Al\ (\text{土壤胶体})]$$

总反应式是：

$$[\text{土壤胶体}]^{n-}\ [M]^{n+} + [X]^{n+} \longrightarrow Al\ [\text{脱铝的土壤胶体}] + [M]^{n+}$$

膨胀土生态改性剂是在水中电解出离子与膨胀土颗粒离子进行交换作用，从而达到将膨胀土改性的目的，它与其他的胶合材料不同，自身与土粒并不结合，而且具有再生功能，它与膨胀土作用时其总量并没有减少。其功效并不会随着时间的推移而逐渐减弱，相反，只要膨胀土中有水分，它的功效就会延续下去，这种作用是永久的不可逆的。作用过程大致是：当膨胀土生态改性剂喷洒在土体上通过渗透达到一定深度将其改性，还可以通过土体本身含水量经土体毛细孔隙到达一定深度。更重要的是膨胀土生态改性剂具有较强的渗透性，能溶于水，它可以随雨水渗透，到达雨水能到达的深度，这样就从根本上解决了雨水渗入对膨胀土的影响，做到对大气风化作用层影响深度范围内膨胀土体的彻底治理。

4.2 改性作用与特性

4.2.1 改善膨胀土湿胀干缩的特性

膨胀土湿胀干缩特性是其所含的矿物与水作用的结果，在膨胀土矿物颗粒表面吸附着一层水，这层吸附水是以静电引力的形式被吸附在膨胀土矿物颗粒的表面上，由于静电引力的作用，这层吸附水与膨胀土矿物颗粒结合得非常牢固，重力、较小机械力不能将其排出。土壤通过风干可以除去大部分的吸附水，但环境湿度增加会导致其重新吸收水分，由于膨胀土矿物颗粒很小，其表面积非常巨大，吸附水的吸收或排出，势必引起土体强烈的湿胀干缩，从而导致岩土工程的破坏。离子交换作用结果，是使原来作用于土壤颗粒表面的吸附水静电引力被打破，吸附水变成自由水。经离子交换作用膨胀土颗粒不再容易与水分子结合，从而容易被排出，这样就从根本上改善了膨胀土湿胀干缩的特性，将膨胀土改性为非膨胀土，优于正常土。

4.2.2 改性后的土体具有人造沉积岩倾向

由于改性后的土体水分在膨胀土生态改性剂的作用下被排除，改性土在重力的作用下被压实，在石灰和离子反应中形成胶状晶体的粘合作用下被固化。固结形成密实的板状结构，而且具有良好的弹性，不会发生裂隙，具有人造沉积岩的倾向。

4.2.3 水的渗透不会引起岩土工程的破坏

水的渗透需要有气孔。未经处理过的土壤其中的气孔及虚空空间很多，水很容易渗透进去，渗透进去的水还会被膨胀土颗粒吸附而使土壤膨胀，导致岩土工程破坏。经过膨胀土生态改性剂处理的土体，由于其排水作用而使大部分的气孔也被压缩，且气孔里大部分空间会被再结晶物质所充填，虽然改性后的土体水还是能渗透进去，但由于这些水不会再被吸附而很快被排出。所以，这些渗透水并不会引起岩土工程的破坏。

5 膨胀土生态改性试验研究与工程应用

5.1 室内改性试验的方法与步骤

膨胀土生态改性剂是一种新型产品，开发的时间不长，通过试验使人们可以清楚地认识到该产品对膨胀土的改性效果，增强对该产品的认识，同时对后期大面积施工起到重要的指导作用。

(1) 改性试验首先认真进行现场调查，了解现场膨胀土变化规律，观察地形地貌，收集当地气候条件的相关资料，以此为依据确定雨水的渗透深度以及大气风化作用层的影响深度。

(2) 在膨胀土路段上分点采取原状土的土样。通过室内试验获得原状土的各项指标，按相关调查资料与室内试验的结果，配置若干不同的膨胀土生态改性剂，分别按实体改性施工方法进行室内模拟试验，经检测选择合适的土体最优配方，根据试验结果设计单位面积的喷洒量和喷洒次数。改性后的土样达到非膨胀土优于正常土的标准。

(3) 室内试验采取原状土土样布点与采样方法，原状土与改性土检测技术方法均按 GB/T 50123—1999《土工试验方法标准》和 DT - 82《土工试验规程》执行。室内试验检测内容包括液限、塑限、湿化、自由膨胀率、颗粒分析、最大干密度、最佳含水量、击实、承载比、无侧抗压强度、直剪、膨胀率，膨胀力、收缩（线缩、体缩、缩限)。

(4) 根据试验报告确定最优配方，生产膨胀土生态改性剂。

5.2 试验段膨胀土改性室内试验研究

试验段膨胀土改性室内试验由中冶集团武汉勘查研究院有限公司检测中心承担。室内检测 2005 年 11 月 26 日开始至 2005 年 12 月 20 日结束。试验时将原土样风干后分成 4 份，其中 1 份用于原状土试验，其余 3 份按照三个改性配方完成原状土的改性工作。通过测定原状土和改性土的自由膨胀率、颗粒级配、最大干密度与最优含水率，制备试样测定相关的膨胀性及水稳定性指标。最后通过对改性前后各指标对比，评价改性效果与最优配方。试验成果分析如下：

（1）改性土的可塑性发生了明显的变化，其液限减小，塑限增大；塑性指数减小了 40%左右。这表明经改性作用，土体的亲水性明显减弱。

（2）从颗粒分析上的结果上可以看出改性土中砂粒组、粉粒组含明显比原土增大，而粘粒组及胶粒组显著减小，表明土的比表面积减小了，土粒的分散程度降低，土颗粒之间因离子交换作用形成了比原土颗粒之间更为紧密的结构，土颗粒与水的接触面积减少。

（3）原土的自由膨胀率为 62%，属膨胀潜势中弱的膨胀土，但其膨胀力达 200kPa 以上。对于无上部荷载作用的边坡，在水的作用下必然产生破坏。经改性作用后，自由膨胀率均降到了 20%左右，属非膨胀土。按最大干密度及最佳含水量制备的试样测定的相关膨胀收缩指标显示，经改性剂改性后土体已消去了膨胀性。

（4）95%压实度的承载比是原土的 10～25 倍，吸水量仅为原土的 62%，膨胀率仅为原土的 32%，这表明经改性作用，土的吸水性及膨胀性减弱，承载能力大幅提高，水稳定性大大增强。

（5）在非饱和状态下，改性土的无侧限抗压强度及直剪强度均稍大于原土的相应指标。但在饱和状态下情况发生了显著的改变。在饱水状态下，改性土的无侧限抗压强度约是原土的 2 倍以上，饱和直剪快剪抗剪强度 C 值约是原土的 2 倍，ϕ 值约为 7 倍，这不仅说明了改性土的饱水强度优于原土，而且说明了改性土的水稳性大大优于原土。

（6）湿化试验成果表中可知，改性土水稳定性良好。改性作用能消除膨胀土的崩解特性。

5.3 试验段膨胀土边坡改性施工

先导试验段于 2006 年 3 月 19 日开始至 2006 年 3 月 25 日结束，时间为 6d。改性施工于 2006 年 4 月 28 日至 2006 年 6 月 26 日结束，施工期为 58d。

5.3.1 相关设计要求

（1）改性边坡可按一般性黏土坡比进行设计边坡率一般控制在 1∶1.75～1∶2 之间。

（2）边坡坡顶应设有导流明沟，截流和排出雨水，坡底应满足一般性黏土边坡防护设计要求，设有相应的护底、护脚等防护措施。当施工时上述措施达不到要求时，也应该采取临时排水措施。

（3）在进行膨胀土防护设计时，应充分调查地下水源发育情况，如有地下水流入土体应采取相应加固措施。

（4）需要改性的路基、边坡土体应保持原状土，不得超挖扰动，如出现超挖扰动情况，应将超挖部分按 6%石灰土回填夯实。

5.3.2 改性施工工艺及质量控制标准

（1）根据室内试验结果生产适合该土体的膨胀土生态改性剂。

（2）改性施工前认真检查土体的干湿程度，要求土体干燥，以土体表面出现裂纹为宜，选择在晴天施工。

（3）改性施工前清除坡体表面的松土，当边坡有坑凹时应嵌补填平，使坡面平顺整齐。

（4）在坡体上由上至下用铁钎打出 ϕ25mm，深 1m，间距 1m 呈梅花状分布的眼孔。

（5）采用人工向眼孔内灌入膨胀土生态改性剂水溶液，分两次灌入，第一次灌满后观察其渗透情况，待 4～5h 后进行补灌。

（6）将膨胀土生态改性剂按 1∶100∶5（改性剂∶水∶石灰）的比例掺配成改性剂水溶液，充分搅拌均匀，用喷洒机械沿坡体自上而下均衡喷洒，直至坡体不能吸收为止。坡顶以上 6m 范围内也应喷洒。2～3d后待土壤干燥后采用同样的方法喷洒第二次，喷洒次数一般为三次，当三次的喷洒总量不能满足要求时（喷洒总量≥20kg/m²）还要进行补喷。

6 试验段膨胀土生态改性效果检测与评价

6.1 表观效果对比

根据现场目测，改性施工前边坡上出现了很多不规则的裂隙，边坡土体松散，存在着严重诱发边坡滑坡和塌滑的倾向，验证了膨胀土的基本特性，经改性后的土体柔和，具有砂性土的特性没有产生裂痕的现象，改性后的边坡稳定，见图1。

a)

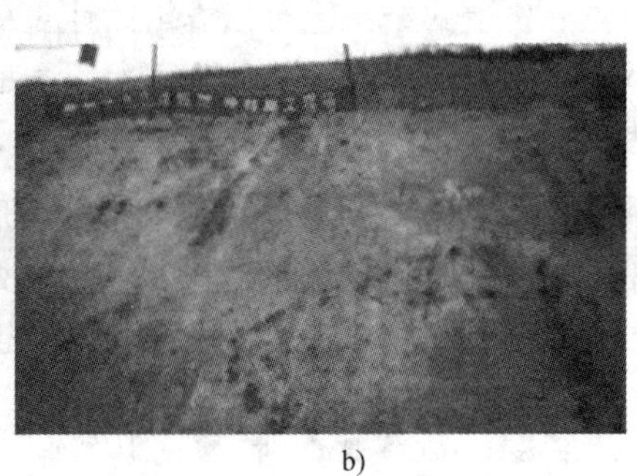

b)

图1 改性前后边坡土体表观效果

6.2 现场试验检测

现场试验检测由河南省交通规划设计院地质试验中心分两次进行，分别为2006年5月24日和2006年7月20日。检测取样按200m两侧各采取一组土样，采样采用垂直下挖的方式进行，为了反映不同深度的改性效果，每组采样的深度为0～30cm、30～60cm、60～100cm三个土样。检测结果表明：

（1）在改性后的边坡土体上，现场采样的6组18个土样经检测自由膨胀率最小值为7%，最大值为29%，均由膨胀土改性为非膨胀土，检测单位将改性土按土质分类定性为亚砂土、亚黏土。改性后土体的工程特性发生了根本的变化。

（2）现场检测的结果表明边坡土体的改性深度大于1m，影响深度在1.5～2m之间。大气风化作用层影响深度范围内膨胀土土体均为非膨胀土，而且具有良好的水稳性和不透水性，从而形成较厚的保护层，确保了边坡的稳定。

6.3 改性后土质分析

为了达到较好的边坡绿化效果，现场采集三个土样，委托华中农业大学园艺林学学院人居生态试验室对改性后边坡土质进行分析，分析结果分别为土壤全氮含量0.06～0.08g/kg，土壤有效磷含量6.5～10.04mg/kg，土壤速效钾含量131.56～172.59mg/kg，土壤有机质含量5.31～8.03g/kg，酸碱度（pH）为7.91～8.09。分析结果表明：土壤为微碱性，土壤中的可用营养元素含量低，有机质含量也呈现低值，土质营养结构很差，土壤肥力低下。

6.4 绿化方案和经济效益评价

根据土质分析结果，在制定边坡绿化方案时，一方面选择抗盐碱、耐贫瘠、适应性强的植物如黑麦草、野菊花、荆条或胡枝子等，构成草、灌木、花结合的绿化组合，形成景观效果；另一方面针对土壤肥力低的情况，通过在边坡上施加鸡粪等农家肥改善土壤肥力，促进植物生长。

采用生态改性方案和原设计拱形骨架内砌混凝土六棱块植草防护方案相比，费用相当，均为每平方米65元左右，但景观效果和耐久性均比刚性防护好。

采用锚杆挂铁丝网客土喷播方案每平方米85元左右，经济性较差。

图 2　植物防护初期及后期效果

7　结语及建议

通过信南高速公路南阳膨胀土生态改性试验研究和工程应用，深度 1m 范围内的边坡土体，经生态改性已达到将膨胀土改性为非膨胀土的目的，改性后的土体基本上消除了膨胀土的胀缩特性，土体的强度大幅度提高，水稳性好，改性后的边坡稳定，且施工方法简单，工程造价较低，改性后的土体能种植花草灌木还原于生态，可在类似工程中推广应用。

信阳至南阳高速公路路堑边坡生态防护工艺及植物适应性试验研究

姬同庚

河南省信阳至南阳高速公路有限公司

［摘　要］　通过对信阳至南阳高速公路膨胀土及风化岩路堑边坡生态防护液力喷播和客土喷播施工工艺试验研究及植物适应性研究，为制定合理的边坡防护方案提供基础数据，确保工程顺利实施，对类似工程具有一定参考价值。

［关键词］　高速公路　施工工艺　生态防护　路堑边坡　试验研究

1　概述

河南省信阳至南阳高速公路项目是国家规划的西部开发大通道上海至西安（沪陕）高速公路重要组成部分，自东向西依次穿越信阳市、驻马店市、南阳市，全长182.904km，分信阳至泌阳段、泌阳至南阳段两个项目进行建设。公路沿线地质、地形复杂，信阳境鱼塘、堰塘、水稻田分布较广，驻马店段和南阳桐柏境内为山岭重丘区，泌阳至南阳段全线分布中弱膨胀土。路线穿越丘陵及山区，路基挖方边坡和填方边坡数量众多。

为积极贯彻落实交通部典型示范工程新理念，按照“安全、环保、舒适、和谐”的方针设计，坚持用“最大限度地保护生态、最小程度地破坏生态、最有力度地恢复生态”的环保理念进行建设和管理。在信阳至南阳高速公路信泌段第九合同标段进行边坡绿化防护试验，以了解狗牙根、小冠花、胡枝子、紫花苜蓿、白三叶、紫穗槐、荆条在南信高速的不同工艺中的生长情况，提供草种配比及绿化基材配比方案。

为了对全线生态防护的制定提供科学依据，选择在信泌段第九合同段K80＋620～K80＋870段进行路堑边坡绿化防护试验，该处设计坡率为1∶1，其中K80＋620～K80＋800段为石质边坡，采用客土喷播绿化护坡工艺；K80＋800～K80＋870为土质边坡，采用液力喷播绿化护坡工艺。

1.1　气象条件

路区处于北亚热带向暖温带过渡气候区，四季分明，雨量较多。年平均气温15℃左右，年平均降水量1100mm，年内降水量分配不均，多集中于5～8月。多暴雨，常发生在6～8月，尤以7月份最多，易造成洪水灾害。

1.2　土壤地质条件

该路线所经地形有山地、丘陵、垄岗和平原，地质情况为岩石、风化岩、膨胀土及黏土等。K80＋620～K80＋800段南侧原始坡面为挖方路堑边坡，开挖坡比约为1∶1，平均坡高约12m。坡面为强风化石，呈片状页岩，硬度很小，脆性大，抗蚀性差，受水流冲刷易流失。坡面受雨水冲刷，沟蚀较多。局部雨后有水渗出。pH值呈弱酸性，不具备植物直接生长所需条件。K80＋620～K80＋800段北侧原始坡面为挖方路堑边坡，开挖坡比约为1∶1，平均坡高约6m，坡面为强风化石与土层交错分布，其抗冲刷性比其强风化石更差，沟蚀较多。pH值呈弱酸性，不具备植物直接生长所需条件。K80＋800～K80＋870段原始坡面为挖方路堑边坡，开挖坡比约为1∶1，平均坡高7m，坡面为粘性膨胀土，硬度、紧实度大，空隙度小，持水量不高，全磷、全氮、有效磷、有效钾、碱解氮含量均极低，土壤贫瘠化严重，局部有水渗出。沟蚀较多。pH值呈弱酸性。不具备植物直接生长所需条件。

1.3 沿线植被

沿线乔木有70余种，灌木和草本有130余种，以及一些天然的植物群落。农田主要种植冬小麦、玉米、大豆、花生等作物，果树包括苹果、板栗、桃、梨等，树木种类有臭椿、苦楝、火炬松、马尾松、水杉等，灌木有紫穗槐、荆条等。草本植物包括狗牙根、白三叶、茅草、大莛草、狗尾草等。

a) b)

图1 K80＋800～K80＋870段南侧和北侧边坡情况

2 边坡生态防护工艺选择

K80＋620～K80＋800段边坡不具备一般的绿化方法所需要的条件，原因如下：无植物生长所需的土壤环境，由于坡度较大，即使坡面有少量因岩石风化产生的土壤母质，也因雨水冲刷而流失，无法供给植物生长所需的水分和养分。客土喷播绿化技术通过在坡面上喷附一层结构类似于自然土壤且能够储存水分和养分的植物生长所需的基层材料，能够解决岩石边坡无法生长植物的难题，因此选择客土喷播绿化工艺。

K80＋800～K80＋870段原始坡面粘性膨胀土，硬度、紧实度大，空隙度小，持水量不高，全磷、全氮、有效磷、有效钾、碱解氮含量均极低，土壤贫瘠化严重，局部有水渗出，沟蚀较多。经改良后可具备植物生长的条件，故选择液力喷播绿化工艺。

2.1 液力喷播工艺介绍

液力喷播植草是将草种、木纤维、保水剂、粘合剂、肥料、染色剂等与水的混合物通过专用喷播机喷射到预定区域建植草坪的高效绿化技术。

喷播材料主要由草种、木纤维、保水剂、粘合剂、肥料、染色剂与水组成。喷播材料的性能和供应是保证喷播成功的重要因素之一。由喷播材料在土壤表面形成的喷播层，实质是保证草种迅速萌芽、生长的养生覆盖物。首先，它应具有良好的稳定性、能牢固的附着在边坡表面，有效防止风吹和雨水冲刷而不脱落；其次，应具有良好的吸水、保水、和保肥的性能，使喷播时的水和肥料不易顺坡流失，当浇水或下雨时能在吸水，并能防止喷播层中的水分过快蒸发，使草种在生长初期始终处于湿润状态；第三，喷播材料应完全无毒害性，保证对草种、幼苗无害，对环境无污染。

(1) 草种：结合当地气候和土质，选择具有抗逆性的草种，尽量做到草种本地化。

(2) 木纤维由天然林木经特殊加工而成，可与泥炭土按一定比例配合使用。

(3) 保水剂是一种交联密度很低、不溶于水、高水膨胀性的高分子化合物。具有自身数十倍乃至千倍的高吸水能力和加压也不脱水的高保水性能。用于干旱时提供植物水分。

(4) 粘合剂的主要功用是提高木纤维对土壤的附着性能和使纤维之间相互粘结，以保证喷播层抗风吹雨冲而不脱落。

(5) 肥料用来提供草坪植物生长所需的养分。根据土壤肥力状况，喷播时配以植物种子萌芽和幼苗前期生长所需的营养元素，一般采用氮磷钾复合肥。

(6) 染色剂是为了提高喷播时的可见性，便于喷播者观察喷播层的厚度和均匀性。

(7) 水作为主要溶剂，将各种材料溶合。水量的多少应根据喷植坡面情况和草种量进行调整。

(8) 应用地区：各地区均可应用，但在干旱、半干旱地区应保证养护用水的持续供给。

(9) 边坡状况：一般用于土质路堤边坡，土石混合路堤边坡经处理后可用，也可用于土质路堑边坡。常用坡率 1∶1.5～1∶2.0，坡率超过 1∶1.25 时应结合其他方法使用。每级高度一般不超过 10m 的稳定边坡。

2.2 客土喷播工艺介绍

客土喷播绿化工艺是采用喷射机把基材与植被种子的混合物按照设计厚度均匀喷射到需防护的工程坡面的绿色护坡技术。主要由锚杆、网和基材混合物三部分组成。

2.2.1 锚杆

用于深层稳定的边坡，其主要作用是将网固定在坡面上，根据岩石坡面的破碎情况，长度一般为 30～60cm；用于深层不稳定的边坡，其作用首先是加固不稳定边坡，其次是固定网，依据受力分析设计选型。

2.2.2 网

一般采用镀锌铁丝网，网孔 5cm×5cm。若网孔过小，喷射施工时基材混合物很易堵住网孔，基材混合物不能有效的喷射到网下，使基材混合物处于悬着状态，无法与坡面紧密结合，既不利于整体的稳定，也不利于坡面植物的生长。

2.2.3 基材混合物

由绿化基材、种植土、纤维和植物种子按一定的比例混合而成，其中绿化基材是本项技术的核心。

(1) 绿化基材：由有机质、肥料、保水剂、稳定剂、团粒剂、酸碱调节剂等按一定的比例混合而成。有机质主要作用是改善喷射的基材混合物的结构，以利于植物的生长，并提供给植物生长所需的永久养分，因其又有一定的吸水性，因此，还可储存一部分植物生长所需的水分。肥料主要用来供给植物生长所需的速效养分及长效养分。保水剂用来储存并缓慢释放植物生长所需的大量水分。稳定剂的作用是使喷射到坡面的基材混合物具有一定的强度及抗侵蚀性。团粒剂的作用以利于基材混合物的团粒结构的进一步形成。酸碱调节剂用来调节绿化基材的 pH 值，使其呈中性偏弱酸性。绿化基材的主要作用是：提供植物生长所需的合理物理结构；保证坡面基材混合物的稳定，抵抗雨水的侵蚀；提供植物长期生长所需的平衡养分；保障植物长期生长的水分平衡；与植物共同作用，封闭坡面，防止坡面的风化剥落。

(2) 种植土：一般选择工程地原有的地表种植土粉碎风干过 8mm 筛即可。种植土的主要作用是：减少喷射到坡面的基材混合物的空隙，使其三相（液、固、气）分布更合理；同绿化基材共同促进喷射基材混合物团粒结构的形成。

(3) 纤维：就地取秸秆、树枝等粉碎 1～1.5cm 长即可。纤维的主要作用是①缓冲作用，以避免因喷枪口的压力过高导致喷射的基材混合物过实；②联结作用，增强基材混合物间的相互联结，提高其强度及抗侵蚀性。

(4) 植物种子：一般由 1 种或几种混合而成。其主要作用是：快速发育生长、覆盖坡面；建立合理的坡面植被群落；防止坡面岩土体的风化脱落。

(5) 应用地区：各地区均可应用，但在干旱、半干旱地区应保证养护用水的持续供给。

(6) 边坡状况：一般用于土质或土石混合及强风化石路堑边坡。常用坡率 1∶0.75～1∶1.25；每级高度不超过 10m 的稳定边坡。

3 护坡植物选择原则

3.1 植物选择原则

(1) 由于本地气候湿润多雨，所选植物应抗潮湿。

(2) 喷植坡面地质复杂，所选植物需根系发达。

(3) 土地贫瘠，所选植物需抗瘠，抗病虫害。

(4) 以本地乡土植物为主，选引外地优良植物为辅，植物繁殖方便，适应性、抗逆性强。

(5) 选择植物以多年生草本、藤本、花卉植物为主，乔木、灌木为辅，种源植物多样性，以便因地制宜地配置不同的组合方式。

(6 选用植物以抗旱、耐瘠性为主要指标，性状、生长特性为次要指标，确保选用植物的适应性。

(7) 选用植物以种子繁殖材料、无性繁殖材料、栽植材料为主，以便机械化操作。

3.2 植物介绍

(1) 高羊茅：禾本科高羊茅属多年生草坪草种，叶色深绿，丛生，适应性非常强，耐阴性中喜光，耐半阴，对肥料反应敏感，抗逆性强，耐酸、耐瘠薄，抗病性强，最耐旱和践踏，具有发达的根系，耐贫瘠，耐盐碱，能适应广泛的土壤类型。中绿到深绿色，叶片较为粗糙。该草为丛生型草。须根系，根系强大，根系多集中在20cm以上土层中，是很好的水土保持植物。在肥沃、湿润、质地粘重至中等和含有较多腐植质的土壤上生长最佳，既耐酸性，又耐盐碱，在pH为4.7～9.0的土壤上均能生长，最适宜的pH值为5.7～6，最适于年降水量450～1000mm、年平均气温9～15℃的地区种植耐寒冷，不耐高温，高温天气易休眠，高羊茅抗病性好，建植速度快，郁敝效果好，对杂草危害容易克服，耐粗放管理，是一种优质的冷季型草坪。适用的边坡类型为土层较厚、土壤较肥沃的土质边坡；采用播种的栽植方式，耐粗放管理。

(2) 白三叶：多年生豆科草本植物，浅绿色，三出复叶，叶片为倒卵形至倒心形，小花为白色。叶层高度一般为10～15cm左右，主根较短，但侧根和不定根发育较为旺盛。株丛基部分枝较多，能够通过自身营养繁殖能力迅速覆盖地面。直根系，主根入土深60～90cm，根系主要分布于20～30cm土层中。性喜凉爽湿润的气候条件，最适生长温度为19～24℃。不耐干旱和长期积水。

(3) 小冠花：系多年生草本豆科植物，分枝多，匍匐生长，匍匐茎长达1m以上，自然株丛高25～50cm。根系粗壮，侧根发达，根上具不定芽、有根瘤。叶为奇数羽状复叶，小叶互生，11～27枚长椭圆形或倒卵形。因花序似冠，并且花色多变（即由粉红变为后期的紫红），故得别名多变小冠花。荚果细长如指状，3～12节共长2～3cm，节易断，每节含1粒种子；种子细长、肾状，黑褐色。该草喜光不耐荫、病虫害少。对土壤要求不严，在pH5.0～8.2的土壤上均可生长。

(4) 狗牙根：禾木科植物，喜光稍耐荫：在光照良好的开旷地上，草色浓绿、草成厚密，长势旺盛，而在林下长势稍弱，但匍枝徒长，草色翠绿，仍有很高的园林价值。喜肥，较耐酸、碱：该草喜深厚肥沃而又排水良好的湿润土壤。但对土壤要求不严，黏土、砂土、黄壤和红壤等土壤上均可良好生长。适宜的土壤pH为6.0～8.0，具有一定的耐酸、碱能力。其次，耐盐碱，在盐碱含量稍高的海边和瘠薄的石灰质土壤上可正常生长。不耐寒、但较耐霜寒：该草喜温暖，为典型的温地型草，全期不抗寒。当气温降低至0～1℃时生长受到严重影响，低于0℃时叶部受害，低于零下14.4℃时，地上部便全部凋萎而进入休眠状态。当冬季最低温达零下25℃以下时就不能安全越冬。该草能经受初霜。但严霜会使地上部枯死。其次，该草十分耐热，在炎热的盛夏当气温持续高达36～40℃时，虽长势减弱，但无夏眠或夏枯现象。在南方几乎为常绿植物。

(5) 紫花苜蓿：系多年生草本豆科植物，具有较强的抗寒越冬性能和耐热性能，耐盐碱，能在轻度盐渍化的地上种植，对土壤的适应性比较强。抗旱性强，能在降水量250～350mm，无霜期100～150天左右的地区生长。再生快、产量高，是同休眠级苜蓿中产草量较高的品种，鲜草产量5600～8800kg/亩。抗病虫性能强，对多种常见病虫害高抗。适合在我国华北、东北、西北等地的大部分地区种植，尤其能在轻度盐碱，地下水位较高（3～5m）地区种植。在良好的生产管理和水肥条件下，易获取高产。种植的当年能形成良好的地面覆盖，迅速控制蒸发，有效防止土壤的次盐渍化，荒漠化等。因此又是很好的生态的水土保持作物。

(6) 胡枝子：落叶灌木，可高达3m。分枝多、细长，常拱垂。有棱脊，微被平伏毛。小叶3枚，卵形至卵状椭圆形或倒卵形。端圆钝或微凹。有小尖尖。基部圆形，表面疏千伏毛，背面毛较密。总状花序腋生，花紫色。荚果斜卵形，长约 10mm，宽约 5mm，网脉明显，有密柔毛。花期 8 月，果熟期 9～10 月。喜光。稍耐阴，耐寒性强，耐干旱瘠薄。耐涝。萌蘖性强。根系发达，耐刈割。生长迅速，具根瘤菌。适于温暖湿润或半干旱地区、过渡区和低肥力地区，对土质的适应范围很广，直根系，根系发达。根系可深入地下 3m，保土能力强，是优良的水土保持植物。

(7) 紫穗槐：豆科紫穗槐属，落叶灌木。高 1～4m，丛生，枝叶繁密，直伸，皮暗灰色，平滑，小枝灰褐色，有凸起锈色皮孔，幼时密被柔毛；侧芽很小，常两具叠生。叶互生，奇数羽状复叶，小叶 11～25，卵形，狭椭圆形，先端圆形，全缘，叶内有透明油腺点。总状花序密集顶生或枝端腋生，花轴密生短柔毛，萼钟形，常具油腺点，旗瓣蓝紫色，翼瓣，龙骨瓣均退化。紫穗槐是耐寒，耐旱，耐湿，耐盐碱，抗风沙，抗逆性强的灌木，在荒山坡，道路旁，河岸，盐碱地均可生长，广布于我国东北、华北、河南、华东、湖北、四川等省，是黄河和长江流域很好的水土保持植物。可用种子繁殖及进行根萌芽无性繁殖，萌芽性强，根系发达，每丛可达 20～50 根萌条，平茬后一年生萌条高达1～2m。2 年生开花结果，种子发芽率 70%～80%。

(8) 荆条：落叶灌木，小枝四棱。叶具长柄，掌状叶对生，小叶椭圆状卵形，长 2～10cm，先端锐尖，缘具切裂状锯齿或羽状裂，背面灰白色，被柔毛。花组成疏展的圆锥花序，长 12～20cm，花萼钟状，具 5 齿裂，宿存，花冠蓝紫色，二唇形，雄蕊 4、2 强，雄蕊和花柱稍外伸。核果，球形或倒卵形。花期 6～8 月，果期 7～10 月。

4 试验段施工过程

4.1 液力喷播施工

K80＋800～K80＋870 段采用液力喷播施工。经过清理坡面→排水设施施工→喷播施工→盖无纺布各个施工工序于 5 月 7 日完成。

(1) 平整坡面

交验后的坡面，采用人工细致整平，清除所有的岩石、碎泥块、植物、垃圾。对路堤填土土质条件差、不利于草种生长的坡面采用回填改良客土，回填客土厚度为 50～75mm，并用水润湿让坡面自然沉降至稳定。若 pH 值不适宜，尚需改良其酸碱度，一般改良土壤 pH 值应于播种前一个月进行，以增加改良效果。该段边坡土质较纯，人工对其进行表面平整处理后即符合喷播条件。

(2) 排水设施施工：边坡排水系统的设置是否合理和完善直接影响到边坡植草的生长环境，对于长大边坡，坡顶、坡脚及平台均需设置排水沟。并应根据坡面水流量的大小考虑是否设置坡面排水沟。一般坡面排水沟横向间距为 40～50m。该段边坡由于坡顶为农田，无法设置排水沟，在坡顶将翻边部分填高，设置截水沟，使坡顶水流无法冲刷坡面，同样起到坡顶临时排水沟的作用。保证坡面的无冲刷、坡面植物的正常生长。

(3) 喷播施工：按设计比例配合草种、木纤维、保水剂、粘合剂、肥料、染色剂及水的混合物料，并通过喷播机均匀喷射于坡面。材料配比为保水剂 500g/100m^2；粘合剂 500g/100m^2；肥料 5000g/100m^2；木纤维 25kg/100m^2；水 4000L/100m^2；染色剂、草种若干。

(4) 盖无纺布：雨季施工，为使草种免受雨水冲失，并实现保温保湿，应加盖无纺布，促进草种的发芽生长。也可采用稻草、秸秆编织席覆盖。采用 15g/m^2 的无纺布进行覆盖。

(5) 前期养护：洒水养护：用高压喷雾器使养护水成雾状均匀地湿润坡面，注意控制好喷头与坡面的距离和移动速度，保证无高压射流水冲击坡面形成径流。养护期限视坡面植被生长状况而定，一般不少于 45d。

病虫害防治：应定期喷广谱药剂，及时预防各种病虫害的发生。

追肥：应根据植物生活需要及时追肥。

及时补播：草种发芽后，应及时对稀疏无草区进行补播。

4.2 客土喷播施工

K80＋620～K80＋800 段采用客土喷播施工，于 4 月 29 日开始，经过修理平整坡面→固定锚钉→铺设固定网→搅拌基材混合物→喷射基材混合物→盖无纺布各个施工工序于 5 月 30 日完工。

（1）清理坡面：清理坡面是将容易滑落、影响边坡稳定的岩石处理掉，使坡面尽可能平整以利于客土喷播施工，同时增加坡面绿化效果。禁止出现反坡。由于坡面碎石较多，人工进行了清理，使坡面平整以利于基材混合物和岩石坡面的自然结合。

（2）根据坡顶情况设置截水沟或挡水墙。在坡顶设置了临时排水沟，临时排水沟距坡面约 60cm，沟宽 50cm，深 30cm，临时排水沟的作用是防止降雨时坡顶水冲刷基材混合物。

（3）铺设、固定网：沿坡面挂 14＃镀锌铁丝网至坡顶截水沟处，网孔：5cm×5cm，网间搭接 5～10cm，距坡面 6～7cm 处用铁丝与锚钉绑扎，对稳定边坡用短锚钉固定。锚钉间距 1.5m，规格：ϕ16 螺纹钢，长度 40～80cm，锚钉外露 8cm，梅花形布置。对不稳定边坡用先采用工程防护措施加固后，再进行客土喷播。由于边坡坡体稳定，故不需要工程防护。挂网后坡面如图 2 所示。

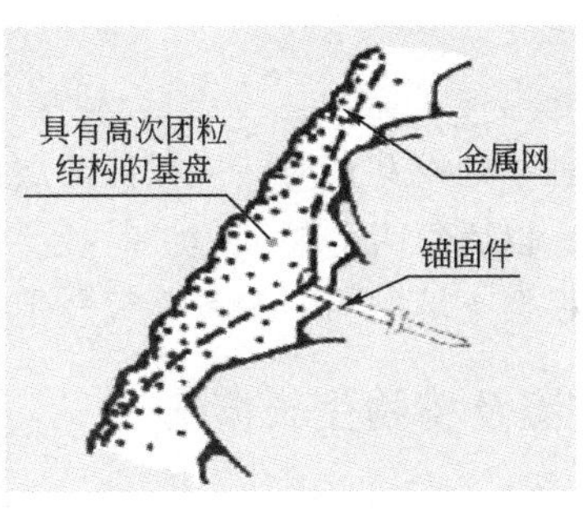

图 2　挂网后坡面和喷植坡面结构示意图

（4）搅拌、喷植：此环节是整个施工工艺中的重中之重，也是整个施工中技术含量最高的环节，关系到整个施工的成败。先将生植土粉碎，然后过 8mm 筛，保证喷播基材混合物团粒结构的形成，同时使喷播后基材混合物表面平整，利于美观。见图 3。

a)

b)

c)

图 3　粉土、过筛和搅拌上料

按设计比例将生植土、草炭土、长效复合肥、保水剂、团粒剂、草种等混合搅拌，搅拌时分基层和面层并严格分开放置，材料配比见表 1 和表 2。为保证材料搅拌均匀，基层搅拌不低于 3min，面层搅拌不低于 5min。上料人员听从喷植手指挥，基层料和面层料交替时，要等前一种料完全出干净时再上下一种料。

基层材料配比（10m^3）　　表 1

生植土	草炭土	长效复合肥	保水剂	团粒剂
7m^3	3m^3	10kg	7.5kg	2kg

面层材料配比（1m^3）　　表 2

生植土	草炭土	长效复合肥	保水剂	团粒剂	种子
0.6m^3	0.4m^3	1.0kg	0.75kg	0.2kg	若干

用喷射机自上而下作两次喷植，分基层和面层。先喷基层厚度 8 ㎝，提供植物生长所需的养分和水分，再喷面层 1 ㎝。

(5) 覆盖无纺布及养护：使用 15g/m² 无纺布，无纺布保持松弛，但不能有折叠现象。左右搭接尽量少，控制在 2～3cm 以内，用一次性竹筷固定，间距 20～30cm。坡顶、底两端多余无纺布不能超过 30cm，杜绝浪费。见图 4。

图 4　喷植及覆盖养护

前期养护：种子处发芽期时，应保证喷层湿润以提供所需的养分和水分。当植物苗长至 6～7cm 时，揭去无纺布。以后每天养护，养护时杜绝强水流冲击坡面，做到水流雾化喷洒，养护期为 45d。

后期养护：根据土壤肥力、湿度、天气情况，酌情施肥和灌溉，转入常规管理阶段。

5　草种配比方案及植物生长情况

5.1　草种配比方案和植物分布图

试验段边坡面积较小，选用部分具有代表性的植物进行单播其余植物采用草灌混播。由于当地草种难以采集，且草种不纯，发芽率不高，故选用接近本地的草种进行试验。经研究，采用下面九个草种配比方案：方案一：高羊茅 1200g/100m²；方案二：白三叶 560g/100m²；方案三：狗牙根 150g/100m²；方案四：小冠花 2300g/100m²；方案五：胡枝子：1200g/100m²；方案六：紫花苜蓿 1400g/100m²；方案七：狗牙根 15g/100m² ＋高羊茅 500g/100m² ＋胡枝子 400 g/100m² ＋紫穗槐 1000g/100m²；方案八：高羊茅：500g/100m² ＋小冠花 300g/100m² ＋紫花苜蓿 250g/100m² ＋紫穗槐 1000 g/100m²；方案九：白三叶 150g/100m² ＋高羊茅 500g/100m² ＋胡枝子 200g/100m² ＋荆条：300g/100m²。其中，方案一、二采用液力喷播工艺；方案三、四、五、六、七、八、九采用客土喷播工艺。具体分布情况见图 5。

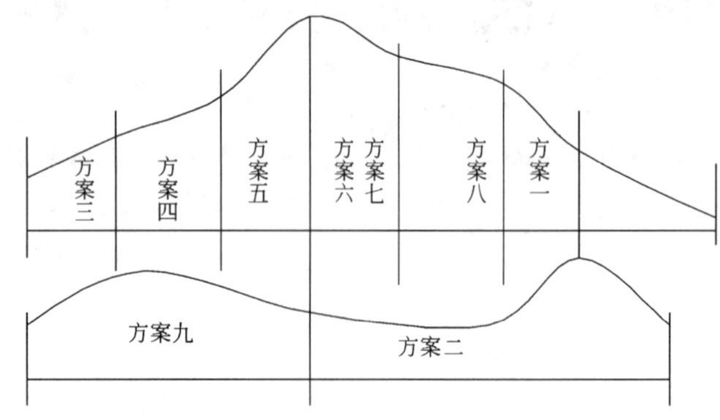

图 5　K80＋800～K80＋870 段南侧和北侧边坡试验方案分布

5.2　植物生长情况

试验段施工完成于 2005 年 5 月底，此次试验总结在 2006 年 9 月底，时间跨度为 16 个月，现介绍各种草种的生长情况，并总结试验草种的生长习性。

5.2.1　狗牙根（客土喷播）

试验过程中 2005.6.15 、2005.7 、2005.11 和 2006.9 生长情况见图 6。

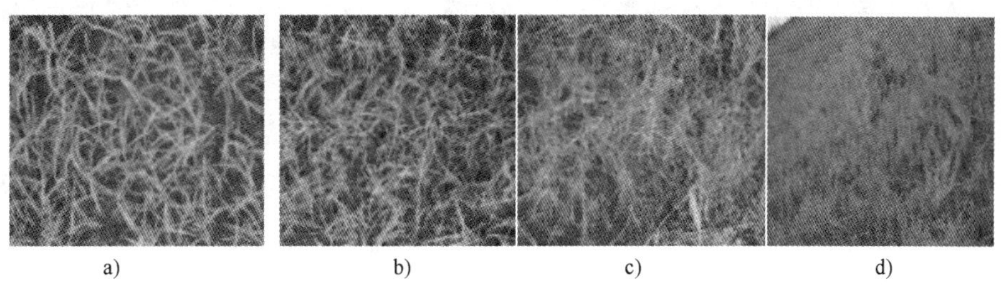

a) b) c) d)

图 6 狗芽根不同阶段生长情况

试验中，该草发芽率可达 80%以上，夏季生长迅速，由于该草耐热不耐寒，10 月上旬即开始停止生长，地上部分开始变黄，其茎、叶落地死亡，通过根茎和匍匐茎越冬，翌年则依靠这些部分上的休眠芽萌发生长。该草适宜在 6～8 月播种。

5.2.2 高羊茅（液力喷播）

试验过程中 2005.6.15、2005.7 、2005.11 和 2006.9 生长情况见图 7。

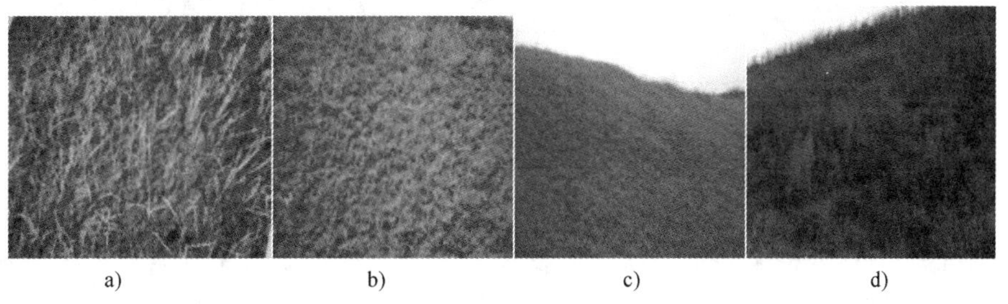

a) b) c) d)

图 7 高羊茅不同阶段生长情况

试验中，高羊茅发芽率达到 85%以上，在这次试验中，高羊茅采用液力喷播施工工艺，由于坡面属于挖方坡面，坡面为黏性膨胀土，硬度、紧实度大，空隙度小，不具备植物生长所需条件。故生长缓慢。现基本上已完全被杂草取代。适宜在 9～11 月、3～5 月播种。

5.2.3 胡枝子（客土喷播）

试验过程中 2005.6.15、2005.7 、2005.11 和 2006.9 生长情况见图 8。

a) b) c) d)

图 8 胡枝子不同阶段生长情况

试验中，胡枝子发芽率达到 80%以上。由于胡枝子采用的是单播，抗杂草侵入能力弱，且由于胡枝子为灌木，生长缓慢，不能快速封锁坡面，给杂草留下充分的生长空间，杂草侵入程度严重，现基本上已完全被野草侵占。

5.2.4 紫花苜蓿（客土喷播）

试验过程中 2005.6.15、2005.7 、2005.11 和 2006.9 生长情况见图 9。

试验中，紫花苜蓿发芽率达到了 85%以上。紫花苜蓿喜温凉、半干旱的气候，生长最适宜的温度在 25℃左右。在 2005 年 10 月从根部发出新芽，更新换代一次。现生长态势良好，适宜在 3～5 月、6～8 月播种。

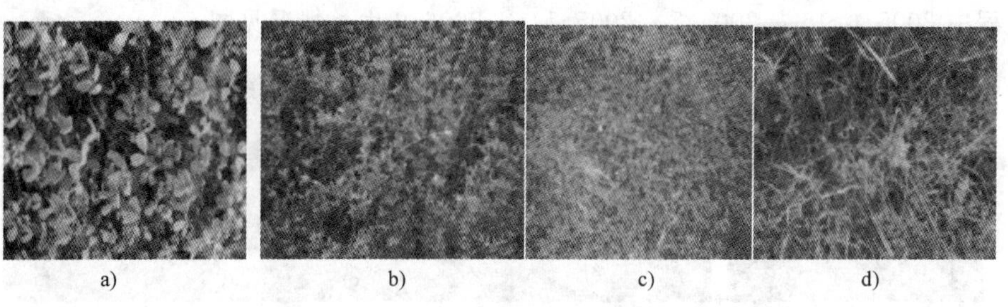

a)　b)　c)　d)

图 9　紫花苜蓿不同阶段生长情况

5.2.5　狗牙根、高羊茅、胡枝子、紫穗槐（客土喷播）

试验过程中 2005.6.15、2005.7 、2005.11 和 2006.9 生长情况见图 10。

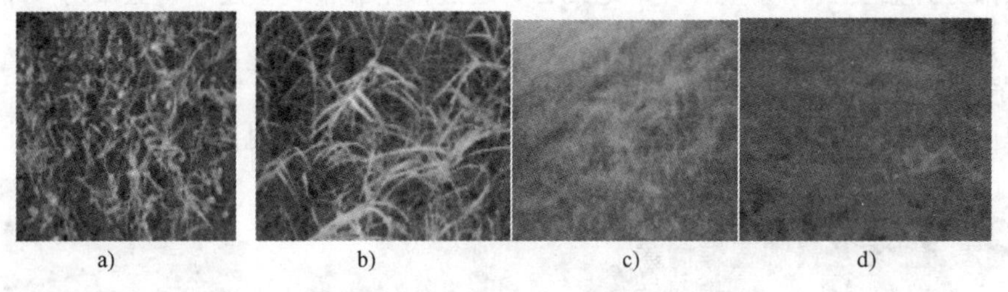

a)　b)　c)　d)

图 10　狗牙根、高羊茅、胡枝子、紫穗槐混播不同阶段生长情况

狗牙根、高羊茅、胡枝子、紫穗槐属于草灌混播，试验段播种在夏季进行，高羊茅由于为冷季型草，耐寒不耐热，而狗牙根能够很好的适应夏季炎热的气候，胡枝子和紫穗槐灌木属，生长速度慢。因此，生长过程中，主要以狗牙根为主，高羊茅、胡枝子、紫穗槐为辅。

5.2.6　紫花苜蓿、高羊茅、小冠花、紫穗槐（客土喷播）

试验过程中 2005.6.15、2005.7 、2005.11 和 2006.9 生长情况见图 11。

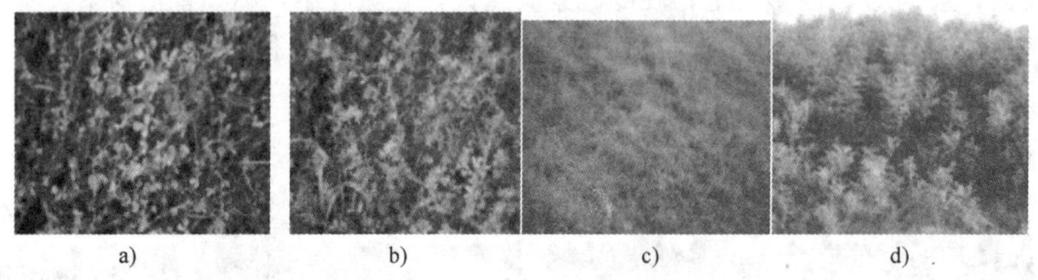

a)　b)　c)　d)

图 11　紫花苜蓿、高羊茅、小冠花、紫穗槐混播不同阶段生长情况

紫花苜蓿、高羊茅、小冠花、紫穗槐属于草灌混播，该草灌混播喷植前期，由于不同草种对气候的适应性不同，主要以紫花苜蓿为主，高羊茅、小冠花、紫穗槐为辅，现随着季节的推移，温度降低，高羊茅开始生长，而紫花苜蓿受喜温凉、半干旱的气候，生长最适宜的温度在 25℃左右的生长习性的限制，正逐渐减小在坡面上所占比例。现在，以紫穗槐为主，紫花苜蓿和高羊茅为辅，达到草灌之间的平衡。

5.2.7　白三叶、高羊茅、胡枝子、荆条（客土喷播）

试验过程中 2005.6.15、2005.7 、2005.11 和 2006.9 生长情况见图 12。

白三叶、高羊茅、胡枝子、荆条属草灌混播。由于播种在夏季进行，天气炎热，白三叶和高羊茅均为冷季型草，对当时高温高湿气候不适应，不能正常生长，出现休眠现象，并均不同程度的出现死苗现象。荆条为当地植物，对当地的气候和土质适应，且受今年雨水较多影响，生长迅速，且枝叶茂盛。由于以上原因，草本植物不能迅速形成草坪，快速封锁坡面。而当地杂草为本地植物，生命力、侵占性强，因此杂草很快侵入。现在，杂草较多，有高羊茅和白三叶部分开始生长。荆条生长良好。

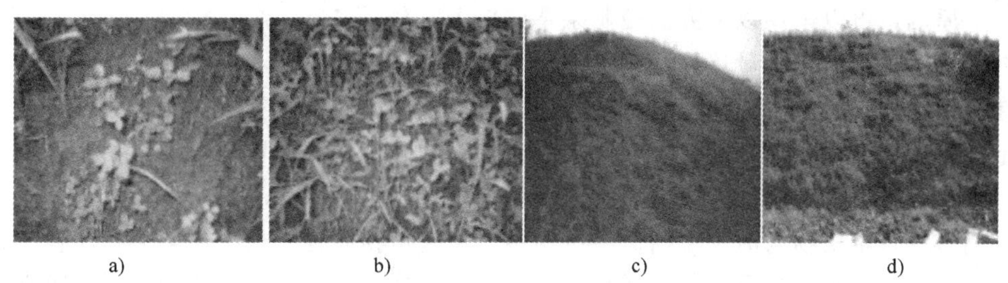

a) b) c) d)

图 12 白三叶、高羊茅、胡枝子、荆条混播不同阶段生长情况

6 试验中发现的问题和解决办法

6.1 部分植物不适应情况

在这次试验中，部分植物不能很好的适应当地的气候。试验夏季雨季进行，高温高湿的气候使部分植物不能适应，以小冠花、胡枝子尤为明显，出芽初期即有死苗现象，随着夏季到来，气温升高和降雨增多，死苗现象更加严重，其他适应植物逐渐替换。到目前为止，小冠花、胡枝子存活量很小，成活几率过小。故建议在信阳至南阳高速公路中不要或者尽量少使用小冠花、胡枝子作为护坡植物。

6.2 单播不能满足护坡及景观要求情况

一种植物往往不能满足各方面的需要，如狗牙根是一理想的护坡植物，但绿期短。高羊茅也是理想的护坡植物，绿期长，但越夏困难。草本植物生长速度快，但根系浅，护坡效果不理想。灌木根系深，护坡效果好，但生长速度慢。在试验中，单播植物更容易受到杂草的侵食，单一草种易退化，且难以恢复。而混播植物则受到杂草的侵食情况较轻，多种植物混合可以增加植物群体的多样性和稳定性。因此建议将不同的草种按一定的比例混合起来，使其得以发挥各自的优势。如将冷季草与暖季草，草本植物与灌木相混合，冷季草与暖季草相混合保证了植被的绿期，草本植物与灌木相混合，草本植物生长速度快，可实现快速绿化，且根据草本植物与灌木地下根系分布范围不同，形成地下层次根系网络，有效防止地表冲刷，又对坡体起到加筋锚固的作用，实现稳固坡体、保持水土的功能。

6.3 杂草侵入严重情况

在试验中，部分草种杂草侵入程度严重。杂草以狗尾草、青葙、荭草为主，狗尾草别名谷莠子、莠草，属禾本科一年生草本植物。分布在全国各地。一年生杂草，发芽适宜温度为 15～30℃，10℃也能发芽，但发芽率低而出苗缓慢，在土层中出苗深度为 0～8cm。在黑龙江 5 月初开始出苗，可持续到 7 月下旬，7～8 月开花，8～9 月种子成熟，成熟种子需经越冬休眠才能发芽。上海地区 4 月中、下旬出苗，5 月下旬达高峰，9 月上、中旬还有一个发生高峰，一年可发生 2～3 代。青葙别名野鸡冠、白鸡冠、昆仑草，原产热带美洲，一年生草本，茎直立，高 30～100cm，全株无毛，单茎或分枝。叶互生，有柄披针形或狭卵形，长 3～10cm，宽 1～3cm 先端锐形。穗状花序顶生或腋生，花白色或粉红色，种子黑色扁圆形，有光泽，径约 1.5cm。荭草原产我国和澳大利亚，生于路旁和水边湿地。喜阳光、温暖和湿润，耐瘠薄，不择土壤，在阴湿地成片野生。

由于杂草根系不发达，护坡能力差，且绿期短，景观效果不好，因此播种植物必须能够压制杂草的生长。在试验中，单播植物如狗牙根、高羊茅、胡枝子、紫花苜蓿都不同程度的受到当地杂草的侵入，部分播种植物由于被杂草压制，无法正常生长，有死苗现象。而草灌混播如狗牙根、高羊茅、胡枝子、紫穗槐草灌混播和紫花苜蓿、高羊茅、小冠花、紫穗槐草灌混播中，由于为混播，草种竞争力强，杂草很难侵入。

经过分析，杂草形成原因有三：(1) 客土喷播过程中，喷植所用的生植土为当地土，土中含有很多当地杂草种子；(2) 客土基材提供了非常适合植物生长的、保水、保肥、pH 适中的具有高次团粒结构的基质，肥力充足使杂草快速生长；(3) 在喷播完成后，喷播草种尚未建成草坪前，给杂草留下了充足的生长空间。

针对以上原因，可以采用以下方法控制杂草的侵入：

(1) 在选用生植土时，尽量选择远离荒地，含杂草种子少的生植土。

(2) 在坡顶设置临时排水沟，阻止下雨时将杂草种子冲向坡面；在坡顶荒地表面，含有大量的杂草种子，下雨时通过地表径流，又由于坡面上播种植物的叶茎截流而留在坡面上，在坡顶设置临时排水沟，既防止杂草种子冲到坡面上，又有利于坡体的稳定。

(3) 采用多种草本植物与灌木混播。在试验中，单播植物如狗牙根、高羊茅、胡枝子、紫花苜蓿受到当地杂草侵入情况较为严重，部分播种植物特别是胡枝子由于被杂草压制，无法正常生长，有大量死苗现象。而多种草本植物与灌木混播如狗牙根、高羊茅、胡枝子、紫穗槐草灌混播和紫花苜蓿、高羊茅、小冠花、紫穗槐草灌混播中，采用多种草本植物与灌木混播，能够实现各种植物之间的优势互补，便于迅速建植成坪，封锁坡面，同时提高了喷播植物的竞争力，杂草很难侵入。

(4) 及时、定期清理坡面杂草，以控制杂草的生长。

6.4 膨胀土上直接液力喷播效果

K80＋800～K80＋870 段原始坡面黏性膨胀土，硬度、紧实度大，空隙度小，持水量不高，全磷、全氮、有效磷、有效钾、碱解氮含量均极低，土壤贫瘠化严重，局部有水渗出，沟蚀较多。受液力喷播施工工艺限制，只能对坡面表面 1～2mm 进行处理，不能有效的解决膨胀土的土壤贫瘠和水分保持问题，随着降雨，膨胀土中的养分易流失，故绿化效果不好。对于此类黏性膨胀土挖方边坡应采用换填种植土后再液力喷播或直接采用客土喷播工艺。

7 试验成果

7.1 液力喷播和客土喷播工艺适用性

(1) 液力喷播：液力喷播施工工期短，施工速度快，造价较低，但草的长势受坡面土壤肥力、酸碱性等因素影响大。在实验中，液力喷播工艺不能很好的解决黏性膨胀土挖方坡面的贫瘠、不保水问题，植被覆盖率不高，坡面沟蚀比较严重，故对于此类膨胀土挖方坡面应先进行坡面种植土改良，然后进行液力喷播。但对于信南高速中的其他填方边坡，可直接使用液力喷播工艺绿化。

(2) 客土喷播：客土喷播施工由于营造了非常适合植物生长的、保水、保肥、pH 适中的具有高次团粒结构的基质，团粒结构是粒子的集合体，团粒内部与团粒之间具有大小不同的空隙，团粒间的大空隙则发挥着排水、通气的作用。另外，团粒结构中的黏土粒子通过静电的作用吸附着大量的养分以供植物生长，同时团粒的空隙中栖息着大量的微生物，微生物可以将土壤中的有机质转化为可供植物吸收的养分。在实验中，植物生长良好，一个月后植被覆盖率即达到 100％。因此，客土喷播施工工艺适用于信南高速公路中的土质及石质挖方坡面。见表 3。

液力喷播与客土喷播工艺适用范围 表 3

	喷播厚度	适用坡率	适用边坡	基材主料
液力喷播	1～2mm	1∶1.5～1∶2.0	填方边坡及 3m 以下挖方边坡	草种、木纤维、保水剂、粘合剂、肥料、染色剂
客土喷播	8～10cm	1∶0.75～1∶1.25	3m 以上挖方边坡、土石混合边坡及强风化石边坡	绿化基材、种植土、纤维和植物种子

7.2 材料配比和草种配比

(1) 液力喷播材料配比和草种配比见表 4、表 5、表 6。

液力喷播材料配比（$100m^2$） 表 4

木纤维	保水剂	粘合剂	水	绿化专用肥	染色剂	草种
25kg	500g	500g	2000L	5kg	1L	见下表 5、表 6

注：若使用有色木纤维，可不用染色剂。

春季播种草种配比（$100m^2$） 表 5

狗牙根	紫花苜蓿	高羊茅	紫穗槐
60g	350g	600g	300g

秋季播种草种配比（$100m^2$） 表 6

高羊茅	紫花苜蓿	白三叶	荆条
500g	350g	120g	960

（2）客土喷播材料配比

客土喷播工艺喷播用喷射机自上而下作两次喷植，分基层和面层。基层不加草种，基层和面层的基材配比也不同。见表 7～表 10。

基层材料配比（$10m^3$） 表 7

生植土	草炭土	绿化专用肥	保水剂	团粒剂
$7m^3$	$3m^3$	10kg	7.5kg	2kg

面层材料配比（$1m^3$） 表 8

生植土	草炭土	绿化专用肥	保水剂	团粒剂	种子
$0.6m^3$	$0.4m^3$	1.0kg	0.75kg	0.2kg	见表 9

春季播种草种配比（$100m^2$） 表 9

狗牙根	紫花苜蓿	高羊茅	紫穗槐
40g	2800g	500g	300g

秋季播种草种配比（$100m^2$） 表 10

高羊茅	紫花苜蓿	白三叶	荆条
400g	280g	120g	960g

8 结语及建议

（1）通过对客土喷播和液力喷播两种施工工艺和多个草种方案进行试验研究，为信南高速公路全线边坡绿化设计提供了可靠参数。

（2）对当地植物与所选绿化植物进行了比较，对如何解决当地植物对边坡的侵入问题进行了实验研究，对膨胀土边坡提出了绿化意见。

（3）对挖方边坡坡率与绿化效果的关系进行试验，提出了边坡绿化最经济的边坡坡率，提出了最佳的客土喷播基层厚度。

（4）通过试验得出了年降水量和边坡绿化基层配比的关系，基层配比和材料比例随季节和边坡情况进行调整。

信南高速公路边坡防护方案设计与施工管理

何红霞
河南省信阳至南阳高速公路有限公司

[摘　要]　通过对高速公路边坡防护方案确定、实施、检验，探讨了因地制宜采取合理的办法来进行高速公路边坡防护的办法。

[关键词]　边坡　植物防护　液力喷播　客土喷播　种子配比

近年来，随着河南高速公路的飞跃发展，在开山辟路的过程中，造成大量原始地貌的破坏，形成大量裸露的边坡。如何因地制宜采取合理的办法来进行高速公路边坡生态恢复一直是比较棘手的问题。信南高速公路在建设中，对边坡的防护从工程防护和生态恢复两方面着手，既保证了边坡的稳定性，又最大限度的恢复地貌，探索了一条可行的办法。

1　边坡防护方案

(1) 填方边坡：对填方小于 4m 的边坡应采用三维网植草或液力喷播植草；填方大于 4m 的边坡采用拱形骨架防护，拱圈内可直接植草或喷播植草防护。

(2) 挖方边坡：挖方边坡处理前应先做好截水沟及二级边坡平台排水沟。对高度小于 2m 的膨胀土挖方边坡，采用液力喷播；对 2m 以上的膨胀土挖方边坡采用挂镀锌网直接植草或液力喷播，优先选用本地草种，考虑冷季和暖季的搭配，边沟采用矩形暗沟加植草皮；对岩质边坡，在保证边坡稳定的前提下，适当利用锚索、锚杆加固方案，再采用客土喷播、栽植攀岩植物等方式进行绿化、美化，对有特色的岩石坡面予以保留，形成自然的富于变化的景观效果。

(3) 在征地范围内，尽可能地放缓边坡，在挖方边坡坡顶和填方边坡坡脚采用圆弧过渡，与自然融为一体，在边坡坡面上以较为灵活、自由的方式，种植乔木、灌木、花草进行点缀和美化。

2　施工单位选择

好的方案，需要有好的单位来确保实施。由于边坡防护属于土建施工中的内容，故我们对其施工实行准入制度。对从事植物防护的单位要求如下：

(1) 具有建设部（厅）园林绿化乙级施工资质；

(2) 具有一条以上高速公路边坡绿化经验；对承担客土喷播绿化项目的单位，要求具有两条以上高速公路边坡绿化经验并具有客土喷播施工经验；

(3) 至少有两名园艺师，项目经理具有 5 年以上类似项目经验；

(4) 设备要求：设备必须满足液力喷播施工 $2000m^2/d$、客土喷播施工 $200m^2/d$。设备具体要求如下：洒水车（≥5L）至少 2 台、液力喷播机至少 2 台、搅拌机至少 1 台、压缩机至少 2 台、运输汽车至少 5 台、喷射机至少 2 台、手风钻至少 1 台、电焊机 1 台、粉碎机 1 台、高压水泵 2 台；

(5) 选择的绿化单位应附有详细的业绩证明材料（所完成工程的名称、业主查询电话、联系人、交竣工证明等）。

3　施工管理

工程防护结束后，对边坡进行清理，将松散的石块、杂物清除，并将边坡按设计坡率整平后，可

以开始液力喷播及客土喷播。对液力喷播及客土喷播要求如下：

3.1 液力喷播

3.1.1 施工要求及施工指南

(1) 播种季节：一般应在雨季完成施工，最好在雨季结束前一个月完成。在非正常季节施工时，需要增加保水措施，如浇水、增加种子用量、覆盖草帘等。

(2) 坡面处理：在上边坡土壤硬度较大（非坚硬岩石）或坡面太光滑时，可以挂三维网或开挖水平沟处理，一般水平沟间距5cm，沟深5cm；对于局部硬度较大的地区，需要进行局部开挖水平沟处理。而对坡面极为不平整或有废渣的区域，应进行表面清理、平整。

3.1.2 喷播材料要求

(1) 植物种子材料

各混合植物配比是根据信南高速公路绿化设计原则，假定在正常施工季节，植物种子发芽正常计算而得。在喷播前应对批量种子发芽率进行测定，并根据实际测定的面积，计算实际种子用量。

灌木种子需要温水浸泡处理和催芽处理，具体措施应依据种子的特性，以保证灌木的正常出苗。但注意嫩芽不易过长，否则，在喷播搅拌时，出现幼芽受伤，影响灌木成苗率。

(2) 专用复合肥

针对边坡肥力差，分别对草本植物群落和木本植物群落设计专用复合肥（表1），以促进植物生长。

专用复合肥配比 表1

用途	木本植物群落	草本植物群落	用途	木本植物群落	草本植物群落
配比	A	B	K	9%	9%
N	9%	9%	用量（g/m^2）	60	50
P_2O_5	25%	13%			

肥料用量：复合肥不少于5kg/100m²、粘合剂不少于2kg/100m²。

(3) 覆盖料

应选用吸水性强、保水性好的植物纤维作为覆盖料，用量为120～180g/m³。

(4) 侵蚀防止剂

防止坡面侵蚀和种子流失，用量为15～25g/m²。

(5) 着色剂

指示喷播均匀程度，可选用绿色着色剂。

3.1.3 基本施工要求

(1) 为加快种子发芽，需要在喷播机内搅拌20min；

(2) 避免暴雨时喷播施工，在种子损失严重情况下，实施补播；

(3) 喷播施工后及时覆盖无纺布，使用15g/m² 无纺布，无纺布保持松弛，但不能有折叠现象。左右搭接尽量少，控制在2～3cm以内，可以用一次性竹筷固定，间距20～30cm。以免雨水冲刷，造成喷播材料流失。

3.1.4 喷播植被养护管理

由于边坡土质条件太差，后期植被的养护管理是建植优良植被的重要条件，也是维持植物群落持久性的基本保证。在喷播实施2个月左右，最好进行一次施肥，要求营养全面。施肥量，尿素为5～10g/m²，复合肥（10：10：10）约10～20g/m²。对于成坪坡面的植被的养护，要求每年4～5月份和秋季9～10月份实施两次施肥。施肥量，春季尿素10g/m²，复合肥（10：10：5）20g/m²；秋季施肥可适当加大磷钾肥用量，建议复合肥施肥量（10：10：10）30g/m²。但实际施肥量，需要根据植被生长情况和生长季节灵活掌握。

3.2 客土喷播

3.2.1 基本要求

(1) 目的：尽可能将坡面平整，以利于客土喷播施工，同时增加坡面绿化效果。

(2) 清理对象：岩面碎石、松散层等。

(3) 施工前坡面的凹凸度：平均为正负 10cm，最大不超过正负 30cm。

(4) 绿化坡面整形：对于光滑岩面需要通过挖掘横沟等措施进行加糙处理，以免客土下滑。

3.2.2 测量放线

(1) 锚杆间距及深度

锚杆间距及深度根据边坡岩石破碎程度、风化程度等由地质勘探结果而定。

(2) 测量和放线方法

使用水平仪及卷尺首先按纵横间距 2m 放点，确定主锚杆钻孔位置，再在相邻的主锚杆之间中点上插补次要锚杆。

(3) 锚杆施工

按照设计图纸中的要求施工。

3.2.3 挂网施工

(1) 钢丝网规格及性能

基本材料：镀锌低碳钢丝，菱形结构

基本尺寸：丝径 ϕ2.2×边长 L50

包装规格：宽 2m×长 10m

(2) 钢丝网施工方法

①放卷：自上而下

②连接：相邻两卷镀锌网分别用 ϕ2.0 铁丝连接。

③固定：须用锚杆或锚钉与岩面固定。满足设计文件要求。

3.2.4 客土材料及搅拌

(1) 主要客土材料

①岩石绿化料

材料来源：东北；有机成分含量：大于 80%；N、P、K 含量：大于 5 %；pH 值：4.5～6.0。

主要作用：改善土壤，促进植物生长，加速岩面风化。

②进口特制绿化剂

主要由保水剂（100 倍以上）、高分子凝结剂等组成。

③长效复合绿化专用肥

采用本地生产的富含 N、P、K 及微量元素的肥料自己调配而成：N∶P∶K=9∶25∶9，为保证木本群落的生长，含 P 量要高，含 N 不易太高。

基质组成中肥料用量：复合肥不少于 5kg/100m^2、磷肥不少于 4kg/100m^2、有机肥（丙肥或鸡粪）不少于 4kg/100m^2。粘合剂不少于 2kg/100m^2。

④混合草灌种子

一般由几种草本和灌木混合而成。

⑤当地土料

尽量使用当地肥土或熟土，一般选择工程地原有的地表种植土粉碎风干过 8mm 筛即可。

⑥木纤维

就地取秸秆、树枝等粉碎 1～1.5 cm长即可。

(2) 客土配合比

(3) 材料拌和

将客土原料按表2所列比例放入搅拌机搅拌均匀。

客土材料配合比　　表2

岩面类型	岩石绿化料	当地材料	岩面类型	岩石绿化料	当地材料
强风化岩面	1.0	2.0	弱风化岩面	2.0	1.0
中风化岩面	1.0	1.0			

3.2.5　养护管理

施工完成后，承包人应有效地养护植草坡面，直至缺陷责任期终止。养护工作内容是通过浇水、追肥、补种与病虫害的防治工作，使植物始终处于健康的生长状态。养护工作也包括使喷制坡面无杂物和垃圾，并保持坡面平顺，整洁且富有观赏力。具体要求见液力喷播。

3.3　验收标准

3.3.1　乔、灌、藤、花栽植验收标准

(1) 种植材料、种植土和肥料等，均应在种植前由施工人员按其规格、质量分批进行验收。并报监理工程师备案。

(2) 验收可分为初步验收和交工验收。

①初步验收的时间又分为：在植物生长季节种植的，宜于施工完成3个月后进行；在植物休眠期间种植的，宜于施工完成6个月后进行。

②交工验收的时间在种植施工完成后2年进行。

③施工单位应在验收前提交报告，主要包括初步验收结果，设计变更文件，竣工图和工程决算，外地购进苗木检验报告，施工总结报告等。

(3) 初步验收主要包括以下内容：

①工程量验收，应按绿化设计要求，对绿化里程、绿化面积、各种植物的数量和质量进行验收。其中，定点、放线应在挖种植坑、槽前进行；种植坑、槽的质量规定以及换土或施肥量等应在种植前验收。

②施工的质量验收，应按照设计要求，进行验收。绿化应整齐、美观，种植适宜，植物生长良好。

③发芽率的验收指标应符合表3要求。

发芽率的验收指标　　表3

植物类别	发芽率			
	不合格	合格	良好	优
乔、灌木	<85	85～90	90～85	>95
地被植物（草地除外）	<85	≥85	≥90	≥95

(4) 交工验收主要包括以下内容：

①初步验收指标。

②成活率指标，具体指标应符合表4的要求。

成活率指标要求　　表4

		高速公路		一、二、三、四级公路	
		合格	优良	合格	优良
一般绿化区域	湿润地区%	95	98	90	95

③根据交工报告，采取全检或抽样方法，进行验收。抽样的数量应占各项量化数据总数的5%以上，均匀布点。

(5) 交工验收后，填报交工验收单。

3.3.2 草种撒播、普通喷播满铺草皮验收标准

(1) 初期质量检验

检验时间在播种后75d内进行，检测对象以单个坡面为检测验收单位，只有在表5中三项指标达到规定值为优良，下述各项指标中如果有两项达到规定值为合格（检测值达到规定值要求），否则为不合格，不能进行验收。

表5

序号	检查项目	规定值	检测方法	说明
1	总盖度	极小值大于70%，平均值大于85%	随机选取1m² 的样地，目测草坪草覆盖地面面积与总面积之百分比，即为样地盖度，取样样地面积不少于总面积的1/2000，求出各样地盖度的平均值即为总盖度	保证防护效果
2	均匀度	80%以上	设立20cm×20cm的检测框，在被测坡面上随坡面上随机取样，取样面积不少于总面积的1/3000，目测出各样地的盖度，求出盖度在85%以上的样地占总样地数的百分比，即为均匀度	保证均匀美观
3	总密度	8000株/m² 以上	按第二项方式取样，在第二项数据调查后，求出各样地中所有草种的总株数和样地面积，求出总密度为每平方米着生株数	保证群落的基本密度

(2) 工程缺陷责任终止时质量检验

检验时间在工程缺陷责任终止前30d内进行。检测对象以单个坡面为检测验收单位：只有在表6中三项指标同时达到规定值为优良，下述各项指标中如果有两项达到规定值时为合格（检测值达到规定值要求），否则为不合理，不能进行验收。未成活的予以补栽成活。

表6

序号	检查项目	规定值	检测方法	说明
1	总盖度	平均值大于95%	随机选取1m² 的样地，目测草坪草覆盖地面面积与总面积之百分比，即为样地盖度，取样样地面积不少于总面积的1/2000，求出各样地盖度的平均值即为总盖度	保证防护效果
2	均匀度	100%以上	设立20cm×20cm的检测框，在被测坡面上随坡面上随机取样，取样面积不少于总面积的1/3000，目测出各样地的盖度，求出盖度在85%以上的样地占总样地数的百分比，即为均匀度	保证均匀美观
3	总密度	6000株/m² 以上	按第二项方式取样，在第二项数据调查后，求出各样地中所有草种的总株数和样地面积，求出总密度为每平方米着生株数	保证群落的基本密度

3.3.3 客土喷播及喷混植生验收标准

根据国内外绿化经验，结合信南高速公路的实际情况，以下几个要素作为客土喷播及植生喷混绿化的验收标准。

(1) 材料检验和验收

根据材料规格及性能要求，使用材料的品牌、尺寸、规格和型号应相符。

(2) 锚杆和挂网检查和验收

锚杆深度、间距应符合设计要求，挂网连接应牢固。

(3) 厚度检查和验收

喷播厚度应达到最小厚度，表面均匀。

(4) 植被质量检查和验收

以木本群落为目标

①在绿化施工完成3个月时，坡面绿化覆盖率达到30%～50%；

②在绿化施工完成3个月时，灌木密度达10株/m^2以上，草密度小于500株/m^2；

③交工验收时坡面绿化覆盖率达到100%，形成木本植物群落；

④每年植物绿期在9个月以上，观赏度好。

以草本群落为目标：参见草种撒播、普通喷播、满铺草皮验收标准。

4 植物组合方案

(1) 填方边坡

①天堂草（2～3g）＋荆条或胡枝子（15～20g）；

②天堂草（2～3g）＋紫穗槐（15～20g）；

③天堂草（2～3g）＋长春藤（15～20g）。

天堂草采用公主77号矮化品种。胡枝子、荆条用于阳坡。每隔2km左右进行变化、交替种植。

(2) 挖方边坡

一个挖方段种子配比保持一致。

①天堂草（2～3g）＋高羊茅或白三叶（8～10g）＋野花组合（5g）＋荆条（15g）；

②天堂草（2～3g）＋高羊茅或白三叶（8～10g）＋野花组合（5g）＋火棘（15g）；

③天堂草（2～3g）＋高羊茅或白三叶（8～10g）＋野花组合（5g）＋胡枝子（15g）；

④天堂草（2～3g）＋高羊茅或白三叶（8～10g）＋野花组合（5g）＋小叶扶芳藤（60株/m^2）。

天堂草采用公主77号矮化品种。胡枝子、荆条用于阳坡。火棘、小叶扶芳藤用于阴坡。每隔2km左右进行变化、交替种植，但一个挖方段之间种子配比应保持一致。野花组合应采用含有春季、夏季、秋季开花的种子混合。

5 结语

在对信南高速公路沿线植物资源调查的基础上，根据沿线气候、土壤等方面环境条件，制定了信南高速公路边坡植物防护方案。目前，上边坡植物防护已完成97%，从效果上看，基本做到了雨季边坡不塌陷、水土不流失。达到了稳定边坡、防止水土流失的目的。现在，在路上随处可见绿草成茵、鲜花盛开，美化了高速公路沿线的环境，使行驶在高速公路上的车辆有一种“人在路上走，车在画中游”的感觉。

统计技术在施工过程中的应用

李儒天　　　　　　　　车安刚
河南省信阳至南阳高速公路有限公司　路桥集团公路一局五公司

[摘　要]　统计技术是一种数理的技术运用工具，在工程质量控制中具有独特的作用，通过施工过程中的数据分析，可以发现施工中质量控制中存在的偏差，找出影响因素，以及需要改进的地方，从而保证了工程施工处于动态的控制，既保证了工程质量，也保证了工程的进度。

[关键词]　统计技术　数据分析　动态控制

现代质量管理的一个重要特征就是统计技术的应用，以概率统计学为基础的各种统计方法的产生是理论与实际相结合的结果。使用统计技术对施工生产的过程控制越来越被广泛地应用。统计技术在公路施工中应用最多的就是对混凝土强度及路面压实度的控制。下面就以信南高速公路某标段的沥青混凝土路面下面层压实度的控制来谈一下统计技术的应用。

1　运用意义

沥青混凝土路面存在施工工期短、施工量大、工程材料造价高的特点。一旦施工工艺出现问题，损失将是十分巨大的。对此，除了及时现场检验铺筑过的路段压实度外，还需对路面铺筑一段后压实度进行统计分析，以保证路面压实度整体合格，从而确认施工机械配置合理性及检验施工工艺是否与现场相匹配。

2　$\overline{X}$—R 图和直方图基本知识的了解

沥青混凝土路面施工的压实度水平可通过 $\overline{X}$—R 图来体现，它的波动状态可通过直方图来反映。

2.1　$\overline{X}-R$ 图

$\overline{X}$—R 图即平均值－极差控制图属于双值控制图，它所提供的情报系统完整，适用产品批量大、所进行过程稳定的情况。它搜集所选定工序的质量特性值，工序较稳定。数据一般 100 个以上，数据要进行分组，每组一般 4～5 个，称样本大小。按以下程序进行计算。

$\overline{X}_i = \dfrac{\overline{X}_{i1} + \overline{X}_{i2} + \cdots\cdots + \overline{X}_{in}}{n}$　　——计算各组平均值 $\overline{X}_i$

$\overline{X} = \dfrac{1}{K}\sum_{i=1}^{k}\overline{X}_i$　　——计算样本平均值的均值 $\overline{X}$

$R_i = X_{max} - X_{min}$　　——计算各组极差 R_i

$\overline{R} = \dfrac{1}{k}\sum_{i=1}^{k}R_i$　　——计算控制界限中心线

$\overline{X}$ 图的中心线和上下控制界限的近似计算公式：

$$CL = \overline{\overline{X}}$$

$$UCL = \overline{\overline{X}} + A_2 R$$

$$LCL = \overline{\overline{X}} - A_2 R$$

R 图的中心线和上下控制界限的近似计算公式：

$$CL = \overline{R}$$

$$UCL = D_4\overline{R}$$

$$LCL = D_3\overline{R}$$

画控制界限

$\overline{X}$ 图在上，$\overline{R}$ 图在下，横坐标表示样本号、组号或时间，纵坐标表示 X 值或 R 值，中心线用实线，控制界限用虚线。

描点连线

将各组 X 值和 $\overline{R}$ 值用点子描在相应的控制图上，并用折线连接。控制图系数见表 1。

表 1

系数 / N	d_2	$1/d_2$	d_3	m_3	A_2	A_1	m_3A_2	D_3	D_4	A_{10}
2	1.128	0.8862	0.853	1.000	1.880	2.659	1.880	—	3.267	2.00
3	1.693	0.5908	0.888	1.160	1.023	1.954	1.187	—	2.575	1.20
4	2.059	0.4875	0.880	1.092	0.729	1.628	0.796	—	2.282	1.00
5	2.326	0.4299	0.864	1.198	0.577	1.427	0.691	—	2.115	0.80
6	2.534	0.3946	0.848	1.135	0.483	1.287	0.549	—	2.004	0.70
7	2.704	0.3698	0.833	1.214	0.419	1.182	0.509	0.076	1.924	0.66
8	2.847	0.3521	0.820	1.160	0.373	1.099	0.432	0.136	1.864	0.61
9	2.970	0.3367	0.808	1.223	0.337	1.032	0.412	0.184	1.816	0.58
10	3.087	0.3248	0.797	1.177	0.308	0.975	0.363	0.223	1.777	0.55

2.2 直方图

直方图即频数分布图，它的用途是显示波动状态，直观的传达有关过程质量分布情况的信息，观察产品质量在某一时间段内整体分布状况，确定改进状态。它的制作程序分搜集数据、计算极差、确定组数、按数据值比例画横坐标、按频数比例画纵坐标。按纵坐标画出每个矩形的高度，代表落在此矩形中的点数。直方图一般分以下几种情况，见图 1。

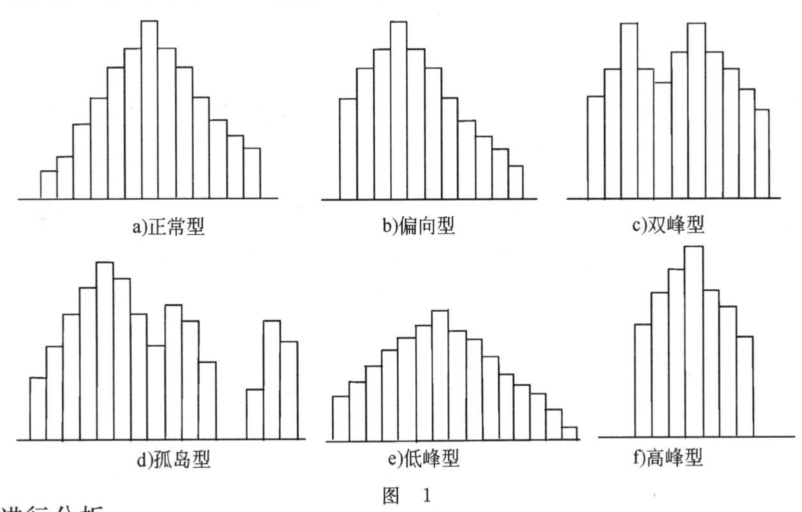

图 1

对过程状态进行分析：

(1) 正常型，服从统计规律正态分布。

(2) 偏向型，可能由习惯作业造成。

(3) 双峰型，可能由于来自两个总体数据混在一起所致。

(4) 孤岛型，可能由于短时间异常因素作用所致。

(5) 低峰型，可能由于过程中某种倾向性因素缓慢作用所致。

（6）高峰型，可能数据经过筛选。

3 应用统计技术控制压实度实例

下面以信南高速公路某标段的沥青混凝土路面下面层压实度为例介绍一下统计技术的应用。

3.1 首先做 $X—\overline{R}$ 图

统计路面检测压实度数据，进行汇总如表2。

汇 总 表 表2

样本号	抽样时间	测量值					$\overline{X}_i$	R_i
		X_1	X_2	X_3	X_4	X_5		
1	2006年6月13日上午	98	99.5	98.3	98.2	98	98.4	1.5
2	2006年6月13日下午	98.4	98	99.1	98.2	98.4	98.4	0.9
3	2006年6月14日上午	98	98.3	98.3	99.2	98.2	98.4	1.2
4	2006年6月14日下午	98	99.4	97.6	98.9	98.4	98.5	1.8
5	2006年6月15日上午	97.7	99	97.2	99.7	99	98.5	2.5
6	2006年6月15日下午	99.5	97.6	99.2	98.6	98.4	98.7	1.9
7	2006年6月17日上午	99	99.3	98.2	97.7	98	98.4	1.6
8	2006年6月17日下午	99	99.2	97.9	98.5	98.3	98.6	1.3
9	2006年6月18日上午	99.2	97.7	97	97.6	98.3	98.0	2.2
10	2006年6月18日下午	98.9	98.6	97.5	98.1	98.6	98.3	1.4
11	2006年6月20日上午	97.5	98.6	98.8	98.4	99	98.5	1.5
12	2006年6月20日下午	98.8	98.5	98.3	98.1	98.4	98.4	0.7
13	2006年6月21日上午	99.1	98.1	99.6	98.7	98.8	98.9	1.5
14	2006年6月21日下午	98	98	99.3	99.1	98.5	98.6	1.3
15	2006年6月22日上午	99.2	98	98.4	97.6	98.1	98.3	1.6
16	2006年6月22日下午	97.5	99.4	98	98.3	98.6	98.4	1.4
17	2006年6月23日上午	98.9	98.2	99.1	98.6	98.3	98.6	0.9
18	2006年6月23日下午	97.7	98.6	98.4	98.1	98.9	98.3	1.2
19	2006年6月24日上午	98.3	98.4	97.9	98.6	99.1	98.5	1.2
20	2006年6月24日下午	99.4	98.7	99.2	98.3	98.6	98.8	1.1
Σ							1969.5	28.7
平均值							98.5	1.4

以上数据共分20组，每组数据 $n=5$

$$\overline{X}_1 = 1/5(98+99.5+98.3+98.2+98) = 98.4$$

$$\vdots$$

$$\overline{X}_{20} = 1/5(99.4+98.7+99.2+98.3+98.6) = 98.8$$

计算 $\overline{\mathrm{X}}=\frac{1}{K}\sum_{i=1}^{K}\overline{X}_i=1965/20=98.5$

计算各组极差 R_i

$$R_1 = 99.5-98 = 1.5$$

$$\vdots$$

$$R_{20} = 99.4-98.3 = 1.1$$

计算样本极差均值

$$\overline{R}=\frac{1}{K}\sum_{i=1}^{k}R_i=28.7/20=1.4$$

计算中心线和控制界限

$\overline{X}$ 图：$CL=\overline{\overline{X}}=98.5$

$UCL=\overline{\overline{X}}+A_2\overline{R}=98.5+0.577\times1.4=99.3$

$LCL=\overline{\overline{X}}-A_2\overline{R}=98.5-0.577\times1.4=97.7$

R 图：$CL=\overline{R}=1.4$

$UCL=D_4\overline{R}=2.115\times1.4=2.96$

$LCL=D_3\overline{R}$（极差不能为负，可取零）

画控制界限，描点连线如图 2。

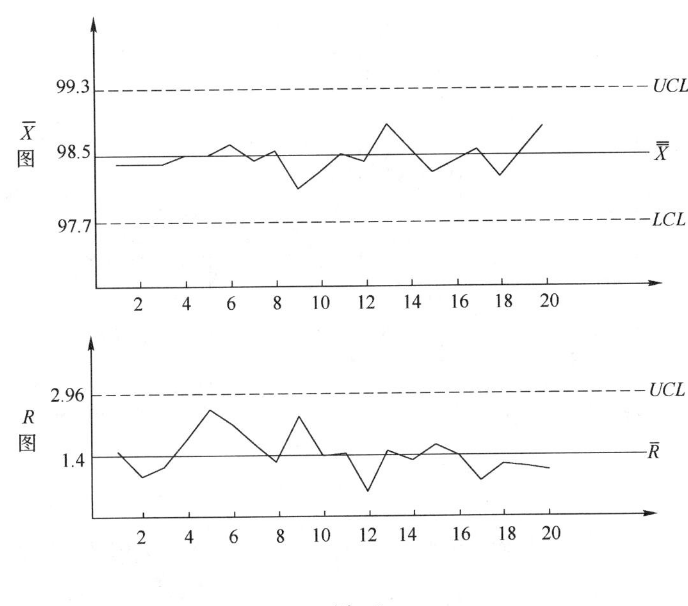

图 2

通过画图可以看出，在 $\overline{X}$ 图中，压实度均在控制界限内。规范规定标准上下界限为 95～100，所以压实度满足规范要求。通过 R 图可知极值变化在控制界限内，且分布较均匀，变化不大，说明施工过程稳定，没有异常情况发生。

3.2 做直方图

按照直方图制作程序，首先收集数据（同上），然后计算极差 $R=\text{Max}-\text{Min}=99.7-97=2.7$

确定组数，依分组原则 $n=100$，选组数为 10 组（每天为一组）。

测定值最小单位为 0.1。计算组间距：

$$h=R/10=2.7/10=0.27 \text{ 取 } 0.3$$

计算组的界限值、中心值，作频数表。

第一组（最小值）下限值

$$X_{min}-\text{测定值最小单位}/2=97-0.1/2=96.95$$

第二组下限值（第一组上限值）

$$96.95+0.3=97.25$$

$$97.25+0.3=97.55$$

$$\vdots$$

组中心值＝（组上限值＋组下限值）/2，

列表如表 3：

频　数　表　　　　表3

NO	组上下限值	中心值	频数	NO	组上下限值	中心值	频数
1	96.95～97.25	97.1	2	6	98.45～98.75	98.6	13
2	97.25～97.55	97.4	3	7	98.75～99.05	98.9	12
3	97.55～97.85	97.7	8	8	99.05～99.35	99.2	13
4	97.85～98.15	98.0	16	9	99.35～99.65	99.5	7
5	98.15～98.45	98.3	25	10	99.65～99.95	99.8	1

依上面数据作直方图，如图3：

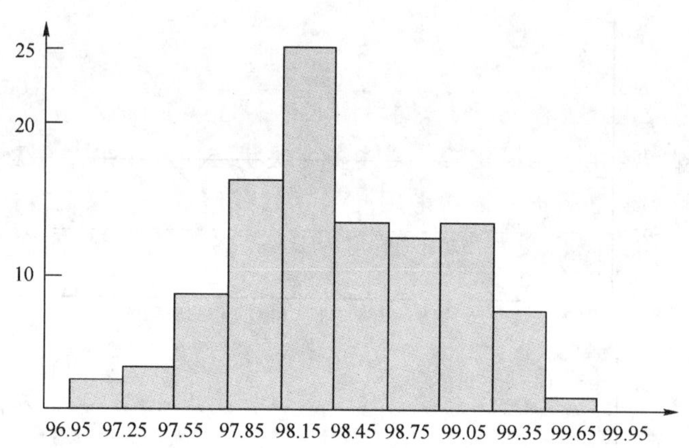

图　3

通过作图可看出，数据基本服从统计规律正态分布，其中99.05～99.35出现异常可能由于短时间施工不稳定所造成，不影响整体施工工艺。

通过以上分析，认为现行施工工艺及机械组合满足施工要求，可不做大的调整。

4　统计技术应用注意的几个问题

（1）统计数据要真实，准确。一定要是试验及检测做出的真实数据，这样统计出来的结果才能真正反映现场施工的实际情况。

（2）统计数据要及时，这样发现问题可快速反映到施工现场，以利于及时调整施工工艺。

（3）统计数据要全面，不能以点带面，要把所有能反映施工工艺的数据完全统计出来。

5　结语

随着高速公路质量要求越来越高，施工工艺不断创新，统计技术的应用越来越广泛，通过统计技术反映施工存在问题越来越被广泛重视，这就要求我们技术人员必须熟练掌握统计技术，通过认真分析，找出施工中存在的问题，为建设高质量、高效益的高速公路而努力。

锚索格室加固风化岩路堑边坡施工技术

姚 毅 车安刚

中铁十一局集团第一工程公司

[摘　要] 本文介绍了深挖石质路堑高边坡山体采用锚索格室进行工程加固处理，介绍了锚索格室和挂网客土喷播相结合的石质路堑生态防护方案。

[关键词] 高边坡　风化岩　锚索格室　客土喷播

1　工程概况

信南高速公路信泌段土建工程No.6合同段内K48+350～K48+780段边坡为深挖路堑，最大挖深为28m，且坡面多为中风化～弱风化岩，岩体多为块状结构，存在边坡失稳的隐患。经现场勘察，变更设计采用预应力锚索格室防护，锚索采用6根钢绞线组成。一级台阶锚索长度为18m，倾角为25°，二级台阶、三级台阶锚索长度为20m，倾角为20°。格室内采用挂网客土喷播。

2　施工机具设备

锚索施工采用表1所示主要施工机具。

表1

序　号	名　称	型　号	数量（台、套）	备　注
1	空压机	$17m^3$	1	
2	空压机	$24m^3$	5	
3	清危石空压机	$2.6m^3$	1	
4	潜孔钻	$12m^3$	5	
5	搅拌机	350	1	
6	注浆用具		1	
7	电焊机		3	
8	喷混凝土机		2	
9	发电机	24kW	1	
10	发电机	8kW	1	

3　施工工艺

根据锚索的设计图纸，按设计要求，将锚孔位置准确测放在坡面上，孔位误差不得超过±5cm。

3.1　钻孔

锚索钻孔采用干钻，禁止开水钻，以确保锚索施工不至于恶化边坡岩体的工程地质条件和保证孔壁的粘结性能。为清除钻孔及孔壁上附着的粉尘、泥屑，钻孔完成后必须使用高压空气（风压0.2～0.4MPa）将孔中岩粉及水全部清除出孔外，以免降低水泥砂浆与孔壁岩体的粘结强度，保证孔内干燥和孔壁的干净粗糙；钻孔完成并清洗干净后，应对孔口进行暂时封堵，不得使碎屑、杂物进入孔口。

锚孔下倾与水平夹角为15°，允许误差±1°，为确保锚孔深度，实际钻孔深度不小于设计长度且不大于设计长度的1%，当有不可排出的松散物时，应考虑松散物所占据孔的深度。

钻进过程中应对每个孔的地层变化，钻进状态（钻压、钻速），地下水及一些特殊情况作现场记录，如遇地层松散，破碎时，应采用跟套管钻进技术，以使钻孔完整不坍。如有地下水从孔口溢出时，应采用固结注浆，以免锚固段注浆体流失或强度降低；如遇坍孔，应立即停钻，进行固壁灌浆处理（灌浆压力 0.1～0.2MPa），待水泥砂浆初凝后，重新扫孔钻进。

钻孔的精度应满足以下要求：

（1）钻孔的孔径不小于设计要求；

（2）锚索钻孔在任何一个方向上的入口误差不得大于 2.5°；

（3）钻孔在钻进长度方向上的孔斜偏差不宜大于钻孔长度的 1/30；

（4）钻孔水平方向的误差不应大于 50mm，垂直方向的误差不应大于 100mm；

（5）此边坡表层岩体破碎，锚孔倾角较小，坡体又很陡峻，施工时采用潜孔冲击钻钻进，同时备带套管。

3.2 压水实验

为了保证在锚索注浆时注浆不从孔内的裂缝中流失，就要对钻孔的渗漏情况进行确定，为此，在第一次成孔后和锚索推送前，应对钻孔进行压水实验。压水实验的水压力一般不大于 0.3MPa。

进行压水实验时应按岩层的不同特性划分实验段，实验段长度宜 5～10m；

实验的起始压力、最大压力和压力级数按需要和现场情况确定；

应在每 10min 的间隔记录一次压入水量，当连续四次读数的最大值或最小值与最终值之差小于最终值的 5%时，该值即为该压力下的最终压入水量；

压力应由小到大逐级进行，达到最大压力后再由大到小逐级减少到起始压力，并及时绘制压力与压入水量的相关图；

当测得钻孔在 0.1MPa 的压力下 10min 内平均漏水量超过 5L/min 时，应对钻孔进行预注浆；待注浆体固化后再进行钻孔并重复压水实验，直到漏水量满足要求为止；

当有水从钻孔渗出，且在邻近岩体区域内的节理裂隙中可看到渗水时，可不做压水实验而直接进行预注浆。

3.3 锚索制作

锚索制作前应对钻孔实际长度进行测量，并按孔号截取锚索体长度；钢铰线宜使用机械切割，不得用电弧切割，制作好的锚索应按对应孔号进行编号；编束前，要确保每根钢绞线顺直，不扭不叉，排列均匀，对有死弯，机械损伤处应剔出。无粘结绞线外套 PE 管不得有破损。

预应力锚索为六束 ϕ15.24 高强度、低松弛钢绞线，强度等级 1860MPa。锚索安装前必须做好防锈、防腐处理，锚固段锚索要清污除锈，自由段除清污除锈外还要涂防腐剂、涂黄油和装塑料套管，另外张拉段也要涂防腐剂，在运输及下锚过程中不应损伤防护措施。

锚索锚固段的隔离支架和束线环应根据现场装配情况而定，一般间距为 0.6～1.0m；锚索自由段和锚固段外波纹套管周围设对中支架，间距一般为 1.5～2.0m，以保证钢绞线顺直。锚索头部应放有导向帽，以利穿索入孔。

3.4 注浆及锚垫蹬、格室横梁施工

注浆材料为普通 525 水泥，中细砂、砂浆强度≥30MPa。

采用孔底返浆进行注浆，注浆管应随锚体一同送入孔底，在注浆时边注边拔，使注浆管始终有一段埋于注浆液中，直到注满；当孔中存有积水时，注入的浆液会将积水全部排出，待溢出浆液的稠度与注入浆液的稠度一样后再抽出注浆管，注浆压力≥0.3MPa。

C25 混凝土锚垫蹬及格室横梁应顺直、美观，锚垫蹬的斜面应基本上在同一斜面上，为增强边坡的整体稳定性，混凝土格室横梁应嵌入原状土、石 10cm 深。

钢筋笼骨架的加工绑扎应遵循规范的要求，不得将接头全部放在同一“截面”上，钢筋调直要位置准确、绑扎牢固。钢筋采用双面电弧焊焊接，焊接时钢筋接头处要预弯，使其轴线在一条直线上，

采用J506焊条焊接。钢筋笼制作及存放期间骨架不能与地面直接接触，表面要覆盖，存放地点不能积水，防止其受潮生锈。钢筋骨架安装就位后其保护层厚度要符合设计和规范要求。

由于石质挖方边坡修整较难，边坡凹凸不平，平整度较差，立模比较困难，模板与边坡之间的空隙可用片石砌筑或小模板支护，采用小模板支护时模板必须支撑牢固，保证模板的整体性。模板安装前表面要整修抹光、均匀涂抹脱模剂。

混凝土浇注翻斗车运输、吊车吊放。混凝土浇注要一次连续浇注完成，采用插入式振动器捣固，振动棒要插入下层混凝土5～10cm，布点均匀，快插慢拔，捣固密实，不得漏捣、重捣和捣固过深，不允许直接振动钢筋和模板。混凝土施工时，应经常检查模板、钢筋及预埋部件的位置和保护层的尺寸，确保其位置正确不发生变形。混凝土浇注完毕后要及时养护，养护最少不应少于14d。拆模时模板要轻敲慢放，保证混凝土表面不受损伤、缺边掉角。

3.5 张拉、锁定

当孔内水泥浆强度及锚垫蹬、格室横梁强度达到设计强度后方进行锚索张拉，锚索设计荷载880kN，锁定荷载800kN。预应力考虑地层松弛、徐变等影响，应超张拉10％，张拉前应检查锚具，并对张拉千斤顶油泵进行标定。锚索施工初期，应选取3根锚索进行预应力锚索锚固试验，如试验结果和设计不符，应马上通知现场监理及设计人员，重新调整参数。锚索张拉前先对锚索进行预紧，按10％→25％→50％→75％→100％级施加预应力，待最后一级稳定后，马上将锚索锁定。

张拉时，加载速率不宜太快，宜控制在设计预应力值的0.1/min左右，达到每一级张拉应力的预定值后，应使张拉设备稳定一定时间，在张拉系统出力值不变时，确信油压表无压力向下漂移后再进行锁定。卸荷速率宜控制在设计预应力值的0.2/min左右。

锚索张拉应分次分级进行，按对称张拉原则进行，必须待每根绞线张拉完一级后方可进行下一级的张拉。依次按此进行，直至张拉吨位。每次分级张拉时，除第一级需稳定10～15min外，其余每一级需要稳定2～5min，并分别记录每一级钢绞线的伸长量。张拉时钢绞线受力要均匀。并做好分级绞线的标记。锚具回缩等原因造成的预应力损失采用超张拉的方法加以克服，超张拉值一般为设计预应力的5％～10％，其程序如下。张拉完成48h内，若发现预应力损失大于设计预应力的10％时，应进行补偿张拉。

在张拉时，应采用张拉系统出力与锚索体伸长值来综合控制锚索应力，当实际伸长值与理论值差别较大时，应暂停张拉，待查明原因并采用相应措施后方可进行张拉。

张拉到位后，即锁定。机械切除多余钢绞线，严禁电割、氧割，并应留≥10cm以防滑脱，最后用C25混凝土封锚。

3.6 工程实施步骤及注意事项

施工前应先熟悉设计图纸，认真做好各项工程施工组织计划，充分考虑当地季节性气候对施工工艺的影响，尽量避免安排在雨季施工。

施工单位必须现场实测断面，按设计放线，放线以路线中心线及路基标高为准，所有支挡及防护工程，均应按设计型式尺寸挂线放样施工，保证施工质量。

清方削坡应采用无声膨胀爆破施工以减少对山体的扰动。

3.7 客土喷播

锚索格室施工完成后，各格室内设挂网固定器，间距25cm，挂网后进行客土喷播，采用植物防护的方式以达到绿化的效果。

4 结语

该段深挖路堑通过锚索格式的防护，经过雨季，未出现任何坍塌及滑坡现象，且通过客土喷播既达到了工程处理的效果也达到了绿化的效果。

客土喷播在风化岩石路堑边坡防护中的应用

刘 扬

中铁十九局集团三公司五分公司

[摘 要] 客土喷播技术实现了边坡的防护与植被恢复的有机结合，同传统的边坡防护方法相比，客土喷播植被护坡具有明显的优点，在决定边坡稳定性的同时，又起到了很好的美化作用，有着圬工防护无法比拟的社会效益和经济效益。本文详细介绍了客土喷播在信南高速公路工程中的应用情况。

关键词 高速公路 客土喷播 风化岩 路堑边坡

1 引言

信阳至南阳高速公路边坡防护以木本群落为目标，使该条高速公路既能达到保护自然环境和防灾功能，又能实现营造富有季节色彩变化的坡面自然景观。让人们驾驶汽车行驶在高速公路的同时，有一种人与自然相融一体的感觉。因此合理的喷播绿化方法成为该工程绿化效果的关键。

2 客土喷播绿化特点

“客土喷播绿化”是20世纪90年代末期从日本引进中国的一种新型绿化技术，是将草种肥料、保水剂、土壤、有机物、稳定剂等混合物充分混合后，通过喷射机按设计厚度均匀喷到需防护的工程坡面，以达到景观近似于自然绿化的目的。

信（阳）南（阳）高速公路地处河南西南部，处于北亚热带大陆型湿润季风性气候，四季分明，雨量较多。“客土喷播”是根据当地的气温，降雨量，坡比、岩石裂隙，岩石的硬度，植物的选择，信南高速采用“金属网铺设工程＋植被基材喷附工程”，以增大生长发育基础与坡体的连接性。选择适合的草种配合比，改善绿色植物的生长发育环境和促进目标树种生长的双重功能，以确保喷射效果和质量。“客土喷播”材料中包括植物种子、有机营养土、土壤改良剂、稳定剂、微生物菌剂、肥料。“客土喷播”机械采用空压机和喷射机以及搅拌机等。

根据信南高速工程气候特点，客土喷播的良好的施工期为2月和9～10月，最佳施工期为3～6月份。因此必须根据不同工期的气候特点，选择不同的种子配合比和施工方案，以保证绿化效果。

3 客土喷播施工准备

3.1 喷播种子材料

以灌木群落为目标群落是信南高速公路边坡生态防护设计原则。采用适合在斜坡上生的草种和树种的种子进行混播，选择适合的植物种子及其种子配比，以达到四季长青的景观效果。在客土喷播前对批量种子发芽率进行测定，并根据实际情况测定面积计算种子用量，确保喷射效果及质量。

按信南高速设计要求提供植物种子主要有以下几种：

（1）草本：天堂草、高羊茅、白三叶、野花组合；

（2）灌木：荆条、火棘、胡枝子、小叶扶芳藤、紫花苜蓿、紫穗槐。

每隔2km左右进行变化，交替种植，但一个挖方段之间种子配比应保持一致。野花组合采用含有春季、夏季、秋季开花的种子混合。

生产发育基材材料特性及用量配比

（1）普通黏土（40％～50％），选择粘结附着力较强，而且含砂量较大，与其他改良材料混合后

通透较好的黏土。

(2) 有机营养土 (25%~35%)，材料来源东北，有机成分含量大于 80%，N、P、K 含量大于 5%，pH 值：4.5~6.0 之间。

(3) 土壤改良材料 (15%~25%)，主要是木屑，植物纤维、禽粪、膨化物等辅助材料。

(4) 多含量复合肥 (0.6%~0.8%)，主要是普通复合肥和供肥期长、不易流失的长效复合肥。

(5) 保水剂 (0.25%)，一种高效的土壤保湿，其微料膨化体吸收和释放的水分解能使土壤保水，可供植物生长期反复地吸收。

(6) 团粒剂 (0.3%)，高分子树脂类制剂，能解决基材混合后形成易于植物生长的团粒结构。

3.2 施工材料基本要求

对所有种子进行发芽率测定，依据测定结果计算播种量。

对发芽困难的种子再喷播应在适宜的时间里，用温水浸泡处理和催芽处理，具体方法根据种子的特性而定，以保证植物种子的正常出苗。

选用吸水性强、保水性好的无纺布作为覆盖材料。

4 施工方法和工艺技术要求

4.1 坡面施工技术要求

修整坡面：清理坡面杂物、危石，使坡面基本保持平整，对浅层不稳定的坡面，做好稳定后并可采取点状喷浆使其稳定。

处理坡面排水：对坡面径流，涌水进行处理，通过设泻水管、急流槽等将涌水引至坡底，设置好坡面平台排水设施，使其平台水从坡面两头排出，引至坡底。

对坡面残存植物，在不防碍施工的情况下应尽量保留。

对过于平滑的坡面，应建造一定的凹凸粗糙面，以营造植物的生存空间，防止基材的流失。

4.2 基材喷植被护坡锚杆施工

菱形网的铺设应尽量地与坡面紧贴，在岩石边坡表面铺设菱形镀锌低碳钢丝网，网丝直径不小 2.4mm 孔径不大于 50mm，并用主锚钉和次锚针固定。锚杆与镀锌网接触呈 90°弯起，弯起长度不小于 5cm。

主锚和次锚：根据岩石面强度和坡比不同确定主、次锚杆的直径、锚固长度及每平方米锚杆根数。

对于两张铁丝网重叠处应不小于 10cm。

菱形网和铺设应保持坡顶处及坡体两侧覆盖不小于 1m ，小于 1m 应用更多的锚钉固定。局部不平整处加密锚杆。

4.3 喷射作业

喷射施工时，喷附者应自上而下对坡面进行喷射，并尽可能保证喷出口与坡面垂直，距离保持在 0.8~1m，一次喷附宽度 5~6m。

严格执行设计喷附厚度（信南高速设计一级边坡：采用喷播厚度 4cm；二级边坡：第一级台阶取 6cm，第二级台阶取 4cm；三级边坡：喷播厚度第一级取 8cm，二级台阶取 6cm，三级台阶取 4cm。）

将准确称量配比好的基材与植被种子混合物充分搅拌混合后，采用喷射击机喷射到需防护的工程坡面，并保持喷坡面薄厚均匀。事先准备好检测尺，施工要做到经常对喷附厚度进行有效管理。

4.4 边坡植被养护

养护管理：采用雾状水洒向坡面，按规定厚度浸润基材，除要洒水养护外，针对实际条件和设计要求的不同，进行不同季节追肥。

在喷播 2 个月左右，进行一次施肥，施肥量：尿素 5~10g/m^2，复合肥 (10：10：10) 约 20g/m^2。

春季（4～5月）施肥量：尿素10g/m²，复合肥（10：10：5）20g/m²；秋季（9～10月）施肥量：复合肥（10：10：10）30g/m²。实际施肥量根据植被和季节灵活掌握。

整体上成苗株数不足的情况下在确认原因的基础上进行有效的补栽、追播。形成预期灌木群落(施工3个月后：草本植物覆盖率30%～50%，木本植物为10株/m²；施工一年后：灌木群落覆盖率达到90%以上，常绿灌木达到20%)。

5 质量保证措施

对斜坡进行调查，对不稳定的坡体提前报告监理处，以及时采取方案，避免不必要的损失。

喷播完工后及时覆盖无纺布，以免雨水冲刷，造成喷播材料流失。造成种子流失要及时补种。

材料放入搅拌机内要充分搅拌，以确保喷播质量。

禁止暴雨中或暴雨前施工。

严把原材、种子质量关。

6 安全保证措施

施工前，组织全体施工人员学习，加强安全教育，强化安全意识。

全体施工人员在喷播作业进行时必须戴安全帽、穿作业保护鞋。边坡上喷播必须系安全带、安全绳，并检查所用工具是否完好无损。

挂网时施工人员须系安全绳，安全绳固定物体为钢钎、树木等，并确保稳固。

打钻打锚杆时，应从上往下打，安全带钩在稳固的铁丝网上。

安全带必须定期更换。

施工用电都是用柴油机发电，发电时必须检查好柴油机是否漏油、电线是否完好。

施工现场要有明显安全标志。与别的施工队交叉作业时，应协调好双方之间的合作。

施工前对坡面要进行详细调查发现不稳定的坡体要及时通知监理工程师，同时做好人员疏散设立警示标记。

7 结语

信南高速公路边坡绿化以木本群落为目标，在绿化施工完成3个月后，坡面绿化覆盖达到30%～50%；灌木密度达10株/m²；草密度小于500株/m³；每年植物绿期在9个月以上。客土喷播技术相比浆砌片石护面墙常规防护具有造价底，固坡效果好，稳定性高等特点被广泛应用于高速公路边坡防护中。它既可以加快工程进度，又可以降低工程成本；既保护的公路的生态环境又能与周围的景观相协调。取得良好的社会效益和经济效益。

信南高速公路建设中环境影响分析与环保措施

彭玉阔　乐　艺

河南省高等级公路建设监理部

［摘　要］　高速公路对促进国民经济的发展，社会环境的改善等方面的积极作用已为社会各界所接受，但建设对声环境、水环境、环境空气、社会环境及生态环境的负面影响问题也越来越突出。针对是施工过程中的环境复杂问题，采取必要的综合防治措施，最大限度降低公路建设对环境的影响是公路施工工程管理的必要环节。本文对公路建设环境保护作了比较深入地分析与探讨，总结归纳了公路施工期间环境保护工作的重点，有针对性地提出相应的环保措施，以减少公路工程给自然环境带来的不利影响。

［关键词］　高速公路　环境保护　防治措施　工程施工

高速公路工程建设是国民经济发展和社会进步的内在要求，也将对一个地区的政治、经济、文化等发展起着重要的促进作用，环境保护则是我国的一项基本国策。然而，公路工程项目的修建势必消耗资源、改变地形地貌和原有的自然景观，建设和运营过程还可能产生各种污染，这些综合因素严重地影响着沿线的自然环境，破坏了原有的生态平衡。如何在实现本身固有功能的同时，减少建设性破坏，照顾生态的平衡与和谐，创造优美的环境，是高速公路建设管理者亟待研究解决的一个重要课题。故此，如何做好环境保护工作，已成为公路建设中不可缺少的重要环节。

1　高速公路建设过程中的环境污染问题及其防护措施

过去，环境保护对于从事公路建设的人来说，只是一个十分模糊的概念。要把此项工作做好，必须首先从公路建设员工们掌握环保的基本知识入手，使大家明白环境保护始终是公路建设中一个永恒的话题，即保护生态环境、节约资源、促进经济建设的全面发展。要把环境保护很好地结合到建设路线的具体情况当中去，详细讲解《环境保护法》、《水土保持法》等法规以及公路建设中各项环境保护措施的方法和落实，使大家有一个直观、总体的了解。只有这样，才能使公路建设员工对各项措施予以自觉执行，为达到环境保护的各项要求奠定坚实的基础。

1.1　建设过程中的环境问题

1.1.1　施工噪声污染

随着科技的发展，公路施工已告别了车拉、人推、肩扛的时代，取而代之的是机械化施工作业。由于各种机械工具的使用，从施工初期的建筑材料运输、路基施工，到修筑路面等各个环节，噪声贯穿了整个施工过程。高速公路建设周期一般较长，从开工到通车要 3～4 年左右的时间。在这期间许多施工机械和各种运输车辆会辐射出较强烈的噪声，对附近居民、学校、生活、休息和教学产生较大的影响。

公路施工噪声有其自身的特点，这表现为：

（1）施工机械种类繁多，不同的施工阶段有不同的施工机械，同一施工阶段投入的施工机械也有多有少，这就决定了施工噪声的随意性和无规律性。

（2）不同设备的噪声源特性不同，有些设备噪声呈振动式的、突发的或脉冲特性的，对人的影响较大；有些设备（如搅拌机）频率低沉，不易衰减，而且使人感觉烦躁；施工机械的噪声较大，但它们之间声级相差仍很大，有些设备的运行噪声可高达 110dB 左右。

（3）施工噪声源与一般的固定噪声源及流动噪声源有所不同，施工机械往往都是暴露在室外的，而且它们会在某段时间内在一定的小范围内移动，这与固定噪声源相比增加了这段时间内的噪声污染范围，但与流动噪声源相比施工噪声污染还是在局部范围内的。

（4）对某段公路而言，施工噪声污染仅发生于一段时期内。道路施工噪声是公路建设过程中的短期污染行为，一般居民均能理解。但是作为建设施工单位为保护沿线居民的正常生活和休息，就应采取必要的噪声控制措施，努力降低施工噪声对环境的影响。

1.1.2 水资源污染

高速公路施工对水环境的污染物主要是施工排放的生产废水和施工人员的生活污水。

（1）生产废水：公路施工中砂石加工与冲洗、混凝土浇筑与养护、表层装修与冲洗等都产生一定量的废水，会造成一些基坑积水，污染水环境。

①砂石料生产系统废水，据一般大型砂石料加工系统冲洗废水监测，其废水量约为加工砂石方量的3倍，是一个较大的水污染源。砂石料废水的主要污染物为悬浮物。悬浮物的浓度与砂石的淤泥类机械组成有关，其冲洗废水浓度可达500mg/L以上。如处理不当，会造成地表水体水质污染，并加剧河道淤积。

②混凝土的养护废水，混凝土的养护废水主要是pH值高，一般达9～12。混凝土的养护用水量少，蒸发吸收快，一般不会形成较大的地面径流进入地表水体，对环境影响较小。

③施工机械设备冲洗和施工车辆冲洗，施工机械设备冲洗和施工车辆冲洗废水中主要污染物为石油类和悬浮物，应防止含油废水污染地表水和地下水。

（2）生活污水：施工期生活污水主要是集中施工现场、施工营地的生活污水，其水质和一般的城市生活废水区别不大，如不采取必要的防治措施，将会对环境产生一定的影响。

1.1.3 环境空气的污染

高速公路项目施工对空气的污染主要是施工扬尘以及施工机械和运输车辆排放的尾气。施工扬尘污染主要来自以下几个方面：

（1）路基开挖、土地平整及路基填筑等施工过程。如遇大风天气，会造成粉尘、扬尘等大气污染。

（2）水泥、砂石、混凝土等建筑材料。如运输、装卸、仓库储存方式不当，可能造成泄漏，产生扬尘和大气污染。

（3）灰土拌和、混凝土拌和加工会产生扬尘和粉尘。

（4）施工所需散体建筑材料数量较大，施工将增加车流量，加之建筑砂石、土、水泥等泄漏会增加路面起尘量。

（5）施工期燃油机械和车辆会产生废气中的主要污染物为总悬浮物微粒、二氧化碳、一氧化碳及氮氧化物等。空气的污染对工程沿线居民健康和农作物生长会带来不同程度影响。

1.1.4 固体废弃物污染

高速公路建设过程中，会产生大量的砂、石、废气的混凝土和沥青混凝土混合料等废碴。除部分回收利用外，有相当一部分被废弃。在弃碴过程中，施工单位受经济利益驱动，再加上建设业主重视工程质量、进度，而环保意识较差，往往会出现乱倒、乱弃废碴的问题。公路施工过程中产生的固体废弃物主要为施工垃圾和生活垃圾，主要有以下几个来源：

（1）进场前清场废物：主要是施工场地内杂草、灌木等植物残体，旧结构物如拆除房屋基础的由路面拆除。

（2）路基开挖弃土：路基开挖产生的多余土方，除一部分回填外，其余部分应用车辆运输至统一弃土场，而不得随意堆放处置。否则将造成水土流失和环境污染。

（3）建筑废物：其数量比较多，主要包括施工中水泥、木材、包装材料等废物。

（4）生活垃圾：平均每人每天1kg左右。如垃圾物的随意排放，将严重影响环境环境卫生和施工人员健康。

(5) 粪便污染：施工人员应尽可能地利用已有宿舍和公共厕所设施。宿营地应有临时厕所，并及时清运，否则将污染环境和影响健康。

1.2 各种环境污染的防治措施

1.2.1 施工噪声防治措施

(1) 施工期的噪声主要来自施工机械和运输车辆。施工单位必须选用符合国家有关标准的施工机具和运输车辆，尽量选用低噪声的施工机械和工艺。选用低噪声设备，可从根本上降低声强，低噪型运载车在行驶中的噪声声级比同类水平其他车辆约降低10～15dB (A)，不同型号压路机噪声声级可相差5dB (A)。要合理安排设备位置。

(2) 为保护施工人员的健康，施工单位要合理安排工作人员轮流操作辐射高强噪声的施工机械，减少接触高噪声的时间，或穿插安排高噪声和低噪声的工作。

(3) 针对筑路机械施工的噪声具有突发、无规则、不连续、高强度等特点。可采取合理安排施工工序等措施加以缓解。如噪声源强大的作业可放在昼间 (06：00～22：00) 进行。

(4) 对距居民区150m以内的施工现场，噪声大的施工机具在夜间 (22：00～06：00) 应停止施工。

(5) 建设单位应责成施工单位在施工现场标明张布通告和投诉电话，建设单位在接到报案后应及时与当地环保部门取得联系，以便及时处理各种环境纠纷。

1.2.2 水污染防治措施

公路建设项目产生的废水量不是很大，但如果防治措施不当，也很容易造成水环境污染。针对不同的废水，需采取不同的防治措施。

(1) 砂石料冲洗废水。其悬浮物含量大，需建沉降地，悬浮物进行沉淀后排放。部分废水澄清后可用建筑工地洒水防尘。

(2) 混凝土养护废水。混凝土养护可以直接用薄膜或塑料溶喷刷在混凝土表面，待溶液挥发后，与混凝土表面结合成一层塑料薄膜，使混凝土与空气隔离。

(3) 机械和车辆冲洗废水。应尽量要求施工机械和车辆到附近专门清洗点或修理点进行清洗和修理。

(4) 施工人员生活污水。施工人员应尽量选择有污水排放系统的民房作为宿营地，使生活污水进入排污系统。

1.2.3 大气污染防治措施

(1) 工程开挖土方应集中堆放，以缩小粉尘影响范围，及时回填，减小粉尘影响时间。

(2) 水泥和混凝土运输应采用密封罐车。采用敞篷车运输时，应将车上物料用篷布遮盖严实。

(3) 施工道路应保持平整，设立施工道路养护、维修和清扫专职人员，保持道路清洁和运行状态良好。

(4) 材料仓库和临时材料堆放应防止物料散漏污染。仓库四周应有疏水沟系，防止雨水浸湿，水流引起物料流失。

(5) 粉尘、扬尘、燃油产生的污染物对人体健康有害，对受影响的施工人员应做好劳动保护。

(6) 施工期间燃油机械设备较多，对固定的机械设备，运行点在敏感点上风向50m范围以内，需装烟尘除尘设备。

1.2.4 固体废弃物防治措施

(1) 清场废物处理：施工清场的树木、农作物、杂草，除部分可作为肥料外，应及时清运。表层土可集中堆存，用作绿化用土。

(2) 施工弃土处理：路基开挖废土除部分回填外，应统一规划处置。对弃土应设立弃土场，进行集中处置，然后对弃土场进行复耕还田和绿化。

(3) 施工生产废料处理：首先应考虑废料的回收利用。对钢筋、钢板、木材等下角料可分类回收，交废物收购站处理。

(4) 施工生活垃圾处理：如施工人员集中，生活垃圾需增加处理设施和加强管理，人员较多时可增设垃圾筒。临时垃圾堆放点应有沟道相通，以防浸出液浸流。

施工人员如自建宿舍，应配套建设简易厕所。简易厕所尽量建成有冲洗水和粪便回收装置的流动厕所。

2 信南项目建设中各项环保措施

2.1 细致的前期准备工作是环保工作顺利进行的前提条件

工程前期工作主要包括项目规划、工程可行性研究、方案论证与评估、勘测设计等。长期以来，公路的规划、设计人员主要以满足交通功能要求、降低建设造价和维护费用、节省交通时间和运行费用、减少交通事故损失等为目标，进行路线方案论证及勘测设计，而对于公路的环保问题如何解决没有给予足够的重视。虽然，在工程可行性研究阶段也要求对环境影响进行分析评价并提出相应的环保措施，但由于公路工程可能对沿线土地资源、水资源、森林资源、野生动物资源、景观资源等造成的影响和破坏程度大多没有量化的指标（难以用价值或价格来衡量），因而在实际操作过程中，从管理层到设计人员，往往忽略工程建设与使用对环境造成的负面影响，从而导致公路规划与设计在环保方面的“先天”缺陷。尤其对于高等级公路，为了满足技术标准，这种“忽略”引起的后果更甚。

信阳至南阳高速公路有限公司把环境保护作为发展的主题，作为我国的一项基本国策，在前期工作一开始，项目的工程可行性研究阶段，高速公路线路的比选方案一经确定，便开始委托有资质、有经验的环境评价部门对整个项目进行整体环境评价。因此设计时大力强调环境保护，本着“经济效益、社会效益与环境效益”统一的方针，并结合工程设计开发利用环境，尽可能地改善和提高公路环境质量，力争使工程建设对沿线自然和社会环境所带来的不利影响降低到最低，做到公路建设与环境保护的协调发展，以保证公路建设的可持续发展，努力使公路在满足运输功能的基本前提下，完善原有景观环境。信阳至南阳高速公路信泌段其施工图阶段环保设计采取了以下措施：

(1) 环境保护贯穿于项目各阶段或主体工程设计的各个组成部分，使公路线形、桥涵、互通式立交和沿线设施与自然景观相协调；

(2) 路线布设尽量与沿线地形、地物、环境、景观及城市规划相谐调，少占地，少拆迁。减少工程对环境的影响；

(3) 桥位的选择，结合考虑接线设计，注意水源保护地及城镇饮用水集中取水口保持足够的距离，同时注意防洪、排涝等环境问题；

(4) 尽量维持既有水利设施、理顺因工程建设而改变的排灌系统，确保水系畅通；对于路堑路段的路基边沟，本项目沿线雨水较多，为保证路面排水、确保路面安全，边沟设计较深，所有挖方路基边沟均应加盖板；

(5) 合理设置立交和通道等构造物，减小因公路建设而给群众带来的生产和生活不便；

(6) 做好公路绿化、美化设计，结合沿线地形、地物、地质等不同情况，种植各适生的灌木、乔木和花卉，路基防护以种植草为主，减少大面积浆砌片石而造成的视觉污染；

(7) 对于沿线的一些声环境敏感点，通过设置声屏障、栽植路侧树木等措施，降低交通噪声对环境敏感点的影响；

(8) 做好施工组织设计，使施工环境影响降低至最小程度。

按照设计原则，信泌段高速公路施工图设计中路线布设尽可能绕避村镇、居民点，减少拆迁，尽量少占或不占良田和经济林木，不破坏原有自然环境。力求做到路线平、纵、横三者的良好组合。减少高填深挖和取弃土对自然环境的破坏，并做好取弃土场的水土保持和复耕。沿线设置了足够数量的桥梁、涵洞、通道。努力做好路基路面排水、防护设计，满足排洪、防涝、农田灌溉和两侧居民过路的需求，保护自然环境防止水土流失。

2.2 有效的建设过程管理是环保工作良好实施的关键

细致的前期工作为高速公路的环保工作描绘了一个美好的蓝图，如何合理有效地实施、执行，是高速公路建设过程最关键的问题。信阳至南阳高速公路有限公司作为高速公路建设的业主单位，在把施工质量、施工进度、投资控制作为高速公路建设期要管理的重点同时，也没有因为主线工程的紧张而放松对环保工作的管理。

2.2.1 制定环保规范

信南公司在施工单位进场之后、开工之前，根据国家的环保法规并结合当地高速公路施工现场情况，制定相应的规章制度，以正式文件的形式下发到各施工单位的项目经理部，明确施工中的环保规范，达到有法可依，有章可循。

(1) 各施工单位的施工废水，生活区废水、垃圾不得排入农田、耕地、饮用水源、灌溉渠道和水库，要集中统一处理。

(2) 施工区域、砂石料场在施工期间和完工后，都进行了妥善管理，减少了对河道、溪流的侵蚀。

(3) 因施工需要须在河道上修建便道的，在施工过程中各单位采取了有利的措施，在施工完毕后及时清理疏竣河道，没有对河道造成阻塞。

(4) 要加强对高速公路路线植被的保护工作，各种临建设施和机械设备要避免破坏现存植被、树林。

(5) 填筑路基所用的土、粉煤灰，在运输中要求用苫布遮盖，尤其是粉煤灰运输要求水洒足、装实、苫好、车辆运输速度要慢等措施减少粉尘污染。

(6) 施工过程中，各种机械的噪声，对附近村子的居民会产生不同程度的影响。建管处要求各施工单位噪声较大的机械要装在距离村子较远的位置或限制施工，并且不允许在居民休息时施工。

2.2.2 建立完善的环保管理措施体质

根据信南公司业主文件规定要求，监理代表处成立了专业环保组织机构，总监理工程师为其代表处所辖各驻地办、施工合同段环保监理第一责任人，高级驻地监理工程师为其标段环保监理第一责任人且各驻地办也相应设立了专职环保监理工程师，负责各驻地办辖区内环保工作的实施，加强施工过程中的环保控制。在施工前，要求承包人在编制施工组织设计时，应包含施工对环境保护的技术措施和组织措施，尤其对容易引起环境污染的分部工程要提出切合实际的施工方法及技术措施。在施工过程中，监理工程师根据业主文件及环保要求，并结合施工现场实际情况，把以下工作督促承包商作为重点抓好：

(1) 科学安排施工，抓住施工旱季，掀起施工高潮，有效地避免雨季施工带来的严重水土流失。

(2) 路堤填筑前，应先挖设排水沟，并在必要路段加高筑固，防止施工时泥沙入内流失，并预设好临时涵洞等过水设施。尽早进行沟渠的疏通，防止有暴雨时影响当地的排洪。

(3) 取土场要选在高速公路下游（水流方向）和低洼处，远离高速公路路基100m以外，并且考虑复耕造田，对高出原地面的部分进行防护和绿化，防止水土流失。

(4) 互通式立交、服务区范围不允许有任何取土和弃土，一定要维护好原貌和原有植被。

(5) 加强在桥梁桩基施工中对泥浆和废油排放的控制，应设置泥浆池和设置良好的排水系统，以免雨水过大而造成泥浆外溢；另外应定期检修机械，以免机油、废油四处溢流。人工挖孔桩施工必须将挖出的基土及时运出施工现场，尤其不能弃在河道内，以免堵塞及污染河道。桥梁的预制场必须有良好的排水系统，以避免因排水不畅影响路基质量（若预制场设在路基中）和施工用水漫溢过程中形成自然径流，冲毁路堤边坡造成污染。施工完毕后，临时用地的预制场地必须平整绿化，恢复至工前自然状态。

(6) 施工人员集中居住点的生活污水、粪便不能随地排放，生活垃圾须定期清运。严禁将废油、施工垃圾等倒入水体或河、渠道附近。施工临时房屋等生活设施和拌和场、堆料场，当工程竣工后应得到妥善处理，恢复至工前自然状态，并种植草皮或苗木。

(7) 爆破炸飞的乱石，侵占农田时，应及时清理。

为保证各施工单位的有效执行，信南公司每季度按环保要求的内容对各单位的执行情况进行检查。对未能达到环保要求的除进行纠正外，还要进行处罚；对执行良好的单位进行表扬，同时给予奖励，以补偿施工单位在环保方面的投资，大大激发了施工单位的环保工作的热情。

2.2.3 采取合理的工程环保措施

根据具体情况及时补充原设计中的不足，将原设计中对原有自然环境破坏较大的工程进行合理变更，最大程度上保护原有的生态环境。

例如：信阳市平桥区查山乡有几处干沟担负着该乡几千亩稻田的灌溉任务，分别与信泌高速公路在 K20＋667、K21＋200 和 K24＋492 处相交叉，为保证干沟的正常通水，项目公司增加修建合适的构造物及其他附属设施。为防止公路其他地方类似情况的发生，项目公司要求施工单位和当地政府、水利部门、土地部门一起结合施工现场实际情况排查原设计中遗漏的通水构造物，对其进行变更增加，以维持原有的排水灌溉系统，最大程度地减少了因高速公路修建而带来的环保不利的因素。

2.2.4 加强文物保护工作

文物保护工作作为环保工作的重要一环。信南公司在施工前就把河南省文物考古研究所《关于信南高速公路文物分布点控制范围的函》转发到下面的监理代表处和施工单位，要求施工单位在施工过程中，要采取有效的保护措施，做好标记，有序作业．发现情况立即采取措施予以保护，并迅速报告文物部门和项目公司，防止因野蛮作业和处置不当造成文物损坏。

3 结语

高速公路施工对环境的影响是全方位的，如何控制和减缓公路施工对环境的有害影响，保护建设路域社会和生态环境，以较低的资源代价和环境代价换取较高的、良性的公路建设速度，达到经济效益、社会效益和环境效益的统一，这应是实现公路建设环境协调、可持续发展的客观而必然的需要；高速公路建设项目对周围环境的突出影响发生在施工期，主要的影响方式为施工噪声对居民的影响和生态环境的影响，在采取管理、优化施工工艺等综合管理措施的前提下，可以最大限度地减缓对社会和生态环境的影响。

总之，环境保护是我国政府长期坚持的一项基本国策。公路建设中的环境保护工作更是引起各方面的广泛关注，我们只有认真贯彻执行国家颁布的《环境保护法》和《水土保护法》等法规，并结合建设的实际情况，在工作中认真总结、积极探索，才能在发展公路事业的同时，把环境保护工作做好。

信南高速公路建设过程中生态恢复的实施要点

靳俊中　王森明

河南省公路工程局集团有限公司

［摘　要］　高速公路建设的快速发展，给生态环境带来了很多负面影响。近年来保护和恢复良好的生态环境，促进人类社会经济可持续发展，已越来越受到人们的关注，因此工程环保在高速公路建设过程中已受到了大家的重视。保护自然、融入自然已经成为工程建设者们的一种理念，并能很好地应用到高速公路施工中。

［关键词］　公路工程　环境　保护　措施　效果

信阳至南阳高速公路是上海至武威国家重点公路位于河南省的主要路段，也是河南省规划的“五纵、四横、四通点”高速公路主骨架的组成部分。由河南省公路工程局集团有限公司承建的泌阳至南阳高速公路 NO.1 合同段，起止桩号为 K90＋000～K106＋510，全长 16.51km，沿线为重丘区，土质为膨胀土，弃方工程量很大，工程环境保护及绿化防护成为工程施工过程中的重要环节，有针对性地采取相应的有效措施，使公路工程给自然环境带来的不利影响降到最低。

1　做好事前控制和策划

信南高速公路自开工建设以来，始终将“生态路、环保路、科技路、廉政路”作为工程建设的总体目标。项目经理部根据总体目标，编制详细的施工组织设计，制定工程环保措施，成立环境保护体系，要求广大干部职工牢记保护自然，以人为本的理念，充分认识到环境保护工作的重要性，认真做到工程建设能造福子孙后代。

1.1　合理安排生产及生活区

在工程临建设施选址和建设上本着“节约土地、合理布局”的原则，做到既不影响群众生活，又能更好的为工程施工服务。拌和站和预制场远离村庄，拌和设备采用全封闭式，减少粉尘污染，料场四周建设围墙，确保满足环保要求；生活区合理布置，生活垃圾集中堆放，定时掩埋，生活污水集中排放，尽可能减少对周边环境和居民的影响。

1.2　弃土场优化布置

泌南高速 NO.1 合同段挖方工程量很大，达 100 多万 m^3，全部为膨胀土，不能直接用于高速公路路基填筑，按设计要求采用灰土改良。但是路线经过区域属于北亚热带季风型大陆性气候，春夏季雨量充沛，给灰土施工带来很大影响。经过充分的经济技术比较，决定利用当地充分的砂源作为路基填料，相应地挖方作为非适用材料弃除，由于弃方工程量大，弃土场的选择显得尤为重要。在项目公司的正确指导下，结合当地政府和群众的宝贵意见，对弃土场的选择优化布置，遵循如下原则：

(1) 规定集中弃土，要求施工人员不得随意堆放废弃土；

(2) 弃土场不占用良田和经济林；

(3) 弃土场尽量选择在荒地、低产耕地及低洼地带，废弃土堆放平整后能和周围地形相一致，使其恢复改造成良田。

2　科学运用建设新理念，最大限度地恢复生态

在工程设计及施工阶段均采用有利于环境保护和水土保持的优化方案。

2.1 纵面线形设计

合理设置纵坡和竖曲线，使纵面线顺应地形成渐变、顺滑的纵坡线，避免大填大挖，注意填挖平衡，减少土石方量，节约土地资源，保护耕地。

2.2 边坡生态防护

在高速公路施工阶段，不断优化设计方案，对边坡高度大于 6m 的挖方路段取消拱型骨架护坡，变更为客土喷播植草防护。在确保边坡稳定的情况下，边坡的形状做到与周围的景观协调，坡脚、坡顶、坡面相交处等采用圆弧过渡，既产生自然美，又可防风蚀。植被选择耐贫瘠，生长旺盛，且根系发达的草本植物、藤本植物、灌木（紫穗槐）配合野花组合，做到春夏秋三季有花，每隔 2km 左右进行种子配比的变化；既达到了保护边坡，防止雨水冲刷的效果，又增加了美观性和可观赏性，为改善沿线生态环境起到了应有的作用。见图 1。

a)

b)

图 1 绿化后的边坡植草防护

2.3 独特的边沟设计

挖方路段排水采用暗边沟来实现，边沟盖板为 C30 钢纤维混凝土浇筑，增大了承重荷载。盖板安装后其上回填种植土，加以植草绿化，以葱翠的绿色抹去了冰冷生硬的工程痕迹，使整条公路与自然融为了一体。

2.4 人性化的绿色通道

为使沿线居民在高速公路通车后受干扰的程度减少到最小，积极响应省交通厅的号召，结合地方政府在隔离栅外每侧种植了宽 50m 的绿色通道，从而既减少尘埃、尾气的污染，又阻挡了噪声的传播，保证沿线居民有一个良好的生活环境。

3 施工阶段环保措施实施

在施工过程中，抓好公路工程质量管理的同时，尽可能减小高速公路施工对周边生存环境和沿线居民的影响，加强环保管理和监测。

3.1 减少噪声污染

合理安排施工组织计划，尽量减少施工活动对沿线居民集中地方的干扰，对通过村庄的路段避免夜间施工。禁止噪声超标的机械进行施工现场，平时注意机械维修保养。

3.2 防止大气污染

对施工场地、施工便道经常洒水防尘。组织好砂石原材料和土方运输，防止材料散落造成环境污染。材料运输采用封闭性较好的自卸车运输，必要时采用覆盖措施。

3.3 防止水质污染

加强对施工队伍的生活污水处理，严禁将其直接排入河道水流中。桥梁采用围堰施工后及时清除，避免阻塞河道；桥梁基桩钻孔泥浆集中排放，不得直接排入河流中；桥梁施工机械要做到避免油污的污染。对于路基清除的淤泥表土等运到指定的弃土场，不得任意堆放，更不能淤塞河流。

3.4 规范污染物处理排放

搅拌楼、运输车辆清洗污水不得随意排放，每台搅拌楼均设置清洗污水的沉淀池，混凝土运输车等车辆均在有污水沉淀池的清洗场进行清洗，所有废弃的水泥混凝土，机械设备的修理残渣和油污等废弃物分类集中堆放。

4 加强工后生态恢复

工程环保工作在做好事前策划、事中控制的同时，也要做好事后的恢复和监管。

4.1 弃土场的恢复和处理

沿线弃土场使用完毕后，及时做好恢复和复耕工作，结合当地群众的意见，将废弃场改造为良田，种植树木或播种绿化。减缓了工程施工对土地资源的破环程度，收到了良好的效果。见图 2、图 3。

图 2　弃土场已改造为良田

图 3　弃土场绿化后效果

4.2 做好临时用土的复耕

督促监督各施工队伍在施工完工后做好临时用地的复耕还田，恢复植被，履行临时占地合同，达到地方政府和群众的满意。

5 结语

通过工程环保措施的有效落实和控制，转变了重施工、轻环保的观念，把环保工作提高到了一个重要位置，将工程对环境造成的影响降到最低程度，达到了建设和环保协调发展的目的。

信南高速公路互通立交区景观绿化设计

寇丽芬　王　凯　崔　莉
河南农大风景园林规划设计院

［摘　要］　通过对信南高速公路各互通立交区的自然地理条件、地形、环境的分析，结合总体的设计指导思想及设计原则，提出最适宜的互通立交区绿化设计方案。

［关键词］　高速公路　互通立交　绿化设计　生态

1　项目概况

信阳至南阳高速公路，是国家规划的上海至西安国家重点公路的重要地段，也是国家西部开发8条公路通道其中西合高速公路段的关键部位。本项目路线起点位于叶集至信阳高速公路终点，止于南阳市卧龙区辛店北，全长182.904km。公路沿途所经地区地形地貌复杂，地理气候条件多样，因此，如何结合现场环境，做出能体现出各互通立交区独特风格的景观绿化方案是此次设计的关键。

2　设计指导思想

依据生态学原理，对高速公路进行具有景观性的生态恢复设计，将高速公路对环境的破坏降至最低，突出设计的生态性。采用植物建立结构优化、功能高效、布局合理、持续稳定的绿色生态体系，注意植物群落的构建，充分体现出生物多样性。

充分考虑到高速公路行车速度快的特点，景观绿化设计以大色块的植物构图进行设计意图表现，突出观赏的瞬时性，使之符合人们的视线要求。

植物造景突出植物群落特点，打破原有高速公路绿化以模纹彩带造型为主的单一模式，采用乔、灌、地被多种绿化模式并存，营造高速公路绿化多姿多彩的景观特色，突出景观的多样性及生态的稳定性。

打破就设计论设计的原始格局，统筹考虑，构建沿线整体生态防护体系及景观体系。使整条道路的景观绿化设计既是一个有机的整体同时又具备自身的特点，统一中不失变化，寓变化于统一之中。

3　设计理念

高速公路是全封闭的干线公路，随着高速公路的不断延伸，也给地表留下了一条条的“伤疤”，故本着尽快恢复原有的地形地貌、自然植被的原则，尽量保持立交区内原有的地形地貌，种植沿途常见的自然植被群落。将乡土植物材料充分加以利用。

人工景观要与自然景观相协调统一，人工种植的植物要与周边的自然植物群落相协调，使人工景观融于自然景观，达到和谐统一，不留痕迹。

充分利用公路沿线较为有利的气候和地形条件，体现出河南亚热带的气候特色和岗地、浅山丘陵的优美风光，把信南高速公路设计成一条景观特色之路，将其自身的特点淋漓尽致的加以体现。

4　设计原则

4.1　交通安全性原则

即确保绿化工程施工后的行车安全。视线引导种植，通过绿地种植来预告道路线形的变化，以引导驾驶人员安全操作，提高快速交通下的安全性。另外在禁植区避免种植妨碍视线的乔、灌木，以免

影响行车安全。

4.2 景观舒适性原则

树立大绿化、大环境思想，将高速公路绿化景观和沿途两侧风光相结合，注意整体性、节奏感和韵律感。

选用乔灌木及地被植物时，考虑降噪、防尘、减低风速、净化空气等功能，使高速公路集绿化、美化、净化于一身。

注意植物生长习性、花期、花色以及树形的合理搭配，力求设计精致，创造具有时代感，反映风土人情以及具有较高艺术水平的路域景观。

4.3 生态适应性原则

选用的植物应具有最佳的适应性，具有抗逆性、生长发育正常、病虫害少以及易繁殖、好管理的特点。

选用的植物应该具有较强的水土保持能力，生物防护性能好。

遵循适地适树原则，优先选择乡土树种，体现地方特色。

合理控制密度，注重近远期效果相结合。

4.4 经济适用性原则

选用植物材料时，尽量选用适应性强、管理粗放和价格低廉的植物种类，降低造价和后期管理费用。在互通立交桥的匝道里，大面积种植小苗密林，视其生长情况，逐渐移除。移除的苗木可做他用，既满足了经济要求，又不影响绿地景观效果。

5 互通立交区绿化设计

5.1 查山互通立交

查山互通立交位于信阳市平桥区查山乡内，占地面积332.1亩。该地区地形起伏较破碎，多呈浑圆状或缓岭状，岗顶较平缓。该地区属北亚热带季风型大陆性气候，季风的进退与四季的替换较为明显。冬干冷，雨雪少；夏炎热，雨量充沛；春回暖快，降雨逐渐增多；秋季凉爽，降雨逐渐减少。

该立交区在进行场地整理时即发现匝道区内被大量塘泥覆盖，由于塘泥比较黏重无法施工，所以采取了对土壤进行掺沙改良的方法，同时根据现场地形和土壤状况作了方案设计。

设计采用自然式种植，结合原有地形，使呈现出多层次的视觉效果。在树种的选择上尽量选用当地乡土树种，以提高其适应性。采用了一些耐水湿的树种水杉、湿地松和一些观赏价值高的花灌木红花继木、木槿等。

5.2 桐柏互通立交

桐柏互通立交位于南阳市桐柏县黄岗乡境内，占地面积250.1亩。属于低山丘陵地带，处于暖温带半湿润区向亚热带湿润区的过渡区域。

该立交区内两个匝道区土层较薄，土壤贫瘠，选用了刺槐、火炬树等耐瘠薄的树种；方案依据地形设计了高低错落的植物群落，由高到低种植了百日红、火炬松、银杏，在主线上可以观看到一个层次丰富的植物景观。匝道内树种的选用注意常绿与落叶的搭配，以免冬季出现萧条的景观。

车辆在分车点时的车速较慢，在此处的设计注重景观效果。人们可以透过层层片林欣赏到波光粼粼的湖光山色、立体结构丰富的片林风景。汇车点的设计考虑到安全问题，在匝道外围种植了铺地柏及小乔木女贞、灌木夹竹桃，以保证行车安全；同时兼顾到景观需求，以色叶树种乌桕、千头椿等大乔木为背景树，使达到良好的景观效果。

5.3 马谷田互通立交

马谷田互通立交位于驻马店市泌阳县马谷田镇境内，占地面积381亩。处于暖温带半湿润区向亚热带湿润区的过渡区域。

此枢纽的设计依据模拟自然的原则，以体现生物多样性为目的，使自然植被的破坏降低到最小程度。树种的选择尽量本土化，体现出当地乡土特色。在过往车辆的视觉焦点上栽植成片的色叶树种，形成视觉冲击；依据现有地形条件，在低洼处开挖蒸发池，以利排水，同时形成优美的水域景观。

汇车点的设计考虑到安全问题，在外围种植低矮灌木，形成优美的景观。分车点的设计考虑到该路段为填方段，过往人员的视线为俯视。树种选择上充分考虑了此因素，多以乔木为主，同时配以一部分灌木，形成立体防护结构。

5.4 泌阳互通立交

泌阳互通立交位于驻马店市泌阳县境内，占地面积 300.9 亩。属于低山丘陵地带，处于暖温带半湿润区向亚热带湿润区的过渡区域，年平均气温 14.7～16.5℃，年积温 4500～5200℃，年降水量 800～1000mm。

该立交区在主线南侧的两个匝道区内均存在积水现象，经过现场勘踏，决定在地势低的地方设计蒸发池，周边种植耐水湿植物水杉、重阳木，沿主线边缘地区种植花灌木百日红、月季、夹竹桃，盛花季节远看即是花海一片。树种选择生长快，根系发达，深根性及根蘖性强，树冠浓密，耐干旱瘠薄的且具一定经济价值的乔木，灌木及草类。匝道内采用大面积片林种植形式，注重常绿与落叶植物的搭配，既四季分明又长年有绿。在地势高低不同的地方依据其高度不同种植了不同的树种，形成丰富的层次。

5.5 大河屯互通立交

大河屯互通立交区内收费站所在的匝道区东部地势也较低，易积水，因此在现有地形基础上，设计了一处大的景观水面，周边种植乌桕、水杉、木槿等植物。用开挖蒸发池的土方塑造微地形，于其上种植怕涝的植物紫叶李，给植物一个最适合生长的环境，使其展现出最佳的景观效果。

出于安全行车的考虑，汇车点处不种植高大乔木，以密植灌木为主。分车点所在边角部位依据路基高度变化，选择乔木、开花灌木，营造多姿多彩的景观特色。

5.6 唐河西互通式立交

唐河西互通式立交位于唐河县城郊乡，占地面积 359.7 亩，土壤以冲积砂为主，表层亚黏土，下部为中细砂，含淤泥质。处于亚热带向暖温带的过渡地带，属典型的季风大陆半湿润气候，四季分明，阳光充足，雨量充沛。

该立交处于填方区域，高差平均在 4m 左右，过往司乘人员观景视线为俯视，故片林式的栽植大乔木。地势低处种植耐水湿的湿地松和乌桕，地势平坦处设计自然起伏的地形以丰富路域景观。方案设计时将收费站与匝道区内景观互相融和，互为背景，形成一个融于自然的整体。在靠近路线的边缘种植了一些花灌木，在司乘人员的视觉焦点上形成优美景观。

5.7 桐寨铺互通式立交

桐寨铺互通式立交位于南阳市唐河县桐寨铺乡境内，占地 361.67 亩。该立交区的信阳至南阳主线从挖方路基逐渐转入填方路基，因此选用的植物依据人们的观景视野的变化而有所不同，使人们的观景视线达到最佳。植物栽植注意疏密有致，高低错落，尽力使其能恢复自然状态。

方案设计时就地调整土方，将地形稍加整理，顺场地的走向进行地形塑造，依地势的不同种植高矮不同的植物。另外在场地中还预留了一条道路，供当地人使用。在挖方的边坡上种植红端木、木槿、迎春，形成山花烂漫的景象。主线南侧的匝道区在地势低的地方开挖了宽浅的蒸发池，把两个匝道区连接起来，形成了一个整体，既满足了排水需求，又形成别致的景观。

5.8 陈官营枢纽互通立交

陈官营枢纽互通立交位于南阳市宛城区汉冢乡境内，占地面积 1019.59 亩。

本立交区重点绿化区域依据地形挖湖堆山，在观景的最佳位置留出透镜线，使司乘人员透过层层植被看到湖边的湿地风光，也为附近生活的白鹭营造其生活繁衍的生存环境，与此同时白鹭的出现也将成为该枢纽立交的景观亮点。其余大部分设计区域片林式的栽植在南阳地区适应性强的松栎类树种，为过往的司乘人员营造一个绿色、自然的行车环境。另外该枢纽立交的周边分布有较多的桃园和

水塘，景色优美，可作为本立交区景观的借景。匝道区内植物搭配注意错落有致，植物花期、花色的交错，以使景致四季皆不同。

5.9 翟庄互通式立交

翟庄互通式立交位于南阳市宛城区汉冢乡境内，占地面积404.5亩。

设计根据匝道路基高度的变化，随着路基高度的抬升或下降，选用的树种的树高和树形也富于变化，达到在人们观景时“步移景移”的效果；同时注重植物层次的变化，采用立体式种植形式，高低有序，层次多变。部分地势较低的地区设计了蒸发池，周边种植适宜水环境的植物水杉等，高大整齐的水杉形成一种雄伟的气势。

6 总结

互通立交区是高速公路上的重要节点，地理位置十分重要。高速公路的景观绿化应与周围环境相协调，充分利用自然，少一些人工雕凿的痕迹，将高速公路与周边环境作为一个整体全面考虑。在进行绿化设计时，不可将高速公路与周围环境孤立起来，而应该将高速公路景观与大地景观结合在一起，用地景的观念来研究高速公路绿化生态防护体系的建设与景观设计，将改善高速公路网络生态环境的视野从公路绿化转向区域尺度的生态绿地系统。

信南高速公路绿化生物多样性途径探讨

寇丽芬　崔　莉　王　凯
河南农大风景园林规划设计院

［摘　要］　在对高速公路沿线进行植被调查的基础上，同时考虑到信南高速公路所经不同立地条件类型及种植位置的需要，选出适宜在当地生长并且具有良好观赏价值的树种，对高速公路绿化生物多样性途径进行了初步探讨。

［关键词］　高速公路　绿化树种　树种资源　生物多样性

高速公路的修建为社会发展带来了极大的经济效益，但是它同时也带来了一系列的负面影响，随着社会文明的进步和人们环保意识的增强，对高速公路的绿化已不仅仅只满足于表面见绿的要求了，要求具备良好的景观效果和绿化效益已成为高速公路发展的重要内容。因此，怎样提高高速公路的生态环境是一个新的要求。而要达到这样的要求，植物品种的选择在这其中起到了不可替代的作用，因此在高速公路绿化中，针对不同立地类型和位置，同时考虑到生物多样性的要求，对树种的选择至关重要。

信阳至南阳高速公路，是国家规划的上海至武威国家重点公路的重要地段，全线经过信阳、驻马店和南阳，是河南境内气候条件较为优越的地区，对于植物的生长较为有利，具有一定的优势。对信南高速公路绿化生物多样性途径的探讨以及树种选择的研究对将来在该区域内建设的同类高速公路的绿化具有一定的参考意义。

高速公路绿化属于生态绿化的范畴，它是一项需要遵循植物演替规律所实施的绿化工程 。由于高速公路路域环境的特殊性，即边坡陡、大多由岩石组成、土质变化多样、气候跨度大和后期养护水平低等。因此，高速公路绿化主要考虑公路本身自然植被及潜在演替植被的关系，以人工方法加速其演替，使绿化后的植物群落与相邻地区植被保持一致，达到低养护管理水平下长久保持的目的。高速公路绿化的另一特点是以改善行车条件、美化保护环境为主要任务。因此要以生物措施为主，适当结合工程措施，同时要保证“安全第一”，不能因绿化而影响交通安全。

1　信南高速公路沿线现状调查

信南高速公路建设地段处于河南省的最南端，位居我国南北森林动植物带过渡地区，是我国南北气候、植被分界区域。气候湿润，植被丰茂，种类繁多，1700 多种植物在这里安家落户，针叶树、阔叶树、山花异草争繁斗茂，参差相杂。由于该区的植物区系起源古老，地理成分具有多样性和复杂性，因而区内森林茂密，植被类型复杂，垂直带谱明显，物种资源丰富。通过对沿线植被的调查，掌握了高速公路路域内的植物现状，为高速公路绿化的生物多样性和植物的选择取得了第一手的资料。

调查方法采用从线路调查入手，采取调查、分析、综合指标测算等方法，进行信南高速沿线植物多样性分析、植物种适宜性分析、高速公路生态安全性和景观适宜性分析，确定沿线生物多样性保护的措施、高速公路生态防护适宜植物种以及与周围环境相协调的植物群落营建技术措施。

2　绿化树种的选择要求

2.1　交通安全性原则

在绿化树种的选择上不仅要考虑到其应具备的功能要求，而且一定要对交通安全起到保障作用。

如中央分隔带所选植物就既要耐瘠薄而且在高度上还要符合防眩要求；在沿线栽植的植物就要起到引导驾驶人员视线的作用，提前预示线路；在道路转弯处尤其要注意植物的高度和树形，以利安全驾驶。

2.2 适地适树原则

认真考察沿途经过地区的气候地理条件，选用生长良好的乡土植物，因地制宜，尊重当地的气候环境，做到树种要尽量本土化，选择在当地土生土长的植物，遵循适地适树的原则，充分考虑植物的生物学特性，选择适合当地气候、土壤、地形地貌的树种。

2.3 抗性强的原则

由于高速公路立地条件一般都比较差，而且为了减少后期的养护管理费用，应选用那些抗逆性比较强的树种。因为高速公路一般填挖方地段较多，土壤结构已受到严重破坏，而且一般都较贫瘠，同时由于公路路面宽，受热面大，小环境内气温高，所以在树种的选用上一定要考虑到这些不利因素。

2.4 生物多样性原则

植物种植要乔、灌、草相结合，落叶与常绿树相搭配，尽量模拟自然植物群落原始状态。这样不仅丰富了立面层次，形成优美的景观，而且也可以体现生物多样性，使植物群落栽植后能逐渐演变为一种自然状态，成为一个可以自身进行循环的生态系统，从而最大限度的降低高速公路对周边环境的破坏，使其恢复为原始状态。

2.5 经济性原则

高速公路绿化要考虑到成本问题，要用最少的钱创造最美的景观。树种的选择要优先考虑那些既经济便宜又表现优良的植物，同时也要考虑那些可以创造经济价值的树种。树种的选择要尽量选用那些后期低养护、粗放管理的种类，以减少管理费用，同时也消除因修剪养护而造成的潜在不安全因素。

3 适宜于信南高速公路沿线的优良绿化树种

3.1 中央分隔带绿化树种的选择

为满足防眩要求，在中央分隔带应选用高度在1.5～1.8m的常绿树种，在个别路面起伏的地段要考虑交接处的树种选择，为避免驾驶人员产生视觉疲劳，在中间可穿插一些花灌木。

(1) 蜀桧：又叫塔柏、蜀柏木，常绿小乔木，土壤适应性很强；耐寒、耐热；耐干旱、潮湿和贫瘠，在酸性的及石灰质土壤也能生长；对多种有害气体有较强的抵抗性。生长较慢，寿命长，是中分带的首选绿化树种。

(2) 大叶黄杨：常绿灌木或小乔木，对土壤要求不严，以中性或肥沃壤土生长最迅速；适应性强，耐干旱贫瘠；枝条极耐修剪，是园林中优良的绿篱植物，常用于中分带的防眩植物栽植。

(3) 紫叶李：落叶小乔木，对土壤要求不严；喜光、耐旱、较耐寒，生性强健；栽植于背风向阳、排水较好的沙质壤土中生长最好；叶常年紫红色，是著名的色叶树种，孤植群植皆宜，能衬托背景。植于中分带中可起到“万绿丛中一点红”的效果。

(4) 百日红：落叶灌木或小乔木，喜碱性肥沃的土壤，不耐涝；喜光，稍耐阴，喜温暖、湿润环境，有一定的抗寒力和抗旱力。百日红在炎夏群芳收剑之际繁花竞放，达百日之久，是形、干、花皆美而具很高观赏价值的树种。在中分带中能起到点缀的作用。

3.2 高速公路两侧绿化树种选择

高速公路两侧的绿化树种的选择应考虑到因填挖方而造成的视线不同，从而选用不同高度的树种；同时要避免单一的树种会造成不可控制的病虫害；在护坡道和碎落台上的植物要选用根系浅的灌木类树种，以保证路基的安全性和稳定性。

(1) 速生杨：落叶乔木，喜肥沃湿润土壤，耐瘠薄和盐碱土壤；喜光，耐寒，耐干旱；生长较快，根系发达，但主根不明显，萌芽力强。是现在高速公路路侧绿化树种的首选，并在河南省高速公路绿化中大范围使用，生长速度快，但是如果大面积的单一使用，一旦发生病虫害，将无法控制。在种植时可在其中穿插种植其他树种。

（2）水杉：落叶大乔木，是我国特产的古老稀有珍贵树种；喜光，较耐水湿，但不能长期滞水，耐寒性很强；树冠呈圆锥形，高耸挺拔，姿态优美。叶色秀丽，秋叶转棕褐色，甚是美观。生长迅速，用于信南高速公路路侧绿化可形成其特有的风景。

（3）栾树：又称大夫树、灯笼树，是落叶乔木；为亚热带树种，喜温暖湿润气候；喜光，亦稍耐半荫；耐寒耐旱耐瘠薄，并能耐短期水涝；树形端正，冠多伞形。枝叶繁茂秀丽，春季嫩叶红色，夏花满树金黄色，入秋蒴果似盏盏灯笼，果皮红色，绚丽悦目，是适于信阳、南阳地区生长的优良绿化树种。

（4）重阳木：又名秋枫、红桐，落叶或半常绿乔木；对土壤要求不严，耐干旱瘠薄，也耐水湿，有一定耐寒性；根系发达，抗风力强，生长较快，寿命较长。重阳木枝叶茂密，树姿优美。早春嫩叶鲜绿光亮；人秋叶色转红，颇为美观。

（5）大叶女贞：常绿乔木，适应性强，喜光，稍耐阴。喜温暖湿润气候，稍耐寒；适生于肥沃深厚、湿润的微酸性至微碱性土壤；根系发达，耐修剪；抗氯气、二氧化硫和氟化氢。女贞枝叶清秀，终年常绿，夏日满树白花，是河南地区不多见的常绿优良树种，应用广泛。

（6）夹竹桃：又叫半年红、柳叶桃，常绿灌木，性喜光，喜温暖湿润气候。它对水分要求不高，对土壤适应性强，能抵抗烟尘和一些有毒气体。夹竹桃周年常绿，夏秋开花繁茂，花色繁多，色彩艳丽，是园林绿化的优良树种。

（7）迎春：又名金腰带，半常绿灌木；喜温暖湿润和充足阳光，怕严寒和积水，稍耐阴，较耐旱，以排水良好、肥沃的酸性沙壤土最好。枝条长而柔弱，下垂或攀缘，碧叶黄花，黄灿灿的迎春花，密缀枝头，花形如金钟，经月不凋，是早春的一大美景。

（8）木槿：又名朝开暮落花，落叶灌木或小乔木；喜光，稍耐阴，喜水湿，又耐干旱，耐贫瘠土壤；喜温暖、湿润环境，较耐寒；萌芽力强，耐修剪，抗烟尘和有害气体的能力较强。木槿开花达百日之久，且满树繁英，甚为壮观，是夏季开花的主要树种之一。

3.3　边坡绿化植物的选择

在边坡种植植物的主要目的是稳定路基，减少水土流失，恢复已破坏的生态系统，因此所选植物应该具有良好的护土固坡能力，同时兼具景观性和经济性。草本护坡能力不如灌木强，但是成坪快，于早期即可见效，所以边坡绿化可采取草灌套种的方式。

（1）紫穗槐：又名锦槐、紫花槐，落叶丛生灌木；耐寒、耐旱、耐湿、耐盐碱、抗风沙、抗逆性极强；郁闷度强，截留雨量能力强，萌蘖性强，根系广，侧很多，生长快，不易生病虫害，具有根瘤，改土作用强，是保持水土的优良植物材料，广泛应用于高速公路护坡。

（2）胡枝子：又名帚条、随军茶，落叶灌木；喜光，稍耐阴，耐寒性强，耐干旱瘠薄，耐涝；萌蘖性强，根系发达，耐刈割，生长迅速，具根瘤菌，是水土保持和改良土壤的优良树种。胡枝子枝条拱垂、潇洒，紫色花密集，具一定的观赏效果。

（3）扶芳藤：常绿彩叶木质藤本；抗逆性极强，耐干旱、耐贫瘠、耐高温而且耐严寒，耐阴，对土壤的要求不高；扶芳藤匍匐地面生长，通身生根，固土力极强，可有效地防止降水对路基的侵蚀和冲刷。叶子油光发亮，春、夏、秋叶色碧绿，入冬变红，来春变绿，能形成良好的景观。

（4）高羊茅：多年生草本植物，为冷季型草；丛生型，须根发达，具有广泛的适应性，耐寒能力强，耐热性好，耐践踏性强，抗病性强，较耐低修剪；高羊茅耐土壤潮湿，并可忍受较长时间的水淹；高羊茅建坪快，根系深，耐贫瘠的土壤，是高速公路的优良护坡品种。

（5）狗牙根：多年生草本植物，为暖季型草；具有根状茎及匍匐枝，匍匐枝的扩展能力极强；叶色浓绿，性喜光稍耐荫、耐旱，喜温暖湿润，具有一定的耐寒能力。由于狗牙根草坪的耐践踏性、侵占性、再生性及抗恶劣环境能力极强，耐粗放管理，且根系发达，所以经常应用于高速公路的固土护

坡绿化工程。

3.4 站区及互通立交区绿化树种的选择

站区及互通立交区绿化树种的选择要因地制宜，根据所处地形地貌及地理条件的不同而选择生长良好的树种，并且要注意乔、灌、地被类植物的搭配，和常绿、落叶树种的比例。还要考虑到行车视距和安全的问题，结合场地特色，选用能反映出当地特点的树种，形成一个能够自我循环的生态系统。

(1) 火炬松：常绿乔木；喜光、喜温暖湿润，对土壤要求不严，能耐干燥瘠薄的土壤；怕水湿，更不耐盐碱。树姿挺拔优美，冠似火炬，主干端直，可用于观赏绿化树种。适于在互通立交区的地形上种植。

(2) 麻栎：落叶乔木；喜光，耐寒，在湿润肥沃深厚、排水良好的中性至微酸性沙壤土上生长最好，排水不良或积水地不宜种植，耐干旱瘠薄。与松类树木形成松栎混交林，生长良好。在互通区栽植，体现出适地适树的原则，经实践证明，适于互通区绿化。

(3) 雪松：常绿大乔木；喜光，稍耐阴，耐寒，抗旱性强；适生于高燥、肥沃和土层深厚的中性、微酸性土壤，对微碱性土壤亦可适应；忌积水，在低洼地生长不良。雪松高大雄伟，树形优美，是世界上著名的观赏树之一。在互通立交区应用于地形之上，使其免受水淹之灾。

(4) 湿地松：常绿大乔木，树冠圆形，干形通直；喜光，不耐荫，对气温适应性强，能耐40℃的高温和－20℃的低温；对土壤要求不高，尤其能耐低洼水湿。树干端直，姿态苍劲，是适于水面旁边的常绿树种。

(5) 枫香：落叶大乔木；阳性树种，幼时能耐荫，喜湿润、肥沃而深厚的红黄土壤；主根粗长，抗风耐干旱，不畏短期水淹，萌芽率强。树干通直，气势雄伟，深秋红叶艳丽，灿若披锦，片植效果极佳。

(6) 广玉兰：常绿大乔木；喜光，喜温暖湿润气候及肥沃土壤，对多种有毒气体及烟尘抗性强，很少有病害。广玉兰树形高大，树姿雄伟壮丽，枝叶浓密，叶大质厚而有光泽，花大而芳香，初夏开放，为信南地区优良的观赏树种。

(7) 香樟：常绿乔木；喜光，喜温暖湿润气候，喜深厚肥沃湿润的土壤，耐湿，耐寒，萌芽力强，耐修剪；抗二氧化硫、臭氧、烟尘污染能力强，能吸收多种有毒气。樟树树冠圆满，枝叶浓密青翠，树姿壮丽，是优良的庭荫树、行道树，深受人们喜爱，也是我国珍贵的造林树种。

(8) 枇杷：常绿小乔木；喜光，稍耐荫，喜温暖气候及肥沃湿润而排水良好的土壤，不耐寒，一年能发三次新梢。枇杷树形整齐美观，叶大冠浓，常绿而有光泽，冬日白花盛开，春萌新叶白毛茸茸，初夏黄果累累，枇杷不与人争春，而在万花凋零，秋叶飘落和晚秋季节里，才开始孕育花蕾到寒冬开放，迎着雾雪，独显高洁，是极具观赏价值的树种。

(9) 桂花：又名木犀，是常绿灌木至小乔木；喜光，稍耐荫，喜温暖通风良好的环境，不耐寒；喜温暖排水良好的砂质壤土，忌涝地、碱地和粘重土壤；对二氧化硫、氯气等有中等抵抗力。桂花叶茂而常绿，树龄长久，秋季开花，芳香四溢，是我国特产的观赏花木和芳香树种。

(10) 法青：又名珊瑚树；常绿灌木或小乔木；喜光，稍耐阴，尚能耐寒，喜湿润肥沃土壤，对土壤要求不严，但以中性土为好；对二氧化硫、氟化氢的抗性和吸收能力强，对氯气的抗性较强，对汞蒸气有一定的吸收能力，并有吸滞粉尘和抗烟功能，含水量多，具有防火功能。珊瑚树枝繁叶茂，叶色翠绿晶莹，秋季红果挂于枝头状如珊瑚，是具有观赏价值的树种；防火性强，可作隔离带防火林。

(11) 碧桃：落叶小乔木；喜光、耐旱、耐高温、较耐寒，畏涝怕碱，要求土壤肥沃、排水良好；生长期要求加强管理，施肥、灌水、除草和病虫害防治；耐寒能力不如果桃。碧桃是我国传统的园林花木，早春时节，花先叶开放，烂漫芳菲，妖艳媚人；片植花开时，凝霞满林，红雨塞途，令人陶醉。

(12) 樱花：落叶乔木；对气候，土壤适应范围较宽；喜光、耐寒、抗旱，在排水良好的土壤上生长良好。樱花花开满种，花繁艳丽，极为壮观，是重要的观花树种，可大片栽植造成“花海”景观，三五成丛点缀于绿地形成锦团，也可孤植形成“万绿丛中一点红”之画意。还可作行道树、绿篱或制作盆景。

(13) 杜鹃：又名映山红；落叶灌木；喜冷凉、湿润气候，较耐旱，耐瘠薄，喜富含腐殖质、疏松、湿润的酸性土壤。花色或白或红，或黄或紫，叠锦堆秀，艳美缤纷，有“花中西施”之称。

(14) 小叶女贞：落叶或半常绿灌木；喜阳光，但亦耐半阴；喜肥沃的微酸性土壤，中性，微碱性土壤亦能适应，瘠薄干旱则生长慢；主要作绿篱栽植，其枝叶紧密、圆整，庭院中常栽植观赏；抗多种有毒气体，是优良的抗污染树种。

(15) 丰花月季：落叶或常绿灌木；喜光，喜温暖湿润气候，忌阴湿；喜肥土，耐重剪，适应性强，抗二氧化硫。花色丰富，黄白黛绿，红紫粉披，五彩缤纷，有花中“皇后”之美称。为美化城市的重要花木，广泛用于城市环境绿化、布置园林花坛、高速公路等。

4 结语与建议

适用于信南高速公路绿化的树种很多，在此仅罗列出一些主要树种名称。在高速公路绿化树种的选择上一定要尊重当地的地理环境和植物生长的生态过程，不可标新立异，只注重景观效果而忽视植物的生物学特性。而且绿化树种的选择还要考虑到有无苗源这个限制因素，只要在设计中做好充分的场地分析，选用与场地相适应的树种，就会达到预期的效果，使高速公路成为穿梭于各个城市间的绿色长廊。

当然，一个单一的植物品种是不能构成一个生态系统的，就更不会体现出生物多样性，对植物的生长是非常不利的。要建立一个完整的高速公路绿色防护体系必须要建造起一个优化的群落结构，要重视种群间关系的合理利用。同时一个完整的生态系统，应当具有各种功能。高速公路绿色防护体系建立的具体目标，就是要在高速公路这样一个人工生态系统中，科学设计出生物种群间相互防护、共生互利，景观上整体协调，综合效益最高的人工生物防护体系。